2016版

北京市公园年鉴

BEIJING SHI GONGYUAN NIANJIAN

北京市公园管理中心　编纂

中国林业出版社

China Forestry Publishing House

图书在版编目（CIP）数据

北京市公园年鉴. 2016 / 北京市公园管理中心编纂.
-- 北京 : 中国林业出版社, 2017.5
ISBN 978-7-5038-9013-0

Ⅰ. ①北… Ⅱ. ①北… Ⅲ. ①公园－北京市－2016－年鉴 Ⅳ. ①K928.73-54

中国版本图书馆CIP数据核字(2017)第107439号

出　版：中国林业出版社（100009 北京市西城区德内大街刘海胡同7号）
网　址：http://lycb.forestry.gov.cn
E-mail：cfybook@163.com　　电　话：010-83143580
发　行：中国林业出版社
印　刷：北京中科印刷有限公司
版　次：2017年12月第1版
印　次：2017年12月第1次
开　本：889mm×1194mm 1/16
印　张：35.75
彩　插：68P
字　数：800千字
定　价：230.00元

《北京市公园年鉴》编纂委员会

（2016版）

2月10日，北京市公园管理中心副主任王忠海到玉渊潭公园指导处级领导干部民主生活会

2月25日，北京市公园管理中心副主任王忠海带队到市政府热线接听市民来电

2月27日，北京市纪委副书记、监察局局长王海平调研北京市公园管理中心党风廉政建设工作情况

领导调研

◀ 3月12日，北京市公园管理中心主任张勇带队到香山公园调研“致远斋展览展陈”项目

▶ 3月19日，北京市公园管理中心纪委书记程海军到中国园林博物馆调研

▲ 4月14日，北京市公园管理中心副主任王忠海检查中山公园春花暨郁金香展览

▶ 5月14日，北京市人大常委会副主任柳纪纲到颐和园调研《北京市公园条例》实施情况

◀ 6月23日，北京市副市长林克庆带队到香山公园调研致远斋等古建修缮情况

▲ 7月6日，国务院参事就恢复天坛公园完整性调研

7月7日，北京市教委职称处处长王东江到园林学校调研国家示范校建设工作

7月28日，北京市公园管理中心主任张勇带队到市政府热线接听市民来电

8月5日，北京市公园管理中心主任张勇查看中山公园蕙芳园“纪念抗战胜利70周年书法展览”并指导公园阅兵纪念活动筹备工作

▲9月1日，北京市委副书记、市长王安顺考察中山公园阅兵活动服务保障工作

▶ 9月22日，北京市公园管理中心党委副书记杨月带队到香山公园调研学习型党组织建设

◀ 9月25日，北京市公园管理中心主任张勇到颐和园检查指导中秋、国庆节前工作

▶ 9月29日，北京市副市长林克庆检查北海公园碧海楼皇家邮驿运营情况

◀ 12月7日，北京市公园管理中心主任张勇检查北京动物园内畅观楼园史展

▶ 12月14日，北京市园林学校接受市政府教育督导室德育专项督导

▲ 1月11日12时至17时30分，北京动物园主动促成“动物园天皓成服装商品批发市场”摘掉了楼顶市场牌标

▲ 1月20日，北京市公园管理中心召开2015年工作会

3月31日，北京市公园管理中心召开春季活动现场会暨服务管理与非紧急救助工作部署会

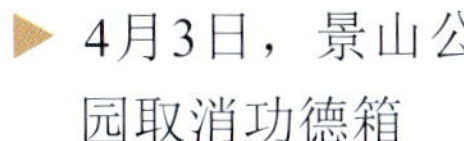

4月3日，景山公园取消功德箱

4月20日，园林学校与颐和园、天坛公园等14家单位签订“实训基地协议书”，并颁发“实训基地”牌示

▶ 5月27日，颐和园召开竞争上岗面试工作动员会

◀ 6月5日，北海公园开展全园可移动文物普查

▲ 6月16日，北京市公园管理中心检查景山公园可移动文物保护工作

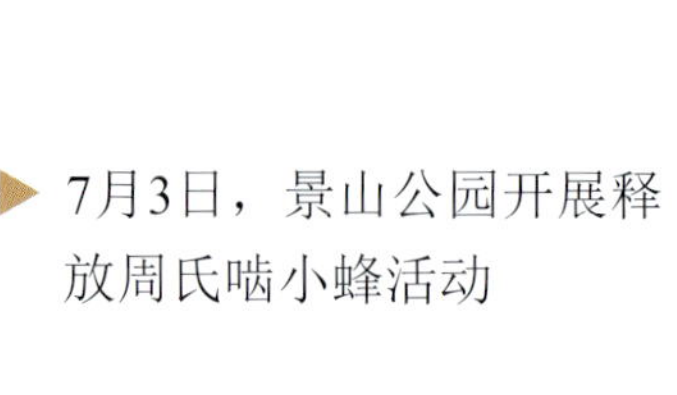

▶ 7月3日，景山公园开展释放周氏啮小蜂活动

▶ 7月22日，北京市公园绿地协会第四届三次理事会在中国园林博物馆召开

◀ 7月29日，北京市公园管理中心举行京津冀园林科技创新战略联盟签约仪式

▶ 9月10日，北京市园林学校召开教师节庆祝表彰大会

▲ 9月28日，会所整治取得成效，北海公园皇家邮驿开幕

▲ 北海皇家邮驿

管理工作

▲ 9月18日，颐和园与法国香波堡签订友好合作协议

▲ 10月20日，北京植物园获“全国文明单位”奖牌与证书

▲ 10月22日，园博馆赴林业大学招募志愿者

▲ 10月30日，北京植物园成立曹雪芹文化中心

▲ 12月5日，园博馆林业大学志愿服务队正式成立

▲ 1月5日，颐和园接待厄瓜多尔总统科雷亚

◀ 3月26日，颐和园接待亚美尼亚总统谢尔日·萨尔基相

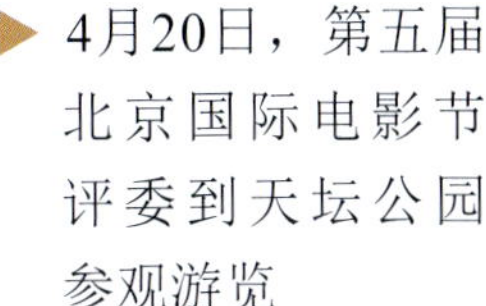

▶ 4月20日，第五届北京国际电影节评委到天坛公园参观游览

4月21日，园林专家孟兆祯与白日新到园博馆参观

4月26日，景山公园接待意大利外长保罗·真蒂洛尼

4月26日，清华大学百余校友参观园博馆

5月4日，中共中央政治局原常委、中纪委原书记贺国强到颐和园参观

5月4日，中国国民党主席朱立伦率团拜谒香山公园碧云寺孙中山衣冠冢

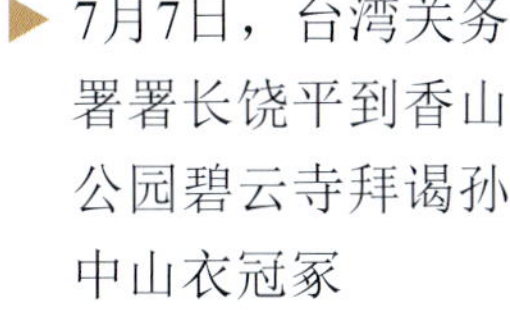

7月7日，台湾关务署署长饶平到香山公园碧云寺拜谒孙中山衣冠冢

8月20日，两岸四地青少年学生团来颐和园参观

9月2日，巴布亚新几内亚总督迈克尔·奥古奥参观颐和园

9月4日，孙中山先生的日本友人宫崎滔天之孙女宫崎蕗苳、曾孙宫崎黄石及曾孙媳拜谒香山公园碧云寺孙中山纪念堂

▲ 9月6日，联合国秘书长潘基文参观天坛公园

▲ 9月23日，颐和园接待亚美尼亚总理阿布拉米扬

▶ 10月14日，克罗地亚总统基塔罗维奇一行20人到天坛公园参观

◀ 10月15日，克罗地亚总统基塔罗维奇参观颐和园

▲ 11月3日，法国总统奥朗德到天坛公园参观

▲ 3月17日，塔吉克斯坦驻华大使拉希德•阿利莫夫到香山公园参观游览

▲ 4月16日，塞舌尔国家植物园CEO赠送北京植物园海椰子

6月1日，法国里昂世界月季大会为北京植物园月季园颁发证书

9月22日，北京动物园接待美国PTP学生团的合影留念

10月20日，颐和园举办“法国香波堡历史文化图文展”开展仪式

10月25日，新西兰林肯大学风景园林学院院长到园博馆参观

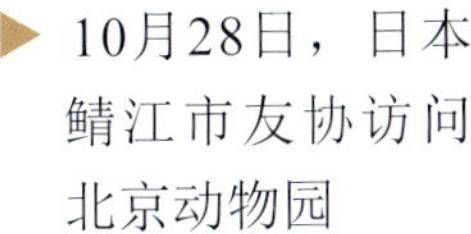

10月28日，日本鲭江市友协访问北京动物园

▲ 11月2日，园博馆“美国景观之路——奥姆斯特德设计理论展”开幕

◀ 12月6日，“美国景观之路与中国城镇化发展”学术研讨会在园博馆召开

▶ 12月6日，园林专家孟兆桢在“美国景观之路与中国城镇化发展”学术研讨会上发言

▲ 5月14日，国家文物局视察寿皇殿建筑群

▲ 寿皇殿戟门南面

▲ 寿皇殿正面

▲ 修缮前的寿皇殿

古建修缮

▲ 6月9日，施工中的香山公园香山寺圆灵应现殿

▲ 香山公园修缮香山寺后苑

▲ 6月23日，施工中的玉渊潭公园中堤桥建设项目

▲ 7月23日，玉渊潭公园东北部环境建设工程完工

▲ 颐和园南湖岛修缮中

▲ 颐和园南湖岛修缮后

◀ 3月21日，北京植物园第二十七届北京桃花节景观布置

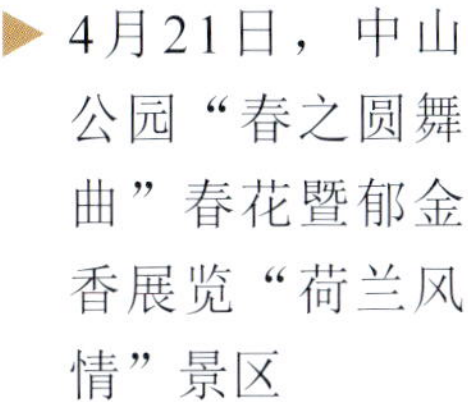

▶ 4月21日，中山公园“春之圆舞曲”春花暨郁金香展览“荷兰风情”景区

▲ 4月22日，颐和园夜景照明效果

▶ 4月30日，园博馆完成染霞山房观光木栈道修建工程

◀ 4月30日，紫竹院公园完成筠石苑水生态修复工程

▶ 6月26日，紫竹院公园完成“增彩延绿”青莲岛及明月岛竹林景观恢复工程

▲ 6月30日，北京植物园樱桃沟喷雾景观

▲ 8月20日，玉渊潭公园西桥主题宣传环境布置

▲ 9月3日，玉渊潭公园花卉环境布置

▲ 10月9日，北京植物园俯拍菊海花田景观

▲ 10月11日，玉渊潭公园完成东湖湖岸增彩工程

▲ 10月23日，中山公园对银杏大道社会主义核心价值观宣传牌示周边进行绿化美化

▲8月12日，中山公园立体花坛“扬帆起航”

▶8月16日，北京植物园“纪念中国人民抗日战争暨世界反法西斯战争胜利70周年”主题花坛

◀8月18日，玉渊潭公园“珍爱和平”花坛

▲ 8月21日，天坛公园“纪念中国人民抗日战争暨世界反法西斯战争胜利70周年”主题花坛

主题花坛

▶ 8月23日，陶然亭公园主题花坛“珍爱和平”

◀ 8月26日，景山公园“国泰民安”主题花坛

◀ 8月26日，香山公园“珍爱和平”立体花坛

▲ 8月21日，天坛公园“纪念中国人民抗日战争暨世界反法西斯战争胜利70周年”主题花坛

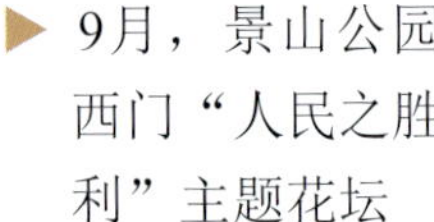

▶ 9月，景山公园西门“人民之胜利”主题花坛

▲ 9月10日，中山公园南门中山像后“胜利的号角”大型立体花坛

▶ 9月11日，北京动物园“非洲掠影”主题花坛

◀ 颐和园“珍爱和平”立体花坛

▶ 紫竹院公园“纪念中国人民抗日战争暨世界反法西斯战争胜利70周年”主题花坛

▶ 1月1日，园博馆推出多项元旦特别活动

▲ 1月25日，紫竹院公园大湖冰上健身活动

▲ 2月13日，天坛公园第十一届天坛文化周祭天乐舞表演

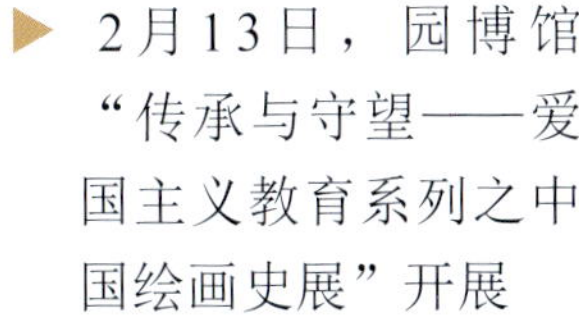

▶ 2月13日，园博馆“传承与守望——爱国主义教育系列之中国绘画史展”开展

▲ 3月21日，北京植物园举办第二十七届北京桃花节

▲ 3月27日，玉渊潭公园举办樱花节文化活动

▲ 4月20日，景山公园举办皇家园林书画展

◀ 5月16日，园博馆“藏地瑰宝——西藏园林文物展”开幕仪式

▶ 8月6日，香山公园致远斋、韵琴斋文化展览正式向公众开放

▲ 8月18日，北京市公园管理中心第十届公园季开幕

文化活动

9月23日，第十届玉渊潭公园季健身操比赛

10月30日，纪念曹雪芹诞辰300周年大会在北京植物园召开，北京市公园管理中心主任张勇发言

12月20日，玉渊潭公园举办第六届冰雪文化活动

▶ 3月10日，香山公园组织绿化工开展龙爪槐修剪实操培训

◀ 4月3日，园林学校专业教师到玉渊潭公园开展专业教学实践调研

▶ 4月7日，北京市公园管理中心党委书记郑西平在中心第八期青年干部培训班上作动员

▲ 4月8日，首届“3+2”中高职衔接试验班在园林学校进行分段考试

◀ 4月10日，中心第八期青年干部培训班开展拓展训练

▶ 4月28日，颐和园青年干部竞争性人才选拔任用干部——竞聘动员会

4月30日，景山公园在西门上山道举行榆叶梅实操修剪比赛

5月1日，国际劳动节当天香山公园举办拜师学艺活动启动仪式

5月15日，景山公园公开招聘现场

▲ 5月19日，园林学校承办的北京市公园管理中心信息化工作培训圆满结束

▶ 7月3日，北京市公园管理中心主任张勇出席第八期青年干部培训班结业式

◀ 8月25日，景山公园组织开展票务劳动竞赛

▲ 9月11日，园林科学研究院"城市绿化增彩延绿技术"高级研修班开班

▲ 11月10日，园博馆夺得北京市第四届手语大赛总团体一等奖

▲ 12月26日，园博馆荣获第三届北京市科普讲解比赛决赛一等奖

▲2月4日，中山公园会同天安门地区消防监督处和驻园派出所召开春节、两会安全保卫三方联席会

▲2月5日，陶然亭公园开展消防培训

◀ 2月12日，市治安总队和假日办领导一行4人对天坛公园进行联合安全检查

▶ 5月8日，天坛公园召开“雷池行动”工作动员部署会

▲ 6月5日，颐和园处置突发事件预案演习

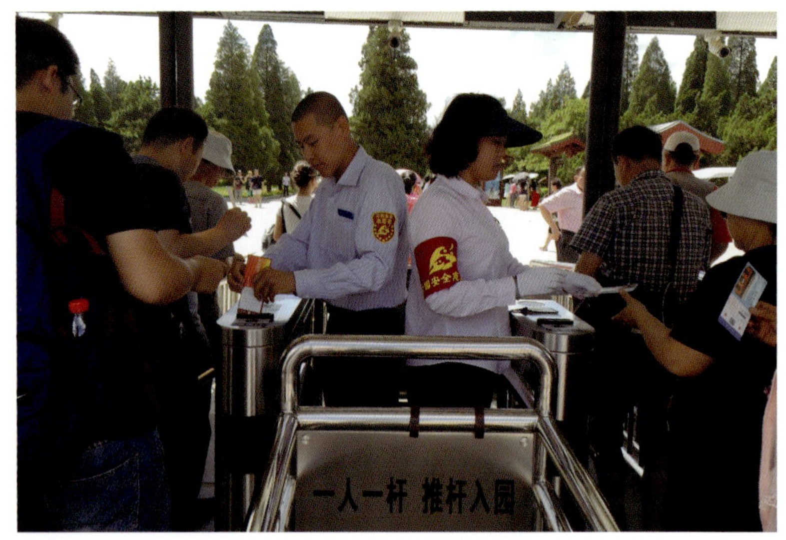

6月11日，天坛公园为园属各单位安全员统一佩戴褐色袖标和臂章

6月16日，陶然亭公园开展“安全生产月”宣传活动

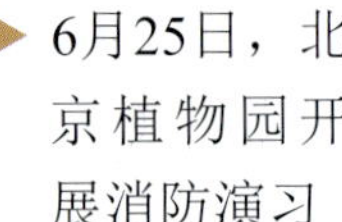

6月25日，北京植物园开展消防演习

◀ 6月25日，香山公园联合香山消防中队在索道三号塔架附近开展索道应急救援演习

◀ 8月18日，中山公园配合阅兵礼台搭建

▲ 8月8日，紫竹院公园启动突发事件应急预案，处置可疑爆炸物

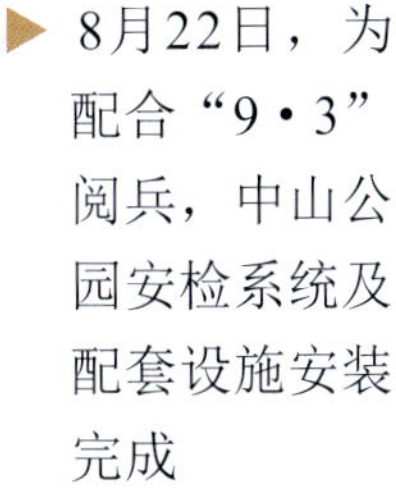

▶ 8月22日，为配合“9·3”阅兵，中山公园安检系统及配套设施安装完成

▲8月31日，天坛公园组织突发事件应急演练

◀9月3日，香山公园职工冒雨救助摔伤游客

▶11月9日，陶然亭公园开展消防宣传日活动

▶ 1月27日，北京市党风廉政建设责任制第八检查组对北京市公园管理中心进行检查

▲ 1月29日，陶然亭公园篮球队参加北京市公园管理中心篮球比赛

◀ 1月30日，北京市公园管理中心召开党风廉政建设工作会议

▲ 2月7日，天坛公园党委开展“中国梦•城乡情——天坛公园小罗山村共建文化家园”主题活动

▶ 2月13日，北京市公园管理中心召开青年职工座谈会

◀ 3月5日，北京市公园管理中心举办靓丽风采模特赛

▶ 3月24日，北京植物园逐级签订廉政责任书

4月3日，颐和园举行第三十五届全园职工环湖长跑比赛

4月22日，紫竹院公园举行“我们都是年青的紫竹人”主题团日植竹活动

5月13日，陶然亭公园离休干部王孑为参加市直机关纪念抗战70周年书画作品展创作书法作品《勿忘国耻》

党团工作

◀ 7月7日，陶然亭公园举行“勿忘国耻，圆梦中华”党团员集体宣誓活动

▶ 7月8日，市公园管理中心举办计划生育竞赛活动

▲ 8月19日，景山公园组织职工参观中国人民抗日战争纪念馆

▲ 8月28日，陶然亭公园党委书记张颐春看望抗战离休干部闫金台并发放抗战胜利70周年纪念章及慰问金

▲ 9月1日，园博馆开展第一场“道德讲堂”活动

▶ 9月16日，玉渊潭公园职工赴园博馆参观“抗日胜利，伟大贡献”主题展览

◀ 12月11日，天坛公园召开工会第九届会员代表大会

▶ 12月4日，中山公园团总支组织团员青年志愿者到西城区金秋园敬老院慰问

▶ 1月1日，北京卫视《首都经济报道》栏目宣传报道紫竹院公园新年游园活动

◀ 1月21日，紫竹院公园助力北京申办2022年冬奥会，宣传冬季冰上文化活动

▶ 1月25日，北京市公园管理中心“畅游冰雪月”游园活动新闻发布会在紫竹院公园召开

▶ 3月3日，“世界野生动植物日”公益宣传活动在北京动物园象馆广场举行

◀ 3月4日，景山公园代表中心参加北京市公园管理“学雷锋志愿服务推动日”活动

▲ 3月26日，海淀区在校大学生在紫竹院公园车门内广场参与申冬奥宣传活动

4月9日，香山公园召开山花观赏季活动新闻发布会

5月1日，紫竹院公园开展“欢庆五一劳动节，文明畅游紫竹院”主题宣传活动

6月1日，玉渊潭公园开展禁烟宣传活动

7月13日，景山公园召开第八届荷花盆景展新闻发布会

7月26日，北京市公园管理中心召开节水新闻发布会

7月29日，北京卫视《首都经济报道》栏目记者到紫竹院公园采访报道

8月18日，玉渊潭公园开展第十届北京公园季宣传活动

9月1日，景山公园做好“9·3”阅兵央视转播服务协调工作

9月20日，紫竹院公园开展全国科普日宣传活动

9月21日，陶然亭公园“名亭文化展、公园园史展”双展齐开新闻发布会

▲ 10月20日，以“九九重阳、法援爱老”为主题的老年人维权法律援助咨询活动在紫竹院举行

◀ 10月22日，景山公园召开绮望楼《景山历史文化展》新闻发布会

▶ 10月23日，北京市公园管理中心举办职工趣味运动会

◀ 1月15日，北京植物园启动中国植物园联盟科普教育项目

▲ 1月31日，北京动物园进行“我做动物园讲解员”暨“讲解员岗前充电站”讲解员培训

▶ 3月20日，北京动物园首次繁殖成功红尾蚺

▲ 5月1日，香山公园开展“美丽北京，园艺生活，美丽山林，绿色行动”科普互动活动

▶ 5月20日，陶然亭公园举办第七届月季节科普活动

▲ 5月23日，北京市公园管理中心科普游园会在颐和园举办

▲ 5月25日，北京动物园象房前丰容大会合影

▲ 5月30日，颐和园参加全国科普讲解大赛并取得优异成绩

▲ 7月6日，北京动物园暑期夏令营营日活动

▶ 7月19日，玉渊潭公园暑期科普活动

▲ 8月8日，陶然亭公园举办森林大篷车主题科普活动

◀ 8月31日，颐和园举办科普夏令营活动

▶ 9月19日，园博馆开展“游赏科普园林•共享奥妙启迪”科普主题活动

▲ 10月11日，园博馆举办京西稻收割主题科普活动

▲ 10月21日，育才学校近300名师生参加园博馆科普活动

▲ 11月17日，园博馆“初中开放性科学实践活动”上线

▲ 12月17日，北京动物园“北京市初中开放性科学实践活动”正式启动

编辑说明

一、《北京市公园年鉴》（以下简称《年鉴》）是一部记载北京市公园建设发展情况的重要文献，力争全面、准确反映北京市公园上一年度的工作成果和各方面的新观念、新事物、新经验，采取逐年编纂、连续出版的资料性工具书和史料文献。

二、《年鉴》以马列主义、毛泽东思想、邓小平理论、“三个代表”重要思想、科学发展观、习近平新时代中国特色社会主义思想为指导，全面贯彻党的十八大、十九大精神，科学反映北京市公园建设发展的客观情况，为领导科学决策提供可资参考和借鉴的依据，为公园管理提供有价值的资料，为同行了解北京市公园提供最直接的权威的信息资料。

三、《年鉴》由北京市公园管理中心组织编纂，中心所属15家单位全部参编。根据北京市属公园特点，采用分类编纂方式，设栏目、类目、条目三个层次。2016版设特载、专文、大事记、服务管理等板块。

四、《年鉴》以条目和文章两种体裁为主，行文采用记述和国家标准规范语言，直陈其事，力求文字简洁、通畅。

五、《年鉴》编写的文章和条目，均由各单位负责撰稿或提供，并经各级领导审核同意。

六、《年鉴》从2007年开始，逐年编纂，每年一本。2016版《年鉴》记载2015年1月1日至12月31日期间的情况，部分内容依据实际情况略有前后延伸，条目中凡记入2015年的事项，一般直书月、日，不再书写年份。

七、由于编辑水平有限，以及获取资料的局限，书中难免有所疏漏或欠妥之处，敬请各级领导、专家、读者批评指正。

《北京市公园年鉴》编辑部

2017年12月

目 录

专载

北京市公园管理中心 2015 年工作报告 1
北京市副市长林克庆在北京市公园管理中心 2015 年工作会议上的讲话 13
坚持依规依　纪聚焦中心任务　突出主责主业　扎实推进中心党风廉政建设和反腐败工作 16
郑西平书记在北京市公园管理中心 2015 年党风廉政建设工作会议上的讲话 22
张勇主任在北京市公园管理中心 2015 年科技工作会议上的讲话 26
认真学习党的十八届五中全会和市委十一届八次全会精神正确把握和处理中心面临的几个问题 29

2015 年大事记

2015 年大事记 43

概况

概况 56
北京市公园管理中心 56
中国园林博物馆北京筹备办公室 57
颐和园 59
天坛公园 60
北海公园 61
中山公园 63
香山公园 63
景山公园 65
北京植物园 65
北京动物园 66
陶然亭公园 67
紫竹院公园 67
玉渊潭公园 69
北京市园林科学研究院 70
园林学校 71
中共北京市公园管理中心委员会党校 71
北京市公园管理中心后勤服务中心 72

园博馆建设与运行

馆内运行 73
园博馆完成象鸟蛋的入库工作 73
园博馆开设图书室 73
园博馆完成首批文物 3D 信息扫描工作 73
园博馆赴济南动物园磋商鸟蛋借展事宜 73
王忠海副主任带队检查园博馆春节筹备工作 73
园博馆启动 2014 年度（第十二届）全国博物馆十大陈列展览申报工作 74
园博馆召开重点工作部署会 74
园博馆召开中长期战略发展规划专题会 74

目 录

园博馆就申报非物质文化遗产工作征求专家意见 74
市公园管理中心纪委书记程海军到园博馆调研指导工作 75
首都博物馆协助鉴定园博馆藏品 75
园博馆提升财务工作网络化水平 75
园博馆人工“筑巢引鸟” 75
园博馆接受收藏家协会捐赠 75
园博馆加入北京校外教育协会 75
园博馆荣获全国科普讲解大赛北京地区选拔赛第四名 75
“丝绸之路”部分展品入藏园博馆 76
园博馆与浙江摄影出版社签约 76
园博馆与北京农业学院、北京市园林学校建立战略合作关系 76
园博馆竞得样式雷图样 76
园博馆就“美国风景园林的奠基人——奥姆斯特德理念”展进行研讨 76
园博馆宣传禁烟条例 77
园博馆竞得珍贵纸质藏品 77
园博馆文物普查工作 77
园博馆获颁优质讲解服务锦旗 77
园博馆召开“止园”模型平面图制作方案专家研讨会 77
园博馆对《文物多媒体信息数据库》项目课题进行验收 77
园博馆微电影获市公园管理中心一等奖 78
园博馆获“服务民生 创新管理”品牌奖 78
园博馆参加全国风景园林学名词审定委员会第一次审定会 78
余树勋捐赠稿件完成普查工作 78
园博馆正式实施实名参观制 78
园博馆获北京市中小学生社会大课堂资源单位资质 78
园博馆历史完成文物图像采集 79
园博馆课题荣获2015年中国风景园林学会科技进步奖一等奖 79
园博馆召开“中长期战略发展规划”专家论证会 79
园博馆召开财务工作会议 79
市公园管理中心检查园博馆工程评优工作落实情况 80
园博馆夺得北京市第四届手语大赛总团体一等奖 80
市科委课题“中国古典皇家园林艺术特征可视化系统研发”会议在园博馆召开 80
园博馆荣获第三届北京市科普讲解比赛决赛一等奖 80

馆内接待 80

世界月季联合会前主席杰拉德·梅兰及海尔格·布莱切特参观园博馆 80
北京市风景名胜区协会会长一行参观园博馆 81
河南省开封市副市长王载飞一行参观园博馆 81
贵州省博物馆馆长一行参观园博馆 81
东城区园林绿化局局长到园博馆参观指导 81
朱自煊应邀到园博馆参观指导 81
塞舌尔植物园园长参观园博馆 81
孟兆祯、白日新到园博馆参观指导工作 82
刘魁立到园博馆调研指导工作 82
欧洲公共行政组织主席参观园博馆 82
山东兖州兴隆文化园景区领导到园博馆交流 82
市中小学生社会大课堂办公室一行赴园博馆考察调研 82
陈有民到园博馆参观指导 82
园林学院新生参观园博馆 83
孙大章到园博馆参观指导 83
北京育才学校师生参观园博馆 83
新西兰林肯大学风景园林学院院长参观园博馆 83
国际风景园林师联合会执行官参观园博馆 83

馆内展览接待......84

成都杜甫草堂博物馆馆藏名家书法木刻精品展..84
王同仁迎春画展......84
世界最大鸟蛋科普展......84
爱国主义教育系列之中国绘画史展......85
中国兰花精品展......85
中国园林名胜门券大观展......85
奥运之旅　百年圆梦展......85
丝绸之路风光摄影展......85
中国插花艺术展......86
西藏园林文物展......86
“瓷上园林——从外销瓷看中国园林的欧洲影响”贵州巡展......86
园博馆开放两周年推三大临展......86
北京园林写生精品展......87
清前期文物精品展......87
中国园林书画展......87
外销瓷巡展......87
中国与世界反法西斯战争胜利 70 周年特展......88
纪念抗战胜利 70 周年币章展......88
纪念徐悲鸿先生诞辰 120 周年特展......88
美国景观之路——奥姆斯特德设计理论展......88
中国亭文化展......89
河南博物院古代建筑明器展......89
书法长卷《园博馆赋》亮相园博馆......89
中国风景园林学会优秀规划设计获奖作品展......89
第二届中国园林摄影大展......89

馆内活动......90

园博馆推出多项活动喜迎元旦......90
园博馆举办多项活动喜迎羊年春节......90
园博馆举办庆祝“三八”国际劳动妇女节系列活动......90
吴良镛先生为中国园林博物馆题字......90
“园林文化大讲堂”开启年度第一讲......91
园博馆推出清明小长假系列活动......91
园博馆举行迎“五一”联谊笔会......91
园博馆举办世界读书日主题活动......91
园博馆举办母亲节主题插花活动......91
园博馆举办第一届京西御稻插秧活动......92
孟兆祯院士主讲园博馆文化大讲堂......92
北京华藏图书馆馆长赴园博馆作主题讲座......92
园博馆推出庆六一系列活动......92
园博馆走进长辛店中心小学......92
园博馆举办“中国文化遗产日”系列活动......92
园博馆开展迎端午活动......92
园博馆召开汉藏园林文化研讨会......93
园博馆举办“民办博物馆可持续发展”论坛......93
“园林探索之旅”吸引丰台区师生......93
园博馆举办《北海今昔》文化公益讲座......93
园博馆首期“园林小讲师”培训班圆满收官......93
园博馆暑期夏令营开幕......93
园博馆举办《山居仙境》公益文化讲座......94
园博馆开展“游赏科普园林·共享奥妙启迪”科普日主题活动......94
园博馆多项活动迎中秋......94
园博馆举办“山居雅集”茶文化活动......94
园博馆举办京西稻收割主题科普活动......94
园博馆推重阳节文化活动......94
园博馆第二届中国园林摄影展参赛作品评选揭晓......95
园博馆举办《诠释天坛》文化公益讲座......95
园博馆“初中开放性科学实践活动”上线......95
园博馆举办独立运行两周年纪念活动......95
王其亨主讲园林文化大讲堂......96
园博馆参加中国公园协会第四届第二次理事会......96
园博馆举办“京津冀三地插花艺术”论坛......96
园博馆开放性科学实践活动迎来首批“小小实践家”......96
“美国景观之路与中国城镇化发展”学术研讨会在园博馆召开......96

园博馆举办“冬日雅集”活动......97

场馆建设......97

园博馆开展春季植物补种......97
园博馆儿童生态体验园改建工程竣工......97
园博馆完成五一环境景观提升工程......97
园博馆完成染霞山房观光木栈道修建工程......98
园博馆移除 12 根高压线杆......98
园博馆水体改造工程竣工......98

对外宣传......98

园博馆筹备办正式入驻中国公园网......98
园博馆对“成都杜甫草堂博物馆馆藏名家书法木刻精品展”新展进行集中宣传......98
北京电视台录制“逛遍京城寻春色”园博馆专题节目......99
园博馆配合国家文物局拍摄宣传片......99
陈有民做客《园林名家访谈录》......99

人员培训......99

园博馆举办“申评国家 4A 级旅游景区”专题讲座......99
园博馆开展讲解员技能考核......99
园博馆开展《博物馆条例》学习座谈......100
园博馆对职工开展非紧急救助培训讲座......100
园博馆组织开展职工拓展训练......100

党群工作......100

园博馆召开 2014 年度民主生活会......100
园博馆召开人事任命会......101
园博馆召开 2015 年第一次党委理论中心组学习（扩大）会......101
园博馆对处级领导进行年度测评......101
园博馆开展“三严三实”专题党课第一讲......101
园博馆开展“三严三实”党课第二讲......101
园博馆开展“三严三实”专题党课第三讲......101
园博馆开展“三严三实”专题党课第四讲......102
园博馆组织反法西斯战争胜利 70 周年主题党课......102
园博馆开展纪念中国共产党成立 94 周年党员教育活动......102
园博馆承办市公园管理中心计划生育竞赛活动......102
园博馆对青年职工开展读书沙龙活动......102
园博馆召开第二次党委理论中心组学习会......103
市公园管理中心工会大讲堂园博馆开讲......103
园博馆党委召开理论中心组第一个专题学习研讨会......103
园博馆开展第一场“道德讲堂”活动......103
园博馆党委召开理论中心组第二个专题学习研讨会......103
园博馆开展第二场“道德讲堂”活动......103
园博馆林业大学志愿服务队正式成立......103
园博馆工会开展职工问卷调查活动......104
园博馆开展第三场“道德讲堂”活动......104

服务管理

综述......105

服务......106

中心完成元旦假日服务工作......106
2015 年年票发售情况......107
香山公园清班预备役“新军装”亮相红叶节......107
中心完成春节假日游园服务保障工作......107
动物园改造儿童动物园卫生间......108
陶然亭公园游客中心临时设立哺乳室......108
景山公园完善游客服务中心功能......108

中心完成全国“两会”服务保障工作 108
北京动物园门区卫生间延时开放 108
中山公园游船年接待游客 9.41 万人次 108
陶然亭公园完成首届“海棠春花文化节”服务接待工作 108
陶然亭华夏名亭园各名亭简介说明牌更换 109
北海公园不断提高游船服务水平 109
“五一”假日游园服务保障工作完成 109
景山“五一”前夕增设基础服务设施 109
中山公园加装厕所夜间可识别灯箱 109
香山公园游览索道调整价格 110
香山公园完成 TNF100 越野挑战赛服务保障工作 110
陶然亭公园雪山增加牌示 110
香山双清别墅完成“七一”服务接待工作 110
香山公园落实九项便民工程 110
市属公园完成“端午”小长假游园服务保障工作 110
玉渊潭公园端午节秩序井然 111
香山公园索道开展游客满意度调查 111
北京动物园设立母婴室 111
中山公园更新 8 艘脚踏船 111
玉渊潭公园完成抗战胜利 70 周年纪念活动服务保障工作 111
北海公园完成“9·3”预演服务工作 112
动物园提升服务管理精细化水平 112
颐和园、植物园做好大客流期间非紧急救助服务保障工作 112
北海公园增设基础服务设施方便游人 113
陶然亭公园新增三项便民服务项目 113
天坛公园服务保障抗战胜利 70 周年纪念活动 113
中山公园保障阅兵观礼嘉宾如厕 113
景山公园多措并举疏解游园客流 113
颐和园完成抗日胜利纪念日接待服务 113
陶然亭公园自主设计便民服务卡 113
陶然亭公园制作卫生监督员牌示 114
中山公园更新游客服务中心手机充电站 114
中心参加北京新闻广播直播访谈 114
中心圆满完成“中秋”游园服务保障 114
中心圆满完成国庆假日游园服务工作 114
中山公园游船电子票务系统启用 115
香山公园完成红叶观赏季服务保障工作 115
颐和园完成第 15 届环昆明湖健步走接待服务 116
香山公园红叶观赏季迎首个游园高峰 116
北海公园做好淡季服务综合管理 116
北京动物园调整联票价格优惠政策 116
陶然亭公园更换门区价格公示牌 117
市属公园干部职工暖心服务雪中游客 117
北海公园做好游船修缮工作 118
北海公园推进纪念抗战 70 周年服务保障工作 118
香山公园服务设施保障工作 118
天坛公园印制服务设施图册 118
天坛公园检修电子票务设备 119
景山公园升级改造便民设施 119
北京动物园更新增设牌示 119
紫竹院公园陆续对导览牌示进行更新 119
北海公园游船电子票试运行 119

领导调研 120

杨月调研冰场安全管理工作 120
黄亦红到紫竹院公园检查冰上活动开展情况 120
杨月检查玉渊潭公园冰雪活动安全工作 120
市委、办、局领导检查北海公园用电防火工作 120
裴保顺调研中山公园核心价值观展示 120
李福祥、安钢到景山公园实地调研《北京市公园条例》执行情况 120
杨月调研陶然亭公园社会主义核心价值观主题公园相关情况 121
高大伟调研玉渊潭公园重点工程建设 121

目 录

市公安局领导检查北海公园冰场运营工作........121
王中华指导天坛春节文化周筹备工作................121
中华全国总工会领导到天坛公园和陶然亭公园调研........121
郑西平到玉渊潭公园看望困难职工....................121
王忠海调研玉渊潭公园处级领导干部民主生活会........122
张延昆检查陶然亭公园庙会筹备工作................122
中心检查组指导天坛公园春节筹备工作............122
东城区文化委员会检查春节期间文物安全........122
中心领导及东城区相关领导节日期间到天坛公园检查指导工作........122
张勇带队到香山公园检查春节前工作................122
王宁视察陶然亭公园春节庙会工作....................123
孙硕检查陶然亭公园庙会食品安全情况............123
张勇赴颐和园进行春节慰问..............................123
王海平调研市公园管理中心党风廉政建设........123
王忠海到陶然亭公园检查节前安全服务工作....123
工传颂到中心调研非紧急救助服务工作........123
郑西平到颐和园听鹂馆调研..............................124
天津市委宣传部到陶然亭公园调研....................124
张勇调研香山公园致远斋展览展陈....................124
张春贵调研颐和园夜游活动..............................124
中心领导调研玉渊潭公园樱花文化活动............124
张勇调研北京动物园沿线景观整治工作............124
程海军到玉渊潭公园调研纪检工作....................125
张勇调研玉渊潭公园樱花文化活动筹备工作....125
王忠海调研玉渊潭公园门区扩容等问题............125
中心党政领导带队调研学习市民政局纪检监察管理体制改革情况........125
程海军到北海公园调研纪检工作........................126
延庆县委宣传部到陶然亭公园调研....................126
李炜民到园林学校调研示范校建设....................126
李炜民调研良种苗木基地进展情况....................126
张勇、傅首清一行到紫竹院公园调研工作........126
王忠海调研北海公园为民办实事项目进展情况........126
程海军调研天坛公园廉政文化............................126
王忠海调研颐和园益寿堂红色展览....................126
王忠海检查中山公园春花暨郁金香展览............127
王忠海到陶然亭公园调研指导工作....................127
叶亮清到香山公园调研三山五园文化展............127
王忠海到中山公园调研日常服务工作................127
市旅游委员会对香山公园厕所进行摸底调查....127
王忠海调研陶然亭公园海棠春花文化节............128
程海军到陶然亭公园调研党风廉政建设............128
张勇专题调研北京动物园改革发展路径............128
张勇调研颐和园改革发展路径............................128
市人事局到园博馆调研......................................128
程海军到香山公园检查会所工作........................129
张勇调研中山公园社稷坛祭坛保护工作............129
柳纪纲调研颐和园《北京市公园条例》实施情况........129
国家文物局视察景山公园寿皇殿修缮工程进展情况........129
中心领导调研天坛公园神乐署工作....................129
刘曙光调研颐和园遗产监测工作........................129
张勇调研天坛公园改革发展路径........................129
张勇调研紫竹院公园改革发展路径....................130
高大伟到香山公园调研三山五园专题................130
杨月调研颐和园群众路线教育实践活动............130
王忠海调研陶然亭公园“四项展览”筹备工作........130
张勇到香山公园调研折子工作............................131
北京市旅游委检查《北京市控制吸烟条例》落实情况........131
张勇调研紫竹院公园福荫紫竹院“雪域星生珍藏唐卡艺术展”........131
张勇到园博馆检查指导工作................................131
顾孟潮到园博馆调研指导工作............................131
住建部文明办公室王敏到陶然亭和北海公园调研........132
王忠海调研天坛公园安全保卫工作....................132
李炜民到园科院、植物园良种中试基地调研....132

张勇调研玉渊潭公园重点工作......132
市园林绿化局领导到玉渊潭公园调研......132
王忠海调研天坛公园可移动文物及藏品保护工作......132
程海军专题调研中心因公出国（境）管理工作......132
王忠海调研可移动文物及藏品保护利用工作......133
王忠海调研颐和园消防工作......133
成都市委宣传部到陶然亭公园观摩调研......133
王忠海带队走进“政风行风热线”直播间......133
市人大公园条例执法检查组调研《北京市公园条例》执行情况......134
杨月到北海公园检查工作......134
林克庆调研颐和园夜游活动......134
林克庆调研香山公园致远斋展览工作......135
张勇到北海公园调研可移动文物工作......135
高大伟到玉渊潭公园指导城市湿地公园规划任务交底会......135
高大伟调研玉渊潭公园“十三五”规划编制进展情况......135
王忠海调研“红色梦——慈悲庵革命史迹展”筹备工作......135
王忠海调研景山公园服务设施工作......135
李炜民到紫竹院公园调研“增彩延绿”示范项目......136
国家文物局领导检查景山寿皇殿建筑群修缮工程......136
中心领导到北海公园调研展览工作......136
国务院参事调研天坛完整性、国家对世界遗产委员会承诺进展情况......136
市教委领导到园林学校调研示范校工作......136
林克庆主持召开北京动物园发展和颐和园夜间游览活动会议......136
王忠海到香山公园检查致远斋筹备工作......137
张勇带队调研绿野晴川野生动物园......137
高大伟到北海公园调研疏解工作......137
国务院参事张玉平及北京市老龄产业协会秘书长臧美华到天坛公园考察......137
王忠海检查香山公园致远斋展览筹备情况......137
高大伟到园科院调研“十三五”规划编制情况......137
杨月调研天坛公园青年典型工作......138
市园林绿化局领导就进一步推进“增彩延绿”示范项目进行调研......138
中心团委领导到北海公园开展调研活动......138
张勇带队到市政府热线12345接听市民电话......138
高大伟调研香山公园“十三五”规划编制情况......139
向德春到香山公园调研文保工作......139
王忠海到陶然亭公园检查指导工作......139
高大伟到北海公园调研东门外疏解工作......139
张勇调研纪念活动阅兵服务保障工作......139
中心领导调研香山二十八景建设现场......139
张勇到园博馆检查指导临展工作......140
高大伟到中山公园调研“十三五”规划编制工作......140
程海军调研中山公园重点工作落实情况......140
程海军到香山公园实地调研主题展览......140
高大伟到动物园调研“十三五”规划编制工作......140
市园林绿化局到玉渊潭公园调研......140
张勇检查天坛公园抗战胜利70周年纪念活动期间服务保障工作落实情况......140
李炜民检查市园林学校安全工作......141
高大伟调研玉渊潭公园“9·3”阅兵服务保障工作......141
张勇到北海公园调研“9·3”阅兵服务保障工作......141
西城旅游委主任到北海公园进行综合检查......141
张勇调研中山公园抗战胜利纪念环境......141
杨月调研中山公园、陶然亭公园安全保障工作......141
高大伟商谈颐和园西宫门拆迁事宜......141
张勇到香山公园检查索道安全运营工作......142

程海军到天坛公园调研旻园餐厅......142
严力强带队到香山公园调研工作......142
西城区领导到陶然亭公园检查纪念抗战胜利70周年服务保障筹备工作......142
市文物局领导调研天坛公园可移动文物保存环境改善项目......142
王安顺检查抗战胜利纪念活动服务保障工作......142
景俊海到香山公园游览参观......142
市人大代表到陶然亭公园调研......143
高大伟到玉渊潭公园调研湿地规划工作......143
杨月调研学习型党组织创建情况......143
王忠海到香山公园基层联系支部调研......143
杨月调研香山公园学习型党组织建设情况......143
张勇检查北海公园碧海楼布展情况......143
张勇检查指导颐和园中秋国庆节前工作......144
张勇带队到香山公园检查国庆节前工作......144
王忠海到香山公园检查指导宣传工作......144
王晓峰到天坛公园考察活动场地......144
国务院政府质量工作考核组赴颐和园调研......144
林克庆检查北海公园国庆相关工作情况......144
李炜民检查北海公园安全工作......145
李金早检查天坛国庆假日准备工作......145
于军到香山公园检查节前工作......145
高大伟到香山公园调研工作......145
于军调研颐和园国庆游园情况......145
西城区领导检查北京动物园国庆节工作......146
李炜民调研良种中试基地秋季种植进展情况......146
赵根武在香山公园召开综合保障协调工作会......146
中心领导到玉渊潭公园调研工作......146
张勇到玉渊潭公园调研工作......146
王忠海调研曹雪芹西山故里项目进展......146
陈刚检查香山公园红叶观赏季保障工作......147
国家发改委调研天坛公园物价工作......147
张泽根带队到香山公园检查工作......147
张勇带队检查“增彩延绿”良种中试基地建设情况......147
郑西平调研香山公园红叶观赏季综合保障工作......147
许森到香山公园检查红叶观赏季保障工作......147
王忠海调研香山公园“三严三实”教育开展情况......147
张勇调研香山公园检查红叶观赏季综合保障情况......148
中心领导检查景山公园历史文化展......148
尹燕京带队到香山公园检查指导安全工作......148
中心领导调研香山公园古建复建工作......148
市总工会政法卫生文化工会领导调研陶然亭公园工作......148
中国文化遗产研究院院长等到香山公园调研......148
王忠海到北海公园调研“建园850周年”筹备工作......149
呼文亮调研颐和园科技课题进展情况......149
程海军等调研颐和园廉政宣传教育......149
市文物局到北海公园调研相关工作......149
程海军检查天坛公园党风廉政建设责任制落实情况......149
郑西平到香山公园调研指导工作......150
郑西平调研颐和园基层党组织建设......150

内外事接待......150

陶然亭公园、中山公园完成郑州市园林局接待任务......150
北京动物园接待青少年科学技术学院师生......151
北海公园部署国际奥委会考察接待工作......151
景山公园完成浙江省省长一行接待任务......151
五台山罗睺寺主持格桑金巴法师到紫竹禅院拜谒......151
孙中山逝世90周年纪念仪式举行......151
塔吉克斯坦驻华大使携夫人到香山公园游览......152
藏传佛教苯教甲央尊珠活佛等人到紫竹禅院谒拜礼佛......152

北海公园接待奥地利总统参观游览......152
北京第二中级人民法院到陶然亭公园参观学习......152
国家行政学院学员到陶然亭公园参观......152
廊坊市文明办公室参观陶然亭公园......152
北京市安全局到陶然亭公园参观学习......152
孙晋康带队到香山公园参观交流......153
第五届北京国际电影节评委到天坛公园参观游览......153
江西省副省长朱虹到紫竹院公园参观......153
朱立伦率团拜谒碧云寺孙中山衣冠冢......153
中心党校第八期青年干部班学员到陶然亭公园参观学习......153
北京植物园领导到陶然亭公园参观学习......154
台湾法务部参访团到香山碧云寺拜谒孙中山衣冠冢......154
澳门辅仁社民间文化访问团一行访问北京植物园......154
北京动物园接待“People to People 美国学生团”......154
北海公园接待美国产品设计师 SadiTekin 一行来园......154
陶然亭公园党委接待中央台办基层党支部参观主题公园......154
中共中央台湾工作办公室到陶然亭公园参观......155
联合国教科文组织副总干事米拉格罗斯·德尔·克拉尔女士到天坛公园考察......155
饶平到香山碧云寺拜谒孙中山衣冠冢......155
打工子弟走进天坛公园公益夏令营......155
新疆和田质监局到香山公园学习调研......155
北京动物园接待全国关爱各族儿童夏令营......155
全国公安系统烈士遗孤参观游览颐和园......156
市公园绿地协会品牌观摩团考察北京动物园......156
香山公园完成台湾南部里邻长北京参访团接待工作......156
台湾海旅会到天坛公园参观游览......156
天坛公园完成世界田径锦标赛开幕式演员接待任务......156
北京动物园接待市残联“无障碍·乐畅行——全国肢残人活动日暨无障碍环境推广活动”......156
京津冀绿地协会代表团参观考察北京动物园......156
宫崎蕗苳、宫崎黄石拜谒碧云寺孙中山纪念堂......157
天坛公园完成联合国秘书长潘基文夫妇一行 20 人参观接待任务......157
毛新宇到香山双清别墅祭拜毛泽东主席......157
台湾移民署署长到香山公园拜谒孙中山纪念堂......157
法国外事总理顾问到景山公园游览......157
北海公园接待美国标准协会副总裁......157
北海公园完成国务院办公厅领导接待工作......158
北京动物园接待大兴区第五小学师生......158
陈云林、阳安江、张秋俭到香山公园游览参观......158
北京动物园接待日本鲭江日中友协访问......158
北海公园接待菊花分会副理事长......158
法国总统奥朗德到天坛公园参观游览......158
孙中山诞辰 149 周年纪念仪式举行......159
孙伯雄到香山碧云寺拜谒孙中山纪念堂......159
颐和园完成年度内外事接待任务......159
北京植物园完成“一二·九”运动纪念地参观游览的服务接待工作......159

管理......160

北京动物园职工食堂实行刷卡就餐......160
北京动物园与北京海洋馆调整票务合作方式......160
园林学校加强节日及寒假期间安全管理工作......160
中心召开离退休干部征求意见座谈会......160
北京动物园与北京信沃达海洋科技有限公司海洋馆土地相关事宜......160
北京动物园完成北京海洋馆土地证变更......161
北京动物园增设冰面提示牌示......161

目　录

中心召开2014年度宣传工作绩效考评总结交流会……161
园林学校召开建章立制工作汇报会……162
中心召开年度科普工作总结交流评比会……162
北京动物园畅观楼会所整治……162
中心完成年度科技成果评审工作……162
香山公园组织开展"落实制度与服务人性化"主题辩论会……163
景山公园完成北京市公园游览年票发售工作……163
陶然亭公园完成年票发售工作……163
中心获2014年度国家安全人民防线建设先进集体……163
中心召开历史文化建筑保护项目实施情况调查与信息整理工作布置会……163
北京植物园参加国家花卉产业技术创新战略联盟理事会……163
中心召开工作会议……163
香山公园诉北京心远山房文化艺术有限公司返还原物纠纷案经判决生效……164
北京动物园全面推开审计工作……164
绿化项目专家论证会召开……164
中心召开安全工作会议……164
中心召开"市属公园增彩延绿项目"工作会……164
中心对公园高档餐饮和会所整治情况进行综合检查……165
中心召开2014年度科普工作总结评比会……165
程海军主持召开纪委会……165
北京动物园召开整治"会所中的歪风"部署会……165
中山公园开展会所整治……165
玉渊潭公园重新修订门前三包责任制管理办法……166
香山公园完成房屋自检自查……166
中心召开党风廉政建设工作会议……166
中心开展科研经费支出专项检查……166
北海公园监测活动团体音响设备……166
中心组织召开青年科技人员座谈会……166
市园林绿化局与中心就开展科技合作进行座谈……167
颐和园、北海公园、紫竹院公园、陶然亭公园冰场关闭……167
中心召开绩效管理督查工作座谈会……167
香山公园完成内部密闭空间检查工作……167
中心召开节前物价工作座谈会……167
香山公园索道开车运营……167
"增彩延绿"集中示范区建设工程设计方案汇报布置会……167
北京市根艺研究会年会在北海公园召开……168
市纪委检查市属公园会所整改情况……168
中心召开春节安全工作电视电话会议……168
颐和园与中国人寿保险公司签订公众责任险……168
北海公园琼华岛队做好扫雪铲冰工作……168
陶然亭公园等单位受到首都绿化委员会表彰……168
北海公园原上林苑整改取得新进展……169
中心召开处级以上领导干部会议……169
天坛公园完成"两会"接待任务……169
中心召开增彩延绿集中示范项目工作会……169
玉渊潭公园积极推进确园转型……169
中心召开市政府为民办实事项目现场会……170
中心召开春节新闻宣传工作总结交流会……170
中心召开综合建设管理工作会……170
中国风景园林学会第五届四次常务理事会……170
中心召开宣传、工会、共青团工作研讨会……170
中心检查组到紫竹院公园检查高档餐饮及会所整改情况……170
中心召开组织、人事、劳资、老干部工作会议……171
中心工会召开工作部署会……171
天坛公园举办游客满意度调查活动……171
首次樱花文化活动工作协调会……171
北海公园召开年度领导干部述职会……172
中心宣传、工会、共青团工作会……172
中心调查研究工作会……172
中心年度科技工作会议……172

中山公园完成“十三五”规划编制......172
北京动物园北极熊室外水池首次清理......173
北京动物园第五届职工代表大会第五次会议....173
北京动物园完成水獭展区科普牌示增设工作....173
陶然亭公园海棠春花文化节工作顺利完成......173
颐和园完成国有资产产权登记工作......173
北海公园加强建立服务型保安队伍工作......173
中心春季活动现场会在玉渊潭公园召开......174
市档案局到中心调研指导档案工作......174
市人大代表建议、政协委员提案办理工作会....174
中心召开非紧急救助工作部署会......174
北海公园通过三标一体化内审工作......174
香山公园与四季青绿景一队签订协议......175
天坛公园完成旅游旺季票价及时间调整工作....175
中山公园质量 / 环境管理体系内部审核......175
陶然亭公园召开园管文物课题验收会和专业技术人员工作大会......175
北海公园撤除园内现有功德箱......175
景山公园取消万春亭功德箱......176
中心完成清明假日游园服务保障工作......176
北海公园于清明节前更换各基础设施......176
颐和园完成内控体系建设......176
中心票价机制和商业运行研讨会召开......176
中心落实市政府为民办实事项目督办会召开....176
天坛公园完成杨柳树雌株统计工作......177
市属公园高档餐饮场所和会所专项整治持续发力......177
陶然亭公园护园队践行护园执法工作......177
中心召开市政府绩效管理评估反馈问题整改推进专题会......177
中心领导到陶然亭公园宣布新的领导班子任命......177
海淀区召开香山公园周边治理改造调研座谈会......177
中心召开改革发展路径调查研究座谈会......178
市园林绿化局到陶然亭公园听取“增彩延绿”汇报项目达成共识......178
中心召开“三八”活动先进女工工作者总结会......178
颐和园完成绣漪桥卫生间扩容工作......178
陶然亭公园完成增设沁香轩坡道工作......178
北海公园召开三标一体化评审会议......179
中心召开张勇任职期间经济责任审计工作进点会......179
陶然亭公园杜绝职工岗上看手机现象......179
紫竹院公园完成“十三五”规划编制工作......179
中山公园完成内部控制体系建设......179
北海公园与有关单位洽谈合作办展事宜......180
颐和园文化合作项目专题会......180
中山公园质量 / 环境管理体系再认证审核......180
景山公园与驻园单位签订责任书......180
智慧公园建设研讨会......181
颐和园对部分园容设施进行维修养护......181
北海公园开展商业网点人员培训......181
张勇到北京动物园调研中心系统改革发展路径问题......181
张勇到颐和园调研改革发展路径问题......181
香山公园召开“绿色文明行动”献言献策讨论会......182
中心召开领导干部会议......182
玉渊潭公园完成景区承载量测算......182
中心所属公园巩固高档餐饮和会所成果......182
北海公园完成三标一体化外审......182
天坛公园完成第 43 类“天坛”商标续展注册工作......182
北海公园完成职工上岗证注册及办理工作......183
香山公园加强服务设施管理......183
北京动物园成为节能在线监测单位......183
北海公园启动“十三五”规划编制工作......183
天坛公园推进“十三五”事业发展规划编制工作......183
景山公园组织保安人员夜间演练......184
陶然亭公园进行游客满意度测评活动......184
颐和园发放游客满意度调查问卷......184

北海公园游船通过法定年度检验........................184
陶然亭公园党委对社会主义核心价值观主题公园展览设施进行安全检查........................184
中山公园排查安全隐患........................184
《中心调查研究实用指导手册》完成编制并印发........................185
陶然亭公园正式成立服务二队导游班........................185
市科委到香山公园检查雨水课题实施成果........................185
颐和园召开夜游活动座谈会........................185
香山公园收回洪光寺使用和管理权........................185
旅游行业协会工作会在北海公园召开........................186
景山公园编制完成《景山公园“十三五”事业发展总体规划》........................186
中心落实市政府第26项为民办实事项目现场推进会在北海公园召开........................186
香山公园成立碧云寺文化研究室........................186
中心调查研究工作........................186
市文物局带队到香山公园检查工作........................187
林克庆出席市公园管理中心与故宫博物院建立战略合作关系签约活动........................187
玉渊潭公园召开申报国家湿地公园示范区专家咨询会........................187
陶然亭公园导游讲解班成立........................187
中心召开“中国人民抗日战争暨世界反法西斯战争胜利70周年纪念活动”环境布置方案专家论证会........................187
颐和园全部区域及办公场所禁止吸烟........................187
玉渊潭公园全面启动禁烟工作........................188
北京植物园、园科院参加北京市园林绿化科技成果推介会........................188
陶然亭公园进行游客问卷调查........................188
中山公园布置禁烟工作........................188
中心通过住建部全国文明单位复查........................188
陶然亭公园张贴公共场所禁止吸烟牌示........................189
张勇到天坛调研中心系统改革发展路径问题........................189
北海公园协助街道完成普查工作........................189
景山公园开展降噪和禁烟宣传动员会........................189
天坛公园全面推行内控体系........................189
市公园管理中心服务管理处调研课题工作........................189
香山公园组织开展控烟宣传活动........................190
天坛公园开展游客满意度专项调查活动........................190
中心完成各公园路椅和厕所专项调研........................190
香山公园全面做好控烟条例贯彻落实工作........................190
中心落实《北京市控制吸烟条例》工作方案........................191
北京植物园月季园获得“世界杰出月季园”奖........................191
王忠海到陶然亭公园检查指导民生实事项目推进工作........................191
北京动物园完成室内全面禁烟工作........................191
北京市旅游委检查天坛公园控烟条例落实情况........................191
市旅游委到北海公园检查禁烟工作........................192
郑西平与中心研究室开展专题座谈........................192
中心召开服务管理工作会议........................192
“为官不为、为官乱为”专项治理工作领导小组第一次全体会议召开........................192
北京动物园碳排放配额履约工作........................192
中心召开市政府第26项为民办实事项目进度汇报会........................192
高大伟到香山公园调研必选课题和“十三五”规划进展情况........................192
陶然亭公园召开第八次工会会员代表大会........................192
北海公园加强中高考期间公园噪音治理工作........................193
高大伟到景山公园调研........................193
中心着力推进调查研究相关工作........................193
市政系统档案协作组交流会在紫竹院公园举行........................193
北海公园接受获奖证书及奖牌........................193
陶然亭公园开展“为官不为、为官乱为”专项治理........................193
中心召开调研课题征求意见会........................194
景山公园积极应对短时大人流........................194
中心召开电子票务系统建设专题会........................194
陶然亭公园创新经营模式........................194

紫竹院加强重点工程监督检查......194
陶然亭公园开展队留基金使用和规范财务收入专项检查工作......195
陶然亭公园开展游客安全游园满意度调查......195
陶然亭公园成立游客服务中心......195
中心分别召开重点工作任务折子专题会......195
玉渊潭公园与市园林绿化局野保处磋商城市湿地公园申报......195
北海公园完成阐福寺展览交接工作......196
香山公园召开社会义务监督员座谈会......196
北海公园完成年度旺季游客满意度调查......196
中心完成“端午”小长假游园服务保障工作......196
中心开展游客安全游园满意度调查......197
景山公园开展游客满意度调查活动......197
郑西平主持召开第二季度党委书记例会......197
高大伟到紫竹院公园调研“十三五”规划编制及必选课题进展情况......197
中山公园更换怡乐城部分设施迎接暑期......197
中心完成人大代表建议、政协委员提案办理工作......197
玉渊潭公园更换新型年票刷卡机提升验票效率......198
高大伟到玉渊潭公园调研“十三五”规划编制及必选课题进展情况......198
景山公园加强票务管理......198
2015年市政府为民办实事项目取得成效......198
北海公园核定年度社会保险缴费基数......198
紫竹院公园启动紫晶宴府转型经营工作......198
中心文物保护工作研讨会......199
颐和园建立巡逻犬养殖基地......199
抗日战争胜利70周年纪念活动花卉环境布置工作会......199
中心与市旅游委就开发市属公园夜间游览项目进行座谈研讨......199
中心系统改革发展路径课题研讨会......199
中心开展“为官不为”“为官乱为”意见建议征集......200
景山“公园之友”办公室召开降噪工作座谈会......200
中心常委会传达学习市委十一届七次全会精神......200
北海公园加大票务监管力度......200
经营队完成恐龙展期间准备工作......200
中心调研工作中期成果交流会......200
北京植物园做好“一二·九”运动纪念地主题教育活动高峰期服务保障工作......201
陶然亭公园加强“高石墓”周边环境的管理工作......201
颐和园完成文昌院、新建宫门外广场土地确权......201
中心“十三五”规划编制工作推进会......201
中心召开会议传达学习北京市上半年经济形势分析会精神......201
中心“增彩延绿”示范区建设有序进行......201
北海公园开展标准化专项检查......202
市公园绿地协会第四届三次理事会在园博馆召开......202
香山公园参加北门改造工作协调会......202
北京公园精细化管理论坛......202
颐和园举办旅游商品研发及运营培训班......202
中心召开培育和践行社会主义核心价值观主题公园建设管理工作会......202
非紧急救助服务市政府热线上线情况通报会......203
北京动物园开展商业服务问卷调查......203
北京植物园推进内控体系建设工作......203
陶然亭公园更换职工号牌......203
中心系统两项发展战略调研课题取得阶段性进展......203
神乐署雅乐中心乐队代表中心参加首都职工音乐比赛获得一等奖......203
海淀区治安部门到香山公园协调治安管理工作......204
中山公园疏导天安门地区分流游客......204
陶然亭公园实施内部控制制度......204

目录

北海公园展开联合降噪治理行动........................204
服务抗战胜利纪念活动现场会............................205
中心召开抗战胜利70周年纪念活动服务保障工作再动员会..205
北海公园完成干部人事档案整理工作................205
海淀区治安支队到香山公园检查防恐防爆情况..205
纪念抗战胜利70周年适应性演练工作完成......205
北京动物园召开新区规划设计邀标会................206
中心中国人民抗日战争暨世界反法西斯战争胜利70周年纪念活动服务保障工作会..................206
中心服务管理工作会议..206
中心召开“历史名园书写辉煌”展览筹备工作会..206
高大伟主持召开绩效联席会................................206
中心老干部工作阶段会暨下半年工作布置会....207
中心完成“8·23”阅兵演练服务保障工作......207
景山公园完成抗战胜利70周年纪念活动服务保障工作..207
香山公园加强摄影团队建设................................208
北海公园通过游船安全检查................................208
中心调研陶然亭公园商业企业课题...................208
北京植物园召开财务工作会议............................208
中心回顾展征求意见会..208
陶然亭公园开展讲解员技能竞赛暨讲解岗位大练兵活动..209
玉渊潭加强对不文明和扰序行为的综合治理力度..209
玉渊潭公园公共服务提升改造工程获专项资金支持..209
中心开展商业企业运营管理课题调研................209
中心做好纪念抗战胜利70周年活动综合保障..209
北海公园完成“9·3”假期保障工作................210
紫竹院公园完成“9·3”阅兵期间各项服务保障工作..210
中心完成抗战胜利70周年纪念活动综合保障服务工作..210
张勇听取十项展览进展情况................................212
中山公园纪念抗战胜利70周年环境布置获奖..212
园林学校召开庆祝表彰大会................................212
颐和园开展票务专项检查....................................212
中心服务管理处调研中山公园商业企业运营管理课题..212
中心服务管理处调研颐和园商业企业运营管理课题..213
中心“十三五”规划纲要（初稿）研究会........213
市2015年中秋、国庆假日旅游工作会议..........213
玉渊潭公园顺利通过年度双认证审核...............213
中心开展第18届全国推广普通话宣传周活动..213
中心重点实验室交流座谈会................................213
中山公园开展服务管理自查自纠工作...............214
颐和园与法国香波堡签订友好合作协议............214
陶然亭公园进行物价专项检查............................214
杨月、高大伟等代表中心参加中国人民抗日战争暨世界反法西斯胜利70周年纪念活动北京市服务保障工作总结表彰大会..............................214
北京动物园加强景区管理服务工作...................214
中心完成中秋国庆节前综合检查........................214
北海公园完成中秋节服务保障工作...................215
北海公园碧海楼皇家邮驿展正式对游人开放....215
中心2015年国庆假日工作视频会议.................215
中心做好国庆游园服务及游客量管控工作........215
中心参加纪念抗战胜利70周年阅兵服务保障工作座谈会..216
香山公园与市公安局海淀分局完成驻园派出所房屋移交工作..216
中山公园参加“第四届中国兰花大会”获奖....216
北京动物园获得市教委100万元任务经费资助..216
中心相关处室到故宫博物院考察“十一”黄金周期间安全服务保障工作..................................216
中心国庆服务安全保障工作会议........................217

颐和园对园内商业从严要求确保食品安全........217
天坛公园进一步加强景区管理服务工作............217
北海公园积极筹备北京市第四届手语风采大赛参赛工作..217
景山公园多措并举改善服务设施......................217
北海公园对照市民反映问题改进服务管理工作..218
中心检查北海公园高档餐饮相关工作...............218
中心检查玉渊潭公园第七届农情绿意秋实展活动..218
香山公园完成国庆节服务保障工作...................218
北海公园完成国庆服务保障工作......................218
北海公园完成工资制度调整及补发工作...........219
香山公园完成碧云寺门口商业摊点收回工作....219
中山公园启用游船电子票务系统......................219
北海公园接受发改委检查组检查......................219
张勇检查“增彩延绿”良种中试基地建设情况..220
市公园绿地协会专题会议.................................220
中心召开国庆假期新闻宣传总结研讨会...........220
景山公园加强对非公园之友团队管理...............220
中心完成2016年新开课题评审工作.................220
天坛公园等五家单位被命名为“北京市科普基地”..220
中心年度冬防会议...221
首届京津冀公园发展研讨会..............................221
中心预算执行工作专题会.................................221
北京动物园动物管理临时工作组成立...............221
香山红叶观赏季第二周重点日指挥部值守工作完成..221
中心参加第四届北京国际旅游商品博览会.......222
颐和园等三家单位被评为“北京十佳生态旅游观鸟地”..222
颐和园完成安全管理体系内审工作..................222
中心完成优秀工程评比.....................................222
中心开展档案调研工作.....................................222
中心调查研究工作取得阶段性成果...................223
天坛公园调整门票价格实施园中园优惠政策....223
中心组织填写调查问卷.....................................223
香山公园多渠道公示年票限时政策...................223
市属公园接待游人情况统计..............................224
中心全面开展内部控制体系建设工作...............224
中心配合市审计局完成审计工作......................224
中心完成行政事业单位产权登记工作...............225
中心开展清理检查单位银行账户......................225
多部门持续加强“香山红叶季”期间秩序管理和交通管控...225
园中园票价管理专题工作会..............................226
中山公园落实园中园门票政策..........................226
香山公园迅速落实票价整改措施......................226
北京植物园明确门票优惠减免规定...................227
玉渊潭公园召开景观提升改造专家论证会........227
张勇主任召开票价工作会议..............................227
中心所属各公园迅速应对突发雨雪天气............227
香山公园召开钟鼓复原工作会议......................228
中心完成“2015年市政府第26项重要民生实事项目”..228
中心进行票价情况检查.....................................228
园林学校接受“国家改革发展示范校项目建设”省级验收..228
“测土配方施肥在北海公园绿地中的研究与应用”课题通过验收..229
玉渊潭公园召开东湖湿地公园专家论证会........229
中心召开第三次服务管理工作经验交流会........229
中心组织召开服务管理工作经验交流会............229
陶然亭公园开展专项离任审计检查...................230
玉渊潭公园开展“小金库”专项检查工作........230
香山公园强化对出差活动的监督提醒...............230
景山公园规范票务服务.....................................230
国家标准《公园服务基本要求》专题讨论会....231
市文物局到北海公园检查工作..........................231
颐和园管理处完成搬迁.....................................231
天坛公园做好门票价格整改工作......................232
中心召开绩效管理评估述职考核汇报会议.......232

目 录

北海公园开展鸟类疫源疫病检测工作................232
北京动物园获首都生态文明宣传教育基地建设工作嘉奖..232
北海公园获北京市第四届手语风采大赛二等奖...232
颐和园益寿堂展览经验交流会...........................232
中心严格规范因公出国（境）工作....................233
中心举行十项展览现场验收及交流总结会........233
颐和园制订极端天气防护用品使用管理规定....233
中心两个良种中试基地获经费支持....................233
中心对北海公园开展专项检查...........................233
香山公园召开道路系统规划专家论证会............233
中心因公出国（境）工作培训会.......................234
园林学校接受市政府教育督导室德育专项督导...234
香港花展方案征集活动专家会...........................234
2016 公园年票开始发售.......................................234
中心文创工作专题会...235
《动物园术语标准》批准为行业标准................235
中心被评为全国安全文化建设标杆单位............235
中心四项举措加强内部审计工作管理................235
“增彩延绿良种基地建设”工作务虚会............235
山西省物价局到天坛公园检查...........................236
中心召开部门决算工作布置会...........................236
北海公园冰场通过验收.......................................236
中国城市规划设计研究院、公园绿地协会调研《北京绿地系统规划》修编事宜...........................236
中心党员领导干部会...236
北京动物园促成天皓成服装批发市场转型摘牌...236
陶然亭公园花卉市场按期撤市...........................237
中心干部选拔、交流、管理、监督工作稳步推进...237
陶然亭公园完善国有资产购置、使用及处置制度...237
玉渊潭公园推进东北部景区保护性开放............238
玉渊潭公园加强固定资产管理...........................238
玉渊潭公园全面实施内部控制制度....................238
玉渊潭公园开展大额项目资金绩效评价............238
玉渊潭公园完成绩效考核经济指标....................238
玉渊潭公园完成年度绩效督查工作....................238
玉渊潭公园完成冰雪活动研究课题....................239
北海公园拟开放静心斋北门...............................239
北海公园通过旅游标准项目考核........................239
北海公园就扫雪铲冰工作落实责任制................239
北海公园有序开展年度考核工作........................239
北海公园加快碧海楼展览筹备工作....................240
景山公园建立健全内控体系建设........................240
中心加强机构编制管理工作...............................240
中心完成年度人事管理工作...............................240
信息中心完成中心远程办公网改版工作............241
中心新建干部人才信息资源库系统....................241
中心计算机信息中心互联网门户网站提升工程...241
年度信息化项目申报工作完成...........................242
中心完成信息化项目申报机制修订....................242
中心加强信息化安全与保障...............................242
中心完成电子年票发售工作...............................243
中心完成工资保险管理工作...............................243
中心完成职业技能鉴定有关工作........................243
中心加强干部监督管理工作...............................243
香山公园完成“十三五”规划编制....................244
《北京动物园制度汇编（2015 年版）》修订工作完成..244
陶然亭公园启动园艺公司注销工作....................244
天坛公园印制牌示、栏杆等服务设施图册.........244
天坛公园电子票务情况.......................................245
天坛公园提高服务设施的保障能力....................245
天坛公园制订《建设工程预结算管理办法》....245
颐和园修订《颐和园考勤工资奖金管理规定》...245
颐和园修订《颐和园带薪年休假实施细则》....245
颐和园制订《颐和园返聘人员管理办法》........245
颐和园推行联票销售奖励机制...........................245

颐和园完成绩效管理工作任务......246
玉渊潭公园初步完成“十三五”事业发展规划......246
北京植物园加强养护及引种管理工作......246
北京动物园完成“十三五”规划编制工作......246
香山公园索道改造前期调研情况......246
北京植物园启动“十三五”事业发展规划编制工作......247
中山公园调研自选课题......247
中山公园检查票务工作......247
中山公园落实14项年度绩效管理任务......247
玉渊潭公园加强自媒体规范管理......247
玉渊潭公园完成园内游船码头更名、定名......247
玉渊潭公园高水平提高园区保洁工作......248
北海公园新添船只并做好宣传工作......248
颐和园编制“十三五”发展规划......248
《风景园林学名词·风景园林艺术名词》编写工作完成......248
北京市属公园完成“中秋”假日游园服务保障工作......248
天坛公园完成游客最大承载量核定发布工作......249
天坛公园配合行政执法情况......249
紫竹院公园开始设计制作福荫紫竹院手绘地图......249
玉渊潭公园门区安检常态化......249
玉渊潭公园有序开展行政执法工作......249
陶然亭公园开发特色纪念品......250
北海公园落实离退休人员补贴政策......250

规划建设

综　述......251

基础建设......252

玉渊潭公园改造护园队队部......252
玉渊潭公园改造原职工之家......252
玉渊潭公园完成东北部景区绿化环境建设项目工区自来水管线改线接驳......252
紫竹院公园翻建温室工程......252
紫竹院公园修建儿童乐园大棚......252
北京动物园改造儿童动物园卫生间......252
颐和园升级改造文昌院综合展厅......253
玉渊潭公园安装新建游船码头充电设备及服务设施......253
北海公园鱼台厕所修缮工程竣工......253
北京动物园完成老象房屋面维修工程......253
北京动物园改造儿童动物园西区......253
香山公园维修北路电话线路......253
玉渊潭公园安装南横轴金属网栏......254
香山公园完成地下基础设施勘察......254
紫竹院公园修复筠石苑水生态......254
颐和园筹办夜景照明工程前期工作......254
景山公园完成寿皇殿建筑群外院南墙修缮......254
北京动物园棕熊文化广场工程......255
北京动物园维修鸟禽馆屋面防水......255
香山公园维修改造喷灌系统......255
香山公园园路改造工程通过验收......255
颐和园完成益寿堂整修工程......255
北京动物园小熊猫展区改造工程完工......255
香山公园完成双清木屋工程......256
中山公园改造西南山周边路面......256
中山公园改造给水主管线......256
中山公园改造消防管线......256
颐和园完成镜桥修缮工程......256
天坛公园整修祈谷坛门至西二门南侧围墙......256
北京动物园丰容大会配合改造项目......256
天坛公园完成神乐署署门两侧、祈年殿院北、北神厨及北宰牲亭散水外扩1米宽嵌草砖工程......256
玉渊潭公园改造游船队队部......257
天坛公园改造东南区喷灌主管线......257
陶然亭公园增彩延绿项目竣工......257

玉渊潭公园完成地下基础设施勘察......257
北京动物园改造聚苯乙烯压型钢板房......257
陶然亭公园完成华夏名亭园李杜景区改造二期工程......258
玉渊潭公园完成南门箱式变压器及电源工程......258
香山公园更换管理处高压配电室入户高压电缆......258
北京动物园改造历史文化广场......258
陶然亭公园完成窑台山山体高喷工程......258
颐和园完成益寿堂院内下架油饰工程......258
北京动物园兽医院改造一期、二期工程完工......259
颐和园更新游览区果皮箱......259
北京动物园更新改造企鹅馆水处理设备......259
中山公园改造热力站......259
北京动物园改造高压电缆......259
北京动物园改造两栖动物爬行馆配电系统......259
北京动物园改造亚运熊猫馆......260
香山公园完成智能数字化语音广播系统建设......260
颐和园完成园墙抢险修缮工程（三期）......260
玉渊潭公园完成留春园厕所改造工程......260
景山公园改造山体消防系统......260
园林学校完成学生教室改造......260
陶然亭公园改造升级游客服务中心内部设施......260
北京动物园维修兽医院屋面......260
紫竹院公园更新喷灌系统首部设备......261
玉渊潭公园完成南部景观墙改造工程......261
景山公园完成西北大墙线缆入地工程......261
陶然亭公园改造北门低压电缆......261
玉渊潭公园改造保安驻地边道路......261
天坛公园改造北神厨南侧嵌草砖......261
园林学校完成运动场看台座椅安装......261
北京动物园改造金丝猴馆及周边绿化景观......261
玉渊潭公园安装东南部金属网栏杆......262
北京动物园启用正门售票处监控设备......262
北京动物园完成大熊猫馆竹林景观喷雾工程......262
北京动物园十三陵基地防火通道完工......262
北京动物园改造畅春堂东侧绿地景观......262
中山公园改造西门网络......263
北海公园召开静心斋工程验收会......263
北京植物园完成给排水维修工程......263
陶然亭公园升级改造安防系统......263
静宜园二十八景一期消防工程通过验收......263
北京动物园改造十三陵基地基础设施......263
颐和园完成长廊廊心画复制工程......263
中山公园改造碰碰车房屋......264
中山公园改造后河码头遮阴棚......264
香山静宜园二十八景一期修复工程全部验收完毕......264
玉渊潭公园完成中堤道路改造工程......264
玉渊潭公园完成西部供配电改造工程......264
紫竹院公园改造广播系统......264
北京动物园维修鸟苑屋顶......265
颐和园完成母婴室设置......265
北京动物园改造 A 区低压配电柜......265
北京动物园改造十三陵基地兽舍及供电设施......265
中山公园改版升级官方网站......265
陶然亭公园完成年度工程建设情况......265
北京动物园更新增设便民服务设施......266
北海公园为基层班组维修基础设施......266
玉渊潭公园完成基础服务设施更新维护工作......266
园科院完成天敌昆虫生产工厂二期工程......266
北京植物园更新改造展览温室设备......266
北京植物园完成国内首个月季品种测试园的建设......266
园科院完善“增彩延绿”彩色植物中试基地建设......267
园科院启动并推进城市绿地生态系统定位监测站建设......267
紫竹院公园配合十六号线建设工程......267
紫竹院公园改造东门厕所......267

文物古建保护......267

颐和园完成古建病害巡查与诊断评估（一期）..267

中心召开可移动文物保护工作座谈会................268
北海公园参加可移动文物座谈会........................268
北海公园开会研讨静心斋相关方案....................268
北海公园古建复建工程方案获批........................268
颐和园复制玉澜堂宜芸馆座下地毯....................268
北海公园召开团城古树避雷方案论证会............268
颐和园改造乐寿堂周围白板透...........................268
中心召开文物保护工作会议................................268
北京植物园完成首次历史文化遗存调查............269
北海公园举办文物保护志愿服务........................269
中山公园进行藏品咨询甄别................................269
北京动物园“五一”花坛布展............................269
香山公园发现清代值守房基址...........................269
颐和园更新永寿斋棚壁糊饰................................269
景山公园将寿皇殿牌楼石匾芯搬至管理处........270
北海公园召开静心斋项目立项协调会................270
景山公园将疑似可移动文物吻兽搬运至管理处库房保存..270
神乐署雅乐中心王玲入选东城区级非遗传承人..270
景山公园挖掘刻有铭文的方砖...........................270
香山公园召开“松堂黄石假山修整加固工程”现场会..270
北海公园召开可移动文物普查汇报会................270
景山公园对寿皇殿广场南牌楼加装护栏............270
天坛公园完成第一次全国可移动文物普查工作..271
颐和园完成生态监测（一期）项目....................271
北海公园召开古建复建工程专家会....................271
中山公园临时加固破损文物构件........................271
颐和园更新澹宁堂展厅..271
北海公园开展静心斋展览展陈方案研讨............272
北海公园召开西天梵境复建动员会....................272
市文物局到香山公园进行文物认定....................272
中山公园完成石碑石刻拓片制作........................272
北海公园召开静心斋专家验收会........................272
北海公园团城古树避雷工程完工........................272
北海公园加强九龙壁保护管理............................272
北海公园西天梵境建筑群修复开工....................273
天坛公园修复文物朝灯..273
香山公园召开香山寺钟鼓楼钟、鼓复原实施方案汇报会..273
北海公园推进碧海楼施工改造工程....................273
北京植物园继续推进曹雪芹西山故里景区项目..273
天坛公园开展遗产保护监测................................273
紫竹院公园完成双林寺塔遗址保护工程前期工作..274
北京动物园修复明清家具....................................274
颐和园与上海豫园管理处完成“太后居园 - 颐和园藏慈禧珍宝展”文物点交工作....................274
颐和园更换耕织图石刻保护罩............................274

环境美化..275

北京植物园组织召开绿化项目专家论证会........275
中山公园处理受损树木..275
中心召开“增彩延绿”集中示范区建设工程设计方案汇报布置会..275
玉渊潭公园完成樱花园景区更新种植................275
北海公园推进静心斋水生态修复工程................275
陶然亭公园海棠春花节花卉环境布置................276
北京植物园开展春植工作....................................276
紫竹院公园推进增彩延绿示范项目....................276
颐和园完成西大墙绿化景观修复工程................276
颐和园完成西大墙喷灌设施恢复工程................276
中心与市园林绿化局研究推进“增彩延绿”示范项目..276
颐和园完成南湖岛景观提升工程........................277
北海公园加强古树复壮保护................................277
北京动物园协助首都体育馆提升绿化景观........277
北海公园完成“五一”花卉布景工作................277
北京动物园完成“五一”花坛布展....................277
香山公园完成“增彩延绿工程”示范区建设项目..277

天坛公园举办“祈年胜春和平花开”月季展....278
第七届北京月季文化节开幕................................278
北海公园全面进行花卉补植................................278
香山公园完成年度古树复壮工程........................278
北京动物园完成豳风堂东侧换植苔草工程........278
中山公园召开古树复壮保护专家论证会 278
景山公园完成山脊线景观提升工作...................278
香山公园完成年度红叶保育工程........................279
中山公园古树立地环境改造................................279
北京植物园组织古树复壮方案专家论证会........279
中心召开反法西斯纪念活动花卉环境布置工作安排会..279
中山公园完成抗战胜利70周年花卉环境布置..279
景山公园精心推出“七彩山路”花镜展示........279
颐和园完成反法西斯战争胜利70周年花卉布置...279
市属公园花卉环境布置特色鲜明.......................280
紫竹院公园花卉环境布置工作...........................280
天坛公园完成反法西斯战争胜利70周年纪念活动的花卉环境布置..280
北京植物园完成纪念抗战胜利70周年活动环境布展工作..280
香山公园完成纪念反法西斯战争胜利70周年花卉环境布置..281
北京动物园纪念抗战胜利70周年花坛布展......281
陶然亭公园完成纪念活动花卉布置...................281
陶然亭公园完成高石墓绿化改造及花卉布置....281
中心持续做好环境整治提升工作.......................281
北京植物园展示园科院新优自育品种万寿菊....281
北京植物园热带展览温室进行景观调整...........282
中心开展纪念抗战胜利70周年花卉环境布置总结评比..282
第七届北京菊花文化节开幕...............................282
陶然亭公园完成“十一”花卉布置工作...........282
北京植物园完成菊展菊花种苗供苗工作...........282
中山公园完成中秋国庆环境布置.......................282
中山公园古树修复..283
香山公园完成松堂公园古树群保护和基础设施改造项目（二期）...283
北京动物园在牡丹亭新植牡丹...........................283
中山公园地栽郁金香30万球.............................283
中山公园牡丹芍药补植.......................................283
中山公园树木复壮...283
中心召开2016年香港花展方案征集活动专家会...283
玉渊潭公园完成增彩延绿工程...........................284
北京动物园保护复壮古树...................................284
玉渊潭公园丰富樱花基地苗木种类...................284
玉渊潭公园梅花冬季陆地引种成功...................284
玉渊潭公园开展杨柳飞絮治理及摸底调查........284
玉渊潭公园樱花认养...284
园林学校完成校园绿化提升工程.......................284
北海公园开展纪念抗战胜利70周年环境布置..285
紫竹院公园完成年度绿化养护工作...................285
天坛公园完成古树养护.......................................285
陶然亭公园完成全年植物调整补植任务...........285
陶然亭公园完成全年重大节日、活动花卉布置...286
园科院为首都“增彩延绿”科技示范工程提供彩色植物材料..286
北京动物园完成兽舍绿化丰容...........................286
北京动物园完成大树修剪...................................286
中心“增彩延绿”项目顺利推进.......................286

安全保障

综述...287
安全应急处与有关领导进行公园执法工作座谈...287
北海公园就开展公园安全工作开展座谈...........287
景山公园检查全园消防井...................................287
安全应急处参加第一季度全市公共安全形势分析会..288

北海公园画舫建造接受检查......288
长假游园活动实时人流预警形成长效机制......288
天坛公园进行春节前反恐防暴演练和消防演练......288
景山公园加强春节前安全保障力度......288
陶然亭公园开展消防培训、宣传、演练......288
中山公园安保三方联席会议制度建立......288
陶然亭公园开展交通安全培训、车辆检查......288
香山公园召开春节前安全工作部署会......289
香山公园进行春节前浇水降噪工作......289
颐和园及时启动防拥堵预案......289
中山公园举办防爆培训......289
中心开展春节前综合检查......289
景山公园制作两会提示牌......289
中心召开 2015 年安全工作会议......289
北海公园游船通过验收......290
景山公园对避雷设施进行安全检测......290
天坛公园避雷设施年度检测完毕......290
天坛举行安全管理培训会......290
景山公园开展防火防爆演习......290
玉渊潭公园完成安全文化微电影创作......290
景山公园对消防及电力设施进行检查......290
中心处级以上领导干部学习新《安全生产法》......290
园林学校进行年检......291
中心完成第三方安全检查工作......291
天坛公园做好北神厨和北宰牲亭开放安全保障工作......291
动物园完成牌示安全隐患排查工作......291
香山公园加强园内服务设施安全......291
中山公园提供抗战阅兵场地保障......291
天坛公园的车辆检测通过质监局年检......292
陶然亭公园开展安全演练......292
香山公园组织开展门区疏堵预案演练......292
香山公园对园内工地及民工驻地进行安全检查......292
天坛公园完成园属基层单位汽改电工作......292
香山公园完成“五一”节安检工作......293
北京植物园开展急救培训......293
颐和园完成避雷设施安装......293
天坛公园创建安全文化北京公园模式......293
中心应急处对公园游乐设施进行现场安全检查......293
北海公园开展全园控烟情况检查......293
市文物局执法大队到北海公园检查工作......293
北海公园推进“安全生产月”各项工作......293
香山公园开展大树倒伏应急预案演习......294
中心举办安全生产月主题宣传日活动......294
玉渊潭公园褐色袖标安全志愿者服务队正式成立......294
中心完成平安公园“微电影”创作......294
中山公园巡更点位完善......294
香山公园组织开展索道应急救援演习......294
中山公园微电影创作......295
香山公园组织开展古建施工人员火灾扑救演习......295
玉渊潭公园开展安保工作展示活动......295
市属公园开展“加强安全法治，保障安全生产”主题志愿服务活动......295
北京动物园首次举办“安全主题活动日”......295
中心系统“褐色袖标行动”启动......296
北京植物园举办知识大讲堂活动......296
东城区 A 级景区进行联组互查......296
中心开展行政执法行动......296
中山公园水上救生演练......296
北海公园积极做好夏季安全工作......296
中山公园查封地下空间......296
香山公园全面做好暴雨极端天气应对工作......297
颐和园完成消防系统升级改造......297
中心安全应急处到紫竹院进行工作调研......297
中山公园抗战阅兵活动场地安检......297
陶然亭公园部署 70 周年活动安全保障工作......297
中心对中山公园、香山公园、紫竹院公园和动物园十三陵饲养场开展安全检查......297

中山公园加强抗战胜利阅兵活动期间人员车辆管理 298
抗战阅兵活动协调会在中山公园召开 298
中山公园抗战胜利阅兵活动前期安保 298
香山公园开展交通安全宣传 298
玉渊潭公园完成自动灭火装置安装 298
中心召开第四次安全文化建设工作会 298
中山公园保障抗战胜利阅兵预演 299
景山公园邀请防火中心人员进行消防知识培训 299
中山公园电气检测 299
中心开展阅兵和世锦赛“两大活动”安全保障互查工作 299
陶然亭公园开展“9·3”安全检查 299
公园开展海淀区旅游行业景区水上演练 299
中山公园配合市特警支队演习 300
中山公园配备高压细水雾消防推车 300
北京植物园持续强化安全工作 300
颐和园完成消防安防系统升级改造 300
景山公园完成阅兵保障任务 300
中山公园抗战阅兵活动安保接待 300
天坛公园完成反法西斯战争胜利 70 周年纪念活动安全保卫工作 301
景山公园门区设安检确保“9·3”阅兵活动安全 301
陶然亭公园完成“9·3”阅兵安全保障工作 301
香山公园做好“9·3”安全服务保障工作 301
北海公园完成“9·3”安全保障工作 301
中心完成中秋、国庆假日前安全应急演练 302
安全生产监督局到景山公园检查工作 302
陶然亭公园严格管理入园车辆 302
陶然亭公园制订“四项”展览大人流应急预案 302
中心党校做好国庆期间安全工作 302
天坛公园完成国庆节期间安保工作 303
景山公园参加国际减灾日体验活动 303
香山公园开展红叶娃娃互动巡游及护林防火宣传活动 303
北海公园接受海事局安全检查 303
景山公园多措施防范火灾隐患 303
景山公园加强雨雪天气防护措施 303
中心党校做好应对雨雪天气的安全防范工作 303
市属 11 家公园开展“公园是我安全的家”主题宣传咨询日活动 304
玉渊潭公园完成监控室升级改造工程 304
北京动物园开展全国交通安全日宣传 304
陶然亭公园开展消防安全检查 304
玉渊潭公园开展禁毒知识宣传活动 304
北海公园通过控烟示范单位工作检查 304
香山公园参加实战演练及装备展示会 304
中心安全生产标准化创建工作正式启动 305
景山公园保卫科整治公园环境 305
天坛公园圆满完成第十一届文化周安保工作 305
天坛公园重点时段安检情况 305
北海公园完成食堂相关安全隐患排查 305
陶然亭公园创作平安公园“微电影” 305

文化活动

文化研究 306

综述 306
香山公园召开昭庙文化专题研讨会 306
香山公园出版发行《香山碑帖集》 306
香山公园与中国人民大学清史研究所达成学术研究合作意向 307
《颐和园》杂志第 11 期出版 307
北海公园接受赠书 307
颐和园出版《颐和园遗产监测报告 2013 ～ 2014》 307
景山公园邀请著名学者阎崇年、原古建博物馆馆长谢立红指导绮望楼历史文化展工作 307
颐和园完成《可移动文物的保护与利用》课题研究 307

颐和园完成《APEC 领导人配偶活动保障工作》课题研究......308
中心系统改革发展战略目标定位和分步实施路径调查研究课题启动......308
香山公园出版《北京香山近代建筑保护研究》......308
香山公园出版发行《北京香山慈幼院探研》......308
“第十二届环境丰容国际研讨会”在北京动物园成功举办......308
天坛公园开展《北京天坛回音建筑声学问题》课题研究......308
颐和园出版《颐和园皇家档案》......309
中山公园完成志鉴资料电子化......309
社稷祭祀乐谱部分翻译复原......309
北海公园开展根艺研究会相关会议......309
中心到景山公园调研纪念抗战胜利 70 周年新闻宣传工作......309
颐和园完成御制诗扫描登记......309
陶然亭公园举办中国历史名亭联谊会成立会暨第一次研讨会......310
香山公园举办《乾隆皇帝与六世班禅学术研讨会论文集》首发式暨香山静宜园第二届文化论坛......310
香山公园出版发行《民国香山诗文精选》......310
长河变迁与紫竹院地区历史文化研究课题通过验收......310
玉渊潭地域休闲文化的产生、演变与发展初探课题顺利结题......310
颐和园完成“三山五园定位和发展路径”课题研究......311
颐和园完成《智慧颐和园综合信息平台建设研究》......311
北海公园相关课题通过验收......311
香山公园参加“三山五园”文化研究与文化传播研讨会......311
《天坛大事记（1407～2010 年）》编纂工作......311
颐和园完成寿文化体系课题研究......311
颐和园完成《颐和园周边历史村落变迁研究》......312
颐和园与中国人民大学清史所签署合作协议......312
中山公园完成年鉴编纂......312
玉渊潭公园推进万柳堂历史文化研究工作......312
玉渊潭公园完成“管理”“文化”两篇资料长编......312
陶然亭公园出版《陶然心醉一亭留》和《陶然公园古代诗词选》......312
陶然亭公园完成二轮修志资料长编编纂工作......313
世界文化遗产单位周边保护管理对策研究——以天坛为例调研课题成果通过北京市公园管理中心审查......313
中山公园完成自选课题研究工作......313
北海公园出版《北海团城大修实录》......313
北海公园完成资料长编（文化篇）编写......313
北海公园完成园林绿化志相关内容审阅......313
北京植物园挖掘“一二·九”纪念地历史文化......314

特色活动......314

颐和园举办百年颐和冰上健身活动......314
园林学校举办“缤纷四季、美在园林”教职工摄影比赛......314
北京动物园举办“我做动物园讲解员”活动......314
北京植物园举办冰雪游园会......314
北海公园冰上活动圆满结束......314
陶然亭公园开展“冰雪体育进公园，共助北京申冬奥”主题宣传活动......315
北京植物园开展“转微信送请柬”的微信互动活动......315
香山公园举办第十届登高祈福会......315
天坛公园举办第十一届春节文化周......315
陶然亭公园举办“北京厂甸庙会陶然亭公园民俗区”活动......315

北海公园琼华岛队开展特色文化活动................316
北京动物园“周末动物课堂”改版....................316
北京动物园举办“世界野生动植物日”活动....316
中心开展公园新风奖誓师活动............................316
景山公园举办“花暖女人节”牡丹展...............316
香山公园举办纪念孙中山先生逝世 90 周年悼念活动..316
玉渊潭举办第二十七届樱花节............................317
北京植物园举办第 27 届北京桃花节..................317
香山公园完成中共中央进驻香山 66 周年纪念日服务接待工作..317
紫竹院公园开展“助力北京申冬奥”签名活动...317
陶然亭公园举办“大眼萌”观花赏景活动........318
陶然亭公园举办首届海棠春花文化节................318
北海公园举办“让我们荡起双桨”纪念活动启动仪式..318
中山公园与房山区窦店镇三街村开展城乡共建活动...318
北京植物园举办中国古代文学家特种邮票首发仪式...318
北京市第三届节能环保低碳宣传活动在天坛公园举办..319
香山公园举办第十三届香山山花观赏季............319
景山公园举办第十九届牡丹文化艺术节 319
景山公园举办皇家园林书画展............................319
香山公园举办“禅意插花”碧云文化讲堂活动...319
景山公园举办御苑巡游赏牡丹表演....................320
“跨越东西方的握手”系列国际文化交流活动启动仪式在景山公园举办..................................320
景山公园第十九届景山牡丹文化艺术节推出“珍品牡丹”认养活动..320
景山公园开展拼出我世界——儿童 3D 立体拼图活动..320
天坛公园完成中心职工健步走活动....................320
园林学校举行学生花卉组合盆栽比赛................320
园林学校举行校园开放日活动............................321
陶然亭公园举办“弘扬四自 向善陶然”活动...321
中心青年职工素质拓展训练活动在密云北京国际青年营举行..321
园林学校举行第十届学生艺术节........................321
太极瑜伽相会活动在天坛公园举办....................321
北京植物园举办第七届北京月季文化节............321
第五届中关村国际青年艺术节在紫竹院公园举办...322
天坛公园举办赴法文化交流一周年纪念活动....322
陶然亭公园配合北京市旅游委举办“中国旅游日”旅游推介活动..322
皇家园林旅游节新闻发布会在香山双清别墅举办...322
北海公园完成市政府新闻办公室组织活动........322
天坛公园举办“社区居民赏天坛月季”活动....322
北海公园举办书法文化专题讲座........................323
中国文艺志愿者在行动摄影活动在玉渊潭公园举办...323
中国科学院附属实验学校在玉渊潭公园开展主题教育活动..323
陶然亭公园开展第三届“中国房颤日”健康义诊咨询活动..323
北京植物园举办“纳兰词中话红楼、女儿节中论葬花”活动..323
紫竹院公园举办书画笔会....................................323
北海公园举办旅游文化宣传日活动....................324
颐和园举办第十届中国文化遗产日宣传活动....324
北海公园举办端午节划船比赛............................324
景山公园开展“我们的节日·端午”主题活动...324
北海公园与社区联合举办端午节活动................324
北京植物园举办“星·叶派对”夜游活动 324
第十届陶然端午系列文化节活动开幕................324
北海公园举行第十九届荷花文化节开幕式........325
北海公园参加第十二届北京国际旅游博览会....325

北京坛庙文化研究会年会在中山公园召开........325
太极柔力球决赛在中山公园举办........325
香山公园创新开展山林养生活动........325
冰雪主题夜跑活动在玉渊潭公园举行........325
第二十二届紫竹院公园竹荷文化展开幕........326
玉渊潭公园筹备夏季赏荷文化活动........326
国际曼德拉日主题活动在玉渊潭公园举行........326
北海公园举办荷花主题雅集会........326
陶然亭公园与市体育局共同开展“北京市全民健身科学指导大讲堂”活动........326
北京动物园承办北京市第九次“全国特奥日”活动........327
“翰墨园林”职工书画展开幕式在玉渊潭公园举行........327
香山公园举办“香山皇家园林养生体验之旅”活动........327
第十一届金鱼文化展在中山公园举办........327
香山公园举办暑期红色绿色游活动........327
“为和平行走——麦克·贝茨勋爵徒步走”活动启动仪式在天坛举办........328
北京动物园举办纪念抗战胜利70周年系列活动........328
北海公园开展多项拥军慰问活动........328
北海公园举办助力申奥主题冰蹴推广活动........329
北海公园举办助力申奥主题健步走活动........329
中心工会大讲堂活动在玉渊潭公园举办........329
第十届北京公园节民族舞蹈大赛在紫竹院公园举行........329
香山公园在碧云禅舍开展“古法品香”讲座........329
全国肢残人活动日活动在北京动物园举办........330
天坛公园举办暑期特色科普活动........330
香山公园联合市公园管理中心计生办举办暑期山林奇妙之旅活动........330
第十届北京公园季在地坛公园启动........330
北海公园举行摄影作品颁奖活动........331
天坛公园开展“红色印记·文化之旅”爱国主义教育活动........331
玉渊潭公园举办第七届农情绿意秋实展活动........331
“三山五园”皇家园林旅游节专场音乐会在香山公园举办........331
中心积极开展第十八届全国推广普通话宣传周活动........331
北京十佳生态旅游观鸟地评选活动在天坛公园举行........332
天坛公园联合东城发改委物价检查所举办“价格服务进公园”宣传活动........332
北海公园举办“金象会员节”........332
玉渊潭公园举办第十届北京公园季健身操比赛........332
陶然亭公园举办“圆梦中秋·点亮陶然”中秋赏月活动........332
北海公园举办第四届“北京·开封菊花文化节”开幕式........332
颐和园配合首都文明办公室完成“文明旅游袋动中国”大型环保公益活动........333
根石艺术作品展在北海公园开幕........333
第十届北京公园节踢毽子比赛在北海公园举行........333
“第三届北京老年节开幕式”在天坛公园举办........333
香山公园第27届红叶观赏季开幕........334
陶然亭公园举办第十三届“陶然杯”地书邀请赛........334
第27届香山“红叶观赏季”开幕首周末运行平稳........334
第四届北京市“天坛杯”社区太极拳（剑）比赛活动举办........335
北京市第十一中学师生到神乐署开展文化社会实践活动........335
景山公园举办空竹表演赛........335
北京植物园举办第五届“曹雪芹西山传说小学生故事会”走进校园系列活动........335
第七届菊花文化节在北海公园开幕........336
北京植物园举办第六届曹雪芹文化节暨纪念曹雪芹诞辰300周年大会........336

颐和园第十四届桂花文化节 336
北京植物园成功申请市教委“初中开放性科学实践活动——叶子的秘密” 337
香山公园组织开展纪念孙中山先生诞辰149周年主题纪念活动 337
北京动物园开展聋哑儿童游园活动 337
北京动物园开展“争当中国好网民”活动 337
陶然亭公园第六届冰雪嘉年华系列活动正式开幕 337
第12届环境丰容国际研讨会在北京动物园举行 337
北京动物园举办暑期夏令营 338

展览展陈 314

梅墨生师生作品展在中山公园举办 338
香山公园就昭庙展陈利用召开专家会 338
北京动物园举办羊年生肖文化展 339
北京植物园举办郁金香展 339
北京植物园举办第十一届北京兰花展 339
迎新春花卉精品展在中山公园举办 339
中山公园举办名人名兰展 339
颐和园举办第四届“傲骨幽香”两梅展 339
北京动物园科普馆举办“中国大熊猫现状展” 339
中山公园举办王士生山水画作品展 340
北京植物园科普馆举办“航天育种科普展” 340
景山公园推出《历史上的景山》图片展 340
郁金香慈善行动主题花展在中山公园举办 340
北京植物园举办第二十七届北京桃花节暨第十二届世界名花展 340
香山公园革命历史专题展首次走入西柏坡 340
香山公园举办《五大书记珍藏图片展》 341
北京植物园开展《红楼游艺》专题展览 341
中山公园举办春花暨郁金香展 341
熊晓东中国画作品展在中山公园举办 341
景山公园举办《景山公园精品牡丹图片展》 341
北京动物园科普馆举办野生鸟类摄影展 341
香山公园举办《三山五园——香山静宜园历史文化展》 342
中山公园举办梅兰竹菊水墨画展 342
汪新林中国画作品展在中山公园举办 342
孙忠义焦墨山水画展在中山公园举办 342
颐和园举办“龙兴关外——清前文物展” 342
颐和园举办“颐和园与京西御稻”科普展 342
第五十届国际野生生物摄影年赛获奖作品巡展在动物园举办 343
北海公园召开静心斋展览展陈专家意见会 343
北京植物园发起“中国植物园联盟——公众科普计划” 343
颐和园举办“颐和园清宫钟表展” 343
中国楷书网书法笔会在中山公园举办 343
北京市地方志系统开发利用成果展在玉渊潭公园举办 343
瓷画主题文化展在中山公园举办 343
紫竹院公园举办“雪域星生珍藏唐卡艺术展” 344
香山公园召开静宜园二十八景文化展陈与综合利用方案专家评审会 344
第三届屈原主题艺术展在中山公园举办 344
北京植物园举办盆栽荷花展 344
杨茬葆书法作品展在中山公园举办 344
景山公园推出《北京市景山寿皇殿建筑群数字化信息采集成果展》 344
香山公园举办《党面临的“赶考”远未结束》主题展览开幕式 345
北海公园举办沈三草大师画展 345
北京动物园举办生物多样性保护摄影作品展 345
陶然亭公园举办慈悲庵红色文化展 345
北京动物园举办“阿尔山四季风光摄影展” 345
景山公园举办第八届荷花盆景艺术展——瓷风雅韵·仿古瓷展 345
《三山五园——香山静宜园历史文化展》走进中国人民大学 346

陶然亭公园举办第二届恐龙科普文化展 346
紫竹院公园党委制作纪念抗战胜利 70 周年主题宣传展板 346
“翰墨园林”职工书画展在玉渊潭公园开幕 346
景山公园举办《荷花摄影精品展》 346
北海公园举办“荷”系列主题展 346
图东方中国画作品展在中山公园举办 346
北京植物园“一二·九”运动纪念地“铭记抗战历史 传承爱国情怀”主题展面向公众开放 .. 347
玉渊潭公园举办第十二届春到玉渊潭摄影比赛展 347
景山公园推出《冬奥主题科普展》 347
抗战胜利 70 周年书法展在中山公园举办 347
香山公园举办致远斋、韵琴斋文化展览开幕式 347
景山公园举办《中国抗日战争史图片展》 348
颐和园举办“露陈石座颖拓艺术作品展” 348
陶然亭公园举办云绘楼·清音阁内景复原展 348
颐和园改陈永寿斋部分列展 348
颐和园开放南湖岛景区 348
玉渊潭公园举办廉政文化展 348
北京植物园举办“百亩花海迎抗战胜利 70 周年”花展 348
北海公园举办主题书画展 349
北京动物园举办公益海报设计作品展 349
北京植物园举办苦苣苔植物展 349
太后居园——颐和园藏慈禧珍宝展在上海豫园听涛阁展厅前举办开幕仪式 349
颐和园赴法国举办历史文化图文展 349
陶然亭公园举办中国亭文化展 349
陶然亭公园举办对公众开放 60 周年园史展 350
颐和园举办“西藏罗布林卡文物精品展” 350
颐和园举办第十四届“颐和秋韵”桂花文化展 350
北京动物园更新亚运熊猫馆展览展陈 350
北京植物园举办第七届北京菊花文化节 350
北京金秋兰花精品展在中山公园举办 350
北海公园“北京市第十八届根石艺术优秀作品展”开幕 351
陶然亭公园“四项展览”全部对游客开放 351
玉渊潭公园第七届农情绿意秋实展正式拉开帷幕 351
北京植物园举办仙人掌及多浆植物展 351
北京动物园畅观楼园史展 351
李庚水墨作品展在玉渊潭公园举办 352
颐和园举办三山五园之现代艺术展 352
北京动物园举办“青海三江源保护区野生动物图片展” 352
颐和园举办“法国香波堡历史文化图文展” 352
中国植物园联盟珍稀濒危植物展在北京植物园开幕 352
景山公园绮望楼景山历史文化展拉开帷幕 353
中山公园举办“菊染金秋”菊花精品展 353
天坛公园举办“华夏菊香筑梦中国”菊花展 353
景山公园举办《中国第一水乡周庄摄影精品展》.. 353
颐和园举办“寻访中国共产党进京赶考之路”展览 353
十项文化展览全部对游客开放 353
景山公园协助举办《砗磲艺术展》 354
北神厨、北宰牲亭“天坛文物展”对外开放 354
许力水墨戏画展在中山公园举办 354
北京动物园举办“消失的家园”主题图片展 354
景山公园举办《中国梦影像公益广告》宣传展 354
景山公园举办登山赛摄影回顾展 354
颐和园举办“传奇·见证——颐和园南迁文物展” 354
玉渊潭公园“玉和光影”摄影展廊举办多项摄影展 354
景山公园举办“增彩延绿”项目新优苗木应用成果展 355
天坛公园举办“五谷”科普展 355

人才管理　教育培训

综述......356

人才管理......357

中国植物园联盟科普教育项目启动会暨培训班......357
北京植物园全面加强“一二·九运动纪念地”爱国主义教育基地的建设和管理......357
中心宣传处学习传达贯彻“中心党委培育和践行社会主义核心价值观主题公园建设管理工作推进会”精神......357
抗日战争暨世界反法西斯战争胜利70周年纪念活动......357
“2015年非紧急救助服务业务知识答题”活动......358
玉渊潭公园完成工资政策解说宣传工作......358
中心召开青年科技人员座谈会......358
中心领导到北海公园宣布任命决定......358
中心任命北京动物园处级干部......358
......359
中心领导宣布北海公园、陶然亭公园人事任免决定......359
中心调研陶然亭公园高技能人才情况......359
北海公园完成调薪相关工作......359
北海公园完成公开招聘现场资格审核......359
中心领导到玉渊潭公园宣布新任党委书记赵康任命决定......360
北海公园员工获得专业从业证书......360
颐和园完成8个副科级管理岗位竞聘工作......360
颐和园完成招聘工作......360
中山公园公开招聘......360
中心领导到北海公园宣布任命决定......360
中山公园选拔任用中层干部......361
园林学校开展普通中专招生录取工作......361
玉渊潭公园完成社会公开招聘工作......361
香山公园举行青年骨干人才库启动仪式......361
香山公园完成新职工入职培训工作......361
紫竹院公园梁勤璋被评选为2014年度享受政府特殊津贴技师......361
陶然亭公园工勤职工调配......361
陶然亭公园完成技术工人升考工作......361
景山公园完成自学成才奖励兑现......362
北京动物园技工升考选拔考试......362
景山公园工勤技能岗位升考情况......362
北京植物园樊金龙被评为享受政府特殊津贴技师......362
北京动物园完成公开招聘工作......362
香山公园青年骨干人才库首次实践展演活动......362

教育培训......363

中心组织摄影讲座......363
中心开展花卉环境布置技术培训......363
北京动物园开展园林花灌木冬季修剪培训......363
北京动物园举办首届青年科技沙龙......363
北京动物园举办青年职工夏令营......363
景山公园开展岗位劳动技能竞赛与考核......364
陶然亭公园召开专业技术人员工作大会......364
中心党校举办第八期青年干部培训班......364
中心党校举办党员发展对象培训班......364
中心党委举办处级领导干部培训班......364
香山公园举办花艺大赛......365
香山公园举办拜师学艺活动启动仪式......365
香山公园举办青年技能竞赛......365
园林学校学生顶岗实习总结研讨会......365
园林学校召开2014～2015学年学生表彰大会......365
园林学校2015届毕业生招聘会......365
园林学校强化毕业生就业指导工作......366
园林学校完成首届“3+2”中高职衔接试验班分段考试......366

园林学校在市职业教育系统运动会上获得佳绩......366
园林学校教学成果获得全国农业职业教育教学成果奖......366
中山公园完成年度技工升考......366
园林学校举行市中职学校农林技术技能比赛......366
香山公园开展导游讲解岗位竞赛......367
景山公园开展职工食堂厨师竞赛......367
北京植物园举办专业技术人员学术交流会......367
颐和园完成第 13 批大学生志愿者中文讲解考核......367
玉渊潭公园第三届青年岗位能手技能竞赛拉开序幕......367
香山公园组织开展龙爪槐修剪实操培训......367
北京植物园举办年度专业技术人员学术交流会......367
香山公园参加全国红色旅游信息报送系统实操骨干培训班......368
中山公园举办园艺技术座谈......368
香山公园岗位练兵公文写作组召开培训动员会暨第一次培训会......368
香山公园参加市红色旅游管理人员培训班......368
香山公园举办园史知识培训......368
香山公园举办《园林建设基础知识》培训......368
香山公园开展职业道德辅导讲座......368
北海公园开展第二期绿化技能培训......369
园林学校开展教师培训......369
北海公园青年职工拜师学艺......369
园林学校优秀毕业生为母校教师培训......369
中心冬季科技培训圆满完成......369
园博馆举办申评国家 4A 级旅游景区专题讲座......369
陶然亭公园举办办事员培训......369
中心召开年鉴培训会......370
玉渊潭公园组织副科级以上干部参加安全教育培训......370
中山公园进行游船职工技能培训......370
北京动物园和清华附中合作开展校外生物课项目......370
陶然亭公园举办第三期班长骨干培训......370
陶然亭公园组织职工进行拓展训练......371
北海公园开展牡丹养护知识培训......371
北海公园加强职工技能培训......371
陶然亭公园组织小型机械安全操作规程培训......371
陶然亭公园组织技术骨干学习木瓜属海棠修剪......371
中山公园举办星级讲解员考评......372
中心党校组织第七期青年干部班学员举行廉政文化论坛......372
陶然亭公园组织导游员培训......372
中山公园举办讲解员业务培训......372
颐和园举办系列文化讲座......372
北海公园邀请专家来园培训......372
北海公园纪委组织新任干部集中学习......372
陶然亭公园举办新招聘职工培训......373
颐和园举办新入园员工培训班......373
北海公园开展岗前培训教育......373
香山公园党委加强社会主义核心价值观学习教育......373
颐和园开展道德讲堂教育活动......373
北海公园园艺队分会举办水仙雕刻及冬季园林绿化技能培训......373
园博馆开展消火栓安全使用专项培训......374
园博馆开展讲解员技能考核......374
北海公园开展导游讲解技能培训......374
北京市杨柳树调查与飞絮治理技术培训会......374
园林学校专业教师到玉渊潭公园开展专业教学实践调研......374
中心举办“十三五”规划编制与调查研究培训讲座......375
天坛神乐署雅乐中心开展乐理知识培训......375
中心召开信息化工作培训会......375
园博馆对职工开展安全月宣传培训......375
中心机关开展“公园与公园文化建设”专题培训......375

中心组织“三严三实”专题教育集中学习........375
颐和园导游服务中心新增大学生英文讲解志愿者
....375
颐和园导游服务中心开展颐和园殿堂陈设专题培训
....376
颐和园举办游船驾驶员培训班..........................376
北京植物园举办防火知识大讲堂活动................376
旅游商品研发及运营培训班..............................376
颐和园殿堂队德和园班举办茶艺培训讲座........376
中心举办夏季科技系列讲座..............................376
颐和园导游服务中心开展中文讲解比赛............376
颐和园导游服务中心开展植物养护专题讲座....377
北京动物园筛选夏令营志愿者..........................377
景山公园召开合同续签工作培训会..................377
北海公园游船队开展园史培训..........................377
中心科技系列讲座完成......................................377
景山公园开展消防安全知识讲座......................377
园科院举办“城市绿化增彩延绿技术”高级研修班
....377
北海公园参加控烟相关工作培训......................378
天坛公园非紧急救助服务工作培训会..............378
颐和园完成三个体系内审员培训......................378
中心老干部处进行“增彩延绿”讲座..............378
颐和园开展技能培训和劳动竞赛活动..............378
中心召开“三严三实”专题教育工作推进会....378
中心完成首期公园安全管理师培训工作...........379
中心组织参观学习北京市增彩延绿示范项目....379
中心举办处级领导干部培训班..........................379
中心与市语言文字工作委员会联合开展公园旅游业语言服务规范培训班..............................379
北京植物园、北京动物园、园博馆成为北京市教委初中开放性科普实践活动资源单位...........379
中心举办科普讲解专题培训..............................380
园林学校为行业开展培训鉴定..........................380
园林学校完成“国家中等职业教育改革发展示范学校建设”项目..380
北海公园完成讲解技能培训..............................381
北京植物园开展绿化养护管理培训....................381
中心完成园林绿化、公园讲解主体工种技能培训
....381
景山公园打造学习型党组织，开展知园爱园教育
....381
北海公园开展工资政策宣传培训工作................382
颐和园举办干部骨干培训班..............................382
颐和园举办入党积极分子培训班......................382
北京动物园创新安全培训形式..........................382
颐和园与苏州风景区共同举办培训班................382
北海公园开展非紧急救助业务培训....................382
北海公园开展医保政策解读培训会....................382
陶然亭公园开展花艺技能培训..........................383
北海公园启动导游讲解系列培训......................383
北海公园党委开展理论学习..............................383
北海公园开展理论学习教育活动......................383
中心党校开展菜单式免费教学服务....................383
中心党校加强师资队伍建设..............................383

党群工作

党的建设..384

北京植物园组织2014年新提拔的11名领导干部进行廉政答题考试..384
中心“共产党员献爱心”捐款活动....................384
中心机关党员集体宣誓活动..............................384
中心团委“勿忘国耻、圆梦中华”党团员集体宣誓活动..384
天坛公园党委主题党日活动..............................384
陶然亭公园党委主题党日活动..........................385
颐和园党委“忆党史铭党恩”主题道德讲堂活动
....385
园科院党委“三严三实”学习讨论....................385
中心党委学习贯彻习近平总书记在纪念中国人民抗日战争暨世界反法西斯战争胜利70周年大会上的重要讲话..385

中心对北京动物园工程建设领域开展专项巡查385
中心召开第三季度书记例会......386
程海军带队检查天坛公园党风廉政建设责任制落实情况......386
中心检查北京动物园党风廉政建设责任制落实情况......386

群团工作......387

中心党委召开离退休干部征求意见座谈会......387
中心团委学习“社会主义核心价值观”现场会......387
市总工会到中山公园班组慰问一线职工......387
中心工会劳模大讲堂......387
中心工会召开一届二十八次委员（扩大）会议......387
北京市公园管理中心劳动妇女节女职工时尚风采展示活动......388
北海公园主题宣传志愿服务活动......388
北海公园联合东直门中学开展志愿者实践活动......388
景山公园工会补选温蕊为第二届工会委员会副主席......388
颐和园党委道德讲堂汇报演出......388
天坛公园党委“弘扬正能量，共筑天坛梦”主题道德讲堂......388
香山公园党委年度第一场道德讲堂......388
北京植物园党委职工道德讲堂暨首个“植物园职工日”活动......388
香山公园党委加强全国爱国主义教育基地品牌建设......389
北海公园徒步走活动......389
中心先进女工工作者总结会......389
北海公园召开“十佳好人好事”表彰会......389
颐和园完成募捐救助活动......389
北海公园青年读书沙龙......389
中心劳模慰问活动......390
景山公园团总支开展牡丹展原创微博微信评选活动......390
北海公园助盲志愿服务活动......390
景山公园参加“学雷锋志愿服务推动日”活动......390
玉渊潭公园志愿者服务在行动......390
中心团委举办青年大讲堂之多肉植物的栽培与养护......390
北海公园承办中心合唱团......390
北海公园青年素质拓展活动......391
天坛公园青年志愿者五一期间开展志愿服务活动......391
植物园“绿色守护者”志愿服务“五一”小长假......391
景山公园社会志愿者服务牡丹节......391
香山公园“五一”期间开展志愿服务工作......391
北海公园推选职工参加中心健步走活动......391
北海公园组织职工参加素质拓展活动......391
陶然亭公园开展“赏美丽月季享幸福人生”志愿服务......391
颐和园团委开展兴趣团课之“五月鲜花”花束制作培训活动......392
工会大讲堂心理健康专场讲座......392
陶然亭公园第八次会员代表大会......392
北海公园端午节划船比赛......392
景山公园工会“安康杯”主题活动......392
玉渊潭公园做好端午佳节志愿服务活动......392
陶然亭公园开展“拼贴大自然”学雷锋科普志愿活动......392
天坛团委组织青年志愿者为小学生进行志愿服务......393
香山公园开展控烟志愿宣传活动......393
颐和园各级青年文明号、基层团支部志愿服务庆端午......393
北海公园端午节期间开展系列志愿服务活动......393
北京动物园服务队游客服务中心开展英语讲解比赛......393

北京动物园志愿者开展文明游园主题活动........393
园林学校工会开展关爱教职工子女系列活动....394
北海公园完成琼华岛队永安寺班职工书屋建设......394
陶然亭公园党团员集体宣誓活动........................394
香山公园“勿忘国耻　圆梦中华”主题宣誓纪念活动........394
北海公园组织团员代表参加宣誓活动................394
中心组织开展纪念“7·11”世界人口日暨人口和计划生育知识竞赛决赛........395
景山公园工会举办“牢记国耻　振兴中华”主题读书交流活动........395
北海公园联合志愿者协会开展相关活动............395
北海公园团委开展“白衣天使进公园”健康科普咨询志愿服务活动........395
天坛公园举办“勿忘国耻　圆梦中华”主题演讲比赛........395
玉渊潭公园青年兴趣讲堂正式启动....................395
中心当选中国建设职工政研会第七届理事单位......396
北京动物园青年夏令营“追逐，让青春闪光”系列活动........396
中心举办青年大讲堂之“花之语”中国传统插画艺术讲座........396
中国旅游志愿者队伍成立暨旅游志愿服务活动启动仪式........396
天坛公园开展“弘扬抗战精神，青春岗位绽放”志愿服务活动........396
玉渊潭公园开展“文明游园我最美”主题志愿服务活动........396
园林学校志愿者国庆期间为景山公园提供志愿服务........397
工会大讲堂专题讲座..397
中心离退休干部“为党的事业增添正能量，传播时代主旋律”主题实践展示活动........397
中心团委青年大讲堂..397
中心年度十佳志愿服务项目评选汇报会............397
中心与团市委联合举办“一二·九爱国接力长跑”活动........397
景山公园导游班开展志愿服务活动....................398
中心离退休干部报表工作完成..........................398
北京植物园各分会开展岗位练兵和技能竞赛活动........398
北海公园游船队启动劳动竞赛..........................398
北海公园开展读书沙龙系列活动........................398

精神文明........399

天坛公园党委开展“共享吉祥中国年，共践核心价值观”主题宣传实践活动........399
天坛公园开展“学习雷锋好榜样，践行核心价值观我带头”主题志愿宣传活动........399
天坛公园开展“优雅游园、无痕赏花”主题宣传实践活动........399
香山公园党委举行“祭先烈·学雷锋——践行社会主义核心价值观”启动仪式........399
玉渊潭公园开展主题实践活动..........................400
北京动物园“品味书香共享智慧”主题道德讲堂活动........400
陶然亭公园党委开展“思先烈，承遗志——践行社会主义核心价值观”学雷锋志愿服务活动.....400
紫竹院公园党委开展“争做文明礼让游客，共建绿色低碳家园”主题宣传活动........400
动物园党委开展“文明守护·快乐游园”系列主题活动........401
颐和园党委开展“踏青赏花春满园文明游园爱颐和”学雷锋志愿服务活动........401
玉渊潭公园启动道德讲堂活动..........................401
天坛公园开展“积极践行核心价值观，共同打造靓丽人文景观”主题宣传志愿活动........401
北海公园党委举办“书香北海厚德至善”——4·23世界读书日暨道德讲堂活动........402
香山公园党委开展“迎五一·歌颂劳动者”道德讲堂活动........402

颐和园党委召开精神文明建设表彰大会暨“学习先进弘扬正气”主题道德讲堂......402
天坛公园召开“弘扬劳模精神，唱响时代强音”主题道德讲堂......402
北京植物园党委开展“追梦桃花源·讴歌劳动美”主题道德讲堂活动......403
香山公园党委“五月鲜花青春之歌”道德讲堂活动......403
玉渊潭公园党委举办“爱岗敬业”主题道德讲堂活动......403
颐和园韩笑代表公园行业宣讲员参加“百姓宣讲骨干培训班”......403
紫竹院公园党委召开“魅力紫竹文化之旅”道德讲堂学习会......403
香山公园党委注重发挥红色资源的宣传教育作用......404
紫竹院公园组织党团员参观张思德纪念馆......404
中心团委开展“勿忘国耻，圆梦中华”爱国主义教育活动......404
天坛公园开展“端午佳节游天坛，共忆先贤守文明”主题宣传活动......404
中心推进“公园红色游”主题系列宣传活动......404
香山公园党委推出“红色爱国游”活动......404
颐和园党委积极开展爱国主义宣传教育......405
北京植物园组织退休干部党员在一二·九纪念亭开展“党员道德讲堂（主题党日）”活动......405
北京动物园举办第十届北京公园季文明游园主题宣传活动......405
天坛公园举办职工道德讲堂青年专场......405
天坛公园举办“红色印记·文化之旅”爱国主义教育活动......405
首都文明办公室“文明旅游我最美”主题宣传活动发布会在天坛公园举办......405
天坛公园开展“文明游园我最美”主题宣传实践活动......406
景山公园开展“文明游园我最美”主题宣传活动......406
北海公园开展主题道德讲堂活动......406
天坛公园举办“讲讲天坛好故事，说说身边好榜样”主题道德讲堂......406
北京植物园到顺义别庄村开展“园艺下乡 文明同行”城乡共建活动......407

科研科普

科技工作......408

中心完成杨柳雌株摸底调查工作......408
中心召开2016年新开课题评审会......408
测土配方施肥在北海公园绿地中的研究与应用课题通过验收......408
颐和园完成《微生态制剂对海棠复壮防病作用研究》......408
颐和园验收三项园管课题......409

科普活动......409

中山公园科普小屋举办丰富多彩的科普互动活动......409
北京动物园举办“小小研究员”科普活动......409
北京植物园举办首届“草木奇缘”主题冬令营活动......409
紫竹院公园开展“植物世界微观之旅”科学小实验系列活动......409
北京动物园“走出去，请进来”系列科普活动......410
北京植物园举办航天育种科普展......410
园科院花卉专家走进人民日报社进行科普讲座......410
北京植物园开展“植物专家带您识花草”活动......410
北京植物园参加 “珍稀濒危植物保护科普展”主题活动......410

北京动物园举办爱鸟周活动......410
“生物多样性保护科普宣传月”系列活动在北京植物园拉开帷幕......411
陶然亭公园举办“春里品海棠”科普活动......411
天坛公园开展“体验生态，走进自然”科普活动......411
第46个世界地球日科普宣传活动在紫竹院公园东门开展......411
香山公园启动山花观赏季景观小品介绍及绿化科普志愿服务项目......411
天坛公园举办“浓情五月　感恩母亲”主题科普互动活动......412
北海公园举办非遗技法科普活动......412
天坛公园参加全国科技活动周暨北京市科技周主场活动......412
北京动物园参加西城区科技周活动......412
北京动物园举办节能宣传活动......412
中心启动科普游园会......412
北京动物园举办“小小讲解员”科普活动......413
中心“生物多样性保护科普宣传月”系列活动启动......413
北京动物园百木园举办“有益昆虫放飞”科普活动......413
北京植物园举办“青草间，星空下”露营活动......413
“我是小小园艺师”天坛暑期特色科普活动......413
香山公园举办首期“山林奇妙夜”亲子夏令营......413
中心科普夏令营活动启动仪式......414
北京动物园举办野外夏令营......414
北京动物园举办“走近鸟类　体验生态”科普亲子互动活动......414
“体验生态·感受天坛文化”全国科普日主题开放活动......414
中山公园联合北京市农林科学院开展全国科普日宣传活动......415
中心开展全国科普日活动......415
北京植物园开展“超级月·夜派对——畅游植物园”活动......415
中山公园科普小屋举办第二次多肉栽植科普活动......415
天坛公园特色科普活动——制作叶脉书签......415
北京植物园举办“自然享乐，科普课堂”系列活动......415
北京植物园举办中国植物园联盟珍稀濒危植物保护科普展系列讲座......415
北海公园参赛选手成功晋级......416
中山公园举办“种盆属于自己的郁金香”科普活动......416
“凌波仙子·千娇百媚”水仙知识讲座......416

宣传交流

宣传工作......417

景山公园微信公众订阅号正式开通......417
景山公园党总支策划开展宣传社会主义核心价值观的春节纳福活动......417
香山公园党委加强社会主义核心价值观环境布置工作......417
中心团委在陶然亭公园召开“社会主义核心价值观”现场学习会......417
动物园党委加强社会主义核心价值观宣传环境氛围布置......417
颐和园党委进一步拓宽渠道加强社会主义核心价值观景观环境建设......418
中山公园开展申冬奥宣传活动......418
颐和园宣传全国劳动模范韩笑......418
香山公园做好红色教育基地的宣传保障工作......418
中心对北京植物园“一二·九”运动纪念地开展主题社会宣传活动的情况向市委宣传部报告......418

景山公园召开绮望楼《景山历史文化展》新闻发布会......419
景山公园协助1039交通广播台庆节目录制......419
中心政务微博“畅游公园”充分宣传十项主题展览......419
景山公园2015年微博、微信、官方网站三方面自媒体运行情况......419
中心宣传处组织开展“公园好故事·身边好职工”网络评选活动......419
中心对爱国主义教育基地有关情况进行汇总......419

对外交流......420

丰台区市政园林局到陶然亭公园参观学习......420
“天坛·小罗山共建文化家园”主题活动举办......420
北京植物园承担中国植物园联盟公众科普计划项目——“珍稀濒危植物主题科普巡展”在重庆首次亮相......420
澳大利亚月季专家劳瑞·纽曼访问北京植物园......421
美国克里山植物园主任马克那马拉一行5人访问北京植物园......421
塞舌尔植物园首席执行官到北京动物园参观交流......421
荷兰动物园园长到北京动物园参观交流......421
北京植物园与捷克布拉格植物园专业技术人员进行技术交流......421
里斯本大学景观学院院长到香山公园进行学术交流......421
联合国生物多样性公约秘书处执行秘书长访问北京植物园......421
加拿大增彩延绿专家访问北京植物园......422
北京植物园邀请美国莫顿树木园教育与信息部副主任苏珊女士作专题报告......422
东盟生物多样性官员和专家访问北京植物园......422
日本公园运营士会会长小林治人教授访问北京植物园......422
陈名杰到香山公园参观致远斋展览......422
芬兰艾赫泰里市市长到北京动物园参观交流......422
莱索托王国国家林业部技术人员访问北京植物园......422
颐和园与保定文物单位开展交流......423
Andreas Roloff教授、张德顺教授到北京植物园参观考察......423
京津冀公园发展研讨会与会代表到香山公园交流学习......423
中山公园分会在武汉成立......423
恭王府人员到北海公园考察交流......423
太原市相关单位来北海公园交流学习......423
北海公园与北京青年政治学院旅游景区服务项目展演交流活动......423
北京植物园与西双版纳植物园联合启动“成员互动交流计划”......424

统计材料

2015年北京市公园管理中心事业单位职工基本情况......425
事业单位基本概况......426
公园绿化基本情况......427
公园游人情况......428
公园节日情况......429
公园文化活动情况（一）......431
公园文化活动情况（二）......433
公园文化活动情况（三）......435
公园文化活动情况（四）......437
公园文娱活动情况......439
林业旅游与休闲产业发展情况......441
林业产业产值......441
林业投资完成情况......444
2015年北京市公园管理中心科技成果获奖项目......446

附录

文件选编……408

中共北京市公园管理中心委员会印发《关于干部交流工作暂行规定》的通知……447
中共北京市公园管理中心委员会印发《关于加强中青年干部培养的措施（试行）》的通知……449
北京市公园管理中心关于下发《2015 年市政府重点工作任务对接方案》的通知……450
北京市公园管理中心关于印发《北京市公园管理中心 2015 年调研工作方案》的通知……454
北京市公园管理中心印发《北京市公园管理中心关于加强可移动文物及藏品保护利用工作的意见》的通知……457
北京市公园管理中心关于下发《北京市公园管理中心“十三五”事业发展规划编制工作方案》的通知……460
中共北京市公园管理中心委员会印发《中共北京市公园管理中心关于在处级以上领导干部中开展“三严三实”专题教育的实施方案》的通知……465
北京市公园管理中心关于开展“为官不为”“为官乱为”问题专项治理的通知……469
中共北京市公园管理中心委员会关于加强领导干部外出报备工作的通知……471
北京市公园管理中心印发《北京市公园管理中心关于以“三严三实”专题教育为指导增强群众诉求办理实效的工作措施》的通知……472
中共北京市公园管理中心委员会印发《中共北京市公园管理中心委员会关于处级干部任前廉政法规考试的规定（试行）》的通知……475
中共北京市公园管理中心委员会关于印发《北京市公园管理中心党风廉政建设约谈制度》的通知……476
中共北京市公园管理中心委员会关于印发“培育和践行社会主义核心价值观行动方案”的通知……478
北京市公园管理中心关于印发督查督办工作试行办法的通知……481
中共北京市公园管理中心委员会印发《中共北京市公园管理中心委员会常务委员会关于加强自身建设的意见》的通知……482
中共北京市公园管理中心委员会印发《中共北京市公园管理中心委员会关于规范处级领导干部在社团兼任领导职务的意见（试行）》的通知……487
中共北京市公园管理中心委员会关于认真学习贯彻《中国共产党廉洁自律准则》和《中国共产党纪律处分条例》的通知……489
北京市公园管理中心办公室关于印发《北京市公园管理中心机关保留公务用车使用管理暂行办法》的通知……492
北京市公园管理中心关于印发《北京市公园管理中心因公出国（境）工作流程（试行）》的通知……493
北京市公园管理中心关于进一步加强内部审计工作的意见……494
中共北京市公园管理中心委员会关于开好处级领导“三严三实”专题民主生活会的通知……497
北京市公园管理中心关于印发《北京市公园管理中心优秀技能人才奖励与激励办法（试行）》的通知……501
北京市公园管理中心关于调整部分机关处室职责的通知……504
北京市公园管理中心关于调整部分中心领导工作分工的通知……504
中共北京市公园管理中心委员会关于调整部分中心党委常委工作分工的通知……505
中共北京市公园管理中心纪律检查委员会关于严明纪律规矩确保节日清廉节俭的通知……505
北京市公园管理中心关于加强法定节假日机关办公区域和动物园西南门区域车辆及人员出入管

理规定（试行） 507
关于在党员中开展“学党章党规、学系列讲话，做合格党员”学习教育的实施方案 509
中共北京市公园管理中心委员会处级干部选拔任用工作流程和纪实办法（试行） 516
北京市公园管理中心党委“两学一做”学习教育协调指导组名单 520

荣誉记载 521

荣誉记载（2015 年） 521
北京市公园管理中心 2015 年度先进单位、突出贡献单位、先进集体、先进个人名单 524

名录 526

北京市公园管理中心领导名录（2015 年） 526
北京市公园管理中心机关处室领导名录（2015 年） 527
北京市公园管理中心直属单位领导名录（2015 年） 528

索引

索引 530

专 载

北京市公园管理中心2015年工作报告

张 勇

（2015年1月20日）

受中心党委委托，我向大会作工作报告。

一、2014年工作回顾

2014年，北京市公园管理中心认真学习贯彻党的十八大、十八届三中、四中全会和习近平总书记系列重要讲话，特别是视察北京重要讲话精神，坚决执行市委、市政府重大决策部署，围绕中心，服务全局，坚持引领示范，突出改革创新，狠抓绩效督查，圆满完成国庆65周年游园、APEC会议服务保障等重大活动，大力整治公园会所和高档餐饮，持续提升建设、管理、服务水平，深入开展党的群众路线教育实践活动整改工作，不断推进党的建设，各项事业呈现新气象。全年服务游客9812万人次，同比增长4.5%，完成重要外事接待任务130批次。中心系统为服务首都四个职能、建设国际一流和谐宜居之都做出了积极贡献。

（一）重大政治任务完成出色

一是国庆65周年游园活动。在短暂的23天里，中心顾大局、讲奉献，抽调骨干参与全市游园指挥部组建，牵头游园活动组工作，制订实施了首都国庆游园活动方案、旅游热点公园“以票控人”方案。成立中心国庆游园活动工作领导小组，强化部门、属地、公园三方联动，高标准组织市属公园游园。10月1日，天坛、陶然亭、玉渊潭公园举办游园活动；颐和园、动物园、北海、景山公园免费不免票，以票控人；中山公园、香山公园、北京植物园、紫竹院公园和园林博物馆（以下简称园博馆）免费免票开放。各公园落实游客入园安检、节日扩容措施，精心布置环境，摆放230万盆鲜花开展30项“红色之旅、赏秋之旅、文化之旅”等活动，喜迎357.5万名游园宾客。二是亚太经济合作组织会议。中心作为礼宾组、接待组重要成员，全系统认识高、措施实、细节精、推进稳。颐和园等公园开展了设施改造、环境布置、文化展示、服务培训演练等前期准备。2014年8月17日，天坛公园率先接待APEC高官会代表团；11月11日，颐和园克服大风寒冷等不利因素，按计划圆满完成APEC领导人配偶集体活动。APEC调假期间，全中心完成接待任务17批次，服务游客195.8万人次，同比增长35.7%。在两大任务中，中心和直接承担任务的单位受到了市委、市政府的表彰。超常准备、超常接待、超常服务成为了公园外事接待的新标准、新常态。

（二）服从大局，发挥示范作用

一是治理公园会所和高档餐饮。2013年全国开始整治“会所中的歪风”，中心及各公园克服困难，积极行动，不讲条件，坚决落实“执行两个一律、坚持一个面向，抓好两方面工作、做到两个坚决”指示，抓重点、抓转型、抓长效，全部关停整顿14个挂账场所，部分实现经营转型，颐和园益寿堂、动物园畅观楼等将以新形象面向公众。制定实施了《市属公园房屋设施使用管理规定》和《公园商业企业转型发展的工作意见》，进一步强化中心对房屋设施使用的监督管理和公园的主体责任。二是疏解非首都核心功能。中心及动物园主动与西城区政府沟通，积极配合开展了市场搬迁、升级合作伙伴商洽等工作，妥善处理商户上访事件。2014年12月31日签订了天皓成服装市场产业升级合作协议，动物园让利1600万元，为疏解非首都核心功能带了头。

（三）历史名园保护取得新成效

香山永安寺和静宜园二十八景修复工程进展顺利，玉渊潭中堤桥工程立项启动，景山公园寿皇殿建筑群腾退、修缮、展陈工作有序推进。北海静心斋、颐和园南湖岛、陶然亭慈悲庵等8万平方米古建筑修缮完工。完成了植物园樱桃沟等28万平方米公园景观提升工程，对紫竹院喷灌系统等基础设施进行改造。曹雪芹西山故里、地铁16号线下穿公园等重要规划项目进展顺利。天坛公园牺牲所建筑遗址复原、玉渊潭公园万柳堂历史遗迹考证等遗产保护工作实现突破。天坛公园完成10.3万平方米透水铺装工程，动物园被评为全国第一批节能环保示范单位，推进了资源节约型环境友好型公园的建设。全面加强古树复壮、无公害防治、水体治理、环境布置等工作，延续历史文脉，彰显古都风貌。

（四）公园文化建设实现新发展

全年举办100余项文化活动和展览展陈，实现文化创新、文化惠民目标。天坛神乐署赴法国演出、“三山五园”文化全球巡展、颐和园园藏慈禧太后文物展、园博馆引进意大利“威尼斯之辉”文物大展、中山公园开放百年等国际国内文化交流活动影响巨大。第九届北京公园节、厂甸庙会陶然亭公园民俗区、天坛春节文化周、玉渊潭樱花节、植物园桃花节、景山牡丹文化节、香山红叶观赏季等传统文化活动持续发力，公园文化活动品牌效益凸显。陶然亭暑期恐龙展、园博馆园林文化大讲堂等创意活动，形成了新的文化展示亮点。公园文化挖掘、研究、产品研发等工作取得新进展。合作举办第十一届“北京礼物”旅游商品大赛，组织编写了《市属公园20年大事记系列丛书》。推出了《清宫颐和园档案（政务礼仪卷）》等一批文化研究成果，获得了“联合国教科文组织亚太地区文化遗产保护优秀奖（北海快雪堂书法博物馆）”等荣誉。

（五）公园服务水平持续提升

以《市属公园服务管理规范》为抓手，总结推广动物园商业服务、游园秩序管理经验及紫竹院免票管理经验，开展颐和园商业改革的试点。完成了天坛、北海公园电子票务系统建设试点。开展“强基础、提素质、创佳绩”百名服务能手评选活动，表彰了10个岗位115名服务能手。天坛、北海、颐和园在北京市第三届手语风采大赛上取得优异成绩。颐和园被评为第二批全国旅游标准化示范单位。全年维护路椅、果皮箱、牌示等3000个，销售年票138万张，办理非紧急救助服务事项187万件。公众满意度评价达到89.7分。

（六）平安公园建设深入推进

坚持五防并举、构筑三道防线，积极构建安全文化建设体系“北京公园模式”。落实《市属公园安全管理规范》，开展安全文化建设绩效评估和“雷池行动”计划，排查消除各类安全隐患点594个。落实三年安全隐患排查整治计划，整改安全隐患26项。全国“两会”“国庆”、APEC会议等重点时段实施游客入园安检措施，中山公园尝试实行全时段安检。“四点一线”安全风险评估形成长效机制，引入第三方进行安全检查，有效落实防汛、消防、交通、施工安全责任。中心总监控室升级改造完成。举办第三届“安康杯”职工安全技能竞赛，开展各类应急演练384次。公园执法平稳开局，强化执法队伍培训，填补了市属公园执法空白，有效净化公园环境。

（七）科技教育支撑发展能力增强

园林科研所顺利完成“所改院”工作，“圈养野生动物技术重点实验室”和“北京花卉园艺工程技术研究中心”市级重点实验室获批。全年开展课题研究96项，“香山红叶景观提升关键技术的集成与示范”等31项课题通过专家验收。《北京优良乡土植物开发与应用技术研究》等5个项目获得市重大科技和绿色通道项目支持。《主要木本观赏植物的种质资源收集及创新研究与示范》获北京市科学技术三等奖，《月季新优品种培育》获中国风景园林学会科技进步一等奖。紫竹院完成科普牌示展示和示范项目，新建陶然亭、中山、景山科普小屋和天坛生态科普园，园博馆和香山公园、玉渊潭公园被评为“北京市科普教育基地”，中心“4+1”（即科技周、宣传月、夏令营、科普日和百项科普项目）科普活动格局日臻成熟。园博馆、颐和园、天坛在北京市科普讲解大赛中取得优异成绩。全年承担专业技术服务37项，参与标准编制6项，获得实用新型专利3项、国家植物新品种权1个。举办专业技术培训18期，培训2000余人次。园林学校全力推进国家中等职业示范校建设，《“园校一体”的园林花卉实训基地建设研究与实践》获国家教育成果二等奖。

（八）基础管理取得实效

建立健全各项制度120余项，管理的制度化、规范化水平不断提高。出台《年度总结评比表彰办法》，整合年度事业单位考核、年终先进评优、绩效管理评价三项工作，形成了绩效、考核与评优的有机结合；强化绩效意识，调整细化绩效问责考评内容，加大了行政问责和先进奖励力度，奖优罚劣导向更加明确。全面推行机构和人员编制管理实名制，完成了保洁、保安等岗位社会化用工情况摸底调查。进一步理顺机关职能，明晰处室职责，全面提升机关的履职和服务能力。营造良好的舆论氛围，全年刊发新闻报道1.3万篇次，召开新闻发布会、现场采访会118场次，有效应对突发敏感新闻事件12项。建成中心政务微博室，制定运行管理办法，微博粉丝量突破150万人次。加强协会学会工作，公园协会承办北京公园节，更加突出群众自发参与特性，推出《景观（中心专辑）》，宣传中心，服务大局。加强计划财务管理。启动内部控制体系建设，全面强化部门预算、资金监管、国有资产管理。改变预算编制基本方法，转变了业务跟着资金跑的传统做法，强化业务处室在资金使用上的主导权和资金监管责任。严格控制压缩“三公”经费。采取创办活动等多种开源节流措施，保证公园经济良性运行，中心全年自创收入9.69亿元，同比增长7.3%，各项经济指标顺利完成。全面落实了信息公开、依法行政等工作。

（九）领导班子和干部人才队伍建设有新成效

坚持和完善理论中心组学习制度，组织6次局、处级领导干部集中学习，对117名处级干部进行了十八届四中全会精神专题轮训，完成了干部教育网上学习。制定贯彻落实全国干部教育培训规划实施意见，制定干部交流和年轻干部培养措施，举办了青年干部、新任党支部书记、处级干部培训班，完成了117名局、处级领导干部测评及报告个人有关事项、处级干部人事档案规范整理等工作。全年选拔任用处级干部18人，面向社会公开招聘三类岗位人员327名，接收军转干部7名。加强技能人才培养和储备。强化职业技能鉴定管理，有643名职工兑现技工工资，组织全中心1133名职工开展技能竞赛，进一步激发了技能人才的活力。聘用高级专业技术人员18人。制定实施高级专业技术职称管理办法，试行聘期制，打破一聘终生制度，进一步提高了高级专业技术人员的积极性。

（十）基层党组织和党员队伍建设有新成果

严格落实党建工作责任制，规范基层党组织建设责任体系，坚持每季度召开基层党委书记例会。加强党员教育管理，发挥《党支部工作手册》作用，坚持“三会一课”制度。围绕纪念建党93周年广泛开展先进典型宣传、共产党员献爱心等系列活动。加强服务型党组织建设，有1955名党员到社区服务，开展党员责任区等多项活动。全年发展41名党员。完成了园博馆党委组建、园林科学研究院（以下简称园科院）党委换届改选等工作。各级党组织的创造力、凝聚力、战斗力进一步增强。

（十一）党的群众路线教育实践活动深入推进

高质量完成党的群众路线教育实践活动整改方案和“回头看”工作，把43项措施整改任务列为年度绩效考评项目，纳入领导干部考核。清理规范了领导干部在企业兼职（任职）和领导干部超职数配备等工作，认真开展了会员卡、公务车、办公房等专项整治清退工作。制定《关于对市属公园内私人会所及高档餐饮场所专项整治工作加强监督检查的实施细则》。制定完善了中心调查研究、督查督办、会议、公文等工作制度，促进了中心会风、文风、工作作风的转变，风清气正的创业干事氛围日渐浓郁。

（十二）党风廉政建设和反腐败工作深入开展

深入推进廉政风险防控管理，编制中心局级领导班子集体职权目录、局级干部个人职权目录、权力运行流程图、中心廉政风险防控重点项目管理台账等，重点查找工程招投标、票务管理、公款出国（境）、选人用人等方面的廉政风险，落实防控措施。加强制度建设，制定中心党委《关于贯彻落实党风廉政建设责任制的实施办法》，推进党委主体责任、纪委监督责任的落实，制定《贯彻落实〈建立健全惩治和预防腐败体系2013～2017

年工作规划〉的实施细则》，建立健全“三重一大”事项集体决策实施办法、党务公开监督考核等制度。组织处以上干部开展廉政知识测试。抓好党性、党风、党纪教育，开展了整治“庸、懒、散”等系列专项治理工作，特别是针对动物园原副园长、陶然亭园长肖绍祥“小官巨贪”犯罪问题，开展警示教育，吸取沉痛教训，查找不足，建立健全制度，防止类似事件发生。开展公园特色廉政文化建设，积极组织“北京廉政故事、廉政微短剧创作、征集与演讲活动”，汇编印发了《讲廉政故事 树公园新风》一书。全年处理各类举报68件次，加大了纪检信访举报和案件的查办力度。

（十三）精神文明建设工作有新突破

以全国文明单位复查和首都文明风景旅游区创建为抓手，全面加强文明创建工作。开展“学习朱利君，争当时代先锋，爱岗敬业做贡献”最美公园人主题巡回宣讲，组织了130场公园道德讲堂活动。举办迎国庆65周年“红色宣传月”系列主题展示活动，加强社会主义核心价值观主题景观环境布置，中央宣传部和市委宣传部给予了充分肯定。宣传“拜师学艺”活动，组织第二届“公园新风奖”的评选。开展公园学雷锋志愿服务活动。动物园志愿者工作站、颐和园导游服务中心、北海公园暖心服务队被授予“首都学雷锋志愿服务示范站（岗）”称号。

（十四）工会、共青团、离退休干部、计划生育等工作亮点突出

工会全面抓职工“十建档”工作，深入开展走访慰问、送温暖活动，组织劳动技能竞赛，开展工会大讲堂和模范职工之家创建活动，不断提升职工队伍综合素质。陶然亭公园游船队荣获“全国工人先锋号”称号，天坛公园的王玲同志被授予“首都劳动奖章”，中山公园、北京植物园被评为北京市职工之家示范单位。共青团加强青年思想引领，开展青年大讲堂、公园十杰青年评选等活动，深入调研青年现状，积极引导、组织、服务青年，维护青年权益。推进老干部活动站和志愿服务点建设，开展“健康乐晚年，传承正能量”主题系列活动，认真落实老干部们的各项待遇。人口和计划生育工作重制度落实、重宣传服务取得新成效。

以上这些工作成绩的取得，得益于市委、市政府的坚强领导，得益于各相关委办局、区县政府的有力支持，得益于中心党委的正确领导，更得益于全体干部员工的辛勤努力！在这里，我代表中心党委，向市委、市政府、各委办局和区县政府致以衷心的感谢！向全体干部员工致以崇高的敬意！

回顾一年来的工作，有以下四点体会：一是必须坚持抢抓机遇，进一步增强改革、创新、发展意识，强化合作共赢、协同发展，不断在改革、创新中寻找机遇、破解难题。二是必须坚持全中心一盘棋，集中力量办大事，树立起强烈的自豪感和荣誉感，充分集成、有效运用各单位的管理、技术、人才等资源优势。三是必须坚持转变作风，大兴敢拼搏、肯较真精神，积极作为、与时俱进，永葆进取意识和良好的精神风貌。四是必须坚持一流标准，只有高站位、高起点，才能不断赢得发展先机，当好公园行业的排头兵。

在总结成绩的同时，我们也清醒地看到，中心发展中还面临着一些不足和问题，主要表现在：一是服务供给与公众日益增长的需求之间仍然存在差距，公园安全、文物保护、文化创意、服务管理等工作提升还有

很大空间。二是公园重大基础设施建设、周边环境整治的驱动力不足，面临着越来越复杂的利益关系和矛盾。三是改革创新意识还不浓郁，作风改进、效能提高、勤政廉政等各项党的建设工作任务繁重。对此，我们必须高度重视，认真解决。

二、当前工作面临的形势

坚持问题导向、实践导向、改革导向，稳中图变，稳中求进，全面深化改革、推进依法治国是当前全国工作的主基调。根据这个思路，北京正在着力解决非首都核心功能疏解、深化改革攻坚、建设生态环境、强化城市管理等重大难题。中心要抓住深化改革的历史机遇，进一步发挥行业标杆示范作用，在构建首都世界名园体系建设的战略中谱写新篇章。统观国情、市情和行业现状，北京公园发展有五个新的特点：

（一）法治意识全面提高

党的十八届四中全会提出全面推进依法治国的基本方略，法治精神、法治思维、法治方式是今后治国理政的基本原则，依法规划、依法建设、依法保护、依法管理，也将成为依法治园（院、校、馆）的常态。

（二）改革创新驱动发展态势明显

政府强力推进改革，简政放权、激发活力、创新机制体制，开启政府购买服务、市场化配置资源的大幕，推动着事业单位改革进入实质性措施落地阶段。改革创新成为了驱动社会发展的主力和时代潮流。

（三）文化繁荣提升了全民自信

国家文化战略激发了高度的文化自觉和文化自信，文化大繁荣、大发展，成为社会的普遍共识和共同追求。公园是优秀传统文化的重要载体和展示传播窗口，保护、传承、发展公园文化，是中心不懈追求的目标。

（四）区域协同发展迎来新的机遇

首都的和谐宜居城市定位和京津冀协同发展，必将对未来生态文明建设、公园景区建设管理提出更高、更细、更新的要求。大空间、大尺度思考中心工作，既是全系统自身发展的需要，也是广大市民和游客的迫切需求。

（五）公园管理面对诸多新的挑战

公共安全形势严峻、市民游客需求多样、公园会所整治深化、重大任务接待标准提升、管理方式内容变化等新情况、新问题、新要求不断涌现，应对和适应这些新变化，必将成为公园工作的新常态。

这些新情况、新问题、新变化，让今后工作充满了挑战，更为公园事业发展带来了无限机遇。面对中心事业发展的新常态，我们需要直面问题、统一认识，深化理解、更新观念，坚持发展、深化改革，积极作为、与时俱进。

三、2015年的主要任务

2015年是深入贯彻党的十八届三中、四中全会精神，巩固党的群众路线教育实践成果的重要一年，是“十二五”规划的收官之年，深化改革的关键之年，全面推进依法治国的开局之年，做好全年工作意义重大。

中心的工作指导思想是，全面贯彻党的十八届三中、四中全会精神和习近平总书记系列重要讲话，特别是视察北京重要讲话精神，紧紧围绕建设国际一流和谐宜居之都的目标，加快推进首都世界名园典范建设，着力提高历史名园保护水平，着力推进中心系统创新发展，着力提升综合服务水平，着力加强基础管理工作，完成“十二五”规划任务，凝心聚力、奋发向上，以优异的成绩迎接中心第二次党代会胜利召开！

要继续高举改革创新旗帜，贯彻依法治国方略，进一步增强整体意识、改革意识、法治意识和创新意识，抢抓机遇，顺势而为，乘势而上，更加注重制度建设，坚持固本强基；更加注重工作质量，坚持稳中求进；更加注重创新发展，深化改革理念；更加注重示范引领，坚持一流标准；更加注重党的建设，坚持党要管党，从严治党，高度自觉、充分自信、大胆工作，不断在巩固、提高、创新、发展中续写辉煌。中心年度自创收入增长1.8%以上，固定资产投资增长7.0%以上，公众满意度评价达到90分。

（一）下大力气推进改革创新

坚持问题导向，直面公园、行业、单位面临的重大问题和现实困难，着力在体制机制调整、调查研究探索、创新发展实践等方面实现突破。

积极稳妥推进事业单位改革。进一步研究事业单位改革的制度环境和政策导向，深入分析公园改革的困难和破解方法。加大公园分类、公园统筹用工方式的研究。探索试行高技能人才的考核激励机制。做好高级专业技术岗位比例调整工作。进一步健全绩效管理评估体系。深入总结重大项目统筹调度工作经验。

切实加强重大问题研究。启动“十三五”规划编制工作。开展公园制度体系建设示范工作。编制园博馆中长期战略发展规划，完善园博馆运营管理机制。结合公园会所整治，探索公园商业企业发展新机制。推进历史文化资源梳理等基础研究。着手研究公园年报制度、博物院（馆）等管理新机制，谋划中心发展新蓝图。积极实践依法治园，主动参与公园条例修订工作。

不断深化创新实践。进一步推广颐和园APEC服务接待、景山公园降噪声等一批好经验，持续提升公园管理水平。开展国际国内合作交流，筹办国际动物丰容大会，输出市属公园优势品牌。继续推进多途径增收实践，大力培育公园经济的新增长点。积极探索与行业部门、学会协会和属地政府的融合发展。

（二）着力加强历史名园保护

落实依法治园、依规建园，创造条件实现规划，打造世界名园，传承古都风貌。一是推进市级重大工程和项目。加快修复香山永安寺和静宜园28景，年内永安寺主体建筑亮相，推进景山公园寿皇殿建筑群修缮和展陈展览筹备。推进北京植物园曹雪芹西山故里和玉渊潭公园中堤桥建设。加大“三山五园”规划整治、动物园长河北环境整治、天坛公园周边环境整治等协同合作。二是加强规划保护。开展完善景山公园寿皇殿回收区域保护利用规划等专项规划编制工作，强化规划统筹。实施颐和园听鹂馆和园墙保护修缮、中山公园社稷坛神厨神库修缮、紫竹院公园双林寺塔遗址修复等一批文物保护工程。开展陶然亭公园南门及广场建设、文化景观廊道和玉渊潭公园东北部景区等一批景观建设工程。全面开放颐和园南湖岛景区和玉渊潭公园东北部景区。开展北京植物园月季园申报世界杰出月季园工作。三是实施市属公园节能节水改造工程，完成12项10万平方米改造任务，开展垃圾资源化的研究，推进生态环保示范工作。四是启动北京植物园锅炉房改造等工程，进一步完善公园水、电、气、热和地下管网等基础设施。开展香山公园索道改造前期调研工作。五是认真做好土地房屋确权、遗产监测工作，加强古树保护、植物养护、水体维护、花卉布置等生态景观管理，完整保护文化遗产。

（三）着力推动公园文化创新发展

一是全力筹办天坛公园北宰牲亭、北神厨文物展和颐和园益寿堂革命史迹展等10项主题展览，确保年底前竣工开放，完成好市政府为民办实事折子工程。二是继续实施市属公园百项系列文化活动工程，坚持“一园一品”，不断提升文化活动和展览展陈水平。三是调动社会各界力量，整合资源，办好第十届北京公园节，积极探索古建筑维修展示创新性活动，启动颐和园晚间活动项目，夜景照明取得实质进展。四是加大特色纪念品、出版物等文化产品的研发力度，保护公园无形资产，推进史志、年鉴、档案等文化基础工作，实施史志年鉴上网工程。五是加强可移动文物保护与利用，普查公园（博物馆）文物，建立保护制度，尝试文物展陈开发利用新思路，探索文化创意产业发展新路径。

（四）着力提升公园服务水平

全面落实《市属公园服务管理规范》，打造北京公园服务品牌。持续优化服务设施布局，合理配置路椅、垃圾箱、健身器材等设施，加大更新维护力度，更好地满足游客需要。大力开展规范化、标准化微笑服务，组织“开展微笑服务、评选十佳标兵”活动。全面加强非紧急救助服务，实施绩效考核，促进公园服务不断创新。加强服务管理状况的调研评估和监督检查，完善游客需求表达机制，突显舆情预警作用。做好票务、园容、卫生等各项日常管理工作，促进商业、餐饮业转型发展。

（五）着力深化平安公园创建

坚守安全底线，主动适应公园安全新形势，加大平安和谐公园（博物馆、学校、园科院）的创建力度。一是持续推进安全文化建设。深入开展“雷池行动”，查找、管控安全隐患。开展安全生产月活动，强化安全游园、安全管园教育。二是积极防范恐怖、暴力等安全极端事件。加大游客入园安检力度，争取实现遗产公园安检常态化。三是健全安全管理新机制。严格执行“四点一线”风险评估、安全隐患整治计划、安全生产一岗双责等制度，推行第三方安全检查。启动百名安全管理师持证上岗培训计划。四是加大安全技防设施建设。开展陶然亭智能化系统改造等物防技术提升工程。为公园重点古建区域集中配备细水雾移动式消防泵。五是全面推进公园配合执法工作。提高公园法制观念，结合实际，加强学法、普法、用法工作，维护良好的游园秩序。六是推进保安队伍规范化。推行政府招标采购方式，力争达到“四有、三建、两统一”标准。七是加强应急管理。建立应急预案体系，加强演练，提高应急救助能力。

（六）着力提高科教支撑发展的能力

一是强化科研管理职能。推进3个市重点实验室和1个工程技术中心建设，争取重大科技项目。加大科研成果推广应用，开展技术集成示范，提高园科院在重点领域的研发能力，扶持建立生物防治技术研发中心。启动市属公园增彩延绿示范项目。二是进一步扩大公园科普影响力。坚持和完善“四化五性”工作思路，继续开展“4+1”科普活动。逐步完善“三馆、五地、多屋”科普格局建设，开展联动互动科普活动，做好园林博物馆全国科普教育基地申报工作，组织天坛、中山等公园申报市科普教育基地。三是继续做大做强园林教育培训工作。推进园林学校国家级中等职业教育示范校建设，推动实训楼、风雨操场立项，完善职业培训教育体系。健全园博馆的园林科教和研究职能，持续推进“数字博物馆”建设，发挥园林绿化行业的统筹平台作用。四是强化科教创新保障。积极探索人才的引进、培养制度，建立以科研能力和创新成果为导向的科技人才评价标准和激励制度。加强学术交流与培训，开展园林绿化高级工程师等七个专题培训班，鼓励科研骨干有针对性地参加国内外学术会议和专业考察。

（七）着力加强新闻宣传和舆论引导

一是全面加强传统主流媒体、网络媒体、自媒体的同步宣传、立体传播和多点宣传，抢占网络宣传阵地，建立政务微博的发布、监测、考核与管理机制。二是注重内宣工作与外宣工作、新闻宣传与网络微博、外宣工作与媒体报道的结合，搞好新闻宣传策划、问题报道应对的实战演练。三是抓好公园文化资源与文化活动的深度报道，宣传生态文明建设成就，积极策划专题性、主题性报道，从公园历史文化和现实变化两个层面扩大宣传效果。四是主动引导、深度挖掘工作中的重点、难点和热点，推出“走进历史名园、记录美丽园林、感受文化公园、参加科技游园”系列记者行，组织微博线下互动、“微博粉丝团进公园”等活动，营造良好的舆论环境。

（八）着力提升基础管理水平

一是严格财、物管理。加强预决算管理，严格控制超计划投资、预算外项目。严格财务监管，严肃财经纪律，强化财会队伍建设。严管资产资源，实现资产的动态监管和长效监管。推广和完善内部控制制度，开展大额项目资金绩效评价工作。严控三公经费，大力增收节支，厉行节约，反对浪费，继续实行效益同奖励挂钩制度，全面完成年度绩效考核经济指标。二是加强信息化建设。积极推进智慧公园建设，进一步提升公园景区景点智能服务水平，继续推广无线覆盖、网络直播、电子门票等新型管理服务技术。实施互联网门户网站提升工程。三是深入推进绩效督查和制度落实工作。进一步增强绩效督查意识，完善年度评优与绩效考核机制，推进绩效整改，加强督查督办，狠抓责任落实、措施落地，提升运行效率和管理效能。

（九）切实加强领导班子和干部队伍建设

一要加强理论学习。深入学习贯彻党的十八届四中全会精神和习近平总书记系列讲话精神是当前的一项重要政治任务。适时举办处级干部专题学习研讨班、中青年干部、新任科级干部、党员发展对象等培训班及党组织换届改选、加强服务型党组织建设等专题班，重点强化干部理论武装、党性教育和能力培养。二要加强领导班子思想政治建设。以坚定信念、改进作风、严明纪律为重点，坚持贯彻执行民主集中制、坚持用好批评和自我批评武器、坚持严格党内生活、坚持党性原则，切实加强领导干部理论学习和作风教育，严肃党内政治生活，巩固和拓展教育实践活动成果。三要优化领导班子配备。统筹中心干部资源，科学合理地配备领导班子，突出配强党政正职和关键部门、重要岗位干部。完善处级领导班子和领导干部综合考核评价体系，坚持和完善年度考核、领导干部个人有关事项报告、述职述廉述德、一报告两评议等制度。四要认真贯彻《党政领导干部选拔任用工作条例》。严格干部选拔任用的动议、民主推荐、考察、讨论决定、任职五个环节，完善民主推荐的程序、方法和结果运用，严把廉政关，防止干部“带病提拔”“带病上岗”。五要加强年轻干部培养和干部交流工作。把握政策、严格纪律，完成中心处级后备干部集中调整。落实中心党委制定的加强中青年干部培养的意见和干部交流工作暂行规定，切实加大干部培养交流力度。

（十）切实加强基层党组织建设

一要落实党建工作责任制。把抓好党建作为党委最大的政绩，坚持党建工作和中心工作同谋划、同部署、同考核。适时召开中心第二次党代会。坚持和完善中心领导党建工作联系点制度，进一步完善直接联系服务职工群众的工作机制。坚持每季度召开各单位党组织负责人会议。二要做好届满基层党组织的换届改选工作。加强换届改选纪律的宣传和监督，加强指导和协调。对基层单位党支部换届改选情况进行专项督查。三要不断提升基层党建工作水平。根据市委组织部的统一部署，开展基层党建述职测评，制定加强服务型党组织建设的意见，召开服务型党组织建设工作推进会。注重发挥朱利君等先进党员的示范带动作用。健全党内情况通报制度，鼓励党员讲真话、讲心里话。坚持配齐配强基层党支部书记，推动基层党支部各项制度落实。严肃党内政治生活，切实提高组织生活的质量。进一步调控党员数量和结构，提高发展党员的质量。四要抓党建带群团形成合力。全面推动工会工作创新，加强民主管理，完善职工代表大会制度，坚持园务公开，广泛听取职工的意见、建议和诉求，开展好“工会大讲堂”等教育引导工作，组织劳动技能竞赛，强化职工之家建设和“五型班组”建设，积极为职工做好事、办实事。共青团坚持“两个服务”，实施青年建功工程，开展“践行核心价值观，争做向上向善好青年”创新创效活动。落实好离退休老同志的政治、生活待遇。深入宣传贯彻计划生育工作新政策。做好保密、档案等其他工作。

（十一）切实做好人事、人才和机构编制管理

一要进一步加强岗位设置管理。认真组织学习《事业单位人事管理条例》。从严控制并逐渐缩减工勤岗位数量，加大管理岗位和专技岗位比例。二要加强事业单位工资管理。在配合落实好市有关部门的工资检查和自查工作的基础上，按照管理权限，加强对人事工资政策的宣传和解读。深入基层抽查调研工资执行情况，做好摸底与分析工作，了解基层职工的诉求，增加收入分配的透明度，为规范收入分配和下一步工资改革做准备。三要加强人员招聘管理。统筹做好管理岗位、专业技术岗位、工勤技能岗位人员招聘，做好军转安置工作。四要进一步完善职业技能鉴定管理工作。做好事业单位与企业单位分级分类申报、管理、鉴定工作。五要抓好“三支”队伍建设。加强管理岗位人才的培养、管理、监督。强化专业技术人才的管理和服务。开展园林绿化、公园讲解等主体工种技能培训，努力培养一批专业技术带头人和劳动技术能手。积极申报有突出贡献的高技能人才。进一步做好高级专业技术人员聘用条件和聘用程序试行工作。六要加强机构编制管理。巩固严查“吃空饷”，控制和规范编外用人专项整治成果。做好法人年检报告公示管理和法人变更工作。

（十二）切实抓好党风廉政建设和反腐败工作

以单设中心纪委书记为新起点，进一

步细化落实党风廉政建设责任制，认真履行中心党委的主体责任和纪委的监督责任，做到能干事，会干事，干成事，不出事。一要强化监督检查，确保中央、北京市和中心各项决策部署有效落实。坚持用制度管权、管事、管人，坚决把权力关进制度的笼子。强化对政治纪律执行情况和重大工程、重大项目、重点环节的监督检查。加强对干部选拔任用的全过程监督，确保公开、公正、公平。二要继续推进作风效能建设，持之以恒改进作风。持续抓好党的群众路线教育整改工作，对于新出现的问题，特别是“隐形”“变种”问题，要持续开展专项整治。深入贯彻落实中央八项规定和市委十五条实施意见精神，进一步健全作风建设长效机制，严格遵守党的政治纪律和政治规矩，加大执纪监督，加大曝光和责任追究。三要严肃查办违纪违规案件，畅通信访渠道。坚持有案必查、有腐必惩，坚决查处领导干部违法违纪案件，切实解决发生在群众身边的不正之风和腐败问题。四要深入开展特色廉政文化建设。开展正面示范和反面警示教育工作，让广大党员干部主动在思想上划出红线、在行为上明确界限，真正做到敬法畏纪、遵规守矩，积极推进领导干部任职前廉政法规知识测试等考学促廉工作。五要持续推进惩治和预防腐败体系建设。进一步健全权力结构科学化配置体系、权力运行规范化监督体系和廉政风险信息化防控体系。六要开展纪检体制创新。举办纪检干部专题培训班，切实加强纪检队伍自身建设。

（十三）不断提升精神文明建设水平

开展社会主义核心价值观学习教育活动，建设好核心价值观教育主题公园。加强职工思想动态调研分析，以“凝心聚力、爱岗敬业”为核心，开展职业道德教育。围绕树立和宣传先进典型，组织开展“最美园林人、公园好职工”主题教育活动。持续开展“公园学雷锋”志愿服务活动，促进活动常态化。

同志们，2015年仍是充满机遇和挑战的一年，也是中心系统改革创新、加快发展之年。我们坚信，在市委、市政府的坚强领导下，经过全体员工的共同拼搏，我们一定能够不辱使命，再创辉煌，为建设国际一流的和谐宜居之都做出新贡献！

【部分名词解释】

安全五防：即防火、防盗、防拥挤踩踏、防个人极端行为、反恐防爆。

三道防线：指文化防线、制度防线、事故防线。文化防线指全体职工参与安全管理工作，自觉遵守安全规章制度，主动查找、消除岗位安全隐患，安全意识牢记在心，从“要我安全”向“我要安全”“我能安全”“我会安全”转变。制度防线指全体职工按照岗位安全规章制度，遵守约束自己的行为，落实各项安全责任，掌握必要的安全防范技能，了解自身岗位安全风险点。事故防线指严防事故发生，杜绝安全事故，是安全工作的底线和红线。

雷池行动：指全体员工所有岗位查找、消除安全隐患的管控措施。

四点一线：指五一、十一、春节、大型活动，贯彻全年一线的安全风险预测评估工作。

四有三建两统一：四有是指有标识：保安服务驻勤点明显区域要有公司标志。有制度：保安服务公司要制定详细的保安服务驻勤点管理制度。有预案：保安服务公司要根据单位实际情况制定相应的处置突发案事件的预案。有记录：保安服务驻勤点必须有详细的考勤记录、交接班记录、学习培训演练记录、检查记录，并定期归档。三建是指建纠察队：保安服务公司应按照千分之二的比例，建立专职纠察队，人数不少于5人。建矛盾化解室：保安服务公司要在公司内部建立矛盾化解室，做到专人负责接待。建心理咨询热线：排忧解难，缓解基层保安员工作生活中的心理压力。两统一是指统一服装：保安员日常勤务中应着2011式保安服，按要求佩戴保安服务公司名称标识。统一装备：保安服务企业应根据《保安服务管理条例》和相关标准要求，为保安服务驻勤点和保安员配备统一的装备，包括通信设备、非杀伤性防卫器材、救生器材等。

四化五性：指公园科普活动的特点，要遵循“时代化、民族化、常态化、品牌化”，做到“广泛性、操作性、趣味性、参与性、独特性”。

北京市副市长林克庆在北京市公园管理中心2015年工作会议上的讲话

（市政府副秘书长赵根武代为宣读）

（2015年1月20日）

通过今天这个会议，我们进一步梳理了公园管理中心2014年的各项任务，对2015年的工作提出了新的发展思路。报告中已经讲得很全面（林克庆同志已经提前阅读张勇同志的报告），我都同意。刚才，大会表彰了公园管理中心2014年度先进单位、先讲集体和先进个人。在这里，我向获得荣誉的单位、集体和个人表示祝贺！祝贺你们取得成绩，同时也感谢你们为公园管理中心、为首都工作做出的贡献！

去年公园管理中心的工作，成绩显著、亮点突出。下面，我想结合公园管理中心工作再讲几点意见：

第一，讲政治，以高度的政治责任感出色完成政治保障任务

从这一点上来讲，今年对于北京来说是政治任务较重的一年，既有国庆的任务，又有APEC会议的任务，既涉及国事民生，又涉及国际外交。在这种情况下，公园管理中心能够围绕北京“四个服务”的功能，充分认识北京“四个中心”的定位，在政治任务面前，体现了高度的担当精神和极强的整体战斗力。

首先说APEC会议服务保障工作。这是时隔13年之后重回中国的一次会议。会议保障的重大政治任务落在了北京市，而公园管理中心在其中承担的是直接服务重要嘉宾的游园保障工作，任务艰巨而繁重。公园管理中心在承接任务后，不负重托，从筹备到服务均体现了很强的整体作战能力和临时应变能力，服务优质高效，工作圆满顺利。

再说国庆65周年游园活动筹办。这是一项临时性政治任务。公园管理中心承接任务时只有23天，这是国庆活动前所未有的最短筹备期。而且公园管理中心在5个工作组中参与了3个组的工作，工作难度可想而知。但是公园管理中心的政治认识、团队精神、配合意识充分体现，再次展示了能力与实力，再次啃下了一块硬骨头，圆满出色完成了任务。

第二，顾大局，能够立足首都发展全局克服困难坚决推进

这一点上，我主要想说的还是会所整治这个事。当时整治会所问题，中央关心，媒体关注，公园管理中心对会所的整改速度、力度都直接关系到首都形象，关系到北京对这项工作的态度和深入程度。在市委、市政府的正确领导下，公园管理中心不讲条件，克服了很大困难，做了大量的工作，不仅做到了关停整顿，还推进部分实现了经营转型，并出台了公园房屋设施使用管理规定和商业企业转型发展工作意见，在建立长效机制方面做出了探索，体现了会所整治到底的坚决态度和推进可持续发展的良好势头，为全市工作做出了贡献。

第三，谋发展，积极发挥职能作用各项工作成效显著

我来公园管理中心调研时曾经讲过，在生态环境上，你们是领头羊；在文化建设上，你们是窗口；在民生改善上，你们是为市民谋福利。这说明公园管理中心在首都发展的很多重要内容上都有重要责任。去年一年，我们也确实在各个工作领域都取得了显著成绩，刚才报告中都已经有所体现，这里我在点一点。比如，历史名园保护重大项目的建设；公园文化内涵的挖掘和文化产品的打造；节能减排绿色低碳项目的推进；公园文物保护的创新举措；社会主义核心价值观主题公园建设等，均体现了对全市工作的辐射和促进，甚至引领示范。特别是去年开展党的群众路线教育实践活动，我觉得公园管理中心是切实把活动成果转化到了具体实践中，在理顺机制、制度建设中取得了很好的成效。我看刚才报告中提到的考核、绩效、评优一体化的做法，还有中心优质资源的统筹，集合功能的发挥，相互学习、相互借鉴，理顺了机关处室职能、工作机制，改进机关工作作风、提升机关服务能力的做法，都是一种改革势头的体现，也取得了很好的效果。

可以说2014年公园管理中心做了大量的工作，为全市工作做出了积极贡献。借此，我代表市委、市政府，感谢公园管理中心全体干部职工为首都发展做出的贡献和付出的辛劳！谢谢大家！

2015年工作刚刚启动，站在新的起点上，就如何做好公园管理中心工作，我想再强调三个方面的“认识和把握”。

第一，对当前形势的认识和把握

我们都知道，今年是全面深化改革的关键一年，是全面推进依法治国的开局之年，也是全面完成“十二五”规划的收官之年。那么如何结合公园管理中心实际，把全市的指导精神转化为我们的工作思路和具体实践，这是需要深入思考的。特别是要围绕“建设国际一流的和谐宜居之都”，围绕首都城市功能定位，公园管理中心应该认识到，北京的四个中心——政治中心、文化中心、国际交往中心、科技创新中心，我们都涉及其中，应该肩负起重要责任，发挥不可替代作用。

因此，这就要求我们，在2015年要抓住重点，要跟上时代的步伐，趟出改革的路径，实现深化改革。要善于运用制度建设的战略思维，依法依规科学推进工作，实现依法管理。切实用科学发展的眼光看问题、谋发展，在收官“十二五”的同时，要围绕“建设国际一流的和谐宜居之都”科学谋划“十三五”，确保全年工作取得实效。

第二，对公园管理中心新常态的认识和把握

我们总是提要认识新常态、适应新常态、引领新常态。具体到我们公园管理中心来说有哪些新常态？

（1）政治任务的保障应该已经成为新常态，从2008年奥运会到现在，应该说年年都有重要政治任务，如何应对这种新常态我们要有长效机制，不能总是打“临时仗”。

（2）会所的整治始终在路上，这种公园开放院落的管理模式应该是一种新常态。如何管理和使用这些房屋，如何发挥其更大作用是一个课题。

（3）APEC会议保障工作在冬季开展，这使我们认识到，仅依靠季节特点开展城市绿化美化已经不能满足当前形势需要。如何打破季节特点为北京添彩延绿，如何提升对首都生态文明建设的科技创新支撑力也是需要思考的新常态。

（4）公园管理服务日趋精细化。比如，对公园安保安检工作的精细化管理要求越来越高。公园大门已经成为了一道重要安全防线，特别是像中山公园这种地理位置特殊的公园，更成为了天安门地区一条重要的安全门。因此，我们如何适应这种精细化管理的新常态仍需思考。

这样的新常态还有很多，我这里只是开个头，做个导向，具体还需要我们在看似常规的工作中去发现和适应，甚至引领。

第三，对创新工作的认识和把握

面对新形势、新常态，时代要求我们要抛弃速度情结、扎实提升质量。这种情况下，传统的驱动力就显得很乏力，“创新”将成为提升工作质量的重要驱动力。创新既可以是首创式的，也可以是拓展式的。既可以是独辟蹊径，也可以是在原来的路径上探索拓展，走出新的内涵。总之，要通过创新体现公园管理中心工作的生命力。

这里我重点提一下科技创新，公园管理中心下面的“园林科研所”已经成功完成“所”改“院”。这是一种“拓展”和“扩大”的信号，如何发挥“院”的作用，我们要思考。我觉得其中很重要的一点，就是要充分运用创新驱动力推动科研成果转化，更好地发挥对全市园林绿化行业的支撑和服务作用。

颐和园晚间游园活动的研究和探索其实也是一种创新，传统的游览方式已经不能更好地挖掘和展示颐和园世界文化遗产的文化内涵，需要新的尝试。

中国园林博物馆的“国字头”命名工作已经有了显著进展，下一步如何在公园管理中心、在全市工作中发挥更大作用还需要开拓创新。

上面说了这么多，主要还是想和我们公园管理中心班子，以及在座的各位统一思想、统一认识，为2015年的工作开好头、起好步。相信公园管理中心2015年工作会取得更大成绩，为全市工作做出更大贡献！

坚持依规依纪　聚焦中心任务　突出主责主业　扎实推进中心党风廉政建设和反腐败工作

——在市公园管理中心2015年党风廉政建设工作会议上的报告

程海军

（2015年1月30日）

这次会议的主要任务是：深入学习贯彻习近平总书记系列重要讲话精神，落实中央纪委五次全会和北京市纪委四次全会工作部署，总结2014年中心党风廉政建设和反腐败工作，部署2015年任务。西平书记将对今年的工作提出要求，我们要认真学习领会，坚决贯彻落实。

一、2014年工作回顾

（一）认真落实“两个责任”，推进纪检工作体制机制创新

一是紧紧抓住落实党风廉政建设主体责任这个“牛鼻子”。组织中心局、处级领导干部深入学习贯彻京发〔2014〕19号文件精神；中心党委定期听取中心及直属单位党风廉政建设工作情况，研究解决本系统党风廉政建设存在的主要问题；制定下发了中心党委贯彻落实党风廉政建设责任制的实施办法，强化中心各级党委主体责任，牢固树立抓党风廉政建设是本职、不抓是失职，抓不好就是渎职的意识，自觉把党风廉政建设主体责任落实到具体工作当中，落实到工作的每一个环节当中。二是制定下发了中心《建立健全惩防体系实施细则》，进一步完善惩治和预防腐败体系，着力建立健全不敢腐、不能腐、不想腐的机制。三是进一步强化上级纪委对下级纪委的领导，2014年中心纪委会同组织部门完成对直属4个单位纪委书记提名、考察工作。

（二）进一步巩固党的群众路线教育实践活动成果，开展正风肃纪专项治理工作

一是下发专项通知，开展“庸、懒、散”专项整治、借公务之名旅游问题专项整治及严禁在公务活动中赠送或接受礼品等专项整治工作。二是继续抓住关键节点，开展专项治理。在中秋、国庆、元旦、春节前夕，分别下发通知，坚决杜绝公款送节礼、公款吃喝、公款旅游和奢侈浪费等不正之风，从小事、身边事做起，坚决反对“四

风”。开展对正风肃纪专项整治情况的监督检查，确保党的群众路线教育实践活动取得实实在在效果。三是按照中纪委和市纪委要求，继续抓好市属公园内私人会所和高档餐饮场所专项整治工作，中心纪委制定了对公园内私人会所及高档餐饮场所加强监督检查的实施细则，从“明确职责、落实责任；专项督查、立行立改；公开承诺、率先垂范；层层监督、严肃执纪；防控风险、规范流程”五个方面明确了监督检查具体方法和要求，确保整改工作常抓不懈、落实到位。四是进一步建立健全作风建设常态化机制。按照群众路线教育实践活动整改方案，先后制定了关于进一步规范公文处理、领导干部国内出差出国（境）管理、会议管理、领导班子调查研究等制度。中心直属各单位也结合实际，建立完善各项规章制度，巩固和拓展作风建设成果。

（三）开展形式多样的党员领导干部廉政教育

通过多种形式，继续抓好党性、党风、党纪教育，在广大党员领导干部中倡导工作生活平民化，筑牢拒腐防变的思想根基，营造中心事业发展的清廉环境，凝聚和带动中心广大党员干部职工为中心事业发展而努力奋斗。一是“七一”前夕组织中心副处级以上领导干部开展廉政知识测试答题活动，教育和引导党员领导干部进一步增强廉洁自律意识，正确行使手中的权力。二是按照市纪委、市委宣传部统一部署，在市属各公园内开展了“北京廉政故事、廉政微短剧征集活动”。各公园深挖历史文化内涵，创作出了26件廉政故事、廉政微短剧作品，其中有历史题材的，有歌颂党的老一辈革命家的，有干部职工身边的典型人和典型事。在此基础上，中心党委在机关和直属16个单位中开展了中心廉政故事巡回宣讲。局级领导班子成员、机关各处室及直属各单位处、科级干部、重点岗位人员、党风廉政监督员共1000余人观看了主题宣讲。汇编印制了《讲廉政故事 树公园新风》一书发至全中心每一个党支部和每一名局处级领导干部，教育、引导广大党员领导干部以历史为鉴、以先贤为榜样、以警示案例为诫，从自身做起，崇廉、敬廉、践廉，收到了良好的效果。三是以反面典型开展党风廉政警示教育。中心党委针对原陶然亭公园园长、动物园副园长肖绍祥贪污受贿案件，在全中心各级领导班子和党员干部中开展警示教育，以肖绍祥“小官巨贪”的犯罪事实，教育广大党员干部廉洁奉公、爱岗敬业、恪守职责、无私奉献，吸取沉痛教训，防止类似案件发生。

（四）进一步推进廉政风险防控管理工作

一是抓延伸，做好风险防控管理向局级领导班子延伸工作。编制中心局级领导班子集体职权目录、局级干部个人职权目录、权力运行流程图、中心廉政风险防控重点项目管理台账等，领导带头，明确职责权限，规范权力运行。制定了廉政风险防控管理检查考核办法，保证廉政风险防控管理各项工作落实到位。二是抓关键，健全制度。制定了中心“三重一大”（即重大事项决策、重要干部任免、重大项目安排和大额度资金使用）事项集体决策实施办法，明确了“三重一大”事项决策必须坚持的原则、“三重一大”事项主要内容，决策程序、决策的执行及监督检查和责任追究，进一步健全和完善了中心党政领导班子议事决策机制，有效推动了领导班子民主决策、科学决策、依法决策。制定了党务公开监督考核制度，推进党务公开工作民主化、科学化、规范化。三是抓基础。中心直属各单位结合实际，重点查找在工程招投标、票务管理、合作经营、公车管理使用、公款出国（境）、公务接待和选人用人等方面的廉政风险，建立健全各项制度，制定具体防控措施，将风险防控管理与业务工作有机结合起来，为中心各项工作顺利完成保驾护航。

（五）加大纪检信访案件查办力度

2014年，中心纪委共受理各类举报68件次（包括一信多投）。其中中心纪委收到信访件15件，市纪委转来53件。

68件信访件中有29件属于业务外信访件，主要反映公园管理问题，内容涉及公园内私人会所、高档餐饮、出租房屋、办公楼建设问题。其余39件中，反映处级干部或公园领导班子廉洁自律、选人用人等问题26件，反映科级干部廉洁自律、以权谋私等问题13件。中心纪委通过到直属单位调查核实、找被反映人诫勉谈话、发函请被反映人说明情况等形式对其中的37件信访件进行了直查；其余信访件，按照属地管理、层级管理原则，转交被反映人所在单位党委、纪委进行了调查核实。中心纪委对1名处级干部借用住房问题进行了清退，对8名被反映的处级干部进行了约谈提醒，对3名处级干部进行了函询，对1名退休科级干部返聘问题进行了清理纠正，对2名在职科级干部提高待遇问题进行了清理纠正，对1名正科级干部因工作失职、管理混乱给予免职处理，协助检察院查处1名正处级干部。

一年来，在市纪委和中心党委的坚强领导下，中心党风廉政建设取得了一定的工作成绩，但也要清醒地看到存在的问题与不足：一是对“两个责任”的认识还不全面、不到位，推进“两个责任”落实的有效举措还需改进。二是在一些重点领域、重点工作环节上监管力度不够，权力制约监督机制仍需不断健全和完善。比如，工程招投标及商业管理等方面均需进一步规范程序，加强管理。三是出现问题，批评教育多，责任追究、惩处力度还不够，干部队伍中仍有少部分干部作风转变不到位，存在观望和侥幸心理。对此，我们必须高度重视，采取有力措施，认真加以解决。

二、2015年的主要工作任务

2015年是全面推进依法治国的开局之年，是巩固和发展反腐败新常态，深入推进党风廉政建设和反腐败工作承上启下的关键一年。总体要求是：深入贯彻党的十八大和十八届三中、四中全会精神，认真学习贯彻习近平总书记系列重要讲话精神，落实中纪委、市纪委工作部署，坚持党要管党、从严治党总要求，深化“转职能、转方式、转作风”，聚焦中心任务，突出监督执纪问责。加强纪律建设，严明党的政治纪律、政治规矩；落实“两个责任”，深化纪检体制改革，推进组织和制度创新；持之以恒落实中央八项规定精神和市委实施意见，深入推进作风建设；深化廉政教育，筑牢思想防线；突出纪律审查重点，坚决惩治腐败行为；加强纪检队伍自身建设，依纪依法推动中心党风廉政建设和反腐败工作。

（一）严明纪律、强化执行，加强党的纪律建设

严明政治纪律、政治规矩。政治纪律是党的纪律最重要、最根本、最关键的纪律。中心广大党员干部无论任何时候、任何情况下，都必须坚定政治立场，始终在思想上、政治上、行动上同党中央保持高度一致，绝

不允许“上有政策，下有对策”，绝不允许有令不行，有禁不止。坚决贯彻落实中央、北京市的各项决策部署，自觉维护中心的团结统一。守纪律是底线，守规矩靠自觉。中心各级党组织和领导干部要切实履行主体责任，各级纪检部门要把维护党的政治纪律放在首位，加强对政治纪律执行情况的监督检查。

贯彻廉政法规规章，强化制度执行。组织中心党员干部学习中央新修订的《中国共产党党员领导干部廉洁从政若干准则》《中国共产党纪律处分条例》，整理汇编中央、北京市和中心相关廉政制度，使广大党员干部熟知相关规定，熟知什么是绝对不能触碰的底线和红线。加强对党风廉政建设各项法规规章制度执行情况的监督检查，严肃查处各类违纪违规行为。

（二）落实责任、强化监督，推进纪律检查体制和制度创新

严格落实“两个责任”。中心各级党组织要切实贯彻落实市委《关于落实党风廉政建设责任制党委主体责任和纪委监督责任的意见》，加强对党风廉政建设的领导，党委抓、书记抓、班子成员抓，部门各负其责，一级抓一级，层层抓落实。认真执行下级党委、纪委向上级党委、纪委报告责任落实情况。各级纪检部门要明确职责，聚焦监督执纪问责，切实履行监督责任，加大正风肃纪和查办案件力度，敢于担当，严格执纪。实行党风廉政建设责任制“签字背书”，改革责任书签订方式，中心党委书记、主任与中心领导班子成员签订党风廉政建设责任书，与直属各单位党政一把手签订责任书，中心领导班子成员与分管的机关各处室正职签订责任书，直属各单位、机关各处室正职与本单位、本部门副职签订责任书，层层传导压力，严格落实责任追究制度。建立健全中心领导干部约谈制度，督促各级领导班子、领导干部明确职责、落实责任。

探索中心纪律检查体制改革创新。强化中心纪委对各单位纪委的领导，强化中心纪委对各单位纪委书记、副书记提名考察工作，强化各单位纪委向中心纪委报告案件查办情况制度。明确职责。中心各级纪检部门、纪检干部要进一步统一思想，深化转职能、转方式、转作风，在围绕中心、服务大局中明确职责，找准定位，发挥优势，贡献力量。创新方式方法，建立工作机制，挖掘自身资源和潜力，把更多的力量投入到监督执纪问责上来，把不该管的工作交还给主责部门，做到不越位、不缺位、不错位。

继续深入开展廉政风险防控管理工作。认真贯彻落实中心惩防体系五年规划实施细则，进一步健全权力结构科学化配置体系、权力运行规范化监督体系和廉政风险信息化防控体系，健全完善各项规章制度，加强对领导干部、人财物管理等重要岗位的监督，抓好各单位廉政风险防控管理开展情况的监督检查和考核评估，最大限度地防控腐败现象的滋生。

（三）严格审查、以案明纪，坚决惩治腐败行为

加大纪律审查力度。坚决查处严重违反党的政治纪律、组织纪律、保密纪律的行为；重点查办重要岗位领导干部插手工程建设、商业经营，侵吞国有资产、买官卖官、以权谋私、腐化堕落、失职渎职案件。认真执行纪检监察机关反映问题线索处置情况相关工作要求，强化案件线索管理，严格按照拟立案、初核、谈话函询、暂存、了结五类标准分类处置，定期清理，畅通信访举报渠

道，规范信访办理流程。实行中心纪委与直属单位纪委联合办案，坚持有案必查、有腐必惩，既坚决查处领导干部违纪违法案件，又切实解决发生在群众身边的不正之风和腐败问题。坚持抓早抓小，对党员干部的问题早发现、早处置，及时约谈、函询、诫勉。

探索开展专项巡查工作。针对行业内的热点、难点问题，人民群众反映强烈、关注度高、腐败易发多发的领域尝试开展专项巡查。整合中心力量，借助市有关部门外力，加大巡查工作力度，拓宽发现问题的渠道。加强对巡查整改落实情况的监督检查，强化震慑、不敢、知止的氛围。

加大典型案件剖析和通报力度。深刻认识肖绍祥案件对中心事业发展的危害，汲取沉痛教训，坚决引以为戒，全面查找在思想上、制度上、监督上存在的薄弱环节，采取有效措施，规范权力运行，坚决防止和杜绝类似现象再次发生。各级党组织要切实履行主体责任，健全内部制度，强化管理监管。各职能部门要“举一反三”，扎紧制度笼子，落实监管责任。

（四）持之以恒、正风肃纪，深入贯彻落实中央八项规定精神和市委实施意见

持之以恒改进作风。持续改进思想作风、工作作风、领导作风、干部生活作风，切实改进学风、文风、会风，建立健全改进作风常态化制度，将作风建设与党风廉政建设责任制考核及干部测评、述职述廉有机结合起来，在坚持中深化，在深化中坚持。

抓住关键正风肃纪。继续抓住重要节点，开展正风肃纪专项治理，防止问题反弹。加强对厉行节约、公车配备、公务接待、职务消费等制度规定执行情况的监督检查。按照在全市开展“会所中歪风”专项整治“回头看”的工作要求，加强对公园内私人会所和高档餐饮场所整改情况的监督检查，决不允许出现反弹，绝不允许出现新的问题场所。对于在“回头看”工作中履职不力、故意漏报、瞒报或在“回头看”检查中，工作措施不力，整改不到位的将严肃处理，一票否决，追究相关部门和人员责任。及时发现“四风”新形式、新动向，从小事入手，从细处抓起，划“红线”，定“雷区”，立标杆，使反“四风”逐渐成为党员干部的工作准则和生活习惯，将违反中央八项规定精神的行为列为纪律审查重点，对顶风违纪的严肃查处，予以曝光。

（五）健全机制、多措并举，深化党风廉政教育

健全反腐倡廉教育工作机制。中心各级党组织要把党风廉政宣传教育作为精神文明建设和政治文明建设的重要内容，纳入到党的建设和宣传教育工作的总体部署，制定年度工作计划，通盘考虑，统一部署，狠抓落实。进一步完善党委（总支、支部）理论学习中心组学习制度，在中心组学习中加大党风廉政教育的比重。

加强领导干部反腐倡廉教育。坚持领导干部讲党课制度，中心直属各单位党政主要负责人或班子成员要围绕分管工作中存在的廉政风险及防控措施开展专题授课，中心纪委将邀请市纪委、检察院等相关部门开展廉政专题系列讲座。坚持把反腐倡廉教育贯穿于干部的培养、选拔、管理和使用等各个方面，全面实行中心处级干部任职前廉政法规知识测试工作，以考促学，以学促廉。开展正面示范和反面警示教育。深入开展具有本单位特色的廉政文化建设，形成以廉为荣、以贪为耻的良好风尚。

（六）廉洁自律、敢于担当，提升纪检干部综合素质和履职能力

加强思想建设。对党忠诚是纪检干部的政治品格，敢于担当是对党忠诚的具体体现，中心系统纪检干部要时刻与党中央保持高度一致，增强政治鉴别力和政治敏锐性，加强政治理论学习，不断提高思想政治素质和党性修养。

加强作风建设。正人先正己，要从纪检干部自身做起，自觉践行“三严三实”，带头改进工作作风、带头密切联系群众、带头遵守党纪国法，严守政治纪律、工作纪律、保密纪律和廉政纪律。

加强能力建设。坚持业务知识学习，定期组织工作研讨交流，年内拟举办纪检干部培训班，继续组织和推荐纪检干部分期参加中纪委、市纪委各项业务培训，充分调动广大纪检干部的积极性，全面提升中心系统纪检干部廉洁高效履职能力，努力培养和造就一批素质好、作风硬、业务精的优秀纪检干部。

反腐倡廉建设责任重大，使命光荣。我们一定要按照市委、市纪委的工作部署，在中心党委的正确领导下，始终保持坚强的政治定力，坚定信心，真抓实干，敢于担当，敢于负责，以中心系统党风廉政建设新成效为深化改革铺路，为中心各项工作顺利开展保驾护航。

郑西平书记在北京市公园管理中心2015年党风廉政建设工作会议上的讲话

（2015年1月30日）

这次会议的主要任务是学习贯彻十八届中央纪委五次全会和北京市纪委十一届四次全会精神，总结布置中心党风廉政建设和反腐败工作，以坚定的决心、鲜明的态度、务实的举措推动中心反腐倡廉工作，营造正风正气、干事创业清廉环境。刚才，程海军同志所作的工作报告，我完全赞同。下面，我讲三点意见：

一、务必学习好党风廉政建设各项法规规章，认真贯彻习近平总书记重要讲话精神，准确把握党风廉政建设新形势、新要求

党的十八大以来，以习近平同志为总书记的党中央，从关系党和国家生死存亡的高度，以强烈的历史责任感、深沉的使命忧患感、顽强的意志品质推进党风廉政建设和反腐败斗争，坚持无禁区、全覆盖、零容忍，严肃查处腐败分子，着力营造不敢腐、不能腐、不想腐的政治氛围，向世人充分表明，我们党敢于直面问题、纠正错误，勇于从严治党、捍卫党纪，善于自我净化、自我革新。实践充分证明，我们党加强党风廉政建设和反腐败斗争的决策是完全正确的。我们要时刻牢记反对腐败是党心民心所向，以更加坚定的信心、更加强烈的担当，不断推进中心系统党风廉政建设和反腐败工作取得新成效。

习近平总书记告诫我们，反腐败斗争形势依然严峻复杂，在实现不敢腐、不能腐、不想腐上还没有取得压倒性胜利，腐败现象虽然减少了，但并没有绝迹，反腐败体制机制虽然建立了，但还不够完善，思想教育加强了但思想防线还没有筑牢，减少腐败存量、遏制腐败增量、重构政治生态的工作艰巨繁重。我们必须充分认识反腐败斗争的长期性、复杂性、艰巨性，坚持党风廉政建设和反腐败斗争永远在路上，坚决打赢党风廉政建设和反腐败斗争这场攻坚战、持久战。

习近平总书记的重要讲话，为做好党风廉政建设和反腐败工作、全面加强新形势下党的建设指明了前进方向、提供了根本遵循。我们要切实把思想统一到中央对党风廉政建设和反腐败斗争形势的科学判断上来，把行动统一到中央对党风廉政建设和反腐败斗争的决策部署上来，在强化主体责任上持续加力，在纠正“四风”问题上持之以恒，在查处腐败案件上高压严打，在监督执纪问责上从严从实，全力做好中心系统党风廉政建设和反腐败工作。

中心系统广大党员干部，特别是处，科级干部要认真对照习近平总书记在党的十八届四中全会上提出的“七个有之”（搞任人唯亲、排斥异己的有之，搞团团伙伙、拉帮结派的有之，搞匿名诬告、制造谣言的有之，搞收买人心、拉动选票的有之，搞封官许愿、弹冠相庆的有之，搞自行其是、阳奉阴违的有之，搞尾大不掉、妄议中央的也有之）以及《学习时报》文章刊登的根治政治生态中的“十大常见病”（一是“不跑不送，原地不动”的潜规则；二是“拼搏不如拼爹”的特权现象；三是“能力不如关系”的关系学；四是“琢磨事不如琢磨人”的投机钻营；五是“干的不如看的”的论资排辈；六是“做事不如作秀”的形式主义；七是“摆平就是水平”的伪稳定；八是“多栽花少栽刺”的好人主义；九是“劣币驱逐良币”的逆淘汰；十是“不怕犯事只怕‘出事’”的地方保护主义），结合实际，查找自身存在的问题，改变传统做法和思维模式，积极转变，认真整改，严格按照中央、北京市各项规章制度办事，树立正风正气，传递正能量，促进中心事业健康发展。

二、务必全面落实“两个责任”，进一步完善中心系统党风廉政建设和反腐败工作格局

党的十八届三中全会强调：“落实党风廉政建设责任制，党委负主体责任，纪委负监督责任，制定切实可行的责任追究制度。”十八届中央纪委三次全会对落实“两个责任”进行了具体部署。履行党风廉政建设主体责任和监督责任，是党章赋予各级党组织和纪检部门的重要职责，是深入推进党风廉政建设和反腐败斗争的“牛鼻子”。2015年1月27日，市纪委领导带队对中心系统2014年落实党风廉政建设责任制情况，主要是落实“两个责任”情况进行了检查，对我们中心系统党风廉政建设工作是一次有力的促进和鞭策。我们要根据市纪委检查组反馈的情况认真进行总结，查找不足，强化履职担当，全面落实“两个责任”，进一步推进中心系统党风廉政建设和反腐败工作。

（一）要强化责任担当

中心各级党组织要牢固树立抓党风廉政建设是本职，不抓是失职，抓不好就是渎职的意识，自觉把党风廉政建设主体责任落实到具体工作当中，落实到工作的每一个环节当中。党委负主体责任，关键在领导，关键在一把手。中心系统首先要从我做起，各级党委（总支、支部）书记都要切实担负起第一责任人的职责，做到重要工作亲自部署、重大问题亲自过问、重要环节亲自协调、重要案件亲自督办、重大情况亲自汇报。2015年1月8日中心党委常委会专题研究分析了中心党风廉政建设工作现状，班子成员结合分管工作每个人都进行了发言讨论；1月12日中心党委专题听取了直属各党委、总支、支部2014年落实党风廉政建设责任制情况汇报，今后这样的工作要形成一种常态，真正把党风廉政建设工作抓实抓细。

（二）要层层传导压力

切实贯彻执行党风廉政建设责任分解、承诺背书、逐级报告、定期约谈、沟通会商、问责追究以及领导干部述廉等制度，进一步把主体责任细化、实化、具体化。2015年，我们对签订党风廉政建设责任书进行了改革，中心党委书记、主任与中心领导班子成员签订党风廉政建设责任书，与直属各单位党政一把手签订责任书，中心领导班子成员与分管的机关各处室正职签订责任书，直属各单位、机关各处室正职与本单位、本部门副职签订责任书。这样做的目的，就是要按照“谁主管谁负责”的原则，建立起上下互动、有机衔接的主体责任体系，形成上下贯通、层层负责的完整链条和一级抓一级，层层抓落实的工作格局。

（三）要落实监督责任

落实党风廉政建设责任制，纪委负监督责任，要按照聚焦主业主责的要求，深化转职能、转方式、转作风，明确监督职责，突出监督主责，提高监督能力。要加强对权力运行的全程监督，保证权力公开、透明、廉洁运行；加强对一把手不直接分管人事、财务、工程建设等监督检查；加强对重点岗位、重点环节的监督检查，推进各项工作规范运行。中心党委、各级党组织要自觉接受纪委的监督，全力支持纪委开展工作，党委负总责，纪委协助党委做好监督，真正形成1+1>2的效力，真正把中心党风廉政建设工作巩固好、发展好。

三、务必抓住关键环节，不断提高中心系统党风廉政建设和反腐败工作水平

（一）以敬畏之心对待权利

近期，习近平总书记在县委书记研修班座谈会上的讲话直指要害，指出：“干部不能只想揽权不想担责。”要做到心中有党，心中有民，心中有责，心中有戒。我们的权利是党和人民赋予的，是中心8000余名干部职工对我们的信任。我们就要正确行使权利，依法用权、秉公用权、廉洁用权，做到心有所畏、言有所戒、行有所止，处理好公和私、情和法、利和法的关系。中心各级领导干部特别是党政一把手要严格执行民主集中制和“三重一大”制度，按照程序进行决策；要做学法、知法、守法、用法的模范，保证各项决策依法依规，科学合理；要带头弘扬和践行社会主义核心价值观，带头廉洁自律，做到清清白白做人、干干净净做事、坦坦荡荡为官，打造中心干事创业清廉的良好环境。

（二）以长效制度抓好监督

中心各级党组织、纪检部门要保持清醒认识，要结合党的群众路线教育实践活动整改工作，认真查找在关键环节、高危领域存在的风险点，加大干部交流、教育和管理力度，规范权力行使，健全规章制度，加强监督检查，使中心各项工作廉洁高效运行。要坚持关口前移，借助深入推进廉政风险防控管理工作，进一步规范领导干部和关键岗位权力运行，实行分解权力、定期轮岗，做到有权必有责、用权受监督、违法必追究。要严格执行党内监督条例，加强领导班子内部监督、审计监督、巡视监督。通过约谈提醒、书面函询、实地走访等多种方式和渠道，加强对领导干部的监督，起到“扯扯袖子”甚至是“大喝一声”的效果。要坚持党管干部原则，严格执行《党政领导干部选拔任用工作条例》，健全经常性监督管理机制，引导干部从严要求自己，做到懂规矩、用规矩、守规矩。要严格责任追究，切实解决日常管理中失之于软、失之于宽的问题，坚持有腐必反、有贪必肃，坚决查处各类违法违纪问题，发挥监督惩处的震慑作用。

（三）以底线思维抓好教育

做到“不敢腐、不能腐、不想腐”，不敢腐、不能腐是外在的，只有不想腐才是内在的。因此，要从抓党员干部的思想道德防线做起，从抓早、抓小、抓预防做起。首先就要引导中心系统党员干部树立强烈的底线意识，这就是党章意识、纪律意识、规矩意识，不能突破道德的底线，不能突破纪律的底线，不能突破法律的底线。底线意识是对党员干部最起码的要求。中央、北京市等一系列文件已经把各项工作、各项要求说得非常细，非常明白，非常接地气，中心各级领导干部要牢固树立底线意识，真正做到守纪律、讲规矩。

同志们，中心有着非常好的传统，中心系统干部是能干大事、干难事的，我对大家、对我们的事业充满了信心，感谢大家在2014年各自岗位上所作的努力。中心的发展需要一支廉洁高效、求实创新的干部队伍，需要一个团结协作、风清气正的良好氛围，让我们大家齐心协力，以更大的决心、更大的力度，不断开创党风廉政建设和反腐败工作的新局面，为中心各项事业健康可持续发展，为落实中心服务首都四个职能、建设国际一流和谐宜居之都贡献力量。

张勇主任在北京市公园管理中心2015年科技工作会议上的讲话

（提纲）

（2015年3月25日）

刚才，中心向2014年科技工作获奖单位和个人代表颁发了荣誉证书，在此，我代表中心领导班子向获得2014年中心科技进步奖单位和个人、科普先进单位表示热烈的祝贺，向广大科技人员为中心和园林绿化事业发展做出的贡献表示衷心的感谢。

在市委市政府的领导下，首都园林事业得到了迅猛发展，公园建设和发展得到了领导和游客的诸多肯定。2015年是“十二五”收官之年，我们如何利用自身优势，扎实工作，再接再厉，开拓创新，抓住机遇，谋划“十三五”发展，更好地发挥中心科技工作在首都城市园林建设发展中的重要作用，是需要我们全体科技工作者认真思考的问题。

会上，炜民总工，科技处还要就中心2015年科技工作进行部署，下面，我就中心科技工作讲几点意见：

一、提高认识，努力增强科技创新能力

各级领导要充分认识科技工作在提高中心各项工作水平方面的重要作用，要认真学习贯彻习总书记在视察北京时的重要讲话精神，围绕北京“四个中心”的定位，进一步提高对科技工作重要性的认识。一要进一步明确科技工作定位，中心科技工作要紧密围绕服务首都大局，联系工作实际，坚持以应用研究为基础，加大科研成果推广应用力度，增强科技创新能力。二要立足公园、面向行业，充分利用科研成果，发挥人才优势，确定一批重点项目，优先考虑创新型技术集成应用示范项目。2015年要重点抓好香山公园、北京植物园、陶然亭公园、紫竹院公园、玉渊潭公园“增彩延绿”集中示范项目的完成，示范区建设要优先合理选用彩叶延绿新优植物，科学合理配置，努力达到示范效果，为完善和提高公园园林景观积累经验，为此相关单位要高度重视，按照设计方案保质保量完成施工。要加快北京植物园、园林科研院两个良种基地建设，将中心优质种质资源研究成果实现推广转化和研发新突破，形成新优苗木规模化生产，为全市“增彩延绿”提供苗木和技术支持。三要努力打造中心以“一院两园”为主的科技创新体系建设，切实加强市园林科学研究院、北京动物园三个重点实验室和植物园一个研究中心的软件、硬件建设，制定规划，确定近、远期目标，利用重点实验室和研究中心这个平台，努力打造科技创新团队，争取省部级科研项目，提高科研水平。

二、服务大局，发挥科技引领支撑作用

市属公园为改善首都城市生态环境、实施绿色北京战略发挥了重要作用，在城市生态、园林植物方面取得了丰硕的研究成果。我们要充分利用已取得的科研成果和依托首都科技资源优势，对以往取得的科研成果加以集成拓展再创新，强化产、学、研、用的紧密结合，开展技术攻关与集成示范。一要围绕园林生态、园林文化、种质资源、遗产保护、节能环保等与公园建设相关的内容开展研究，针对公园发展中的难点、热点问题，针对事业发展前瞻性课题，针对公园管理和服务现实需求，积极组织选题立项，积极参与和申请各级各类大项目，积极探索多种合作模式，提高引领开展大型项目研究的能力，攻坚克难，以科技推动中心事业发展，切实发挥前瞻引领作用。二要鼓励支持科研成果转化推广，提高科技贡献率。要树立坚持合作共赢意识，要拓宽渠道，要关注新时代的发展，关注各相关领域的科技动态，跟踪科技工作前沿，及时广泛地获取信息，充分利用在京高等院校和科研院所的人才、学术的资源优势，积极开展和参与学术交流，多吸收、多积累、多总结、多宣传；要挖掘以往中心成果，沟通启发，集成拓展，相互推广，引入先进科技成果，借鉴探索，消化吸收，转为我用，逐步将新优植物、生物肥料、智能导览等研究成果应用转化到公园和行业，逐渐形成良性促进机制。

三、精心组织，打造中心特色科普品牌

在各级领导的重视和科普工作人员的努力下，中心充分利用自身优势，开展的科普活动内容逐渐丰富，形式已趋向多样化，中心科普整体水平有了明显的提高。按照中心确定的“四化五性”科普工作思路，各单位要把科普工作摆在重要位置，不断开拓科普新资源，创新科普活动的内容和形式，搭建资源共享平台，整合科普资源，积极开展全国、北京市科普基地申报，不断推出科普精品，打造科普游园会、科普夏令营等科普活动品牌；继续加强“三馆五地多屋”科普格局建设，充分发挥科普馆、科普基地和科普小屋的龙头作用，举办主题突出、内容丰富、形式多样的高水平科普展览，进一步完善公园科普橱窗、植物科普牌示等设施建设，确保科普宣传常态化；加大特色科普宣传品的研发力度，进一步满足广大游客多元化需求，提升中心科普影响力。

四、搭建平台，强化科技创新保障

人才是科学研究中最重要因素，科技发展离不开高质量人才队伍。一要充分发挥和调动科技人员的积极性，积极探索以调动和激发科技人员积极性、创造性为核心的科技经费管理和使用方式，逐步建立科技人才评价和激励机制。二要加强科技人才合作和交流，搭建平台推动更广泛、更高层次的交流合作，为科技人才创造更多机会，努力营造鼓励创新、踊跃创新的良好氛围。三要注重科技人才的培养，选拔、培养一批学科带头人，放手让他们担负重任，同时组建优秀科技团队，提高科技创新水平；要逐步加大对科技人才培养使用的扶持力度，要鼓励他们在科学的前沿博采众长，提高学术水平；形成科技工作者培训制度，尤其要加大青年科技人员的培训力度。

北京市属公园历史文化悠久、自然景观优美、动植物资源丰富，它是服务首都生态文明、建设美丽北京、传承北京历史名城文化的重要支撑。我们肩负着历史赋予我们的责任和使命，各级领导和广大科技人员要积极进取、创新实干，为和谐宜居之都建设和行业发展，为中心系统创新发展做出新贡献。

认真学习党的十八届五中全会和市委十一届八次全会精神正确把握和处理中心面临的几个问题

——在北京市公园管理中心2015年处级干部培训班上的讲稿

程海军

（2015年11月27日）

根据中心党委2015年处级干部培训班计划安排，很高兴在结业仪式上有这样的机会，与中心处级干部进行学习交流。有句话说得很好："管理是严肃的关爱，培训是最好的福利。"经过两周的培训，大家的精神面貌焕然一新，也很好地说明了这一点。

临近年底，中心举办为期两周的处级干部培训班，中心党委很重视，下了决心，中心党委常委会也进行了专题研究。结合学习党的十八届五中全会和市委十一届八次全会的精神举办培训班，主题很鲜明，时机也比较合适。领导干部集中一段时间集中学习培训，很有必要，平时大家工作都很饱满，很需要坐下来、沉下去，补补课、充充电，使思想和行动始终保持一种活力。说到必要性，至少有三点：一是增长知识、武装头脑。当今时代，日新月异，新知识、新事物层出不穷。领导干部肩负领导责任，知识水平如何直接影响工作水平、领导水平。领导干部既要"温故知新"，又要"学新知新"，这样才能不断增强本领，才能保持与时俱进，才能更好地胜任所肩负的领导工作。二是及时总结、不断提高。善于对思想和工作情况进行总结，对一个领导干部的进步和提高很重要。领导干部集中培训，结合工作经历通过学习研讨回顾和总结自己以往的学习、工作、生活，从中汲取经验与教训，坚持真理、修正错误，使自己的认识和工作立于新的起点，这对于增加领导工作中的战略智慧和主动权很有益处。三是相互交流、增进友谊。大家来自不同单位或不同岗位，大家的工作性质、知识积累、个人经历、工作阅历也都不尽相同，这为大家提供了一个相互交流、相互学习的良好环境。同时，这次讨论分组统筹考虑，交叉安排，大家在交流中碰撞了思想，增进了友谊。

根据2014年征求意见中“干部培训要增强互动性”的建议，2015年的处级干部培训班突出了两个特点。一是集中，大家离开繁忙的工作岗位，住下来，用更多的时间、更冷静、更深入地思考。二是增加了互动性，特别安排了交流研讨的环节，我听了大家的讨论，气氛很热烈，有些观点很有针对性，大家普遍反映良好，需要继续坚持。

在上周处级干部开班式上，西平书记结合十八届五中全会学习和“三严三实”专题教育，特别谈了“转变、调整、适应、发展、创新”的问题，我听了很有启发，也有很深的触动。借这个机会，我也谈谈学习十八届五中全会的一些体会，特别是结合近两年工作的一些思考，谈谈大家关心和关注的问题，谈谈对中心发展当前一些焦点和难点问题，比如基本思想方法、发展方向、发展定性、发展定位、发展路径、如何作为、如何保障等问题，供大家参考。主要谈三个方面的意见。

一、学习十八届五中全会和市委十一届八次全会精神是当前各级领导干部的重要政治任务

刚刚闭幕的十八届五中全会是即将完成“十二五”规划、进入全面建成小康社会决胜阶段召开的一次十分重要的会议。2015年11月24日、25日，市委召开了十一届八次全会，通过了《中共北京市委关于制定北京市国民经济和社会发展第十三个五年规划的建议》。深入学习贯彻十八届五中全会、市委十一届八次全会精神是我们当前及今后一个时期的重大政治任务。

关于十八届五中全会，我谈谈对五大发展理念的认识。十八届五中全会提出了“创新、协调、绿色、开放、共享”的五大发展理念，集中反映了我们党对经济社会发展规律认识的深化，丰富了马克思主义发展观，为我们党带领全国人民夺取全面建成小康社会决战阶段的伟大胜利，不断开拓发展新境界，提供了强大思想武器。这五大发展理念，对中心事业的发展也很有指导意义。学习十八届五中全会精神，我认为核心和关键就是发展，无论是创新、协调、绿色、开放、共享理念的提出，还是全面建成小康社会，都强调发展是第一要务。

创新发展，是引领经济社会发展的第一动力。中心成立近10年了，也有很多东西需要我们好好总结和提炼！昨天在讨论时，有人提出了现在和以前相比，我们干的更多的是“难事、苦事、新事”，我感同身受。中心的发展改革也进入了深水区，每往前走一步都涉及一些体制机制问题，都会触及到相当一部分的利益。创新是必须的，有些问题，亟待我们破解：一是资金保障问题，日益增长的刚性需求和单一僵化的资金收入之间的矛盾；二是人员活力问题，如何提高劳动效率，如何进一步调动广大干部职工特别是青年同志的积极性和主观能动性；三是制度创新问题，虽然抓了内控制度，现在看来，还需要进一步深化细化，不但有制度缺失问题，同时存在有禁不止的问题；四是思想观念的问题，西平书记反复强调“调整、转变、适应”，这是一个根本的问题。

关于创新，近年来，中心做了积极的尝试。如转变预算编制方法，转变了业务跟着资金跑的传统做法。近两年，我们建立健全、修订完善了100余项制度，建立并实施了内部控制体系，有效压缩行政支出，明显减少计划外项目。如根据中心出台的加强房屋管理的规定，有的公园探索了一套透明、公开、便于监督的房屋出租工作程序，我已责成中心综合管理处进行调研、推广。又如绩效奖金的发放迈出了一小步，中心首次结合绩效考核以适度分级的方式下发了2014年一万元的绩效工资分配，适当拉开差距，形成一种奖惩机制。

协调发展，是经济社会持续健康发展的内在要求。对于我们中心来说，如何统筹处理好经济、社会、生态效益，如何解决游客数量和游览品质的问题，也需要我们用协调发展的理念统筹。

绿色发展，是实现中华民族永续发展的必要条件，是我们发展的本质要求。生态、环保、循环、低碳这些概念，首先必然在中心系统实践。2015年，中心上报市政府为民办实事项目，就是围绕“节水工程”来思考的。对于中心来说，如何利用科技手段，率先把公园建设成资源节约、环境友好的示范，建设成宣传绿色发展成果的窗口，都大有文章可做。

开放发展，是世界共同繁荣发展的应然选择，也是我们中心发展的必由之路、必然选择，我们要融入地区发展、引领行业发展、加强学习交流。开放带来进步，封闭导致落后，我们不能故步自封，我们要跳出中心发展中心，跳出公园发展公园。

共享发展，是全面建成小康社会的必然结果，公园是市民的第三生活空间，我们是改革发展成果重要的展示和宣传窗口。中心成立伊始，市委常委牛有成就明确提出“公园是历史，是文化，是幸福指数”，林克庆副市长提出“在民生改善上，你们是为市民谋福利”，这既是我们不断为之努力的愿景，也是我们工作不竭动力的源泉。

市委十一届八次全会提出了“有序疏解非首都功能，更好地坚持和强化首都核心功能，不断提升“四个服务”水平，这也对我们提出了新的更高的要求，我们要努力在北京“四个服务”中找准结合点，寻找突破口，拓展新功能。昨天，中心党委召开常委会进行了学习研讨，西平书记也对学习贯彻提出了明确的要求，我们要结合实际深入思考，积极工作，创新发展。

北京的发展经历了三次重大的机遇和抉择。一是建国初期，百废待兴，如梁思成等学者提出建设新城的建议，现在回头看是有一定道理，当时在那种复杂的政治、严峻的经济情况下，很难实现。二是在改革开放初期，北京如何体现中华人民共和国国家首都的生机和活力，北京如何与国际化大都市接轨，北京发展充满了挑战。改革开放的30年，也是北京突飞猛进、日新月异发展的30年。现在，一个现代化的国际化大都市已经毅然屹立在世界的东方。三是我们当前面临的形势，就是迫切地需要解决大城市病，2014年习近平总书记视察北京时也提出了明确的要求。如何疏解北京非首都核心功能，推进京津冀协同发展纲要的落实，这是非常迫切和非常繁重的任务，也是关系到北京市“十三五”目标的实现。到2020年，北京的天蓝、水清、树绿、路通、人和，这都与我们息息相关。5年后，全面建成小康社会，中华民族第一个100年梦想实现时，我们的各个单位是什么样？我们的中心是什么样？这些问题都需要我们在座的每个人冷静、理性地思考。

二、清醒认识面临的形势和问题，正确把握和处理好当前中心发展面临的几个关系

（一）清醒认识我们面临的机遇或优势

如何清醒地认识当前的形势，在首都发

展大局中抓住机遇，这既是对大家的考验，也是对大家领导能力和水平的检验。当前，我们正赶上北京加快发展的时期，机遇与挑战并存。我认为，中心面临着前所未有的发展机遇和挑战。

从内部来讲，主要有四大优势。一是得天独厚的资源优势，这也是我们最大的优势。我们的业态十分完整，有皇家园林、坛庙园林、山地园林、专类园，有科研机构和教学机构，还有中国园林博物馆。我们的公园拥有丰富的历史文化资源和深厚的历史文化底蕴，2家世界文化遗产单位、8家全国重点文物保护单位、10家国家重点公园，拥有近18万平方米古建、53000余件可移动文物。我们还有雄厚的人才优势、丰富的经验优势和先进的科技优势，这些都是我们的优势资源和发展基础。二是我们的体制优势，这是我们的独特优势。公园管理中心作为统一管理平台，将优质资源进行统筹调配和优势汇集，使之发挥最大效能。我在宣传工作会议上讲，外宣工作做得好，有很多因素，其中一个重要的原因就是我们的体制优势，中心系统有颐和园、天坛等驰名天下的皇家园林，区属的有些公园单打独斗的新闻未必引发关注，我们举中心系统合力，拳头打出去，是组合拳，就有冲击力。三是重大政治任务的保障优势。从北京奥运会、残奥会到国庆60周年和65周年游园活动，从APEC会议到纪念反法西斯战争暨中国抗战胜利70周年，既承担了核心任务，又参与了外围保障，我们积累了丰富的经验。中心承担重大国事活动已经成为一种常态，比如李克强总理在天坛林间漫步，国民党主席来大陆必须拜谒香山孙中山纪念堂等。四是我们有统筹公园综合业务的管理优势。近年来，我们也特别注意平台建设和资源整合，为各单位搭建了人才、文物、管理经验的交流平台，不断提高了中心影响力和持续发展的能力。根据我们初步统计，中心各单位在全国和北京社会团体中担任副会长、副秘书长以上领导职务的有33个，这也充分说明了我们在行业中的影响力。

从外部来看，也有四大机遇。一是首都“四个服务”和建设国际一流的和谐宜居之都的定位，是我们发展的基础和最根本的保障，也是我们一切工作的落脚点。中心与“四个服务”密不可分，说到和谐、宜居，公园就是“理想的家园”，加大和加快公园发展建设与首都定位一脉相承，息息相关，也是社会发展的必然趋势。二是京津冀协同发展纲要的实施，为我们提供了无比广阔的空间。特别是结合北京全国文化中心的建设，我们如何发挥文化、资源优势，潜力巨大。三是游客日益增长的文化需求，每年近1亿人次游客多元化和个性化的需求对公园提出了新要求、新期待。四是深化改革特别是生态文明体制的改革，为我们提供了强大发展动力。

（二）清醒认识我们面临的挑战和问题

我们在紧抓机遇的同时，也要清醒地看到中心发展中还面临着严峻挑战和迫切要解决的问题。

当前，我们面临着四大挑战：

一是面对新形势、新要求，我们适应了吗？在小组讨论时，很多人反映自己的自信心现在不足了，对自己产生了怀疑？关键是新形势下出现了许多新问题、新要求，以前我们可能就不想这么多，但是现在我们就会自觉地多问几个为什么？有什么依据？是不是合规？都需要我们适应。比如，我们自有资金使用问题，到底有没有规定、是什么规定、怎样规定的，我们简单说违反规定，就过于草率了。就这个问题，我已经责成有关领导抓紧研究。比如，天坛公园园中园票价问题，国务院要求问责的！尽管在检查中只是提到了部分公园，我想这些问题中心系统可能普遍都存在，需要我们举一反三，是不是还有类似的问题。还有，关于市委主要领导就景山公园卖貔貅、香山公园“黑马宰客”批示的事，尽管这是2008年之前发生的事情，我们早已整改了，但我们还是躺着就“中枪”了。这些事情的发生，恐怕今后仍不可避免，我们如何面对，都需要我们深刻思考。

二是日益扩大的刚性支出需求和相对僵化的收入机制的矛盾，我们找到破解办法了吗？我们是否迈出坚实的步伐？中心作为财政补贴性单位，收入渠道单一，增长乏力，创收和经济压力日趋紧迫，公益属性及健康持续发展已经受到了影响。

三是从关注游客量到游客安全、舒适度转变，我们准备好了吗？当前，服务供给与公众日益增长的需求之间仍然存在差距，公园安全、文物保护、文化创意、服务管理等工作提升还有很大空间。特别是节假日人流剧增，公园的安全、服务、维护等方面压力不断加大。根据市领导讲话精神，2015年“十一”我们在宣传上首次提出了舒适度指数，加大了这方面的引导力度。

四是我们的能力能适应当前发展的形势吗？我们都要想想，我们各级领导统领全局、推动发展的能力是不是适应当前的发展，我们的人才队伍能否与深厚的文化资源相匹配，我们职工的服务意识、服务水平能否适应游客的需求？

从具体来看，近年来，特别是十八大以来，中心通过扎实开展党的群众路线教育实践活动，积极开展各种专项治理，中心系统呈现出干事创业、作风深入的清新气象，服务有提升，工作有推进，影响力在扩大，这是主流，也是应当充分肯定的。但我们也应清醒看到，坚持问题导向，对照“三严三实”来说，中心系统仍然存在一些问题，我认为主要问题是“六不”：

不转变：不敏感，无意识；有意识，有惰性；无惰性，无担当。思想觉悟低、侥幸心理重、惯性思维强。

不规矩：法治意识淡薄，想当然，无意识；有意识，无能力；复杂问题简单化，不正常事正常办。想问题、办事情、作决策不自觉地用法治思维解决问题。

不严格：满足现状，得过且过；作风漂浮，无故悲观；自卑自弃，盲目自大。

不扎实：做事流于表面，开会讲讲，电话说说，缺乏钉钉子精神，凡事满足于“大概齐”“差不多”，经常一知半解，不求甚解。

不务实：口上说说，心里想想，缺乏行动，无狠劲、缺韧劲，讲空话，干虚活。面对新变化和发展中的难题，被动应付，一味等、靠、要。

不担当：遇事能简单就简单，能省事则省事，简单问题复杂化，正常事往不正常事上想，能拖就拖，能躲则躲，事不关已，高高挂起。

中心系统主要问题的表现主要有以下几点：一是不担当或“为官不为”的现象逐步在抬头。二是严格执行的力度不够。三是求真务实的作风不实。四是积极进取的精神状态不佳。五是依法依规办事的能力不强。具体的表现，我在不同场合都说过，大家可以结合实际去思考，在这里我就不一一赘述了。

（三）正确处理好当前面临的七个关系

“十三五”规划提出的目标令人振奋，任务十分繁重，需要结合中心实际落实，特别需要我们积极进取的精神和求真务实的作风。中心成立近10年了，10年来，我们取得的成绩有目共睹，需要我们大张旗鼓地宣传。但在实际工作中，我们确实面临一些现实的需要解决的思想和认识问题，这些问题已经制约或束缚中心事业的发展，亟待我们破解。比如，西平书记提出的转变思想问题，中心定性的问题，发展定位、发展方式、实现路径、如何作为、落实保障等，这些问题都需要我们进一步明晰。结合学习十八届五中全会和市委十一届八次全会精神，我梳理归纳了七个方面，和大家做个交流。

第一，正确处理好继承与发展的关系，主要解决思想路线和思想方法问题。继承是发展的前提，发展是继承的必然要求；要在继承基础上发展，在发展过程中继承。我们现在很多的问题，根本上是一个思想的问题。如何坚持从实际出发，实事求是，冲破固有的传统观念和主观偏见的束缚，改变满足现状、因循守旧的精神状态，不断研究新情况、新问题是摆在我们面前一项紧迫和现实的课题。

（1）要总结经验，不断提高。北京市原市长王岐山在中心调研时曾提出，我们是行业的领头羊。林克庆副市长也提过行业典范的问题，我想我们也是当之无愧，名副其实的，我们系统担任33个社会团体领导职务就是一个例证。从传承的角度来看，我们要保护，要总结，要提升，不仅要把遗产完整地传承下去，也要把一些好的做法、经验固化起来，要形成常态的东西。2014年APEC服务保障后，中心和颐和园进行了系统的总结，我想，以后我们有了这一套外事接待的工作机制和制度，任何接待我们都会心中有数的。中心在中国园林博物馆建设后，也明确提出要总结中国园林博物馆建设的成功经验，总结一套重大项目建设的工作机制，事实上，这项工作没有按照设想很好地开展。试想，如果市里再给我们一项重大建设项目，从选址、规划、报批、建设、运营、管理，我们是否有底气？是否有信心、有能力？总结经验非常重要。2015年，香山红叶节总结以往的经验，引进了北京动物园网格化管理的有效做法，并且结合自己的地形特点，在红叶季期间发挥了很好的作用。中心各单位要相互学习，取长补短。

（2）不能裹步不前，需要继续前进。我们是领头羊，应有所考虑，如何在行业发展的理论和实践上进行积极探索，始终保持我们的行业典范地位。我们要发挥实事求是、求真务实、与时俱进的思想路线，更好地保护我们历史名园，更好地发挥历史名园的作用，更大的传承优秀文化。充分吸收和运用国内外最新管理成果，建立公园管理可持续改进的体系。着力推进公园管理理念、方法、制度创新。深化公共服务建设，提高公共服务的能力和水平。

（3）要克服两种不良倾向。当前，在中心，我认为主要克服两种倾向：一是过度悲观。这主要是没有认清中心系统的优势，出现自暴自弃、怨天尤人的现象，体现出不求上进，精气神不足等状态，这势必阻碍了中心的发展。二是盲目乐观。这主要是缺乏危机意识，居安思危的意识不足，过度放大了我们的优势，把我们所拥有的历史文化资源视为取之不尽、用之不竭的财富，结果就出现了“小富即安，故步自封，满足于守摊子、享清福”的现象。我们不能单靠吃祖宗饭来维持我们的地位啊！这两种倾向都是不好的倾向，不符合实事求是的原则，需要我们坚决克服。

第二，处理好社会效益、经济效益、生态效益的关系，主要解决中心系统定性的问题。我们要统筹处理好社会效益、生态效益、经济效益之间的关系，社会效益是根本，生态效益是基础，经济效益是手段，当“三个效益”发生矛盾时，对中心来说，我们要把社会效益放在第一位，突出公益属性；保证生态效益，努力保障自然生态的原真性、完整性；把经济效益放在社会效益和生态效益的后面，不是不要经济效益，要力争统筹兼顾，协调推进。

为什么突出社会效益，突出公益属性，这是由我们单位的性质决定的。公园是公共资源，要确保公园姓“公”，严禁任何与公园公益性及服务游人宗旨相违背的经营行为。我们是这样说的，也是这样做的，我们大力整治“会所中的歪风”就是体现公益性的具体举措。我来中心三年，屈指可数的周六、周日通知大家开会，就是研究解决会所的问题。在会所中的歪风治理中，中心损失租金8000万元，赔偿2000万元，2015年举办展览又投入2000万元，总计1.2亿元，我想，这也是体现社会效益的最好实践。

我们强调统筹处理“三个效益”，突出公益属性，但绝不是不要经济效益，要力争统筹兼顾，协调推进，要旗帜鲜明的反对“挣钱没用”的观点，不能忽略和不重视经济效益。我们的公园都是差额补贴事业单位，财政补贴部分相对固定，主要用于维持公园的基本运转。2014年中心总收入22亿元，其中自创收入55%，自创收入中门票经济占70%以上，基本支出占70%，其中人员支出占基本支出的45%。举个不恰当的例子，就拿解决人头费来说，还别说干事，目前，中心11家公园中只有两个公园能自己养活自己，有一个公园基本能养活自己，有的公园每年缺口资金达8000多万元。一方面我们养活不了自己，另一方面，我们又不积极创收，这是不行的。2015年，我们真正干事的资金只有6亿元，作为中心重要业务处室的服务管理处、综合管理处的资金非常有限，经常是捉襟见肘。我们的公园门票已经低价运行14年，不但多次努力争取提价未果，近期门票经济又出现严重危机。目前，中心所有公园的园中园已经视同公园大门执行票务优惠政策，公园联票也执行半价优惠政策，我们初步测算，门票收入将降低近7000万元。同时，游船等其他收入持续增收乏力；公园内部企业单位受体制和政策限制，创收困难，难以为继。历史上公园靠出租房屋“吃瓦片”创收的创收途径，也因会所治理告别历史舞台。

当前，中心发展突出的一个矛盾就是单一僵化的收入增长机制和日益扩大的刚性支出之间的矛盾。我们提出要摆脱单纯依靠门票收入的状况，但是我们没有迈出实质性的步伐，如何把我们的资源优势转化为文化优势、转化为经济收入，进一步拓宽收入渠道，需要大家献计献策、共同努力。

这两年，我们也加大与故宫的学习交流，前段日子我去了一趟台北故宫。北京故宫和台北故宫给我们很好地启示。据了解，北京故宫每年文化创意收入达到1.5亿元。台湾故宫的文创收入1.1亿人民币，已经超过门票的收入，占总收入的60%。根据我们初步统计，中心文创收入900多万元，差距很大。

故宫文创工作的主要做法就是合作开发，他们充分利用品牌和文物、音像资源，邀请社会企业参与创意、开发、销售，利益共享。在以下三个方面需要我们认真学习和思考：一是要充分借助社会力量、社会资金、创意人才合作开发，调动社会积极力量参与。目前台北故宫有23家企业参与研发、销售，十分活跃。二是我们独特的体制优势和资源优势没发挥出来，没把文化资源优势和整合资源的优势发挥出来。三是要加快建立符合市场需求的便捷、高效的多渠道销售网络。

另外，从创收角度来说，我们要调整转变，转变过分地依赖“假日经济”。我们通常将文化活动多安排在节假日，能否做些调整，通过高品质的服务来分解人流，要注重平日，要调整为一种常态。比如，香山公园要注重克服“一季忙”到“四季忙”，合理引导、分流游客，改善游客结构，提高游客消费能力，提升游客游览品质，这无论对保护公园自然资源还是转变发展方式都大有裨益。

第三，处理好全局和局部的关系，主要解决好发展定位问题。局部与全局是统一的、相互依存而密不可分的关系。局部是全局的一个组成部分，没有局部就无所谓全局，没有全局，局部可能也不存在。北京市公园管理中心为市政府直属，相当正局级事业单位，对北京市来说，中心是局部；中心负责市属公园及其他所属机构人、财、物管理，对各单位来说，中心就是全局，各单位是局部。中心要尊重各单位的利益，发挥各单位的主观能动性和积极创造性，中心各单位的发展、利益要服务、服从于中心发展、中心的利益。同理，中心的发展要服务、服从北京市的大局。

北京市大局是什么，就是落实首都功能定位，推进京津冀协同发展纲要，重点解决大城市病，建设国际一流和谐宜居之都。中心的大局是什么，林克庆副市长讲“在生态环境上，你们是领头羊；在文化建设上，你们是窗口；在民生改善上，你们是为市民谋福利”，这就是我们的大局。对公园来讲，大局就是守护好名园，保护好文脉，传承好文化，服务好游人，让历史名园永续发展。

我特别强调要树立“全中心一盘棋”的思想，维护中心的权威，这既是政治要求，也是我们事业发展的要求，也是中心取得成绩的重要法宝。中心负责所属各单位人、财、物的管理，要努力整合系统的资源和力量，把各种要素配置好，把各种关系理顺好。同时各单位，要切实维护中心的权威，必须坚决服从中心决定，决不能打折扣、做选择、搞变通。

当前，北京市的核心任务就是疏解非首都功能。结合大家提出的建议，经过中心主任办公会、中心常委会研究讨论，提出了“科学统筹优势资源，三条路径推动京津冀协同发展”的工作思路：

一是合理疏解功能，融入京津冀一体化发展格局。坚持公益属性，科学“瘦身健体”，疏解非公益服务功能。逐步将中心党校迁出北海公园，园林学校分部迁出天坛公园，从而突出公园公益性，为扩大公园开放面积、提高承载力打下基础。

二是保护核心资源，让历史名园生动展现古都文脉。保护传承好11家历史名园，让18万平方米古建、5.3万件文物、13971株百年古树名木成为生动代言。提升承载能力，陆续开放文物古建院落10处6000平方米；挖掘晚间旅游资源，以颐和园、天坛公园、北海公园为试点，打造第二旅游空间。恢复历史区域完整，结合“三山五园历史文化景区”建设、天坛周边简易楼搬迁项目等，逐步恢复历史名园区域原真性和完整性。提升历史名园生态景观，打造玉渊潭东湖湿地公园，提升城市中心区生态环境水平。强化游园舒适度，实施游客流量管理，探索门票网络预售、实名预约等限流措施，促进历史名园游客量逐步合理化。科学规划历史名园修缮，逐步建立历史名园修缮项目库，提升历史名园可持续发展能力。

三是优势资源输出，辐射带动津冀共同发展。合作共建带动津冀，大力推进共建共管、社会合作，开展技术、管理、学术交流活动。北京市园林科研院已经联合天津市园林绿化研究所等建立起京津冀园林科技创新战略联盟；北京市园林学校将面向津冀开展职业资格培训等。

第四，处理好眼前和长远利益的关系，主要解决好实现路径的问题。正确处理好“眼前”与“长远”关系是辩证唯物主义的必然要求，既要“立足当下”把当前工作做好、做实，又要“放眼长远”把发展规划谋划好，找到科学、有效的发展路径。我们的公园具备双重属性，我们既是一般意义上的公益服务性质的公园，又是需要严格科学保护的历史名园。这就要求我们从这两个方面去探索长远发展目标和近期改革路径。

我们总的目标是：以市属公园为先行，从优化内部管理机制入手，推进中心系统管理能力和管理体系科学化，以事业单位改革为契机，努力推进政策体制改革促进公园的公益服务供给更加充盈，推动历史名园保护管理更具可持续性，努力把市属公园打造成北京市历史名园的核心体系，打造成为服务首都功能的核心资源，让历史名园的秀丽瑰宝跨越时空传承永续。

我们资金收入没保障，历史遗留问题多，人员结构不合理，用工制度不完善等问题都制约着我们的发展。基于此，我们要从公园的公益服务和历史名园的保护两个维度来推进我们的改革。

目标一：让市属公园的公益服务属性更加凸显，公益服务供给更加丰盈，把市属公园打造成为服务首都功能的核心资源。改革路线：①对内优化内部管理，增加市属公园内在发展活力：调整市属公园内部管理机制，建立和完善科学的奖惩机制和增收机制，切实增强发展活力。②对外依托北京事业单位分类改革，积极争取政策支持，努力推进体制改革，逐步理顺符合市属公园公益服务现状的资金保障渠道和人员管理模式。

近期：在现有政策体制下，激发内部发展活力。科学进行岗位设置，合理运用绩效杠杆，建立有效地激励机制；增收节支，发展非门票经济，发掘新的经济增长点，建立有效的增收机制。远期：按照“试点先行”的原则，以北京事业单位分类改革为契机，努力推进政策体制改革，逐步理顺资金保障渠道和机制，理顺人员管理模式，让市属公园的公益服务属性更加凸显，公益服务供给能力逐渐增强。

目标二：科学建立符合市属公园实际的历史名园保护管理模式，把市属公园打造成为北京历史名园的核心体系，让历史名园的秀丽瑰宝跨越时空传承永续。改革路径：保护优势资源，实施市属公园核心发展战略；强化“历史名园是市属公园核心优势”的战略思维，坚持对市属公园历史名园保护工作进行顶层设计，科学建立符合市属公园实际的历史名园保护管理模式，科学编制历史名园保护规划，逐步推进理顺历史名园保护的投入机制，把市属公园打造成北京历史名园的核心体系。

近期：对市属公园历史名园保护工作实施顶层设计，科学建立符合市属公园实际的历史名园保护管理模式，科学编制历史名园保护规划，为首都历史名园一体化管理探索路径。远期：争取政策和资金支持，逐步理顺历史名园保护的投入机制，把市属公园打造成北京历史名园的核心体系，让历史名园的秀丽瑰宝跨越时空传承永续。

第五，正确处理数量和质量的问题，努力提高内涵式发展的能力和水平，主要解决中心发展方式问题。“数量和质量”是一个辩证的话题。“数量”是指事物的多少和长短，“质量”是指服务或工作的优劣程度，没有一定数量的积累就没有质量，但过分追求数量也就影响了质量。一直以来，公园游客接待数量始终是我们工作量的一项重要指标，也是一种成绩的体现。随着游客量逐年大幅攀升，旅游资源出现严重不足。经统计，自2008年以来，中心的11家公园游人量每年递增8%～10%。2014年11家公园开放面积仅占全市373家注册公园开放面积的11.7%，但是游客接待量却占全市公园游客接待量的34.5%，公园承载力严重超限。

市委书记郭金龙在全市国庆假期的专项部署讲话时说，现在北京最重要的任务是京津冀协同发展，提高首都核心功能。节前是说安全，为了保证安全，我们的景区、公园应不应该吸引更多的人？很矛盾。一方面首都旅游业必定要发展；另一方面，好像又不能吸引这么多人来。而且，首都限流靠涨价肯定不行，我们承受不起。郭书记的讲话给了我们重要提醒：我们考虑游客的安全和舒适度，要限流，但不能依靠涨价。林克庆副市长也指示我们应该进一步思考如何提升游览质量。2015年，全国人大代表刘新成提出，“现在在公园里散步哪叫散步，像是游行，人跟着人，都淤在一块了”。游客过度聚集给公园带来的不安全、不舒适的问题不符合国际一流和谐宜居之都的标准。

2015年“十一”，中心系统接待了游客378万人。我们没有一个公园在这7天当中超过日最大承载量，也没有一个公园某一时刻的在园人数超过瞬时最大承载量，从安全角度考虑，我们的量还是有富余的。从舒适容量来看，我们只有北京植物园、玉渊潭公园和中国园林博物馆在舒适容量之下。如果我们将来进行限流管理的话，我们只能以日最大承载量和日最大瞬时承载量为依据。虽然我们现在面临的主要问题不是限流的问题，更多是对人流疏导的问题，但限流是一项十分庞大的系统工程。故宫限流8万人次，也是经过几年反复尝试、不断改进、逐步实现的。因此，我们要立即着手推进此项工作，明年单作为一项重点工作来抓。

上述这些问题，让我们不得不重新考虑质量与数量的问题，我们也把人流管控列入明年折子工程。我认为，游览舒适度不仅仅是控制游客数量这么简单，它是一个综合的概念，是一个让游客身心愉悦的衡量标准。一方面，要把游客量控制在一个科学合理的范围内，为游客提供安全、宽松、舒适的游览环境；另一方面，我们推出的系列重大惠民举措、丰富多彩的文化活动等也是让游客舒适游览、提高幸福指数的做法。

数量和质量的问题，实质上是要求我们转变发展方式，提高内涵式发展的客观需要。当前，要从以下四个方面进一步转变我们的发展方式：

（1）拓展服务功能。作为公园必须牢记，最根本的工作就是服务，对服务来讲没有最好，只有更好。首都“四个服务”和我们密不可分，我们责任重大。随着交往的日益广泛和深入，中心服务保障重大活动和政治任务需求不断上升，从APEC会议到纪念反法西斯战争暨中国抗战胜利70周年就是一个典型的例子，这是我们的重要责任和政治任务。我们要克服重收入轻服务的不良倾向，除了保障重要政治任务，要采取积极措施提高服务游客的满意度。特别要注重在推进京津冀协同发展中，充分发挥中心优势资源和优势平台，积极参与，主动服务。我们提出要以颐和园、天坛公园、北海公园为试点，积极研究夜间开放，延长游客的游览时间和空间。

（2）坚持文化建园。历史名园的核心竞争力就是文化，我们要坚持文化建园方针，深入挖掘公园文化内涵，大力开展公园文化创意工作，着力提升展览展陈水平，积极举办有文化张力、有影响力的文化活动。2015年，中心承担了市政府第29项重大民生实事项目，对复建未开放古建、会所转型院落、红色旅游地等进行资源整合，新开放院落10处6000平方米，免费推出10个历史文化主题展览，收到了良好社会效益。景山公园绮望楼开放，在预约、限流的状态下，每天接待游客3000多人，就是文化的魅力。中心在加大玉渊潭公园基本建设投入的同时，积极推动湿地公园的申报，加大万柳堂文化挖掘力度，就是要进一步提升玉渊潭公园的文化品质。

（3）保护好历史名园，推进重大项目落地。切实加强历史名园保护工作，保护好古都风貌这张中华民族的“金名片”，特别是结合天坛周边简易楼搬迁项目等，逐步恢复历史名园区域原真性和完整性。我们要下大力气推进香山寺、香山昭庙、北海公园万佛寺、颐和园文昌院二期等重大项目落地，利用重大项目进一步提升历史名园的内涵和文化影响力，利用重大项目带动推进公园周边的环境整治。

（4）人流控制、管理。这是一个系统的复杂工程，人流控制同时面临着业态的调整，工作方式的调整，涉及方方面面，软硬件建设，需要我们下大力气思考，统筹考虑。

第六，正确处理想干事、能干事、干成事、不出事的关系，主要解决有作为和乱作为的问题。邓小平同志曾说过“世界上的事情都是干出来的，不干，半点马克思主义也没有”。一个领导干部只有多干事、干成事，才能为群众所认可，才能在更宽广的舞台上展现自己。

想干事，解决的是一个态度问题。有了思想的自觉，才有行动的自觉;有了想干事的态度，才有干事的动力，才有干事的行动。想干事，核心在于一个“想”字，关键要解决“怎么想”的问题。想，就要立足当前想长远，要有一种前瞻的视野，要有一种长远的眼光，正确处理眼前和长远的关系。要立足岗位想责任。在其位，就要谋其政。作为领导干部，好好珍惜这个岗位，静下心来，踏踏实实地干一些有意义的事情。

要想干，更要敢干，敢去碰硬，敢去较真。正如习近平总书记所讲的，好吃的肉都吃掉了，剩下的都是难啃的硬骨头。中心的改革发展也进入了深水区，历史遗留问题多，新问题层出不穷，我们面临许多棘手的问题。当前，在中心要大力提倡一种敢于担当的精神，要有迎难而上的锐气，有发现问题的水平，有解决问题的能力，有敢于负责、担责的勇气和胸怀。

能干事，解决的是一个能力问题。我们做任何事情，光有热情不够，只表决心没用，关键要有真本事、硬功夫，冲得上去、拿得下来。同样一件事，有的人做出来是精品，甚至是艺术品;有的人做出来却是次品，甚至是废品。我们一定要有一种“本领恐慌感”，不断提升自己的干事本领。中心现在正处于一个特殊的发展时期，需要干的事情很多很多，坐而论道、纸上谈兵不行，品头论足、空发议论更不行!当下，作为中心的领导干部要增强依法民主科学决策、综合管理协调、依法办事、做群众工作的能力。

干成事，解决的是一个效果问题。干事情，不干则罢，干就要干好，干就要干成。干成事，核心在于一个“成”字，关键要解决“成什么”的问题。成，就成在顺应客观规律上。要按规律办事，事情才会水到渠成。要解决实际问题，不解决实际问题，一切都等于零。现在，我们面临的问题还很多，有的老问题还没解决好，一些新问题又冒了出来……我们要坚持问题导向，实实在在地把那些事关中心发展的问题一个一个地解决好，不急于求成，不急功近利。

不出事，解决的是底线问题。不出事是领导干部的底线、必须坚守，党纪国法就是我们工作的底线。我们必须树立底线思维和制度意识，每作一项决策，都要认真想一想是否有权决策、有多大权限决策，想一想决策的法律依据是什么、法定程序是什么、法律责任是什么。做到不出事，一方面要加强修养，提升素质；另一方面须增强制度意识，自觉地在制度约束下行事，把不出事作为想干事、会干事、干成事的保障，在不出事中实实在在地想事、干事、干成事。

中心出现了肖绍祥、王新路违法违纪事件，十分惋惜，十分沉痛，教训十分深刻，需要我们警钟长鸣、反躬自省、引以为戒！如何克服乱作为和不出事，要从以下三个方面着手：一是要树立法治理念和法治思维。领导干部要树立坚定的法治理念，以信念上的坚定带动行为上的自觉，以行为上的自觉维护法治的尊严，把严守纪律、严明规矩放到重要位置，带头做守纪律、讲规矩的模范。要树立法律面前人人平等的理念，任何个人和组织都不能凌驾于法律之上，游离于法纪之外，知道哪些事可以做，哪些事不能做，以及如何做，杜绝领导行为“缺位”“错位”和“不到位”。二是要学法、懂法，特别要注意程序和过程。坚决克服“无知无畏”的错误思想，在想问题、做决策、办事情的时候，领导干部都要想一想是否存有法律依据、是否合乎法定程序。对不依法办事行为，要旗帜鲜明地予以坚决制止。三是要加强制度建设。当前，大家都在制定内控制度，如果在建立内控制度的时候没发现问题，就是很大的问题。我们要安排自己的干部职工全程参与内控制度，不能撒手不管。近几年来，中心重点做的一项工作就是“立规矩”和“执行规矩”，建立健全、修订完善了制度100余项，要切实抓好制度的执行。

第七，正确处理改革发展稳定的关系，调动一切力量发展中心事业，主要解决中心发展保障的问题。改革、发展、稳定三者存在着不可分割的内在联系，发展是解决一切问题的关键，改革是发展的主要动力，稳定是改革发展的前提和保证，三者是内在统一的有机整体。站在新的起点上处理这三者之间的关系，其结合点就是实现好、维护好、发展好最广大人民群众的根本利益。

现阶段，对外要融入属地，主动协调，积极服务，加强宣传，扩大行业间的交流和联系，最大限度地争取社会各个方面的认知和支持。在中心，调动职工的积极性，形成合力，我们要树立正确的导向，建立一套运行顺畅、持续改进的工作机制，创造既有集中又有民主，既有纪律又有宽松，既有统一意志又有个人心情舒畅的生动活泼的工作局面。

现在一个重要的问题就是调动干部职工积极性的问题。中心现有6600多名在职职工，5000多名离退休职工，这是我们的发展力量和宝贵财富。我们要采取积极措施，充分调动干部职工的积极性。现在，我们在基层存在着一股不良的风气，有些一线职工特别是年轻人不好好干活，不求上进，牢骚满腹，自毁形象，我们必须引起高度的重视。对岗位来讲，我们事业单位是令人羡慕的行业。2014年中心公开招聘，1个岗位就有8人报考，都是通过层层选拔进来的，竞争也是相当激烈的。就工作环境来讲，公园是“第三”生活空间，对于我们来讲就是“第二”生活空间，我们良好的工作环境是其他人向往的。有人说，园林是写在城市大地上的诗，我们都在作诗，多浪漫和惬意!园林从无定势，由心而生，园林是一种生活状态，一种活法，我们在园林中学习、生活，应该是一种优雅的活法。就工作待遇来讲，因为我们是事业单位，执行工资总额管理，人均8万多元，根据北京市人社局统计这也是中等偏上的收入。到底问题出在哪里，需要我们深入地思考，有些人可能不缺钱，我觉得是一种文化的东西，一种导向的问题，是管理的问题。新时期，我们的管理应更多地体现契约精神，逐步融入到引领管理和自管理。同时，我们要加强考核，充分学习、运用好《事业单位人事管理条例》。颐和园加大了对职工的管理力度，值得充分肯定，我们中心要旗帜鲜明地支持。我们要加强正面引导，讲讲我们的工作意义，说说我们工作环境。我们各级党组织要切实发挥好作用，深入细致的思想工作在当前非常重要，也非常需要。同时，要制定科学合理的考评体系，不断完善激励机制，不断激发基层活力。要发挥绩效工资的分配作用，要加大工作业绩的科学考核和奖惩力度，绝不能干和不干一样，干好和干不好一样。2015年，中心首次结合绩效考核以适度分级的方式下发了2014年1万元的绩效工资分配，尽管最低和最高相差只有500元，这就是一种导向，也是一个明确的信号。下周，我们要研究高技能人才的奖励激励办法，一个主要目的就是要调动一线工人的积极性和创造性，这是和我们的发展目标、结构调整密切相关的，但是奖励金哪里来，恐怕要动以往的奖励分配格局，这就是改革，这就是创新。

关于中心发展面临的问题，是一个复杂的系统工程，以上是我认为重要的七个关系，尽管不成体系，我把问题提出来，供大家一起探讨。

三、从严、从实做好年底各项工作

习近平总书记在“十三五”建议稿中提出，我国经济发展表现出速度变化、结构优化、动力转换三大特点，提出要认识新常态，适应新常态，引领新常态。中心发展也面临着越来越多的新常态，这些不依我们的意志为转移，我们要按照主动适应新常态、把握新常态的要求，坚持问题导向，坚持创新、协调、绿色、开放、共享的理念谋划工作。

（一）以饱满的精神状态，求真务实的工作作风，做好当前的各项工作

一是深入学习贯彻市委十一届八次全会精神，制定好中心和各单位“十三五”规划。二是做好年底述职和总结评比工作。三是坚持问题导向，求真务实，筹划好明年的工作。

（二）抓末端、抓细节、抓经常，提升日常管理水平

海尔总裁张瑞敏也说过：“把每一件简单的事情做好就是不简单。”要真正纠正大而化之的工作做法，真正深入游客和职工，准确把握真实的最新动态，抓准工作的切入点，把工作要求落实到每一个环节，落实到每一个岗位，落实到每一个人。要从一些细节入手，从游客游览全过程思考，真正做到无障碍通行、无缝隙衔接。要及时把好的做法固定下来，坚持下去。对于一些不合时宜的做法要积极的改进，建立一个良性循环的工作机制。

2015年大事记

1月

1月5日，市公园管理中心印发《市属公园出租房屋设施审批流程（试行）》。

1月5日，厄瓜多尔总统拉斐尔·科雷亚·德尔加多一行10人，到颐和园参观游览（一级勤务）。

1月6日，市委组织部到市公园管理中心宣布杨月、程海军任命的决定。任命杨月为北京市公园管理中心党委副书记；任命程海军为北京市公园管理中心党委常委、纪委书记。

1月8日，市公园管理中心召开党委常委会，专题研究分析中心系统党风廉政建设形势。中心党委书记郑西平对如何深入推进党风廉政建设和反腐败工作提出明确要求。

1月13日，市公园管理中心开展科研经费支出专项检查。中心科技处会同计财处对北京动物园、北京植物园、市园科院3家单位的科技经费管理及使用情况进行专项检查。

1月15日，北京市人大常委会委员李福祥、安钢带队，到景山公园实地调研《北京市公园条例》执行情况。

1月15日，市公园管理中心召开可移动文物保护工作座谈会，听取颐和园、天坛公园、北海公园、景山公园等单位就《关于加强可移动文物保护工作的意见》内容及可移动文物工作的管理制度、队伍建设、人员培训、资金支持等方面的意见和建议。

1月16日，市公园管理中心召开历史文化建筑保护项目实施情况调查与信息整理工作布置会。中心副主任高大伟出席并讲话。

1月20日，市公园管理中心召开2015年工作会议。市政府副秘书长赵根武传达了副市长林克庆的讲话提纲，从“讲政治、顾大局、谋发展”三个方面肯定了中心2014年的工作，并对2015年的工作提出要求。中心党委书记郑西平主持会议并传达了市纪委十一届四次全会精神，中心主任张勇作工作报告。

1月22日，市公园管理中心技术委员会召开2014年科技成果评审会。听取各单位29项参评课题成果汇报，经过认真讨论审议，以无记名投票的方式评选出一等奖4项，二等奖11项，三等奖13项。

1月23日，市公园管理中心召开安全工作会议，组织学习《“12·31”外滩陈毅广场拥挤踩踏事件调查报告》。

1月26日，市公园管理中心召开“市属公园增彩延绿项目”工作会议。中心科技处介绍项目背景并布置项目的任务分工，初步确定“市属公园增彩延绿项目”工作思路和主要工作内容，并对项目方案提出修改意见。

1月27日，市党风廉政建设责任制第八检

查组对市公园管理中心进行检查。市纪委常委钱华杰带队现场检查了中心党委落实主体责任、纪委落实监督责任的情况。

1月27日，市公园管理中心召开2014年度科普工作总结评比会，投票选出中心2014年度科普先进单位和优秀科普专项活动。

1月27日，市公园管理中心对公园高档餐饮和会所整治情况进行综合检查，现场查看颐和园、北海公园、香山公园等8家单位的高档餐饮和会所整治情况。

1月27日，市公园管理中心开展“游客市民齐参与，助力北京申冬奥”新闻宣传工作。

1月27日，按照市公园管理中心领导郑西平、张勇的要求，中心综合处、服务处、安全应急处和宣传处分三组对颐和园、香山公园、北京植物园、紫竹院公园、动物园、北海公园、中山公园、玉渊潭公园的高档餐饮和会所整治情况进行综合检查。

1月28日，市公园管理中心主任张勇主持召开公园会所和高档餐饮整治工作专题研究会。

1月30日，市公园管理中心纪委召开2015年党风廉政建设工作大会，纪委书记程海军部署全年工作，对会所治理提出明确要求。

1月30日，市公园管理中心召开2015年党风廉政建设工作会议。中心党委书记郑西平提出工作要求。中心纪委书记程海军作工作报告，并传达学习了十八届中纪委五次全会和市纪委十一届四次全会精神。

1月30日，市旅游委与市公园管理中心商讨颐和园夜游项目整体规划工作。双方就《颐和园夜游项目整体规划方案》交换意见。

1月30日，韩国副总理崔炅焕一行11人参观景山公园。

2月

2月2日，北海公园接待启喑聋哑实验学校教师60余人参观并体验冰上活动，公园党委副书记王颖陪同。

2月2日，市公园管理中心召开局级党员领导干部2014年度民主生活会。中心党委书记郑西平代表领导班子通报教育实践活动整改方案落实情况，代表领导班子做民主生活会对照检查发言。中心主要领导带头，班子成员依次作个人对照检查发言，开展批评和自我批评。市委第13指导组组长吴玉华参会并点评。

2月3日，市公园管理中心召开青年科技人员座谈会。中心党委副书记杨月就做好中心科技人才队伍建设提出要求。

2月3日，市园林绿化局与市公园管理中心就“开展科技合作　共促首都园林绿化建设”进行交流。双方就如何共同推进首都增彩延绿等重点科技项目合作进行深入探讨。

2月5日，市总工会副主席陆晓光、市政法卫文工会主席原在会、常委副主席李永洪到中山公园西门、蕙芳园、游客服务中心慰问一线职工，查看服务一队职工之家，并送上慰问金。市公园管理中心党委副书记杨月、中心工会常委副主席牛建国、中心团委及公园领导班子陪同。

2月6日，市公园管理中心召开节前物价工作座谈会。

2月10日，副市长张延昆到陶然亭公园检查厂甸庙会民俗活动区筹备工作。市公园管理中心党委书记郑西平、西城区有关领导陪同。

2月11日，景山公园完成俄罗斯安全总局局长博尔特尼科夫（副总理级）一行16人接待任务。

2月11日，俄罗斯安全总局局长博尔特尼科夫一行10人（二级勤务）来天坛公园参观游览。

2月13日，市纪委检查市属公园会所整改情况。市纪委党风政风监督室副主任侯瑾带队，联合市文物局实地检查北京动物园畅观楼、颐和园益寿堂，了解两处场所的历史沿革、历史用途以及整改方式和预期效果。

2月14日，北京动物园接待了朝鲜旅游部部长一行。

2月27日，市纪委副书记、监察局局长王海平调研市公园管理中心党风廉政建设工作。中心党委书记郑西平、纪委书记程海军进行工作汇报。

2月28日，市公园管理中心纪委首次组织拟提处级领导干部进行任前廉政考试。

3月

3月2日，市公园管理中心工会召开一届二十八次委员（扩大）会议，替补及增补一届委员会委员及主席，选举杨月为工会一届委员会主席。

3月2～15日，北海公园共接待政协委员4人、人大代表84人，工作人员9人，成功完成两会期间的接待任务。

3月3日，市公园管理中心召开处级以上领导干部会议，中心纪委书记程海军传达市纪委副书记、监察局局长王海平调研中心党风廉政建设工作时的讲话精神；党委书记郑西平深入分析中心目前党风廉政建设存在的问题及产生的原因，围绕贯彻落实王海平副书记讲话精神，对中心2015年党风廉政建设工作提出具体要求。

3月4日，市信访办副主任、市非紧急救助服务中心主任王传颂到市公园管理中心调研。

3月4日，市公园管理中心召开增彩延绿集中示范项目工作会。中心副主任高大伟提出要求。

3月4日，市公园管理中心在北京植物园开展“弘扬雷锋精神　践行社会主义核心价值观”公园新风奖誓师活动，28名“公园新风奖”获得者作典型发言。

3月6日，市公园管理中心召开2015年安全工作会议。会上表彰了2014年“平安公园”杯先进集体及个人。

3月11日，江苏省人大代表一行2人持证到香山公园参观游览。香山公园执行“两会”服务接待方案，门区上报代表入园信息，全程保障宾客安全。

3月12日，市公园管理中心召开2015年综合建设管理工作会议，总结2014年中心综合建设管理工作，同时提出2015年的工作安排。

3月13日，市公园管理中心机关党总支召开2014年度民主生活会。

3月14日，广东省人大代表2人及广东省驻京办陪同人员2人到香山公园游览参观。香山公园执行“两会”服务接待方案，门区上报代表入园信息，全程保障宾客安全。

3月15日，紫竹院公园友贤山馆转型为茶社面向游人开放。

3月16日，欧洲议会议长舒尔茨（二级勤务）一行10人来天坛公园参观游览。

3月16日，市公园管理中心召开组织人事、老干部工作会。中心党委副书记杨月主持会议，就中心建设服务型党组织工作提出要求。

3月17日，市公园管理中心召开宣传、工会、共青团工作会。中心党委副书记杨月主持会议，中心党委书记郑西平出席并提出要求。

3月17～19日，市公园管理中心在中心党校举办党员发展对象培训班。40名经一年以上培养、教育、考察并基本具备党员条件的发展对象参加。

3月20日，市公园管理中心党委书记郑西平、主任张勇到北海公园、陶然亭公园宣布中心重要人事任免决定：任命李国定为北海公园园长、党委副书记。

3月24日，市公园管理中心召开2015年调查研究工作会，部署中心2015年调查研究工作。

3月25日，市公园管理中心召开2014年科技奖励暨科技工作会，向获得2014年中心科技进步奖、科普先进单位及优秀科普专项活动单位和个人代表颁发获奖证书。

3月26日，亚美尼亚总统萨尔基相一行20人，到颐和园参观游览（一级勤务）。

3月26日，市公园管理中心开展“冰雪文化进公园共助北京申冬奥”主题宣传活动。

3月26日，希腊共和国副总理兹拉加萨基斯一行15人，到颐和园参观游览（二级勤务）。

3月30日，奥中友协高级人事代表团一行16人（三级勤务）来天坛公园参观游览。

3月30日，柬埔寨国王西哈莫尼一行9人，到颐和园参观游览（二级勤务）。

3月31日，市公园管理中心召开春季活动现场会暨服务管理和非紧急救助工作部署会，部署2015年工作，中心安全应急处提出安全工作要求。

3月31日，市公园管理中心召开市人大代表建议、政协委员提案办理工作会，将中心承办的13件建议、提案分解至相关业务处室，明确职责和任务。

4月

4月2日，巴西最高法院院长勒万多夫斯基一行10人（三级勤务）到天坛公园参观游览。

4月3～8日，市属公园高档餐饮场所和会所专项整治持续进展。市公园管理中心综合处、服务处、安全应急处、宣传处、纪检处分三组检查颐和园、香山公园等8家公园的高档餐饮和会所的整治情况，未发现违规行为。

4月7日，市公园管理中心召开2015年市政府第26项为民办实事项目督办会，听取颐和园、天坛公园、北海公园等7家公园项目负责人相关情况汇报，整体工作进展，各园成立项目机构，制订方案和倒排期。

4月7日至7月3日，市公园管理中心举办第八期青年干部培训班。中心党委书记郑西平在开班时作动员讲话。

4月8日，住建部园林城市复查小组对市公园管理中心14家高档次的会所餐饮场所（北海公园内的仿膳饭庄、乙十六御膳堂、上林苑饭庄，北京植物园内的素菜馆，紫竹院公园内的问月楼、友贤山馆，玉渊潭公园内的确园、颐和园内的霁清轩、益寿堂，中山公园长青园、二号院，香山公园洪光寺、兄弟楼，北京动物园畅观楼）进行了现场检查，中心副主任高大伟、园林绿化局风景园林处、中心综合处领导陪同检查。

4月9日，泰国副总理巴威先生一行50余人（二级勤务）来天坛公园参观游览。

4月10日，联合国常务副秘书长（三级勤务）一行10人来天坛公园参观游览。

4月10日，市公园管理中心召开改革发展路径调查研究座谈会。

4月10日，中心党委书记郑西平、主任张

勇参加中山公园中层干部会，宣布李林杰任党委副书记、园长。

4月13日，尼泊尔司法部长一行10人（三级勤务）来天坛公园参观游览。

4月13日，喀麦隆司法部部长劳伦特·马里·埃索先生一行8人参观北京植物园郁金香展区、热带植物温室、碧桃园等景观。

4月14日，瑞典副首相一行10人参观景山公园。

4月14日，市公园管理中心与市园林绿化局共同研究推进“增彩延绿”示范项目。

4月16日，北海公园接待30名市管老干部春游，游览公园春景并参观了团城、小西天、九龙壁、西天梵境等景区。

4月16日，市公园管理中心召开主任张勇任职期间经济责任审计工作进点会。

4月17日，“生物多样性保护科普宣传月”系列活动启动。该活动由市公园管理中心、市旅游委和市园林绿化局共同主办。

4月24日，景山公园与故宫博物院在建福宫花园举行合作框架协议签约仪式。市公园管理中心主任张勇、副主任王忠海等参加签约仪式。

4月24日，市公园管理中心纪委调研中心因公出国（境）管理工作。纪委书记程海军查看中心2015年因公出国（境）工作安排，计划团组的基本行程、人员构成、经费管理等情况。

4月26日，景山公园完成意大利外长保罗·真蒂洛尼携夫人一行14人参观接待任务。

4月27日，北京植物园与捷克布拉格植物园的杰米拉和卡罗拉两位专业技术人员进行了技术交流，参加交流会的专业技术人员达30余人。

4月27日，市公园管理中心召开“智慧公园”建设研讨会，与会单位汇报“智慧公园”建设发展工作，就“智慧公园”建设的内涵进行研讨并提出建议。

4月27日，市公园管理中心所属公园巩固杜绝高档餐饮和会所工作成果。中心综合处会同服务处、安全应急处、宣传处和纪检处突击检查8处会所和6处高档餐饮场所，均无反弹情况。

4月27日，市公园管理中心突击检查8处会所和6处高档餐饮场所，无反弹情况。4月30日下发《会所中的歪风专项整治情况专报》的通知。

4月28日，南非警察部长恩莱科一行10人（三级勤务）来天坛公园参观游览。

4月29日，阿尔及利亚总理塞拉勒携夫人一行30余人（一级勤务）来天坛公园参观游览。

4月30日，市公园管理中心下发《会所中的歪风专项整治情况专报》的通知。同日综合处、服务处、应急处、纪检分组对“8+6”场所进行检查，并上报情况。

5月

5月1日，卢旺达外长一行6人（三级勤务）来天坛公园参观游览。

5月5日，市委书记郭金龙、市长王安顺调研西城区动物园天皓成服装批发市场业态转型改造工作。市领导李士祥、陈刚、张工，西城区委书记王宁、区长王少峰，市公园管理中心党委书记郑西平等参加调研。

5月8日，香山公园正式收回红光寺。

5月11日，市公园管理中心召开市政府第26项为民办实事项目工作现场推进会，听取7家公园10项展览进度汇报。

5月13日，秘鲁民族主义党主席、第一夫人埃雷迪亚一行4人（三级勤务）来天坛公园参观游览。

5月13日，北海公园琼华岛队接待西藏中学280名学生参观游览。

5月14日，市人大常委会副主任柳纪纲带队到颐和园调研《北京市公园条例》实施情况。实地查看仁寿殿文物保护、德和园文物展览、文昌院文展改造等情况，详细询问公园游客量、劝阻吸烟等不文明行为等方面情况。

5月14日，副市长林克庆出席市公园管理中心与故宫博物院建立战略合作关系签约活动。故宫博物院院长单霁翔、中心主任张勇作为双方代表正式签署战略合作框架协议。

5月18日，市公园管理中心召开“中国人民抗日战争暨世界反法西斯战争胜利70周年纪念活动”环境布置方案专家论证会。

5月19日，市公园管理中心青年干部培训班组织开展廉政文化论坛。以“讲廉政故事 赞勤政廉政 品为官之道”为主题，深入探讨廉政文化，畅谈心得感受。

5月20日，市公园管理中心召开会议传达学习王安顺市长“三严三实”专题党课报告精神。中心主任张勇传达王安顺的讲话精神并提出要求。

5月23日，巴基斯坦前总理阿什拉夫夫妇一行7人（三级勤务）来天坛公园参观游览。

5月23日，市公园管理中心举办为期一周的2015年科普游园会，主题为“科技惠民 品味园林文化”。

5月25日，市公园管理中心通过住建部复查，继续保留“全国文明单位”称号。

5月25日，德国科隆市市长携夫人一行6人来天坛公园参观游览。

5月28日，市公园管理中心召开副处级以上干部会议。中心党委书记郑西平讲课。中心党委副书记部署中心“三严三实”专题教育工作方案。

6月

6月3日，市公园管理中心召开“为官不为、为官乱为”专项治理工作会议，听取2015年上半年群众诉求办理情况汇报。

6月10日，法国最高法院院长一行10人（三级勤务）来天坛公园参观游览。

6月12日，以色列总检察长耶胡达·魏恩施泰因一行6人（二级勤务）来天坛公园参观游览。

6月12日，市公园管理中心召开电子票务系统建设专题会。

6月18日，市公园管理中心副主任王忠海带队走进“政风行风热线”直播间，介绍市属公园服务接待情况、《北京市控制吸烟条例》执行情况，回答记者提问，与广大听众和网友互动交流。

6月23日，副市长林克庆调研公园工作，实地查看香山公园致远斋等古建修缮情况和颐和园夜间照明项目进展情况。

6月23日，市公园管理中心组织“三严三实”专题教育集中学习。邀请中央党校党史教研部陈述教授，作辅导报告。

6月24日，希腊空军总参谋长一行12人（三级勤务）来天坛公园参观游览。

6月25日，市公园管理中心党委书记郑西平主持召开2015年第二季度党委书记例会。中心主任张勇、党委副书记杨月、纪委书记程海军出席并提出要求。

7月

7月1日，市公园管理中心召开“重要民生实事——市属公园十项展览”首展新闻发布会。

7月1日，市公园管理中心党委开展“三严三实”专题教育交流研讨。中心党委书记郑西平作重点发言。

7月2日，市公园管理中心主任张勇讲党课。

7月2～3日，“台胞青年学生千人夏令营”1350名营员，分35个团队来园参观游览。

7月3日，市公园管理中心第八期青年干部培训班圆满结束。中心主任张勇出席结业式。

7月6日，市公园管理中心召开抗日战争胜利70周年纪念活动花卉环境布置工作会。

7月7日，墨西哥参议长巴尔沃萨一行19人（二级勤务）来天坛公园参观游览。

7月7日，市公园管理中心纪委书记程海军讲党课。

7月7日，副市长林克庆主持召开会议，专题研究北京动物园建设发展和颐和园夜间游览活动。市公园管理中心就北京动物园建设发展与国际一流水平接轨、向国家动物园标准迈进，以及颐和园夜间照明方案及活动设想等方面进行详细汇报。

7月8日，市公园管理中心与市旅游委就开发市属公园夜间游览项目进行座谈研讨。

7月9日，市公园管理中心主任张勇组织召开中心系统改革发展路径课题研讨会。

7月9～24日，市公园管理中心开展整治“为官不为”“为官乱为”意见建议征集。

7月10日，北海公园琼华岛队完成四批顺义旅游学院学生接待工作。

7月20日，市公园管理中心副主任高大伟主持召开“十三五”规划编制工作推进会。

7月21日，南非空军司令穆西芒一行8人（三级勤务）来天坛公园参观游览。

7月21日，北海公园团委接待日坛公园团员青年一行15人参观学习。

7月23日，市公园管理中心与市园林绿化局就进一步推进“增彩延绿”示范项目进行调研，听取市园科院和北京植物园良种中试基地建设情况汇报，就共同推进“增彩延绿”科技创新工程进行交流研讨。

7月23日，香山公园在红光寺举办三山五园黄家山林养生系列活动启动仪式，对外发挥公众服务属性。

7月28日，北京公园精细化管理论坛召开。该论坛由市公园管理中心和市园林绿化局、北京园林学会共同主办。

7月28日，市公园管理中心主任张勇带队到市政府热线“12345”接听市民电话。中心一行听取了市民对市属公园服务管理工作的意见与建议，与市非紧急救助服务中心主要领导和部门负责人进行了交流。

7月30日，刚果金外长一行15人（三级勤务）来天坛公园参观游览。

7月30日～8月底，市公园管理中心2015年科普夏令营活动启动仪式在北京动物园举行。中心主任张勇宣布开营，并向营员代表授旗。颐和园、天坛公园、北海公园等11家公园陆续开展了“青草间·星空下”“园林小讲师”等主题科普夏令营。活动期间，通过微信公众号、网络报名、电话预约等方式，加大宣传和招募力度，累计举办107期，参与人数达3600余人。

8月

8月3～4日，市公园管理中心纪委举办纪检干部培训班。中心纪委书记程海军做开班动员。

8月4日，市公园管理中心举办“三严三实”专题教育第二阶段集中学习。邀请市纪委案件审理室主任张丽红进行专题辅导。

8月6日，北海公园接待国家图书馆古籍馆金石研究所专家一行20余人参观了快雪堂及阅古楼景区，并做好导游接待工作。

8月7～23日，市公园管理中心纪念抗战胜利70周年花卉环境布置工作全面展开。

8月18日，市公园管理中心围绕做好抗战胜利70周年纪念活动服务保障相关工作召开服务管理工作会议。中心副主任王忠海，各公园分管服务管理、非紧急救助的负责人参加会议。

8月18～19日，市公园管理中心开展阅兵和世锦赛两大活动安全保障互查工作。由副主任王忠海带队，分两组进行安全互查。

8月20日，市公园管理中心副主任高大伟主持召开绩效联席会，会议通报了《2015年度市政府绩效考评体系》内容，听取中心绩效工作进展汇报，审议了《2015年度中心绩效评估实施方案》。

8月20日，中国宋庆龄基金会组织250余名“中华青少年诺贝尔行动计划”青少年到颐和园参观游览。

8月20日～9月5日，11家公园43个门区正式启动游客入园安检，在重点时段实行入园安全抽检，对可疑人员、包裹进行安全检查。

8月22～23日，市公园管理中心系统圆满完成“8·23”阅兵演练服务保障工作。中心主任张勇全程指挥督导，其余领导分别在综合服务保障组、市环境整治组和中山公园观礼台指挥部现场办公，各处室24小时值守，保证指挥协调准确有力。

8月24日，市公园管理中心再次梳理市属公园房屋使用现状，并形成台账，要求在原上报信息的基础上将公园企业使用房屋与公园签订合同房屋区分出来，并绘制示意图。

8月27日，市公园管理中心召开老干部工作阶段会暨下半年工作布置会。会议传达学习上级文件精神，总结“为党的事业增添正能量　传播时代主旋律”主题实践活动，对下阶段工作做出部署。中心党委副书记杨月和各单位专职工作人员参加会议。

8月31日，阿尔及利亚民族院议长本·萨拉赫一行13人，到颐和园参观游览（二级勤务）。

8月31日，2014年受国务院表彰的全国民族团结进步模范及突出贡献英模参观团200余人，到颐和园参观游览。

9月

9月2日，巴布亚新几内亚总督迈克尔·奥吉奥一行20人，到颐和园参观游览（一级勤务）。

9月2日，波兰众议长玛乌戈热塔·基达瓦一步翁斯卡一行12人，到颐和园参观游览（二级勤务）。

9月2日，吉尔吉斯斯坦总统阿塔姆巴耶夫之子一行9人（三级勤务）来天坛公园参观游览。

9月2日，市公园管理中心对抗日战争时期参加革命的老干部进行走访慰问。中心党委书记郑西平、主任张勇、中心党委副书记杨月、副主任王忠海、副主任高大伟、总工程师李炜民、纪委书记程海军、常委阚跃及中心离退休干部领导小组成员分别走访慰问抗日战争时期参加革命的13名老干部。

9月6日，市公园管理中心党委召开常委会议，学习贯彻习近平总书记在纪念中国人民抗日战争暨世界反法西斯战争胜利70周年大会上的重要讲话。

9月6日，市公园管理中心召开党委常委会，就“三严三实”专题教育第二专题开展交流研讨。中心党委书记郑西平主持会议并讲话。

9月7日，市公园管理中心主任张勇主持召开中心2015年市政府为民办实事项目（第26项）现场工作会，实地查看北京动物园畅观楼文史展，听取十项展览进展及运营情况汇报。

9月8～9日，市公园管理中心开展纪念抗战胜利70周年花卉环境布置评比。中心副主任高大伟带队，由行业专家、市属各公园绿化工作负责人组成评审小组，对市属11家公园26组大型立体花坛、17处地栽花境及容器花钵花卉进行现场评比，召开总结会。

9月10日，市公园管理中心专项巡查组进驻第一批巡查单位——北京动物园、北京市园林学校，开展为期三周的专项巡查。

9月11日～10月31日，由市公园管理中心主办、市公园绿地协会和中国园林博物馆协办的“历史名园　书写辉煌——北京市公园管理中心回顾展”开幕。开幕式由北京市公园绿地协会秘书长孟庆红主持，中心主任张勇与中心主任助理、园博馆筹备办党委书记阚跃共同为开幕式揭幕，中心各处室及各单位相关负责人参加开幕式。

9月12日，纳米比亚全国委员会主席卡佩雷一行7人，到颐和园参观游览（二级勤务）。

9月14日，安提瓜和巴布达总督威廉斯一行8人，到颐和园参观游览（二级勤务）。

9月15日，北海公园完成联合国教科文组织官员接待任务。

9月15日，法国外事总理顾问雅克·奥迪贝尔一行14人来景山公园游览。

9月15日，中国建设职工政研会第七次会员代表大会暨第十二次年会召开，进行理事的换届选举，市公园管理中心当选中国建设职工政研会第七届理事单位，中心党委书记郑西平当选中国建设职工政研会第七届理事会理事。

9月15日，市公园管理中心纪委下发《中秋国庆期间坚决纠正“四风”问题反弹的通知》，严禁中心各级领导干部出入私人会所，加强监督检查，巩固会所治理成果，防止问题反弹。

9月17日，市公园管理中心召开第三季度书记例会。会议学习了习近平总书记在中共中央政治局第二十六次集体学习时的讲话和市委书记郭金龙在市委常委会开展“三严三实”第二专题交流研讨时的讲话；各单位汇报了前阶段开展“三严三实”专题教育的情况；中心组织人事处、宣传处、纪检监察处分别通报近期工作安排。

9月18日，市公园管理中心党委副书记杨月、副主任高大伟等7名同志代表中心参加在北京会议中心召开的中国人民抗日战争暨世界反法西斯胜利70周年纪念活动北京市服务保障工作总结表彰大会。

9月20日，北海公园琼华岛队完成中国历史名园摄影巡展采风团一行50余人接待任务。

9月22日，西班牙空军参谋长一行6人

（三级勤务）来天坛公园参观游览。

9月22日，市公园管理中心举办青年大讲堂之“花之语”中国传统插画艺术讲座。现场邀请紫竹院公园花卉园艺技师梁勤璋讲授中国传统插花艺术理论知识，演示插花技巧。中心系统共60余人参加。

9月23日，亚美尼亚总理阿布拉米扬一行25人，到颐和园参观游览（一级勤务）。

9月23日，市公园管理中心开展全国科普日活动。11家历史名园、园博馆和园科院以动植物教育、古建文化、科技传播、园林知识、昆虫花卉等为主要内容，开展16项科普宣传活动，2500余人参与活动。

9月24日，市公园管理中心服务处参加北京新闻广播直播访谈。从无障碍环境基础设施建设、特殊人群人性化服务和文化推广三个方面介绍了中心近年来无障碍建设工作开展情况。

9月25日，首都文明办、市公园管理中心等11家单位共同举办“文明旅游我最美”主题宣传活动发布会。

9月27日，北海公园接待20余名市台联客人参观团城景区，并选派优秀讲解员全程陪同。

9月28日，市公园管理中心党委书记郑西平主持召开国庆假日工作视频会议，传达北京市区县委书记会议精神，结合市委书记郭金龙讲话精神，针对中心实际提出工作思路。中心主任张勇部署国庆假日期间工作。

9月28日，“北海皇家邮驿”正式对游人开放，开放展览面积近400平方米。

9月29日，北京市副市长林克庆到北海公园实地查看高档餐饮上林苑转型“北海皇家邮驿”展览开放情况。

9月29～30日，市公园管理中心纪委对香山、植物园、紫竹院、颐和园、北海、中山公园会所治理情况进行节前检查，提出工作要求。

10月

10月9～10日，市公园管理中心开展花卉环境布置技术培训，组织技术人员交流纪念抗战胜利70周年活动和国庆花卉环境布置心得体会。

10月10日，国际刑警秘书长施托克一行10人（三级勤务）来天坛公园参观游览。

10月10日，市政府副秘书长赵根武带队检查香山红叶观赏季相关工作并召开综合保障协调工作会，实地勘察香山周边交通及停车场运行、香山公园外围沿线秩序及园内游园保障情况，听取相关汇报。

10月10日，北京动物园畅观楼园史展面向公众免费开放。

10月13日，斯里兰卡警察部总监一行6人来天坛公园参观游览。

10月13日，俄罗斯公正俄罗斯党议员理事会主席尼·弗·列维切夫一行游览景山公园。

10月13日，市公园管理中心召开“三严三实”专题教育工作推进会。中心直属各单位分管领导、党办主任共60余人参加了会议。

10月14日，北海公园完成老挝中央政治局委员、国会主席巴妮·雅图都一行9人接待任务。

10月14日，克罗地亚总统基塔罗维奇夫妇一行20人来天坛公园参观游览（一级勤务）。在祈年殿前，园长李高向主宾赠送了天坛纪念品，并合影留念。外交部、警卫局随行人员对公园的人性化服务给予充分的肯定。

10月15日，克罗地亚总统基塔罗维奇一行15人，到颐和园参观游览（一级勤务）。

10月15日，市公园管理中心副主任王忠

海主持召开公园绿地协会2015年计划和财务专题会议。中心服务处、计财处、综合处、安全应急处、组织人事处、宣传处、办公室、公园绿地协会负责同志参加会议。

10月16日，市公园管理中心召开2016年新开课题评审会。会议由中心技术委员会主任张树林主持，中心总工程师李炜民参加会议。

10月16日，市公园管理中心主任张勇主持召开国庆假期新闻宣传总结研讨会。

10月17日，荷兰国王威廉·亚历山大一行20人参观景山公园。

10月17日，副市长林克庆主持召开香山“红叶观赏季”综合保障指挥部会议，听取市公园管理中心、海淀区等相关成员单位主管领导关于香山红叶季综合保障工作情况汇报。市政府副秘书长赵根武提出，市级综合指挥部集中办公地点设在市公园管理中心，启动成员单位集中值班制度。

10月20日，首届京津冀公园发展研讨会在京召开。公园绿地协会会长刘英致辞，中心副主任高大伟、北京市园林绿化局公园风景区处处长张亚红作报告，中国公园协会秘书长李存东、河北省风景园林与自然遗产管理中心主任朱卫荣、天津市公园绿地行业协会会长张群芳、北市公园绿地协会秘书长孟庆红等出席。

10月21日，市公园管理中心主任张勇主持召开预算执行工作专题会，通报部门预算执行审计情况并研究部署整改措施。中心副主任王忠海、高大伟，总工程师李炜民，中心所属各单位、各处室负责人参加会议。

10月24日，外交部接待荷兰国王威廉·亚历山大一行12人，到颐和园参观游览（二级加强勤务）。

10月27日～11月5日，市公园管理中心完成首期公园安全管理师培训工作，中心党委副书记杨月、中心副主任王忠海分别为学员进行指导和动员。经过10天的封闭学习，41名学员全部考试合格，取得公园安全管理师结业证书。

11月

11月3日，颐和园益寿堂“古都春晓——寻访中国共产党进京赶考之路”展览面向公众免费开放，市公园管理中心副主任王忠海出席。

11月3日，市总工会国际部、市邮电局及日本邮政考察团一行15人来北海公园参观“皇家邮驿”和团城景区，公园工会主席夏国栋陪同。

11月4日，新疆维吾尔自治区和田市工商局考察团一行20人参观游览北海公园团城、琼华岛和九龙壁景区及市第36届菊花展，西城区工商局领导及公园工会主席夏国栋陪同。

11月4日，新疆政府参事张晓宁以及新疆城建集团一行5人来紫竹院公园行宫参观，参观紫竹禅院、御码头、两棵古银杏、紫竹院公园藏画厅和“雪域星生珍藏唐卡艺术展”。

11月5日，市公园管理中心召开票价调整工作会议，落实市发展改革委员会11月4日《关于进一步加强本市景区门票价格管理工作的通知》精神。中心主任张勇、副主任王忠海、各处室处长和各公园行政一把手参加会议。

11月6日，市公园管理中心纪委组织学习党的十八届五中全会精神和新修订的两部党内法规。中心纪委书记程海军、中心直属各单位纪委书记、纪检工作主管领导、纪检干部40余人参加会议。

11月10日，德国汉堡市市长朔尔茨一行22人来天坛公园参观游览。

11月13日，市公园管理中心机关党总支组织开展《中国共产党廉洁自律准则》和《中国共产党纪律处分条例》学习。

11月13日，市公园管理中心组织召开服务管理工作经验交流会。会上通报了近期对相关公园票价执行的检查情况，市园林绿化局公园风景区处处长张亚红介绍了北京公园精细化管理实践的做法与经验。

11月16～27日，市公园管理中心举办处级领导干部培训班。16日中心党委副书记杨月进行开班动员，中心党委书记郑西平讲授专题党课。中心副处级以上领导干部共120余人参加。本次培训班分两期举行，每期一周。

11月19日，市公园管理中心组织召开第二次服务管理工作经验交流会，就京津冀红色旅游协调发展、完成“9·3阅兵纪念活动”服务保障工作任务和公众文化策划等内容进行汇报交流。中心服务管理处、各单位相关人员共计70余人参加会议。

11月25日，市公园管理中心召开2015年度“十佳志愿服务项目”评选汇报会。中心15家直属单位的19个志愿服务项目进行了现场多媒体演示汇报。

11月25日，市公园管理中心召开会议专题讨论《公园服务基本要求》国家标准征求意见稿。中心副主任王忠海、市园林科学研究院负责标准编制的人员以及11家市属公园管理科长参加会议。

11月26日，波兰总统安杰伊·杜达一行27人，到颐和园参观游览（一级勤务）。

11月26日，市公园管理中心党委召开常委会，组织班子成员传达学习市委书记郭金龙就《“十三五”规划建议》（审议稿）所做的说明、讲话以及《十一届八次全会决议》并讨论。

11月27日，捷克总理索博特卡携家人一行12人，到颐和园参观游览（一级勤务）。

11月27日，市公园管理中心组织召开服务管理工作经验交流会。中心服务处、各单位相关人员共70余人参会。

11月，市公园管理中心全面完成“2015年市政府第26项重要民生实事项目”，十项文化展览全部对游客市民开放。十项展览均是首次向公众开放，共接待市民游客近65万人次。

12月

12月2日，市公园管理中心召开2015年度绩效管理评估述职考核汇报会。中心所属15家单位、12个机关处室、中心领导、基层劳模代表、各单位行政主要领导、各处室部门负责人参加会议。

12月3日，市公园管理中心召开全系统领导干部会，传达落实市委十一届八次全会精神及新修订的两部党内法规。

12月4日，市公园管理中心党委书记郑西平主持召开2015年党风廉政建设责任制检查工作动员会，正式启动全系统责任制检查工作。中心纪委书记程海军对责任制检查整体安排、检查内容、检查特点等作了说明，纪检监察处、计划财务处针对考核指标体系进行了解读说明。

12月7日，德国联邦最高法院院长贝蒂娜·林佩阁一行10人（二级勤务）到天坛公园参观游览。

12月7日，意大利参议长彼得罗·格拉索一行10人，到颐和园参观游览（二级勤务）。

12月7日，市公园管理中心与团市委联合举办“一二·九爱国接力长跑”活动。北京奥运城市发展促进会副会长蒋效愚、全国学联主席王圣博、共青团中央学校部部长杜汇良、共青团北京市委员会书记常宇、中心党委副书记杨月、共青团北京市委员会副书记黄克瀛参加活动。

12月7日，市公园管理中心组织十项展览现场验收及交流总结会。中心主任张勇带队，中心副主任王忠海、高大伟，中心相关处室负责人，11个公园园长及园博馆负责人20余人参加，一行人对7个公园的十项展览进行实地检查，随后进行项目总结。

12月8～15日，市公园管理中心党委开展党风廉政建设责任制专项检查，对直属各单位会所治理及高档餐饮整治情况进行实地检查和考核打分。

12月11日，景山公园完成意大利参议长格拉索一行20人参观接待任务。

12月11日，市公园管理中心外事工作协调小组召开因公出国（境）工作培训会。中心外事工作协调小组成员处室负责人及各单位外事主管领导、外事负责部门联络员、财务人员共45人参加了会议。

12月15日，市公园管理中心副主任高大伟主持召开2016年香港花展方案征集活动专家会。资深专家刘英及中心综合处、科技处、服务处负责人对12家单位的17个参展方案进行点评，提出意见建议。评选出一等奖3名、二等奖5名、优秀奖9名，并对相对较好的设计方案进行深化研究，在2016年香港花展中进行展示。

12月17日，吉尔吉斯斯坦总理萨里耶夫一行16人，到颐和园参观游览（一级勤务）。

12月21日，马其顿国防部长一行8人（三级勤务）来天坛公园参观游览。

12月22日，市公园管理中心团委召开2016年共青团工作研讨会，中心团委及各单位团组织负责人参加会议。

12月23日，市公园管理中心党委书记郑西平、副书记杨月到景山公园宣布干部任免决定，吕文军任景山公园党总支书记。

12月24日，市公园管理中心副主任王忠海主持召开文创项目规划座谈会。中心主任张勇出席，中心服务处、办公室、计财处、宣传处、颐和园、天坛公园、北京动物园、景山公园及园博馆相关负责同志参加会议。

12月25日，市公园管理中心举办“北京市学习贯彻党的十八届五中全会精神百姓宣讲团市公园管理中心专场”宣讲报告会。中心系统先进典型、宣讲员代表、颐和园职工代表120人参加学习。

12月29日，市公园管理中心到景山公园宣布干部任免决定。中心党委书记郑西平、副书记杨月提出要求。

12月29日，市公园管理中心召开党员领导干部会，传达市委十一届九次全会精神和市纪委《关于给予王新路开除党籍处分的决定》。

12月29日，市公园管理中心召开2015年党风廉政建设责任制检查情况通报会，对进一步加强党风廉政建设工作提出要求。

12月30日，市公园管理中心副主任王忠海主持召开安全生产标准化创建工作动员会，市安监局、市园林绿化局及相关合作公司领导出席，中心所属各公园主管领导、保卫科长等相关人员参加了会议。

概　况

【北京市公园管理中心】　北京市公园管理中心成立于2006年3月1日，是规范工资的市政府直属全额拨款正局级事业单位，定编52人，其职能是负责市属公园及所属单位的人、财、物的管理，包括市属公园和其他所属公园及机构的规划、建设、管理、保护、服务、科技工作，以及财务管理审计、劳动人事、安全保卫等工作。中心机关设置办公室、计划财务处、综合管理处、服务管理处、安全保卫处、组织人事处、审计处、宣传处、科技处、纪检监察处、工会、团委12个处室。北京市公园管理中心下属共16家事业单位，即颐和园、天坛公园、北海公园、中山公园、香山公园、景山公园、北京动物园、北京植物园、陶然亭公园、紫竹院公园、玉渊潭公园11家市管公园，中国园林博物馆北京筹备办公室、北京市园林科学研究院、北京市园林学校、中共北京市公园管理中心党校和后勤服务中心5家事业单位。除中国园林博物馆北京筹备办公室、北京市园林学校和中心党校3家单位为全额拨款事业单位以外，其余13家全部为差额拨款事业单位。公园管理中心所管理的11家公园均为历史名园，总面积1256公顷，占全市公园总面积的五分之一，其中包括2家世界文化遗产、8家全国重点文物保护单位、10家国家重点公园。11家历史名园拥有各类历史建筑6000余间，总建筑面积17.4万平方米、可移动文物6万余件（套）。截至2015年年底，全中心共有职工6653人，专业技术岗位人员1556人，高级职称124人、中级职称268人、初级职称1164人；工勤技能人员3941人，其中高级技师6人，技师50人，高级工1116人，中级工1697人，初级工1072人。2015年年内，围绕建设国际一流和谐宜居之都和推进首都世界名园典范建设目标，固本强基、精雕细琢，勇于开拓、改革创新，服务大局、惠及民生，主动适应新常态，奋力开创新局面，实现了重点领域有突破、全面工作有提升。全年完成重点任务87项。其中，市政府重点任务18项，为历年最高，并独立承担了北京市重要民生实事项目第26项。全年服务游客9533万人次，全年总收入24.07亿元，接待国家重要外事及中央单位、驻京部队等参观170批次，在服务首都发展新常态、新定位、新目标中迈出坚实步伐。完成抗战胜利70周年纪念活动服务保障工作，11家公园的32处主题花坛、15项红色主题展览和8处抗战纪念遗迹烘托出浓郁的纪念氛围；6家公园直接参与阅兵保障工作，完成空中梯队备降水域保障、警力驻园场地提供、疏散通道管理、制高转播点和安全控制点设置等任务，中山公园作为阅兵活动核心区域，闭园达11天半。市纪念活动领导小组授予中心先进集体称号，王安顺市长在总结表彰会上指出“市属11家公园的立体花坛为庆典的北京增添了亮丽色彩”。在非首都功能疏解中，陶然亭主动联合属地，平稳顺利完成“陶然江亭观赏鱼花卉市场”撤市；动物园作为房屋产权人，主动促成“动批”天皓城服装批发市场转型摘牌，成为“动批”业态调整工作的率先示范。园科院发挥园林科研引领作用，加强科技创新，联合津冀园林科研机构组建“京津冀园林科技创新战略联盟”。中心自筹资金、集合优势，对所属历史名园未开放古建、会所转型院落、红色旅游等进行资源整合，新开放院落10处6000平方米，免费推出10项历史文化主题展览，扩大公园开放面积，丰富游客文化生活，接待游客100余万人。市人大代表对中心为市民游客办实事、坚持公共资源回归大众的做法充分肯定；《人民日报》《参考消息》《北京新闻》等多家主流媒体报道200余篇次，网络阅读量达10万人次，社会反响良好。会所整治成果惠及民生。8处公园会所、6处餐饮类场所全部完成整治，面向游客提供特色文化展览、教育基地、大众餐饮等服务。其中颐和园益寿堂、动物园畅观楼、北海公园上林苑成功转型举办文化展览，免费开放。冰雪体育进公园效果良好，6家公园共同举办冰雪游园会，创历年之最。全面完成规划编制工作，及时对接市相关部门，中心“十三五”时期重点工作纳入全市发展轨道，首都历史名园保护成为全市园林绿化“十三五”时期四大重点工作之一。历史名园保护取得新进展，标志性历史人文景观逐步恢复，香山永安寺、景山寿皇殿建筑群、北海西天梵境建筑群等10大古建修缮工程有序展开，修缮面积达3万余平方米。景山寿皇殿建筑群修缮工程是2015年全国计划投资金额最大的古建修缮项目，是北京中轴线上近200年来较大规模的古建修缮；香山永安寺作为静宜园28景核心景观，其复建工程历时三年完成主体部分，香山历史人文景观150多年来首次全面恢复。古都风貌保护和历史名园规划取得进展。着力恢复历史文化遗产完整性，北海仿膳占用的漪澜堂古建筑群收回取得重大进展，并与景山寿皇殿回收区域分别进行保护利用规划；开展玉渊潭东湖湿地公园规划，促进古都湿地风貌和生态环境保护。全年工作始终把改革创新作为动力与源泉。在展示文化资源价值方面，立体化挖掘公园文化内涵，多角度展现文化优势，提高中心系统文化影响力。在提升内部管理效能中，实行技术人才奖励激励，专技人员结构比例调整，激发人员队伍发展活力。在园林科技成果转化进程中，优化整合中心多年来的园林科研成果，全面推出市属公园“增彩延绿”示范项目，为实现首都四季常绿、色彩丰富做出贡献。在京津冀区域建设中，充分发挥资源优势，在园林科技、文化交流、旅游发展等方面取得实效。

（办公室）

【中国园林博物馆北京筹备办公室】 中国园林博物馆（以下简称园博馆）建于2013年5月。该建设项目是第九届中国（北京）国际园林博览会的重点建设项目。园博馆作为公益性文化机构，以“中国园林——我们的理想家园”为建馆理念，旨在展示和传承博大精深的中国园林艺术，弘扬优秀的传统文化，筹办一场融科普展陈、体验互动于一体的弘扬中华文明、展现园林优秀文化的盛会，并集中展示生态文明建设、人居环境改善和城市可持续发展的成果，填补园林行业国家级博物馆的空白，建成一座展示中国园林悠久历史、灿烂文化、辉煌成就和多元功能的博物馆。园博馆位于丰台园博会园区内，批准规划用地65 281.338平方米，批准规划总建筑面积49 060.87平方米。其中主体建筑面积43 950平方米，地上2层、地下1层。建筑结构为钢筋混凝土结构，室外展区批准建筑面积5110.87平方米，由塔影别苑、半亩一章、四季厅院、染霞山房4个景区和管理用房区域组成。工程于2011年8月20日奠基，2013年5月14日通过竣工验收。园博馆总体筹建工作始于2010年7月28日。第十届市委常委会第154次会议决定，由北京市公园管理中心作为园博馆建设主体，负责其建设和运行。2013年2月7日，经北京市编制委员会办公室同意更名为中国园林博物馆筹备办公室，2014年1月14日再次更名为中国园林博物馆北京筹备办公室（以下简称“园博馆筹备办”）。其职责为：受市公园管理中心委托，具体负责中国园林博物馆的筹建、运营和管理工作。截至2015年年底，园博馆筹备办编制内人员共55人，其中管理人员29人，专业技术人员24人（同时在管理岗位和专业技术岗位上任职的人员4人），包括初级职称18人，高级职称6人；工勤技能人员6人，其中高级工1人、中级工1人、初级工4人。同时，园博馆采用向社会购买服务的方式引入4家物业公司，从事基建、安保、物业管理等专业服务工作。目前，园博馆在岗社会化人员共451人。2015年，园博馆在北京市公园管理中心（以下简称“公园管理中心”）的正确领导下，搭建了公园管理中心系统11家历史名园单位文物工作的保养修复、专题展览设计、公众教育及历史文化遗产的窗口展示平台。在保安全、保稳定的前提下，以“八大发展战略”为指导，举办了中国风景园林学会第五届四次常务理事会、“民办博物馆可持续发展”论坛、北京市公园绿地协会第四届三次理事会、“京津冀三地插花艺术”论坛等10余场具有行业影响力的会议及论坛。先后荣获了北京市第四届手语风采大赛团体一等奖及北京市公园绿地协会第三届服务民生创新管理品牌奖等荣誉。全年共接待游客40.18万人次，同比增长33.3%。全年共举办25项内容丰富、题材多样的各类临时展览，合作单位遍及全国各地文博单位及海外博物馆机构。在宣传教育方面，加强了与市科委、市教委、高校的沟通联系，不断拓展教育基地建设研发特色品牌活动，开展民俗、花卉、戏曲、养生等主题活动253场次；邀请中国工程院院士、北京林业大学教授孟兆祯，原上海博物馆馆长陈燮君等著名学者和文化名人到园博馆举办文化讲座50余场次，5100余人参加。集中发布新闻34次。邀请北京电视台、《北京青年报》《中国文化报》、新华社等主流及行业媒体到馆拍摄报道。全年被刊载各类报道363篇条，全国各大综合新闻网站转载近万次，同时建立和拓宽销售渠道，增设画廊及临时纪念品售卖台，开设“中国园林博物馆商城”淘宝专卖店，增设了书吧，完成了邮折、明信片等文创产品的设计制作工作。在藏品管理方面，初步完成了文物藏品特色管理体系建设，馆藏文物达到8000余件套；在学术研究方面，完成了北京市科委“中国古典皇家园林艺术特征可视化系统研发”课题立项和财政评审工作并组织开展课题相关研究，同时“中国园林博物馆展陈系统和相关技术的研究与应用”课题获得2015年中国风景园林学会科技进步奖一等奖，全年共发表学术论文5篇，获得国家专利2项。园博馆进一步深化社会化用工管理模式，逐步探索精细化用工长效管理机制，规范社会化用工的招投标及资金使用流程，尝试开通物业管理微信群，采用立体化、信息化和网格化工作模式，搭建了沟通、协调及合作平台，为基建维护、食堂管理、园容保洁等工作提供了坚实的保障。

（滕　元）

【颐和园】　颐和园位于北京西北郊，原名清漪园，始建于清乾隆十五年（1750年），是中国保存最完整的清代皇家园林，是晚清最高统治者在紫禁城之外最重要的政治和外交活动中心，是中国近代历史的重要见证与诸多重大历史事件的发生地。1860年第二次鸦片战争中，英法联军烧毁清漪园；1886年清政府重修清漪园，并于1888年更名颐和园；1900年，八国联军侵入北京，洗劫破坏颐和园；1902年对其重新修复。1928年，颐和园正式辟为公园开放。1961年3月，颐和园被国务院公布为首批全国重点文物保护单位。1998年以“世界几大文明之一的有力象征”的崇高评价被联合国教科文组织列入《世界遗产名录》。2006年1月，颐和园被评为首批全国文明风景旅游区。2007年3月，颐和园被评为国家首批AAAAA级旅游景区。颐和园总面积300.8公顷，昆明湖和万寿山构成其主体框架，各式宫殿、园林建筑分布其中，园藏文物近4万件，古树名木1601株，万寿山、昆明湖、佛香阁、长廊、石舫、十七孔桥等为其代表性景观。园中根据使用功能分为3个区域，即以庄重威严的仁寿殿为代表的政治活动区，以乐寿堂、玉澜堂、宜芸馆等庭院为代表的帝后生活区以及风景游览区。风景区占全园总面积的十分之九，由万寿山前山、昆明湖、后山和后溪河组成。颐和园隶属于北京市公园管理中心，是差额拨款事业单位。截至2015年年底，事业在岗干部职工1222人，企业在岗干部职工224人；全园共有13个职能部室和18个专业队，颐和园管理处从新建宫门路19号搬至宫门前街甲23号，撤销内设机构经营部，更名管理部为管理经营部，更名影像中心为宣教中心，更名园林部为园林科技部，成立水面管理中心；成立内控工作小组，启动内部控制体系项目建设，开展内控项目调研，编写完成《内部控制管理诊断报告》《颐和园内部控制管理手册》《颐和园内控流程汇编》。2015年，颐和园全年接待游客总量1602.99万人，事业收入38 109.98万元，完成内事接待任务123次，外事接待任务93次，被中央精神文明建设指导委员会办公室授予“全国文明单位”荣誉称号；荣获中华人民共和国住房和城乡建设部颁发的“华夏建设科学技术奖”二等奖；导游服务中心韩笑被国务院授予全国劳动模范光荣称号；殿堂队舒乃光荣获全国科普讲解大赛一等奖。开展安全检查300余次，发现隐患点33个，完成25处隐患点的整改工作，其余隐患点正在进行整改；整顿店铺工作，转变经营方式，取消字画销售，努力净化商业环境；开展各项方预案演练90余次，共抓获黑导、游商等各类违法扰序人员1200余人次，其中治安拘留400余人次。完成“颐和园总体规划”修编，启动“颐和园十三五发展规划”编制工作，完成“颐和园十三五发展规划纲要”和12项分规划初稿的撰写工作。在景区规划和文物保护方面，改善文物保存及展陈环境，清点公园文物库房，治理殿堂展室虫害，复制乐寿堂《百鸟朝凤》屏风文物，更新永寿斋、乐寿堂区域原状陈列；完成古建筑病害巡查与诊断评估（一期）和世界文化遗产地生态监测（一期），采集遗产要素基本信息，补充遗产要素信息数据。在古建维修和景观提升方面，修复西大墙绿化景观，改造清外务公所，整修园博馆筹建办房屋，恢复绿地喷灌系统，整修益寿堂、花承阁遗址，复制长廊廊心画，改造绿地基础设施；新植、调整各类乔灌木463株，补植荷花藕8000余支；完善《颐和园古树信息管理监测系统》，强化古树灌溉、复壮、探伤和病虫害防治工作；栽植玉兰、西府海棠、梅花等共计215株；启动晚间活动项目，确定基础道路照明和景观建筑照明两种夜景照明效果方案。在经营管理方面，以竞争性谈判方式甄选北京圣缘和信国际文化有限公司为南湖岛展览展陈项目合作伙伴，确定以展览展陈为主，经营为辅的策略，逐步定制特色旅游商品；推动文化资产向有形资产转换，顺利推进封闭院落商业改革，完成益寿堂、景福阁、乐农轩旅游线路开发工作；以“互联网+”概念为驱动，借助互联网平台及信息通信技术，推动颐和园经营模式的跨界融合；与携程网和中国旅游网合作，拓宽网络票务营销渠道，开展网络营销；开拓餐饮大众市场，推出优惠减免和团购活动；与苏州市拙政园管理处、苏州市留园管理处、承德避暑山庄签署“中国四大名园合作意向书”，建立常态化合作交流机制；与法国香波堡签订友好合作协议，共同致力于文物古迹保护和修复、遗产开发、科研人才培养、可持续发展等方面的合作与交流。在文化活动和文化研究方面，在颐和园益寿堂举办“古都春晓——寻访中国共产党进京赶考之路”展；赴上海豫园举办“太后居园——慈禧珍宝展”；在海淀区博物馆举办“皇室遗珍——颐和园清宫钟表展”；在颐和园德和园举办“龙兴关外——清前文物展”“锋颖传神——颐和园露陈石座颖拓艺术作品展”“雪域藏珍——西藏罗布林卡文物精品展”，全年共开展文化活动16项。完成《公园重大政治活动工作保障机制研究——颐和园APEC领导人配偶集体活动保障工作启示》《历史名园中的可移动文物的保护与利用研究——以颐和园为例》《颐和园在“三山五园”保护利用中的定位和发展路径研究》共3项调研课题的撰写；组织进行《颐和园寿文化体系之初步研究》《微生态制剂对颐和园海棠复壮防病作用的研究》《智慧颐和园综合信息平台建设研究》《颐和园周边历史村落变迁研究》《颐和园植物检疫管理标准的建立》《古典园林元素在中国插花花艺中的应用研究》《颐和园佛像的除尘保洁研究》共7项科技课题结题工作。在科技兴园方面，不断丰富“智慧颐和园”数据资源，推进自媒体建设，上线颐和园英文版门户网站，新增内网园林古树系统上传图片功能、园林景观管理信息系统统计分析功能，上线运行科研课题管理系统；完成“颐和园与京西御稻”科普展、北京市公园管理中心科普游园会等特色科普活动。

（范志鹏）

【天坛公园】 天坛始建于明永乐十八年（1420年），是明清帝王祭天祈谷的场所，是中国现存规模最大、形制最完整的古代祭天建筑群，同时也是世界上最大的祭天建筑群。1918年，天坛正式作为公园对公众开放。1961年3月，天坛被国务院公布为首批全国重点文物保护单位。1998年12月，联合国教科文组织世界遗产委员会将“天坛——

北京的皇家祭坛”列入《世界遗产名录》。2007年3月7日，天坛公园被评为国家首批AAAAA级旅游景区，2008年被评为“全国文明风景旅游区示范单位”。2012年荣获“全国首批旅游标准化示范单位”“国家旅游系统先进单位”等荣誉称号。天坛历史坛域面积273公顷，现管辖面积201公顷，古建筑面积26 071平方米，绿地面积170公顷，古树3562株，绿化覆盖率84.6%。天坛主要建筑有祈年殿、圜丘、皇穹宇、斋宫、神乐署、牺牲所等。天坛分为内、外两坛，内坛由圜丘、祈谷坛两部分组成，内坛北部是祈谷坛，内坛南部是圜丘坛，一条360米长的丹陛桥连缀两坛，两坛的主要建筑就集中在丹陛桥两端，丹陛桥南端有圜丘、皇穹宇，北端有祈年殿、皇乾殿。天坛公园隶属于北京市公园管理中心，内设13个科室和14个队级建制。截至2015年年底，在册职工874人，其中管理人员133人、专业技术人员279人、技术工人462人。2015年，天坛公园共接待中外游客1751.8万人次，同比减少9.4%。完成国务院总理李克强、印度总理莫迪、联合国秘书长潘基文等重要接待任务51批次1142人次。游客满意率始终保持在95%以上。全年处理非紧急救助服务事项7.87万件，为游客提供便民服务措施176.8万余件次，导游服务接待402批次4700余人次，办理市级派发群众诉求处理单95件，办结率达100%。完成第十一届天坛文化周等大型活动。举全园之力，圆满完成庆祝抗战胜利70周年服务保障任务。积极营造景观环境氛围，布置立体花坛6处、地栽花卉近1000平方米，用花量达27万盆（株）。全力做好市政府第26项为民办实事工程，扩大游览开放空间，顺利开放“北宰牲亭、北神厨”天坛文物展。加大文物保护力度，结合全国第一次可移动文物普查工作，建立健全文物账目，对12 560件（套）可移动文物进行核对清查、登记造册及数字化采集。加强古建修缮保护和基础设施建设，推进双环万寿亭及周边建筑修缮、水网管线改造工程前期工作等10余个工程项目。改善生态景观环境效果，全年养护草坪11万平方米，补植地被近1万平方米，种植宿根花卉2万余株，修复古树59株。举办中法文化交流一周年纪念活动，以图片形式展示赴丽芙城堡交流期间的活动场景。加强与新闻媒体沟通联系，提高舆论引导能力，全年共召开新闻发布会5次，通过电视、报纸、广播报道新闻信息4200篇次。

（张　群）

【北海公园】　北海公园位于北京市中心地带，是世界上现存历史最悠久、建筑格局最完整的皇城御苑。北海自金代以来就是中国政治活动的核心场所之一，是古都北京城市架构和发展的历史核心。1925年，北海被辟为公园。1961年，国务院将北海（含团城）公布为第一批全国重点文物保护单位。2001年，北海公园被评为国家首批AAAA级旅游景区。北海公园占地面积68.2万平方米，其中陆地面积为29.3万平方米，水域面积为38.9万平方米。公园整体划分为四大景区，分别是琼华岛景区、团城景区、东岸景区和北岸景区。其中，白塔、团城、静心斋、快雪堂、九龙壁、濠濮间等为公园代表性景观。北海公园隶属于北京市公园管理中心，内设13个科室和8个队级建制。截至2015年年底，北海公园在职职工508人，其中固定工376人、合同工132人。公园实有树木1.8万余株，草坪12.88万平方米。2015年，北海公园接待购票游客385万人次，年度总收入8414.34万元。2015年，北海公园接待了奥地利总统海因茨·菲舍尔及夫人一行50余人进行参观游览；圆满完成旅游走访体验宣传活动接待任务；接待美国标准协会（ANSI）副总裁约瑟夫·特雷德勒交流考察旅游服务标准化建设工作；圆满完成国务院副总理临时来园游览安全保障任务；完成老挝人民革命党代表团外事接待任务；接待市总工会国际部、市邮电局及日本邮政考察团一行15人来园参观；接待文化部恭王府管理中心主任孙旭光带领全体班子成员来园交流考察；接待太原市园林局、太原市园林设计院、晋阳湖公园来北海公园交流学习。举办2015年“世界水日”和“中国水周”宣传活动暨城市河湖“水环境宣传月”启动仪式；举办第八届世界自闭症日宣传活动；举办2015年“让我们荡起双桨”60周年纪念活动启动仪式；举办“北京文物安全保护志愿服务行动”活动；举办“传承非遗技法，御园菊艺展现”科普宣传活动；举办第十九届荷花文化节；参加市旅游委主办的“第十二届北京国际旅游博览会”；开展“北海公园标本菊传统养殖技法”非遗项目进社区仪式；举办“全民健身，助申冬奥”主题冰蹴球宣传推广活动；开展第十届“北京公园节”宣传活动；举办“第十一届金象会员节”；举办碧海楼“皇家邮驿”特色展览展示项目；举办第四届“北京·开封菊花文化节”；举办“北京市第十八届根石艺术优秀作品展”；举办北京市第三十六届菊花（市花）展暨北京市第七届菊花文化节；与北京青年政治学院开展旅游景区服务项目展演交流活动。公园召开年度工作总结会；开展第二期冬季园林绿化技能培训；开展2015年处、科两级理论中心组首次集中学习；召开2014年度处级领导班子民主生活会；召开北京菊花协会年会；召开北京市根艺研究会2015年年会；召开相关会议研讨静心斋及周边景区环境改造工程方案；召开2014年度处级领导干部述职测评会；召开2015年团城古树避雷设计方案专家论证会；召开2015年党风廉政建设工作会；召开第四届北京市旅游行业协会景区（点）分会第二季度会长工作会；召开2015年可移动文物及藏品普查工作推进汇报会；召开小西天万佛楼、阐福寺大佛殿建筑群复建工程设计方案专家会；召开第六届工会委员会第二十七次（扩大）会议；开展“三严三实”教育活动专题集中学习。公园成功运行游船电子票；举办“书香北海厚德至善”——4·23世界读书日暨道德讲堂活动；举办“为心灵增添一抹阳光”青年读书沙龙；完成事业单位工资制度调整及补发工作；完成干部人事档案整理工作；开展“抱素书屋”读书沙龙系列活动；“测土配方施肥在北海公园绿地中的研究与应用”课题通过验收；“北海的历史文化研究——书法碑刻”课题通过验收；配合市园林绿化局野生动物保护中心开展鸟类疫源疫病检测工作。公园夜景照明一期工程完工；北海小西天万佛楼、阐福寺性海福田牌楼复建工程方案获国家文物局及市文物局批复；推进静心斋水生态修复工程；出版《北海团城大修实录》；北海西天梵境大慈真如宝殿、天王殿等建筑群（原北海西天梵境建筑群）修缮工程正式开工；北海团城古树避雷工程完工并通过验收。公园荣获北京市国家安全局颁发的2014年度国家安全人民防线建设先进集体；被中心评为2014年度“平安公园杯”消防安全先进单位；团城修缮工程被市建筑装饰协会授予2014年北京市建筑装饰优质工程奖；通过复查确认继续保留“全国文明单位”荣誉称号，并获得“首都文明风景旅游区”荣誉称号；由北海公园编辑出版的《皇城御园北海大事记》被中心评为优秀大事记；在第29届全国荷展碗莲栽培技术评比中荣获两项三等奖；被北京市科学技术委员会、北京市科学技术协会命名为2015～2017年北京市科普教育基地；送展菊花“太液紫霞”（新品种）获得第六届中国菊花精品展第一名；在2015年北京市“安利杯”第四届手语风采大赛中获得二等奖。

（汪　汐）

【中山公园】　中山公园位于天安门西侧，占地面积23.8公顷，其前身为明清两朝社稷坛，建成于明永乐十八年（1420年），是明清皇帝祭祀社稷神的场所。1914年辟为公园，10月10日正式对外开放，为北京市内第一个公共园林。1928年，为纪念民主革命先驱孙中山改名中山公园。作为由明清祭坛辟建的公园，园内较好地保存了祭坛、拜殿、戟殿、宰牲亭、神厨神库等社稷坛遗迹，以及辟建公园后各个历史时期形成的唐花坞、蕙芳园、水榭、愉园等一批园林景观景点。中山公园隶属于北京市公园管理中心，内设10个科室和5个队级建制，以及来今雨轩饭庄1家企业。截至2015年年底，在编职工352人，其中事业编制人员316人，企业编制人员36人。事业单位管理岗位71人，专技岗位47人，工勤岗位198人。园内实有树木6211株（古树612株），草坪类（冷季型草）5.62万平方米，地被类植物1.34万平方米。接待游客332万人次。2015年，完成纪念中国人民抗日战争暨世界反法西斯战争胜利70周年阅兵服务保障各项工作；完成中心拨款社稷坛神厨神库挑顶及油饰彩画修缮工程前期工作。完成社稷坛中山堂周边地面修缮工程招投标并签订施工合同；开展可移动文物及藏品普查，制作碑刻拓片292张并编号入库；搭建可移动文物临时库房，两处文物库房安装电子监控报警系统；投资203.3万元完成水榭南部景区铺装地面改造等10项为游客办实事项目；投资93万元完成更新部分办公家具等6项为职工办实事项目；投资598.52万元完成热力站改造及设备更新等7项基础设施完善项目。受理中心级以上非紧急救助服务诉求单8件，处理率为100%；开展游客满意度调查2次，游客满意率均在95%以上。举办“2015年春花暨郁金香花展”等特色文化活动。与社会团体合作举办“李庚梅兰竹菊水墨画展”等免费文化展览15项。编发《中山公园新闻宣传工作简讯》4期，召开新闻发布会3次，电视台、电台播出报道20次，在报刊、网络媒体上刊登稿件168件。启动编制公园“十三五”规划。开展社稷祭祀音乐翻译复原工作。组织编纂《中山公园年鉴（1989～2014）》，启动志鉴资料电子化工程，依托官网积极推进志鉴宣传与利用。完成《中山公园柏长足大蚜生态防治技术研究》课题研究任务。组织《中山公园规划建园实践与思考》调研。举办植物识别、多肉组合盆栽等各类讲座17场、科普活动29次。被市科委和市科协评为2015～2017年北京市科普教育基地。被首都精神文明建设委员会评为首都文明风景旅游区。

（李　羽）

【香山公园】　香山公园位于北京西山东麓，距城区约20公里，占地160余公顷，是一座融自然、历史、人文景观于一体，具有浓郁山林特色的皇家园林，园内主峰香炉峰（俗称鬼见愁）海拔575米。早在唐、辽、金时，这里就有寺庙建制，元代已经成为京郊著名的风景胜地，形成香山八景、碧云十景。清代康熙在此修建香山行宫，乾隆在此基础上又加以扩建，于乾隆十一年（1746年），赐名“静宜园”，其后又继续营造，历时35年，最终形成内垣、外垣、别垣的园林格局，共有建筑群、风景名胜、点景园林80余处，成为京西“三山五园”中的一山一园。清咸丰十年（1860年）和光绪二十六年（1900年）先后被英法联军、八国联军焚毁。1920年，熊希龄于静宜园部分旧址上创建香山慈幼院，园内的其他景区也被达官显贵租用圈占为私人别墅。1949年3月25日，中共中央进驻香山，毛泽东在双清别墅工作和居住，朱德、刘少奇、周恩来、任弼时居住在来青轩，在此共同指挥了渡江战役、筹建了新中国，翻开中国历史崭新的一页。1956年，香山被辟为人民公园。香山公园树木繁多，仅古树名木就有5800多株，占北京城区总量的近1/4，是北京负氧离子较高的地区之一。碧云寺、双清别墅、静宜园（香山）先后于1957年、1979年、1984年被列为北京市文物保护单位，碧云寺于2001年晋升为全国重点文物保护单位。香山公园1993年至2012年被评为首都文明单位，2001年被评为AAAA级景区，2002年被评为首批北京市精品公园，2004年通过ISO 9001国际质量管理体系和ISO 14001国际环境管理体系认证。2009年12月，香山公园被评为国家重点公园。2012年，香山加入世界名山协会，成为继庐山、泰山、峨眉山、黄山之后第五家世界名山协会中国会员单位。香山公园隶属于北京市公园管理中心，内设13个科室，9个队级建制，承担着管理、保护、服务、养护、建设、资源利用、文化研究等多方面职责。截至2015年年底，从业人员506人，在职职工494人，其中固定工337人、合同工156人、临时工1人，返聘人员12人。2015年，香山公园稳步推进各项重大工程项目，全年共实现园林收入6600.11万元，接待购票游客240.40万人次。完成香山公园“十三·五”规划文本编制及“十二·五”规划情况数据统计、香山静宜园二十八景（一期）修复工程全部验收工作、平台厕所维修工程、眼镜湖厕所改造工程、公园园路改造工程、管理处高压配电室入户高压电缆更换工程及地下基础设施勘察工作等；收回洪光寺使用和管理权，碧云寺门口商业摊点，碧云寺含清斋、涵碧斋、跨院耳房，完成驻园派出所房屋移交工作；举办第十届新春登高祈福会、第十三届香山山花观赏季、暑期红色绿色夏令营活动、第二十七届北京晚报香山红叶观赏季等活动；开展中共中央进驻香山66周年纪念活动、纪念孙中山先生逝世90周年悼念活动、市政府重要民生实事项目——《致远斋、韵琴斋文化展览》开幕式、“香山皇家园林养生体验之旅”活动、首期“山林奇妙夜”亲子夏令营、《乾隆皇帝与六世班禅学术研讨会论文集》首发式等活动；举办《中共中央在香山走进西柏坡专题展览》《三山五园——香山静宜园历史文化展》及《党面临的“赶考”远未结束》主题展览等；加入（中国）山岳旅游联盟并参加筹委会联席会议；承担的《香山公园雨水及地表水收集利用技术示范》《公园体验型科普项目发掘实践和效果评价研究》及《香山古油松生长模型及其养护指导研究》课题通过验收；联合出版发行《香山碑帖集》《北京香山近代建筑保护研究》《北京香山慈幼院探研》及《民国香山诗文精选》；实施古树复壮工程和红叶保育工程，种植黄栌7000株。全年共召开新闻发布会6次，各类媒体宣传报道1900余篇次。协助中央电视台、北京电视台、凤凰电视台、中国旅游频道等各主流媒体来园拍摄；接受北京电视台、《北京晚报》、北京文艺广播等多家主流媒体采访。获得2015年首都文明风景旅游区称号，致远斋展览展陈项目获市公园绿地协会2015年“服务民生创新管理”品牌奖等。

（王 奕）

【景山公园】 景山公园位于北京城的中轴线中心点，是国家重点公园和AAAA级旅游景区，原为中国元、明、清三代的御苑，占地23公顷，1928年被辟为公园，1957年被列为第一批北京市文物保护单位。园内古建筑面积约7507平方米，绿化覆盖面积14.6万平方米，古松柏1000余株，牡丹达60000余株。园内现存主要历史建筑有园门、绮望楼、峰亭、寿皇殿建筑群等。景山万春亭位于景山公园最高处，建于乾隆十五年（1750年），是明清北京城南北建筑中轴线的基点，被誉为北京中轴线上的制高点，京华览胜第一处。景山公园隶属于北京市公园管理中心，2003年从北京市北海景山公园管理处分出，成立北京市景山公园管理处，下设10个科级部门。截至2015年年底，景山公园全园职工217人，其中干部97人、工勤技能岗位人员120人（其中技师1人、高级工32人、中级工44人、初级工43人）。2015年，公园共接待游客约644.8万人次，同比增幅11%，其中购票约292.9万人次，增幅8.6%。实现事业收入2611万元。在服务接待方面，公园圆满完成了荷兰国王、俄罗斯公正俄罗斯党议员理事会主席、瑞典副首相、韩国副总理、意大利参议长、法国外事总理顾问等8次外事接待任务，以及市人大常委会委员、国家文物局的领导来公园视察调研接待任务。在工程建设方面，相继完成寿皇殿建筑群外院南墙修缮、景山公园山体消防系统改造等4项工程。公园成功举办了第十九届牡丹文化艺术节、第八届荷花盆景艺术展——瓷风雅韵·仿古瓷展、“跨越东西方的握手”系列国际文化交流等活动。成功展出2015年市政府为民办实事“十项展览”之一的景山公园绮望楼《景山历史文化展》，还结合牡丹展、抗战胜利70周年纪念等活动，推出《景山公园精品牡丹展》《中国抗日战争史图片展》《历史上的景山》等展览。被北京市科学技术委员会和北京市科学技术协会评为北京市科普教育基地。

（江 桥）

【北京植物园】 北京植物园位于北京西郊寿安山麓，1956年经国务院批准建立，是开展植物多样性收集、展示、保护、研究、科普和利用，并为公众提供开放游览服务的社会公益机构。规划面积400公顷，现开放面积200公顷，由植物展览区、名胜古迹游览区和自然保护区组成，收集展示各类植物1万余种，是国内重要的植物资源收集保存基地。桃花园收集展示桃花品种近70个，是世界观赏桃品种最多的专类园。展览温室展示热带、亚热带以及各类珍奇植物3200多种。十方普觉寺（卧佛寺）为国家首批重点文物保护单位。曹雪芹纪念馆为国内第一个以研究展示曹雪芹身世为主题的纪念馆。北京植物园是国家AAAA级旅游景区、全国科普教育基地、中国生物多样性保护示范基地和国家重点公园。北京植物园隶属于北京市公园管理中心，有职能科室10个，队级建制18个。截至2015年年底，从业人员471人，其中干部212人、工人259人。离退休人员304人。年接待游客252.7万人次。2015年，北京植物园按计划完成重点项目：积极推进曹雪芹西山故里景区项目；提升园容景观，月季园申报“世界杰出月季园”。顺利完成“一二·九”运动纪念地参观游览的服务接待工作；增彩延绿良种中试基地建设有序推进；启动“十三五”事业发展规划编制工作。科普工作完成“中国植物园联盟——公众科普计划”，在全国30家以上植物园和相关单位举办展览，旨在使普通民众有机会与珍稀濒危植物零距离接触，提升保护珍稀植物的公众意识。举办以学习植物相关知识为主旨的“自然享乐，科普课堂”系列活动。开展“植物专家带您识花草”活动，起到了很好的科普效果。成功申请市教委“初中开放性科学实践活动——叶子的秘密”课程项目。植物园成功举办第二十七届北京桃花节、第七届北京月季文化节、卧佛寺祈福文化活动、第十一届北京兰花展、首届苦苣苔植物展、第七届北京菊花文化节、仙人掌及多浆植物展，开展了“一二·九”运动纪念地“铭记抗战历史传承爱国情怀”主题展、纪念曹雪芹诞辰300周年特展等专题展览和活动。

（石　鑫）

【北京动物园】 北京动物园始建于清光绪三十二年（1906年），位于西直门外乐善园、继园和广善寺、惠安寺“两园、两寺”旧址上的清“农事试验场”内，由清商部奉旨筹建。园内由动物园、植物园、农事试验三部分组成。早期的动物园位于园区东侧，占地1.5公顷，是中国最早对公众开放的动物园和华北地区最早对公众开放的公园。据考证此地也是中国现代动物园、植物园、博物馆的发祥地。1955年定名为北京动物园。目前占地面积约85.37公顷，发挥着国家动物园的功能。北京动物园秉承“教育保护并举，安全服务并重”的理念，是国家重点公园、国家重点文物保护单位、全国科普教育基地、全国AAAA级景区。北京动物园隶属于北京市公园管理中心，实行决策层—管理层—作业层三个层次的管理模式。管理层（机关）设16个科室，作业层（基层）设12个队，以及浩博园物业管理公司、北京蕴泽开发公司、北京动物园汽车修理部等园有企业。截至2015年年底，全园从业人员750人，其中在岗职工745人、补差工5人、干部228人；高级职称18人、中级职称34人、初级职称69人。2015年是北京动物园的“制度深化年”，全年共接待游客844.85万人次，共饲养、展览动物465种6666只。其中，哺乳纲141种934只；鸟纲190种2990只；爬行纲91种368条；两栖纲10种91只；昆虫纲共29种2241只，其他节肢动物4种42只。被列入濒危野生动植物种国际贸易公约附录Ⅰ的野生动物50种249只；附录Ⅱ的野生动物109种661只；附录Ⅲ的野生动物7种25只。被列入国家重点保护野生动物保护Ⅰ级的野生动物42种241只；保护Ⅱ级的野生动物53种470只。全年引进动物58种208只，救护动物11种12只；输出动物23种209只（包括交换、合作繁殖），繁殖动物75种1386只，存活动物71种1352只，死亡动物152种547只，注销动物21种126只。2015年动物繁殖种数成活率为94.67%，繁殖只数成活率为97.55%。发病率为4.54%，治愈率为77.67%，病死率为22.33%，动物健康率为85.93%。

（王羽佳）

【陶然亭公园】 陶然亭公园是1952年依托清代陶然亭和元代庙宇“慈悲庵”，挖湖堆山、疏浚苇塘建成的自然山水园林，并于1955年作为公园售票开放，是新中国成立后首都北京最早兴建的融古典建筑和现代造园艺术为一体的、以突出中华民族“亭文化”为主要内容的一座历史名园。现公园划分为陶然佳境、华夏名亭、奇境童心、国色迎辉、水月松涛、胜春山房、潭影流金和野凫芦风八大景区，公园突出“以亭取胜”的特点，公园占地面积56.56公顷，其中水面16.15公顷。有树木12 701株，草坪154 214平方米，宿根花卉227 116株。全年接待游人约839.59万人次。实现自创收入4344.20万元，事业支出12 961.34万元。陶然亭公园隶属于北京市公园管理中心，内设12个职能科室和10个队级建制。截至2015年年底，全园从业人员517人，在岗职工515人，干部168人，专业技术人员84人。2015年，公园完成两项绿色环保项目，一是市属公园增彩延绿示范项目——陶然亭公园“慈悲庵周边绿地环境改造工程”；二是中心公园节能节水项目——窑台山山体高喷工程。完成公园南门改造工程，有序推进南门文化景观廊道项目，编著陶然诗文两部，形成南门红色文化景廊；完成华夏名亭园李杜景区景观改造二期工程；完成北门低压电缆改造工程，解决了公园北门低压供电不足问题；完成高石墓广场改造工程，扩大景区瞻仰面积240平方米。全年新植乔灌木2300株，更新早园竹2500株，栽植花卉8.25万株，更新草坪2700平方米，补植苔草500平方米，安装绿地围栏1900延米。公园在疏解非首都功能、优化提升首都核心功能的大背景下，完成陶然江亭观赏鱼花卉市场撤市工作。开展金牌职工、微笑服务之星评选活动，积极开展服务竞赛。新建设南门综合服务站、南湖游船临时码头、高石墓景观小屋三处服务设施。成立公园游客服务中心，整合提升非紧急救助服务工作。全年举办首届海棠春花文化节、暑期恐龙科普文化活动、慈悲庵革命史迹展、云绘楼·清音阁内景复原展览展陈、对公众开放60周年园史展、中国亭文化展等14项文化活动和展览展陈。为强化对外宣传，成立“宣传策划科”，公园公众微信平台正式上线。全年举办新闻发布活动9次，传统媒体发布信息613条，自媒体发布、转发信息1330条，粉丝数量突破9000人。科技支撑能力不断增强，首次制定《公园科技进步奖励暂行规定》，科研课题《北京地区观赏海棠虫害调查及综合防治方法的研究》荣获科技成果奖。全年举办月季文化节等各类科普活动9次。“我和秋天有个约会”主题科普活动荣获中心优秀科普专项活动。2015年公园正式被列为北京市科普教育基地。“陶然亭公园科普小屋建设工程”荣获2014年度北京市园林绿化科普创新二等奖。

（袁 峥）

【紫竹院公园】 紫竹院公园位于海淀区中关村南大街，北面与国家图书馆相邻，始建于1953年，因园内的“福荫紫竹院”庙宇而得名，是一座以竹造景、以竹取胜、环境优美的自然式山水园林。公元3世纪以前，紫竹院是古高梁河的上源。元代水利学家郭守敬在高梁河上游修建人工运河（通惠河）时曾在这里建广源闸，紫竹院成了一个蓄水库，是北京城的重要水源之一。明代，“紫竹禅院”是“万寿寺”下院，院后就是源于玉泉山瓮山泊的古河道——南长河。清乾隆年间在禅院的西侧新建了紫竹院行宫。清光绪年间，紫竹院经历了一次重建，于光绪九年（1883年）七月开工，光绪十一年（1885年）九月竣工，历时三年。重建后的紫竹院更名为福荫紫竹道院并脱离万寿寺成为独立的行宫，海淀区政府于1992年公布其为“海淀区文物保护单位”。紫竹院公园全园占地45.7公顷，其中陆地面积30.6公顷，水面面积15.1公顷；建筑面积1.7公顷，南长河、双紫渠穿园而过，园内有“三湖两岛一堤”。1988年，公园在长河以北建成了一处以松、竹、石景观为主，具有江南特色的园中园——筠石苑。紫竹院公园隶属于北京市公园管理中心。2006年7月1日，紫竹院公园正式对社会免票开放，是中心所属11家公园中唯一的免票公园，现有职能科室11个，队级建制8个。截至2015年年底，全园职工人数385人，其中工人233人，干部152人。全年累计接待游客908万人次，收入预算指标768.78万元，同比增幅10.7%。全年累计开展讲解服务190余次，服务1500余人次。先后举办了冬季冰上健身活动、竹荷文化展、公园节民族舞蹈大赛活动，开展各类宣传活动10余次。配合中心完成申冬奥氛围营造，公园内设立“冰雪文化进公园共助北京申冬奥”宣传标语、宣传展板，开展宣传活动等。加大“非门票经济”的探索，淘汰报废船只22条，增添六人电瓶车、黄鸭电瓶船、仿老爷车电瓶船22条及浮动码头3个。圆满完成了年票销售任务，实现销售额1500余万元。进一步落实中央规定，园内高档餐厅、会所整改到位，重点工程项目加快推进落实，启动水体景观疏通工程；青莲岛及明月岛竹林景观恢复工程；完成筠石苑水生态修复工程；双林寺塔遗址保护工程进展顺利，配合市政府做好地铁16号线工程污水迁移、白颐路雨水泵站改扩建工程。抓好公园北门综合服务楼、东门卫生间、西院危旧房屋和钓鱼区房屋基础设施改造，更新喷灌系统设备，提升全园广播系统，重新整理散落山石，安装景观石配套石座5个，更新栏杆、修葺路面、加固山石300处，提升了公园的景观环境。完成筠石苑水域生态修复面积4800平方米，提升了公园的生态环境。落实中心增彩延绿项目，更新竹林面积7200平方米，栽植斑竹、金镶玉竹等8个品种2万株，地被竹9个品种1.4万丛，加强盆栽竹应用，完善“大竹成林、小竹覆盖”的园林景观效果。全年设计摆放花带花境13处，使用各类花材、竹种2万株，提升了公园的节日环境布置效果。开展形式多样的各类科普宣传活动10次，布置各类展板150余张，发放各类宣传资料5000余份，接待游人50余万人次。深入挖掘公园文化内涵，完成了“公益性公园文化建设与社会主义先进文化之都的相关性研究”及“长河变迁与紫竹院地区历史文化研究”工作，其中长河变迁与紫竹院地区历史文化研究课题获得中心科技进步二等奖，二轮修志工作，完成“园林”篇和“文化”篇26万字的资料长编编纂录入工作，完成了《紫竹院公园免票管理模式研究》和《紫竹院公园冰雪体育进公园示范研究》调研报告3万多字的撰写工作。进一步理清了公园发展的历史沿革，深化历史名园的深度与广度，围绕文化发展，公园主动做好常态化的新闻宣传，开展各类宣传活动20次，做好常态化新闻宣传工作，向媒体报送稿件513篇，接待记者120人次，发布公园相关信息369次。坚持用身边的朱利君、梁勤璋等先进模范的事迹教育激励党员群众，形成崇尚先进、学习先进爱岗敬业的浓厚氛围。以安全文化建设为抓手，坚持“五防”并举和“雷池行动”的新安全观，针对免票公园的特点，落实网格化、精细化、时差化管理模式，完成了国庆66周年及“9·3”阅兵活动服务保障工作。

（黄苗苗）

【玉渊潭公园】 玉渊潭公园位于北京市海淀区南部，东至三里河路，西至西三环中路，南至中华世纪坛，北至东钓鱼台乡。玉渊潭古称钓鱼台，其历史可远溯金代。清乾隆时期，为治理水患将玉渊潭疏浚成湖，确立了其在京城水系中防洪蓄洪的重要地位，并仿江南名园制式建造钓鱼台行宫，由此开启了玉渊潭皇家苑囿的历史。新中国成立后，北京市政府将钓鱼台行宫建筑外的约140公顷土地开辟为人民公园，1960年建成并正式定名为玉渊潭公园。公园占地138.19公顷，其中水域面积62公顷。公园东部有“留春园”；南部有少年英雄纪念碑，“远香园”景区位于公园南部中心位置；园内的最高点建筑“玉渊亭”位于中山岛景区最东端；位于公园西北部的樱花园，属华北地区最大的樱花专类观赏园。公园定位于“以水为主题、以樱为特色、以休闲休憩为主要功能的绿色生态山水园”。玉渊潭公园隶属于北京市公园管理中心，设有职能科室10个，队级建制7个。截至2015年年底，全园共有职工425人，其中管理人员165人，专业技术人员100人。公园占地138.19公顷，其中水域面积62公顷。现有树木102 188株，草坪212 381平方米。全年共接待游人861.7599万人次，实现业务收入4694.87万元。2015年，公园举办了第六届冰雪文化活动、第二十七届樱花文化节。樱花节期间相继举办了“玉和集樱”玉渊潭公园历史回顾与文化传承展、第十二届“春到玉渊潭”摄影比赛、春鼓祈福、群众文化展演等文化活动；举办第七届农情绿意秋实展。作为抗战胜利70周年纪念活动水域保障单位，2015年9月3日，公园安排安保力量120人次，救护艇4艘、救护车2辆、消防水泵4台、灭火器50具、救生圈8个、救生衣24件、救生木杆和绳索各4件等，圆满完成水域处突安全保障。活动筹备期间，开展安全检查7次、安全演练2次，接待国务院检查组、北京市运输局、海淀公安分局、海淀消防支队等部门检查13次。公园全力推进东北部景区保护性开放，完成湿地规划编制工作，申报市级湿地公园通过中心审批。初步完成《玉渊潭公园十三五事业发展规划》编写，共涵盖6个系统67个规划项目。全面实施内部控制制度体系建设，编制完成《北京市玉渊潭公园管理处内控制度汇编》及《北京市玉渊潭公园管理处内部控制手册》。完成《玉渊潭公园规章制度汇编》编制工作。严格执行《北京市控制吸烟条例》，张贴禁烟标识1000余张。推进确园转型开放，完成确园转型开放项目可行性分析报告。课题“玉渊潭地域休闲文化的产生、演变与发展初探”顺利结题。在“玉和集樱”展厅举办李庚水墨作品展，展出李庚教授新近创作山水、人物、花鸟、水墨抽象作品40幅；举办“翰墨园林”职工书画展，共展出作品67幅，并评出优秀奖22名；举办由北京市地方志办公室主办的“2005年以来北京市地方志系统开发利用成果展”。在“玉和光影”影廊先后举办第十二届“春到玉渊潭”摄影比赛展暨往届部分优秀作品回顾展、第二届中国好风光全国摄影大展、大美凉山摄影展等摄影作品展，展出优秀摄影作品900余幅。提升园内景观建设，完成公园东北部景区绿化环境建设项目工程、玉渊潭公园完成增彩延绿工程。丰富植物景观配置，全年完成新栽乔、灌木36 864株，观赏竹类7000株，水生植物450平方米，全年累计用花量43万盆（株）；2015年举办科普活动12次，布置展板130块，发放科普材料1100份。公园顺利通过2014～2015年度质量与环境管理体系认证审核。全年办理游客咨询15 885件，办理游客诉求85件，建议45件，进行游客调查问卷4次。公园被首都绿化委员会授予“首都生态文明宣传教育基地”荣誉称号；被北京市海淀区社会治安综合治理委员会评为海淀区安全建设示范旅游景区。

（王智源）

【北京市园林科学研究院】 北京市园林科学研究所成立于1979年4月，2014年1月更名为北京市园林科学研究院，是北京唯一的市级园林绿化行业公益性科研院所，主要从事园林绿化科技攻关、技术咨询和服务、科研成果推广、科学技术普及、专业技术培训工作。总占地面积14.73公顷。机构设置分为管理服务、科技研发、成果转化3个系统13个部门。管理服务系统包括园林植物研究所、园林生态研究所、园林植保研究所、风景园林规划设计研究所；成果转化系统包括园林绿化检测中心、园林科技培训中心、园林科技交流合作中心、新优园林植物中试基地；拥有2个北京市重点实验室——绿化植物变种北京市重点实验室和园林绿化生态功能评价与调控技术北京市重点实验室，是北京园林绿化行业第一个也是目前唯一一个通过中国计量认证（CMA）的机构。北京市园林科学研究院现隶属于北京市公园管理中心，截至2015年年底，共有职工136人，专业技术人员97人，其中教授级高级工程师9人、高级工程师35人、工程师23人。2015年，新开课题17项，包括北京市科技计划课题3项、北京市科技新星计划项目1项、北京市公园管理中心科技课题6项、重点实验室开放课题7项。共有在研课题（含延期待结课题）43项，包括国家级课题5项、省部级课题10项、局级课题23项、重点实验室开放课题5项。园科院作为第一完成单位申报的科研成果“应对空气PM2.5污染的北京绿化造林关键技术研究与示范”获2015年度中国风景园林学会科技进步一等奖，是连续第4年获得该奖项；5项成果获2014年度北京市园林绿化科技进步奖，其中一等奖1项、二等奖2项、三等奖2项。自育品种‘红五月’月季获2015年中国月季展新品种展特等奖。科研成果获国家专利授权3项，其中发明专利1项：“一种城市绿地植物-土壤水分传输分析的方法及装置”；实用新型专利2项：“一种土壤渗滤液排水装置”和“一种园林树木种植池”。自育植物品种，一串红‘奇迹’、一串红‘世纪红’、万寿菊‘美誉’获得北京市林木良种证书。园科院利用科技优势，全年承担了技术服务项目7项，包括“公园湖水应急治理与监测”“城镇绿地综合检查”“北京市城镇绿地等级评定”等。继续在全国积极推进杨柳飞絮治理工作，‘抑花一号’杨柳飞絮抑制剂推广工作取得重大突破，数量较往年翻一番。输出自育彩色乔木品种成苗近900株，自育长绿期宿根花卉良种19.5万株，用于“增彩延绿”

重点示范项目建设。繁育乔木11万株，宿根草本23万余株。完成“沈阳市浑南新区2015年花卉供应工程”“‘2015中—阿国家博览会’主会场”等花卉环境布置任务，累计供应花卉300余万盆，繁殖并推广种苗246.1万株。向津冀推广市花月季15万余株。推广花绒寄甲、肿腿蜂等天敌昆虫160余万头。对外土壤、植物、水质、防水卷材检测顺利有序开展，委托送样单位近300家（次），土壤和水质样品数量共计近1500个；耐根穿刺检测室完成检测样品29个，新接收样品68个。2015年还启动并推进了“园科院绿化植物育种实验圃地设施改造一期工程”，改造月季和新优树木繁育老旧大棚约6000平方米。启动并推进“城市绿地生态系统定位监测站建设”项目。完成“园科院天敌工厂实验室二期工程”，建设天敌生产繁育实验室260平方米，规模化生产园林重要害虫的天敌昆虫。

（李鸿毅）

【园林学校】 北京市园林学校始建于20世纪50年代，复建于1984年，隶属于北京市公园管理中心，是一所培养首都园林绿化人才的国家级重点中等职业学校，被北京市教委认定为“北京现代化标志性中等职业学校”计划建设项目校、“国家中等职业教育改革发展示范校建设计划”第三批备选学校。北京市园林学校占地面积7.49万平方米，产权校舍建筑面积2.28万平方米。全年教育经费投入4114.92万元，设有房山区良乡镇和东城区天坛路两个校区，开设园林技术、宠物养护与经营、景区服务与管理等8个专业15个教学班。截至2015年年底，共有教职工100人，其中专任教师66人、教辅人员7人。专任教师中具有研究生学历的17人，本科及以上学历占教师总数的98.48%；高级专业技术职称19人、中级26人。聘请校外教师10人。毕业生136人，毕业生就业率为97.66%，职业资格证书取证率为95.08%。招生75人，均为京籍学生。在校生440人。2015年，完成各类培训510人，鉴定13个批次、638人。一是完成“北京市第四十六职业技能鉴定所”的法人单位设立、税务登记等工作。二是完成北京市园林教育培训中心《东城区民办非学历教育培训学校评价指标体系》评估工作。三是完成北京市园林教育培训中心《东城区教委民办非学历教育培训星级评定》工作。四是完成北京市第四十六鉴定所实操场地现场评估工作。学校与北京市中直机关联合举办“绿化工培训班”，积极服务中央在京单位。为全市事业单位、企业单位开展绿化工、插花员、展览讲解员的初、中、高、技师等各类培训493人。全年完成16个班级，16268课时的教学任务；学生成绩优秀率达16.3%，及格率达88.6%；全体任课教师评价优秀率90%，良好率10%。北京市教委扶持的首批“3+2”中高职衔接实验班进行转段考试，园林学校33名学生全部合格顺利升入北京农业职业学院。

（赵乐乐）

【中共北京市公园管理中心委员会党校】 北京市公园管理中心党校成立于1989年11月，原名为北京市园林局党校，隶属于北京市公园管理中心。2006年3月，更名为中共北京市公园管理中心党校，现位于北海公园阐福寺内。党校下设办公室、行政科两个科室。截至2015年年底，共有在职职工11人，其中干部8人、工人3人。党校主要职责是完成中共北京市公园管理中心委员会交给的各项干部教育培训任务。2015年，举办主体培训班5期，培训学员226人次。其中，举办处级领导干部培训班2期，进行两期集中授课，每期一周，共130人参加；举办青年干部培训班1期，以政治理论、领导和管理科学、园林知识等方面为主要内容，为期三个月，共29人参加；举办新任科级干部培训班1期，以学习党的十八大与十八届三中、四中全会精神为主线，围绕如何成为一名合格科长展开研讨交流，为期一周，共27人参加；举办党员发展对象培训班1期，为期三天，共40人参加。加强师资队伍建设，在外出培训、岗位锻炼、基层调研、教学观摩等方面努力为现有教师创造条件，参加市委党校组织的全市党校系统党性教育师资培训班和全市党校系统京津冀协同发展师资培训班。参加市委党校课题申报，进行中心特色文化产业发展情况调研课题的撰写。做好教师聘任工作，推荐教师参加市委党校中高级教师任职资格评议。不断提高科研调研能力，撰写相关理论文章。

（张洁瑛）

【北京市公园管理中心后勤服务中心】 北京市公园管理中心后勤服务中心是隶属于北京市公园管理中心的副处级事业单位。主要负责机关后勤服务工作，保障机关正常办公和职工的正常生活；承担中心机关授权管理的行政事务性工作；负责对市公园管理中心车辆的安全管理工作，对驾驶员的培训教育，确保机关车辆的正常运行；负责机关的资产管理工作，对固定财产进行清理、登记、建卡，完善固定财产移交手续；担负中心机关工作用房管理工作；保障机关安全保卫和社会治安综合治理工作；办公用品购买和发放工作，完善各项审批手续。截至2015年年底，共有职工24人。

（胡庆琳）

园博馆建设与运行

馆内运行

【园博馆完成象鸟蛋的入库工作】 1月5日，园博馆于2014年11月26日从英国夏天拍卖行所拍象鸟蛋已完成国家安全检疫及消杀处理，于1月5日运抵园博馆并完成入库工作。

（滕　元）

【园博馆开设图书室】 1月20日，位于园博馆二层南侧的图书室——畅神书吧正式对外开放，该图书室占地面积约为160平方米，藏书一万余册，可同时容纳60人，是观众学习和休憩的又一理想场所。

（滕　元）

【园博馆完成首批文物3D信息扫描工作】 1月23日，园博馆藏品管理部完成了对陶器、紫砂器、瓦当等多类250余件套文物的3D数字信息扫描、存档级照片拍摄和画册级照片拍摄工作。同时完成了藏品号标注、称重、测量、完残检查等工作，为园博馆信息数据库和数字博物馆工作的顺利开展奠定了基础。

（滕　元）

【园博馆赴济南动物园磋商鸟蛋借展事宜】 1月30日，园博馆邀请北京动物园共赴济南动物园就鸟蛋借展事宜进行磋商、调研。涉及借展藏品为原济南动物园总工程师张继忠先生私人藏品，包括海鸥、鸵鸟、苍鹭等20种鸟蛋共计22枚。园博馆通过初步磋商，就选定藏品事宜与对方履行了相关手续。

（滕　元）

【王忠海副主任带队检查园博馆春节筹备工作】 2月6日，王忠海主任一行查看了园博馆新开放的“畅神书吧”“珍楠精雕 翰墨瑰宝——成都杜甫草堂博物馆馆藏名家书法木刻精品展”，并参观中控室，在随后召开的专题座谈会上，党委书记阚跃就安全保障、服务接待、环境美化、馆容保洁四个方面的工作进行汇报。王忠海主任指出：要坚持“安全第一”的原则，加强安全意识，加大安保力度，确保水、电、气、暖全方位安全管理；加强节日值守，确保中控室、安保部等核心部门信息畅通，无缝连接，万无一失；保障节日期间的馆容馆貌，为市民创造一个舒适、满意的游览环境；进一步增强服务意识，全面提高服务水平，“安安全全、干干净净、欢欢乐乐”过个年。市公园管理中心及园博馆筹备办公室相关领导陪同检查。

（滕　元）

【园博馆启动2014年度（第十二届）全国博物馆十大陈列展览申报工作】 3月3日，园博馆以《谨严大度·文质合一——江南园林陈设精品展》展项参加第十二届（2014年度）全国博物馆“十大精品”推介活动。该展项由园博馆、苏州园林博物馆、上海豫园管理处共同策划组织，主要通过江南园林家具、匾额楹联、摆件等园林陈设展现江南园林的独特风貌和文化内涵。

（滕　元）

【园博馆召开重点工作部署会】 3月9日，园博馆筹备办公室主任李炜民就园博馆春季重点工作进行部署。一是要全面做好即将在园博馆召开的中国风景园林协会第五届三次常务理事会各项服务保障工作。二是围绕2015年重点工作及八大战略目标，着手启动园博馆调研工作，高标准、高质量地完成调研工作，确保上报中心的调研文章有代表性和示范性。三是要统一规划和部署室外环境改造和布置工作，在施工过程中馆方人员要全程参与，保障施工安全及施工质量，打造出精品项目。四是在临展工作方面，要提前制订年度计划及展陈大纲，注重经验的积累。在固展建设方面，要细化工作，邀请展陈方面的专家和专业人才，共同提升园博馆展陈软硬件建设。在外展引进方面，加强推进“美国景观之父——奥姆斯特德”主题展览的力度。五是围绕5·18国际博物馆日，借助博物馆协会的力量推出各类展览，打造5·18国际博物馆日主题系列活动。六是做好重要时间节点的安全保障，开展系列专项安全演练及应急突发事件演练。七是要全面推进园博馆非物质文化遗产申请工作。八是要严格落实党风廉政责任制和“一岗双责”制度，在开展各项工作时要牢牢把握作风建设这个核心，不要触及底线，杜绝腐败现象发生。

（滕　元）

【园博馆召开中长期战略发展规划专题会】 3月17日，园博馆筹备办公室主任、中心总工程师李炜民主持召开园博馆中长期战略发展规划专题会，会议就《园博馆中长期发展规划编写计划（草案）》进行讨论。北京博物馆学会常务副理事长兼秘书长崔学谙、北京林业大学园林学院院长李雄、原颐和园总工程师耿刘同出席会议并受邀加入《规划》编写委员会。李炜民指出：《规划》应回顾总结经验，立足当前发展，冲破桎梏，确保成文的前瞻性和可操作性；要把发展战略的研究和发展规划的编制过程开展成为统一全馆员工思想、凝智聚力、解决问题、促进发展、打造国家一级博物馆的建设过程；要特别加强与中心各兄弟单位、北京林业大学等单位之间的沟通合作，使其成为园博馆的人才储备基地，为园博馆发展凝聚人才，打造中国园林行业品牌阵地。园博馆筹备办公室相关部门负责人及工作人员参加了会议。

（滕　元）

【园博馆就申报非物质文化遗产工作征求专家意见】 3月18日，园博馆召开专题会议，研究中国园林艺术申遗相关工作。主任李炜民、副主任程炜就工作进展情况向住建部城建司进行汇报，并邀请北京林业大学园林学院专家对《中国园林艺术申报非物质文化遗产工作方案》初稿的修订、申报程序等工作进行指导。

（滕　元）

【市公园管理中心纪委书记程海军到园博馆调研指导工作】　3月19日，主任李炜民、党委书记阚跃分别就园博馆发展建设、党工委建设和人才培养等相关工作对程海军进行汇报，党委副书记、纪委委员薛津玲作纪检工作报告。程海军强调：园博馆党政纪检工作坚持从干部职工工作、生活方面的困难和需求着手，从小事抓起；创新工作形式，结合自身特点、亮点营造廉政文化氛围，突出“两个责任”，切实落实好党风廉政建设责任制。市公园管理中心纪检监察处处长李书民、园博馆筹备办相关领导参加了会议。

（滕　元）

【首都博物馆协助鉴定园博馆藏品】　3月25日，首都博物馆瓷器专家裴亚静应邀对园博馆馆藏外销瓷进行鉴定，将中国外销瓷、荷兰陶胎瓷及英国骨瓷进行分类，并对藏品年代、地区、瓷质、烧造工艺等信息给予详细鉴定意见。

（滕　元）

【园博馆提升财务工作网络化水平】　3月31日，经过前期与市财政局、市经信、市公园管理中心沟通协调，园博馆正式完成北京市金财网的引入、调试、测试等工作，实现财务办公网络与市财政部门多项业务的网络对接。

（滕　元）

【园博馆人工“筑巢引鸟”】　3月31日，为进一步增强室外景观效果，招引益鸟以发挥“以鸟治虫”的生物防治虫害功能，园博馆在室外展区避风向阳处安置木箱式人工鸟窝30个，同时利用室外广播系统播放引鸟音乐，模拟白腰雨燕叫声引鸟入园。该工程也将成为园博馆保护鸟类生存环境，建设和谐生态的一项长期工程。

（滕　元）

【园博馆接受收藏家协会捐赠】　4月18日，园博馆入藏由北京收藏家协会捐赠的《中国园林名胜门券》，以及承德市收藏家协会捐赠的《承德门券集锦》和刻有“中国名园门券大观”印章一枚。此次捐赠的门券囊括了从20世纪80年代至今承德各风景名胜区的门券，共计280余张。党委书记阚跃、副主任黄亦工、北京收藏家协会副会长李俊、承德市收藏家协会副会长杨帆和来自全国各地百余名收藏爱好者出席捐赠仪式。

（滕　元）

【园博馆加入北京校外教育协会】　4月24日，园博馆参加“第十届（2015）北京阳光少年活动暨阳光少年文化科普进校园”启动仪式，并正式加入北京校外教育协会。该协会由市教育委员会主办，是市青少年学生校外教育工作唯一的社团组织。今后，园博馆将依托协会资源，与北京市广大中小学校开展长期合作与交流，进一步拓展渠道，发挥园博馆园林科普公众教育功能。

（滕　元）

【园博馆荣获全国科普讲解大赛北京地区选拔赛第四名】　4月25日，园博馆经过激烈角逐，以第四名的成绩成功入选科普讲解大赛全国范围决赛。

（滕　元）

【“丝绸之路”部分展品入藏园博馆】 5月5日，来自“丝绸之路”联展的6位摄影师部分作品正式入藏园博馆。中国风景名胜区协会副会长兼秘书长王凤武，中国风景名胜区协会摄影专业委员会主任、中国摄影家协会理事宋举浦，市公园管理中心党委副书记杨月，市公园管理中心总工程师、园博馆筹备办主任李炜民，市公园管理中心主任助理、园博馆筹备办党委书记阚跃等相关领导出席收藏仪式，并向6位摄影家颁发了收藏证书和园博馆首日封。

（滕　元）

【园博馆与浙江摄影出版社签约】 5月17日，园博馆与浙江摄影出版社举行战略合作签约仪式，成立“中国园林——我们的理想家园”编辑指导委员会，在实现共同发展的基础上，更好地服务园林学科建设和事业产业发展，推动传播优秀传统园林艺术和文化。园博馆筹备办主任、市公园管理中心总工程师李炜民和浙江摄影出版社社长陶文杰共同担任指导委员会主任。浙江摄影出版社成立于1984年，是浙江出版联合集团全资子公司。曾先后被评为“全国新闻出版系统先进集体”，全国仅27家出版单位入选、“全国百佳图书出版单位”等荣誉。与该出版社的战略合作是园博馆发展的又一大重要机遇，是文化艺术资源大规模整理、开发和应用的全新突破，是集合两家单位精英人才，重点投入策划，强力推进园博馆藏品及展品的出版及衍生开发，实现学术与普及接轨、文化与产业共赢和贯彻习近平总书记关于传统文化和文物保护重要论述的指示精神的重要举措。

（滕　元）

【园博馆与北京农业学院、北京市园林学校建立战略合作关系】 5月17日，园博馆与北京农业学院、北京市园林学校正式签订战略合作协议，并举行揭牌仪式。签约后，园博馆将成为两家院校的园林教学实训基地，以丰富的学术资源进一步扩大行业影响力，增加园博馆人才储备力量，共同推动园林专业的启蒙、普及和专业教育的全面发展。

（滕　元）

【园博馆竞得样式雷图样】 5月21日，园博馆在嘉德国际拍卖成功竞得清代样式雷原件——洋式建筑图样和惠陵图样两套拍品，进一步充实了馆藏体系。该拍品再现了清代皇家园林的历史风貌，是研究清代皇家园林文化的珍贵资料，反映了中西文化交流、融合的重要物证力。

（藏品部）

【园博馆就“美国风景园林的奠基人——奥姆斯特德理念”展进行研讨】 5月25日，主任李炜民主持召开“美国风景园林的奠基人——奥姆斯特德理念”展专题研讨会，与会专家经过讨论形成《“美国风景园林的奠基人——奥姆斯特德理念”展陈大纲专家意见》。北京林业大学园林学院教授杨赉丽，北京园林学会理事长、原市园林局副局长、总工程师张树林，中国风景名胜协会副会长、原建设部城建司副巡视员曹南燕，清华大学建筑学院教授杨锐及北京林业大学园林学院教授刘晓明作为专家组成员出席会议。

（滕　元）

【园博馆宣传禁烟条例】 6月1日，园博馆响应北京市政府施行《北京市控制吸烟条例》的号召，积极开展相关宣传，在馆内游览、办公和重点区域明显位置张贴禁烟宣传牌示和“禁止吸烟”提示牌；利用大厅电子屏幕循环播放禁烟宣传片；从源头出发，在安检入口处排查香烟和打火机，馆内区域达到100%禁烟，对室外展园吸烟观众，进行劝阻和制止，营造良好的参观环境。

（滕 元）

【园博馆竞得珍贵纸质藏品】 6月2日，园博馆赴北京海王村拍卖会，成功竞拍到《西湖风景照片册》《御制避暑山庄诗二卷》《芥子园画传》《兰花谱三卷》《园冶》五套重要拍品。该批次藏品具有丰富的文化内涵、史料价值和极高的收藏、展示价值，是研究中国园林文化的宝贵资料。

（滕 元）

【园博馆文物普查工作】 6月4日，历时三个月的文物普查工作获得阶段性成果，共采集、登记造成竹木牙角类藏品文物信息2520条，包括古陶博物馆捐赠的木窗扇90余件（套）、保定徽园征集的木建筑构件30余件（套）、私人藏家捐赠的木窗扇50余件（套）。

（滕 元）

【园博馆获颁优质讲解服务锦旗】 6月4日，河北省彩虹假日少年儿童社团向园博馆赠送“诠释园林经典盛筵 播撒文化桃李天下”锦旗。该社团常年组织河北省贫困优秀生赴北京参观游学，园博馆作为活动合作单位，精心安排参观路线，细心为学生们讲解园林知识，传播园林文化，对活动给予大力支持，获得师生们的好评。

（滕 元）

【园博馆召开“止园”模型平面图制作方案专家研讨会】 6月9日，园博馆组织召开专题会议，对“止园”模型平面图制作方案进行研讨论证。顾问耿刘同、张济和、上海工艺美术大师阚三喜、清华大学博士生黄晓等4位专家在模型制作的科学性与艺术性、模型制作图纸、南方私家园林的布局、建筑比例关系、模型制作工艺以及搜集文献资料等6个方面发表意见，形成统一意见。

（滕 元）

【园博馆对《文物多媒体信息数据库》项目课题进行验收】 6月9日，园博馆召开专题会议，对《文物多媒体信息数据库》项目课题进行验收。该项目旨在丰富园博馆及北京市公园管理中心所属单位的文物数字信息，完善文物统计工作的信息建设，进一步提高文物数字化管理水平，于2014年1月立项，2014年4月通过公开招投标，确定北京古韵名园文化传媒有限公司为该项目的实施单位。2014年6月，项目通过3D数字扫描、高清数字贴图、高清数码摄影等多种科技手段、技术，全方位、高精度地采集了中心所属颐和园、天坛、园博馆三家单位的精品文物共计701件（套），其中颐和园文物351件（套）、天坛文物96件（套）、园博馆文物254件（套）。市公园管理中心服务处处长王鹏训、天坛公园园长李高、园博馆筹备办副主任程炜、颐和园文昌院副队长周尚云作为项目甲方代表参加会议。耿刘同、张济和、吕晓刚、王丽华、李华南五位专家提出了项目验收意见，并对验收后文物数据的命名、管理、后期技术保障等工作提出建议。

（滕　元）

【园博馆微电影获市公园管理中心一等奖】 8月17日，园博馆历时三个月拍摄完成的微电影《我是园博馆安检员》在市公园管理中心视频制作评比中荣获一等奖。该片以平实的视角展现了一线工作者敬业奉献、默默无闻的可贵精神。在制作拍摄的过程中，馆领导高度重视，多个部门积极配合，为宣传园博馆职工风采，凝聚发展力量提供支持。

（滕　元）

【园博馆获“服务民生　创新管理”品牌奖】 8月18日，园博馆参加中国公园协会、北京市公园管理中心、北京市园林绿化局在地坛公园举办的2015年第十届北京公园季活动，在创新评比中脱颖而出，获得“服务民生 创新管理”品牌奖。

（滕　元）

【园博馆参加全国风景园林学名词审定委员会第一次审定会】 8月23日，市公园管理中心总工程师、园博馆筹备办主任李炜民代表编写组成员单位园博馆参加全国风景园林学名词审定委员会第一次审定会。作为风景园林文化艺术名词编写部分的主要牵头单位，园博馆汇报了相关工作进展情况。会议共审定各单位提交的词条14 000余条，其中园林文化艺术方面提交词条2627条，涉及园居生活、赏石、盆景等相关内容。

（滕　元）

【余树勋捐赠稿件完成普查工作】 8月27日，园林名家余树勋家属赠予园博馆的各类油印稿3800余件（套），共计万余页藏品完成普查，普查工作按照标准严谨有序开展，依次进行标号、测量称重、完残检查及拍照处理，共采集并登记建册文物信息53 200余条。

（滕　元）

【园博馆正式实施实名参观制】 9月1日，为推进“两保”工作的有效开展，营造更加平安和谐的参观环境，减少意外事件的发生，园博馆正式启动实名制参观制度。观众凭第二代身份证验证领票；对未携带有效证件者采取影像采集与手动录入信息的方式发放入门票；团体参观由领队统一填写身份证登记表备案，同时，园博馆还为老年人、残障人士开通了快速通道。实名制制度实施首日，为保障游客游览秩序，园博馆加派安保人员积极做好观众疏导与实名制参观的解释工作，并将安检前引导岗位调整至入口闸机前，在观众刷卡入馆前告知须寄存的物品，避免因往返寄存物品引发拥堵。截止15:30闭馆，共接待游客756人次，其中持身份证领票入馆观众约占总人数的76%，老年证占6%，领票窗口秩序良好，未出现拒绝登记、投诉等现象。

（滕　元）

【园博馆获北京市中小学生社会大课堂资源单位资质】 9月10日，园博馆申报北京市中小学生社会大课堂资源单位申请获得批复，正式获得该资质。今后，园博馆将借助社会大课堂平台为市中小学生推出精彩多元的教育活动，搭建社会实践、学习成长的平台，大力推动馆内公众教育职能的良好持续发展。

（滕　元）

【园博馆历史完成文物图像采集】 9月28日，园博馆文物普查完成五类共计1700余件（套）文物的图像采集工作。采集工作历时四个月完成，根据以往工作经验，藏品保管部制订了详细严谨的拍摄方案，提前对库管人员进行专项安全教育，专人监管拍摄现场和图像质量，增设了文物专业拍摄台和辅助保护材料，实现全程专业化操作。

（滕　元）

【园博馆课题荣获2015年中国风景园林学会科技进步奖一等奖】 10月16日，园博馆与林业大学共同承担的市科委课题“园博馆展陈系统和相关技术的研究与应用”荣获2015年中国风景园林学会科技进步奖一等奖。该奖项由中国风景园林学会组织评定，旨在推动我国风景园林领域科技创新、科技进步和科技推广中做出突出贡献的组织和个人，提高科技创新能力，加快科技成果转化。“园博馆展陈系统和相关技术的研究与应用”课题于2012年4月立项，2014年验收结题，高标准完成了任务书规定的各项研究任务和考核指标，共发表17篇学术论文，获得4项国家专利授权，出版3部著作，课题相关的研究成果已经应用到园博馆的建设中，达到了很好的示范和成果推广效果。

（滕　元）

【园博馆召开“中长期战略发展规划”专家论证会】 10月20日，园博馆筹备办主任、市公园管理中心总工程师李炜民主持召开“中长期战略发展规划”专家论证会。会议推选张树林为专家组组长。园博馆相关部门负责人对“规划初稿”做简要汇报。张树林、耿刘同、张济和、崔学谙、廉国钊、哈俊、李雄7位专家逐一对发展规划提出建设性意见和建议。指出：规划内容应本着科学发展的原则，坚持特色，不断创新；要注重语言的专业性、严谨性；进一步明确近、中、远期规划目标；增加各层面的规划依据和博物馆从业人员职业道德建设的相关内容。

（滕　元）

【园博馆召开财务工作会议】 10月23日，园博馆召开财务工作会议。党委书记阚跃传达了市公园管理中心第94次主任办公会关于研究2014年部门预算执行审计情况整改报告的相关会议精神及中心党委常委会上张勇主任和郑西平书记关于财务审计工作的相关要求。园博馆财务部部长祖谦通报市审计局公布的对2014年度园博馆预算执行和其他财政收支审计结果，相关工作负责人就全面完成2015年绩效考核经济指标有关情况进行汇报。随后，园博馆相关领导分别从纪检、财务、固定资产管理及劳资等工作角度提出整改见意和落实方案。阚跃指出：要成立园博馆固定资产报废工作管理委员会，加强固定资产管理工作；从严落实财经制度，研究制作《园博馆外出工作从审批单》，加强“三公经费”的管理；加快出台财务管理工作的内控制度，保障资金安全。主任李炜民提出三点要求：一是要深入反思北京市审计局提出的问题，充分发挥法律顾问作用，严审合同，确保规范。二是要提高财务管理水平和风险防控能力，全面掌握相关政策，严格贯彻落实中心党委会议精神。三是要加强财务工作人员的培训工作，严格落实2015年财务支出进度，进一步做好2016的年预算编制工作。

（滕　元）

【市公园管理中心检查园博馆工程评优工作落实情况】 10月29日，市公园管理中心副主任高大伟带队到园博馆检查优秀工程评选工作，党委书记阚跃带领评选小组实地查看项目建设情况，园博馆相关部门负责人就儿童生态体验园及室外展区染霞山房木栈道参评项目进行汇报，中心所属各单位主管基建、绿化工作负责人及科室负责人50余人组成评选小组随行听取汇报。

（滕 元）

【园博馆夺得北京市第四届手语大赛总团体一等奖】 11月10日，经过两个多月的角逐，园博馆代表队在北京市第四届手语大赛中夺得总团体一等奖、社会系统团体一等奖和最具人气奖。北京市“安利杯”第四届手语风采大赛由市残联、首都精神文明办、市文化局等多家单位共同主办，分为初赛笔试和决赛展示两个环节，园博馆选派的7名选手发挥出色，以总分第一的成绩打败来自银行、卫生、交通、旅游等多个行业的60余家单位，夺得大赛冠军，展示了园博馆开馆两年来在服务讲解方面的实力和手语专长。兄弟单位天坛公园在赛前训练中对园博馆给予大力支持。

（滕 元）

【市科委课题“中国古典皇家园林艺术特征可视化系统研发”会议在园博馆召开】 12月4日，园博馆召开市科委课题“中国古典皇家园林艺术特征可视化系统研发”执行情况汇报会。课题合作单位北京工业大学和伟景行科技股份有限公司就各自负责部分的进展情况进行汇报，同时提出数据采集和扫描处理过程中的难点问题。副主任程炜在听取汇报后，对互动展示效果、课题创新点等方面工作提出指导建议，并对下一步研究任务进行部署。

（滕 元）

【园博馆荣获第三届北京市科普讲解比赛决赛一等奖】 12月26日，园博馆参赛选手王汝碧经过自主命题讲解、随机命题讲解、终极讲解三个环节的激烈角逐，荣获第三届北京市科普讲解比赛决赛一等奖、最佳人气奖。比赛历时三个月，充分展示了园博馆科普讲解能力，带动了园博馆讲解员整体素质的提升。

（滕 元）

馆内接待

【世界月季联合会前主席杰拉德·梅兰及海尔格·布莱切特参观园博馆】 1月10日，世界月季联合会前主席杰拉德·梅兰及海尔格·布莱切特参观园博馆并表示：园博馆是一座极具特色的博物馆，此次参观留下了深刻的印象，园博馆的设计极为新颖，不仅具有传统的展陈设计，还将实景园林纳入到整个博物馆的展陈体系中，希望还能再到园博馆参观。

（滕　元）

【北京市风景名胜区协会会长一行参观园博馆】　1月20日，北京市风景名胜区协会会长郑明存、秘书长王庆伶及协会会员单位代表一行到园博馆参观。讲解员重点为来宾介绍了馆内三座室内园林——苏州畅园、岭南余荫山房及扬州片石山房。在参观片石山房时，来宾们对三间水榭中巧妙展现出的“琴棋书画”赞叹不已，并由此了解了南北方园林在“听景”上采取的不同手法及其文化内涵。

（滕　元）

【河南省开封市副市长王载飞一行参观园博馆】　1月28日，王载飞一行7人先后参观了中国古代园林厅、中国近现代园林厅、苏州畅园、岭南余荫山房、扬州片石山房及园林互动体验厅。参观过程中，王市长对古代园林厅中利用现代科技打造的动态园林景观表示赞赏，并对近现代园林厅中“园林名家访谈”这种致敬老一辈园林人的做法给予肯定，指出：中国园林博物馆实为“美丽中国理想家园”的绝佳展现。园博馆筹备办副主任程炜及相关工作人员陪同。

（滕　元）

【贵州省博物馆馆长一行参观园博馆】　3月3日，贵州省博物馆馆长一行到园博馆参观。党委书记阚跃陪同。在讲解员的引领下，来宾先后参观了中国古代园林厅、苏州畅园、岭南余荫山房、扬州片石山房及园林互动体验厅。在参观过程中，贵州省博物馆馆长对古代园林厅中利用现代科技打造的动态园林景观十分欣赏，并对运用虚拟造园科技打造的园林互动体验厅给予很高评价。

（滕　元）

【东城区园林绿化局局长到园博馆参观指导】　4月10日，东城区园林绿化局局长梁成才一行30余人到园博馆参观。来宾先后参观了中国古代园林厅、实景园林苏州畅园、岭南余荫山房、扬州片石山房、塔影别院及半亩轩榭，并观看了4D园林影片。参观结束后，梁成才局长对园博馆丰富的展览及优美的景观给予赞赏。党委书记阚跃、副主任程炜及相关工作人员陪同。

（滕　元）

【朱自煊应邀到园博馆参观指导】　4月15日，清华大学建筑学教授、中国现代风景园林教育的“造园组”教师朱自煊应邀到中国园林博物馆参观指导工作。主任李炜民全程陪同并随行介绍园博馆总体布局、建馆历程、室内外展园和重点展品，着重讲解了中国古代园林厅及近现代园林厅的展陈特色及展陈构想。参观结束后，朱教授欣然题词“继往开来 展尽特色”，并对园博馆的建设水平给予了高度评价，他称赞中国园林博物馆是一座有生命力、将中国传统造园技法与现代科技融合紧密的现代化博物馆，既体现出了厚重的园林文化，又与现代科技相结合，展示出了中国园林独树一帜的风采。

（滕　元）

【塞舌尔植物园园长参观园博馆】　4月17日，塞舌尔共和国国家植物园园长雷蒙德·布依洛维奇先生应邀到中国园林博物馆参观。主任李炜民、党委书记阚跃陪同。李炜民向雷蒙德园长介绍了代表中国传统园林不同流派的室内外展园和中国现代城市的绿化建设成果。雷蒙德惊叹于园博馆的建设成就，为塞舌尔共和国政府在园博馆筹建期间捐赠的“国宝级”珍贵植物海椰子的展示感到荣幸。

（滕　元）

【孟兆祯、白日新到园博馆参观指导工作】 4月21日，中国工程院院士、北京林业大学教授孟兆祯和北京林业大学教授白日新到中国园林博物馆参观指导工作。主任李炜民、党委书记阚跃全程陪同，李炜民详细介绍园博馆总体规划设计理念及展线、重点藏品等具体情况。他们先后观看了主要展厅展园和重点藏品。参观结束后，孟兆祯与白日新分别题词：“人与天调 赏心悦目”“神州阆苑”。白日新对园博馆从场馆建设到运营管理表示极大的赞赏。

（滕　元）

【刘魁立到园博馆调研指导工作】 5月5日，中国社会科学院荣誉学部委员、中国民俗学会理事长、非遗专家刘魁立应邀对中国园林博物馆园林艺术申遗工作进行指导。副主任程炜介绍工作进展情况。刘魁立针对申遗过程中涉及的项目名称、项目归类等具体工作提出了建设性指导意见。园博馆筹备办相关部门负责人参加咨询与交流。

（滕　元）

【欧洲公共行政组织主席参观园博馆】 5月7日，欧洲公共行政组织主席Mr.Ongaro到园博馆参观，主任李炜民接待并陪同，Ongaro教授在园博馆观景平台远眺了室外展区，并先后参观主要展厅及重点藏品，观看了园林4D影片。

（滕　元）

【山东兖州兴隆文化园景区领导到园博馆交流】 6月6日，山东兖州兴隆文化园景区领导一行十余人到园博馆学习交流，市公园管理中心服务管理处处长王鹏训、园博馆筹备办党委书记阚跃及相关部门领导参加。园博馆各职能部门代表参加座谈并分别就新开景区的筹备与管理、4D影院运营模式及设备管理、社教活动策划等工作介绍了经验。

（滕　元）

【市中小学生社会大课堂办公室一行赴园博馆考察调研】 6月9日，市中小学生社会大课堂办公室主任高付元带队一行5人到园博馆调研，对社会大课堂资源单位申报资质进行考察，丰台区社会大课堂办公室主任刘健陪同。专家们通过实地参观、观摩体验、座谈交流等方式，详细了解园博馆社会大课堂工作流程、服务设施、活动场地、安全保障、人员接待和课程活动，市教委专家考察团对园博馆工作给予了充分肯定，并就未来青少年教育课程开发设计等提出指导性意见。通过此次市级社会大课堂资源单位的申报工作，进一步完善了社会公众教育活动建设，增进与市教委系统的沟通联系，为日后园博馆宣教工作的开展奠定了良好基础。

（滕　元）

【陈有民到园博馆参观指导】 6月17日，中国著名园林教育家、园林学家、中国现代风景园林教育“造园组”创办人之一陈有民应邀到园博馆参观指导工作，重点观看了圆明园全景立雕、植物生态墙和古代园林厅、近现代园林厅、世界园林博览厅三个固定展厅，以及苏州畅园、广东余荫山房、扬州片石山房三座室内展园。陈有民教授长期从事园林植物教学工作，为中国园林绿化事业培养了大批人才，其编著的《园林树木学》至今仍为全国通用的高等教育专业教材。主任李炜民随行介绍园博馆建馆理念、特色、馆藏植物及种植布局等。陈有民称赞中国园林博物馆“展现出了园林的生命力”，并欣然为中国园林博物馆题词“萃中国园林精华之最”。

（滕　元）

【园林学院新生参观园博馆】　9月17日，北京林业大学园林学院2015级本科新生到中国园林博物馆参观学习。主任李炜民以中国园林博物馆馆长、北京林业大学80届毕业生、北京林业大学客座教授的身份对新生的到来表示欢迎，随后以《对中国园林的认识和思考》为题，分上下午两场共四个小时，从中国风景园林学科发展历程、中国古典园林发展基本特征、当代风景园林学科职责任务三个部分，为学生作专题报告。讲座结束后，学生们实地参观了圆明园立雕模型、植物生态墙、硅化木等重点展品以及室内展厅中国古代园林厅，室内展园岭南余荫山房和室外展区。本次入学培训为园博馆与北京林业大学“教学实验基地”战略合作项目之一，旨在发挥园博馆校外教育优势，普及弘扬园林文化，培育园林人才。当天有5个专业16个班级共500余名学生到馆参观。

（滕　元）

【孙大章到园博馆参观指导】　10月13日，中国建筑设计研究院顾问总建筑师孙大章到中国园林博物馆参观指导。参观当天园博馆筹备办主任李炜民随行介绍主要展厅和重点藏品，并观看“南来飞雁北归鸿——纪念徐悲鸿先生诞辰120周年特展”。孙大章教授毕业于北京清华大学建筑系，是我国著名园林教育家和园林学家，现任中国建筑设计研究院顾问总建筑师，著有《中国古建筑》《中国美术全集·宗教建筑卷》《中华文明史》等专业书籍。孙大章详细询问了园博馆的建馆经过和展陈设计体系，并对园博馆进一步丰富展陈资源，提升展陈水平提出建设性意见。

（滕　元）

【北京育才学校师生参观园博馆】　10月21日，北京育才学校走进“社会大课堂”项目近300名学生来到园博馆，参加“园林探索之旅”互动体验活动。在讲解员的带领下，学生们先后参观了主要展厅和重点藏品，活动特邀北京市园林学校两位专业老师，为学生作秋季植物景观科普讲座，教授“叶画”制作技巧，以活泼的形式让来宾感受灿烂悠久的中国园林文化。

（滕　元）

【新西兰林肯大学风景园林学院院长参观园博馆】　10月25日，新西兰林肯大学风景园林学院院长米克·阿伯特（Mick Abotte）及杰基·鲍林（Jacky Bowring）教授一行人到中国园林博物馆参观。主任李炜民、党委书记阚跃接待并全程陪同。李炜民向嘉宾介绍了圆明园全景立雕、象鸟蛋、立体生态墙、清明上河图全景立雕等重点藏品。参观结束后，米克·阿伯特来到园博馆畅神书吧了解图书室的建设运行情况并留言。

（滕　元）

【国际风景园林师联合会执行官参观园博馆】　10月26日，国际风景园林师联合会执行官本·罗伯特先生一行到园博馆参观。园博馆园林艺术研究中心主任陈进勇随行介绍主要展厅和重点藏品，并在随后的座谈中介绍了英文官方网站运行情况。来宾对园博馆室内外结合的“大园林”展览方式给予高度评价，并表示通过此次园博馆之行对中国园林有了更加深入的了解，对中国园林文化有了更多的感悟。

（滕　元）

馆内展览接待

【成都杜甫草堂博物馆馆藏名家书法木刻精品展】 1月15日，由中国园林博物馆与成都杜甫草堂博物馆联合举办的“珍楠精雕　翰墨瑰宝——成都杜甫草堂博物馆馆藏名家书法木刻精品展”在园博馆开幕。展览展出成都杜甫草堂馆藏百余件历代名人手书真迹书法木刻作品，均为珍贵楠木雕刻而成，其创作题材以杜甫诗歌为主，另有部分毛泽东诗词，真实再现了毛氏书法的骨力神韵。成都杜甫草堂博物馆副馆长王飞、北京市公园管理中心主任助理、园博馆筹备办党委书记阚跃及园博馆筹备办相关领导参加展览开幕仪式并致辞。

（滕　元）

【王同仁迎春画展】 2月8日，由中国美术家协会、中央美术学院、中央美术学院中国画学院、北京市公园管理中心、中国园林博物馆共同主办的“三阳开泰——王同仁迎春画展”在园博馆开幕。展览以中央美术学院教授、黄胄美术基金会常务理事、文化部艺术家联谊会理事王同仁教授的60余幅艺术佳作为依托，尽情展现其探索创新“以书入画、融书于画、书画并举”的技法，在焦墨人物画、水墨人物画和水墨动物画方面的成就。画展将在提供视觉享受的同时，引领观众品味金文、篆书与焦墨人物画的融合之美，赏鉴行书、草书之自然韵律与水墨人物、动物画作的浑然天成，感受意真、品贵、神远而含藏不尽的笔墨艺术境界。展览展期一个月。园博馆筹备办党委书记、市公园管理中心主任助理阚跃与王同仁教授共同为展览揭幕，园博馆筹备办副主任黄亦工接受王同仁教授捐赠的作品《高原牧歌》，并代表园博馆为王同仁教授颁发收藏证书。中国园林博物馆邀请北京皇家园林书画研究会会长刘伯郎，中国美术家协会理事、理论委员会主任、中国美术馆研究院、艺术委员会刘曦林，以及尼玛泽仁、吴休、马海方、刘玉楼、张有清等书画名家100余人参加开幕仪式。

（滕　元）

【世界最大鸟蛋科普展】 2月11日，由中国园林博物馆与北京动物园共同主办的“世界最大鸟蛋”展览开幕，展览包括“象鸟蛋科普展览”与“新生命的诞生——卵和巢的魅力”两部分，展出了园博馆馆藏“世界最大鸟蛋——象鸟蛋”以及20余种不同种类、颜色、大小的鸟蛋共计22枚。该象鸟蛋距今已有近300年的历史，长31厘米、宽23厘米、周长71厘米，科技价值和人文价值具有很强的包容性，展览现场的巨幅象鸟3D彩画互动拍照场景、彩蛋画DIY等体验活动吸引众多观众参与。北京电视台、新华社、中国新闻社等15家媒体对活动进行报道。

（滕　元）

【爱国主义教育系列之中国绘画史展】 2月13日，由中国园林博物馆与李可染画院主办、北京皇家园林书画研究会协办的爱国主义教育系列展《传承·守望》开幕，展览展期一个月，收录了自魏晋南北朝以来200余件高清晰等大小书画作品，其中展出了顾恺之、展子虔、荆关董居、李刘马夏、画皇、元六家、明四家、清初四僧、清四王以及晋、隋、唐、宋、元、明、清、近现代各朝各代名家为代表的名作，为广大观众提供了一次图形学的盛宴。

（滕　元）

【中国兰花精品展】 2月15日，由中国园林博物馆和中国插画协会共同主办的“国风雅韵·蝶舞迎春——中国兰花精品展”在园博馆开幕。以49盆荷梅、瑞梅、金荷鼎、素心兰等兰花组成“国风雅韵”展区和以600丛大花惠兰、蝴蝶兰、石斛兰等组成“蝶舞迎春”展区，生动展示了中国兰花艺术的历史沿革、产生发展和文化含义。

（滕　元）

【中国园林名胜门券大观展】 3月13日，由中国园林博物馆和北京收藏家协会联合主办的“方寸林泉——中国园林名胜门券大观展”开幕。展览分为“门券变迁”“古都京华留胜迹”“移天缩地好园林”“南国泉林朴亦真”“江山多娇寄深情”5个部分，展品来自全国各地门券收藏爱好者，从20世纪初中国最早开放的公园门票到当代制作精美、千姿百态的新门券，材质各异，形式多样，共计2000余件，趣味性地为观众展现出中国园林文化之林的一隅。该展览展期为一个半月。

（滕　元）

【奥运之旅　百年圆梦展】 3月20日，由中国园林博物馆、中国对外友好协会经济合作委员会共同主办，北京三山五园国际文化传播中心协办的“奥运之旅　百年圆梦展”在园博馆开幕，展览分为“创办奥运——世界之梦”“参加奥运——中国之梦”“举办奥运——北京之梦”“申办冬奥——未来之梦”4个部分，为观众展现自1896年希腊雅典的第一届现代奥运会至今的盛况和中国参与奥林匹克运动的历史及中国体育的强国风范。展览共展出历史上奥运珍贵展品200余件，其中包括1896年雅典的第一届现代奥运会邮票纪念章、1936年柏林夏季奥运会火炬、1896～2012年历届奥运会邮票和1911年中国与奥运会有关的最早文献等。园博馆副主任黄亦工就展览接受BTV财经《首都经济报道》采访，“奥运宝宝”家庭参与现场栏目互动。展览展期一个半月。北京收藏家协会、奥祥斋北京国际文化有限公司对展览给予大力支持。

（滕　元）

【丝绸之路风光摄影展】 4月2日，由中国风景名胜区协会主办，中国风景名胜区协会摄影专业委员会与中国园林博物馆共同协办的“丝绸之路风光摄影展——中国著名摄影家作品巡展”在园博馆开幕。展览精选中国6

位著名摄影家于云天、李少白、杨大洲、宋举浦、周梅生和谭明的72幅珍贵摄影作品，展示“丝绸之路经济带”（陕西省、甘肃省、宁夏回族自治区、青海省、新疆维吾尔自治区）的自然风光、历史古迹和民俗风貌等。

（滕　元）

【中国插花艺术展】 5月1日，由中国园林博物馆、中国插花花艺协会共同主办，北京插花艺术研究会、北京林业大学园林学院协办的“国韵华章——中国插花艺术展”在园博馆开幕，园博馆副主任黄亦工主持开幕活动。中国插花花艺协会会长刘燕、中国插花花艺资深大师王莲英女士、园博馆党委书记阚跃为展览致辞并揭幕。展览汇集数位中国插花花艺大师、国家级非物质文化遗产“传统插花”传承人以及中国插花花艺高级讲师作品，将插花艺术的传统与现代贯穿，全方位呈现中国插花艺术深厚的文化底蕴与独具特色的民族气质。

（滕　元）

【西藏园林文物展】 5月16日，由西藏自治区罗布林卡管理处、中国园林博物馆主办，北京市颐和园管理处、北京市香山公园管理处协办的“藏地瑰宝——西藏园林文物展”在园博馆开幕，展览展出藏式风情的佛像、唐卡、经书、生活物品等精品文物108件（套），体现了独特的民族艺术魅力。展览展期三个月。中央统战部七局副局长李银霞，西藏自治区文物局副局长刘世忠，北京市公园管理中心主任张勇，北京市文物局博物馆处处长哈俊等领导出席开幕式活动并共同为开幕式剪彩。张勇代表北京市公园管理中心对出席开幕式的领导和嘉宾表示热烈的欢迎，对为展览给予巨大支持的国家文物局、西藏自治区表示感谢，并希望合作双方能够以此次展览为契机，构架多领域合作平台与模式，深入贯彻和落实习近平总书记对文物保护单位加强历史文物保护的要求，为汉藏文化交流、增进民族团结做出贡献。最后，主办双方互赠藏品。

（滕　元）

【“瓷上园林——从外销瓷看中国园林的欧洲影响”贵州巡展】 5月18日，中国园林博物馆“瓷上园林——从外销瓷看中国园林的欧洲影响”展在贵州省博物馆开幕，展出明清两代外销瓷盘、茶壶、纹式瓶等珍贵展品120件，为园博馆外出巡展和联合办展相关工作积累了经验，也使更多观众了解认识了园博馆和园林文化。

（滕　元）

【园博馆开放两周年推三大临展】 5月18日，是第39“国际博物馆日”，恰逢园博馆开放两周年，由中国园林博物馆与北京曹雪芹学会、天津市容和园林管理委员会、天津市园林规划设计院、古陶文明博物馆等单位合办的“《红楼梦》与中国园林”“低碳园林 创意生活”和“道在瓦砾——一个博物馆人的逐梦旅程”三大专题展览在当天开幕。展览主题与“中国园林”紧密契合，“《红楼梦》与中国园林”展览展出林则徐手书扇面真迹、清末民初大观园版画等珍贵展品；“低碳园林 创意生活”通过与衣食住行密切相关的环保作品展示“低碳园林”理念；“道在瓦砾——一个博物馆人的逐梦旅程”则跟随路东之先生的足迹感受500余件瓦当、画像砖、封泥背后的故事和一个博物馆人追梦的旅程。天津市市容和园林管理委员会副主任潘志忠、北京曹雪芹学会秘书长李明新、古陶文明博物馆馆长董瑞为展览致辞并与北京市公园管理中心党委书记郑西平、北京市公园管理中心总工、园博馆筹备办主任李炜民，中国风景园林学会常务副理事长兼秘书长陈重、中国博物馆协会文学专业委员会秘书长傅光明同为开幕式剪彩。

（滕 元）

【北京园林写生精品展】 6月20日，由李可染画院主办，中国园林博物馆、北京皇家园林书画研究会协办的“北京园林写生精品展”在临三展厅开幕。展览精选了李可染画院的80余幅精品画作，内容涉及北京颐和园、北海公园、天坛公园、陶然亭公园、苏州拙政园、无锡梅园等多种园林景观，系统展示了当前国内美术院校的教学成果和当代中青年画家的绘画艺术水平。园博馆筹备办主任、市公园管理中心总工程师李炜民，园博馆筹备办党委书记、市公园管理中心主任助理阚跃，李可染画院院长李庚，李可染画院副院长姚鸣京、北京皇家园林书画研究会会长刘伯郎致辞。李庚向园博馆捐赠画作《古园林图》。展览展期一个月。

（滕 元）

【清前期文物精品展】 7月8日，园博馆“盛京珍赏——清前期文物精品展”开幕。展览由中国园林博物馆、沈阳故宫博物馆主办，辽阳博物馆、清永陵文物管理所协办，共展出瓷器、陶器、兵器、盔甲、佛像等清前期珍贵文物122件（套），从满族崛起、清初武备、宫廷生活和宗教祭祀等方面介绍了清前历史时期的政治、军事、宫廷生活习俗以及宗教信仰等内容，展览展期一个月。开幕活动中，园博馆筹备办党委书记、市公园管理中心主任助理阚跃，沈阳故宫博物院院长白文煜致开幕词，并与北京市公园管理中心副主任高大伟、沈阳故宫博物院副院长李声能共同为展览揭幕。

（滕 元）

【中国园林书画展】 8月1日，“中国园林书画展”在园博馆开幕。由中国园林博物馆、李可染画院、北京皇家园林书画研究会共同主办的“中国园林书画展”开幕。园博馆副主任黄亦工主持开幕仪式，党委书记阚跃与李可染画院执行院长李庚共同为展览揭幕。展览展出50余幅中国近现代和当代美术家的园林题材画作，从不同角度展示了中国园林之美。画家孙佩杰先生在开幕式上向园博馆捐赠《知春图》。中央美术学院教授、著名画家王同仁先生，中国国家画院研究员、京都造型艺术大学教授、李可染纪念博物馆馆长李珠女士等百余嘉宾参加开幕活动。展览展期22天。

（滕 元）

【外销瓷巡展】 8月18日，中国园林博物馆“瓷上园林——从外销瓷看中国园林的欧洲影响”开启全国巡展第三站，在云南省普洱市博物馆正式开幕。该展览是园博馆与普洱市博物馆的首次联合办展，也是外销瓷系列馆藏文物继长春伪满皇宫博物馆、贵州省博物馆全国巡展的第三站。展览精选了园博馆外销瓷文物120件（套），系统而全面地展示中国明清外销瓷的输出及17世纪中叶至19世纪欧洲的仿制瓷器。开幕当天，普洱市文化体育局副局长张兆伦，园博馆筹备办党委书记、市公园管理中心主任助理阚跃，红河州博物馆副馆长汪力，玉溪博物馆及普洱市各委、办、局领导出席开幕式并致辞。展览展期两个月。

（滕　元）

【中国与世界反法西斯战争胜利70周年特展】 9月1日，为纪念抗日战争既世界反法西斯战争胜利70周年，更好地传播抗战史知识，弘扬伟大的抗战精神，凸显中国在世界反法西斯战争中的重要地位和作用，中国园林博物馆与中国人民抗日战争纪念馆联合举办“抗日胜利　伟大贡献——中国与世界反法西斯战争胜利70周年特展”，展览展出照片267幅，介绍了世界反法西斯战争期间，中国军民坚持持久抗战，为争取世界和平做出的伟大贡献。展览展期一个月。

（滕　元）

【纪念抗战胜利70周年币章展】 9月25日，园博馆“铭刻历史，共铸和平”——纪念抗战胜利70周年币章展开幕。展览展出自1943年以来，世界48个国家和地区发行的约300枚第二次世界大战主题纪念币章，通过展现中国人民艰苦卓绝的抗战历程以及世界反法西斯战争的胜利成果，传播和平、合作、发展的理念。展览展期半个月。

（滕　元）

【纪念徐悲鸿先生诞辰120周年特展】 9月26日，由徐悲鸿纪念馆与中国园林博物馆共同主办，北京皇家园林书画研究会协办，北京仁域盛吉文化传播有限公司承办的“南来飞雁北归鸿——纪念徐悲鸿先生诞辰120周年特展”隆重开幕。展览甄选出的52件徐悲鸿国画、油画、素描及水彩真迹均为殿堂级画作，其中，《船夫》《箫声》《漓江春雨》《新生命活跃起来》《白梅通景》等经典画作，均出自北京徐悲鸿纪念馆，为徐悲鸿画作在国内的首次大规模集中展示。园博馆筹备办党委书记阚跃主持开幕仪式，中国人民大学徐悲鸿艺术研究院院长徐庆平、北京市文物局副局长于萍、市公园管理中心主任张勇致辞。徐庆平向园博馆捐赠本人作品《银杏树》，园博馆回赠了廖静文先生于2014年到访园博馆的影像资料。同日，“徐悲鸿艺术中的人文情怀——纪念徐悲鸿诞辰120周年研讨会”在园博馆举行。原北京市公园管理中心党委书记郑秉军，市公园管理中心总工程师、园博馆筹备办主任李炜民、中央电视台书画院院长赵立凡、北京皇家园林书画研究会会长刘伯郎以及著名画家王同仁、刘曦林、傅以新、郭石夫、孟庆占等出席活动。展览展期一个月。

（滕　元）

【美国景观之路——奥姆斯特德设计理论展】 11月2日，“美国景观之路——奥姆斯特德设计理论展”在园博馆开幕。展览由中国园林博物馆与美国奥姆斯特德联合举办，系统展示了奥姆斯特德近300余件在美国城市公园、城市绿道、国家公园、校园景观和居住环境五个典型方面的代表性作品，甄选了来自奥姆斯特德博物馆的珍贵老照片、图纸等10余件珍藏文物。同时，配合场景还原、影音图像、沙盘模型等多种展示手法，全面展示了美国园林规划设计的杰出成就。此外，展览中将看到“翡翠项链”、纽约州水牛城、富兰克林公园等多个代表作品的设计手稿，展览特别还原了当年奥姆斯特德的工作场景：画图工具、案头图纸、著作及参考书籍等远渡重洋珍贵原件。园博馆筹备办党委书记阚跃，中国风景园林学会常务副理事长陈重，北京市公园管理中心主任助理、服务处处长王鹏训，北京林业大学园林学院院长李雄，易兰规划设计有限公司副总裁唐艳红分别进行致辞。唐艳红向园博馆转赠奥姆斯特德博物馆所捐书籍。原国家住房与城乡建设部部长、全国人大环资委主任汪光焘，中国风景园林学会理事长陈晓丽，北京市公园管理中心主任张勇，中国风景园林学会副理事长、华中农业大学副校长高翅，北京市公园管理中心总工程师、园博馆筹备办主任李炜民以及来自北京林业大学园林学院百余名在校学生参加开幕仪式。汪光焘高度赞扬园博馆临展水平，对中国园林博物馆的未来发展提出希望。

（滕　元）

【中国亭文化展】 11月18日，由中国园林博物馆主办、陶然亭公园管理处协办的“中国亭文化展”在园博馆开幕。展览从亭史渊流、亭式营造、亭园治景、亭记意蕴四个部分介绍了我国古代亭文化的历史渊源、形式构造和建筑美学等内容，全面反映了亭文化的内涵和外延，包括陶亭、汉代画像砖、古籍、团扇等一系列反映中国亭文化的实物展品。展览展期25天。

（滕　元）

【河南博物院古代建筑明器展】 11月18日，由中国园林博物馆、河南博物院主办，焦作市博物馆协办的“中国屋檐下——河南博物院古代建筑明器展”开幕。展览分为“历代建筑史话”“汉代建筑明器”两部分，展出河南博物院珍藏的百余件（套）历代建筑明器，其中一级文物16件（套），展品时间跨度长达3000年，门类齐全，内容丰富，展现了中国古代的庄园、豪宅、高楼、四合院、仓楼、戏楼、水榭、寺庙、厨房、水井、人物、动物以及歌舞杂技和生活的场景。展览展期两个月。

（滕　元）

【书法长卷《园博馆赋》亮相园博馆】 11月24日，著名书法家卢少伟书写的30米长卷《园博馆赋》书法作品完成装裱，正式亮相园博馆，该作品悬挂于园博馆一层固展一厅外硅化木展品上方，气势恢宏，记述了园博馆筹建过程和主要特点，是卢少伟先生为园博馆独立运行两周年捐赠藏品。

（滕　元）

【中国风景园林学会优秀规划设计获奖作品展】 12月20日，由中国园林博物馆和中国风景名胜区学会联合举办的“中国风景园林学会优秀规划设计获奖作品展”在园博馆开幕。展览共展出91件获奖作品，全面介绍了近年来风景园林行业取得的重要成果。展览展期为一个月。

（滕　元）

【第二届中国园林摄影大展】 12月26日，第二届中国园林摄影大展在园博馆开幕。展览由中国园林博物馆和大众摄影杂志社主办，中国风景名胜区协会摄影专业委员会协办。展览征稿历时半年，共收到投稿作品36 000千余件，共评出获奖作品145件，展出作品从不同视角充分展示了中国园林之美，为传播中国园林艺术，增进园林摄影爱好者交流发挥良好作用。展览展期为一个月。

（滕　元）

馆内活动

【园博馆推出多项活动喜迎元旦】 元旦期间，推出儿童故事剧、园林雅集、木版年画体验等以“爱我中华古典园林·学我中华灿烂文化”为主题的新年活动共计30场次，通过少儿舞台剧展演、苏州评弹表演和观众亲自参与书写“九九消寒图”等宣传园林文化，千余人参与活动，北京电视台等十余家平面、电台、电视媒体对活动进行现场报道。

（滕　元）

【园博馆举办多项活动喜迎羊年春节】 2月18～24日，园博馆推出多项活动为羊年春节添吉庆。一是邀请北京师范大学赵欣如教授、北京动物园杨毅到馆举行四场科普讲座，实地为观众讲解象鸟蛋科普知识，并通过有奖问答、壳雕技艺展示、动手画蛋壳画等体验活动全方位向观众传播生态文明建设、人与自然和谐相处的理念。二是开展“指尖上的假期——非遗民俗展示系列体验活动”，向观众展示木板年画拓印、漆雕、内画壶等传统技艺。三是向观众送福字、挂祈福牌及赠送羊年明信片。同时，还以“春节乐享园博馆 科普使者伴您游”为主题，开展了为期6天的园博馆科普特色义务讲解服务。春节期间，园博馆组织活动124场次，有4000多名观众参与活动；发放游客满意度调查问卷450份，观众满意度达100%。北京电视台、北京广播电台、《北京日报》《北京晚报》《中国文化报》《中国艺术报》《光明日报》等34家媒体对春节展览及活动进行采访报道。

（滕　元）

【园博馆举办庆祝“三八”国际劳动妇女节系列活动】 3月7～8日，园博馆举办“三八”国际劳动妇女节系列活动。活动以“美丽女人节——芳香植物的生活美学”为主题，邀请中国非物质文化遗产药香手工制作技艺第四代代表性传承人和植物芳香自然疗法讲师，举办四场沙龙，现场展示药香制作工艺。观众参与踊跃，通过亲手制作避瘟丹和澡豆，了解和认识芳香植物的养生功效。《北京晨报》《中国花卉报》记者对活动进行现场报道。

（滕　元）

【吴良镛先生为中国园林博物馆题字】 3月16日，中国科学院院士、中国工程院院士、人居环境科学创建者、中国风景园林学科创始人吴良镛先生为中国园林博物馆“园林文化大讲堂”活动题字。“园林文化大讲堂”是园博馆开办的系列讲座，开办一年来，致力于传播生态文明理念、传承弘扬博大精深的园林文化知识，积极拓展园博馆科研及教育功能、扩大社科宣传效果，得到各领域著名专家学者的密切关注和大力支持。故宫博物院院长单霁翔、观复博物馆馆长马未都、中国风景园林学会副理事长、华中农业大学副校长高翅等专家学者先后进行讲座。吴良镛院士在园博馆开放两周年之际献出墨宝再次为大讲堂活动添彩助力。

（滕　元）

【“园林文化大讲堂”开启年度第一讲】 4月2日，中国博物馆协会副理事长、上海市人大常委及教科文卫委员会副主任委员、原上海市文物管理委员会副主任、原上海博物馆馆长陈燮君赴园博馆作“大数据时代的园林文化”主题讲座，以跳出“园林”看“园林”的独特视角，对大数据时代来临的背景下“园林人”应如何应用新的思维方式、新的方法论以及人的主观能动性的力量去开创园林行业的新领域的问题进行了阐述。陈燮君在活动之余为“园林文化大讲堂”题词，并以给予园博馆“造园与养景相融，自然与人文相兼”和“园林人文，气象万千”的高度评价。园博馆筹备办主任、市公园管理中心总工程师李炜民，市公园管理中心各处室、中心所属单位代表，园博馆筹备办全体工作人员及部分到馆游客共300余人参加讲座。

（滕　元）

【园博馆推出清明小长假系列活动】 清明节期间，园博馆开展“诵中华经典 品传统文化”“品一叶春茶 悟大美园林”“清风送温暖 蓝天舞纸鸢”三项活动迎接春游观众，同时发出“播种绿色种子 践行低碳承诺”主题的植绿播种倡议，观众可以通过签名留言的方式申领盆栽花种，为实践低碳绿色的生态环境出一份力。园博馆清明节期间共接待游人12 866人次，提供便民服务596人次，发放宣传资料278份，有12家主流媒体受邀到馆对清明文化活动进行报道。

（滕　元）

【园博馆举行迎“五一”联谊笔会】 4月22日，由北京市皇家园林书画研究会和北京市海淀书法家协会主办，中国园林博物馆协办的迎“五一”联谊笔会在园博馆举办。原中国书协理事、北京书协顾问、海淀书协名誉主席张书范，中国书协隶书委员会会员、海淀书协主席周持，海淀书协副主席白兆贤，海淀书协副秘书长孟希泉，北京市皇家园林书画研究会会长刘伯郎，中国园林博物馆领导等40余名书法家出席本次活动。张书范、周持、白兆贤、何耀军、孟溪泉等现场挥毫泼墨，历经两个小时创作，为园博馆奉献22幅墨宝。

（滕　元）

【园博馆举办世界读书日主题活动】 4月23日，园博馆在“畅神书吧”对观众开展以引导培养良好阅读习惯，全面提高人文素养为目的的读书活动，众多读者获得精美竹制压花书签作为留念，并在茶香四溢的优雅环境中体验了阅读的乐趣。

（滕　元）

【园博馆举办母亲节主题插花活动】 5月9～10日，园博馆推出母亲节主题插画活动，将园林科普与弘扬园林传统非遗插花技艺结合，组织观众以代表“母爱”花语的花材制作插花作品，百余名观众报名参加。《法制晚报》《北京晨报》《中国花卉报》等10家媒体记者现场拍摄报道。

（滕　元）

【园博馆举办第一届京西御稻插秧活动】 5月16日，园博馆第一届京西御稻插秧活动在新建成的室外儿童生态体验园举行。该体验园历时两月完成改造工程，总占地面积1600平方米，其中生态种植体验区125平方米，水稻种植区540平方米。来自20余个家庭的40多名观众参与了当天的“感悟园林农耕文化·体验京西御稻插秧”体验活动，共插穴盘苗40盘，12000颗苗。北京电视台《都市晚高峰》和《首都经济报道》对这项活动进行了播报。

（滕　元）

【孟兆祯院士主讲园博馆文化大讲堂】 5月17日，中国园林博物馆邀请中国工程院院士、北京林业大学教授孟兆祯先生以《中国园林艺术的门道》为题作2015年园林文化大讲堂第二讲，以额题、楹联、摩崖石刻等元素为观众解读中国园林“虽由人作宛自天开”“片山有致片石生情”的艺术境界，并现场为“园林大讲堂”金匾揭幕。

（滕　元）

【北京华藏图书馆馆长赴园博馆作主题讲座】 5月17日，北京华藏图书馆馆长黄汉礼应邀作《活学传统文化　创造美好生活》国学经典沙龙讲座，以国学经典《论语》为切入点揭示园林文化中的儒家思想和美学。

（滕　元）

【园博馆推出庆六一系列活动】 5月30日，园博馆推出包括“低碳生活创意植物立体画创作”“探古寻今·古陶文化体验之旅”“童心绘童话·儿童书画展”等“科普乐园庆六一”主题活动，邀请专业园林设计师、陶艺技师和园博馆宣教辅导员、志愿者一起组织开展活动共计21场次，活动获得社会好评和热情参与，共有240组家庭近800余人参与。《人民日报》《北京日报》《北京青年报》《劳动午报》《法制晚报》《新京报》等7家媒体对活动进行报道。

（滕　元）

【园博馆走进长辛店中心小学】 6月2日，园博馆作为丰台区长辛店中心小学合作单位，走进校园参加“艺彩纷呈嘉年华”校园艺术节，参与中国传统插花、茶艺等课外辅导展示活动，获得区教委和校方领导的高度赞誉，此类活动为推动园博馆社会教育和宣教科普工作起到重要作用，为积累馆校合作经验做出有益探索。

（滕　元）

【园博馆举办“中国文化遗产日”系列活动】 6月13日，园博馆推出“中国文化遗产日”系列文化活动，《世界文化遗产之园林系列》《30项非遗文化代表作，中国走向世界之最》专题展板在园博馆室内园和部分展厅向公众进行科普展示。中国非遗传人应邀到场作中国传统剪纸、中国结、内画壶、毛猴等民俗文化讲座。活动两天共开设16场次，300多名观众参与现场体验活动。

（滕　元）

【园博馆开展迎端午活动】 6月19日，干部职工和物业公司代表20余人到食堂包粽子，迎接端午节到来，让大家在亲自体验包粽子乐趣的同时感受浓浓的传统文化氛围。活动现场洋溢着欢声笑语。大家围坐在一起，品尝亲手制作的粽子。副主任黄亦工、程炜，副书记薛津玲代表领导班子将煮好的粽子分送给一线工作者，给每一位职工送上节日慰问品。

（滕　元）

【园博馆召开汉藏园林文化研讨会】 6月19日，来自罗布林卡管理处、中国科学院民族与人类学研究所、中国藏语系高级佛学院、布达拉宫管理处、中国藏学博物馆、西藏博物馆、颐和园、香山公园、北海公园等9家单位的领导、专家参加了在园博馆召开的汉藏园林文化研讨会。党委书记阚跃，罗布林卡管理处书记喻春杏，原中国科学院民族与人类学研究所书记揣振宇，中国藏语系高级佛学院常务副院长王长鱼致辞，与会来宾围绕西藏本土佛教、汉地佛教以及汉藏佛教文化交流融合等重点内容发言。

（滕　元）

【园博馆举办“民办博物馆可持续发展”论坛】 6月20日，由中国园林博物馆和古陶文明博物馆联合举办的“民办博物馆可持续发展”论坛在中国园林博物馆召开。北京博物馆学会秘书长崔学谙主持。园博馆筹备办主任、市公园管理中心总工程师李炜民作《给路东之先生的一封信》专题发言，表达了对民办古陶文明博物馆原馆长路东之先生的怀念和对博物馆未来事业发展的信心。中国博物馆协会副理事长兼秘书长、国际博物馆协会执行委员会委员安来顺、南京大学、西安美术学院教授周晓陆等学者也先后发言。来自国家博物馆、首都博物馆、北京大学、南京大学等30余家单位的百余负责人和专家参加论坛。

（滕　元）

【“园林探索之旅”吸引丰台区师生】 7月7日，丰台区第十二中学400余名师生到园博馆体验“园林探索之旅”活动。该活动充分发挥了园博馆校外“第二课堂”的教育职能，紧紧围绕学生团体特点，设计了涵盖展厅及展园的多条精华路线，以满足青少年学生求知、求乐、求解的参观需求为侧重点。活动获得师生们的高度评价，双方通过良好的交流互动对进一步深化合作打下基础。

（滕　元）

【园博馆举办《北海今昔》文化公益讲座】 7月18日，由园博馆与北京市社会科学联合会（以下简称社科联）的颐和园学会联合举办的《北海今昔》文化公益讲座在园博馆举行。景山公园研究室主任、副研究员张富强应邀主讲，以丰富详实的图片和历史资料，为观众展现了北海公园这一宫苑园林独特的建筑及景观形态。百余观众到场。

（滕　元）

【园博馆首期“园林小讲师”培训班圆满收官】 7月25日，为期五天的园博馆“园林小讲师”暑期儿童培训班结束，来自社会多所学校的十多名小学员参与培训，完成了园林启蒙、园林素养、园林历史、园林科普和园林故事五大课堂的学习，获得“园林小讲师”初级资格证，该活动是园博馆发挥科普教育基地功能的重要体现，是园博馆特色教育活动的主打品牌之一，活动受到很高的社会赞誉。

（滕　元）

【园博馆暑期夏令营开幕】 7月28日，为期三天的园博馆“园林艺术夏令营”第一期“琴音雅韵”在园博馆片石山房开幕，有12名儿童参加了活动。活动邀请中国民族器乐学会常务理事赵国强老师授课，通过初始古琴、 指法手势、练习名曲 、名曲展示四方面教授小朋友有关古琴的相关知识和技术要领。学生和家长热情参与，活动第二、第三期于8月陆续开展，将琴、棋、书、画等传统文化元素融入园林艺术，为深入挖掘园林文化内涵，弘扬祖国优秀传统文化，打造园博馆独具园林艺术特色的品牌教育活动打下了基础。

（滕　元）

【园博馆举办《山居仙境》公益文化讲座】 9月19日，由园博馆与社科联的颐和园学会合作举办的系列公益讲座第四讲开讲。北京史研究会理事、北京市香山公园副园长袁长平应邀作《山居仙境》公益文化讲座，以丰富详实的历史图片和文字资料，讲述了香山静宜园从相地选址到植物配置所表现的历史脉络和园林文化知识。百余观众到场。

（滕　元）

【园博馆开展“游赏科普园林·共享奥妙启迪”科普日主题活动】 9月19日，园博馆以全国科普日为契机，开展“游赏科普园林·共享奥妙启迪”科普日主题活动，举办“游赏科普园林·共享奥妙启迪”讲座。植物科普学者应邀到场以“与鸟窝对话”和“好吃的园林”为题与观众展开互动，并带领观众实地观察鸟巢。活动吸引数十个家庭参与。

（滕　元）

【园博馆多项活动迎中秋】 9月28日，中秋节期间，园博馆再次联手北京博物馆学会、中国民族器乐学会和北京乐器学会以“今宵月更圆”为主题推出中秋系列活动。“古乐雅集”为观众奉上各具地方特色的民乐乐表演；“丁笛演奏与互动体验”让观众“零距离”接触“国家发明创新金奖的民乐奇葩”——丁笛；“今宵月更圆”第二届中国园林博物馆中秋音乐晚会通过歌舞、民乐、京剧、古琴、歌曲、戏曲联唱等，为广大观众带来一场“园林与音乐”的完美盛宴。活动共吸引2200余人次参加，北京电视台、《北京日报》、中央人民广播电台等多家媒体对活动进行现场报道。

（滕　元）

【园博馆举办“山居雅集”茶文化活动】 10月8日，国庆节期间，园博馆推出“山居雅集”系列茶文化活动，通过举办“万里茶道”科普展、紫砂茶具展示、园林文化探索之旅等系列活动，向观众传播园林文化，提供节日休闲体验，共开展各类活动37场次，1200余名观众参与。增设志愿者63人，开展公益讲解及团体服务39场。

（滕　元）

【园博馆举办京西稻收割主题科普活动】 10月11日，中国园林博物馆举办“金秋十月科普游 园博馆里稻香飘”京西稻秋收科普活动。曾参与插秧体验的观众受邀再次来到活动现场，共同收获近500平方米稻田的耕种成果。活动融入科普内容，包括“京西稻科普课堂”“稻田收割”和“制作水稻标本”等环节，让观众体验营建园林生态的乐趣。北京电视台等近20家媒体对活动直播和采访拍摄。

（滕　元）

【园博馆推重阳节文化活动】 10月21日，园博馆推出“久久重阳节　浓浓敬老情”重阳节文化活动。活动分为两场，在室内展园——扬州片石山房举行，著名香文化学者潘奕辰老师现场为老年观众讲授香文化礼仪知识，并指导观众亲手制作香丸。有50多名观众参与体验。

（滕　元）

【园博馆第二届中国园林摄影展参赛作品评选揭晓】　11月4日，第二届中国园林摄影展参赛作品评选会在中国园林博物馆召开。中国摄影家协会副主席王文澜、中国风景名胜区协会摄影专业委员会主任委员宋举浦、《大众摄影》杂志社主编徐艳娟、著名摄影家杨大洲以及园博馆筹备办副主任黄亦工等专业摄影家担任评委，从33 000余件投稿作品中，评选出铜奖作品130件，银奖作品10件，金奖作品5件。获奖作品由园博馆收藏。

（滕　元）

【园博馆举办《诠释天坛》文化公益讲座】　11月8日，由园博馆与北京市社科联之颐和园学会联合举办的《诠释天坛》文化公益讲座在园博馆举行。天坛文物专家武裁军应邀主讲，通过新老照片的对比为观众展示天坛内景观建筑的园林规划布局以及祈年殿、圜丘、斋宫、牺牲所、神乐署等古建筑的造型结构、装饰彩画等，为观众展示天坛的历史发展脉络。该讲座自2015年6月份开始，园博馆持续6个月共邀请圆明园、北海公园、香山公园、天坛公园、景山公园、人大清史研究所等园林行业的六位专家学者，为广大观众从人文、历史、园林布局、园林造景等方面呈现了丰富多彩的文化盛宴，受到观众的好评。

（滕　元）

【园博馆“初中开放性科学实践活动”上线】　11月17日，园博馆“初中开放性科学实践活动”在北京市初中生综合实践活动管理平台正式上线。园博馆作为北京市首批课程上线单位，为课程开展安排了合理的场地、充足的师资、完备的方案和齐全的实验设备，以馆内基本陈列、实景展园为切入点，结合初中阶段物理、生物、化学等课程内容，研发了《植物生态墙》和《秋叶为什么这样红》等7项课程。课程上线后，共收到606人共计17批次课程预定。此活动为园博馆中学生社会大课堂工作的进一步迈进，旨在以更加严谨的科学实践将园林文化传播出去。

（滕　元）

【园博馆举办独立运行两周年纪念活动】　11月18日，园博馆推出独立运行两周年纪念活动。园博馆与北方工业大学、中国人民大学清史所签署战略合作协议并揭牌，“中国屋檐下——河南博物院古代建筑明器展”开幕，随后启动捐赠仪式，原北京市园林古建设计研究院院长、总工程师金柏苓向园博馆捐赠画作《清漪园后山图》、企业代表捐赠清代木雕彩绘狮子构件一对。同日，天津大学建筑学教授王其亨以《古都北京园林建设手法》为题作“园林文化大讲堂”专题讲座。市公园管理中心副主任王忠海，科技处处长李铁成，园博馆筹备办主任、北京市公园管理中心总工程师李炜民，中国人民大学历史学院院长、清代皇家园林研究中心主任黄兴涛教授，北方工业大学建筑与艺术学院院长贾东以及来自市公园管理中心所属各单位代表和三所高校的师生出席活动。北京电视台、《北京晚报》《北京日报》等媒体进行现场报道。

（滕　元）

【王其亨主讲园林文化大讲堂】 11月18日，“园林文化大讲堂”开设《平地起蓬瀛，城市而林壑——古都北京的园林建设》专题讲座。天津大学建筑系博士生导师、中国研究建筑风水理论著名专家王其亨应邀主讲，凭借多年对古建筑测绘研究、明清皇家陵寝研究、皇家园林研究、古代建筑图学及传统建筑设计理论研究等方面的工作经验，与在场的专家学者一同分享北京古都的园林建筑之美。

（滕　元）

【园博馆参加中国公园协会第四届第二次理事会】 11月18日，中国园林博物馆作为副会长单位参加中国公园协会在杭州举办的2015年年会暨第四届第二次理事会议，园博馆筹备办党委书记、中国公园协会副会长阚跃接受会长陈蓁蓁“专委会主任单位”授牌。园博馆筹备办公室何浩被评为中国公园协会2015年度优秀信息员。

（滕　元）

【园博馆举办“京津冀三地插花艺术”论坛】 11月25日，“京津冀三地插花艺术”论坛在园博馆举办，“自然至上·携手共建美好家园”主题插花展同时开幕。该展览为“京津冀一体化”合作发展战略下三城市共同举办的首次插花展，来自北京、天津、河北三省（市）的中国插花花艺大师和省市级插花艺术家共同合作完成的18组花艺作品为观众呈现“三地协同发展的工作重点之一——生态环境保护”的发展主题。与会专家在论坛中围绕“京津冀三地插花花艺事业协同发展”“中国传统插花、东方式插花流派和代表性人物之间的主题对话”主题展开交流，旨在于中国园林博物馆将花艺与园艺文化相融合，让生态艺术之花在园林山水中瑰丽绽放，共同奏响京津冀一体化协同发展的和谐乐章。北京市公园管理中心主任助理、服务管理处处长王鹏训，园博馆筹备办党委书记、市公园管理中心主任助理阚跃，中国插花花艺协会秘书长伊士强，北京插花协会会长张兰年，北京插花协会副会长李纪宁，中国插花花艺大师王绥枝，天津花卉产业协会副会长刘冬梅，天津花卉产业协会常务理事尹君，天津花卉产业协会常务理事解君，河北省花卉协会插花花艺专业委员会主任于涛，中央电视台著名节目主持人陈铎等出席活动。

（滕　元）

【园博馆开放性科学实践活动迎来首批“小小实践家”】 11月25～26日，园博馆迎来首批北京理工大学附中、人民大学附中、北京师范大学附中三所院校共计11个班级500多名师生来到园博馆，参加“开放性科学实践活动”——“园林探索之旅”和“植物生态墙”科普课程，“开放性科学实践活动”项目由市教委主办，面向全市中学生，园博馆活动上线以来预约量不断攀升。“园林探索之旅”和“植物生态墙”科普课程通过参观和实践两部分，带领学生们了解“会喝水的土”“灌溉原理”“植物墙的节电效果”等科学原理，并学习组装“保浮科乐植物循环灌溉模型”，从生物、物理科学入手，激发青少年对园林文化的热爱。

（滕　元）

【“美国景观之路与中国城镇化发展”学术

研讨会在园博馆召开】 12月6日，园博馆筹备办主任、市公园管理中心总工程师李炜民，全国风景园林专业学位研究生教育指导委员会秘书长、北京林业大学园林学院院长李雄主持召开“美国景观之路与中国城镇化发展”学术研讨会。会议由中国园林博物馆、北京林业大学园林学院主办，易兰（北京）规划设计股份有限公司协办，中国城市规划学会风景环境规划设计专业委员会、中国风景园林学会生态保护专业委员会、中国公园协会园林文化艺术专业委员会共同支持。园博馆筹备办党委书记、市公园管理中心主任助理阚跃为研讨会致欢迎辞。会议对中国居住环境以及城镇化发展等多个问题进行分析、讨论。中国工程院院士、北京林业大学教授孟兆祯总结。北京林业大学园林学院教授、中国风景园林规划设计研究中心董事杨赉丽，中国风景园林学会副理事长张树林，中国风景名胜协会副会长曹南燕等近20位专家学者出席会议。

（滕　元）

【园博馆举办“冬日雅集”活动】 12月22～27日，园博馆推出以冬至和圣诞节文化为主题的宣传活动，吸引近300名观众参与。活动灵感来源于馆藏文物——先秦“鹿纹瓦”，观众在浓厚的传统园林意境和圣诞节气氛中，通过烘焙鹿纹图案糕点了解中西方文化的共通之处，感受传统文化的时代价值。

（滕　元）

场馆建设

【园博馆开展春季植物补种】 3月12日，园博馆在室外展区塔影别苑景区补种紫荆、腊梅、丰后梅、广玉兰、西府海棠、金银木、梨树、太平花、牡丹等九大类共计20余株植物，在染霞山房景区山门处补种黄栌、金叶白蜡各2株。

（滕　元）

【园博馆儿童生态体验园改建工程竣工】 4月17日，园博馆儿童生态体验园改建工程竣工。“儿童园”位于馆前区北侧，占地2000余平方米，由绿地改造而成。该工程于2月26日开工，工程历时近3个月，体验园内建有旱地1600平方米，其中125平方米为生态种植体验区，水稻种植区500平方米。改造后的儿童生态体验园将成为市公园管理中心第一处京西稻种植展示区。

（滕　元）

【园博馆完成五一环境景观提升工程】 4月22日，园博馆五一环境景观提升工程完成。该工程共涉及三项改造：一是在馆内大厅两侧的春山、秋水景观新栽种均高1.5米的夏威夷椰子树13株，高0.8米龙血树3株，变叶木10株，黑美人50株，西洋常春藤400株，绿萝230株，也门铁7株，玻利维亚海棠、红玫瑰、粉玫瑰30株，共743株；二是为室内展园畅园、余荫山房、春山、秋水水池进行换水，保证景观效果；三是为植物生态墙景观更换绿植，包括千年木250株，太阳神500株，袖珍椰子600株，豆瓣绿250株，金边虎皮80株，共计1680株。

（滕　元）

【园博馆完成染霞山房观光木栈道修建工程】 4月30日，园博馆染霞山房观光木栈道修建工程竣工，该工程于2月26日开工，历史两月完成，旨在完善室外园景区的游览路线，为游客提供更便捷友好的游览环境。观光木栈道总长125米，中途设有观光平台两处，工程同时对栈道周边500余平方米绿地进行修整，栽植苗木665株，花卉160平方米，草坪670平方米。染霞山房木栈道的建成，完善了染霞山房的道路系统，提升了园博馆室外展区景观环境。

（齐　诺）

【园博馆移除12根高压线杆】 9月15～17日，园博馆完成室外展区高压线杆拆移工程。工程前期经与园博园、长辛店水站等单位共同协调，研究确定工程实施方案，将位于园博馆塔影别苑西墙和扇面亭前两处12根高压电线杆、3台变压器、8台配电箱、4档500多米电线、4组电杆拉线、3套杆上成套设备进行安全拆除并移出。该工程的完成解决了长期困扰园博馆游览环境和游客安全的问题，极大提升了园博馆室外园的整体景观效果。

（滕　元）

【园博馆水体改造工程竣工】 9月30日，园博馆水体改造工程竣工。工程于8月5日开工，改造后的水体净化设备每天循环处理3次，处理水量为每8小时260立方米，净化工程通过在地下室水处理机房加装循环过滤设备，利用物理过滤以及生物过滤的综合治理方法解决了室内展园岭南园、苏州园和扬州园无循环过滤导致的水体快速恶化，造成水资源浪费的问题。水体达到净化水质的目的。

（滕　元）

对外宣传

【园博馆筹备办正式入驻中国公园网】 1月5日，中国公园网作为中国公园协会对外宣传的窗口，也是协会会员单位参与活动、了解行业动态、相互交流的一个重要平台。园博馆作为市公园管理中心新的所属单位于近期正式申请入驻，并获得批准。今后中国公园网将定期更新园博馆信息，使广大市民进一步了解园博馆最新动态。

（滕　元）

【园博馆对“成都杜甫草堂博物馆馆藏名家书法木刻精品展”新展进行集中宣传】 1月26日，园博馆邀《中国文化报》《人民政协报》《北京晨报》和新华社等主流媒体对园博馆新展——“成都杜甫草堂博物馆馆藏名家书法木刻精品展”进行集中报道并刊发新闻通稿，同时研究素材，挖掘亮点，通过园博馆官网、微信平台、市公园管理中心官方微博等自媒体渠道发布相关消息，扩大宣传效果，增加阅读点击数量。

（滕　元）

【北京电视台录制“逛遍京城寻春色”园博馆专题节目】　3月6日，北京电视台体育频道《快乐健身一箩筐》到园博馆拍摄。节目通过主持人健身行走的形式带领观众在园博馆中寻找“春天之美”，重点展示了园博馆室内展园和室外展区，将特色造园手法、山石、动物及植物等园林小品穿插在节目中进行介绍。

（滕　元）

【园博馆配合国家文物局拍摄宣传片】　4月25日，国家文物局2015年国际博物馆日主题宣传片在园博馆取景拍摄，宣传片以“博物馆致力于社会的可持续发展”为主题，对园博馆室内外展园以及对垂直绿化景观生态墙、硅化木巨型化石、胡杨木等景点园林小品进行重点拍摄，力求展现园博馆丰富而多元的陈展内容和“人类理想家园”的建馆理念。该片将于国际博物馆日期间，在国家文物局活动主会场现场及广大公众媒体播放。

（滕　元）

【陈有民做客《园林名家访谈录》】　7月2日，中国园林博物馆《园林名家访谈录》拍摄陈有民专辑。作为中国现代风景园林教育“造园组”创办人之一的陈有民，在访谈中回忆了造园组的初步创建、办学发展历程，并从自己多年教学体会出发畅谈园林教育发展。陈有民教授是我国著名园林教育家和园林学家，长期从事园林植物教学工作，为中国园林绿化事业培养了大批人才，其编著的《园林树木学》至今仍为全国通用的高等教育专业教材。 园林名家访谈开始于园博馆筹建期间，至今持续开展，已拍摄采访了28位园林名家。

（滕　元）

人员培训

【园博馆举办“申评国家4A级旅游景区”专题讲座】　1月27日，园博馆面向全体干部职工开展“申评国家4A级旅游景区”专题讲座，党委书记、市公园管理中心主任助理阚跃通报了2014年度市公园管理中心总体绩效考评规则及2014年度园博馆游客满意度调查报告，并结合实际工作，从“新常态下的景区发展”“旅游景区质量等级划分与评定”“旅游景区安全管理与突发事件应急处置”三方面剖析了园博馆申评4A级景区的优势和重点改进项目，对园博馆全面申报4A级景区所涉及的基础设施改造、周边资源整合、技能和服务培训等内容进行了动员和部署。园博馆筹备办全体工作人员参加会议。

（滕　元）

【园博馆开展讲解员技能考核】　3月18日，根据年度讲解员培训计划，园博馆藏品部、展陈部、园艺研究中心等主要业务部门负责人组成评审小组，针对固定展厅重点内容开展专题精讲讲解技能评比活动。十余名讲解员参与考核，分别以《园林中的立体画卷——浮雕砖》《幽居何处——中国古代文人的诗化人生与理想栖所》及《山水画与中国古典园林》等主题进行了讲解展示，从仪容仪表、语音语调、态势语言、讲解内容、专题设计及讲解技巧等方面展现了园博馆讲解员的综合素质，在比、学、赶、帮、超的良好氛围中增强了团队凝聚力，提升了讲解员的业务水平。

（滕　元）

【园博馆开展《博物馆条例》学习座谈】　3月20日，党委书记阚跃组织园博馆全体人员和物业公司代表对《博物馆条例》进行学习座谈，副主任黄亦工详细解读《条例》内容。阚跃结合园博馆实际工作提出要求：一是要对照《国家一级博物馆标准》思考园博馆发展，有目的性的开展学习；二是树立“法治”观念，做到懂法、守法、用法，切实把各项工作纳入法制化轨道；三是全体人员应树立主人翁责任意识，形成全员参与管理的大格局，全面提升园博馆形象及管理能力。

（滕　元）

【园博馆对职工开展非紧急救助培训讲座】　4月14日，为进一步强化非紧急救助服务工作机制，园博馆邀请海淀律师事务所的法律顾问和颐和园管理科负责人对职工和物业公司相关人员作非紧急救助工作法律和业务知识培训。以真实案例重点解读了博物馆如何通过法律手段有效维护自身合法权益等相关知识。党委书记阚跃参加培训活动。

（滕　元）

【园博馆组织开展职工拓展训练】　7月20日，园博馆对职工开展以“凝聚你我，共赢未来”为主题的第二期员工拓展训练。活动由破冰起航、CS竞技和撕名牌大战等环节组成，让职工在活动中体验团队精神，提升团队归属感、荣誉感，在活动中释放激情，激励斗志，增强团队凝聚力，挑战意志力。园博馆各部门职工以及部分社会化用工人员共40余人参加了训练。

（滕　元）

党群工作

【园博馆召开2014年度民主生活会】　2月9日，民主生活会按照中心组织处要求，分两个阶段进行。第一阶段，由党委书记阚跃代表领导班子向与会人员通报教育实践活动整改方案落实情况，并进行领导班子对照检查发言。第二阶段，领导班子成员阚跃、黄亦工、程炜、薛津玲、李晓光、陶涛同志依次作个人对照检查发言，与会同志对领导班子成员逐一开展批评。主任李炜民提出要求。中心组织人事处处长苏爱军出席。

（滕　元）

【园博馆召开人事任命会】 3月2日，园博馆召开人事任命会议。市公园管理中心组织人事处调研员刘国栋宣读了《关于薛津玲任中共中国园林博物馆党委副书记、杨秀娟同志任中国园林博物馆宣传教育部部长的通知》。随后，市公园管理中心主任助理、园博馆筹备办党委书记阚跃，中心总工程师、园博馆筹备办主任李炜民向新任职两位同志表示祝贺。市公园管理中心党委副书记杨月代表中心党委对园博馆领导班子提出要求。

（滕　元）

【园博馆召开2015年第一次党委理论中心组学习（扩大）会】 3月9日，园博馆党委召开了理论中心组学习会，传达了市公园管理中心行政工作会议和安全会议精神，重点学习“三重一大”事项集体决策实施办法、中心党委关于贯彻落实党风廉政建设责任制实施办法、《光明日报》摘要“论县委书记”、人民网《习近平谈政治规矩，剑指官场四种灰色心态》和《博物馆条例》等内容，通报了《关于机关事业单位县处级女干部和具有高级职称的女性专业技术人员退休年龄问题的通知》。党委书记阚跃提出要求。主任李炜民以及领导班子全体成员参加会议。

（滕　元）

【园博馆对处级领导进行年度测评】 3月13日，市公园管理中心组织人事处对园博馆6名处级领导做2014年年度测评。党委书记阚跃作个人述职、述德、述廉报告。党委副书记薛津玲代表园博馆党委作2014年度园博馆科级干部选拔任用“一报告两评议”专题报告。园博馆14名中层干部和20名党员群众代表参加测评，并对新选拔任用的3名正科级干部进行评议。

（滕　元）

【园博馆开展“三严三实”专题党课第一讲】 6月8日，党委书记阚跃作“三严三实”专题讲座，通过解读《论语》《孟子》《大学》《周易》和《弟子规》等古籍经典，讲述古人在修身、用权、律己方面的真知灼见和共产党人谋事、创业、做人的精神，帮助党员干部、青年职工深刻理解“三严三实”内在含义，并提出要求。园博馆全体党员、预备党员、入党积极分子参加。

（滕　元）

【园博馆开展“三严三实”党课第二讲】 6月10日，副主任黄亦工作“严”字当头，“实”字为本“三严三实”系列党课第二讲，要求全体党员干部要“明确一个目标、把握两个方面、突出三个特点”高标准严要求做好表率；从克服“乱作为”，反对“不作为”做起；既要循规蹈矩又要改革创新，既要严于律己又要敢于斗争，既要埋头苦干又要开明开放。园博馆全体党员、预备党员、积极分子参加。

（滕　元）

【园博馆开展“三严三实”专题党课第三讲】 6月24日，副主任程炜作“认真开展‘三严三实’做合格的好党员干部”专题党课第三讲，号召党员干部做“三严三实”干部队伍中的担当者，以“严”的标准修身用权律己，以“实”的精神谋事、创业、做人，做到忠诚忠实、干净干事、为民谋利，把作风建设的新成效转化为园博馆改革发展的新动力，以良好作风推动中国园林博物馆事业健康发展。

（滕　元）

【园博馆开展“三严三实”专题党课第四讲】 6月30日，党委副书记薛津玲作“加强党风廉政建设 践行‘三严三实’”专题讲座第四讲。党课紧密结合党风廉政建设和反腐败工作实际，深刻阐述了“三严三实”的丰富内涵和对做好纪检监察工作的现实意义，对进一步推进“三严三实”专题教育提出了明确要求。园博馆党委通过四次“三严三实”专题党课，把全馆党员干部职工的思想和行动统一到北京市委和中心党委的部署上，做到专题教育与日常工作有机融合、相互促进，两手抓、两不误，以引领新常态，建设园博馆的成效检验专项教育成果。园博馆全体党员干部职工参加。

（滕　元）

【园博馆组织反法西斯战争胜利70周年主题党课】 6月30日，为纪念中国人民抗日战争和世界反法西斯战争胜利70周年，深切缅怀英烈光辉业绩，党委书记阚跃围绕战争起因、抗日战争概述、抗日战争胜利的意义、中国主战场、启示和意义等五个方面为全馆职工上了一堂生动的爱党爱国、永葆政治本色的党课，通过播放纪录片，带领大家重温历史，激发了全体干部职工的爱国热情，使党员干部铭记历史，勿忘国耻，更增强了爱国主义精神，增强了民族自尊心和自豪感。

（滕　元）

【园博馆开展纪念中国共产党成立94周年党员教育活动】 7月1日，园博馆党委开展“迎七一、上党课、忆党史、颂党恩、温誓词——纪念中国共产党成立94周年党员教育活动”，党委副书记薛津玲带领党员代表到北京植物园参观“一二·九”运动纪念亭，鼓励党员干部以革命先烈为楷模，用革命精神振奋自己，努力在平凡的岗位中贡献自己的光和热。

（滕　元）

【园博馆承办市公园管理中心计划生育竞赛活动】 7月8日，纪念“7·11”世界人口日暨人口和计划生育知识竞赛决赛在园博馆举行。活动由市公园管理中心计划生育领导小组主办，园博馆协办。按照此前举办的初赛成绩排名，中心所属15个单位中有8个单位获得决赛资格。当天共有24名选手参加角逐，来自15个单位的领导及职工150余人在现场踊跃参与。中山公园代表队以240分的总成绩夺冠，天坛公园代表队和香山公园代表队分获第二名和第三名。市公园管理中心巡视员刘英、市公园管理中心副主任高大伟、市卫计委基层业务指导处副处长况海涛、市公园管理中心计划生育工作领导小组成员和所属各单位负责人参加。

（滕　元）

【园博馆对青年职工开展读书沙龙活动】 7月8日，园博馆在畅神书吧开展青年职工读书沙龙活动，提出“书籍是人类进步的阶梯、阅读是斟满幸福的茶杯”的倡导。活动由园博馆工会和团委联合举办，定为每两个月开展一次，以座谈的形式分享读后感和思想收获，旨在带动馆内青年职工多读书、读好书、好读书，营造书香园博的文化氛围。园博馆筹备办青年代表职工20余人参加。

（滕　元）

【园博馆召开第二次党委理论中心组学习会】 7月9日，园博馆召开2015年第二次党委理论中心组学习会，重点研读《习近平谈治国理政》《习近平关于党风廉政建设和反腐败斗争论述摘编》《优秀领导干部先进事迹选编》《领导干部违纪违法典型案例警示录》摘登，并观看典型事迹教育影片《焦裕禄》。党委书记阚跃讲话。

（滕　元）

【市公园管理中心工会大讲堂园博馆开讲】 7月9日，市公园管理中心首都职工素质工程公益大讲堂——“海棠鉴赏”专题讲座在园博馆举办。该讲座是首都职工素质工程公益大讲堂的项目之一，面向市公园管理中心所属各单位及广大市民观众共计300余人免费开放，旨在搭建一个交流平台，让更多职工及广大市民分享行业专家的研究成果。讲座邀请国际海棠品种登录专家、教授级高工、北京植物园副总工程师郭翎以《海棠鉴赏》为题，现场讲解海棠品种登录的相关研究内容。园博馆作为承办单位，通过官方微信、微博向社会广泛宣传，并在广播电台新闻台发布预告，《劳动午报》现场进行拍摄报道。

（滕　元）

【园博馆党委召开理论中心组第一个专题学习研讨会】 7月30日，根据中心党委和园博馆“三严三实”专题教育实施方案的要求，党委组织馆领导班子召开“严以修身，加强党性修养，坚定理想信念，把牢思想和行动的‘总开关’”主题研讨会。园博馆副馆长程炜、党委副书记薛津玲及副处级部门负责人杨秀娟、李晓光、谷媛、陈进勇参加会议。

（滕　元）

【园博馆开展第一场“道德讲堂”活动】 9月1日，园博馆第一党支部举办“道德讲堂”第一场暨反法西斯战争胜利70周年主题活动，通过“看短片、奏红曲、诵经典、唱红歌、讲故事、谈感悟”6个环节，使全体党员干部职工接受一次深刻的革命洗礼。副主任、第一党支部书记黄亦工发言。园博馆全体领导班子成员和中心宣传处相关人员参加此次活动。

（滕　元）

【园博馆党委召开理论中心组第二个专题学习研讨会】 9月14日，中国园林博物馆党委开展“三严三实”专题教育第二个专题学习研讨会，按照中心党委有关安排，该阶段通过组织青年干部职工代表到平西抗日战争纪念馆进行参观学习、交流研讨、观看教育片等多种形式，达到了预期的学习效果。会上，领导班子成员依次发言，党委书记阚跃强调了专题研讨的重要作用和意义，对领导班子研讨内容进行点评、提出要求。园博馆全体领导班子参加研讨。

（滕　元）

【园博馆开展第二场“道德讲堂”活动】 11月10日，园博馆举办以“礼仪·友善·和睦”为主题的“道德讲堂”活动。园博馆第二支部通过歌舞、朗诵、小品等节目展示，宣扬社会公德、家庭美德和个人品德，激发职工崇德、尚德、好德的精神。第二党支部书记程炜发言。

（滕　元）

【园博馆林业大学志愿服务队正式成立】 12月5日，中国园林博物馆北京林业大学园林学院志愿服务队正式成立。林业大学园林学院党委副书记、副院长刘尧，园博馆筹备办党委书记、市公园管理中心主任助理阚跃等相关领导出席成立会。馆校双方领导致辞并对大学志愿者提出要求与期望，授旗仪式志愿者代表发出倡议。故宫博物院宣传教育部副主任果美侠应邀作志愿者培训。

（滕　元）

【园博馆工会开展职工问卷调查活动】 12月23日，园博馆工会组织职工问卷调查，调查内容包括十八届五中全会精神、“十三五”规划、党风廉政建设、“三严三实”专项教育等政治理论焦点；党委、工会、团委、计划生育、生产安全等基础知识以及园林、博物馆专业知识技能，旨在通过开卷答题，促进职工培训工作，提高职工综合素质。对成绩优异者进行了物质奖励。

（滕　元）

【园博馆开展第三场“道德讲堂”活动】 12月30日，园博馆举办“中国梦·园林梦·我的梦”主题道德讲堂活动，园博馆第三党支部围绕“梦想”奉上十余个精彩节目，向全馆党员干部职工宣传中国梦。第三党支部书记薛津玲总结发言，表达了对于“打造道德高地、共建文明园博”的美好愿望。园博馆筹备办全体人员及各物业公司代表参加。

（滕　元）

服务管理

【综述】 年内，北京市公园管理中心持续提升公园服务水平，全年完成重点任务87项。其中，市政府重点任务18项，为历年最高，并独立承担了北京市重要民生实事项目第26项。一是抗战胜利70周年纪念活动服务保障工作圆满顺利。借鉴历次重大任务服务保障经验，成立“9·3”阅兵专项指挥部，全面科学统筹。11家公园的32处主题花坛、15项红色主题展览和8处抗战纪念遗迹烘托出浓郁的纪念氛围；6家公园直接参与阅兵保障工作，完成空中梯队备降水域保障、警力驻园场地提供、疏散通道管理、制高转播点和安全控制点设置等任务，中山公园作为阅兵活动核心区域，闭园达11天半。市纪念活动领导小组授予中心先进集体称号，王安顺市长在总结表彰会上指出：“市属11家公园的立体花坛为庆典的北京增添了亮丽色彩。”二是服务京津冀协同发展取得实质性进展。确定“合理疏解功能、保护核心资源、输出优势资源”三条京津冀协同发展工作路径并付诸行动。在非首都功能疏解中，陶然亭主动联合属地，平稳顺利完成“陶然江亭观赏鱼花卉市场”撤市；动物园作为房屋产权人，主动促成“动批”天皓城服装批发市场转型摘牌，成为“动批”业态调整工作的率先示范。园林科学研究院发挥园林科研引领作用，加强科技创新，联合津冀园林科研机构组建“京津冀园林科技创新战略联盟”。各历史名园密切三地园林文化交流，香山公园与西柏坡纪念馆联合办展，打造京津冀“红色经典”旅游纪念地平台；颐和园、天坛、植物园、园博馆与津冀文博单位及风景区建立常态化交流机制、推介机制，联动发售京津冀公园年票，为广大市民三地旅游搭建平台。三是民生实事项目全面落实。中心自筹资金、集合优势，对所属历史名园未开放古建、会所转型院落、红色旅游等进行资源整合，新开放院落10处6000平方米，免费推出10项历史文化主题展览，扩大公园开放面积，丰富游客文化生活，接待游客100余万人。市人大代表对中心为市民游客办实事、坚持公共资源回归大众的做法充分肯定；《人民日报》《参考消息》《北京新闻》等多家主流媒体报道200余篇次，网络阅读量达10万人次，社会反响良好；广大游客更对中心服务民生的举措表示欢迎，纷纷留言称赞。同时，实施公园门票惠民新举措，园中园门票优惠政策与公园大门同步，最大限度提升游园幸福指数。四是会所整治成果惠及民生。8处公园会所、6处餐饮类场所全部完成整治，面向游客提供特色文化展览、教育基地、大众餐饮等服务。其中颐和园益寿堂、动物园畅观楼、北海上林苑成功转型举办文化展览，免费开放。五是规模活

动管控得到强化。国庆、春节等长假游园活动实时人流预警，形成长效机制。在历时32天的香山红叶观赏季中，总结发挥大型活动统筹调度经验，在市领导直接指挥下，与相关部门共同推进红叶季综合保障工作，做好安全防范、远端疏导、环境维护、秩序管控和舆论宣传，实现削峰平谷、疏导车流、平稳人流。六是公园降噪和游园环境净化持续推进。巩固文明游园降噪成果，北海公园、景山公园联合开展常态化噪音治理，调研、登记、约谈晨练团体，强化巡视，有效降低公园噪音。陶然亭入园车辆治理成果显著，社会反响良好。七是以群众诉求推动工作改进。把非紧急救助服务纳入中心“为官不为、为官乱为”专项治理工作，专项制定措施、专题听取汇报，中心领导到市非紧急救助服务中心接听市民热线、解答市民问询，听取市民建议；走进“政风行风热线”直播间与网民互动交流。全年受理非紧急救助服务事项199万件，同比增长6.85%。八是服务软实力有效提升。推出特色导览服务，香山双清别墅军装讲解、致远斋古装讲解受到游客欢迎；陶然亭首次组建公园导游讲解服务队伍，弘扬陶然亭名亭文化。持续提升规范化、标准化微笑服务水平，组织“开展微笑服务、评选十佳标兵”活动，北海公园成为“国家级服务业旅游标准化试点”。九是管理机制创新实现突破。健全完善内控体系和审计制度，强化综合督查和绩效评价。加强制度建设，制定和完善中心级各项规章制度10余项，提高“依法管理”水平。优化工作机制，提升决策的法制化、科学化、民主化水平，实行年度重要决策会议议题计划制度，全年32项主任办公会议题均按照上会时间提前安排，实现了精简会议，提高了对全局工作推动的把握能力。推进预算编制改革，在资金总额框架内逐项研究预算编制，强化业务处室在资金使用上的主导权和资金监管责任，实现了资金投向与重点工作需要相统一，增强了中心发展的内在活力。全年服务游客9533万人次，全年总收入24.07亿元，接待国家重要外事及中央单位、驻京部队等参观170批次，在服务首都发展新常态、新定位、新目标中迈出坚实步伐。

（中心综合处）

服　务

【中心完成元旦假日服务工作】　1月1～3日，市属公园和园博馆共接待游客87.63万人次，其中购票游人数35.61万人次。从游客来源分析，本地游客59.07万人次，占游客总数的67.4%；外埠游客22.94万人次，占游客总数的26.2%；外宾1.65万人次，占游客总数的1.9%。中国园林博物馆接待观众2697人次；颐和园10.41万人次，天坛13.28万人次，北海8.74万人次，香山5.24万人次，景山3.71万人次，动物园8.12万人次，中山2.31万人次，陶然亭15.19万人次，紫竹院8.32万人次，玉渊潭10.97万人次，植物园1.07万人次。1月2日为游园高峰期，各单位共接待31.66万人次。节日期间设分指挥部23个，增设临时性安全疏导牌示137个，出动安保力量8273人次，全面做好节日安全工作。2014年12月31日上海外滩跨年发生踩踏事故后，贯彻林克庆副市长指示精神，2015年1月1日中心副主任杨月带队对颐和园、陶然亭、北海开设冰上活动的三家公园开展专项安全检查，实地查看冰场、安保人员配备、应急设施准备等情况。2日接到郭金龙书记就安全工作所作批示后，郑西平书记批示：中心系统各单位抓细节，抓责任到位。3日下午，中心主任张勇主持召开紧急电视电话会议，传达市委安全工作精神，对当前中心安全工作进行再部署、再强调、再落实。确保无安全事故。节日期间共推出公园文化活动39场次。各公园积极做好宣传工作，在电视、电台、报刊等报道、刊发相关新闻167篇次。受理非紧急救助服务事项40 659件，为游客免费提供义务讲解、轮椅等便民服务32 620人次，共增设售票窗口47个，设置商业摊点188处，设置花坛、花带15处，开展了公园环境布置工作，满足了节日游客购票、购物、观赏需求。

（中心办公室）

【2015年年票发售情况】 截至1月15日，北京市公园游览年票共计发售1 395 225张，同比增长1.3%。

（中心服务处）

【香山公园清班预备役“新军装”亮相红叶节】 1月15日，在香山公园双清红亭处、下展室、上展室为游客提供全程讲解服务，红叶节双清共接待游人数万人，为游客提供特色讲解服务数千次，展现了公园当代青年的勃勃英姿，得到了游客的一致好评。

（中心团委）

【中心完成春节假日游园服务保障工作】 2月18～24日（除夕至初六），中心所属11家市属公园共接待游人193.3万人次，同比减少4.6%。其中购票游人110.5万人次，同比减少3.6%。从游客来源分析，本地游客111.5万人次，同比减少0.3%；外埠游客77.3万人次，同比减少3.6%；外宾4.5万人次，同比减少33.1%。园博馆共接待游人8685人次。2月22日（初四）至24日（初六）达到游园高峰期，单日游客接待总量均超过30万人次，2月23日创单日游人最高39万人次。颐和园、天坛、景山、香山四家公园游人量分别增长6.7%、5.9%、19.4%、4%，其余7家公园均呈现不同程度下降趋势，降幅为6.3%～28.4%。节日期间，11家公园总收入1542.7万元，同比减少3.3%。节前，林克庆副市长检查春节期间公共安全工作，张延昆副市长实地查看陶然亭公园厂甸庙会民俗区活动准备情况。2月13日，中心召开电视电话会议，就春节假日工作进行部署，中心领导班子成员分6组实地查看各单位春节假日工作准备情况，节日期间深入公园一线开展慰问检查。21日中心值班室对各单位值班工作进行电话检查。各公园主要领导在岗在位，靠前指挥，现场协调，确保各项措施落实到位。积极落实节日扩容措施，增设临时售票窗口70个、商业摊点117处、安全疏导牌示435个，在人流密集区、重点景区等设置单行线39条。节日期间共安排安保力量31 774人次，维护游园秩序，确保不发生重大安全事故。活动精彩丰富，推出迎春祈福、花卉贺岁、民俗展演、文化展陈、冰雪庙会等五类20项活动。在主要干道、景观节点等处布置灯笼、彩旗等装饰物7400余个，烘托节日气氛。节日期间，利用电视、报刊、网络等媒介报道新闻380篇次，“畅游公园”政务微博点击量达到111万次。针对20日雨雪天气，及时启动应急预案，确保游客安全游园。节日期间，共受理非紧急救助服务事项17.6万余件，安排公园志愿者2275人次，提供咨询、讲解等便民服务。

（中心办公室）

【动物园改造儿童动物园卫生间】 2月23日，新建儿童卫生间，墙面为亚格力板材，风格采用卡通动物造型，男、女分别用蓝色、黄色装饰，中间设有无障碍卫生间，该小型卫生间的建成，解决了小朋友游览小动物园如厕的问题。

（动物园）

【陶然亭公园游客中心临时设立哺乳室】 2月28日，厂甸庙会在陶然亭公园内举办，此期间人流量较大，为满足哺乳期游客的需要，公园在游客中心临时设立了哺乳室，多次为哺乳期的游客提供热情周到的服务。

（陶然亭公园）

【景山公园完善游客服务中心功能】 3月1日，景山公园根据《景山公园商业经营服务布局规划工作方案》，于2014年3月至2015年4月对游客服务中心进行升级改造。改造后的游客服务中心成为集特色商品展售、旅游咨询、导游讲解和非紧急救助服务等多功能为一体的综合部门。

（刘水镜）

【中心完成全国“两会”服务保障工作】 3月3日，全国两会期间，中心系统各单位制订两会代表、委员及工作人员参观接待方案，精心设计参观游览线路，强化导游讲解服务培训，开展员工职业道德、安全教育、服务规范等培训，加强服务接待管理，妥善处理游客诉求，为两会提供了热情优质的服务。同时，加大公园基础设施、古建文物管理，加强卫生保洁和植被养护，确保景观环境整洁优美。两会召开以来共接待“两会”代表、工作人员及记者236人次，其中人大代表181人次、政协委员22人次、工作人员20人次、记者13人次。各公园共安排300余名安检员上岗执检，抽检入园游客449 834人次、开包检查3136个、暂存打火机15 450个、各种刀具144把、各类易燃品41个及其他物品60个，确保“两会”期间安全和游览秩序。

（中心办公室）

【北京动物园门区卫生间延时开放】 自2015年3月14日起，北京动物园将靠近主要门区的熊猫馆、西南门、犀牛河马馆三个卫生间的服务开放时间延时至淡季18点、旺季19点，与公园开、闭园时间一致。

（张　帆）

【中山公园游船年接待游客9.41万人次】 3月20日至10月19日，游船运营177天，累计接待游客9.41万人次，收入163.79万元。

（王　薇）

【陶然亭公园完成首届“海棠春花文化节”服务接待工作】 3月28日至4月30日，陶然亭公园共接待游人84.26万人，门票收入161.02万元。为游客免费提供轮椅服务200余次，拨打广播寻人电话150余次，解答票价、票证疑问2000余次。

（陆　晨）

【陶然亭华夏名亭园各名亭简介说明牌更换】 4月9日，为方便游客游览，陶然亭公园更换华夏名亭园各亭简介说明牌14块。年初，经营管理科通过综合检查，针对牌示类专项检查和部分游客反馈，决定重新对名亭园内及周边仿建名亭等14块说明牌进行更新。

（刘　斌）

【北海公园不断提高游船服务水平】 4月28日，北海公园游船队与北京气象台14名工作人员就如何准确、及时地进行天气预报、为游客提供游玩导向、促进游船工作更好开展等问题进行交流。气象人员实地参观游船一线工作环境，对游船工作的运营程序及特点进行了解，记录并反馈日常运营中遇到的气象问题及难点；并于同日更新电瓶船12条，至此本年度全部船只更新完毕，共更新脚踏船30条、电瓶船30条，均已调试并下水试运行；加强船只日常保养，维修电瓶船37条、脚踏船25条。

（汪　汐）

【“五一”假日游园服务保障工作完成】 “五一”小长假三天，11个市属公园和园博馆共接待游客179万人次，较2014年同期减少2.9%，其中购票游客96.7万人次，同比减少10.7%。从游客来源分析，本地游客107.9万人次，同比增加3.2%；外埠游客67.7万人次，同比减少10.7%；外宾3.3万人次，同比减少16.8%。园博馆共接待游人14689人次。5月2日为游园高峰期，共接待游客67.6万人次。11家市属公园门票总收入1533.5万元，同比减少7.7%。各园实行网格化管理，针对人流高峰时段，增设临时性疏导牌示240块，设置36条游览单行线，安排秩序疏导人员2000人，分流和疏导景区景点、主要门区、重要地段桥梁等处的游客。各公园安排328名安检员在40处重点门区进行安检，抽检入园游客30.5万人次，抽查包、刀具等物品3万余个。5月3日大风天气，颐和园、北海公园、玉渊潭公园、紫竹院公园、陶然亭公园游船和香山索道停止运营。5月1日有效处理一起突发事件，北海公园一游船侧翻，4名游客落水被及时救起。节日期间全体员工停休，充实售验票、导游讲解等一线岗位，增设厕所、售票窗口和商业网点142个。节日期间安排志愿者1497人次，受理非紧急救助服务事项24.4万余件，各公园继续对持京卡互助服务卡购票的职工给予门票半价优惠。在主要景点及主干路沿线布置花坛、花带55处，用花100万余（盆）株。节日三天，各大主流媒体刊发新闻报道200余篇次，中心系统政务微博群发布信息398条。

（中心办公室）

【景山“五一”前夕增设基础服务设施】 5月3日，在腰道西侧小平台增设3人位路椅9组，便民衣帽架两处；对地面进行重新铺装，铺装面积100平方米，为游客在园提供理想休憩场所。游客对景山公园的周到服务表示感谢。

（景山公园）

【中山公园加装厕所夜间可识别灯箱】 5月7日，园内5处厕所加装夜间可识别LED灯箱。灯箱采用棕红色铁艺底板，黄色凸起亚克力材质文字。北京红羽装饰有限公司施工，投资2.53万元。

（李梦郇）

【香山公园游览索道调整价格】 自5月7日起，香山公园游览索道价格调整为：全年除红叶观赏季外单程80元/人次，红叶观赏季期间单程100元/人次。为配合价格调整，公园做好调价牌示的说明、宣传及非紧急应答等工作。

（王晓明）

【香山公园完成TNF100越野挑战赛服务保障工作】 5月9日，TNF100越野挑战赛正式开启，其中部分比赛线路途经香山公园。为做好服务保障工作，公园与组委会沟通线路，在沿线粘贴指引地标、设置反光引导标识，在豫泰门安装指路照明灯设备，协调赛事志愿者到园内各主要路口进行引导工作，当日安排公园工作人员，坚守在比赛现场直至10日凌晨最后一名赛手离园。

（王晓明）

【陶然亭公园雪山增加牌示】 5月13日，为方便游客游玩，陶然亭公园在雪山安装围栏且变更入口后，增加各类牌示。包括入口指示牌2块，大小雪山入口指示牌2块，滑雪山注意事项指示牌1块，出口指示牌8块，开放时间指示牌3块。

（刘　斌）

【香山双清别墅完成“七一”服务接待工作】 6月3日是中国人民抗日战争暨世界反法西斯战争胜利70周年，香山公园发挥双清别墅全国爱国主义教育示范基地作用，6月3日至7月10日，双清别墅共接待中央党校、市公安局等120余个社会团体，近5000人次，提供150余次讲解服务。其中7月1日、7月7日两天接待15个单位团体共600余人。

（郑　霏）

【香山公园落实九项便民工程】 6月15日，香山公园落实市公园管理中心九项便民工程为小药箱添置防暑降温药品。购置夏季防暑降温（仁丹、十滴水、藿香正气水等）及日常所需（云南白药喷雾剂、万花油、复方薄荷膏、碘伏消毒液、医用绷带、创可贴、防蚊虫叮咬药等）药品共19种，分布园内11处。为东门、北门及游客服务中心更换轮椅各5把。

（王晓明）

【市属公园完成“端午”小长假游园服务保障工作】 “端午”小长假三天（6月20～22日），市属11家公园共接待游人120.06万人次，同比减少6.66%，其中购票游人56.05万人次，同比增长6.48%；公园门票总收入862.46万元，同比增长4.10%。从游客来源分析，本市游客78.34万人次，因此减少12.47%；外埠游客39.24万人次，因此增长6.49%；外宾2.49万人次，因此增长9.69%。园博馆三天接待游客1.04万人次。节日三天，各大主流媒体刊发中心及各单位新闻稿件300余篇，中心系统政务微博群发布游园资讯、赏花播报、温馨提示等微博217条，点击量达200万次。全中心设立23个游园现场指挥部，出动安保力量7643人次，增设单行线路44条，增设临时性安全疏导牌示310处，增加厕所、售票窗口及商业网点107个。各公园注重景观氛围营造，在园区主干道及景观节点布置装饰，用花21万余株，实施全天候立体保洁，确保环境清新整洁。有1000余名志愿者为游客提供导游讲解、信息咨询等服务。同时，节日期间共受理非紧急救助服务事项10.38万件（次），提供便民服务52 253人次。

（中心办公室）

【玉渊潭公园端午节秩序井然】 6月20日至22日，玉渊潭公园充分做好端午假日安全、服务工作，共接待游客10.12万人次。

（缪　英）

【香山公园索道开展游客满意度调查】 6月22日，香山公园索道组织开展游客满意度调查。在不影响乘车秩序的情况下共发出问卷50份，回收50份，回收率达100%。问卷对索道员工仪容仪表、接待人员服务态度、购票秩序、乘客须知及安全知识介绍、服务警示标志、安全服务设施、卫生设施、索道游览区路标、乘坐索道舒适感、索道游览区的生态与环境保护、老幼病残孕等乘客的服务等项目进行了调查，满意率为95.8%。

（陈伟华）

【北京动物园设立母婴室】 7月1日，为更好的保障妇女儿童权益，落实市政府工作要求，北京动物园在游客服务中心设置“母婴室”，为携带婴儿的游客提供哺乳、泡奶、换尿布、休息的专用场所。母婴室的设置以“实用、温馨、便利”为基本原则，确立了“粉、蓝、白”的基本色调。在设施改造方面，根据城乡建设部发布的《无障碍设计规范》的相关要求，设置哺乳椅2套、婴儿床1个、婴儿打理台1个、垃圾桶1个、储物柜1组、遮蔽帘1组，加装标识1面。同时，在园内的5处游客量较大的卫生间，增设了供婴儿换尿布使用的操作台。

（张　帆）

【中山公园更新8艘脚踏船】 7月16日，中山公园投资13.44万元更新8艘脚踏船。新船通过相关部门验收投入运营。

（王　薇）

【玉渊潭公园完成抗战胜利70周年纪念活动服务保障工作】 8月23日，作为纪念活动主要公园之一，阅兵活动期间，9月2日晚10:30闭园后，公园120名安保力量做好门区及园内巡视工作，巡视人员每2小时一次对园内进行拉网式排查。9月3日早上5点，公园处级领导班子全体到达指定分管区域岗位，落实安保方案。早上7点，救护艇4艘、消防水泵4台、灭火器50具、救生圈8个、救生衣24件、救生木杆和绳索各4件、救护车2辆全部到位，做好飞机迫降救援准备。安排水域处突保障力量45人，分为水面救护组、湖岸预警观察组和处突机动组，湖岸预警观察组以3～4人为一小组配备对讲机，于东西湖的8个观察点坚守岗位，时刻观察天空及周边区域情况。水面救护组和处突机动组检查各个码头消防水泵、灭火器、救生圈等救生器材，并保持对讲机畅通，做好水域处突应急准备。门区职工全部统一着装，按时到岗，做好闭园期间游客劝解工作。与北京空军后勤保障部、空军总医院、海淀分局治安支队、属地派出所、五棵松消防支队紧密配合，共安排医务人员11名、公安17名，协助公园完成阅兵保障，确保处突及时、有效。整个阅兵期间未发生安全事件。公园于9月3日14点恢复开放，各门区售验票秩序井然，未发生游客投诉现象。活动期间，以“珍爱和平、开创未来”为主题进行花卉布置，完成西门外“珍爱和平”主题花坛1个，门区造景花坛1个，园内节点花坛6个，花容器476个，花卉布展面积7000平方米，总用花量35万盆。全园共设立宣传点位11个，公园西门外广场悬挂一面国旗、二面红旗，西桥制作凸显主题的40米长硬质横幅宣传标语，4个门区显示屏和2处大屏幕滚动播出主题宣传口号、公益广告和中心系统的爱国主义教育主题，利用玉和影廊、科普宣传栏张贴宣传画、制作主题宣传展板。活动筹备期间，公园相继开展大型活动风险预测评估、水上安全应急演练、部门自检自查等工作，并于8月20日至9月5日公园各门区实施游客入园安检，共接待国务院检查组、北京市运输局、海淀公安分局、海淀消防支队、甘家口街道等部门检查13次。活动期间，共刊登相关新闻报道103篇（条），其中电视58条，报刊36篇，广播10条。召开发布会1次，期间共接待来访媒体人员共计18人次。

（缪　英）

【北海公园完成“9·3”预演服务工作】 8月23日，为了完成抗战胜利70周年纪念活动，北海公园临时封闭南门、西南门、静心斋北门等重点门区和白塔、永安寺、团城等重点区域，停止游船航运，保持东门、北门及北岸、东岸局部游览区域正常开放。抗战胜利70周年预演活动当天，北海公园全天共接待游客2.1万人，增派安检人员12名，增加武警20名支援值守南门及白塔制高点。预演当日做好游客解释工作，接听游客咨询电话120余次。及时清理园内无关车辆，并于8月22日午夜在重点部位拉设警戒线，增派专人及安保人员引导中央办公厅的79辆车辆入园停放。加强园内巡视，提前上岗时间，增加周末值班人员数量并实行网格化管理，确保园内安全稳定。加强消防检查，清理全园垃圾箱及易燃物，重点检查燃气设备设施，组织夜间消防应急演练。加强西岸沿线保洁力度，做到立体化保洁不断线。

（汪　汐）

【动物园提升服务管理精细化水平】 8月31日，针对汛期多雨，发放免费一次性雨衣5000件，有效避免因不良天气造成的游客滞留；针对游客反映园区路椅较少现象，调整路椅配置，在大猩猩馆等重点区域增加路椅数量；提升全园无障碍设施服务水平，完成坡道改造、专类标识更新；电瓶车全部安装了美观悦耳的铜铃，取代了原来急促刺耳的喇叭声，以便提醒游客避让。

（动物园）

【颐和园、植物园做好大客流期间非紧急救助服务保障工作】 8月31日，颐和园耐心劝阻冒用他人证件（包括年票、残疾证、军官证、学生证）入园者购票、补票百余起；加强电子网络监控，配合派出所、保卫部等部门完成录像查询工作；职工用自己手机帮助游客接打电话，积极开展广播寻人，提供义务指路、帮抬轮椅等便民服务；对游客提出的问题耐心解答、文明服务，以实际行动做游客贴心人，为游客全力营造安全、文明、和谐的游览环境。植物园编制下发了《北京植物园服务窗口岗位职工服务手册》，细化服务标准，明确岗位职责；完善游客服务咨询、投诉受理机制，保证“投诉不出园，服务无事故”；合理调配服务机动人员，适时加强门区安检及游人疏导；安排专人负责樱桃沟栈道及喷雾设备检修，做好喷雾开放期间巡视、劝导工作；持续做好“一二·九”纪念的义务讲解服务等项工作。

（颐和园　植物园）

【北海公园增设基础服务设施方便游人】　8月31日，在西岸大墙活动区增设便民衣帽架一处，在公园东岸沿路、南岸码头广场、北岸御膳堂广场增设路椅10处。市民游客对公园增设便民服务设施的新举措表示感谢。

（北海公园）

【陶然亭公园新增三项便民服务项目】　8月31日，公园游客服务中心增加了擦鞋器，手机充电站，打气筒三项便民服务项目。增加饮水机1台，更换医药用品器械11件、儿童车1辆、雨伞10把、拐棍2把。

（杨莉莉）

【天坛公园服务保障抗战胜利70周年纪念活动】　9月2日，为营造“抗战胜利70周年”的游园氛围，天坛公园在园内广场摆放了“火浴重生”等6处主景花坛，地栽花卉完成近700平方米，地栽宿根花卉近60种，花钵花丛近140处，花卉总量达27万盆。突出花坛中的传统文化元素，紧扣反法西斯战争胜利70周年的主题，烘托了隆重热烈的活动氛围。抗日战争胜利70周年纪念活动期间，天坛公园没有发生一起安全事故。300名武警官兵及9辆武警车辆正式进驻公园东门停车场，启动“9·3”活动备勤工作，公园关停东门停车场，为武警官兵提供指挥用房一处，供武警指挥使用。

（李腾飞）

【中山公园保障阅兵观礼嘉宾如厕】　9月2日，园内布置卫生间导引牌示21处，卫生间分布图3处，重点标注东门等观礼嘉宾出入路线、停车场等位置，方便嘉宾如厕需要。凌晨1时40分与活动志愿者对接，配合完成布置沿途导向牌示等工作。观礼台备用卫生间2处，实行24小时双人保洁，其余4处设专人定时巡视保洁，洗手液、卫生纸随用随补，保证服务、卫生质量。

（郑思光）

【景山公园多措并举疏解游园客流】　9月3日，受故宫外事接待任务的影响，景山公园按照市公安局要求，经市公园管理中心同意，临时关闭公园南门。5点钟左右园内游客增多，达万余人，公园提前启动应急预案：在门区增加售票窗口，加强疏导；配备20余名保安在各门区进行服务和管控；对上山路线进行单行线管理，即东侧上、西侧下；在万春亭分时管控，确保游览秩序的正常。

（孙　昊）

【颐和园完成抗日胜利纪念日接待服务】　9月3～5日，是首个“中国人民抗日战争胜利纪念日”小长假。颐和园认识到位、组织到位、领导到位、措施到位，全力做好安全维稳、服务接待、园容卫生、景观环境等工作，圆满完成“中国人民抗日战争胜利70周年纪念日”服务接待任务。共接待游人9.09万人次，事业收入244万元。

（范志鹏）

【陶然亭公园自主设计便民服务卡】　9月8日，公园游客服务中心自主设计的便民服务卡开始向游客免费发放。便民服务卡卡面内容包括：游客服务中心的工作时间、电话、咨询服务项目、便民服务项目。

（杨莉莉）

【陶然亭公园制作卫生监督员牌示】 9月15日，为进一步加强卫生间保洁工作，对全园8个卫生间重新调整了卫生监督员，明确职责、责任到人，并制作了卫生监督员牌示向游客公示，接受广大游客监督。

（刘　斌）

【中山公园更新游客服务中心手机充电站】 9月17日，公园游客服务中心手机充电站由于购买时间较早，现有充电接口已不能满足新型手机充电需求。更换的充电站显示屏上有“手机加油站”字样，能够让游客一目了然其用途。新手机充电站可同时为10部手机提供免费充电服务，并能兼容市面上不同类型的手机，满足不同游客的需求。

（中山公园）

【中心参加北京新闻广播直播访谈】 9月24日，北京市公园管理中心参加北京新闻广播直播访谈。节目专访以“市属公园无障碍环境的建设与服务”为主题，中心服务处从无障碍环境基础设施建设、特殊人群人性化服务和文化推广三个方面介绍了中心近年来无障碍建设工作开展情况，通过公园为残疾人及老年人贴心服务实例展示工作成果，对中心及各公园无障碍工作起到积极宣传作用。

（服务处）

【中心圆满完成“中秋”游园服务保障】 9月26～27日中秋假日，11家市管公园共接待游客64.31万人次，同比减少24.30%。因中秋假日缩短为2日，中心接待游客量整体呈下降趋势。假日期间加强服务扩容，增加临时售票窗口84个、厕所22处，受理非紧急救助服务事项3.4万余件。节日期间，北海公园延长夜间游船运营时间，开办赏月专场服务；天坛、景山公园加强降噪管理，耐心劝阻活动团体文明活动；中心统一开展公园志愿服务，组织600余名志愿者为游客提供义务讲解、语言翻译、咨询引导等服务。共出动职工、保安、公安武警等安保人员近2000人次，增设安全疏导牌示294块，有序开展游客疏导工作；同时联合属地公安等执法部门，加大对游商、黑导游等非法人员的打击力度，确保了各公园游园秩序良好。持续加强32处抗战胜利70周年主题花坛的科学管护，同时设置花坛、花带等130处，展摆花卉280万盆，悬挂灯笼、彩旗、宣传标语，营造喜庆浓郁的节日氛围。

（中心办公室）

【中心圆满完成国庆假日游园服务工作】 10月1～7日，市管11家历史名园共接待游客373.11万人次，与2014年同期相比增加16.65万人次，增幅为5.61%。其中本市游客216.32万人次，同比减1.21%；外埠游客149.27万人次，同比增长13.6%；外宾7.58万人次，同比增长6.76%。中国园林博物馆共接待游人4.39万人次。10月2～5日为游园高峰期，其中10月3日颐和园单日游人量达最高峰12.5万人次。节日7天，颐和园、天坛、动物园游客累计接待量位列前三；北海、中山公园受故宫限流影响，每天接待游客较去年同期增长15%以上，中山公园增幅达44.97%。据统计数字显示，国庆7天假日北京共接待旅游者1151.6万人次，市公园管理中心11家历史名园和园博馆总接待游客量占到全市总接待量的32.8%。节前，副市长林克庆检查了假日工作准备情况，中心领导分组检查各单位安全保卫、服务接待、环境布置等情况，召开全中心视频会议专项布置节日工作，专题研究部署游客量管控疏解措施。中心首次向社会公布市管公园每日舒适度容量和瞬间最大承载量，推出“游园时段舒适度指数”。以红绿灯预告的形式，每天分4个时间点发布信息，通过对公园游人数值、景区拥挤度及周边交通停车情况的综合研判分析进行预告预警。节日期间，新闻报道407篇（条），其中电视53条、电台88条、报刊264条。门区安检和园区秩序维护得到加强。43个主要门区安排320名专业安检员抽检入园游客113.85万人次，检查箱包31.79万个，暂存打火机、刀具及易燃易爆品等11.64余万件；安排园区安保力量26490人次，利用监控系统对游客量实时监测，在热点门区采取“潮汐通道”模式，增加入门通道并另辟出园门区；开展专项治理，阻拦各类扰序行为1300余起，劝阻不文明游客近6000人次。针对10月1日大风天气，各公园启动应急预案，缆车停运、游船停驶，及时对游艺设施、施工场地进行维护检查，对古树名木、景观花坛及各类服务设施进行加固，利用广播系统循环播放防风安全注意事项，加大保洁清扫力度，保证良好园容园貌。中山公园全力配合地区安保工作，妥善应对客流高峰，9月30日配合天安门广场升旗及献花篮活动，封闭南门半天；10月1日至10月5日早8时至中午12时，公园南门全天由南向北单向免费通行，适时采取南门只进不出、西南门增加临时出口等措施，疏解游客。针对故宫实施限流后的辐射影响，景山与故宫博物院建立大人流防控联动机制。公园收到故宫神武门人流预警时，即时启动人流防控方案，针对10月2日、3日故宫9:30止票所带来的公园东门门区瞬间客流量骤增情况，公园主要领导现场指挥，门区增派30人加强安全疏导，东门、西门安装分流栏杆，增加临时隔离带200余延米。根据国庆旅游市场需求，本着“喜庆节俭、安全顺畅”的原则，各公园在大门、重要景点和景观节点等处布置各式彩旗等装饰物380个，设置花坛、花带等130处，展摆花卉280万盆，精心维护32处主题花坛，保持景观优美。组织开展形式多样、健康文明、群众欢迎的公园文化活动89场次，展览展示278项，满足了游客多元化、差异化的游园需求，受到游客好评。节日期间各公园员工停休，重要节点增设游览单行线48条、安全牌示近300个，安排秩序引导人员1830名，增设售票窗口84个、厕所22个，受理非紧急救助服务事项44.34万余件，其中提供免费轮椅、小药箱等各类便民服务37.12万件，咨询7.22万件，收到游客表扬13次，无服务投诉。

（中心办公室）

【中山公园游船电子票务系统启用】 10月14日，游船电子票务系统正式启用。该系统使用感应卡式票证及电脑软件系统管理，自动计时、计费，实现游船纸质票据向电子化票务转变。北京瑞华天健科技股份有限公司开发制作，投资2.11万元。

（郑国芳）

【香山公园完成红叶观赏季服务保障工作】 10月15～11月15日，香山公园红叶观赏季期间共接待游客114.19万人次，比2014年减少67万人；其中购票游客99.81万人，同比减少23万人；其中联票销售29.62万张，占门票的30%；索道接待15.05万人，同比减少4.84万人；红叶节总收入2545.07万元，同比减少39.47万元。期间共查抄非法游商213起，同比降低50%；治理黑导游187起，同比降低60%；劝阻吸烟6500起；救助伤病游客19起、帮助游客寻人寻物60起；劝阻带狗入园90起、劝阻攀折花木、攀爬树木等不文明行为255起；公园游客服务中心共接听咨询电话1219次，现场服务1589次，答疑指路2808次，义务讲解346次，发放宣传材料1031份，失物招领35次，广播寻人431次，免费租用轮椅7次，提供小药箱、饮用水163次，导游服务39次；活动期间共清运垃圾266吨；对来园游客进行满意度调查，游客满意度为94.56%，比2015年春季游客调查平均满意率上升0.43%。

（任小双　郑　蕊）

【颐和园完成第15届环昆明湖健步走接待服务】　10月24日，颐和园和北京市对外友好协会、海淀区对外友好协会共同举办“第十五届国际友人环昆明湖健步走暨北京市第十届公园节颐和园健步走活动”。活动以“和谐北京情·健康新生活”为主题，有68个国家和地区的驻华使馆人员，驻京外国机构工作人员及专家、留学生，约500人参加。北京市市委副书记吕锡文、北京市人民对外友好协会常务副会长田艳、北京市公园管理中心党委副书记杨月、颐和园园长刘耀忠、副园长杨宝利、副园长周子牛出席并参加活动。

（杜继超）

【香山公园红叶观赏季迎首个游园高峰】　10月24日，香山公园红叶观赏季迎首个游园高峰，三级指挥部持续做好值守协调工作。24日市政府赵根武副秘书长到市级指挥部现场指挥，10月24～25日，中心主任张勇、副主任王忠海分别在市级指挥部全天值守，指挥部所辖各委、办、局落实每两小时上报制度，做好全天数据、情况汇总上报等工作。市政府办公厅秘书四处、市公园管理中心、市园林绿化局、市交通委、市交管局、市城管执法局、市公安局治安总队、市消防局、海淀区政府等部门相关负责人参加值班工作。10月24日、25日香山红叶季共接待游客15.98万人次，整体游览秩序良好，无安全事故。两天共规范商户、取缔无照经营344起，公园内劝阻吸烟852人次，受理非紧急救助事项486件。

（中心服务处　香山公园）

【北海公园做好淡季服务综合管理】　11月2日，游船队在满足游客需求基础上适度调整船只数量，减少电瓶船磨损，确保明年的正常运营；适当调配工力，缩减季节工使用数量；将旧“祥鸾号”摆渡船上岸排捻修缮，确保来年船只运行安全；排查、检修码头设施、救援设施，确保完好过冬；进一步要求职工做好禁烟工作，并主动制止游客的吸烟行为。琼华岛队与文化队及时更换票价及景区开放时间等相关牌示，自11月2日起实行淡季景区开放时间；更换淡季联票并做好解释工作；对职工进行相关业务培训，确保淡季服务水平不降低。

（汪　汐）

【北京动物园调整联票价格优惠政策】　11月4日，市公园管理中心召开票价管理工作会，通报了北京市发改委《关于进一步加强本市景区门票价格管理工作的通知》要求。11月4日下午，北京动物园召开专项工作落实会，园长吴兆铮主持，党委书记张颐春参会，各科队长出席，通报中心专项会议精神，提出工作部署，要求不打折扣全面落实中心各项要求。根据发改委及中心通知精神，北京动物园对现行票务优惠政策进行调整，并于11月5日正式实行。公园执行园中园优惠政策，园内熊猫馆、企鹅乐园、儿童动物园、动物城堡全部执行关于未成年人、学生、现役军人等的各项优惠政策，增加免费政策及半价优惠政策；执行联票优惠政策，公园淡季联票价格由原来的15元调整为14元，同时增加半价优惠联票7元新票种。为确保以上要求准时落实到位，北京动物园克服困难，用半天的时间完成了所有准备工作：一是变更票种，废止2个票种（淡季联票每张15元、木偶剧院半价优惠联票每张25元），新增7个票种（淡季联票每张14元、淡季联票半价每张7元、木偶剧院半价优惠联票每张20元、熊猫馆半价优惠票每张2.5元、企鹅乐园半价优惠票每张5元、儿童动物园半价优惠票每张5元、木偶剧院半价优惠门票每张15元）票种印刷至少需要3周的时间，使用替代票。二是替代票加盖印章，已将5种共16.4万张的替代票发放至售票员手中，同时制作票价代用券章35个、印泥35个，均已发放到位。三是更新牌示，修改各门区（含园中园）票价牌示13种24面，均已更新安装完毕。四是完成门户网站涉及票价公示、在线购票等服务项目的内容更换。五是组织一线工作人员开展培训，要求各门区工作人员思想上服务大局，业务上熟悉政策。六是及时与票务合作方沟通，要求合作方服务大局、落实公园要求。11月5日7:30，所有准备工作到位，开始正式售票。截至中午12:00，未收到游客咨询，整体运行平稳。

（张　帆）

【陶然亭公园更换门区价格公示牌】 11月5日，根据市发改委《关于进一步加强本市景区门票价格管理工作的通知》和北京市公园管理中心票价工作会议的要求，陶然亭公园及时按规定要求对门区票价公示内容进行梳理和自查，将各门区票价公示牌和温馨提示牌进行更换。

（刘　斌）

【市属公园干部职工暖心服务雪中游客】 11月22～24日，北京市普降大雪，各公园及时启动应急预案，干部职工主动放弃休假，不间断清扫公园门区、主要道路和景区积雪，摆放防滑牌示，设立安全提示标志，勤说提示语，主动搀扶老人及行动不便的游客，采取有效措施保障游客游览安全。颐和园在文昌阁城关南北两侧、文昌院西门、苏州街石桥和半壁桥处铺设防滑垫100余延米，有效起到防护作用。天坛公园利用大屏幕、广播等设施，提示游人注意雪天游览安全，加强停车场巡视，提醒司机减速行驶。北海公园重点清扫桥面、台阶等处确保游客安全。植物园在主要通道上铺设防滑垫，增加验票人员，缩短游客等待时间。动物园通过服务管理工作平台发布信息，提醒各部门关注屋顶积雪、辖区及工作区路面积水；网格化管理启动专项巡查，发现问题及时整改。陶然亭公园重点关注存在安全隐患部位，加设安全警示标志，防止游客摔伤。玉渊潭公园对重点积水部位进行警戒线圈档，在门区、景桥、坡道及主干道路铺设防滑毯。

（陈　玥）

【北海公园做好游船修缮工作】 12月15日，游船队完成东岸、南岸、琳光殿码头大规模修缮，并于当天开始建造新“引凤号”摆渡船。

（汪　汐）

【北海公园推进纪念抗战70周年服务保障工作】 年内，北海公园为推进纪念抗战胜利70周年各项工作，特采取以下措施：环境方面，有序推进环境布展工作，开展绿化环境整顿，补植苗木、斑秃草坪，清理杂树杂草及危险树；完成三处共计293平方米的主题花坛及全园40个特色花钵、两处自然花镜施工布置工作；完成全园环境治理，清理环湖柳树干枝及主干道周边杂草，共恢复柳池1处，种植斑竹1200余株、苔草1000平方米。安全方面，强化各项安全保障工作，召开安全工作会，传达中心及公安部门安全工作精神及要求，制订安保方案及安全预案；联合驻园派出所开展经营网点及外来人员信息审核，加强夜间值班检查；对全园古建、山石、道路、桥梁、卫生间、设备设施等进行安全检查，清除南门至北门大墙、北岸房屋古建杂草，修缮建筑屋顶和部分起伏路面；检查园内经营网点、办公用房电、气设施，及时排除隐患；加强消防检查，与园属各单位签订消防安全责任书及承诺书，彻底清洗职工食堂油烟管道48平方米、烟罩38平方米、净化器2台、风机2台；加强危化品和易燃易爆物品管理，审核、排查外来人员档案，召开夜班及联营单位人员会议，加强夜间值班检查；检查维修船只，更换增补救生设备，清理码头，确保水上安全；严查食品安全，集中治理园内违法钓鱼、兜售行为，改善园区游览秩序。加强综合服务管理方面，规范服务，杜绝游客投诉事件；加大园容保洁力度，确保立体保洁不断线；增设路椅，为游客提供方便。职工教育方面，开展多项纪念活动，北海公园相关科室组织党支部书记和政工科室负责人19人参观平北抗日战争纪念园，加大对职工的爱国主义教育力度，追忆峥嵘岁月，缅怀革命先烈；开展“勿忘国耻、圆梦中华”主题团日活动及志愿服务活动，组织团员骨干、青年代表到北京植物园“一二·九”纪念亭参观“铭记抗战历史传承爱国情怀”主题展览，同时进行祭扫，擦拭石碑、清扫地面等志愿活动，抒发爱国情怀，践行社会主义核心价值观；园属多部门组织职工学习观看《伟大胜利历史贡献》宣传图片。

（汪　汐）

【香山公园服务设施保障工作】 年内，香山公园加强基础设施管理，对园内服务设施进行普查，更换及增加路凳30把、果皮箱10个、调整维修路引牌示148条；完成粉刷铁果皮箱188个、玻璃钢106个、路凳189把、长条椅28把、垃圾箱20个。

（王晓明　王　奕）

【天坛公园印制服务设施图册】 年内，对园内牌示、栏杆等基础服务设施进行普查，通过50余次的现场勘查，对全园481块各类牌示、127处栏杆（共计1726扇，3085.15米）和203个挂衣杆的规格、位置进行了测量和定位，并对其外观、材质及颜色、分类、所示内容及安放方式进行了记录和拍照，形成原始数据和资料，绘制了《天坛公园牌示分布示意图》。

（李腾飞）

【天坛公园检修电子票务设备】 年内，电子票务系统运行期间，为保证电子票务系统稳定运行，全年在各重大节日前巡检6次，日常巡检50余次，累计维修100余次，更换读卡器、打孔器、主板、轧辊轮盘等设备共计20余个。

（熊　伟）

【景山公园升级改造便民设施】 年内，景山公园新增座椅扶手258个；绮望楼东侧集水池平台加装塑木座椅6把；修缮门区牌示20余块；后山腰道增添《游乐设施游玩须知》；维修保养破损垃圾桶23个；制作“鸟类过冬的食物请勿采摘”温馨提示牌7块；对腰道西侧原有小平台进行修缮扩建，修缮扩建后的休憩平台新增3人位路椅9组，便民衣帽架2处，并对原有地面进行重新铺装，铺装面积为100平方米；绮望楼东侧上山道两侧安装护栏扶手50延米。

（张小雪）

【北京动物园更新增设牌示】 年内，北京动物园统计现有各类牌示4499面，同比增加158面，增幅3.64%。完成临时牌示数据库的建立。场馆新增科普展览4个，具体为：水獭展区科普展览、小熊猫展区科普展览、金丝猴馆科普展览和北京动物园历史文化广场（一期）科普展览。更新亚运熊猫馆展览展陈。增加场馆开闭时间牌示8面；暑期及节假日使用的大型导览临时牌示8面、配合完成十三陵繁育基地改造，更新门牌1面、警示牌7面和动物说明牌28面。

（张　帆）

【紫竹院公园陆续对导览牌示进行更新】 年内，紫竹院公园现有导览牌示因常年阳光暴晒和游客频繁触摸造成文字内容模糊不清，公园出于方便游客游览的角度考虑，对园内导览牌示进行更新改造。此次更新的导览牌示集中在长河以南区域。共更新34块导览牌示，进一步细化了牌示内容，增加了门区、景点等距离提示；在此基础上，也对牌示进行了升级。升级后的牌示可单独拆卸条目，方便日后更换导览内容。更新牌示于7月底完工。

（鲁志远）

【北海公园游船电子票试运行】 年内，北海公园在美团网销售不同船型团购票11种，包括本年新增的黄鸭脚踏船。团购方式采取同面值团购券不同张数换购形式进行兑换，使用期限贯穿全年运营始终（周末、节假日除外）。游船队在各码头配置并调试团购兑换专用pose机并登记团购兑换专用票票种、数量、号段。为使相关工作顺利开展，游船队特组织职工进行团购销售培训，做好解释答疑工作。该项目自2014年年底正式启动，并于2015年4月20日首次试运行。北海公园在6个码头及游船队部安装电子票设备，通过扫描二维码票卡方式进行售退票操作，并可通过电子票务平台进行后台管理，游客也可通过售船小票及租船押金卡获取游玩资讯。

（汪　汐）

领导调研

【杨月调研冰场安全管理工作】 1月1～2日，北京市公园管理中心副主任杨月带队，到颐和园、北海公园、玉渊潭公园检查冰场安全工作。在听取具体部署及方案汇报后，对冰场的安全管理工作提出具体要求。

（王永存）

【黄亦红到紫竹院公园检查冰上活动开展情况】 1月1日，海淀区旅游委员会主任黄亦红实地查看了冬季冰上活动开展情况及海淀区文明创建工作落实情况，强调：做好节日期间安全管理工作，制定相关服务管理措施，确保节日期间安全无事故。检查中对公园文明创建工作作出的努力给予高度评价，并希望继续按照文明城区工作要求，再接再厉做好工作。

（苏金凤）

【杨月检查玉渊潭公园冰雪活动安全工作】 1月2日，市公园管理中心副主任杨月带领保卫处人员实地查看了活动现场，并提出具体要求：严格按照雪场人流控制预案，做好雪场门区限流、疏导工作；对雪场内的设施加强安全检查，重点加强雪道的安全监管工作，做好每日检查；严格规范雪场内商业用电行为，坚决杜绝超负荷用电，严防漏电伤及游人；公园南部京密引水渠河道野冰治理，要加强与水务部门联合管理，在河道附近增加安全提示牌示、横幅等，增加人力加强引导，并与相关媒体加大宣传力度，强化游人安全防范意识。进一步完善公园应对瞬间大客流量预案，全方位做好应急准备。公园值班领导陪同检查。

（王永存）

【市委、办、局领导检查北海公园用电防火工作】 1月5日，市文物局、市消防局和西城区文委检查北海公园重点部位和古建防火用电安全工作，检查组提出：公园地理位置重要，古建众多，要把消防安全工作放在一切工作的首位，杜绝火灾等安全事故发生；要严格落实责任制，加大对外来驻园单位的监管督察力度；加强对电、火、气、热的安全检查和管理。北海公园保卫科、基建科、管理经营科负责人陪同。

（汪　汐）

【裴保顺调研中山公园核心价值观展示】 1月5日，郑州市委宣传部副部长、市文明办主任裴保顺一行12人，实地察看中山公园社会主义核心价值观建设主题小品、道旗、古树围挡、电子宣传屏布置，并给予高度评价。市公园管理中心宣传处处长陈志强及公园有关领导陪同。

（赵　冉）

【李福祥、安钢到景山公园实地调研《北京市公园条例》执行情况】 1月15日，北京市人大常委会委员李福祥、安钢带队，到景山公园实地调研《北京市公园条例》执行情况。听取《条例》执行情况及“公园之友”管理机制汇报。调研组考察了中轴线、寿皇殿古建群现场，并听取了公园关于公园条例执行情况的汇报，并对公园划定区域、分区管理的经验做法予以肯定。市园林绿化局副巡视员廉国钊、法制处处长冀捷、公园处处长张亚红，中心巡视员刘英、主任助理王鹏训等相关负责人参加调研。

（孙　昊）

【杨月调研陶然亭公园社会主义核心价值观主题公园相关情况】 1月20日，中心党委副书记杨月到陶然亭公园实地调研社会主义核心价值观主题公园相关情况。听取中心宣传处、北海公园、中山公园和陶然亭公园汇报，提出要求。中心宣传处、安全应急处就相关工作提出意见和建议。

（陶然亭公园）

【高大伟调研玉渊潭公园重点工程建设】 1月26日，中心副主任高大伟带队调研玉渊潭公园东北部景区建设。听取了万柳堂前院景区院落布局、亭廊样式、植物景观配置等设计方案汇报，详细了解东北部景区保护性开放推进情况并做出指示。中心综合处负责人陪同调研。

（王智源）

【市公安局领导检查北海公园冰场运营工作】 1月28日，市公安局治安总队及西城治安支队的有关领导到北海公园检查冰场安全运营工作，详细了解了冰场面积、客容量、区域划分及安全疏散通道等基本情况，现场测量冰层厚度。

（汪　汐）

【王中华指导天坛春节文化周筹备工作】 1月29日，东城区副区长王中华带队检查、指导天坛春节文化周筹备工作，听取天坛文化周筹备工作汇报和调整方案，该方案汲取上海踩踏事故教训，与公安部门及中心安全应急处沟通后，取消了丹陛桥仪仗表演内容，保留了祈年殿乐舞和神乐署雅乐表演，以确保文化周安全、平稳。

（孙海洋）

【中华全国总工会领导到天坛公园和陶然亭公园调研】 2月3日，中华全国总工会全国海员建设工会副主席姚久强、城建工作部部长马正秋等实地参观了陶然亭公园职工书屋以及游船队全国工人先锋号。在天坛公园，领导一行首先慰问了全国先进工作者李文凯，并送去慰问金，随后前往雅乐中心职工创新工作室及游客服务中心导游班进行调研，听取了天坛公园工会职工创新工作及班组建设工作开展情况的汇报。姚久强对天坛公园工会工作所取得的成绩给予充分肯定并提出要求。

（中心工会）

【郑西平到玉渊潭公园看望困难职工】 2月9日，中心党委书记郑西平到玉渊潭公园看望困难职工。深入基层慰问公园园艺队困难职工韩宝才，亲切询问工作、生活情况，并送上节日问候和新春祝福。中心组织人事处副处长徐钢、公园园长祝玮、副园长鲁勇陪同慰问。

（张　翰）

【王忠海调研玉渊潭公园处级领导干部民主生活会】 2月10日，中心党委常委、副主任王忠海到玉渊潭公园指导处级领导干部民主生活会。公园园长祝玮并代表领导班子通报党的群众路线教育实践活动整改落实情况，领导班子成员围绕“严格党内生活、严守党的纪律、深化作风建设”主题逐一进行作对照检查，坦诚开展相互批评。中心党委常委、副主任王忠海点评公园民主生活会准备工作充分、态度认真严肃、查摆问题准确、原因剖析深刻、整改措施具体，相互批评有辣味，出以公心，聚焦事业发展，并就加强公园领导班子建设提出意见。中心组织人事处副处长徐钢陪同参加民主生活会。公园科级干部、党风廉政监督员、党员代表共计21人参加第一阶段会议。

（秦　雯）

【张延昆检查陶然亭公园庙会筹备工作】 2月10日，北京市副市长张延昆在北京市公园管理中心书记郑西平和西城区有关领导的陪同下，到陶然亭公园实地检查庙会筹备情况，现场听取了活动方案、环境布置、保卫方案和预案等情况的汇报。张副市长肯定了庙会筹备工作并提出要求。

（王京京　程　彤）

【中心检查组指导天坛公园春节筹备工作】 2月11日，市公园管理中心党委副书记杨月、科技处处长李铁成、组织人事处处长苏爱军等领导一行4人来园，实地查看祈年殿院内，文化周观众看台搭建工作。随后，在游客中心接待室，听取天坛春节文化周筹备工作汇报。检查组对公园春节期间工作部署给予充分的肯定。

（孙海洋）

【东城区文化委员会检查春节期间文物安全】 2月11日，东城区文化委员会对天坛文物安全工作进行检查，在充分肯定天坛文物安全管理工作的同时，提出建议：要严格落实市文物局要求，全面排查安全隐患，细化完善各项应急预案，确保安全；春节期间举办各类大型活动，应严格履行审批手续，主办单位应增强防灾意识，做好极端灾害性天气防范、应对工作；针对节日期间人流大幅度增加的特点，提前做好应急准备，做到有备无患，严防拥堵事件发生，确保游客和文物的安全；严格落实值班制度，安排专人24小时坚守岗位，确保信息畅通，施工工地必须有文物干部值守，遇有突发情况要立即报告并及时妥善处理。

（程光昕）

【中心领导及东城区相关领导节日期间到天坛公园检查指导工作】 2月13日，市公园管理中心副主任王忠海、东城区副区长王中华、中心宣传处处长陈志强、团委书记原蕾来园慰问文化周一线职工。现场查看文化周活动基础设施、观众看台及祭天乐舞表演，并与公安、武警负责人就文化周现场安全工作进行再部署。

（张　群）

【张勇带队到香山公园检查春节前工作】 2月15日，市公园管理中心主任张勇带队到香山公园检查春节前工作。香山公园就节前安全、服务、文化工作情况进行汇报。张勇对相关工作提出要求。

（任小双　郑　蕊）

【王宁视察陶然亭公园春节庙会工作】 2月16日，西城区委书记王宁到陶然亭公园视察春节庙会工作，王书记在公园领导的陪同下对摊位布置、服务接待、预案演练以及冰雪活动开展情况进行了实地检查，对公园庙会各项准备工作给予了肯定。

（王京京）

【孙硕检查陶然亭公园庙会食品安全情况】 2月17日，西城区副区长孙硕带队到陶然亭公园检查庙会食品安全情况。孙副区长一行现场听取了庙会食品摊位的有关介绍，并到公园东门主干道及中央广场等主要食品售卖区域进行实地检查。检查中，孙硕详细询问了庙会期间食品摊位设置状况、构成比例、招商管理、监督机制等具体情况，并就庙会的食品安全提出了相关要求。公园园长李国定、庙会主办单位京都公司、食品药品监督局等有关领导陪同检查。

（王京京）

【张勇赴颐和园进行春节慰问】 2月19日，市公园管理中心主任张勇带队，到颐和园进行春节慰问。张勇一行先后来到东宫门售验票厅、谐趣园两梅展现场、计生宣传服务站、文昌院综合展厅等岗位，向节日期间坚守一线岗位的干部职工致以春节问候。张勇对颐和园园艺技师梅花培育技术和展览效果给予充分肯定，在参观新近恢复开放的文昌院综合展厅时指出，文物是园林文化的精华，要持续加大文物保护力度，同时积极挖掘文物内在价值，将园林文化发扬光大。

（赵　冉）

【王海平调研市公园管理中心党风廉政建设】 2月27日，市纪委副书记、监察局局长王海平调研中心党风廉政建设工作。听取中心党委书记郑西平、纪委书记程海军分别围绕落实党风廉政建设党委主体责任、纪委监督责任及2015年中心党风廉政建设工作汇报。王海平副书记对中心工作给予充分肯定并要求进一步强化主体责任意识。市纪委第二纪检监察室主任李正斌等陪同调研，中心党委副书记杨月和中心办公室、人事处、纪检处负责人参加。

（刘彩丽）

【王忠海到陶然亭公园检查节前安全服务工作】 2月30日，市公园管理中心副主任王忠海实地检查庙会筹备、园容卫生、冰雪嘉年华等情况。指出要切实做好庙会期间的安全工作，注意预防大人流等突发情况出现，保证各项安全保卫措施落实到位，防止拥挤踩踏等事故发生，确保游园安全有序。加强园容卫生管理，加强对庙会商户的监管，确保食品安全。

（中心安全应急处）

【王传颂到中心调研非紧急救助服务工作】 3月4日，市信访办副主任、市非紧急救助服务中心主任王传颂到公园管理中心调研。充分肯定市属公园春节期间的非紧急救助服务工作，对中心长期以来重视和支持群众诉求办理工作表示感谢，并希望借助市属公园公共服务窗口，继续扩大对市政府12345服务热线的宣传力度，更好地发挥政府热线服务平台的职能作用，为百姓办好事办实事。进一步理顺非紧急救助服务工作职能，加强工作力量，确保群众咨询和诉求办理两个渠道畅通。中心副主任王忠海，中心办公室、宣传处负责人、市非紧急救助服务中心信息调研处负责人参加。

（陈　玥）

【郑西平到颐和园听鹂馆调研】　3月10日，中心党委书记郑西平到颐和园听鹂馆调研。实地查看并听取听鹂馆运营管理情况汇报，并与企业班子进行座谈交流，重点了解他们目前在企业经营过程中遇到的问题和困难，详细了解情况，结合实际调研，想办法尽全力为企业排忧解难。强调要从长远发展考虑，善于借势借力，科学合理地谋划、统筹好听鹂馆的今后发展定位和模式，部分项目要积极融入公园周边区域规划发展，着力从根本上解决发展难题。中心办公室相关人员、颐和园有关负责同志参加。

（中心办公室）

【天津市委宣传部到陶然亭公园调研】　3月11日，天津市南开区委常委、宣传部长、统战部长朱树江，天津市委宣传部宣教处处长李洪喜等一行6人到陶然亭公园调研社会主义核心价值观主题公园建设情况。参观主题公园环境布置后进行座谈。座谈会由北京市委宣传部巡视员崔耀中主持，中心党委副书记杨月介绍了中心基本情况，市委宣传处副处长胡钢围绕社会主义核心价值观主题公园建设情况进行了介绍，公园党委书记张颐春介绍了陶然亭公园园史和发展建设情况，以及主题公园运行维护和服务等情况。

（周　远）

【张勇调研香山公园致远斋展览展陈】　3月12日，市公园管理中心主任张勇带队到香山公园就市政府重要民生实事项目——致远斋展览展陈项目进行调研。一行听取致远斋工程建设和展陈情况的工作汇报，并对致远斋游赏路线、周边环境进行实地调研。张勇对香山公园各项工作给予肯定，并提出要求。市公园管理中心办公室、综合处、服务管理处等相关处室人员参加会议并表示全力支持配合。

（李　博）

【张春贵调研颐和园夜游活动】　3月13日，北京市市政管理委员会副主任张春贵、城市照明处处长梁红柳到颐和园听取《颐和园夜游项目整体规划方案》汇报。张春贵首先肯定了颐和园夜间景观照明的重要作用，表示颐和园要明确夜游项目的功能定位，分步分项实施，要体现出颐和园独特的皇家园林文化氛围，并表示北京市政管理委员会在该项目上将给予大力支持。

（赵　冉）

【中心领导调研玉渊潭公园樱花文化活动】　3月17日，中心主任张勇调研第27届樱花文化活动筹备工作情况。实地查看园区环境布置，听取相关工作汇报。3月18日，中心副主任王忠海带队调研公园第27届樱花文化活动筹备工作情况。听取公园在门区扩容、重点区域游人疏导、最大游客量承载等方面的工作措施。3月24日，中心副主任王忠海到玉渊潭公园调研樱花文化活动期间服务保障工作。实地查看园内游园秩序、安全管理、园容卫生等情况。4月3日，中心副主任高大伟对玉渊潭公园进行调研。实地考察公园樱花文化活动情况。

（王智源）

【张勇调研北京动物园沿线景观整治工作】

3月17日，根据市政府关于西外大街动物园一侧沿线景观整治的工作要求，市公园管理中心主任张勇带队，副主任高大伟、办公室主任齐志坚、北京动物园园长吴兆铮和副园长王树标、园林房地产副总经理张景玉及服务管理科、园林房地产工作人员一行8人对动物园南侧外围商业环境开展实地调研，进行现场安排落实具体工作。

（张 帆）

【程海军到玉渊潭公园调研纪检工作】 3月17日，市公园管理中心纪委书记程海军来园调研，详细了解公园内设机构、人员编制、职工队伍、文化活动和发展情况，并指出：要落实好党委的主体责任和纪委的监督责任，形成横向到边、纵向到底、层层传导、层层抓落实的工作格局。按照中央八项规定和纠正“四风”的要求，持续改进作风建设，加强对公园内私人会所和高档餐饮场所整改情况的监督检查，决不允许反弹，绝不出现新的问题场所。从思想上深刻认识纪委工作的重要性，增强责任感、使命感，结合新形势、新要求，积极从工作体制、机制制度、队伍建设上探索，形成长效。要强化纪律红线意识，贯彻落实廉洁自律各项规定，紧盯易发的“节日腐败”，认真执行“十个严禁”，保证节日风清气正。要强化主体责任意识，认真落实“一岗双责”，持续抓好新修订的党内两部法规学习，对党员干部要多发警示、多扯袖子、多提要求，切实将纪律和规矩挺在前面。要强化服务职工意识，节日期间班子成员要多深入一线，了解职工思想状况，关心职工工作生活，保持干部职工队伍思想稳定，全园上下以良好的精神风貌迎接新一年的工作。

（秦 雯 汪 汐）

【张勇调研玉渊潭公园樱花文化活动筹备工作】 3月17日，市公园管理中心主任张勇一行实地查看园区环境布置，听取工作汇报，指出：要认真分析园内、园外形势，充分考虑中堤桥施工对樱花文化活动的影响，扎实做好大人流应对预案和疏导措施，确保活动安全。稳步推进公园重点工程建设，确保中堤桥建设等重大项目的顺利实施。

（中心安全应急处）

【王忠海调研玉渊潭公园门区扩容等问题】 3月18日，市公园管理中心副主任王忠海听取玉渊潭公园在门区扩容、重点区域游人疏导、最大游客量承载等工作措施，强调：要细化现有安保措施和应急预案，增加应急力量配备，提高突发事件应对能力。强化热点区域游客疏导，加强环湖游览路线樱花景点布置，利用公园特色景观有效促进园内游客均衡流动。完善对外协调机制，积极与区属单位协调沟通，全力做好樱花文化活动安全和服务保障工作。

（王永存）

【中心党政领导带队调研学习市民政局纪检监察管理体制改革情况】 3月20日，中心党政领导带队专题调研学习市民政局纪检监察管理体制改革情况。市民政局局长李万钧、纪委书记程静先后介绍市民政局及所属纪检监察部门的基本情况、纪检监察管理体制改革的基本做法、取得的成效及存在问题等。双方深入交流在工程建设、财务管理等重点领域的风险防控管理工作。中心党委书记郑西平、主任张勇、纪委书记程海军，中心纪检处、办公室负责人参加调研。

（刘彩丽）

【程海军到北海公园调研纪检工作】 3月24日，中心纪委书记程海军到北海公园调研。详细了解机构设置、人员编制、职工队伍和管理情况，实地考察乙十六和上林苑高档餐饮整改情况。中心纪检监察处处长李书民陪同，公园党委书记吕新杰、园长李国定、纪委书记曲禄政参加。

（汪　汐）

【延庆县委宣传部到陶然亭公园调研】 3月24日，延庆县委常委、宣传部部长、统战部部长祁金利，县委宣传部副部长王晓娟、王磊一行8人到陶然亭公园就社会主义核心价值观主题公园建设情况进行调研。参加调研的领导实地参观了主题公园环境布置，听取了公园党委副书记、纪委书记白永强对主题公园相关情况的介绍。延庆县委常委、宣传部部长、统战部部长祁金利对公园社会主义核心价值观主题公园的建设给予了高度评价。北京市西城区委常委、宣传部长王都伟，区委宣传部副部长李雪梅及相关领导陪同调研。

（程　彤）

【李炜民到园林学校调研示范校建设】 3月24日，市公园管理中心总工程师李炜民到北京园林学校调研。听取学校关于国家示范校建设和学校发展情况汇报。中心组织人事处、综合处负责人以及学校相关领导参会。

（赵乐乐）

【李炜民调研良种苗木基地进展情况】 4月3日，市公园管理中心总工程师李炜民带队到北京植物园、北京市园林科学研究院检查了良种苗木基地的工作推进情况。李炜民听取了两个基地建设的规划和进展的汇报，要求充分重视良种基地建设的重要意义。科技处、园科院、植物园相关负责人参加调研。

（中心科技处）

【张勇、傅首清一行到紫竹院公园调研工作】 4月3日，市公园管理中心主任张勇、海淀区人民政府副区长傅首清一同到紫竹院公园调研指导工作。实地参观了开放后的行宫文化展览展陈，对禅院佛教规制、行宫展厅逐一进行了查看，并提出要求。公园园长曹振起、海淀区旅游委员会主任黄亦红、史广亮等相关工作人员陪同调研。

（边　娜）

【王忠海调研北海公园为民办实事项目进展情况】 4月10日，北京市公园管理中心副主任王忠海调研市政府为民办实事项目落实进展情况。听取北海公园相关人员的工作汇报，实地查看展览项目推进情况。中心服务处、安全应急处负责人参加。

（汪　汐）

【程海军调研天坛公园廉政文化】 4月13日，中心纪委书记程海军来园调研，听取公园基本情况、纪委履职情况等工作汇报。会后，赴神乐署观看了“中和韶乐”演出和廉政文化故事宣讲，并实地走访了创新工作室。程书记高度赞扬了天坛职工队伍的业务水平和创新能力。天坛公园党委书记杨晓东，园长李高，党委副书记、纪委书记董亚力及纪委工作人员陪同调研。

（王　彬）

【王忠海调研颐和园益寿堂红色展览】 4月13日，北京市公园管理中心副主任王忠海带队，到颐和园听取益寿堂红色展览设计方案汇报。王忠海听取汇报方案后提出如下指导意见：要进一步挖掘展览的思想内涵，面向大众，突出历史底蕴、丰富展览手段、凸显民生等主题；要重视展览的导向性、趣味性，要有视觉冲击力；在内容上，注意区别于其他红色展览，相同的内容采用不同的展示方式来呈现，可以体现古城、古园林保护等内容，还要充分利用多媒体等表现形式，满足展览的多样性；要通过流程细化、方案优化来克服环境狭小的局限性，要重视展览后的讲解词主题文化的宣传，通过展览把红色文化及我党的光辉发展历程展现出来；要综合考虑各方案，吸取优点，丰富展览内容。颐和园将按中心领导指示，优质高效、全力以赴地推进展览工作，保证展览高品质地呈现在观众面前。

（赵　冉）

【王忠海检查中山公园春花暨郁金香展览】 4月14日，市公园管理中心副主任王忠海实地查看郁金香景区、唐花坞展室布置及各项方案落实情况。中心主任助理、服务管理处处长王鹏训，中心安全应急处及公园领导陪同。

（赵　冉）

【王忠海到陶然亭公园调研指导工作】 4月15日，中心副主任王忠海到陶然亭公园调研指导工作，现场考察了陶然亭公园首届海棠春花文化节。王主任对公园的工作表示肯定。中心主任助理、服务管理处处长王鹏训，办公室、服务管理处、安全应急处、陶然亭公园相关负责人陪同调研。

（中心服务处）

【叶亮清到香山公园调研三山五园文化展】 4月15日，海淀区文化发展促进中心主任叶亮清就《三山五园——香山静宜园历史文化展》走进北京联合大学一事到香山公园调研，北京联合大学应用文理学院副院长、北京三山五园研究院副院长赵连稳随行。一行参观了公园东门广场举办的《三山五园——香山静宜园历史文化展》。叶亮清对香山公园举办的《三山五园——香山静宜园历史文化展》走进北京联合大学工作进展情况及对“三山五园”的文化研究成果表示肯定，提出将北京联合大学作为第一站，希望陆续将《三山五园——香山静宜园历史文化展》推向海淀各个大学巡展。

（王　奕）

【王忠海到中山公园调研日常服务工作】 4月17日，中心副主任王忠海到中山公园调研。听取郁金香花展和日常服务管理工作汇报，强调：要做好各项文化活动，积极配合相关部门做好反法西斯战争胜利70周年纪念活动相关服务保障工作。团结班子，带好队伍，注重人才队伍建设。注重安全生产，将安全工作作为各项工作的重中之重。做好内控制度的建设工作，保护公园资产的安全和完整，形成科学有效的管理机制。中心服务处、安全应急处负责人陪同。

（中山公园）

【市旅游委员会对香山公园厕所进行摸底调查】 4月20日，北京市旅游委员会公共服务管理处处长吕飞虎一行5人到香山公园，就国家旅游委员会最新颁布的《旅游厕所质量等级的划分》标准对照香山公园厕所进行摸底调查。一行对公园厕所与其他景区普遍和特有存在的问题逐一说明。同时，公园结合国家旅游局最新发布的《旅游厕所建设管理指南》中的相关要求，对厕所内的各类标识及公示内容进行规范。制定《厕所应急预案》；为园内各厕所编排序号并张贴在显耀位置；为倡导游客节约用纸，在园内各厕所取纸处增加文明提示语；为园内各厕所内蹲位、坐便进行标注，方便游客选择所需等。

（王晓明）

【王忠海调研陶然亭公园海棠春花文化节】 4月20日，市公园管理中心副主任王忠海调研陶然亭公园海棠春花文化节。实地考察海棠春花文化节活动情况，指出：要高标准做好折子工程工作，把关“一节四展”内容。要做好安全应急工作，完善应急预案，采取有效措施，强化极端天气应急防范，注意预防大人流等突发状况，保证各项安全措施落实到位。抓好工作落实，加大旅游资源探索力度，利用公园发展平台，形成有自主特色的文化品牌活动，推动公园文化传承与发展，提升社会知名度和影响力。做好内控制度建设的相关工作，结合公园实际情况，形成科学、有效的内控管理机制。中心服务处、办公室、安全应急处负责人陪同。

（陶然亭公园）

【程海军到陶然亭公园调研党风廉政建设】 4月21日，北京市公园管理中心纪委书记程海军和纪检监察处处长李书民到陶然亭公园调研。公园党委书记张颐春代表党委介绍了落实党风廉政建设责任制党委履行主体责任、公园机构编制、职工队伍建设、公园发展等情况，公园党委副书记、纪委书记白永强代表纪委介绍了工作进展及落实党风廉政建设责任制纪委履行监督责任等情况。程书记通过听取汇报和查阅资料后，对公园党委和纪委工作予以充分肯定，认为“两个责任”做得好、做得细，资料充分齐全，同时提出要求。随后，公园领导班子成员陪同检查了公园游览环境、园内餐厅、管理处办公环境及职工食堂。公园领导班子成员参加了上述调研活动。

（程　彤）

【张勇专题调研北京动物园改革发展路径】 4月22日，市公园管理中心主任张勇带领中心调研组一行4人到动物园专题调研中心系统改革发展路径相关问题，听取工作汇报。北京动物园围绕制约中心系统改革发展路径的用工管理问题、企业问题、创收和激励相关政策机制等问题，向调研组汇报了用工管理、网格化管理等调研课题以及制度建设和“一园两区”工作探索情况。中心调研组齐志坚、刘明星、张旭、北京动物园园长吴兆铮、党委书记马文香、副园长冯小平、副园长王树标及相关工作人员参加。

（赵　冉）

【张勇调研颐和园改革发展路径】 4月23日，北京市公园管理中心主任张勇带队，到颐和园调研中心系统改革发展路径等相关问题。颐和园汇报未来发展和面临的问题，以及用工管理、企业、创收等问题。同时，围绕激励机制问题，汇报公园在干部队伍管理和人才队伍选拔培养方面的办法举措。中心办公室、计财处、研究室负责人参加调研。

（颐和园）

【市人事局到园博馆调研】 4月23日，市人事局专技处处长王友之带队到园博馆调研，市公园管理中心组织人事处处长苏爱军陪同。园博管主任李炜民介绍园博馆筹建和运行情况，并就人员编制和结构现状，特别是专业技术人员现状与市人事局进行了沟通。

（滕　元）

【程海军到香山公园检查会所工作】 4月25日，市公园管理中心纪委书记程海军、纪检监察处处长李书民到香山公园检查会所工作，听取了公园相关工作情况的汇报，并实地查看了洪光寺和松堂。

（王　嘉）

【张勇调研中山公园社稷坛祭坛保护工作】 5月4日，市公园管理中心主任张勇听取中山公园社稷坛历史沿革、文保规划、保护管理工作汇报，实地考察社稷祭坛五色土现状。中心副主任高大伟及公园领导班子陪同。

（赵　冉）

【柳纪纲调研颐和园《北京市公园条例》实施情况】 5月14日，北京市人大常委会副主任柳纪纲，北京市人大常委会副秘书长李福祥、黄石松，北京市人大常委会委员安钢，北京市人大农村委员会副主任委员周和平、杨瑞到颐和园调研《北京市公园条例》实施情况。调研组一行从东宫门入园，依次查看仁寿殿文物保护、德和园文物展览、长廊游览秩序、排云殿游览秩序和文昌院改造等情况。

（赵　冉）

【国家文物局视察景山公园寿皇殿修缮工程进展情况】 5月15日，国家文物局办公室副主任陈红、国家文物局文保处处长凌明及北京市文物局文保处、计财处的相关领导来园视察景山公园寿皇殿建筑群修缮工程进展情况。

（邹　雯）

【中心领导调研天坛公园神乐署工作】 5月21日，市公园管理中心主任张勇、副主任高大伟到天坛公园调研。听取了天坛神乐署文化品牌发展、用工管理、商业发展情况的汇报。中心主任张勇首先肯定了公园为此次调研做了充分认真的准备，要继续推进神乐署的发展，进一步提升神乐署的地位，扩大影响力；要努力破解制约神乐署发展的障碍和存在的问题；在做好传统公园服务管理工作的基础上，针对天坛自身特点搞好发展；在解决问题的思路上，中心与公园共同研究解决；问题搞清楚的同时，政策要明白，政策从哪个点突破，路径要循序渐进，现状要清楚，规矩要明白；进一步做好内部统筹工作，跟政府各职能部门进行协调，促进公园更好、更快地发展。

（孙海洋）

【刘曙光调研颐和园遗产监测工作】 5月22日，中国文化遗产研究院院长刘曙光、中国世界文化遗产监测中心主任赵云，对颐和园世界文化遗产监测工作进行调研。颐和园领导对近年来遗产监测工作进展情况、2015年遗产监测工作计划以及工作中遇到的问题进行了汇报。随后，调研组成员现场调研德和园大戏楼监测情况，并乘船调研颐和园缓冲区保护现状。

（赵　冉）

【张勇调研天坛公园改革发展路径】 5月26日，中心主任张勇到天坛调研中心系统改革发展路径问题。重点调研神乐署文化品牌建设的激励和创收机制问题。张勇主任指出：关于神乐署的问题，一方面中心将高度重视、创造条件，继续扩大其文化影响力，使其在优秀传统文化的传承与弘扬上发挥更大作用；另一方面，要着力破解神乐署文化品牌建设中的障碍和难题，在激励和创收机制上寻求新的出路。对于制约中心系统改革发展的共性问题，要从实际出发，明确解决问题的基本路径，提出当前可行做法、近期对策建议及最终解决方案。掌握政策是科学推进中心系统改革发展的关键。对于制约发展的问题，要理清现状，掌握政策，在现行政策体制的框架下，按照北京市总体部署，实现中心系统的改革发展。

（天坛公园）

【张勇调研紫竹院公园改革发展路径】 5月26日，市公园管理中心主任张勇到紫竹院公园调研指导工作。先后到与公园合作经营的紫晶宴府、友贤茶社和公园北门综合管理用房工地进行实地查看，详细了解转型经营进展、合作经营状况、公园管理现状及暑期施工安全等项工作，公园园长曹振起陪同调研。

（边　娜）

【高大伟到香山公园调研三山五园专题】 5月26日，市公园管理中心副主任高大伟带队到香山公园调研。公园就《香山公园在“三山五园”保护利用中的定位和发展路径研究》课题调研、管理服务经营模式的创新探索、“十三五”规划编制、创新公园激励机制、经营产业升级、静宜园28景展陈及综合利用情况进行汇报。市公园管理中心办公室、研究室相关人员陪同调研。

（李　博）

【杨月调研颐和园群众路线教育实践活动】 5月29日，北京市公园管理中心党委副书记杨月带队，到颐和园调研群众路线教育实践活动整改落实情况。调研分查阅文档、听取汇报、分组座谈和问卷调查四个环节，园处级领导班子成员全程参加。首先，检查组成员现场查阅颐和园群众路线活动有关文档资料。其次，颐和园党委书记毕颐和围绕组织党员干部开展学习教育、整改方案落实、专项整治进展情况等七个方面进行汇报。杨月对颐和园群众路线教育实践活动整改落实情况给予充分肯定。最后，检查组分别与颐和园科队级干部、职工代表进行座谈，现场发放调查问卷，全面了解颐和园领导班子整改方案落实情况。

（赵　冉）

【王忠海调研陶然亭公园“四项展览”筹备工作】 6月1日，市公园管理中心副主任王忠海到陶然亭公园现场调研市政府2015年为民办实事项目第26项工作的落实和推进情况。公园领导汇报了“红色梦——慈悲庵革命史迹展”“云绘楼·清音阁陈设展”“江山无限景，都聚一亭中——中国亭文化展”“陶然亭公园对公众开放60周年园史展”的筹备进展情况。中心主任助理、服务管理处处长王鹏训分别对展览的史实性、艺术性、可行性和政治性提出了具体的建议和要求。中心服务管理处、陶然亭公园相关人员陪同调研。

（中心服务处）

【张勇到香山公园调研折子工作】 6月2日，市公园管理中心主任张勇到香山公园就重点折子工作进展情况、园内会所整治、周边环境整治规划、商业经营等工作进行调研，听取了公园领导班子的汇报，并到北门、索道站、致远斋等处实地查看。张勇对致远斋修复工程进展情况、取消洪光寺会所、园内商业经营等情况给予充分肯定，提出改进意见。

（任小双　郑　蕊）

【北京市旅游委检查《北京市控制吸烟条例》落实情况】 6月2日，北京市旅游委行业监督管理处处长乔建平、副处长贾丽梅到天坛公园检查《北京市控制吸烟条例》落实情况。公园副园长王颖陪同检查组到园内主要景点实地检查，同时管理科负责人向检查组汇报了公园贯彻落实《条例》工作进度，在公园领导高度重视下，公园以保障广大游客健康为目的，确保园区安全为底线，坚持以宣传、提示为主，通过提高硬件设施，分阶段更新园内各禁烟牌示，并在牌示中增加监管部门电话；加大宣传力度，利用景区内大屏幕、门区LED显示屏滚动播放《北京市控制吸烟条例》重要内容等措施，全面促进开展《条例》落实工作。检查组在实地检查并听取公园相关落实工作汇报后对公园推进落实《条例》工作给予高度肯定。随后，市旅游委检查北海公园禁烟工作，听取相关工作报告，实地查看部分景区控烟情况及门区宣传牌示、LED显示屏，对公园禁烟总体情况表示满意。

（李腾飞　汪　汐）

【张勇调研紫竹院公园福荫紫竹院“雪域星生珍藏唐卡艺术展”】 6月3日，市公园管理中心主任张勇到紫竹院公园福荫紫竹院指导“雪域星生珍藏唐卡艺术展”。听取了行宫队队长简要介绍，张勇对行宫文化展首次换展及顺利开幕工作给予肯定，对展出的唐卡、佛像、法器、临摹壁画的艺术价值和收藏价值给予了高度评价。公园园长曹振起，书记甘长青陪同。

（王　静）

【张勇到园博馆检查指导工作】 6月3日，市公园管理中心主任张勇到园博馆检查临展运行及室外展园绿化景观布置情况，随后指出：处于“成长期”的园博馆要继续保持室内外展园环境水平，同时加强基础工作力度，建立科学化、精细化、规范化管理制度，不断总结经验，实现从日常管理到精细化管理的完美过渡；立足长远，以一流标准，高站位、高起点，早日实现国家一级博物馆的目标。党委书记阚跃、副主任黄亦工等领导班子成员陪同检查。

（滕　元）

【顾孟潮到园博馆调研指导工作】 6月4日，中国建筑学会教授级高级建筑师顾孟潮应邀来到园博馆，对现有馆内空间利用等方面提出中肯建议。在先后参观了第一固定展厅中国古代园林厅、苏州畅园、广东余荫山房、扬州片石山房三座特色室内展园、“西藏罗布林卡文物”专题展览以及圆明园全景巨型立雕等公共区域大型展品，并重点参观了第二固定展厅中国近现代园林厅“园林城市”陈列章节后，顾孟潮对园博馆园林历史发展陈列体系表示赞赏，并针对馆内空间利用、钱学森“山水城市”与园林行业发展有关问题与主任李炜民进行交流探讨。

（滕　元）

【住建部文明办公室王敏到陶然亭和北海公园调研】　6月5日，北京市住建部文明办公室处长王敏到陶然亭公园和北海公园，就社会主义核心价值观主题公园的建设情况进行调研。北京市公园管理中心宣传处处长陈志强围绕配合北京市委宣传部进行社会主义核心价值观主题公园建设情况进行了介绍。公园领导分别从环境布置、文化活动、游客结构及主题公园的选址、定位、内容等方面进行了汇报。

（程　彤　汪　汐）

【王忠海调研天坛公园安全保卫工作】　6月8日，市公园管理中心副主任王忠海到天坛公园就公园防火、游览秩序治理和安全生产月工作落实情况进行调研。听取公园领导上半年安全工作汇报，审查公园安全文化建设微电影样片，对天坛安全工作给予充分肯定，中心安全应急处处长史建平陪同。

（孙海洋　冀婷丽）

【李炜民到园科院、植物园良种中试基地调研】　6月8日，中心总工程师李炜民到园科院、植物园良种中试基地调研。了解基地建设情况并提出：要按照市“增彩延绿”项目的总体部署和相关要求规划进行基地建设，确保实现年度目标。科研院、植物园要主动投入，进一步提升圃地科学管理水平。科技处相关人员参加调研。

（中心科技处）

【张勇调研玉渊潭公园重点工作】　6月9日，中心主任张勇到玉渊潭公园调研重点工作，实地查看了东北部景区和中堤桥建设工程进展情况，提出指导意见。

（王智源）

【市园林绿化局领导到玉渊潭公园调研】　6月10日，市园林绿化局科技处处长王小平、副处长杜建军、中心科技处处长李铁成到玉渊潭公园调研“增彩延绿”示范项目。共同听取公园领导相关工作汇报，现场参观公园“增彩延绿”示范区，对公园“增彩延绿”工作给予肯定并提出要求。中心科技处、综合处相关负责人，公园副园长鲁勇陪同调研。

（王智源）

【王忠海调研天坛公园可移动文物及藏品保护工作】　6月11日，市公园管理中心副主任王忠海带队到天坛公园调研可移动文物及藏品保护工作，听取天坛可移动文物、藏品保护工作及文物管理保护工作历史沿革等工作的汇报，现场实地查看了天坛文物库文物保护及管理情况。中心副主任王忠海对天坛在现有条件下文物保护、管理、安防技防等工作给予了充分肯定。园长李高，党委书记夏君波、副园长于辉及文研室、办公室、保卫科相关人员参会，中心主任助理王鹏训、服务管理处副处长贺然、安全应急处副处米山坡及中心相关处室工作人员陪同检查。

（王恩铭）

【程海军专题调研中心因公出国（境）管理工作】　6月15日，市公园管理中心纪委书记程海军重点了解了中心因公出国（境）工作安排，计划团组的基本行程、人员构成、经费管理等，并就因公出国（境）管理工作提出要求。

（刘彩丽）

【王忠海调研可移动文物及藏品保护利用工作】 6月15日，为进一步落实市公园管理中心文物保护工作会议精神，推进第一次全国可移动文物普查和中心可移动文物及藏品保护利用工作，中心服务管理处组织相关部门结合《中心关于加强可移动文物及藏品保护利用工作的意见》（以下简称《意见》）对所属11家公园和园博馆进行了为期四天的全面检查。此次检查由中心副主任王忠海带队，服务管理处、综合管理处、安全保卫处相关人员以及邀请的颐和园、天坛公园、园博馆可移动文物专家组成检查组。检查重点是各单位的《北京市公园管理中心关于加强可移动文物及藏品保护利用工作的意见》落实情况、文物普查进展、重点文物场所和库房等项内容。检查的形式是工作汇报、现场检查、检查组反馈检查情况。就实地检查情况来看各单位积极贯彻中心下发的《意见》，认真领会中心文保工作会议精神，有序开展本单位的文物普查工作。在检查过程中也发现了文物库房空间不足、专业人员欠缺等问题。

（李　艳）

【王忠海调研颐和园消防工作】 6月16日，北京市公园管理中心副主任王忠海带队，实地考察颐和园在南湖岛新配置的手推式高压细水雾灭火设备，王忠海指出：公园要根据自身古建房屋的实际布局，合理配置消防灭火设备，使其效能可以得到充分发挥；要与设备厂家密切联系，强化职工消防专业知识培训，使职工能够熟练掌握设备使用、维护及处理火情的具体方法。

（赵　冉）

【成都市委宣传部到陶然亭公园观摩调研】 6月16日，成都市委宣传部常务副部长、文明办公室主任张映明一行5人到陶然亭公园，就社会主义核心价值观主题公园的建设情况进行实地调研。北京市委宣传部巡视员崔耀中、市委宣传部宣传处副处长胡钢、市公园管理中心宣传处处长陈志强、陶然亭公园党委书记张颐春、陶然亭公园园长缪祥流、中山公园党委副书记鲍发志等12人陪同到实地进行参观，在公园讲解员的带领下先后参观了光耀京华主题标志以及园内其他环境布置。成都市委宣传部一行人员对公园的发展建设给予了高度评价。参观后，进行了交流座谈，座谈会由市委宣传部巡视员崔耀中主持。北京市委宣传部宣传处副处长胡钢介绍了北京市“图说我们的价值观”户外宣传工作及项目管理情况；北京市公园管理中心宣传处处长陈志强介绍了中心三家公园对核心价值观主题公园的日常维护、参观接待等情况；中山公园党委副书记鲍发志、陶然亭公园党委书记张颐春分别补充介绍了主题公园发展建设等相关情况；北京歌华文化中心有限公司项目经理高智勇介绍了主题公园设计理念及维护情况。

（程　彤）

【王忠海带队走进“政风行风热线”直播间】 6月18日，市公园管理中心副主任王忠海带队走进“政风行风热线”直播间。介绍市属公园服务接待情况，《北京市控制吸烟条例》执行情况，回答记者提问，与广大听众和网友互动交流。办公室、服务处、安全应急处、宣传处负责人参加访谈。

（中心安全应急处）

【市人大公园条例执法检查组调研《北京市公园条例》执行情况】 6月18日，市人大常委会副主任柳纪纲、市人大常委会副秘书长李福祥、市人大常委会农村办公室主任安钢、市人大常委会城建环保办公室主任郭普金，市人大“公园条例执法检查组”部分成员及中心巡视员刘英、中心副主任高大伟、市园林绿化局副局长廉国钊等一行19人到天坛公园，就《北京市公园条例》的执行情况、存在问题及历史名园建设、管理、保护等方面工作开展调研。考察结束后，检查组一行人到公园西北外坛科普木屋，听取公园汇报。园长李高首先就天坛公园执行《北京市公园条例》情况、公园管理难点、规划制定与实施、土地占用与遗产保护等工作进行汇报。刘英巡视员代表中心向检查组提出了关于修订《北京市公园条例》的意见与建议，认为修订工作迫在眉睫，在修改过程中找到管理者与游客间的共同点，并建议加大执法力度。

（于　戈）

【杨月到北海公园检查工作】 6月19日，中心党委副书记杨月检查北海公园群众路线教育实践活动整改落实情况。检查组听取了公园党委书记吕新杰关于教育实践活动和民主生活会制定的50余项整改措施落实情况的汇报，对整改情况给予肯定，认为公园整改工作扎实，结合了工作实际，突出了本园特色，在今后的工作中，要进一步深入体会教育实践活动成效对工作带来的深刻影响，要进一步对教育实践活动长效机制进行再提炼、再升华和再认识，深刻把握办园方向，发挥公园的新功能，并提出意见。中心组织人事处、办公室相关领导及公园党委副书记曲禄政陪同。

（汪　汐）

【林克庆调研颐和园夜游活动】 6月23日，北京市副市长林克庆带队调研颐和园夜间照明项目。调研组一行由霁清轩入园，踏勘谐趣园、后溪河、苏州街、万寿山建筑群等夜游线路沿岸景观与前期灯光视觉效果，听取颐和园关于拟定基础道路照明和景观建筑照明两种夜景照明效果方案汇报。北京市副秘书长赵根武表示，颐和园夜游项目是旅游开发的延伸，夜景照明系统要立足于颐和园本体建筑，突出夜色中颐和园的宁静、清秀之美，建议用一个景区做试点，在原来基础上提升照明效果，要多方征询意见。同时还要思考文化展示传播、管理成本和商业模式问题。林克庆要求：①颐和园景观照明要在2008年照明工程基础上，从易到难逐步实施，要准备平时和节日两个版本照明，渐进开展，先适度完善夜景照明设施，再考虑深度开发夜间活动事宜。②颐和园夜景照明的定位就是公益性景观照明，要增加庄重感和宁静感，要与精品旅游线路、晚间线路相结合。③颐和园夜景照明要突出重点，要有层次地展现佛香阁、长廊、十七孔桥，要应用高科技手段，突出北京夜景照明系统的特点。④要总体规划、分步实施，分三年实施，市政管委会和市旅游委将给予大力支持，公园管理中心筹集资金，在原来的基础上，改造完善颐和园夜景照明系统，力争在2017年呈现出一个精品项目。市政府副秘书长赵根武，市农委主任孙文锴，市旅游委主任宋宇，中心党委书记郑西平、主任张勇，市市政市容委委员张春贵，市旅游委委员方泽华，市水务局副局长刘轩，中心副主任高大伟等有关领导参加。

（赵　冉）

【林克庆调研香山公园致远斋展览工作】 6月23日，副市长林克庆带队到香山公园调研致远斋展览展陈筹备工作。一行由东门，途径勤政殿至致远斋。公园汇报了2015年市政府重要民生实事项目——致远斋展览展陈筹备进展情况，林克庆对公园筹备工作给予肯定，并指示：香山公园建筑格局精美，园林文化底蕴深厚，是首都皇家园林的代表之作，致远斋展览展陈作为2015年市政府重要民生实事项目之一，一定要办实、办好、办精彩；公园要注重加强与市、区旅游委沟通联络，充分利用“三山五园”皇家园林群的区域优势，共建平台、共创品牌、共享价值。在视察昭庙景区后，林克庆指出：昭庙是民族文化融合的象征，是民族团结的重要物证，要加强保护与修复。市政府副秘书长赵根武，市农委主任孙文锴，市旅游委主任宋宇，中心党委书记郑西平、主任张勇，市市政市容委委员张春贵，市旅游委委员方泽华，市水务局副局长刘轩，中心副主任高大伟等领导参加。

（任小双　郑　蕊）

【张勇到北海公园调研可移动文物工作】 6月23日，中心主任张勇到北海公园调研，北海公园同时邀请书画鉴赏专家王卫东先生来园鉴赏藏品并指导相关工作。张勇主任与专家实地调研北海公园可移动文物及藏品相关工作。

（汪　汐）

【高大伟到玉渊潭公园指导城市湿地公园规划任务交底会】 6月25日，中心副主任高大伟调研指导玉渊潭公园申报城市湿地公园规划任务交底会。会上，高大伟与市园林绿化局野生动物保护处副处长曲宏、园林规划设计专家檀馨、国家环保部生态评估专家王增年教授共同对湿地规划编制进行了意见交流。

（王智源）

【高大伟调研玉渊潭公园“十三五”规划编制进展情况】 6月25日，由市公园管理中心副主任高大伟带队到玉渊潭公园调研“十三五”规划编制及必选课题进展情况。听取公园“十三五”规划编制工作进展情况、必选课题《积极营造申冬奥群众参与冰雪体育浓郁氛围——玉渊潭公园冰雪体育进公园示范研究》的汇报，以及公园关于中心系统改革发展路径相关问题的建议，对公园相关工作予以肯定。

（王智源）

【王忠海调研“红色梦——慈悲庵革命史迹展”筹备工作】 6月29日，市公园管理中心副主任王忠海到陶然亭公园调研“红色梦——慈悲庵革命史迹展”筹备工作。公园现场汇报了“红色梦——慈悲庵革命史迹展”的筹备进展情况，展览的各项筹备工作基本就绪，已经具备开放条件，7月1日可按照计划向游客开放。王忠海对陶然亭公园的展览筹备工作给予了肯定。中心主任助理、服务管理处处长王鹏训、调研员孟庆红、副处长贺然以及陶然亭公园相关人员陪同调研。

（李　艳）

【王忠海调研景山公园服务设施工作】 6

月29日，市公园管理中心副主任王忠海到景山公园现场调研路椅等相关工作。景山公园园长杨华就公园路椅的基本情况和相关工作，以及未来路椅工作的计划做了汇报。王主任对景山公园近期的路椅增设工作给予了肯定。中心主任助理、服务管理处处长王鹏训、调研员孟庆红、副处长贺然，景山公园相关人员陪同调研。

（李　艳）

【李炜民到紫竹院公园调研“增彩延绿”示范项目】　6月29日，市公园管理中心总工程师李炜民到紫竹院公园调研“增彩延绿”示范项目。实地查看了青莲岛、明月岛“增彩延绿”项目竹品种更新情况。

（科技处　紫竹院）

【国家文物局领导检查景山寿皇殿建筑群修缮工程】　7月3日，国家文物局文物处处长凌明、国家遗产研究院副院长许言、市公园管理中心副主任高大伟等一行9人，到景山公园检查景山寿皇殿建筑群修缮工程前期工作进展情况。检查组听取了修缮方案，了解工程筹备情况。

（邹　雯）

【中心领导到北海公园调研展览工作】　7月3日，中心主任张勇、中心党委副书记杨月到北海公园调研阐福寺及团城展览情况。实地走访、检查了阐福寺沈三草“荷”系列书画展及团城“我们的奥林匹克梦”主题体育收藏联展。参观后，中心领导对北海公园两项展览给予高度肯定，同时指出要继续挖掘、拓展展览内容，不断丰富百姓的日常文化生活；要做好展览期间安全保卫工作，遇客流量大的情况及时启动应急预案。北海公园园长李国定及相关部门工作人员陪同。

（汪　汐）

【国务院参事调研天坛完整性、国家对世界遗产委员会承诺进展情况】　7月6日，国务院参事葛志荣、刘秀晨、黄当时、张玉平、张红武、张洪涛、刘志仁等一行11人，到天坛公园就恢复天坛完整性、国家对世界遗产委员会承诺进展情况进行调研。参事一行实地考察了天坛管辖范围现状及周边占地环境情况，并开展调研座谈。会上，参事详细听取了天坛坛域历史沿革、申遗17年以来管辖范围保护状况、周边占地现状及目前搬迁进展情况的汇报。天坛公园领导按参事意见整理出“加快推进天坛完整性，实现国家向世界遗产委员会的承诺”报告文稿，呈交与会参事并进行讨论修改，有效加快恢复天坛完整历史风貌的进程。

（刘碧丽）

【市教委领导到园林学校调研示范校工作】　7月7日，市教委职业教育与成人教育处处长王东江及市教育科学研究院职成教育研究所所长吉利一行8人到校调研国家示范校建设工作。

（赵乐乐）

【林克庆主持召开北京动物园发展和颐和园夜间游览活动会议】　7月7日，林克庆副市长主持召开会议专题研究北京动物园发展和颐和园夜间游览活动。中心就北京动物园建设发展与国际一流水平接轨、向国家动物园标准迈进，以及颐和园夜间照明方案及活动设想等方面进行详细汇报，与会领导进行了深入讨论研究。林克庆副市长指出：要加强对北京动物园定位、规模、标准等方面的研究探索，广泛学习借鉴国内外动物园先进理念，为丰富游客体验、提升动物福利、促进公园发展做出努力；原则同意颐和园夜间照明方案，要求在运用先进照明手法和邀请专家论证的基础上，分两期抓紧推进，切实打造精品工程。市政府副秘书长赵根武，市园林绿化局局长邓乃平、副局长高士武、副巡视员廉国钊、市公园管理中心主任张勇、副主任王忠海、副主任高大伟和颐和园、动物园负责人参加会议。

（办公室）

【王忠海到香山公园检查致远斋筹备工作】 7月10日，市公园管理中心副主任王忠海到香山公园检查致远斋筹备工作。听取了公园领导的汇报，并实地到致远斋现场查看布展情况。王忠海对公园筹备工作表示肯定并提出建议。

（任小双　郑　蕊）

【张勇带队调研绿野晴川野生动物园】 7月14日，市公园管理中心主任张勇带队到大兴绿野晴川野生动物园考察调研。张主任一行与野生动物园负责人就动物园展区设计理念、展览形式、园区管理、经营模式和服务品质等方面进行深入交流探讨，重点考察新建自驾游展区、视觉无障碍设计、兽舍建设管理等内容。中心副主任王忠海、高大伟，中心相关处室负责人、动物园园长及相关人员参加调研。

（北京动物园）

【高大伟到北海公园调研疏解工作】 7月14日，中心副主任高大伟到北海公园调研工作，听取北海公园介绍西城区对公园东门外陟山街疏解整治的相关方案，实地勘察了陟山街及公园工程园容队现状，提出公园相关部门要共同参与此项工作，及时查找相关文献、图纸，摸清史实；要在确保公园利益的前提下制订具体方案，力争将公园利益最大化；积极推动园内两户私房搬迁工作同步实施；待西城区相关方案确定后上报中心。公园园长李国定、副园长师宗海及行政办公室工作人员全程陪同。

（汪　汐）

【国务院参事张玉平及北京市老龄产业协会秘书长臧美华到天坛公园考察】 7月16日，国务院参事张玉平女士、北京市老龄产业协会秘书长臧美华女士一行4人到天坛公园就“活力老龄、悦动北京”主题活动相关事宜实地考察交流。公园党委书记夏君波、副园长王颖及管理科相关同志陪同。

（李腾飞）

【王忠海检查香山公园致远斋展览筹备情况】 7月21日，市公园管理中心副主任王忠海到香山公园检查致远斋展览筹备情况，听取了公园领导关于进展情况汇报，并提出：开幕式主场地，由原南门外调整至致远斋院内，增加活动可控性；细节要考虑周全；指示牌、垃圾桶等周边配套设施尽快落实；新闻宣传报道要跟上，突出文化底蕴，为开幕式造势。市公园管理中心主任助理、服务管理处处长王鹏训陪同检查。

（任小双　郑　蕊）

【高大伟到园科院调研“十三五”规划编制情况】 7月22日，市公园管理中心副主任高大伟到园科院调研“十三五”规划编制情况。听取院领导相关情况汇报后指出：规划方案编制要站位高、视野广；要结合园科院定位，依托京津冀协同发展的大背景，面向政府与行业做好服务；要立足政府发展需求，进行重点项目规划，突出优势特色，面向市场，打造园林绿化行业品牌；要积极探索发展机制，深入研究如何在完善功能中发展、如何在疏解中发展、如何在转型中发展，提高核心竞争力；要以生态观测站为基础，继续做实生态科技公园建设；要加强战略合作，吸引高端产业聚集，建立园林生态科技园区，为市园林科研院更好更快发展奠定基础。

（园科院）

【杨月调研天坛公园青年典型工作】 7月23日，市公园管理中心党委副书记杨月、组织人事处正处级调研员刘国栋、团委书记原蕾等到天坛调研。公园党委书记夏君波、园长李高、副书记董亚力陪同，实地走访了青年典型班组神乐署雅乐中心凝禧殿班、游客服务中心导游班，观看了创新工作室，听取了公园党委、团委、部分党支部以及青年代表关于发挥青年典型示范引领作用的汇报。中心领导首先充分肯定天坛公园在队伍建设、基础建设、党团建设方面所做的工作，同时，从政策的角度就人才建设发展方向进行了解析。

（王　彬）

【市园林绿化局领导就进一步推进"增彩延绿"示范项目进行调研】 7月23日，市园林绿化局甘敬副局长一行就进一步推进"增彩延绿"示范项目分别到园科院和植物园进行调研。听取园科院和植物园良种中试基地建设情况汇报，就共同推进"增彩延绿"科技创新工程进行交流研讨。市园林绿化局甘敬副局长介绍了市"增彩延绿"工作进展，从建立多层面交流机制、促进科研成果应用推广和加强苗木基地建设规划等方面提出了建议，要求面向京津冀一体化服务，为新优植物扩繁、实现技术引领做出贡献。绿化局科技处处长就下一步工作提出具体建议。中心总工程师李炜民对市园林绿化局给予的支持和指导表示感谢，并从发挥中心科研成果和技术优势，科学规划良种中试基地发展方向，积极展示中心优质资源和示范精品，持续稳步推进工作等方面提出了意见。市园林绿化局科技处、中心科技处、综合处、园科院、植物园负责人参加调研。

（中心"增彩延绿"领导小组办公室）

【中心团委领导到北海公园开展调研活动】 7月24日，中心团委到北海公园开展青年典型调研。北海公园团委介绍了前期青年典型调研情况，党支部书记代表高衍水、班组长代表杨珊及青年典型代表刘宁、刘岫、李毅、胡峰等纷纷发言进行座谈。公园党委书记吕新杰出席并讲话。中心团委原蕾书记对团员青年提出了希望。会后，调研组走访了琼华岛队游客服务中心班和工程队电工班。北海公园部分青年代表及颐和园、景山公园、香山公园团组织负责人20余人参会。

（汪　汐）

【张勇带队到市政府热线12345接听市民电话】 7月28日，市公园管理中心主任张勇带队到市政府热线12345接听市民电话，听取了市民对市属公园服务管理工作的意见和建议，与市非紧急救助服务中心主要领导和部门负责人进行了交流，听取了全市及中心2014年和2015年上半年群众诉求受理、办理情况介绍，并与媒体记者就群众来电内容和后续办理工作进行了会商。中心服务处、综合处、安全应急处、宣传处负责人一同接听市民热线。据统计，活动期间，中心共接听市民热线40件，现场答复13件，其余27件以“专项交办单”形式交办中心。市民全天通过市政府热线和“新浪微博@北京12345”表达了对公园服务管理工作的愿望。在两个半小时接听市民电话期间，“12345”官方微博进行了网络微信直播，4万余人次进行阅读，网友整体对张主任一行现场办公点赞，对公园管理工作高度肯定。中心便民服务电话接听市民来电15件，收到市中心转办单48件。

（中心非紧急救助服务分中心）

【高大伟调研香山公园“十三五”规划编制情况】 7月30日，市公园管理中心副主任高大伟到香山公园检查“十三五”规划编制工作，听取了公园领导关于“十三五”规划编制进展情况的汇报，了解香山公园“十三五”规划总纲编写的规划思路、目标定位和发展战略，审阅公园2016～2020年项目计划。

（李　博）

【向德春到香山公园调研文保工作】 7月30日，市文物局副局长向德春到香山公园调研文保工作。一行首先前往致远斋景区，并实地查看了香山寺施工现场。向德春对致远斋展览展陈内容及香山寺工程进展情况给予肯定，同时提出：香山寺展陈利用定位可考虑“皇家园林寺庙艺术博物馆”；建议香山石雕石刻文物保护项目立项。市公园管理中心副主任高大伟陪同。

（贾　政　王　宇）

【王忠海到陶然亭公园检查指导工作】 8月3日，市公园管理中心副主任王忠海到陶然亭公园检查指导中国人民抗日战争暨世界反法西斯战争胜利70周年纪念活动服务保障工作和四项展览工作，陶然亭公园园长缪祥流进行了工作汇报。王主任对陶然亭公园的各项工作给予了肯定并提出要求。中心主任助理、服务管理处处长王鹏训，办公室主任齐志坚，服务管理处副处长贺然，陶然亭公园相关人员陪同调研。

（中心服务处）

【高大伟到北海公园调研东门外疏解工作】 8月5日，中心副主任高大伟到北海公园调研工作。听取公园和西城区相关部门介绍东门外陟山街疏解整治工作的进展情况，实地勘察了陟山街现状，并提出要求。公园园长李国定、副园长师宗海、工会主席夏国栋陪同调研。

（汪　汐）

【张勇调研纪念活动阅兵服务保障工作】 8月5日，市公园管理中心主任张勇到中山公园调研抗战胜利70周年阅兵纪念活动筹备工作，听取中山公园领导工作汇报，详细了解公园与市活动办、市警卫局等单位联系沟通、协调配合工作情况，并提出要求。

（赵　冉）

【中心领导调研香山二十八景建设现场】 8月6日，市公园管理中心主任张勇、副主任王忠海到香山公园实地视察了香山永安寺三个标段及静宜园二十八景之一雨香馆等施工现场，公园园长钱进朝、党委书记马文香汇报了工程进展情况和下一步工作安排。市公园管理中心领导对工程建设情况给予充分肯定和高度评价。

（任小双　郑　蕊）

【张勇到园博馆检查指导临展工作】 8月7日，市公园管理中心主任张勇到园博馆检查指导工作，园博馆筹备办党委书记阚跃作工作汇报。张勇查看了第一临展厅“盛京珍赏——清前期文物精品展”、第三临展厅“中国园林书画展”运行情况，随后指出：园博馆应多引进类似高水平专业性强的展品，充分发挥平台作用，充分挖掘、整合资源，推出代表市公园管理中心实力的书画展。对于正在筹备的“书写辉煌——北京市公园管理中心成果展”，张勇表示在展览内容上要精益求精，争创精品，向行业外的展示平台推广。同时部署由市公园管理中心服务处牵头，在系统内开展出版物征集相关工作。

（滕　元）

【高大伟到中山公园调研“十三五”规划编制工作】 8月7日，市公园管理中心副主任高大伟到中山公园调研“十三五”规划编制工作。听取公园领导关于规划编制进展、会所转型利用等方面情况汇报。

（中山公园）

【程海军调研中山公园重点工作落实情况】 8月7日，市公园管理中心纪委书记程海军到中山公园，调研抗战胜利70周年纪念活动筹备工作和京津冀区域均衡发展讨论情况。实地慰问游船班职工，听取公园领导工作汇报，询问开展京津冀区域均衡发展讨论情况。中心纪检监察处处长李书民及公园领导班子陪同。

（赵　冉）

【程海军到香山公园实地调研主题展览】 8月11日，市公园管理中心纪委书记程海军、纪检监察处调研员郭丽萍到香山公园实地调研，现场查看了致远斋、香山寺和双清别墅，观看了《党面临的“赶考”远未结束》主题展览，听取了公园领导班子关于工程建设、廉政文化、风险防范措施以及展览展陈等情况的汇报，对各项工作给予充分肯定，并就紧密结合“三严三实”教育、从严治党的要求开展工作、举办展览等提出要求。

（王　嘉）

【高大伟到动物园调研“十三五”规划编制工作】 8月12日，中心副主任高大伟到动物园调研“十三五”规划编制工作。听取“十三五”规划进展、项目库建设、基础设施统计等情况汇报。

（北京动物园）

【市园林绿化局到玉渊潭公园调研】 8月14日，市园林绿化局野生动植物保护处调研玉渊潭公园东北部景区申报湿地公园事宜，并对申报规划进行审议。会上，市园林绿化局野生动物保护处处长刘润泽、中心综合处副处长朱英姿对该湿地规划给予肯定，提出完善修改意见。

（王智源）

【张勇检查天坛公园抗战胜利70周年纪念活动期间服务保障工作落实情况】 8月18日，张勇主任实地查看祈年殿、圜丘、斋宫等主要景区，详细询问晚间入园游客量、夜景照明、路椅等基础服务设施情况，对公园应急值守、游园秩序维护、夜景照明效果等各项工作给予充分肯定。园长李高、党委书记夏君波、副园长牛建忠及办公室、工程设备科、护园队负责人陪同。

（孙海洋）

【李炜民检查市园林学校安全工作】 8月18日，市公园管理中心总工程师李炜民、组织人事处处长苏爱军到学校检查安全工作时对学校安全工作提出要求。

（赵乐乐）

【高大伟调研玉渊潭公园“9·3”阅兵服务保障工作】 8月19日，中心副主任高大伟到玉渊潭公园调研抗战胜利70周年纪念活动服务保障工作。听取公园领导关于重大活动保障措施方案汇报，实地查看门区花坛以及园内花卉环境布置，详细了解公园易燃易爆品管理情况并进行针对性检查。中心综合管理处处长李文海陪同调研。

（王智源）

【张勇到北海公园调研“9·3”阅兵服务保障工作】 8月19日，市公园管理中心主任张勇到北海公园进行调研并实地检查抗战胜利70周年纪念活动保障和夜间定制服务工作。实地检查白塔、静心斋、配电室、游船码头等重点区域的安全防范措施、夜间管理值守及夜景照明等情况，强调指出关于景观效果、安全生产、安全巡视、夜间开放相关工作要点和注意事项。中心综合管理处处长李文海，公园园长李国定、副园长师宗海陪同。

（汪　汐）

【西城旅游委主任到北海公园进行综合检查】 8月21日，西城区旅游委主任刘冀到北海公园进行综合检查。在听取公园领导关于田径世锦赛及阅兵纪念活动的安全、服务保障任务相关情况和工作进展针对开展安全工作、完善应急处置预案、强化综合服务保障、24小时值守等问题提出要求。公园党委书记吕新杰、园长李国定、工会主席夏国栋及管理经营科、保卫科负责人陪同。

（汪　汐）

【张勇调研中山公园抗战胜利纪念环境】 8月23日，市公园管理中心主任张勇按市领导检查路线实地察看东门、环坛东路、南门、环坛南路、环坛西路花坛布置。张勇指出公园封闭期间更要严格安全管理，所有工作人员要坚持安检入园。强化驻园单位安全管理，重点要做好安全用电管理。加强值班，坚守岗位。

（赵　冉）

【杨月调研中山公园、陶然亭公园安全保障工作】 8月23日，市公园管理中心常委副书记杨月在中山公园检查，听取汇报，实地查看来今雨轩饭庄、兰室北广场、监控室，详细询问园内油料、农药及电瓶车清移具体情况。

（王永存）

【高大伟商谈颐和园西宫门拆迁事宜】 8月26日，市公园管理中心副主任高大伟带队，与北京市文物局文物保护处处长王玉伟，文物保护处正处级调研员王辅宇，计划财务处处长吉小平，到颐和园商讨颐和园西宫门拆迁事宜。会上，高大伟介绍了颐和园西宫门历史沿革、地区现状及规划意向，并指出颐和园现阶段的困难，希望北京市文物局提供资金支持。

（赵　冉）

【张勇到香山公园检查索道安全运营工作】 8月27日，市公园管理中心主任张勇到香山公园，针对迎接纪念抗日战争胜利暨世界反法西斯战争胜利70周年活动，对公园索道安全运营工作进行检查，听取了公园园长钱进朝、党委书记马文香关于近期工作的汇报，前往索道站实地检查运营情况，询问了索道工作人员关于安全运营、站台服务、人员管理等方面的情况。张勇就索道工作提出要求。

（任小双　郑　蕊）

【程海军到天坛公园调研旻园餐厅】 8月28日，中心纪委书记程海军实地查看旻园餐厅的运行情况，详细了解公园整体的商业经营状况，并对祈年殿等主要景区的游览秩序、文化展览和服务情况进行了检查，提出要求。中心纪检监察处相关同志、天坛公园党委书记夏君波、园长李高陪同。

（王　彬）

【严力强带队到香山公园调研工作】 8月28日，市委副秘书长、市委宣传部副部长严力强，海淀区委书记崔述强，海淀区委常委、宣传部部长陈名杰到香山公园调研工作，香山街道主任张建水、书记胡淑艳、公园园长钱进朝、党委书记马文香陪同，实地参观了致远斋、香山寺。几位领导对致远斋文化展陈和香山寺修复工程给予充分肯定和高度评价并提出要求。

（任小双　郑　蕊）

【西城区领导到陶然亭公园检查纪念抗战胜利70周年服务保障筹备工作】 9月1日，西城区委常委、区委统战部部长程军在陶然亭街道办事处书记王效农的陪同下，到陶然亭公园检查纪念抗战胜利70周年服务保障筹备工作。程部长听取了公园领导关于纪念抗战胜利70周年阅兵服务保障筹备情况汇报，对公园各项保障工作表示认可。

（王京京）

【市文物局领导调研天坛公园可移动文物保存环境改善项目】 9月1日，市文物局文保处赵建明处长、文保处毕建宇、执法大队王东捷等领导与园长李高，副园长牛建忠、于辉就文物保存环境改善项目进行探讨，对如何改善文物保存环境进行沟通，并实地查看文物库院落现状，了解库房内存放情况。工程设备科、文研室负责人参加。

（王恩铭）

【王安顺检查抗战胜利纪念活动服务保障工作】 9月1日，市长王安顺带队实地查看天安门西观礼台嘉宾通道及中山公园环境布置情况，对公园服务保障筹备工作给予肯定。

（赵　冉）

【景俊海到香山公园游览参观】 9月12日，中央宣传部副部长景俊海到香山公园游览参观。一行在园长钱进朝的陪同下参观了2015年市政府重要民生实事项目——致远斋主题展览，在听雪轩品尝了“三清茶”，参观了双清别墅、香山寺等。市公园管理中心党委书记郑西平陪同。

（任小双　郑　蕊）

【市人大代表到陶然亭公园调研】 9月14日，市人大代表到陶然亭公园视察调研2015年市政府重要民生实事项目推进情况。市人大代表实地参观陶然亭公园“红色梦·慈悲庵革命史迹展”“云绘楼·清音阁陈设展”及“江山无限景，都聚一亭中——中国亭文化展”后，市政府督查室组织了座谈交流，中心副主任高大伟介绍了中心负责的市政府重要民生实事项目——十项文化展览的推进情况。市政府办公厅副厅长王琛、市政府督查室决策督察处处长董旭等相关领导、市人大代表及中心相关处室、公园人员参加调研。

（陶然亭公园）

【高大伟到玉渊潭公园调研湿地规划工作】 9月14日，中心副主任高大伟带队到玉渊潭公园调研工作。听取了玉渊潭公园领导关于东湖湿地公园总体规划及留春园、远香园景区规划设计两项汇报。高大伟对两项汇报内容给予肯定。

（王智源）

【杨月调研学习型党组织创建情况】 9月18日，中心党委副书记杨月带队到天坛公园调研学习型党组织创建情况，首先到基层班组殿堂部大殿班和绿化一队党支部实地考察理论宣传栏、学习园地、图书角等使用情况，所在党支部书记和班组长就相关工作进行了简要汇报。随后，领导一行在科普木屋听取了天坛公园党委书记夏君波关于近年来公园党委学习型党组织建设的工作汇报，与部分党支部书记代表和基层党员代表进行了座谈交流，并查阅了党委和党支部的实物档案材料。中心党委副书记杨月在肯定公园学习型党组织建设工作的同时，提出要求。

（王小铮）

【王忠海到香山公园基层联系支部调研】 9月19日，市公园管理中心副主任王忠海到香山公园基层联系支部红叶古树队调研。王忠海亲自打开意见箱，收集职工意见建议，与队干部、一线职工座谈交流，了解古树保护系统课题进展，黄栌养护等相关情况，并提出建议。

（吴晓辰）

【杨月调研香山公园学习型党组织建设情况】 9月22日，由市公园管理中心党委副书记杨月带队，宣传处处长陈志强、团委书记原蕾到香山公园就学习型党组织建设情况进行调研。调研共分四项议程：公园党委书记马文香汇报公园学习型党组织建设情况，重点汇报了如何通过学习型党组织建设推动公园各项工作开展；检查相关档案材料；走访基层支部，检查各支部宣传栏等学习园地建设情况。实地走访基层班组——服务一队双清班，查看班组建设情况及《香山报》《服务一队队刊》；调研座谈时，基层党支部书记代表、青年党员职工代表发言，对学习情况进行交流分享，并提出建设性意见。杨月提出要求。

（武立佳）

【张勇检查北海公园碧海楼布展情况】 9月24日，中心主任张勇到北海公园实地检查碧海楼“皇家邮驿”布展情况。对公园高端餐饮转型及展览布展情况表示满意，提出关于做好开放前准备工作、丰富展览内容、深化与邮局合作等方面的意见。

（汪　汐）

【张勇检查指导颐和园中秋国庆节前工作】 9月25日，北京市公园管理中心主任张勇带队，到颐和园检查指导节日工作准备情况。首先，张勇听取颐和园领导关于安全保障、服务接待、环境美化、园容保洁等工作情况汇报。其次，实地查看颐和园"雪域藏珍——西藏罗布林卡文物精品展""苏州园林盆景精品展"，以及沿途经营管理、安全保障、环境布置等情况，询问近期展览接待游客量情况，并就如何做好节前准备工作提出了具体要求。

（赵　冉）

【张勇带队到香山公园检查国庆节前工作】 9月25日，市公园管理中心主任张勇带队到香山公园检查节前工作。就节前准备、服务措施、安保措施、经营管理以及公园迎接市领导来园调研的准备情况，听取了公园领导班子的汇报。张勇对公园准备工作情况给予充分肯定，并提出要求。

（任小双　郑　蕊）

【王忠海到香山公园检查指导宣传工作】 9月26日，市公园管理中心副主任王忠海到香山公园检查指导宣传工作。听取公园领导工作情况汇报，针对加强新闻宣传工作提出要求：一是突出重点。宣传工作要把握导向，服务大局，以多种形式展示公园特色优势、文化品牌、人文历史、发展前景。二是抓好结合。新闻宣传工作要与调研、信息工作紧密结合，形成合力，贴近公园重点工作，贴近热点问题，贴近群众关注的难点问题，采取各种行之有效的方法和灵活多样的形式，为公园建设发展争取舆论支持。三是体现特色。要加大对公园特色文化资源的整理挖掘，做强特色文化品牌，努力扩大新闻宣传工作的辐射面和影响力。

（武立佳）

【王晓峰到天坛公园考察活动场地】 9月28日，国家旅游局副局长王晓峰到天坛公园就"中国旅游志愿者队伍成立暨旅游志愿服务活动启动仪式"活动考察场地。天坛公园副园长王颖陪同，先后到公园北门、游客中心、祈年殿西下坡、祈年殿等活动场地实地考察，并对活动安排提出建议和完善措施。

（李腾飞）

【国务院政府质量工作考核组赴颐和园调研】 9月29日，国家质检总局质量管理司司长黄国梁，北京市旅游委副主任于德斌、北京市质监局副局长姚娉、北京市公园管理中心党委副书记杨月、海淀区副区长陈双、海淀区质监局局长张厚明，以及国家标准委服务业标准部、国家信息中心旅游规划研究中心、北京联合大学、北京市旅游委、北京市质监局质量管理处、海淀区旅游委、海淀园林管委会有关人员，到颐和园调研质量监督情况。首先，颐和园园长刘耀忠汇报了公园安全保卫、服务接待、园容管理及标准化工作情况。其次，于德斌对北京市信访、标准化、精神文明建设、服务措施、安全消防等工作进行了汇报，提出运用科技手段建立市中控中心，远端疏解游客设想。最后，国务院质量考核组副组长黄国梁点评了颐和园近年来工作开展情况，并对公园发展提出新要求。

（赵　冉）

【林克庆检查北海公园国庆相关工作情况】 9月29日，副市长林克庆带队到北海公园检查国庆服务保障工作落实情况及为民办实事项目完成情况。林克庆副市长首先视察了节日景观布置，听取了北海公园领导对国庆期间安全、服务等方面工作安排的汇报，重点了解了大人流控制方案、预案。随后，林克庆副市长带队考察了为民办实事项目“十项展览”之一的碧海楼“皇家邮驿”展览展示项目，亲身体验各项特色服务，并与游客亲切互动。林克庆副市长对公园高端餐饮转型工作给予肯定，同时指出要加大后期管理维护，把实事办实，让人民群众从中切实得到实惠，确保持续发挥社会效益。市相关委、办、局领导、市公园管理中心党委书记郑西平、主任张勇及北海公园领导班子成员陪同检查。

（汪　汐）

【李炜民检查北海公园安全工作】 9月30日，中心总工程师李炜民带队检查北海公园国庆节前安全工作。检查组首先听取了北海公园国庆期间各项安全、服务保障措施及工作安排，详细询问了关于景区最大承载量的相关方案、预案，随后实地考察了阐福寺菊花展览及碧海楼“皇家邮驿”展览展示项目，对公园工作表示肯定。中心主任助理、服务管理处处长王鹏训，安全应急处处长史建平，组织人事处处长苏爱军，中心科技处副处长宋利培，公园园长李国定，公园工会主席夏国栋及相关科室负责人陪同。

（汪　汐）

【李金早检查天坛国庆假日准备工作】 9月30日，国家旅游局局长李金早到天坛公园游客服务中心、祈年殿实地检查，对公园北门游客中心完善的服务设施、准确的游览信息、精美的特色产品、整洁的室内环境及公园便民举措给予高度的肯定；对公园整洁的园容环境、优质的服务形象、优美的景观效果给予高度评价及肯定，并希望天坛公园在文明出行、文明旅游方面总结经验、广泛推广。副市长程红、国家旅游局副局长王晓峰、中央文明办一局局长吴向东、中心主任张勇、市旅游委副主任于德斌、园长李高、党委书记夏君波及国家旅游局、市旅游委相关领导陪同。

（于　戈）

【于军到香山公园检查节前工作】 9月30日，海淀区代区长于军到香山公园检查节前工作，实地察看了香山公园致远斋、昭庙安全保障工作，查看了香山周边交通组织、人流疏导等应急处置情况。市公园管理中心副主任高大伟、海淀区旅游委主任黄亦红、香山街道办事处主任张建水、公园园长钱进朝、党委书记马文香陪同。

（任小双　郑　蕊）

【高大伟到香山公园调研工作】 9月30日，市公园管理中心副主任高大伟到香山公园调研工作，前往公园东门、致远斋景区、知松园景区等地检查节日保障准备情况，并听取公园领导班子的汇报。公园园长钱进朝、党委书记马文香陪同调研。

（任小双　郑　蕊）

【于军调研颐和园国庆游园情况】 10月1日，北京市海淀区代区长于军到颐和园检查节日游园情况。于军从北宫门入园，检查重点门区安防和游客游园情况，颐和园园长刘耀忠从当日游客量和应急扩容措施等方面进行了汇报，于军对颐和园节日接待和应急准备工作表示满意，并要求公园要进一步加强安全防范，提高服务接待质量。

（赵　冉）

【西城区领导检查北京动物园国庆节工作】 10月1日，北京动物园园长吴兆铮、书记张颐春、副园长冯小苹在公园正门游园指挥部，接待北京市西城区区委书记王宁、区长王少峰、副区长孙硕、郭怀刚一行领导来园进行国庆节期间工作检查。王宁主要询问了景区节日期间各项工作布置情况。园长吴兆铮就公园应对大客流应急措施、人员布置情况作以汇报。最后，王宁要求公园做好无人看管包裹等情况的关注。据此，公园要求节日期间各门区严禁快递入园，职工领取快递要在门区外确认后领取。

（刘　萍）

【李炜民调研良种中试基地秋季种植进展情况】 10月8日，市公园管理中心总工程师李炜民调研良种中试基地秋季种植进展情况，实地检查植物园和园科院两个良种中试基地，充分认识良种基地建设的重要意义，细致抓好圃地管理，丰富完善圃地、良种说明牌示；要加强新植良种苗木养护管理，保证成活率；要认真总结、分析年度增彩延绿工作经验，推广成果，科学规划两个中试基地发展。中心科技处、园科院、植物园负责人等参加了调研。

（中心科技处）

【赵根武在香山公园召开综合保障协调工作会】 10月10日，市政府副秘书长赵根武主持召开2015年香山红叶观赏季综合保障协调会。市交通委、市园林绿化局、市消防局、市交通委运输局、市公安局治安总队、市城管执法局等委、办、局有关领导参会。一行实地检查了香山周边交通及停车场运行情况、公园外围沿线秩序及园内游园保障情况。公园及各单位有关领导就红叶观赏季期间园内外相关保障工作情况进行汇报。市公园管理中心主任张勇、副主任王忠海、公园园长钱进朝、党委书记马文香参会。

（任小双　郑　蕊）

【中心领导到玉渊潭公园调研工作】 10月12日，市公园管理中心副主任王忠海到玉渊潭公园调研工作。实地查看了东北部景区、确园和园区情况，并参观了公园“玉和集樱”展室李庚水墨作品展。对公园在安全、服务、环境布置等方面的工作予以肯定并提出建议。

（王智源）

【张勇到玉渊潭公园调研工作】 10月13日，中心主任张勇到玉渊潭公园调研工作。实地查看园内主要干道游人情况及园内环境布置，了解公园特色活动期间游人量和园区管理情况，并就公园完成重点绩效情况认真听取了汇报。对公园文化活动予以肯定，并指出意见。

（王智源）

【王忠海调研曹雪芹西山故里项目进展】 10月13日，市公园管理中心副主任王忠海调研曹雪芹西山故里项目进展情况。王主任一行听取了项目进展情况汇报和项目规划设计方案，了解纪念曹雪芹诞辰三百周年特展情况并进行实地考察。中心相关处室负责人陪同调研。

（中心服务处）

【陈刚检查香山公园红叶观赏季保障工作】 10月13日，市委常委、副市长陈刚到香山公园检查红叶观赏季保障工作，公园领导就红叶观赏季期间园内安全服务保障工作情况进行汇报，陈刚实地查看了致远斋、香山寺等地游园情况，对公园保障工作表示满意并强调：安全维稳是重中之重，红叶观赏季适逢十八届五中全会，公园要切实落实突发事件应对机制，做好各类安全应急预案与高峰疏导预案，全力保障会议筹办；海淀区要统筹协调，联动服务，在人力物力方面积极配合给予支持，全面做好园外综合保障工作，确保信息畅通；注重舆论引导与监测，积极宣传正能量，活动期间避免出现负面报道，为十八届五中全会营造和谐的会议氛围；加强香山寺施工工地安全管理，切实做到安全生产、文明生产，游客高峰日要安排专人值守疏导，杜绝发生安全生产类责任事故。市公园管理中心主任张勇、海淀区委书记崔述强、公园园长钱进朝、党委书记马文香陪同检查。

（任小双　郑　蕊）

【国家发改委调研天坛公园物价工作】 10月14日，国家发改委物价检查组一行3人到天坛公园检查价格情况。在公园副园长王颖以及管理科负责人的陪同下，对公园门区、景区的票价公示信息以及商业网点进行了细致的检查。检查后，检查组一行对天坛公园的物价工作给予了充分的肯定。

（常月林）

【张泽根带队到香山公园检查工作】 10月15日，海淀区应急办主任张泽根、区旅游委主任黄亦红到香山公园检查红叶观赏季安全保障工作。一行实地查看了香山公园园内游园秩序及监控室运行情况。香山街道办事处主任张建水陪同。

（任小双　郑　蕊）

【张勇带队检查“增彩延绿”良种中试基地建设情况】 10月15日，市公园管理中心主任张勇带队检查“增彩延绿”良种中试基地建设情况。实地查看园科院和植物园良种中试基地圃地建设、优良品种育种和繁育情况，听取相关情况汇报。中心总工程师李炜民，科技处、综合处、宣传处、研究室负责人及相关人员参加检查。

（中心科技处）

【郑西平调研香山公园红叶观赏季综合保障工作】 10月18日，市公园管理中心党委书记郑西平到香山公园检查红叶观赏季综合保障工作。公园领导就安全服务保障工作进行汇报，郑西平到监控室查看实时游园情况，询问各项应急预案并提出要求。

（任小双　郑　蕊）

【许森到香山公园检查红叶观赏季保障工作】 10月23日，市公安局治安总队队长许森到香山公园检查红叶观赏季安全保障工作，实地检查了公园监控室、致远斋等地，并详细询问了红叶观赏季的各项安保措施和方案。香山派出所等单位陪同检查。

（任小双　郑　蕊）

【王忠海调研香山公园“三严三实”教育开展情况】 10月23日，市公园管理中心副主任王忠海到香山调研“三严三实”专题教育实践活动开展情况。公园党委书记马文香就公园“三严三实”专题教育活动的进展情况、工作特点及存在问题进行汇报。

（王　嘉）

【张勇调研香山公园检查红叶观赏季综合保障情况】　10月26日，市公园管理中心主任张勇、副主任王忠海带队到香山公园检查红叶观赏季综合保障情况。一行查看了园内游园秩序，听取了公园园长钱进朝、党委书记马文香就红叶观赏季各项工作的汇报。张勇对公园安全服务保障工作表示肯定并提出要求。市公园管理中心主任助理、服务管理处处长王鹏训，安全应急处处长史建平陪同。

（任小双　郑　蕊）

【中心领导检查景山公园历史文化展】　10月27日，市公园管理中心主任张勇检查景山公园绮望楼历史文化展开展情况。张勇主任首先查看了绮望楼前广场中轴线地标、绮望楼月台展板，随后检查了绮望楼室内及后院文物展陈情况，对展览内容、展示效果、讲解服务充分肯定。张勇主任提出“十项展览”应相互学习，互相借鉴成功经验。王忠海副主任实地检查“景山历史文化展”，10月31日，景山公园杨华园长汇报了展览的整体情况及为开展进行的各项准备工作，王忠海副主任肯定了景山公园为筹办文化展览付出的努力，并提出要求。

（中心服务处）

【尹燕京带队到香山公园检查指导安全工作】10月30日，海淀区委常委、海淀区公安分局局长尹燕京带队到香山公园检查指导安全工作。公园党委书记马文香就安全保障工作进行汇报，双方就网格化管理、门区治理等工作进行交流，并实地查看了索道安全运营情况。

（马　林）

【中心领导调研香山公园古建复建工作】　11月3日，市公园管理中心主任张勇、副主任高大伟到香山公园检查红叶观赏季保障及古建复建工作，听取了公园园长钱进朝、党委书记马文香的汇报，实地到园内双清别墅、香雾窟等处检查红叶节安全、服务工作，并查看了香山寺、栖月崖、晞阳阿等静宜园28景修复工程情况。市公园管理中心领导对公园红叶季工作给予充分肯定。公园园长钱进朝、党委书记马文香陪同检查。

（任小双　郑　蕊）

【市总工会政法卫生文化工会领导调研陶然亭公园工作】　11月3日，市工会总政法卫生文化工会主席原在会一行参观了陶然亭公园新建的职工之家以及公园今年向游客开放的“红色梦——慈悲庵革命史迹展”“陶然亭公园对公众开放60周年纪念展”等四项展览。原在会对公园的各项工作，特别是工会建家工作给予了充分的肯定，并希望各级工会在原有的基础上继续加大基层建家的工作力度，为职工办好事、办实事、解难事，做好职工的娘家人、贴心人。中心工会常务副主席牛建国、陶然亭公园工会主席王金立陪同调研。

（中心工会）

【中国文化遗产研究院院长等到香山公园调研】　11月6日，中国文化遗产研究院院长刘曙光、副院长詹长法等一行10人到香山公园就文物修复问题进行实地调研。对公园碧云寺内石质文物、罗汉堂及东门外铜狮进行了现场踏勘，并提出了文物修复工作应重视前期资料的搜集、整理及分析等建议。香山公园园长钱进朝陪同。

（贾　政　王　宇）

【王忠海到北海公园调研“建园850周年”筹备工作】 11月10日，市公园管理中心副主任王忠海到北海公园调研北海建园850周年系列活动筹备工作。北海公园园长李国定汇报了系列活动方案，王忠海副主任实地调研了北海公园可移动文物库房、碧海楼皇家邮驿展和静心斋。中心服务管理处、北海公园相关人员陪同调研。

（汪　汐）

【呼文亮调研颐和园科技课题进展情况】 11月11日，北京市科学技术委员会党委书记呼文亮、北京市科委委员刘晖、文化科技发展处处长李国光、副处长付文均、生产力促进中心文化科技服务部部长张峰，到颐和园调研《颐和园网络虚拟旅游服务平台建设及应用工作》科技课题进展情况。会上，颐和园从旅游服务平台模型与媒体数据库建设、公园标准模型建设、虚拟旅游模型研发和三维可视化应用定制等四个部分内容进行汇报。呼文亮对颐和园科技课题所取得的阶段成果表示肯定，并提出要求。随后，呼文亮一行实地考察了颐和园古建、殿堂原状陈列等保护情况，对颐和园整体发展、文物保护、科研研究等工作取得的成绩表示认可。

（赵　冉）

【程海军等调研颐和园廉政宣传教育】 11月25日，北京市公园管理中心纪委书记程海军、纪检监察处处长李书民，到颐和园检查指导基层党支部廉政宣传教育工作情况。首先，颐和园领导从政策法规等理论学习、开展特色廉政教育、开辟多种宣传渠道等方面，就工作思路、主要做法及取得效果，向各位领导作详细汇报。随后，程海军和李书民查阅廉政宣传教育档案资料并询问近期学习《廉洁自律准则》《纪律处分条例》和开展警示教育情况。

（赵　冉）

【市文物局到北海公园调研相关工作】 11月25日，北京市文物局文物监察执法队到北海公园检查古建安全工作。主要查看了团城、画舫斋、仿膳等景区，提出：要严格依照《文物保护法》等相关法律法规对文物古建进行管理使用；加强日常人员、用电的安全管理，加大巡查力度，确保文物古建安全；完善应急预案，加强消防演练并及时清理古建周边易燃杂物；加大对游人乱写乱画的整治力度，保护古建外观完好。

（汪　汐）

【程海军检查天坛公园党风廉政建设责任制落实情况】 12月9日，市公园管理中心纪委书记程海军就天坛公园落实党风廉政建设责任制完成情况进行检查评估。天坛公园党委书记夏君波、纪委书记董亚力向检查组进行了汇报。程海军书记在听取汇报后查阅了部分考核评估资料。检查组分别与公园班子其他成员就“两个责任”问题进行谈话。检查组实地走访了4个基层党支部，就贯彻落实党风廉政建设责任制的情况听取了支部的汇报，与基层一线职工面对面座谈，就部分党员学习《准则》和《条例》的情况进行了提问和考核，以此验证基层党支部贯彻党委工作部署的能力和效果。

（王　彬）

【郑西平到香山公园调研指导工作】 12月15日，市公园管理中心党委书记郑西平到香山公园调研指导工作。听取了公园党委书记马文香就两级班子建设、干部队伍建设和职工队伍思想状况的汇报。园长钱进朝和其他班子成员结合分管工作分别作了补充发言。

（王　嘉）

【郑西平调研颐和园基层党组织建设】 12月29日，北京市公园管理中心党委书记郑西平带领组织人事处和宣传处工作人员，到颐和园调研基层党组织建设情况。首先，颐和园党委书记毕颐和就颐和园基层党组织建设的基本情况、主要做法、存在问题等向调研组进行汇报；颐和园园长刘耀忠针对职工思想动态情况和企业管理等问题进行了汇报。在听取园党委汇报后，郑西平用“稳中有进、稳中有好”对颐和园基层党组织建设工作进行评价，并就如何开展好党建工作提出要对各项工作指标重新梳理、细化，深入研究政策，保证政治上一致，认识上统一，决策上严格执行“三重一大”制度，努力解决现实问题，促进公园科学发展。要树立正面典型，加大宣传力度和群体效应，扩大覆盖面和影响力，培养不同领域的领军式人物，压制歪风邪气，弘扬正能量。要在人才培养和职工队伍奖惩上有创新，进一步调动职工积极性。要多渠道做好职工思想工作，让职工了解政策，充分尊重、关怀职工，同时加强职工之家和班组建设，多为职工办实事、办好事。

（赵　冉）

内外事接待

【陶然亭公园、中山公园完成郑州市园林局接待任务】 1月5日，郑州市园林局党委书记、局长张胜利和市委宣传部副部长、市文明办主任裴保顺带队一行12人专程到两家公园现场观摩学习。中心副主任王忠海受张勇主任委托，陪同考察团参观并座谈交流，从中心与市委宣传部创意调研、推进历程、活动布展、管理责任等方面进行介绍，对中心及市属公园的发展定位、服务管理、文化建设和游园活动等方面进行交流。中心宣传处处长陈志强就配合市委宣传部做好社会主义核心价值观主题公园建设进行了介绍，从统筹协调和严格实施的角度进行说明。陶然亭公园园长李国定向大家介绍了陶然亭公园园史和文化活动开展情况；党委书记张颐春从主题公园的选址、定位、内容、要求等方面进行了说明，党委副书记白永强全程陪同。中山公园党委书记刘凤华、副书记鲍发志陪同参观，对中山公园的历史文化和景观建设进行了现场介绍。陶然亭、中山公园分别交流有关学习材料，并带领郑州市考察团参观学习。考察团对公园的主题布展鲜明、设计内容融合、氛围营造浓厚等方面给予很高评价，着重了解公园基础管理、环境卫生、文化建设、服务管理等情况，对公园广播提示、厕所卫生、服务设施等细节给予赞赏。中心办公室助理调研员王新路全程做好服务保障工作。

（中心宣传处）

【北京动物园接待青少年科学技术学院师生】 1月9日，北京动物园接待东城区青少年科学技术学院的180名五年级师生组成的活动团体到动物园开展活动。在公园大门口，同学们共分4个小组分别由科普馆4名保护教育教师带队，开展了“冰川上的北极霸主——北极熊”“慢慢的二趾树懒”“森林园丁——大猩猩”和“神秘的昆虫世界”4个主题的讲解活动。在每个活动项目开始之前，老师们根据活动项目所涉及的讲解内容，给每名同学下发了活动“任务书”，并让同学们先仔细观察动物。随后，老师们结合“任务书”和图片以浅显易懂的方式分别讲解了这些动物的生活特性、动物趣事以及动物保护等方面的知识。同学们通过老师们的生动讲解和自己对动物的观察，认真完成任务书上的问题。此次社会实践活动，是继2014年首次合作后的第二次合作。

（周桂杰）

【北海公园部署国际奥委会考察接待工作】 1月16日，北海公园迅速落实中心电视电话会议精神，部署国际奥运委员会评估考察接待工作，并第一时间召开中层干部会议，传达市委、市政府及中心相关会议精神，要求全体职工要高度重视，提前准备；加大巡视力度，细化检查，坚决落实，创造安全的游园环境；强化绿化养护工作，实施不断线保洁，营造优美整洁的园容环境；做到热情周到服务，继续深入落实安全文化建设及标准化工作，切实提升管理服务水平；做好思想工作，保持职工队伍稳定。

（汪　汐）

【景山公园完成浙江省省长一行接待任务】 3月9日，浙江省省长一行11人到景山公园参观浏览。省长一行由西侧路上山游览万春亭观看中轴线后，沿东侧路下山观看崇祯自缢处，参观团对公园的服务接待表示感谢，希望两地加强交流合作。公园提供全程导游讲解以及安全保障服务。

（刘水镜）

【五台山罗睺寺主持格桑金巴法师到紫竹禅院拜谒】 3月9日，五台山罗睺寺主持格桑金巴法师受邀到紫竹禅院参观拜谒。参观禅院各殿堂，在拜谒达摩祖师、三世佛、西方三圣和紫竹观音后，又随讲解人员参观了报恩楼、前殿和公园藏画厅。

（王　静）

【孙中山逝世90周年纪念仪式举行】 3月12日，纪念孙中山先生逝世90周年纪念仪式在中山公园中山堂举行。全国政协副主席王家瑞、民革中央主席万鄂湘、中共中央统战部副部长林智敏、北京市副市长程红、民革北京市委员会主委傅惠民等分别向孙中山先生像敬献花篮。中山公园在中山堂布置大型龙柏6株、杜鹃12株、火鹤40株、万年青20株。安排安保人员12人，协助疏导参加活动车辆，做好活动现场周边巡查。全国人大、全国政协、中共中央统战部、北京市各界人士200余人出席纪念活动。

（赵　冉）

【塔吉克斯坦驻华大使携夫人到香山公园游览】 3月17日，为庆祝国际诺鲁孜节，塔吉克斯坦驻华大使拉希德·阿利莫夫携夫人组织留学生18人到香山公园参观游览。一行乘坐索道到达香炉峰顶，眺望京城美景，并着民族服饰开展庆祝活动。拉希德·阿利莫夫对香山公园的景观环境及公园提供的服务接待给予高度赞誉，并指出香山公园拥有深厚的历史文化内涵，此次活动有助于两国友好邦交。

（任小双　郑　蕊）

【藏传佛教苯教甲央尊珠活佛等人到紫竹禅院谒拜礼佛】 3月24日，藏传佛教苯教甲央尊珠活佛和四川阿坝州委统战部民宗科央金拉姆委员，应邀到紫竹禅院谒拜礼佛，参观紫竹院行宫。甲央活佛和央金委员对禅院及行宫的环境给予好评，并希望合作展示宣传藏传佛教文化、阿坝藏族羌族自治州民族文化。

（王　静）

【北海公园接待奥地利总统参观游览】 3月26日，北海公园接待奥地利总统海因茨·菲舍尔及夫人一行50余人参观游览。琼华岛队英文导游员全程讲解，护园执法队出动安保人员15人配合保卫科完成游客疏导等安全保障工作。贵宾从公园南门进入永安寺，沿琼华岛中轴线登上白塔。

（汪　汐）

【北京第二中级人民法院到陶然亭公园参观学习】 3月27日，北京市第二中级人民法院一行15人到陶然亭公园参观社会主义核心价值观主题公园展览，公园讲解员详细介绍了主题公园相关情况。

（程　彤）

【国家行政学院学员到陶然亭公园参观】 4月11日，国家行政学院培训中心组织广东省政府直属机关处级公务员任职培训班学员一行40人到陶然亭公园进行现场教学。培训班学员们听取了公园党委副书记、纪委书记白永强对主题公园相关情况的介绍并进行实地参观学习。陶然亭公园党委副书记、纪委书记白永强及党委办公室相关人员陪同。

（程　彤）

【廊坊市文明办公室参观陶然亭公园】 4月15日，廊坊市文明办公室一行4人到陶然亭公园参观社会主义核心价值观主题公园展览。在公园党委办公室相关人员的陪同下实地参观了公园环境、光耀京华主题设施、共产党人展板、科普小屋以及在水榭举办的沂州海棠盆景展，对共产党人展板内容、“石书”造型、科普小屋建设给予了较高的评价，认为社会主义核心价值观展板造型多样、独特，颜色鲜艳，与公园环境非常协调，同时对首届海棠春花文化节布展产生了浓厚的兴趣。

（程　彤）

【北京市安全局到陶然亭公园参观学习】 4月16日，北京市安全局一行40余人到陶然亭公园参观社会主义核心价值观主题公园展览，听取了公园党委副书记、纪委书记白永强对主题公园建设等相关情况的介绍并进行实地参观，讲解员详细讲解了31位共产党人的事迹、高石墓、风雨同舟亭、慈悲庵等景点。参观者对公园正在盛开的碧桃、科普小屋、高石墓、慈悲庵产生了浓厚的兴趣，认为：科普小屋对孩子们很有教育意义，榭湖桥旁碧桃树围栏对树产生了保护作用的同时能够引导游客文明游园，中央岛展示的31位共产党人展板向社会传递了正能量，要深挖掘并积极宣传各岗位优秀人才。公园党委副书记、纪委书记白永强及党委办公室相关人员陪同。

（程　彤）

【孙晋康带队到香山公园参观交流】　4月16日，中共石家庄市委党校常务副校长孙晋康带队到香山公园参观交流。一行先后参观了公园东门《三山五园——香山静宜园历史文化展》及全国爱国主义教育示范基地——双清别墅。随后，双方进行交流座谈，并达成共识：于“七一”前夕联合中共石家庄市委党校、西柏坡纪念馆、香山公园三地共同策划举办《赶考永未结束》巡展，展览第一站设在香山双清别墅。

（王　奕）

【第五届北京国际电影节评委到天坛公园参观游览】　4月20日，电影节评委费多尔•邦达尔丘克（俄罗斯）、陈可辛（中国香港）、罗伯特·马克·卡门（美国）、金基德（韩国）、费尔南多·梅里尔斯（巴西）、周迅（中国）等到天坛公园参观游览，并在标志性建筑——祈年殿前合影留念。北京国际电影节组委会副秘书长、北京市新闻出版广电局副局长韩昱及组委会相关人员参加。天坛公园园长李高、副园长王颖、杜刚陪同。

（李腾飞）

【江西省副省长朱虹到紫竹院公园参观】　4月26日，江西省副省长朱虹到紫竹院公园参观游览。重点参观了行宫文化展，详细了解了公园旅游资源的开发与利用，历史文化的挖掘与传承，服务管理的质量与品质，免票公园的现状与发展模式，肯定了公园免票几年来取得的成效，赞扬了公园在服务市民、提高公园品位上取得的成绩。北京北广传媒数字电视有限公司董事长何公明及公园相关领导陪同参观。

（边　娜）

【朱立伦率团拜谒碧云寺孙中山衣冠冢】　5月4日，中国国民党主席朱立伦率国民党大陆访问团到香山碧云寺，一行来到孙中山纪念堂敬献花圈，并参观《孙中山致苏联遗书》和前苏联政府赠送的水晶棺材。随后，在导游员引导下一行前往金刚宝座塔拜谒孙中山衣冠冢并登顶眺望。返回途中参观了2006年国民党荣誉主席连战与夫人在金刚宝座塔前种植的一棵白皮松。市台办主任汪明浩、市公园管理中心副主任王忠海、党委副书记杨月、香山公园园长钱进朝陪同。新华社、凤凰新媒体等两岸媒体全程报道。

（任小双　郑　蕊）

【中心党校第八期青年干部班学员到陶然亭公园参观学习】　5月29日，北京市公园管理中心党校校长季树安带领第八期青年干部班学员到陶然亭公园参观学习。公园党委书记张颐春，园长缪祥流，党委副书记、纪委书记白永强，副园长董鹏接待。青年干部班学员参观了公园社会主义核心价值观主题展览、园艺队模范职工小家和模范职工书屋、“全国工人先锋号”游船队职工之家和书屋以及公园新建南门。随后，观看了《陶然亭公园风光》及《陶然亭公园2014年工作总结》专题宣传片。公园党委书记张颐春、园长缪祥流介绍了公园的历史、文化、建设以及公园近年来取得的成绩。

（周　远）

【北京植物园领导到陶然亭公园参观学习】 5月29日，北京植物园党委书记赵康、党委副书记王立新、宣传科、经管科以及创新小组负责人一行5人到陶然亭公园调研社会主义核心价值观主题公园展览。首先，讲解员为领导详细讲解了31位共产党人的先进事迹、高石墓、风雨同舟亭、爱晚亭等景点；随后，进行座谈交流。交流中，陶然亭公园党委书记张颐春介绍了主题公园的筹备、建设、管理等工作。北京植物园的领导们肯定了公园的环境、服务、管理等工作，尤其认为主题公园游览线路设计科学合理，特别是在道旗上安装护角的举措体现了公园的人性化管理。公园园长缪祥流以及党委办公室工作人员陪同。

（程　彤）

【台湾法务部参访团到香山碧云寺拜谒孙中山衣冠冢】 6月1日，台湾法务部参访团一行5人到香山碧云寺拜谒孙中山衣冠冢。一行按中国国民党主席朱立伦来访路线拜谒孙中山衣冠冢并敬献花圈，并登上金刚宝座塔远眺京城。中国海关总署、市公安局领导陪同参访。

（任小双　郑　蕊）

【澳门辅仁社民间文化访问团一行访问北京植物园】 6月13日，澳门辅仁社民间文化访问团一行9人在文化部非物质文化遗产创始人、中国社会科学院学部委员刘魁立教授的陪同下访问植物园，重点参观游览了卧佛寺，就两地卧佛文化和民俗与植物园工作人员进行了交流。

（石　鑫）

【北京动物园接待“People to People美国学生团”】 6月22日至7月9日，北京动物园连续第五年与中青旅合作开展“People to People美国学生团”项目。延续以往经典路线，VIP礼仪人员引领学生们到奥运熊猫馆后台近距离参观熊猫，聆听熊猫研究专家讲解熊猫行为训练成果。此次活动接待学生团4批共188人。

（马　鑫）

【北海公园接待美国产品设计师SadiTekin一行来园】 6月26日，北海公园接待了美国产品设计师SadiTekin一行到北海公园体验拍摄。体验组在金牌导游员刘秀荣一对一英文讲解服务下游览了西天梵境、九龙壁、团城、小海荷花湖区等景区，通过龙舟、摇橹船等观光形式，全方位、多角度欣赏了公园美景。SadiTekin先生对北海公园深厚的历史文化印象深刻，对优质周到的服务表示衷心感谢。北海公园党委副书记曲禄政全程陪同，市旅游委、区旅游委及宣传拍摄团队一行13人参加。琼华岛队、文化队积极做好本次活动的英文讲解、服务接待等工作。

（汪　汐）

【陶然亭公园党委接待中央台办基层党支部参观主题公园】 7月1日，中央台办所属两个党支部共计80余人实地参观了陶然亭公园主题公园环境、光耀京华主题设施、共产党人展板和“红色梦·慈悲庵革命史迹展”，认为主题展板造型多样、颜色鲜艳，与公园环境相协调；“红色梦”展览主题鲜明、内容生动，是非常好的爱国主义教育资源。

（中心宣传处）

【中共中央台湾工作办公室到陶然亭公园参观】 7月1日，中共中央台湾工作办公室下属两个党支部共计80余人到陶然亭公园参观社会主义核心价值观主题公园并开展党日活动。党员们在公园党委办公室相关人员的陪同下实地参观了公园环境、光耀京华主题设施、共产党人展板，并到首日对游客开放的“红色梦·慈悲庵革命史迹展”参观学习。

（程　彤）

【联合国教科文组织副总干事米拉格罗斯·德尔·克拉尔女士到天坛公园考察】 7月5日，在北京市科委领导的陪同下，实地查看了祈年殿、皇穹宇、圜丘及神乐署景区，就天坛人文、历史沿革、近现代发展、展陈情况及世界文化遗产地保护与利用等方面进行了全面的了解。考察结束后，贵宾一行观看了“神乐之旅”音乐展示演出，米拉格罗斯·德尔·克拉尔女士对天坛祭祀乐和清代宫廷乐的展示给予了高度赞赏。

（孙海洋）

【饶平到香山碧云寺拜谒孙中山衣冠冢】 7月7日，台湾关务署署长饶平一行3人在公安部二十四局、市台办、市旅游委相关人员陪同下，到香山碧云寺拜谒孙中山衣冠冢，随后一行参观了碧云寺罗汉堂、能仁寂照殿、静演三车殿，并登上金刚宝座塔眺望京城。饶平对碧云寺的文物保护、文化展示、服务讲解等工作给予高度评价。

（任小双　郑　蕊）

【打工子弟走进天坛公园公益夏令营】 7月20日，来自北京市东城、朝阳、海淀、丰台、通州、大兴6个城区的40名打工子弟，到天坛公园科普木屋参加夏令营。夏令营课程包括积极心理健康教育、青少年法制教育、安全自救主题体验活动、学习素质测试，以及用“友善用脑思维导图”梳理所学知识等内容。夏令营由市社会建设工作办公室、市社科联主办，市学习科学学会、北京颐和园学会承办，天坛公园管理处、亦庄消防中队、中国消防博物馆、北京大观园管理委员会、市方志馆联合协办。

（刘　欣）

【新疆和田质监局到香山公园学习调研】 7月21日，新疆和田质监局一行10人到香山公园调研索道运营情况。一行参观了主控室，并乘坐索道至香炉峰远眺京城。双方就索道安全运营、设备维护检修等内容进行研讨。海淀区质监局特种设备科科长许质陪同。

（陈伟华）

【北京动物园接待全国关爱各族儿童夏令营】 7月21日，“中华大家园”全国关爱各族儿童夏令营活动到访北京动物园。该活动由中国关心下一代工作委员会、国家民委、联合国儿童基金会等单位主办。来自全国各地的贫困、留守、残疾和手拉手儿童及工作人员共700人参加了本次活动。营员们先后游览了猴山、北极熊馆、象馆、非洲动物区、水禽湖等最受儿童欢迎的热门场馆。

（张　帆）

【全国公安系统烈士遗孤参观游览颐和园】 7月26日，全国公安系统烈士遗孤50人到颐和园参观游览。颐和园选派优秀讲解员为他们提供讲解服务。讲解员向他们介绍颐和园的历史沿革，园林造景和文物古建知识，激发了孩子们对这座古典皇家园林浓厚的兴趣。

（刘　宁）

【市公园绿地协会品牌观摩团考察北京动物园】 7月30日，北京市公园绿地协会组织的“服务民生，创新管理”品牌观摩团一行28人考察北京动物园。观摩团现场考察“网上动物园”、奥运熊猫馆、历史文化广场、新熊山等项目，并由科普专家讲解、演示高科技科普互动软件。观摩团一行对北京动物园不断创新发展的先进管理理念、打造良好的生态环境、推动人与自然和谐发展取得的成效给予肯定。

（郜　伟）

【香山公园完成台湾南部里邻长北京参访团接待工作】 7月31日，台湾南部里邻长北京参访团一行40余人在海淀区台办人员陪同下，到香山碧云寺参观，并拜谒孙中山纪念堂、衣冠冢。

（任小双　郑　蕊）

【台湾海旅会到天坛公园参观游览】 8月1日，在国家旅游局港澳台司司长刘克智的陪同下，台湾海旅会会长谢谓君一行参观天坛公园祈年殿、皇穹宇、圜丘景区。随后，宾客一行前往神乐署，观看“神乐之旅”专场音乐展示，演出结束后，谢会长对演出给予了高度的赞赏。最后，谢会长在留言簿上写下“天籁神曲”的感言。

（霍　燚）

【天坛公园完成世界田径锦标赛开幕式演员接待任务】 8月9日，公园精心挑选10名导游员为800余名世界田径锦标赛开幕式演员提供优质的导游讲解服务，参观过程中，导游员详细地介绍了天坛历史沿革、明清祭天文化及天坛建筑特点。

（刘　颖）

【北京动物园接待市残联“无障碍·乐畅行——全国肢残人活动日暨无障碍环境推广活动”】 8月11日是全国肢残人活动日，北京市残联在北京动物园举办了“无障碍·乐畅行——全国肢残人活动日暨无障碍环境推广活动”。市残联副巡视员欧玲、市公园管理中心副主任高大伟等有关领导出席。本次活动以北京动物园的无障碍设施建设及运营管理为基础，分别参观了公园西南门厕所、狮虎山厕所内的无障碍卫生间、金丝猴馆的无障碍坡道和熊猫馆的无障碍电梯。参观过后，召开了“无障碍乐畅行”工作座谈会。北京动物园园长吴兆铮、中心服务管理处副处长贺然分别介绍了动物园及市属公园在无障碍设施方面的主要做法，与会领导及专家给予了高度认可。市残联将把北京动物园作为“市级无障碍环境推广示范点”，通过邀请媒体、与外单位交流等方式，在全市范围内推广动物园的经验和做法，促进北京市无障碍环境的整体提升。

（中心服务处）

【京津冀绿地协会代表团参观考察北京动物园】 8月18日，北京市公园绿地协会会长刘英带队京津冀三市绿地协会代表团参观考察北京动物园。北京动物园成立接待小组，制定接待参观流程，安排专人全程讲解。代表团现场参观金丝猴馆、大熊猫行为训练、天鹅湖餐厅。北京动物园园长吴兆铮、党委副书记、纪委书记杜刚、副园长王树标陪同。

（郜　伟）

【宫崎蕗苳、宫崎黄石拜谒碧云寺孙中山纪念堂】 9月4日，孙中山先生的日本友人宫崎滔天之孙女宫崎蕗苳、曾孙宫崎黄石及曾孙媳一行三人，在中国宋庆龄基金会理事孙晓燕的陪同下，冒着暴雨到香山碧云寺参观，拜谒了孙中山纪念堂、衣冠冢，参观了《孙中山生平事迹展》，并在展览照片中找到了数张家族世代与中国人民交往、来华参加孙中山纪念大会的照片，随后一行登上金刚宝座塔，眺望西山风景。宫崎滔天毕生致力于支持中国革命，是孙中山生前好友，同盟会第一批日本会员，家族世代坚持对华友好，此次是应邀来华参加纪念抗日战争胜利暨世界反法西斯战争胜利70周年观礼活动后，到香山碧云寺参观拜谒。

（任小双　郑　蕊）

【天坛公园完成联合国秘书长潘基文夫妇一行20人参观接待任务】 9月6日，潘基文夫妇车队一行（一级勤务）抵达天坛公园，李高园长代表天坛公园表示热烈欢迎。参观过程中，潘基文夫妇感受到了天坛悠久的历史文化，并对声学现象及古树保护等方面提出相关问题，讲解员一一做出详细解答。在古柏林中，潘基文夫妇驻足于九龙柏前，深情地凝视着这棵参天古柏，品味着中国的古老文化。李高园长为他们介绍了天坛古树的养护情况和保护措施。在回音壁，潘基文夫妇被神奇的回声效果所震撼，由衷感叹中国古代建筑的精美绝伦和古代匠师的聪明才智。在祈年殿前，李高园长向潘基文夫妇赠送天坛纪念品。潘基文夫妇对天坛公园热情周到的服务表示感谢。

（孙海洋）

【毛新宇到香山双清别墅祭拜毛泽东主席】 9月9日是毛泽东主席逝世39周年祭日，毛泽东之孙毛新宇到香山双清别墅祭拜主席。公园党委书记马文香陪同毛新宇一同回顾主席当年在双清工作、生活情况。

（郑　霏）

【台湾移民署署长到香山公园拜谒孙中山纪念堂】 9月15日，台湾移民署署长一行8人到香山公园参观游览，拜谒了孙中山纪念堂及衣冠冢，并登上金刚宝座塔远眺京城美景。

（纪　洁）

【法国外事总理顾问到景山公园游览】 9月15日，法国外事总理顾问雅克·奥迪贝尔一行14人到景山公园参观游览，于14时从东门入园，由东门至万春亭参观，于15时10分出西门，景山公园提供全程安保和园区内秩序维护。

（孙　昊）

【北海公园接待美国标准协会副总裁】 9月21日，北海公园接待美国标准协会（ANSI）副总裁约瑟夫·特雷德勒交流考察旅游服务标准化建设工作。考察组在听取了北海公园相关介绍后实地考察游览了团城、琼华岛、九龙壁、静心斋等景区，对北海公园标准化服务流程和实践过程中的管理层动员与参与、专业团队组建及贯彻员工实施、标准体系层次建设等方面的标准化建设工作给予充分肯定和高度赞赏。国家标准委员会国际合作部主任李玉冰对公园标准化建设工作进行评价：北海公园作为试点单位在创建、实施等全过程中表现突出，在标准体系方面注重层次分明、涉及面广，管理层和决策层全面贯彻落实标准化的决心坚决，考察充分体现了公园标准化工作成效。中心副主任高大伟对汇报材料进行了补充，并介绍了中心下属其他单位开展标准化工作的情况。同时，邀请美国标准化协会到天坛、颐和园进行考察交流。市质监局副局长姚娉、标准化处副处长吴惠敏及国家标准委员会国际合作处副处长王琛等相关人员陪同考察。北海公园园长李国定、工会主席夏国栋参加，游船队、琼华岛队及文化队做好各项服务工作。

（汪　汐）

【北海公园完成国务院办公厅领导接待工作】 9月25日，北海公园接待国务院办公厅优秀共产党员、优秀工作者30余人泛舟赏月，琼华岛队选派优秀讲解员介绍了北海公园悠久的园林历史和丰富的皇家文化，服务工作得到国务院办公厅领导的一致好评。国务院办公厅工会领导带队，园长李国定全程陪同。

（汪　汐）

【北京动物园接待大兴区第五小学师生】 10月19日，科普馆接待了大兴区第五小学五年级10个班级共472名学生来馆开展社会实践活动。为保证此次活动的顺利进行，通过前期多次与学校老师的沟通，设计活动流程和教学内容，配合学校老师设计了学生社会实践任务单，并安排了5名保护教育教师进行全程讲解教学。

（周桂杰）

【陈云林、阳安江、张秋俭到香山公园游览参观】 10月26日，国务院台湾事务办公室原副主任陈云林、北京市政协原主席阳安江、全国政协副秘书长张秋俭一行到香山公园游览参观。一行参观了致远斋、双清别墅，查看了香山寺施工现场，沿途观赏了香山红叶。一行对香山悠久的历史文化及优美的生态环境表示肯定，并提出待明年香山寺竣工后相约再来。海淀区政协主席彭兴业、香山公园党委书记马文香、香山街道党委副书记陈曦陪同参观。

（任小双　郑　蕊）

【北京动物园接待日本鲭江日中友协访问】 10月28日，日本鲭江日中友协一行4人到访北京动物园参观交流。北京动物园党委书记张颐春等与到访成员进行座谈交流并交换礼物。动业科科长彭真信等陪同到访人员一同参观了畅观楼园史展及熊猫馆，参观过程中双方就动物饲养、展示、动物园行业发展等专业领域进行探讨。双方表示希望在今后能够创造更多机会增加合作、增进了解，实现双方的共同促进。

（彭　硕）

【北海公园接待菊花分会副理事长】 11月2日，中国风景园林学会菊花分会副理事长郭忠义一行到北海公园参观市第36届菊花展，公园园长李国定陪同。

（汪　汐）

【法国总统奥朗德到天坛公园参观游览】 11月3日，法国总统奥朗德一行30人（一级勤务）到天坛公园参观游览，在副园长王颖的陪同下，总统一行参观了圜丘、回音壁、祈年殿等主要景区。游客服务中心选派优秀讲解员，为总统一行提供了优质的全程讲解服务。临别时，副园长王颖代表天坛公园向总统赠送了纪念品，并向总统再次发出邀请。

（孙海洋）

【孙中山诞辰149周年纪念仪式举行】 11月12日，孙中山先生诞辰149周年纪念仪式在中山公园中山堂举行。全国政协副主席周小川主持仪式。全国人大常委会副委员长、民革中央主席万鄂湘，全国政协副主席陈元，中共中央统战部副部长冉万祥，北京市副市长王宁等分别向孙中山塑像敬献花篮。公园在中山堂布置龙柏6株、非洲茉莉16株，红掌组盆8盆、黄独本菊30盆、火鹤120盆；配合市公安局、警卫局现场协调，布控重点区域，疏导活动车辆。全国政协副主席刘晓峰、齐续春，民革中央副主席傅惠民，北京市政协主席吉林、副市长戴均良及社会各界代表70余人出席。

（赵　冉）

【孙伯雄到香山碧云寺拜谒孙中山纪念堂】 11月21日，孙中山重孙孙伯雄及夫人一行到香山公园游览并拜谒孙中山纪念堂。孙伯雄及夫人参观了致远斋展览，到碧云寺拜谒孙中山纪念堂，参观《孙中山生平事迹展》，并对香山公园发出邀请，希望香山公园参加孙中山先生诞辰150周年庆祝会。市政协、中山纪念堂、湖广会馆、正阳门管理处领导及公园园长钱进朝陪同。

（任小双　郑　蕊）

【颐和园完成年度内外事接待任务】 2015年，颐和园内外事共接待216次，其中，接待中共中央政治局原常委、中纪委原书记贺国强，全国公安系统烈士遗孤，“中华青少年诺贝尔行动计划”青少年学生团，全国民族团结进步模范及突出贡献英模参观团等内事任务123次；完成厄瓜多尔总统科雷亚、亚美尼亚总统萨尔基相、克罗地亚总统基塔罗维奇、吉尔吉斯斯坦总理萨里耶夫来园等外事任务93次。其中一级任务8次，二级任务8次，三级任务22次，接待服务受到了中外来宾的高度认可。同时，颐和园高标准、高水平、高质量地完成纪念中国人民抗日战争暨世界反法西斯战争胜利70周年阅兵活动期间的接待服务工作。

（刘　宁）

【北京植物园完成“一二·九”运动纪念地参观游览的服务接待工作】 2015年，北京植物园完成“一二·九”运动纪念地参观游览高峰期的服务接待工作。专门制订“一二·九”服务保障工作方案，明确服务接待流程、重点服务时段和管理保障要求，全园统筹联动做好各项工作。对外公布“一二·九”纪念活动预约电话，为预约团体提供党、团旗和义务讲解等服务，由游客服务中心接受活动预约，由园办公室统筹安排服务接待，专门调配一名科级干部负责讲解接待工作。6月30日～7月7日，在中国共产党建党94周年和抗日战争爆发70周年前后的高峰时段内，在“一二·九”活动现场设立学雷锋志愿服务站，每天安排6名志愿者值守现场，为社会团体和广大游客随时开展义务讲解、咨询指路、发放宣传折页和文明游园宣传小凉扇、帮助照合影、提供音响、看护物品等各项服务，做好游客留言和服务接待情况记录。其中7月7日为单日接待最高峰，共计接待游客约20批次近1000人次。全园同心协力，密切配合，做好安保、绿化、保洁、导览牌设置、喷雾开放等各项工作，监控室全天候双屏幕对“一二·九”活动区域进行重点监控，保证良好的游园环境和秩序，展示北京植物园的良好形象。

（石 鑫）

管 理

【北京动物园职工食堂实行刷卡就餐】 1月1日，北京动物园职工食堂正式实行刷卡就餐。全园共计发放就餐卡681张，运行前期从设备的确认和购置、网络线路的铺设安装及调试、就餐软件的安装以及后期操作人员的教育和培训，每一个环节都在有条不紊的进行，从而确保了公园职工用卡就餐的顺利进行。

（张 帆）

【北京动物园与北京海洋馆调整票务合作方式】 1月1日，北京动物园调整与北京海洋馆的票务合作方式。其中散客票采取一票制，旺季成人票165元（其中动物园门票15元，海洋馆门票150元）、优惠票78元（其中动物园门票8元，海洋馆门票70元）；淡季成人票160元（其中动物园门票10元，海洋馆门票150元）、优惠票75元（其中动物园门票5元，海洋馆门票70元）。双方共同委托第三方印制散客票，共同承担印制费用，其中动物园0.1元，海洋馆0.19元。商散票、会员卡（票）采取在海洋馆门票上张贴动物园激光防伪标识的方式，作为入园凭证及结算依据。

（张 帆）

【园林学校加强节日及寒假期间安全管理工作】 1月1日至2月28日，园林学校加强节日及寒假期间安全管理工作。一是落实安全主体责任，把各项安全责任落实到人；二是对教学楼教室改造施工现场加强巡视，排查隐患；三是对消防设施设备、电线电路进行检查，保证设施设备完好有效，消防通道畅通；四是严格假期值班制度和领导24小时带班制度，要求值班人员加强对校园禁放点的看护，做好应急准备；五是通过学校微信发送《致家长信》开展寒假防火、防煤气中毒、防滑冰溺水、交通安全等宣传教育。

（赵乐乐）

【中心召开离退休干部征求意见座谈会】 1月6日，市公园管理中心党委召开离退休干部征求意见座谈会。听取就中心教育实践活动整改方案落实情况、深化作风建设及对领导班子坚持原则、敢于担当，遵守党纪方面的意见和建议。老同志们高度肯定中心领导班子工作和作风，并对年轻干部队伍培养、年轻职工教育、各单位党委作用发挥、新上岗基层支部书记培训等工作方面提出建议和意见。郑西平书记感谢老同志们对中心党委工作的充分肯定和良好建议。

（中心离退休干部处）

【北京动物园与北京信沃达海洋科技有限公

司海洋馆土地相关事宜】　1月7日，在北京市高级人民法院北京海洋馆破产案件主审法官和北京市国土资源局海淀分局土地登记中心主任的主持下，北京动物园与北京信沃达海洋科技有限公司（简称信达沃公司）在北京海洋馆会议室就海洋馆土地问题进行协商。经过协商，北京市高级人民法院将对北京市国土资源局海淀分局发土地变更执行函，将原利达海洋馆土地证使用者变更为信沃达海洋科技有限公司，起止时间、有效期限及用地范围不变。信沃达公司同意协商结果，并承诺土地证有效期限到期后（有效期还剩8年）再与北京动物园协商土地使用问题。事后北京动物园将协商结果上报中心。

（孙　毅）

【北京动物园完成北京海洋馆土地证变更】1月7日，在北京市高级人民法院北京海洋馆破产案件主审法官和北京市国土资源局海淀分局土地登记中心主任的主持下，北京动物园与北京信沃达海洋科技有限公司（简称信沃达公司）在北京海洋馆会议室就海洋馆土地问题进行协商。经过协商，北京市高级人民法院将对北京市国土资源局海淀分局发土地变更执行函，将原利达海洋馆土地证使用者变更为信沃达公司，起止时间、有效期限及用地范围不变。信沃达公司同意协商结果，并承诺土地证有效期限到期后（有效期还剩8年）再与北京动物园协商土地使用问题。事后北京动物园将协商结果上报中心。2月3日，北京市高级人民法院对北京市国土资源局下发了协助执行通知书稿（〔2003〕高民破字第663号），要求协助信沃达公司办理土地证使用人变更事宜。3月13日，在海淀区国土局组织下，由北京动物园与北京海洋馆对该区域土地进行了现场指界。指界内容包含四周边界及范围。5月7日，海淀区国土局依据北京市高级人民法院对北京市国土资源局下发的协助执行通知书稿（〔2003〕高民破字第663号），将北京动物园土地证［京海国用（1999划）字第1033号］内原利达海洋馆35000平方米土地变更至信沃达公司名下。北京动物园［京海国用（1999划）字第1033号］土地证使用权面积核减35000平方米，并获得新下发土地证。同时，变更后的北京海洋馆土地证发给信沃达公司。北京海洋馆土地证标明该地土地使用权起止时间延续原利达海洋馆土地证期限。为1993年至2023年，有效期限30年。

（孙　毅）

【北京动物园增设冰面提示牌示】　1月8日，北京动物园经过近1个月的点位调研、版面设计、制作安装，完成景观型水面安全提示牌示的增设工作。新增设提示牌示分为两类共30面，其中花状异形提示牌示15面，主要分布于公园河道沿岸，采用不锈钢烤漆工艺，在提示游客安全游览的同时，点缀公园景观环境；黄底黑字提示牌示15面，主要分布于公园水禽湖沿岸，采取贴地安装形式和物理方法固定，即提示游客又不影响公园景观。增设安全提示牌示一方面可以更好地提示游客安全文明游园，另一方面也为公园网格化巡检人员劝阻游客不文明行为提供依据。

（张　帆）

【中心召开2014年度宣传工作绩效考评总结交流会】　1月8日，中心召开2014年度宣传工作绩效考评总结交流会。各单位围绕2014年宣传绩效考评内容以及“道德讲堂”活动和政务微博等方面进行汇报。中心副主任王忠海总结了2014年中心宣传工作取得的成绩并对今后工作提出要求。各单位宣传工作主管领导、宣传干部和相关人员70人参加。

（夏　冉）

【园林学校召开建章立制工作汇报会】 1月9日，园林学校召开建章立制工作专题汇报会，全体教职工90人参加。会上，学校副校长杨秀娟就学校建章立制工作进行总结汇报。汇报中指出，学校经过“两上两下”，对全校各科室规章制度进行全面梳理，及时补充制定新制度，废止已不适用的制度，对不合理的制度进行修改完善。共计补充制定新制度15项，废止5项，修订完善95项，完成各科室规章制度汇编（草案），并印制成册。

（赵乐乐）

【中心召开年度科普工作总结交流评比会】 1月12日，市公园管理中心科技处组织召开了2014年度中心科普工作总结交流评比会，中心总工李炜民参加会议。中心各单位汇报了2014年科普基地建设、专项活动开展、人才培养等科普工作情况。中心总工李炜民对各单位取得的成绩给予了充分肯定，并对今后工作提出要求。会上邀请中国科技协会科学技术传播中心传播规划处王松光处长，结合科普活动形式创新、策划与组织等内容展开专业培训。中心所属各单位的主管园长、主管科长、科普干部40余人参加了会议。

（中心科技处）

【北京动物园畅观楼会所整治】 1月12日，为进一步落实中央和市政府关于会所管理的两个“一律”工作要求，同时严格按照北京市公园管理中心关于会所工作的相关要求。北京动物园对管辖范围内的畅观楼进行了一系列整改。2014年1月与承租方洽谈提前解除租用畅观楼等事宜并签订解除协议，双方约定从即日解除合同；3月，确定在畅观楼陈列动物园园史展；10月对畅观楼进行了面积测量，并组织相关科室对园史馆布局进行讨论；11月组织相关科室讨论展陈及展柜方案；从2014年1月至12月，公园每月都会对畅观楼安全及使用情况进行检查。10月10日，北京动物园畅观楼园史展正式面向公众免费开放。畅观楼的园史馆主要以畅观楼3个厅作为主展厅，地下室改建成为北京动物园文物库。全部展览共分为三部分，第一部分以动物园的起源为主题，用展板（文字、图片）加展柜（实物）的方式向游客全面介绍中国乃至世界动物园的演变历史。第二部分以北京动物园百余年历史发展为背景，全面、客观、真实地展现北京动物园100多年的发展历史。第三部分以畅观楼为主题，以实物展陈方式着重介绍畅观楼的历史。畅观楼北侧大厅作为临时机动展厅，主要负责临时展览及活动。各展厅将按照展览主题，采用不同的文物实物、文字、图片、视频播放等形式，形成相互联系，展现动物园发展历史。为配合园史馆的开放，公园组织建立专门的工作团队。服务接待由服务队负责，文物管理（文物库）由资产管理科委派专人负责，常设科级干部一名值守管理。值守管理采用物业公司管理方式。服务讲解采用公园骨干人员与志愿者等多种方式，每周定期定额免费开放，时间为9:00～16:00，可以在网上进行参观预约。

（孙　毅）

【中心完成年度科技成果评审工作】 1月14

日，北京市公园管理中心技术委员会召开年度中心科技成果评审会。会议由中心技术委员会主任张树林主持。全体委员认真听取了各单位23项参评课题成果的汇报，经过认真讨论审议，并以无记名投票的方式评选出获奖课题一等奖4项，二等奖11项，三等奖6项。最后，中心总工李炜民作出总结性发言。

（中心科技处）

【香山公园组织开展“落实制度与服务人性化”主题辩论会】 1月15日，由来自各支部的20位选手组成四支代表队。分别设开场陈述、攻辩、自由辩论、总结陈述和观众互动等环节。公园党委书记甘长青、园长钱进朝参加了此次活动并提出工作要求和希望。孙齐炜副书记、宗波副园长及全园中层以上干部参加了辩论会。

（中心团委）

【景山公园完成北京市公园游览年票发售工作】 1月15日，景山公园完成北京市公园游览年票发售工作。年票于2014年12月15日开始发售，共发售1个月。公园各部门协调配合，确保人力充足。全体年票发售人员微笑热情服务，共发售年票125228张，同比增长1%。为方便广大游客购买公园年票，景山公园继续保留西门售票处作为年票常年发售点。

（刘水镜）

【陶然亭公园完成年票发售工作】 1月15日，陶然亭公园完成年票发售工作。售出年票共计53322张，其中50元券910张，100元券86913张，200元券3785张，合计票款9653400元。

（陆　晨）

【中心获2014年度国家安全人民防线建设先进集体】 1月16日，北京市国家安全局召开国家安全工作会。中心及颐和园、天坛公园、北海公园、中山公园、景山公园荣获北京市2014年度国家安全人民防线建设先进集体，吕新杰等6名同志荣获先进个人。

（孙海洋）

【中心召开历史文化建筑保护项目实施情况调查与信息整理工作布置会】 1月16日，市公园管理中心召开历史文化建筑保护项目实施情况调查与信息整理工作布置会。中心综合处汇报中心历史文化建筑保护项目实施情况调查与信息整理工作情况，并作出具体工作安排。中心副主任高大伟提出工作要求。各公园及园博馆规划、建设、文物工作主管领导参加。

（王未彤）

【北京植物园参加国家花卉产业技术创新战略联盟理事会】 1月16日，北京植物园参加了国家花卉产业技术创新战略联盟2014年理事会，汇报了2014年植物园科研工作情况及近些年取得的科研成果，并向联盟提出了技术需求。此次交流会增加了高校、科研院所和各企业单位对北京植物园科研工作的了解，提高了植物园的知名度和科技影响力，为进一步实现产学研结合、科技成果转化提供了良好的平台。

（孟雪松）

【中心召开工作会议】 1月20日，市公园管理中心在北京植物园卧佛寺召开工作会议。会期一天。上午，工作报告会由中心党委书记郑西平主持，市政府副秘书长赵根武到会并代表林克庆副市长讲话。赵根武副秘书长传达了林克庆副市长的讲话提纲，从“讲政治、顾大局、谋发展”三个方面肯定了中心2014年的工作，强调2015年工作重点。会上，中心主任张勇作了工作报告，中心党委副书记杨月宣读表彰决定，与会领导向先进单位、单项奖单位、先进集体和先进个人代表颁发奖牌和证书。中心党委书记郑西平传达了市纪委十一届四次全会精神。下午，分三组召开讨论会，对工作报告和市领导指示精神进行学习讨论，中心党委常委听取了各小组讨论情况汇报。中心及所属单位副处以上干部和先进单位、单项奖单位、先进集体和先进个人代表，共119人参加会议。

（孙海洋）

【香山公园诉北京心远山房文化艺术有限公司返还原物纠纷案经判决生效】 1月20日，香山公园诉北京心远山房文化艺术有限公司返还原物（含青斋、涵碧斋、跨院耳房）纠纷一案经二审判决生效，北京心远山房文化艺术有限公司应于判决生效后15日内将房屋归还公园，但其一直未履行腾退义务，后公园向北京市海淀区人民法院执行庭申请强制执行，北京市海淀区人民法院执行庭法官于5月5日来园到涉案标的物现场张贴公告，5月15日完成全部强制执行程序。

（王晓明）

【北京动物园全面推开审计工作】 1月21日，北京动物园召开“2014年度审计工作总结会”。会上，北京中平建工程造价咨询有限公司做了动物园审计工作汇报。随后，对9个企业单位进行的审计，提出了审计意见，审计意见充分反映了各单位2014年的财务状况以及经营成果和现金流量。全年事业单位审计项目45个，审计金额5843.24万元。年内，对17家施工单位结算170份，送审结算3327.72万元。结算审核完成送审结算104份，出具报告88份，送审金额1436.44万元，审减金额148.51万元，审定金额1287.93万元；正在审核结算66份，送审金额1891.28万元；预算审核完成送审预算金额324.22万元，审减61.69万元，审定金额262.53万元；合同复核完成43份；招标文件复核完成2份；材料询价完成50种。

（杜静静）

【绿化项目专家论证会召开】 1月23日，北京植物园组织召开绿化项目专家论证会。听取“绚彩北京植物园”景观提升改造项目、卧佛寺及周边区域植物调整以及梅园改造工程3个项目方案汇报，刘秀晨、耿刘同等专家提出建议。中心副主任高大伟、中心综合处相关负责人参加。

（北京植物园）

【中心召开安全工作会议】 1月23日，市公园管理中心召开安全工作会议。组织学习《“12·31”上海外滩陈毅广场拥挤踩踏事件调查报告》，讨论重点安全工作。中心安全应急处、各公园保卫科长共15人参加会议。

（中心安全应急处）

【中心召开“市属公园增彩延绿项目”工作会】 1月26日，市公园管理中心召开“市属公园增彩延绿项目”工作会。中心科技处介绍项目背景并布置项目的任务分工，与会人员结合各单位特色和任务进行讨论，初步确定“市属公园增彩延绿项目”工作思路和主要工作内容，并对项目方案提出修改意见。中心综合处、园科院、植物园、香山公园、陶然亭公园、玉渊潭公园主管人员参会。

（孟雪松）

【中心对公园高档餐饮和会所整治情况进行综合检查】 1月27日，由市公园管理中心综合处、服务处、安全应急处和宣传处组成联合检查组，现场查看颐和园、北海公园、香山公园等8个单位的高档餐饮和会所整治情况。要求各公园严格管理所有出租房屋，按照中央及市委、市政府的相关规定进行转型整改，加快推进适合公园服务市民游客的创新性转型，坚决杜绝出现违规行为，确保房屋使用安全、合法。4月3日，中心综合管理处、服务管理处、安全应急处和宣传处、纪检监察处又分三组对颐和园、香山公园、北京植物园、紫竹院公园、动物园、北海公园、中山公园、玉渊潭公园的高档餐饮和会所整治情况进行综合检查。对相关单位进行了现场查看，未发现违规行为。

（孙海洋）

【中心召开2014年度科普工作总结评比会】 1月27日，市公园管理中心召开2014年度科普工作总结评比会。各单位总结汇报2014年科普工作，经投票评选出中心2014年度科普先进单位和优秀科普专项活动。会议提出2015年科普工作设想。中心科技处负责人，中心所属单位主管科长及相关人员参加。

（孟雪松）

【程海军主持召开纪委会】 1月28日，市公园管理中心纪委书记程海军主持召开纪委会。传达学习市纪委十一届四次全会精神，通报市纪委检查组对中心党风廉政建设工作责任制落实的专项检查情况，讨论研究2015年中心纪委工作报告。

（刘彩丽）

【北京动物园召开整治“会所中的歪风”部署会】 1月28日，北京动物园认真落实中共北京市纪律检查委员会中共北京市委党的群众路线教育实践活动领导小组办公室关于在全市开展“会所中的歪风”专项整治“回头看”检查的通知，组织召开专项部署会。会上，园长吴兆铮传达市公园管理中心的会议精神和要求，并提出具体措施。北京动物园全体领导班子以及资产科、服务管理科、保卫科、办公室、经营队等主要科、队参加会议。

（孙海洋）

【中山公园开展会所整治】 1月28日，中山公园党委书记刘凤华主持召开会所整治专题会议。通报中央及市委、市政府会所整改工作相关规定，及1月27日中心检查组会所检查情况，再次重申整改要求。自1月28日起至春节，每天晚餐期间，由值班干部带班检查二号院、长青园两家单位整改情况，对涉嫌违规行为坚决予以制止，并做好检查记录。1月29日，根据《关于在全市开展“会所中的歪风”专项整治“回头看”检查的通知》及中心会议精神，刘凤华约谈承租单位，传达上级通知精神。2月12日，市公园管理中心副主任高大伟听取公园会所整治工作汇报，实地检查西南门内二号院及长青园整改情况。3月下旬，根据中心主任张勇就《新京报》有关批示，在坚持每日夜间检查基础上，每日上午9时之前巡视驻园单位有无夜间餐饮接待痕迹，并要求负责人在检查记录上签字确认。

（张冬霞　赵　冉）

【玉渊潭公园重新修订门前三包责任制管理办法】 1月29日，玉渊潭公园颁布实施新修订的《玉渊潭公园“门前三包”责任制管理办法》，明确园属各单位应当承担的涵盖环境卫生、绿化、社会责任在内的“门前三包”责任。“门前三包”责任地段为园属各单位所辖工作区全部范围，所辖建筑物四周10米之内，以及门前广场全部区域。特殊区域及扫雪铲冰责任区在此基础上另行划定。

（缪　英）

【香山公园完成房屋自检自查】 1月29日，根据市公园管理中心《关于在全市开展“会所中的歪风”专项整治“回头看”检查的通知》的会议精神，公园园长钱进朝、党委书记甘长青组织相关人员学习会议精神，实地到兄弟楼和洪光寺两处房屋进行检查。经检查，两处房屋处于关停整顿中，未对外经营、非会员制、无会员卡。公园约谈兄弟楼房屋承租方北京凯韦诚投资管理有限责任公司负责人郭墅，就该处房屋下一步如何转型和向公众开放进行商谈。

（王晓明）

【中心召开党风廉政建设工作会议】 1月30日，市公园管理中心召开党风廉政建设工作会议。由中心党委副书记、主任张勇主持，中心纪委书记程海军传达学习北京市纪委十一届四次全会精神，总结中心2014年党风廉政建设情况，部署2015年党风廉政建设工作任务。会上中心主要领导和班子副职，班子副职和分管部门正职等五个层面分别签订《党风廉政建设责任书》。中心领导班子成员、副处级以上干部以及所属各单位纪检干部、部门科长170余人参加会议。

（刘彩丽）

【中心开展科研经费支出专项检查】 1月，市公园管理中心科技处会同计财处对动物园、植物园、园科院三家单位的科技经费管理及使用情况进行专项检查。结果显示，三家单位科研经费做到专款专用，经费使用管理基本规范。同时对于检查中存在的科研课题经费预算、计划性不强等问题将按要求进行整改。

（孟雪松）

【北海公园监测活动团体音响设备】 2月2日，由保卫科、护园执法队、管理经营科组成的噪音专项治理小组利用分贝仪在全园范围内监测各活动团体音响设备音量，并劝阻音量超标的团体。收到了较好的效果，净化了游览环境。

（汪　汐）

【中心组织召开青年科技人员座谈会】 2月3日，市公园管理中心召开青年科技人员座谈会。颐和园、天坛公园等五家单位的青年科技人员作典型发言，与会人员围绕中心科技工作发展和存在问题进行交流。中心党委副书记杨月就做好中心科技人才队伍建设提出要求。中心总工程师李炜民给青年科技人员提出几点希望。中心人事处、团委、宣传处相关负责人及中心所属单位的15名青年科技人员代表参加。

（孟雪松）

【市园林绿化局与中心就开展科技合作进行座谈】 2月3日，市园林绿化局与中心就开展科技合作、共促首都园林绿化建设进行座谈。双方就如何共同推进首都增彩延绿等重点科技项目合作进行深入探讨。此项交流为今后双方在首都园林绿化技术领域开展更深层次的合作奠定了良好基础。市园林绿化局副局长甘敬、中心总工程师李炜民以及市园林绿化局科技处、中心科技处、园科院、园博馆负责人参加。

（中心科技处）

【颐和园、北海公园、紫竹院公园、陶然亭公园冰场关闭】 2月4日，为确保游客安全，颐和园、北海公园、紫竹院公园、陶然亭公园冰场关闭。采取保留冰上硬质围挡、增加安全宣传牌示、增加沿湖巡逻密度等措施，确保冰面安全。

（中心安全应急处）

【中心召开绩效管理督查工作座谈会】 2月4日，市公园管理中心巡视员刘英带队分三组召开绩效督查工作座谈会。会上，各单位分别介绍了绩效督查工作的经验和特点，并对中心绩效督查工作及先进评优工作提出意见和建议。针对中心2015年绩效督查工作，刘英提出要求。中心办公室、宣传处、绩效办负责人、各单位绩效督查工作主管领导及主管部门负责人参加。

（绩效办）

【香山公园完成内部密闭空间检查工作】 2月5日，香山街道城管科、安全生产执法大队联合对香山公园地下室、防空洞等密闭空间的安全情况进行检查。本次重点检查密闭空间的引导标识安装、逃生出口环境、地下通风情况、紧急照明安装及使用等4项内容。经过检查，联合小组表示香山公园地下空间安全设施和自救逃生设备齐全，状态良好，不存在安全隐患。

（马　林）

【中心召开节前物价工作座谈会】 2月6日，市公园管理中心召开节前物价工作座谈会。市物价检查所对各公园节前物价工作提出要求，特别强调公园大门和园中园的票价是由政府定价，希望公园严格遵守。会议提出：各公园要重视物价管理，明确设立物价监督专管员，以便于监督公园物价管理工作。中心服务处、计财处负责人、各公园主管副园长、经管科长、财务科长共计37人参会。

（中心服务处）

【香山公园索道开车运营】 2月6日，香山公园索道开车运营。停车检修期间，聘请专业索道安装队对电路部分支架、轮组进行调整，索道站机修电工班对线路、机械设备、电气设备、液压设备及部分托压索轮进行了维护保养、更换、清洁及加油，对全线路螺丝进行了检查、紧固，全部更换167把吊椅抱索器，邀请国家索检中心专家对索道钢丝绳进行无损探伤，最大限度地保障索道设备良好运行。

（陈伟华）

【“增彩延绿”集中示范区建设工程设计方案汇报布置会】 2月10日，市公园管理中心召开“增彩延绿”集中示范区建设工程设计方案会议。由中心综合处组织召开，园科院介绍项目相关情况，香山公园、北京植物园、陶然亭公园、紫竹院公园和玉渊潭公园分别汇报设计方案等进展情况。会议明确：各单位尽快修改完善设计方案，要充分利用彩叶和延绿新优植物，明确苗木需求等内容，春节前正式报中心确定，以便下一步工作顺利开展。中心科技处负责人，各单位主管领导和相关人员参加。

（王未彤）

【北京市根艺研究会年会在北海公园召开】 2月11日，北京市根艺研究会2015年年会在北海公园召开。会议由公园副园长杨宝利主持，李秉让秘书长通报了市根艺研究会2014年全年工作情况，王宝顺副会长简述了2015年工作计划，理事会成员和各区县会员展开讨论交流，为更好开展2015年工作献计献策，达成共识。昌平区分会、延庆县分会汇报了本区县2014年活动开展情况。公园园长张作英、王宝顺等研究会相关负责人分别讲话。市根艺研究会法人、会长、秘书长、理事会成员、监事会成员及全体会员参会。

（汪　汐）

【市纪委检查市属公园会所整改情况】 2月13日，市纪委检查市属公园会所整改情况。由市纪委党风政风监督室副主任侯瑾带队，联合市文物局实地检查动物园畅观楼、颐和园益寿堂，了解两处场所的历史发展、历史用途以及整改方式、预期效果。市纪委对市属公园会所整治情况给予肯定并提出要求。中心纪检处相关人员参加。

（刘彩丽）

【中心召开春节安全工作电视电话会议】 2月15日，市公园管理中心召开电视电话会议。中心主任张勇通报中心局级领导班子民主生活会情况，并就春节假日安全工作提出具体要求。中心党委书记郑西平讲话。会议由中心党委副书记杨月主持，中心巡视员刘英部署春节假日工作，中心纪委书记程海军就节俭文明廉洁过节提出要求，中心领导、各处室、部门负责人在主会场参会，各单位党政主要领导及有关人员在各单位分会场参会加会议。

（孙海洋）

【颐和园与中国人寿保险公司签订公众责任险】 2月27日，颐和园和中国人寿财产保险股份有限公司签订投保有效期为一年（2015年2月27日零时至2016年2月26日24时止）的公众责任险合同。公众责任险保险费为37万元，累计赔偿限额500万元，每次事故每人赔偿限额100万，区域范围为北京市颐和园园区，涵盖陆地和游船服务。

（卢　亮）

【北海公园琼华岛队做好扫雪铲冰工作】 2月28日，琼华岛队及时做好扫雪铲冰工作，清扫门区和景区积雪，并在台阶等重点部位铺设防滑毯，设立警示标志40余块，确保游客安全。

（汪　汐）

【陶然亭公园等单位受到首都绿化委员会表彰】 2月28日，首都绿化委员会授予陶然亭公园管理处、天坛公园管理处为首都绿化美化先进单位，北海公园管理处科员陈春萌、天坛公园管理处绿化中心经理韩捷、颐和园管理处园艺队绿化一班副班长王爽、中山公园管理处职工关富生、动物园基建绿化科副科长赵靖、植物园养护队队长许兴、紫竹院公园园长曹振起、景山公园副园长任桂芳为首都绿化美化先进个人，天坛公园、北海公园、玉渊潭公园为首都生态文明宣传教育基地。

（孙海洋）

【北海公园原上林苑整改取得新进展】 2月，“皇家邮驿”完成前期调研，资料搜集、可行性研究等工作；3月完成了碧海楼规划方案、使用空间的分割、附属设施及电路改造工作；4月完成装修设计、展览陈设及施工方案设计；5～7月完成“皇家邮驿”、碧海楼二层大众茶馆、一二楼消防、安保监控系统的施工工作；8～9月完成了展品搜集、整理、摆放以及二楼茶馆的经营准备工作。9月28日，“北海皇家邮驿”及二楼茶馆正式对游人开放。在转型整改过程中，公园召开施工布展现场会议50余次。邀请有关专家对碧海楼整体方案进行了5次论证。针对邮品的搜集工作同地安门邮局和西城区邮票协会进行了20余次现场交流。

（汪 汐）

【中心召开处级以上领导干部会议】 3月3日，市公园管理中心召开处级以上领导干部会议。中心纪委书记程海军传达市纪委副书记王海平调研中心党风廉政建设工作时的讲话精神。党委书记郑西平讲话。中心领导班子成员、直属各单位党政主要负责人、机关各处室、部门负责人参加会议。

（刘彩丽）

【天坛公园完成“两会”接待任务】 3月3日，“两会”期间共接待来自全国各省市的人大代表9人，政协委员10人，工作人员及媒体记者等两会相关人员13人。票务部、殿堂部、神乐署雅乐中心、游客服务中心等服务窗口单位，以周到的接待服务，得到了代表、委员的一致认可。

（孙海洋）

【中心召开增彩延绿集中示范项目工作会】 3月4日，市公园管理中心召开增彩延绿集中示范项目工作会。听取相关单位就项目实施方案和良种基地筹建进展情况汇报。中心副主任高大伟对各单位的实施方案表示肯定并提出建议。中心总工程师李炜民讲话。中心办公室、综合处、科技处负责人参加会议。

（孟雪松）

【玉渊潭公园积极推进确园转型】 3月7日，确园转型开放被列入中心重点折子项目。公园切实落实中央、市委市政府以及中心的各项要求，积极研究确园转型开放，制订项目推进计划，严格按照时间表分阶段落实工作。一季度，委托专业咨询公司，做好确园转型前期调研。至3月17日，以玉渊潭公园日常游园（非大型活动和国家法定节日）的游客为调查对象，采取实地问卷调查的方式，组织若干调查小组，分日期、分时间段分散到公园各主要地点，共发放1200份问卷，其中有效问卷1000份。对本次调查收集的数据资料，运用EXCEL、SPSS软件对其进行数理统计分析，最终形成游客调查报告。二季度，根据游客调查报告，完成确园转型开放项目可行性分析报告。在科学、客观分析游客调查数据的基础上，可行性报告提出：确园转型目标及经营内容为含茶饮及文娱项目。

（缪 英）

【中心召开市政府为民办实事项目现场会】 3月10日，为完成2015年市政府第26项为民办实事项目，市公园管理中心在陶然亭公园召开了现场会，中心主任张勇、副主任王忠海、高大伟出席会议，7个单位的主管领导及相关负责人参加了此次会议。会议听取了7个公园领导对十项展览的概况、资金预算、开竣工时间、涉及布展方案及项目进行过程中遇到的困难和需要中心协调解决的问题等情况的汇报。会议对十项展览在完成时间、完成质量、项目安全以及资金使用等方面提出了要求。

（李　艳）

【中心召开春节新闻宣传工作总结交流会】 3月11日，市公园管理中心召开2015年春节新闻宣传专题会议，就有关工作作出安排：传达中心领导对春节宣传工作的指示精神和批示要求；从春节新闻舆情的基本特点、形势分析、主要做法、存在不足等方面，对春节期间宣传报道情况进行逐项分析说明；针对历年春节后媒体关注点和易发负面报道点，分析预判近期舆情形势，布置初春宣传工作思路。强调减少及杜绝负面报道的炒作，要从三个方面加强：提高敏感性；增强预见性；严格纪律性，增强应对能力。针对开春公园游船开航、植物返青、早春花卉等方面工作，要求各单位积极与媒体栏目对接，明确新闻方向和步骤。中心各单位新闻宣传及微博管理人员参加会议。

（夏　冉）

【中心召开综合建设管理工作会】 3月12日，市公园管理中心主任张勇、副主任高大伟、纪委书记程海军出席会议并讲话。会上，综合管理处总结2014年中心综合建设管理工作，提出2015年工作安排，副主任高大伟宣布2014年度中心优秀建设工程和花卉环境布置奖项名单。主任张勇提出要求。副主任高大伟、纪委书记程海军讲话。

（孙海洋）

【中国风景园林学会第五届四次常务理事会】 3月14日，中国风景园林学会副理事长陈重在中国园林博物馆主持召开学会第五届四次常务理事会。国家住房和城乡建设部城建司处长左小平，中国风景园林学会名誉理事长、中国工程院院士孟兆祯，副理事长、华中农大校长高翅，副理事长郑淑玲，副秘书长杜雪凌，理事、市公园管理中心巡视员刘英，理事、市公园管理中心总工程师、园博馆筹备办主任李炜民等42人参加会议。住建部城建司处长左小平介绍了2015年中国风景园林学会总体工作安排，随后，会议就城市园林绿化、发展城市古树建设、提高土地综合利用面积等问题进行了发言。

（滕　元）

【中心召开宣传、工会、共青团工作研讨会】 3月17日，市公园管理中心党委副书记杨月参加相关研讨，对团干部提出要求。要抓好思想理论学习教育。结合当前形势学，组织党员群众学，带着实际问题学。要开展社会主义核心价值观的宣传教育，营造氛围，树立典型，积极践行；要体现外宣优势，敢于宣传，把握规律，整体联动，加强网络宣传，加强宣传队伍建设。

（李　静）

【中心检查组到紫竹院公园检查高档餐饮及会所整改情况】 3月15日，市公园管理中心检查组到紫竹院公园检查高档餐饮及会所整改情况，紫竹院公园水榭，即北京问月楼餐饮有限公司已按要求改为低价菜，同时推出小火锅项目。紫竹院公园友贤山馆，即安徽江淮电缆集团有限公司已按要求整改，并向游客开放茶饮服务，开放时间为每日9:30～17:00，共计摆放9套茶桌椅。4月3日，由市公园管理中心安全应急处副处长米山坡带队、综合管理处、服务管理处组成的联合检查组对公园高档餐饮场所及会所的最新整改情况进行了实地检查。实地察看了水榭和友贤山馆，并听取了园领导的现场汇报。检查组要求继续保持整改效果，确保不反弹。公园副园长王丽辉及经营科、行政办公室人员一起陪同检查。

（张　玮）

【中心召开组织、人事、劳资、老干部工作会议】 3月16日，市公园管理中心召开组织、人事劳资、老干部工作会议，分别部署2015年组织人事和老干部工作。与会人员观看了中心老干部2014年“健康乐晚年传承正能量”活动短片。中心所属各单位老干部专职工作人员参加会议并对老干部工作要点、“为党的事业增添正能量，传播时代主旋律”主题实践活动安排进行研讨、提出建议。中心党委书记郑西平讲话。中心党委副书记杨月主持会议，并就中心建设服务型党组织工作提出要求。中心所属各单位党委书记、分管领导、组织人事、老干部部门负责人及相关人员参会加会议。

（武　巍）

【中心工会召开工作部署会】 3月17日，市公园管理中心工会召开工作部署会，听取并审议了《中心工会2014年度工作总结和2015年度工作计划的报告》。中心党委书记郑西平出席会议并讲话。会后，中心工会召开一届二十九次委员（扩大）会议，就《2014年度工会财务收支决算情况的报告》以及《2015年度工会财务收支预算情况的报告》进行审议，并对2015年度具体工作进行了布置。中心工会一届委员会委员参加会议，部分基层工会负责人、副主席列席会议。

（中心工会）

【天坛公园举办游客满意度调查活动】 3月19日，天坛公园管理科联合计生办举办游客满意度调查活动。园长李高、副园长王颖参加活动，共发放《游客满意度调查表》200份，收回有效问卷198份。其中，满意率票务服务为90.4%、讲解服务为97.6%、商业服务为98.5%、餐饮服务为98.5%、草坪养护为98.5%、树木养护满意率100%、环境卫生为98.5%、厕所服务为99.5%、公园设施为99.5%、文物保护为99.5%、游览秩序为96.5%、总体印象为97.6%。虽然满意度较高，但还有许多问题游客比较关注。如有52.7%的游客认为公园应对在树木及栏杆上捆绑物品的现象加强管理；有47.4%的游客认为不应在公园内吸烟；有45.4%的游客认为公园应对使用大功率音响唱歌、跳舞的行为加大管理力度；有34.7%的游客认为游人不应在公园内占路锻炼。

（李　艳）

【首次樱花文化活动工作协调会】 3月19日，海淀区政府首次组织召开玉渊潭公园第27届樱花文化活动园外综合服务保障工作协调会。会上，公园园长祝玮介绍了第27届樱花文化活动工作方案，羊坊店街道办事处和甘家口街道办事处分别介绍了服务保障工作方案，海淀分局、海淀交通支队、海淀区城管监察局等部门介绍了园外保障准备情况。区政府办公室副主任王伟丽对各项筹备工作予以肯定。区旅游委主任黄亦红、中心服务管理处副处长孟庆红、安全应急处副处长米山坡、区旅游委、海淀分局、海淀交通支队、海淀区城管监察局等24家单位参加会议。

（王智源）

【北海公园召开年度领导干部述职会】 3月19日，北海公园召开2014年度处级领导干部述职测评会。会前网发公园领导班子工作报告、班子成员的个人述职报告和领导干部民主评议意见表，会上公园主要领导作述职、述德、述廉报告和选拔任用科级干部工作“一报告两评议”的专题报告，市公园管理中心组织人事处对处级领导班子、领导干部和公园干部选拔任用情况进行测评，31名科级干部参加会议。

（汪　汐）

【中心宣传、工会、共青团工作会】 3月24日，市公园管理中心召开宣传、工会、共青团工作会。中心党委副书记杨月主持会议。中心宣传处、工会和团委负责人分别进行工作总结和部署。中心党委书记郑西平出席并讲话。各单位党委书记、宣传工作主管领导、宣传部门负责人及宣传干部（内宣、外宣、微博）、中心工会一届委员会委员及部分基层工会负责人和副主席、各单位团组织负责人共计150人参加会议。

（李　静）

【中心调查研究工作会】 3月24日，市公园管理中心召开调查研究工作会议。张勇主任主持会议，中心副主任高大伟部署中心调查研究工作。颐和园、园博馆进行交流发言。中心党委书记郑西平、中心主任张勇提出要求。中心领导班子，机关各处室负责人，各单位党政主要领导、主管领导、工作人员共80余人参加会议。

（中心研究室）

【中心年度科技工作会议】 3月25日，市公园管理中心召开2014年度科技奖励暨2015年科技工作会议，中心主任张勇出席会议并讲话，会议由李炜民总工程师主持。会议向获得2014年中心科技进步奖、科普先进单位及优秀科普专项活动单位和个人代表颁发了获奖证书，动物园和天坛公园作为获奖代表进行发言，北京市科普讲解大赛获奖代表进行汇报讲演。中心主任张勇对2014年科技工作给予了充分肯定，并就2015年科技工作提出意见。总工程师李炜民就如何做好科研管理、科研成果推广、科普品牌活动、人才队伍建设和宣传工作等方面提出了具体要求，并针对“增彩延绿”“十三五”规划、重点实验室等重点科研工作进行了布置。科技处总结了2014年中心科技工作，布置2015年中心科技工作要点，中心人事处、计财处、宣传处、团委负责人，中心所属各单位主管领导、科管干部、获奖代表、科研课题负责人100余人参加会议。

（孟雪松）

【中山公园完成“十三五”规划编制】 3月25日，公园成立由园长、书记为组长的领导小组，组建规划编制办公室及7个专项规划编制小组，明确职责，各编制组确定执笔人；

4月16日，召开编制工作领导小组及专规执笔人工作会，动员部署公园规划编制工作，研究撰写提纲，在广泛征求各编制组意见建议基础上，统一修订完善文本；11月，经园领导班子专题会议审议通过规划纲要共9526字，《“十三五”时期园林科技发展规划》等6项专规共1.5万字。

（李　羽）

【北京动物园北极熊室外水池首次清理】 3月26日，北京动物园为保障动物生活环境及游客参观需求，制订了《北极熊室外水池清理流程》，定期由专业保洁人员进行展区清理作业，旺季每月定时完成清理工作。3月26日，当天由8人次历时12小时，完成北极熊室外展区水池的首次清理工作。

（张　帆）

【北京动物园第五届职工代表大会第五次会议】 3月26日，北京动物园第五届职工代表大会第五次会议在职工之家召开。园长吴兆铮作《动物园2015年工作报告》，结合中心工作计划，部署动物园年度工作，提出10大目标，10项任务，17项具体工作，强调以职工、游客和第三方提出的合理有效问题为导向开展工作，研究解决方案。党委书记马文香强调围绕动物园“制度深化年”工作主题开展各项工作。职工代表和列席代表共计110余人出席会议。

（戴华宇）

【北京动物园完成水獭展区科普牌示增设工作】 3月27日，北京动物园完成水獭展区科普牌示增设工作，增加高2.3米、宽3.5米的特色科普牌示两面。设置牌示的目的是为了让游客能及时了解水獭科普知识以及2014年公园诞生的小动物。牌示采用异形不锈钢烤漆工艺，面板喷绘技术提高画面质量，在传递科普知识的同时，也提高景观展示效果，得到了游客的认可。

（李　艳）

【陶然亭公园海棠春花文化节工作顺利完成】 3月27日，陶然亭公园经营队为公园首届海棠春花文化节期间售货工作的顺利开展，备货1636箱，坚决杜绝商店售卖“三无”商品；自费印制带有“公园对公众开放60周年”及“艺术海棠花logo”的宣传页装饰各门店，渲染节日气氛；新推出3个系列9款棒棒糖和多款突出公园文化的艺术纸扇。同时，调整活动期间营业时间至晚6点，为游客提供服务帮助共计80余次。

（方　媛）

【颐和园完成国有资产产权登记工作】 3月30日，颐和园根据北京市财政局《关于做好2015年北京市事业单位及事业单位所办企业国有资产产权登记工作的通知》要求，组织成立2015年产权登记工作领导小组和产权登记工作办公室，组织园属各单位开展产权登记自查工作，核实资产权属；积极协助中介机构对园属各单位进行审计审核，按时完成事业单位及所办企业的2015年年检登记和初始登记工作。

（姬　慧）

【北海公园加强建立服务型保安队伍工作】 3月30日和4月1日，北海公园护园执法队为建立服务型保安队伍，采取相关培训措施，强化保安队伍培训，邀请琼华岛队讲解员对20

名保安进行公园历史及景点讲解培训，并为每名保安配发公园简介；利用岗下时间组织保安了解公园周边住宿、餐饮及公交信息，进一步提升保安服务能力；深入学习公园各项规章制度及岗位职责，严格文明执法，确保维护好公园正常游览秩序；熟练掌握消防设施设备使用方法，开展消防演练；了解公园易拥堵地段，熟知应急处置预案，提高突发事件处理能力。

（汪　汐）

【中心春季活动现场会在玉渊潭公园召开】 3月31日，中心春季活动现场会暨服务管理与非紧急救助工作部署会在玉渊潭公园召开。会上，公园园长祝玮就公园樱花文化活动开展情况进行汇报。中心安全应急处副处长米山坡介绍了如何“四位一体”做好公园大人流量控制管理，中心服务管理处处长王鹏训、副处长魏红分别布置了2015年服务管理处重点工作和非紧急救助服务工作。中心副主任王忠海出席会议并提出要求。各公园主管领导、服务科、管理科、经营科负责人及园博馆相应部门负责人参加会议。

（王智源）

【市档案局到中心调研指导档案工作】 3月31日，市档案局到中心调研指导档案工作。中心办公室介绍中心档案工作情况，市档案局指导一处对永久档案移交问题进行说明，中心存原园林局1996～2000年永久档案移交工作将列入市档案局“十三五”规划。同时双方就开展国际档案日活动进行沟通。

（办公室）

【市人大代表建议、政协委员提案办理工作会】 3月31日，市公园管理中心召开市人大代表建议、政协委员提案办理工作会议。将中心承办的13件建议、提案分解至相关业务处室，明确职责和任务。中心副主任高大伟讲话。中心办公室、综合处、服务处、安全应急处、督查室负责人参加会议。

（办公室）

【中心召开非紧急救助工作部署会】 3月31日，市公园管理中心召开春季活动现场会暨服务管理与非紧急救助工作部署会。中心副主任王忠海及服务管理处、安全应急处、各公园相关负责同志参加会议。会议由中心主任助理、服务管理处处长王鹏训主持。玉渊潭公园园长祝玮介绍了新要求下筹办春季活动的做法和体会，服务管理处处长王鹏训、安全应急处副处长米山坡、中心服务管理处副处长兼非紧急救助中心主任魏红分别对各公园2015年的服务管理、非紧急救助和安全工作进行了部署并提出了具体要求。中心副主任王忠海对2014年的各项相关工作给予了充分肯定，并对2015年怎样适应服务管理和非紧急救助工作新常态提出要求。

（中心服务处）

【北海公园通过三标一体化内审工作】 3月31日至4月2日，北海公园进行了质量、环境和职业健康安全管理体系的年度内部审核，顺利通过三标一体化管理体系内审工作。审核组审核了8个队、10个科室的2014年度至2015年度三标执行情况和年度目标完成情况，特别对北海公园环境因素、危险源的识别，员工培训考核，工程施工方的评定、检查记录和检查落实等方面管理工作进行了审核。通过审核，使各部门进一步完善了管理体系，加强了管理实施过程中的自查整改，推进了北海公园的管理工作，为即将到来的外审复评工作打下良好基础。

（汪　汐）

【香山公园与四季青绿景一队签订协议】 3月，香山公园与四季青绿景一队就北门社会路穿行车辆管理工作签订协议。合同约定2015年年内，双方共同做好香山公园北门城关铁门至碧云寺南门挂甲塔路部分路段通行车辆和消防通道管理工作；公园负责该路段出入车辆管理，杜绝发生在消防通道和北门三角地占道停车现象；公园负责安装车辆出入管理系统及搭建管理用房；绿景一队负责统计挂甲塔村民需经管理路段车辆信息，并录入车辆管理系统，保证从事车辆管理工作人员日常值守不少于4人。双方还就违约追责等相关内容进行约定。该协议的签订将有效缓解公园北门社会路穿行车辆占道停车、黑车黑导肆意现象发生，进一步提升景区及周边治安力度，对净化北门综合游园环境起到关键作用。

（任小双　郑　蕊）

【天坛公园完成旅游旺季票价及时间调整工作】 4月1日，天坛公园提前下发《关于执行旺季票价、时间的通知》，重申旺季大门开放、止票、静园、闭园时间，对各相关工作进行部署，要求各门区：按旺季时间做好门区开放及售票工作；及时更换旺季开放时间及票价牌示，做好解释工作；完成淡季票统计、票券结存工作，确保票款两清，账账相符；加强旺季票务管理，认真落实团队票、优惠票及老年证、年月票的查验。管理科对全园14块LED显示屏进行信息调整，派专人到现场核查票价牌示，确保向游客提供准确的游园信息。

（天坛公园）

【中山公园质量/环境管理体系内部审核】 4月1～3日，依据ISO9001质量管理体系标准、ISO14001环境管理体系标准及相关法律法规审核15个部门各项工作。涉及服务工作监视检查、游客满意度调查、基础设施、应急准备和响应、社会化工作管理、数据分析等100余项内容。未发现不合格问题，符合相关法律法规与体系标准要求，通过审核。

（刘倩竹）

【陶然亭公园召开园管文物课题验收会和专业技术人员工作大会】 4月2日，陶然亭公园召开专业技术人员工作大会，公园相关领导及各课题组负责人、专业技术人员共计60余人参加。会上，技术人员就相关政策、公园近年来科技工作发展情况进行了介绍，课题负责人就2007～2015公园课题开展及完成情况、课题获奖情况以及公园科研课题管理办法三个方面进行了介绍。1月29日，陶然亭公园“慈悲庵建筑风格初探”“慈悲庵历史文化与保护展示研究”等5个园管课题顺利通过验收。课题成果对陶然亭公园慈悲庵、云绘楼清音阁的修缮、保护与利用提供了理论依据，进一步推进了科研技术水平，积极构建“科技研究与日常工作双向结合”模式。

（陶然亭公园）

【北海公园撤除园内现有功德箱】 4月3日，根据市公园管理中心的要求，北海公园于2015年4月3日14:00前将园区内所有设立的功德箱进行了统一撤除，共撤除功德箱17个。

（汪　汐）

【景山公园取消万春亭功德箱】 4月3日，为加强古建安全保护，淡化公园商业氛围，自4月3日起，景山公园取消万春亭功德箱。

（刘水镜）

【中心完成清明假日游园服务保障工作】 清明节4月4～6日，市属公园接待游人189万人次，同比减少11.2%；其中购票游人105.1万人次，同比减少13.2%。从游客来源分析，本地游客112.8万人次，同比减少8.8%；外埠游客73.5万人次，同比减少13.2%；外宾2.7万人次，同比减少39.7%。园博馆共接待游人12866人次。4月5日为游园高峰，接待68.7万人次。11家市属公园门票总收入1450.3万元，同比减少9.7%。各公园共设置42条单行线、390个临时疏导牌示，安排安保力量10434人次，有效分流、疏散密集人群；增加厕所、售票窗口及商业网点133个，减少排队等候时间，满足游客需求。节前开展一线岗位职工服务培训，节中安排志愿者1674人次，设立咨询台、义务讲解点，为游客提供义务讲解、咨询、导览等便民服务。三天共办理非紧急救助服务事项122216件，其中投诉2件，耐心地倾听游客意见、妥善处理投诉问题。加强环境布置，在公园主要干道及景观节点布置彩旗等装饰物800余个，花卉100余万株，营造节日游园氛围。市属公园及园博馆推出以“清明踏青春色满园”为主题的清明文化、清明缅怀、清明赏花、清明踏青四大类21项游园活动。其中天坛、园博馆、北海开展的祭祀乐、民乐、“园林·茶”文化体验活动、“寒食十三绝”特色食品推介等清明文化活动，与游客互动性强；颐和园名园赏花季、北京植物园桃花节、玉渊潭樱花节、陶然亭海棠节、中山公园春花展等活动深受游客喜爱；香山、陶然亭开展红色纪念活动，缅怀先烈；景山公园、紫竹院公园、动物园开展的游园赏花、北京野生鸟类摄影展等踏青活动受到游客青睐。节日三天，各大主流媒体刊发中心及各单位新闻稿件300余篇次，中心系统政务微博群发布游园资讯、赏花播报、温馨提示等微博420条，点击量达300万次。

（孙海洋）

【北海公园于清明节前更换各基础设施】 4月5日，北海公园与清明节到来之前，更换琼华岛景区内果皮箱12个，更换各码头引导牌、价目表等牌示30余块，新置船只21条。

（汪　汐）

【颐和园完成内控体系建设】 4月7日，颐和园启动内控体系建设工作，专门成立内控小组，统一负责颐和园内控建设的各项工作，组织开展对职工的培训和制度建设。10月，完成内控体系建设项目验收和内控体系建设。

（王文清）

【中心票价机制和商业运行研讨会召开】 4月7日，市公园管理中心服务管理处和北海公园、景山公园主管部门负责人就公园关于票价机制和商业运行问题进行了研讨。研讨中，大家就公园门票价格现状、现行票价存在问题、未来票价机制、公园经营现状和未来经营模式交换了意见并提出了建设性的意见和建议。

（李　艳）

【中心落实市政府为民办实事项目督办会召

开】 4月7日，市公园管理中心服务管理处召开落实市政府第26项为民办实事项目督办会，承担该项目的7家公园项目负责人参加了此次会议。各公园就十项展览分别汇报了项目进度情况，提出了下一步要完成的工作及存在的问题。从汇报情况看，各单位都很重视，成立了项目机构，制订了方案和倒排期，整体进展顺利。中心主任助理、服务管理处处长王鹏训提出了工作要求。

（李 艳）

【天坛公园完成杨柳树雌株统计工作】 4月7～10日，按照北京市公园管理中心统一部署，依据京绿科发（2015）1号文件，《北京市园林绿化局(首都绿化委员会办公室)转发全国绿化委员会国家林业局关于做好杨柳飞絮治理工作文件的通知》要求，天坛公园分区对全园杨柳树进行调查，完成了对全园1318株杨柳树的查看统计工作。其中，杨柳雌株共计164株。

（张 卉）

【市属公园高档餐饮场所和会所专项整治持续发力】 4月8日，住建部园林城市复查小组一行5人现场查看市公园管理中心挂账的8个会所和6个餐饮场所，对公园洪光寺及兄弟楼两处会所进行复查。经实地查看，两处会所均处于关停整顿状态，无对外接待情况。同日，市住建委检查北海公园高档餐饮和会所整改情况，现场查看御膳饭庄、碧海楼及仿膳饭庄，对结果表示满意，未发现疑似或违规问题。中心副主任高大伟、园林绿化局风景园林处、中心综合处负责人陪同。4月3日中心综合处、服务处、安全应急处、宣传处、纪检处分三组检查颐和园、香山等8家公园的高档餐饮和会所整治情况，未发现违规行为。

（王晓明 汪 汐）

【陶然亭公园护园队践行护园执法工作】 4月9日，陶然亭公园护园队开出年度第一张罚单，对游商处罚10元。4月29日开出第二张罚单，对攀折花木处罚10元。5月14日更新中心行政执法单，原执法单交还保卫科。

（郑 涛）

【中心召开市政府绩效管理评估反馈问题整改推进专题会】 4月9日，市公园管理中心副主任王忠海主持召开市政府绩效管理评估反馈问题整改推进专题会。中心服务处、安全应急处等相关处室汇报问题整改一季度推进情况，王忠海副主任讲话。中心办公室、绩效办公室、安全应急处及非紧急救助分中心负责人参加会议。

（办公室）

【中心领导到陶然亭公园宣布新的领导班子任命】 4月10日，市公园管理中心党委书记郑西平、主任张勇、组织人事处处长苏爱军到陶然亭公园宣布园长缪祥流任职决定，并对新一届领导班子提出要求。会议由组织人事处处长苏爱军主持。中心党委书记郑西平讲话。

（程 彤）

【海淀区召开香山公园周边治理改造调研座谈会】 4月10日，海淀区委常委、宣传部部长陈名杰在香山公园管理处召开“香山公园周边治理改造调研座谈会”，区文明办、公安分局、城管执法局、市政市容委、交通支队、香山街道、香山公园等单位参加会议。与会人员到公园北门实地调研，公园园长钱进朝、副园长袁长平汇报了北门社会路治理的阶段性成果，并介绍了北门内商户拆除改绿和北门外停车场改造扩容方案。陈名杰对香山北门社会路治理工作给予充分肯定，并就香山地区的综合管理与整治提出意见。

（任小双　郑　蕊）

【中心召开改革发展路径调查研究座谈会】 4月10日，市公园管理中心召开改革发展路径调查研究座谈会，会议围绕中心系统当前面临的发展难点、发展方向和目标定位问题展开研讨，重点涉及用工管理、商企管理、激励机制等内容。中心主任张勇讲话。中心领导王忠海、高大伟、李炜民，部分处室负责人及部分单位行政主要领导参加会议。

（刘明星）

【市园林绿化局到陶然亭公园听取“增彩延绿”汇报项目达成共识】 4月13日，北京市园林绿化局副局长甘敬、科技处处长王小平等相关人员到陶然亭公园实地参观陶然亭公园“增彩延绿”示范项目的建设情况并听取了有关“增彩延绿”工作汇报。中心总工程师李炜民，科技处、综合处、研究室负责人及相关人员参加了交流。会上，陶然亭公园相关人员首先汇报了本单位“增彩延绿”示范项目实施方案和进度安排，李炜民总工从中心两个良种基地的繁殖计划及规划、集中示范区建设和中心取得的种质资源的研究成果等方面进行了阐述。王小平介绍了北京市“增彩延绿”工作方案和进展情况，甘敬提出整合全市科技资源，建立研发团队、良种引种繁育基地及多种类型示范区的工作目标。双方对下一步工作达成共识。

（孟雪松）

【中心召开“三八”活动先进女工工作者总结会】 4月14日，市公园管理中心召开“三八”活动先进女工工作者总结会。天坛工会女工主任代表承办单位，总结与回顾本次活动。中心各单位工会主席及先进女工代表17人参加会议。

（中心工会、天坛）

【颐和园完成绣漪桥卫生间扩容工作】 4月15日，为有效缓解颐和园南如意门地区市民游客如厕难问题，公园于2012年在此处新建一处环保免冲卫生间。近年来，随着市民游客来园交通方式的多元化，乘京城水系游船由南如意门入园游客量逐年大幅增加，原卫生间已无法满足游客需求，旅游旺季和节假日期间时常出现排“长龙队”现象。为进一步解决此项给游客带来的不便，将“以人为本”服务理念落到实处，颐和园于2014年经过前期深入调研、现场踏勘和规划设计，进行扩容，4月15日正式投入使用。此卫生间采用无水免冲、泡沫封堵、免水洗手液等环保技术措施，内饰整洁雅致、方便卫生，增加女卫生间坑位17个，有效保证了大客流情况下的正常有序使用。

（李　艳）

【陶然亭公园完成增设沁香轩坡道工作】 4月16日，陶然亭公园沁香轩由于台阶高没有扶手和斜坡，导致残疾人和老年游客上下台阶不便。公园相关部门为满足特殊游客群体的需求，通过前期现场调研和组织设计施工，在建筑台阶西侧新铺设了长7.2米、宽1.3

米，栏杆高90厘米残疾人坡道。此项工作举措得到市民游客的广泛认可。

（陶然亭公园）

【北海公园召开三标一体化评审会议】 4月16日，北海公园召开三标一体化年度管理评审会议。全园11个科室、8个队分别汇报本部门三标一体化工作，管理者代表总结公园2014～2015年度贯标工作。审核发现：公园一体化管理体系运行正常，符合策划标准条款，共发现不合格项5项、观察项2项。审核组指出：各部门应清醒地认识到问题，完善工作标准、规范、检查方法等方面的改进措施。公园各部门负责人及内审员参加。

（汪 汐）

【中心召开张勇任职期间经济责任审计工作进点会】 4月16日，市公园管理中心召开主任张勇同志任职期间经济责任审计工作进点会。会上，市审计局有关负责同志宣读通知书及《北京市审计局关于加强审计纪律的八项规定》，对开展经济责任审计工作的具体安排进行说明。中心主任张勇从落实经济责任、履行目标责任、担当政治责任和强化廉政责任四个方面做述职汇报。中心党委书记郑西平强调、市审计局总设计师、审计组组长张秋发言。市审计局相关负责人及审计组成员、中心领导班子成员、机关各处室负责人、各单位党政一把手参加。

（王媛媛）

【陶然亭公园杜绝职工岗上看手机现象】 4月16日，为了不断提高门区的服务水平，严格落实公园服务管理规范，杜绝职工岗上看手机现象。陶然亭公园服务一队在各门区统一安装了手机挂袋，每个口袋上贴上职工的名字，专人专用，要求所有职工上岗时把手机放入挂袋中统一保管，同时队里加强日常的巡视检查，对违反规定的职工按队里的规章制度进行严肃处罚。

（陆 晨）

【紫竹院公园完成“十三五”规划编制工作】 4月17日，紫竹院公园全面部署“十三五”规划编制工作，明确主导思想、制订工作方案、突出规划重点、注重沟通协作，确保融入中心工作大局、融合区域发展要求。6月16日，市公园管理中心副主任高大伟听取了“十三五”规划编制推进，提出明确要求。7月29日，公园召开“十三五”规划及两个课题调研工作进展情况汇报，会上提出规划修改意见，公园园长曹振起、公园党委书记甘长青参加会议。9月22日，公园邀请张树林、耿刘同、张济和、史震宇等专家听取了《紫竹院公园“十三五”规划》汇报，审阅了文本、图纸，原则同意该规划，并提出意见。公园园长曹振起、党委书记甘长青及相关工作人员参加会议。

（黄苗苗）

【中山公园完成内部控制体系建设】 4月17日，市公园管理中心下发《关于开展内部控制体系建设工作的通知》，要求市属公园要全面实施内部控制制度，由市编制办公室、市政府绩效办公室进行绩效考核。9月20日，公园与北京大华融智管理咨询有限公司签订合同，投资24万元开展内部控制体系建设工作。9月24日，召开内控体系建设项目启动会，明确各阶段任务，统一思想，强化意识，营造氛围，通过梳理公园业务流程及风险评估，收集资金管理资料2份、经费支出管理资料35份、资产管理和项目管理等方面文件5份、规章制度2份。北京大华融智管理咨询有限公司负责研究与分析资料，并于10月8日至11月10日，对公园15个科队25人次进行访谈，识别经济活动主要风险，汇总风险清单，提炼确认风险点和流程梳理，制定形成《北京市中山公园管理处内控制度汇编》及《北京市中山公园管理处内部控制手册（试行）》，各印制25本，12月29日发送至园领导及各科队，开展内部控制体系培训，宣传贯彻内部控制意识，推动内部控制体系成果实施。

（王志强　韩　洋）

【北海公园与有关单位洽谈合作办展事宜】 4月17日，北海公园与北京保利国际拍卖有限公司洽谈合作办展相关事宜。公司副总经理李雪松就北海公园现有历史文化资源的保护利用与公园园长李国定、党委书记吕新杰及相关科室负责人进行座谈，并参观阅古楼、团城等景区，双方初步形成意向，拟于下半年在团城景区联合举办书画艺术展。6月23日，北海公园召开静心斋复原展陈项目立项协调会。邀请展陈设计单位首都博物馆来园就立项事宜进行协调，公园园长李国定、园长助理许卫明先后对相关工作提出具体要求，首都博物馆表示将按照要求按时保量完成，配合公园做好项目立项申请工作。8月25日，北海公园邀请专家耿刘同实地查看静心斋，指导静心斋展览展陈设计方案，并对下一阶段工作提出建议。9月16日，北海公园召开静心斋及周边景区环境改造工程专家验收会。听取工程施工情况汇报并进行现场勘验。专家们对工程给予高度评价，认为达到了预期目标，符合设计要求，同时对植物的修剪和配植及剑石的码放提出积极建议。耿刘同、张济等4名园林专家和中心综合处副处长朱英资出席。9月22日，召开静心斋及周边景区环境改造工程验收会。施工和监理单位一致认为工程符合设计要求，绿化工程、给排水工程、庭院工程均验收合格。

（汪　汐）

【颐和园文化合作项目专题会】 4月20日，市公园管理中心副主任王忠海主持召开专题会，研究南湖岛文化合作经营项目。中心服务处、综合处、应急处负责人及颐和园相关人员参加了此次会议。会议首先由项目合作方代表汇报了南湖岛部分院落合作经营项目的方案，与会人员就开放形式、售票方式、游客量控制、绿化保护、安防设施等方面进行了讨论，提出了意见和建议。王忠海提出相关要求。

（李　艳）

【中山公园质量/环境管理体系再认证审核】 4月20日，聘请兴原认证中心再认证审核ISO质量/环境管理体系运行情况。从文件、记录、现场检查入手，审核领导层、管理经营科等15个部门。着重检查各级管理人员认识、理解、应用部门职责、认证工作、执行相关法律法规情况，公园运行控制管理情况，以及基层部门日常工作中理解执行体系各级文件、工作记录等内容。通过为期一天的审核，兴原认证中心审核组肯定公园2014年至今的体系认证工作，未发现不合格项。

（刘倩竹）

【景山公园与驻园单位签订责任书】 4月21

日，景山公园召集全园驻园单位负责人，召开了驻园单位安全工作会。会上，为各单位负责人解读了北京市西城区什刹海地区防火安全委员会《关于进一步加强当前社会面火灾防控工作的通知》并通报了近期西城区发生两起火灾的原因和处理结果，提醒和教育驻园单位要按照上级要求，认真进行对照检查，开展隐患排查，及时消除和化解存在的安全问题。还解读了《景山公园2015年度驻园单位安全管理责任书》，在了解相关安全管理规定后，各单位负责人都签订了安全责任书。

（王朝咏）

【智慧公园建设研讨会】 4月21日，为制定好智慧公园发展规划，推进智慧公园建设，市公园管理中心召开智慧公园建设研讨会。会议由中心副主任王忠海主持，中心主任张勇到会。中心办公室、安全应急处、综合管理处、服务管理处、宣传处、科技处、计算机信息中心负责人，各单位主要领导、主管领导及部门负责人共40余人参加了会议。会上各单位对近年来在智慧公园建设上的成功做法与体会，下一步智慧公园建设的设想与建议以及中心系统的智慧公园建设应该包括哪些内容进行了汇报，各处室负责人对智慧公园的建设和理解进行了充分的讨论。中心主任张勇讲话。

（中心服务处）

【颐和园对部分园容设施进行维修养护】 4月22日，为迎接“五一”假日的到来，颐和园管理经营部结合工作实际，针对十七孔桥至文昌阁湖岸警示线褪色情况，为避免安全隐患，4月22日早5～9点，对湖岸1600余延米警示线进行重新油饰。针对苏州街内出入口周边道路狭窄的情况，园领导多次带领相关人员进行实地勘察并制订相关整改方案，对苏州街三孔石桥下两处狭窄区域栏杆进行改造加固，并将重新设计安装警示牌示。

（李　艳）

【北海公园开展商业网点人员培训】 4月22日，为了提高公园商业管理服务水平，增强餐饮、零售行业服务人员的食品安全意识，北海公园聘请什刹海食品药品监督管理所相关人员进行餐饮零售服务人员培训，从把好采购验收、食品加热、生熟分开、清洗消毒等10处食品安全关口、公园销售预包装食品注意事项、餐饮服务单位食品安全量化分级管理等方面进行了讲解，全园餐饮企业负责人，商业网点40余人参加了培训。

（李　艳）

【张勇到北京动物园调研中心系统改革发展路径问题】 4月22日，市公园管理中心主任张勇到北京动物园专题调研中心系统改革发展路径问题，听取调研工作汇报，重点围绕用工管理、企业、创收和激励相关政策机制等制约改革发展的问题开展调研。中心办公室、研究室负责人参加调研。

（刘明星）

【张勇到颐和园调研改革发展路径问题】 4月23日，市公园管理中心主任张勇到颐和园专题调研改革发展路径问题，重点围绕企业问题、高技能人才培养、创收和激励相关政策等问题展开调研。中心办公室、计财处、研究室负责人参加调研。

（刘明星）

【香山公园召开“绿色文明行动”献言献策讨论会】 4月23日，为了进一步提升公园生态景观环境品质，倡导生态科学文明管理理念，加强绿色文明游园宣传，公园召开“绿色文明行动”献言献策讨论会，全面启动2015～2017年“绿色文明行动”计划。会上，公园各科、队结合自身工作特点就如何建设环境友好型公园进行汇报，并就方案进行讨论，针对禁售方便面、禁止使用融雪剂、限制农药使用等实施难度大的问题，提出了切实可行的建议。

（周肖红　刘　莹）

【中心召开领导干部会议】 4月24日，市公园管理中心召开领导干部会议。会上，中心分管领导王忠海、高大伟、李炜民、程海军结合五一假日特点分别就分管工作提出具体要求。中心主任张勇指出：一是要梳理总结，做好计划。二是科学推进，立好规矩。三是务求实效，抓好落实。四是提升服务意识，做好服务工作。五是多措并举，做好安全工作。六是融入属地，做好与属地沟通协调。中心党委书记郑西平传达了郭金龙书记在全市“四个全面”战略布局专题研讨班上的讲话精神，同时提出要求。中心所属各单位党政一把手，机关副处级以上干部参加会议。

（中心办公室）

【玉渊潭公园完成景区承载量测算】 4月27日，按照市旅游委员会相关要求，根据测算公式完成景区瞬时游客承载量、景区日最大游客承载量测算，经中心核准后上报旅游委员会。其中，公园瞬时最大承载量为10万人，景区黄色预警人数8万人，景区心理绿线人数4万人；景区日最大承载量为30万人。

（范　磊）

【中心所属公园巩固高档餐饮和会所成果】 4月27日，市公园管理中心综合处会同服务处、安全应急处、宣传处和纪检处突击检查8处会所和6处高档餐饮场所，均无反弹情况。会所类紫竹院友贤山馆和颐和园益寿堂已对游人开放，中山公园二号院和长青园作为办公用房并取消餐饮接待功能，年内动物园畅观楼、香山洪光寺和颐和园雾清轩将以开办展览等方式服务游人。餐饮类场所中紫竹院问月楼、北海仿膳和植物园素菜馆取消最低消费，推出大众菜品，全面向游客开放，玉渊潭确园、北海乙十六和上林苑终止合同，转型方案正在落实中。

（中心综合处）

【北海公园完成三标一体化外审】 4月27日～30日，由北京兴国环球认证有限公司对北海公园进行质量、环境和职业健康安全管理体系外部审核。审核组专家、公园处级领导，接受审核的11个科室和8个队的负责人及内审员参加会议。采取抽样检查的形式对管理经营科、保卫科、游船队等19个部门进行审核。审核组就商店、园艺队在审核中存在的2项不合格项及部分观察项提出整改意见。各部门及时制定纠正措施，公园也将有针对性地进行培训与整改，进一步提升三标一体化工作在公园管理中的作用。

（汪　汐）

【天坛公园完成第43类“天坛”商标续展注册工作】 4月29日，天坛公园完成第43类“天坛”商标续展注册工作（第3332344

号），续展注册有效期自2014年7月20日至2024年7月20日，核定使用商品包括餐厅、饭店、餐馆等。

（邓　华）

【北海公园完成职工上岗证注册及办理工作】 4月30日，公园完成职工上岗证注册及办理工作。北海公园结合《公园服务管理规范》《北海公园岗位工作标准》编发问卷对公园正式工、服务性质临时工进行考核，共发放问卷310份、收回310份，所有答卷全部合格。管理经营科已为上岗的正式工进行2015年注册，并为新入园正式工办理上岗证。

（汪　汐）

【香山公园加强服务设施管理】 4月30日，针对大风天气，及部分公园景区内出现牌示倒塌等事件的发生。公园及时利用网格化管理和行业检查等手段，对园内按区域进行划分，着重就牌示等服务设施的安全性进行检查。此次检查共涉及牌示476块，路椅、路凳411把，果皮箱388个。针对部分固定松动的服务设施，已及时安排进行加固或做移除处理，确保游客的游览安全。

（中心服务处）

【北京动物园成为节能在线监测单位】 4月，根据《市发展和改革委员会、市质量技术监督局关于进一步规范节能在线监测服务平台建设有关事项的通知》，北京动物园完成市节能监测服务平台的注册登记工作，至此之后每月的能源使用情况和数据将通过网络上传至市发改委，是市公园管理中心下属单位中唯一一家节能在线监测单位。

（杨术平）

【北海公园启动“十三五”规划编制工作】 4月，公园正式启动“十三五”事业发展规划编制工作，成立规划编制工作领导小组和办公室，内设7个工作组，按职责分工统一整合综合建设、文化服务、人才建设等7个方面的专项规划，形成规划报告；制订、下发工作方案、工作倒排期、文本编制要求和工作联系表；明确各专项组主责领导、主责部门、协助部门及完成时限。具体编制工作分为前期准备、研究编制、衔接修改和后期协助四个阶段，严格遵循规范及编制程序，在突出可操作性、可实现性的基础上，坚持改革创新，充分发扬民主，扩大社会参与，加强与职工、专家、游客等各方沟通，确保规划质量。公园于5月29日前完成了规划初稿的编制工作，《北海公园“十三五”事业发展规划纲要》及6个专项规划初稿已通过公园领导审核，并完成园属各部门的修改意见征集，6月24日已上报中心“十三五”规划办公室和各主责处室。最终于7月30日前完成“十三五”整体规划，上报中心。

（汪　汐）

【天坛公园推进“十三五”事业发展规划编制工作】 4月，天坛公园正式启动“十三五”规划编制相关工作，制订工作方案，成立规划编制工作办公室，明确“十三五”规划的指导思想、规划原则、主要任务、组织机构、工作进度和具体要求。5月，建立规划工作组联系人制度，分别召开综合建设组、文化服务组、人才建设组、科技教育组、安全保障组、信息化组6个组别的分组研讨会，强调各工作组的责任分工和工作时间表，动员各部门根据自身发展实际，制订未来五年发展计划，确保规划工作的一致性和延续性。6月，就规划大纲广泛征求意见，确定天坛公园“十三五”时期重点项目。7月，确定“十三五”时期重点项目36项，其中综合建设29项、文化服务13项、人才建设5项、科技教育4项、安全保障3项、信息化建设9项，为天坛公园“十三五”事业发展规划的落地实施提供项目储备，促进公园可持续发展，服务公园管理决策。

（吴晶巍）

【景山公园组织保安人员夜间演练】 5月1日，景山公园在公园南门对保安人员进行了疏散和紧急集合演练，保安人员在已经准备休息的情况下，仅用4分钟穿戴整齐、带齐安全设备，从宿舍赶到南门集合，顺利完成夜间演练。

（李梦岚）

【陶然亭公园进行游客满意度测评活动】 5月2日，公园分别对公园基础服务设施、便民服务项目、导游讲解、服务质量、环境卫生、游览秩序等问题进行意见调查，100份游客意见调查表全部收回，满意率为98%。提出的主要意见为园内歌舞团噪音影响正常游园；主要建议为加强卫生间自动取纸控制。公园将汇总游客提出的意见建议，进一步做好改进提升工作。

（陶然亭公园）

【颐和园发放游客满意度调查问卷】 5月3日，颐和园在德和园、文昌院、苏州街、长廊等区域设立咨询台，发放调查问卷400份。游客参与调查积极性很高，对公园工作给予肯定并表示支持。公园收集整理有效意见建议，针对游客提出“游客密度、服务态度、游览秩序”等建议，将逐步改进。对增加停车位、园外吃饭地方等需求建议，公园将加大沟通力度，以得到更多社会支持和帮助。

（颐和园）

【北海公园游船通过法定年度检验】 5月6日，市交通委船舶检验所对北海公园摆渡船、摇橹船、巡查船等32艘自航船进行法定年度检验，核查船体、机械维修保养情况及救生设备等，最终检定北海公园自航船舶运转良好。

（汪　汐）

【陶然亭公园党委对社会主义核心价值观主题公园展览设施进行安全检查】 5月6日，与歌华设计公司针对展览展架底座和道旗固定装置、“光耀京华”主题形象设施护栏、长廊牌示稳定性等方面进行了现场勘查，对展板部分画面进行粘贴，对展架底座、道旗进行加固；在公园新南门增设44块社会主义核心价值观宣传展板，并进行安全检查，排除安全隐患；对主题展板进行不间断巡视及擦拭保洁等工作。

（夏　冉）

【中山公园排查安全隐患】 5月6日，中山公园工作人员进行巡视检查，除发现个别灯杆旗固定部分掉漆生锈外，未发现其他安全隐患，及时与歌华设计公司沟通，协调进一步检查、维修、加固事宜，共固定展架20余处，加固灯杆旗100余面，维修展架2处，处理油漆脱落3处；要求相关部门加强花展期间巡视检查、卫生保洁等工作。北海公园党委“内外并举”，加强社会主义核心价值观景观巡查维护。党委副书记曲禄政带队进行全园范围内主题展品巡查排查，针对3处展架提出具体加固意见，并对沿湖道旗“上拉钢丝线”加固效果进行检查；保卫科、工程园容队、护园执法队等职能科、队对各处景观牌示展架进行定期巡查，杜绝安全隐患；各岗位职工关注留意展板展架的完好情况，发现问题及时上报。

（夏　冉）

【《中心调查研究实用指导手册》完成编制并印发】 5月6日，《中心调查研究实用指导手册》完成编制并印发。手册内容包括调查研究的步骤、程序、方法及调研报告的撰写等。已印发至所属各单位、机关各处室，共108册。

（研究室）

【陶然亭公园正式成立服务二队导游班】 5月7日，陶然亭公园服务二队导游班正式成立，服务二队对新导游员进行讲解培训工作。队长姚春凤、支部书记陈泽新首先将讲解工作的当前形势、首要任务及工作要求进行了介绍。为了使新导游员更快进入角色，服务好即将举办的展览展陈工作，服务二队对新到岗的5名导游员进行摸底和集训工作。新导游员于当日进入讲解状态，可胜任独立讲解工作。当日下午，陶然亭公园金牌导游员单鸣明、王明轩为新导游员进行演示式讲解，使新职工对导游讲解有了更直观的理解和认识，以便更快更好地开展讲解工作。

（李丽晖）

【市科委到香山公园检查雨水课题实施成果】 5月8日，市科委生产力促进中心一行2人到香山公园检查“香山公园雨水及地表水收集利用技术示范”课题实施成果。公园对课题完成情况及资金使用情况进行了汇报，并带领2人实地查看了已施工完毕的东门雨水利用厕所、蒙养园雨水广场、梅谷喷雾景区及正在施工的松林餐厅雨水景观和静翠湖水质提升工程。

（周肖红　刘　莹）

【颐和园召开夜游活动座谈会】 5月8日，北京市市政管理委员会副主任张春贵、城市照明处处长梁红柳，清华工美学院教授杜异、中国建筑科学院物理所专家李铁楠，到颐和园实地考察颐和园夜游线路、沿岸视觉景观与灯光布置，并召开了专家座谈会。两位照明专家建议采用灯光船的照明形式，游船线路要从视觉景观考虑，兼顾远景与近景。张春贵指出：颐和园夜游项目要做到独特、高端，体现颐和园特有的文化内涵和夜游意境，能够接待重大的政治活动任务。

（赵　冉）

【香山公园收回洪光寺使用和管理权】 5月8日，自2014年以来，公园按照中央办公厅、国务院办公厅转发的《关于严禁在历史建筑、公园等公共资源中设立私人会所的暂行规定》、市政府《关于进一步加强历史建筑、公园等公共资源“会所中的歪风”整治工作的意见》、市园林绿化局关于《北京市公园配套建筑及设施使用管理办法（试行）》以及2015年中央教育实践活动办公室印发的《关于进一步治理违规私人会所的实施方案的通知》等文件精神，对园内洪光寺房屋进行监督管理。公园与承租方安徽江淮电缆集团有限公司签订该处房屋《终止协议书》。5月21日，与承租方完成该房屋和院落的移交工作，公园消除会所一处，洪光寺使用和管理权回归香山公园。

（王晓明）

【旅游行业协会工作会在北海公园召开】 5月8日，第四届北京市旅游行业协会景区（点）分会第二季度会长工作会在北海公园召开。景区分会秘书长张云龙汇报一季度工作计划完成情况，介绍分会摄影巡展筹备情况；副秘书长杨华通报行业协会搭建诚信平台及旅游委员会领导关于发挥行业协会行业自律职能情况；景区分会副会长、北京海洋馆总经理胡维勇介绍全国旅游协会秘书长调研座谈会相关情况。与会领导还分别就分会二季度工作提出意见与建议。公园园长李国定、周口店北京人遗址博物馆馆长董翠平、十三陵特区副书记王颖副会长及顾问、律师等相关人员18人出席会议。

（汪　汐）

【景山公园编制完成《景山公园“十三五”事业发展总体规划》】 5月10日至7月30日，景山公园编制完成《景山公园“十三五”事业发展总体规划》，内容包括总则、现状情况、重点专项规划、一般专项规划、投资估算五个章节，为2016～2020年景山公园的规划制定了详细目标和内容。该规划从工作实际出发，充分考虑可操作、可实现的新思路，细化项目内容、资金、前期安排，在法律法规、公园功能定位等方面重新做了规划依据。

（邹　雯）

【中心落实市政府第26项为民办实事项目现场推进会在北海公园召开】 5月11日，根据中心《2015年市政府第26项为民办实事项目工作方案》的要求，中心每两个月召开一次现场工作会。第二次项目推进会在北海公园管理处召开，会议由中心主任张勇主持，中心副主任高大伟，中心办公室、计财处、综合处、服务处、保卫处、宣传处、绩效办、研究室负责人，颐和园、天坛公园、北海公园、香山公园、动物园、景山公园、陶然亭公园园长、主管副园长及项目负责人参加了此次会议，会议听取了7个公园十项展览的进度汇报，各处室负责人就资金使用、开放形式、时间节点、文物使用手续、安防验收、宣传形式等多个方面提出了意见。张勇提出要求。

（李　艳）

【香山公园成立碧云寺文化研究室】 5月12日，香山公园在碧云寺金鱼池东侧举办碧云寺文化研究室成立揭牌仪式。碧云寺文化研究室隶属于公园服务二队，现有小组成员5人，主要任务是深入研究碧云寺历史文化遗产。全园各科、队职工代表40余人参加揭牌仪式。揭牌仪式后，研究室成员召开了第一次会议，小组成员就碧云寺的历史文化进行学习研究，成员进行分工，着手对碧云寺讲解词、历史文化、建筑碑刻和佛教知识等方面内容进行挖掘整理，为下一阶段更加深入研究碧云寺文化打好基础。

（纪　洁）

【中心调查研究工作】 5月13日，中心调查研究工作顺利推进。完成所属各公园基础数据收集统计工作，涉及九大方面，46项内容；印发《中心调查研究实用指导手册》，出版《调查研究》刊物7期。建立微信、QQ

联系群，加强沟通联系。

（刘明星）

【市文物局带队到香山公园检查工作】 5月14日，市文物局、海淀区文委一行3人到香山公园检查文物安全管理工作。一行实地检查了双清别墅及碧云寺的文物安全管理工作，并提出意见。

（贾 政 王 宇）

【林克庆出席市公园管理中心与故宫博物院建立战略合作关系签约活动】 5月14日，北京市副市长林克庆出席市公园管理中心与故宫博物院建立战略合作关系签约活动。故宫博物院院长单霁翔、中心主任张勇作为双方代表正式签署战略合作框架协议并致辞。林克庆副市长指出：要充分利用该合作平台，加强文物保护、修复、展示和文化创意等方面交流合作，在传承北京古都历史文脉、弘扬中华文明方面迈向新高度。中心主任张勇、中心总工程师李炜民发言。颐和园、植物园、园科院受聘专家参加活动。

（孙海洋）

【玉渊潭公园召开申报国家湿地公园示范区专家咨询会】 5月18日，玉渊潭公园召开申报国家湿地公园示范区专家咨询会。中心副主任高大伟、国际湿地-中国办事处主任陈克林、北京野生动物保护协会副会长王增年、澳大利亚湿地保护专家道格拉斯·达华京教授、国家环保部生态司副司长陶思明，北京野生动物保护中心高级工程师刘菊娥出席会议。专家组实地踏查了公园东北部景区，并认真听取了公园申报国家湿地公园的方案汇报，提出指导意见。

（王智源）

【陶然亭公园导游讲解班成立】 5月18日，陶然亭公园导游讲解班正式成立。党委书记张颐春及队领导到会做开班动员，提出要求并寄予厚望。为期五周的导游讲解员培训班邀请了四项展览设计方北海公园刘秀荣、中国历史博物馆齐吉祥、天坛公园张红媚、园林学校杨立新、原抗日战争纪念馆副馆长于延俊等专家，分别从讲解技巧、服务礼仪、讲解词撰写等方面对讲解员进行培训。导游讲解班承担陶然亭公园重大展览展陈的讲解、卫生、管理、服务及科普小屋的科普文化建设展，全园内各类导游讲解接待任务，以及全园礼仪接待服务。

（李丽晖）

【中心召开“中国人民抗日战争暨世界反法西斯战争胜利70周年纪念活动”环境布置方案专家论证会】 5月18日，市公园管理中心召开“中国人民抗日战争暨世界反法西斯战争胜利70周年纪念活动”环境布置方案专家论证会。邀请园林专家张树林、耿刘同和张济和点评环境布置方案。中心副主任高大伟提出要求。中心所属各公园、园博馆、园科院主管领导参加。

（王未彤）

【颐和园全部区域及办公场所禁止吸烟】 5月20日，颐和园根据《条例》要求，结合公园实际，在7个门区设置8块禁止吸烟通告。同时，通过电子显示屏、广播、微信、微博等载体，全面启动禁止吸烟的相关宣传工作。6月1日，颐和园全部区域及办公场所室内禁止吸烟。

（杜继超）

【玉渊潭公园全面启动禁烟工作】 5月中旬，玉渊潭公园详细制订禁烟工作方案，成立工作领导小组，召开专题工作会，组织领导干部带头学习《关于领导干部带头在公共场所禁烟有关事项的通知》和《北京市控制吸烟条例》，并面向全园职工开展控烟培训，知晓率达到100%。详细划定园区室内、室外及大型活动期间的禁烟区域，加强公园内的巡视监督检查以及对公园游客的劝阻力度，依据《北京市控制吸烟条例》相关规定予以处罚，制作禁烟牌示35块放置于禁烟区。期间，公园利用樱花报、党支部宣传栏、门区电子显示屏等宣教平台，面向职工和游客做好解读宣传工作。6月1日《北京市控制吸烟条例》实施首日，公园开展以“携手灭烟，拥抱蓝天”为主题的禁烟宣传活动，通过“我承诺”“我建议”游客寄语征集、张贴禁烟标识、发放禁烟宣传材料、门区显示屏循环播放禁烟宣传片等形式，向游客宣传了北京市禁烟的相关政策。活动持续两小时，共发放宣传材料50份、纪念品40余份，留言墙留下游客寄语近50条，取得了良好的宣传效果。

（缪　英　秦　雯）

【北京植物园、园科院参加北京市园林绿化科技成果推介会】 5月22日，由北京市园林绿化局主办的“绿色科技多彩生活——2015园林绿化科技创新暨科学普及活动月”活动在北京林业大学学研中心举行启动仪式，并进行现场成果展示。市公园管理中心所属北京植物园、园科院参加了22～23日的现场成果展示。两家作为“北京园林绿化增彩延绿科技创新工程”参加单位，对“增彩延绿”示范区做了展示。园科院为课题“利用天敌昆虫生物防治天牛类蛀干害虫技术推广与示范”及“杨柳飞絮控制技术的研究与示范”的科研成果进行了推广。北京植物园以实物与展板相结合的方式为“珍稀濒危植物科普展”活动进行了科普宣传。

（中心科技处）

【陶然亭公园进行游客问卷调查】 5月23～24日，陶然亭公园经营队青年职工向游客发放调查问卷共101份，从购物环境、购物需求、服务、商品结构、种类、价格、特色商品种类偏好七个方面进行消费行为调查，活动收回有效答卷87份。

（方　媛）

【中山公园布置禁烟工作】 5月25日，为贯彻落实《北京市公园管理中心落实〈北京市控制吸烟条例〉工作方案》，开展禁烟宣传。制订《中山公园控烟工作方案》，发出通知号召全园职工、驻园单位人员、社会化人员学习《条例》，做到人人了解控烟意义，掌握控烟精神。在游览区及办公区域张贴禁烟宣传海报、禁烟标识。利用门区牌示、LED电子显示屏、广播、公园官网循环播放禁烟宣传语。6月1日，实行全园禁烟。6月19日，根据北京市地方海事局相关工作要求，为公园46条船只制作并安装游船禁烟、禁火不锈钢安全标识。11月4日，在游客较集中场所增设4处禁止吸烟牌示。

（刘倩竹）

【中心通过住建部全国文明单位复查】 5月25日，市公园管理中心通过住建部复查，继续保留“全国文明单位”称号。2014年，中心所属各单位开展各类文明单位创建检查工作，并取得佳绩，其中：北京市植物园成功创建成为“第四届全国文明单位”；颐和园、天坛公园、北海公园通过复查继续保留“全国文明单位”称号；中心机关、园科院、园林学校创建成为新一届“首都文明单位”；颐和园、天坛公园、北海公园、北京动物园、北京植物园、香山公园、中山公园、景山公园、紫竹院公园、玉渊潭公园创建成为2012～2014年度“首都文明风景旅游区”。

（中心宣传处）

【陶然亭公园张贴公共场所禁止吸烟牌示】 5月25日，根据《北京市控制吸烟条例》制订陶然亭公园公共场所禁止吸烟的通知和牌示，在重点区域内进行张贴，做好宣传、劝阻工作。

（刘　斌）

【张勇到天坛调研中心系统改革发展路径问题】 5月26日，中心主任张勇到天坛调研中心系统改革发展路径问题。重点调研神乐署文化品牌建设的激励和创收机制问题。张勇主任提出工作要求。

（研究室　天坛公园）

【北海公园协助街道完成普查工作】 5月28日，北海公园协助什刹海街道完成安全生产法人单位普查工作，对在公园内开展实际生产经营活动的商业网点和驻园单位进行企业安全生产条件普查，包括工商注册信息、组织机构信息、安全管理人员情况、安全培训考核及安全设备设施等。

（汪　汐）

【景山公园开展降噪和禁烟宣传动员会】 5月29日，景山公园召开公园之友降噪和禁烟宣传动员会。公园领导向公园之友团队对公园降噪工作的大力支持与配合表示感谢，并与团队负责人分析了降噪过程中存在的问题，共同商讨对策。团队负责人表示将带领团队遵守公园降噪和控烟条例的相关管理规定，做出文明游园表率。

（刘水镜）

【天坛公园全面推行内控体系】 5月29日，天坛公园启动内控体系建设工作，年内完成了《北京市天坛公园管理处内控制度汇编》和《北京市天坛公园管理处内部控制手册》，11月4日经天坛公园党委会和园长办公会审议通过，发布至全园各科、队，天坛公园内控体系建设工作开始试运行。

（杨　桦）

【市公园管理中心服务管理处调研课题工作】 5月31日，按照市公园管理中心关于调查研究工作的总体部署和要求，服务管理处积极推进调研课题相关工作。3月份，服务管理处就对2015年工作调研工作进行了部署，处长为主要责任人，处室其他相关人员明确分工，责任到人，以中心总体工作部署和要求制订了本处调研工作方案。4月份服务管理处组织召开了商业运行和票价机制相关工作的专题调研会，5月份服务管理处就票价机制问题向各公园征求了相关建议，包括票价的历史沿革、近10年的相关数字、票价改革的想法和建议、进行票价改革调整的原因等，共收集了万余字相关材料。截至5月底，《北京市属公园票价机制问题的实践与思考-以市属公园为例》调研课题目前已形成了1.2万字的文字材料。《市属公园商业企业运行管理研究》框架结构已经形成，并已经搜集了大量的相关数字和材料。

（李 艳）

【香山公园组织开展控烟宣传活动】 5月31日，为落实《北京市控制吸烟条例》，世界无烟日当天，香山公园在东门游客服务中心前开展控烟宣传活动。通过发放宣传折页600张、有奖答题、承诺签名、印制红叶娃娃贴纸等，向游客宣传控烟知识，引导游客文明游园，营造良好公共环境。共有700余人参加了此次活动。

（武立佳）

【天坛公园开展游客满意度专项调查活动】 5月31日，根据公园“讲解服务体系建设”的要求，切实提高公园导游、讲解水平。五一期间，组织殿堂部、票务部、雅乐中心、游客服务中心分别开展“天坛公园游客满意度（讲解服务）专项调查活动”。共计发放《天坛公园游客满意度调查表（讲解服务）》400份，收回有效问卷311份。游客对景区设施安全、工作人员的服务态度、讲解服务、用词用语、讲解内容的总体满意率为90%以上。目前，管理科正在对问卷调查中所涉及的问题进行逐一整理、深入分析，为天坛公园“讲解服务体系”提供数据基础。

（李 艳）

【中心完成各公园路椅和厕所专项调研】 5月31日，根据市公园管理中心领导工作要求，服务管理处近期对所属11家公园进行了路椅和厕所专项工作调研，结果如下：11家市属公园共有路椅4622把，厕所共有133座，坑位2423个，其中无障碍坑位236个；5月中心副主任王忠海在中山公园主持召开了提升公园厕所管理服务水平现场会，制订《提升公园厕所管理服务水平工作方案》；加大专项资金投入，监督资金使用情况在厕所基础建设方面，2014年中心投入550万元，用于厕所的新建、翻新及改建，2014年新建厕所3座，面积为278.73平方米，整体升级改造9座。在保障厕所日常管理方面，中心每年投入的专项资金为500万元，包括日常维修维护、洗手液及卫生纸费用。2014年各公园厕所加装扶手323个，增加除臭设施258个、防冻设施21个，硬件提升（加装便器、洗手池等设施）9座，服务提升（增加厕纸、洗手液等）42座。园容设施的专项资金不少于400万元，用于路椅、果皮箱、牌示的更新和维护。

（李 艳）

【香山公园全面做好控烟条例贯彻落实工作】 5月31日，香山公园全面做好控烟条例贯彻落实工作。加强组织领导，向各支部印发《北京市控制吸烟条例》《控烟工作宣传方案》，要求各支部从精神文明建设的高度，抓好控烟宣传工作；加强干部职工教育，要求中层干部带头参与控烟，自觉接受监督。向各支部下发《控烟宣传要点》，要求在6月1日前全面开展一次职工教育，重点宣传要点中的应知应会内容，做到知晓率100%。加强文明劝阻。巡查人员、经营队各经营网点服务人员加强巡视和文明劝阻，提示游客在游览过程中注意做好控烟；制作控烟宣传折页、控烟卡通贴纸各600份，制作控烟调查问卷100份，向各个班组和游客发放、制作控烟展板2块。在食堂西侧、队部院、管理队院、红叶队院和汽车班设置吸烟区共

5处，为每处吸烟区配备统一的桌椅、烟灰缸、遮阳伞和消防器材。

（武立佳）

【中心落实《北京市控制吸烟条例》工作方案】 6月1日，施行《北京市控制吸烟条例》，市公园管理中心成立了以张勇主任为组长的工作领导小组，明确了工作内容和具体要求。中心机关、各单位要做好《条例》解读宣传工作，逐步完善禁烟管理制度，加强公园内的巡视和监督检查，加大对公园游客的劝阻力度，依据《北京市公园条例》相关规定予以处罚。

（中心安全应急处）

【北京植物园月季园获得“世界杰出月季园”奖】 6月1日的第十七届世界月季大会上，北京植物园月季园荣获“世界杰出月季园”奖，世界月季联合会主席斯蒂文·琼斯先生向植物园代表颁奖。“世界杰出月季园”奖是由世界月季联合会组织，每三年评比一次的重要活动。

（李　艳）

【王忠海到陶然亭公园检查指导民生实事项目推进工作】 6月1日，市公园管理中心副主任王忠海到陶然亭公园检查指导市政府重要民生实事项目推进工作，听取慈悲庵革命史迹展等四项展览进展的汇报，现场查看展览进度并提出要求。

（李　艳）

【北京动物园完成室内全面禁烟工作】 6月1日，《北京市控制吸烟条例》正式施行。按照《条例》要求，以“政府管理、单位负责、个人守法、社会监督”为工作原则，北京动物园所有室内场馆及经营场所、卫生间实行全面禁烟。保留室外场所的6个吸烟区，增加“吸烟有害健康”宣传牌示，引导游客至吸烟区吸烟。同时公园确定了内部禁烟要求，即办公场所室内空间禁止吸烟；公务活动中严禁吸烟，公务活动参加人员不得吸烟、敬烟、劝烟；工作人员（含施工方、合作方）穿工服在室外游客可视区禁止吸烟。公园通过LED电子显示屏、禁止吸烟通告牌示、游园广播、官方微博等载体，向游客广泛宣传控烟政策。通过专项会议、办公系统、宣传小报等形式，将公园控烟要求传递到各部门、各班组。年内，公园共更换各室内场所禁止吸烟提示牌示133面、调整吸烟区牌示6处。

（张　帆）

【北京市旅游委检查天坛公园控烟条例落实情况】 6月2日，北京市旅游委行业监督管理处处长乔建平、副处长贾丽梅到天坛公园检查《北京市控制吸烟条例》落实情况。公园副园长王颖陪同检查组到园内主要景点实地检查，公园管理科负责人向检查组汇报了公园贯彻落实《条例》工作进度，公园以保障广大游客健康为目的，确保园区安全为底线，坚持以宣传、提示为主，通过提高硬件设施，分阶段更新园内各禁烟牌示并在牌示中增加监管部门电话；加大宣传力度，利用景区内大屏幕、门区LED显示屏滚动播放《北京市控制吸烟条例》重要内容等措施，全面促进开展《条例》落实工作。检查组在实地检查并听取公园相关落实工作汇报后对公园推进落实《条例》工作给予肯定。

（李腾飞）

【市旅游委到北海公园检查禁烟工作】 6月2日，市旅游委检查北海公园禁烟工作，听取相关工作报告，实地查看部分景区控烟情况及门区宣传牌示、LED显示屏，对公园禁烟总体情况表示满意。

（汪　汐）

【郑西平与中心研究室开展专题座谈】 6月3日，中心党委书记郑西平与中心研究室开展专题座谈。以中心系统改革发展战略目标定位为调研主题听取课题汇报并做出指示。中心副主任高大伟，办公室、研究室有关人员参加。

（刘明星）

【中心召开服务管理工作会议】 6月3日，市公园管理中心组织召开服务管理工作会议，各公园经营、管理科长参加了此次会议。会上服务管理处副处长贺然布置了《服务简讯》征求稿件相关工作，就中心发展全局性问题调研课题《北京市属公园票价机制问题实践与思考》初稿征求了各公园意见。中心主任助理、服务管理处处长王鹏训就处室折子工作、厕所管理以及近期服务管理工作提出了工作要求。

（李　艳）

【"为官不为、为官乱为"专项治理工作领导小组第一次全体会议召开】 6月3日，北京市公园管理中心召开"为官不为、为官乱为"专项治理工作领导小组第一次全体会议。中心主任、专项治理工作领导小组组长张勇提出要求。

（纪检处）

【北京动物园碳排放配额履约工作】 6月4日，根据市人大《关于北京市在严格控制碳排放总量前提下开展碳排放权交易试点工作的决定》、市政府《北京市碳排放权交易管理办法（试行）》、市发展改革委员会《关于开展碳排放权交易试点工作的通知》等相关要求，北京动物园在北京市碳排放权注册登记簿系统中按照2014年实际的二氧化碳排放量上缴10767吨配额，完成配额履约工作。2014年市发改委核准碳排放指标为11993吨，北京动物园实际排放量为10767吨，节约1226吨。节约的1226吨配额已经放在北京碳排放电子交易平台进行交易。北京动物园是中心所属单位唯一参与碳排放权交易试点工作的公园。

（杨术平）

【中心召开市政府第26项为民办实事项目进度汇报会】 6月4日，市公园管理中心召开了市政府第26项为民办实事项目进度汇报会，中心副主任王忠海，中心主任助理、服务管理处处长王鹏训，副处长贺然及颐和园、天坛公园、北海公园、香山公园、北京动物园、景山公园、陶然亭公园负责此项目的科长参加了此次会议。各单位就本单位各项展览项目5月份的进度情况进行了工作汇报。王忠海作报告。

（中心服务处）

【高大伟到香山公园调研必选课题和"十三五"规划进展情况】 6月4日，中心副主任高大伟到香山公园调研必选课题和"十三五"规划进展情况。办公室、研究室、综合处随同调研。

（中心研究室　中心综合处　香山公园）

【陶然亭公园召开第八次工会会员代表大会】

6月5日，陶然亭公园召开第八次会员代表大会。会议审议并通过《陶然亭公园工会第七届委员会工作报告》等，决议选举产生陶然亭公园工会第八届工会委员会委员和经审委员会委员。中心党委副书记杨月出席。中心工会常务副主席、87名会员代表出席会议。

（陶然亭）

【北海公园加强中高考期间公园噪音治理工作】 6月7日，在中高考前期，公园提前与各活动团体进行沟通，倡议暂停娱乐活动。公园管理科提前制作宣传通告6块，在各门区及五龙亭等景区张贴，倡导文明游园。6月7～8日全国高考及6月24～26日中考期间，公园保卫科、管理科、护园队等部门联合驻园派出所，开展噪音治理联合执法行动，针对重点区域加大巡视力度，对使用音响设备的活动团体进行噪音监测，及时劝阻音量超标行为，为公园周边考点营造良好的考试环境。

（北海公园）

【高大伟到景山公园调研】 6月8日，中心副主任高大伟到景山公园调研。听取调研课题进展等情况，对课题提出具体要求。研究室人员随同调研。

（中心研究室　景山公园）

【中心着力推进调查研究相关工作】 6月9日，中心着力推进调查研究相关工作。对34项调研必选课题进展情况进行中期督办，所属单位、机关处室围绕主责课题，以会议调研、实地调研、调查问卷等多种调研方式，明确中心发展全局战略性调研、问题性调研、经验性调研、研究探讨性调研4个研究类别，确定课题调研方向、目标、内容，初步形成调研报告的框架。

（中心研究室）

【市政系统档案协作组交流会在紫竹院公园举行】 6月9日，市政系统档案协作组交流会在紫竹院公园举行。市政市容委、市水务局、市交通局等10个单位与中心市属11家公园开展交流。会上，各单位就档案工作进行沟通，中心办公室相关负责人从资源建设、安全管理、法规宣传、直属单位监管四个方面系统介绍工作开展情况。市档案局相关领导出席并讲话。

（中心办公室　紫竹院公园）

【北海公园接受获奖证书及奖牌】 6月10日，北海公园接受全国文明单位复查合格荣誉证书和首都文明风景旅游区奖牌。西城区委常委、宣传部部长王都伟，西城区宣传部副部长、文明办主任谢静，区文明办副主任王萍，区旅游委副主任张辉及区文明办、区旅游委相关部门负责人一行9人到北海公园调研文明单位创建工作。公园党委书记吕新杰依托文明创建“六个一”活动系统汇报了北海公园文明创建工作、创建成果及今后努力方向。园长李国定以文明创建工作在践行首都“四个服务”中的定位及作用为主题作了汇报，并对当前进行的一系列建设发展举措进行说明。王都伟部长向北海公园取得的成绩表示祝贺。公园精神文明创建领导小组成员共10人参加会议。

（汪　汐）

【陶然亭公园开展“为官不为、为官乱为”专项治理】 6月10日，陶然亭公园20天综合整治提升行动于6月10日起正式实施。服务一队作为公园的第一线，肩负起了重要的职责。服务一队队干部及各门区职工提前到岗，严格执行规定。拦截老年代步车、电动三轮车等不符合公园规定的车辆。在6月10～14日五天的综合治理行动中，共拦截车次614辆，放行车次2907辆（包括轮椅、电动轮椅、儿童车、老年手推车等允许放行车辆），提供轮椅服务66辆。

（陆　晨）

【中心召开调研课题征求意见会】 6月10日，市公园管理中心召开调研课题征求意见会。服务处就《市属公园票价机制问题实践与思考》课题初稿征求意见。会议认为：课题整体思路清晰，阐述问题准确，对未来票价机制的想法和建议符合各公园的实际情况和未来发展需要。票价机制问题要继续深入研究，不断完善，形成的成果和措施要具有科学性、有效性、可持续性，能够为各公园未来票价机制改革提供重要依据。中心服务管理处负责人、11家公园经营管理相关负责人参加会议。

（中心服务处）

【景山公园积极应对短时大人流】 6月11～14日，众多游客来景山公园万春亭上拍摄北京蓝天，游园人数达到12.1万人，公园采取多项措施积极应对：启动疏散紧急预案，做好大人流布防，加强山体巡视力度和时间，与静园时间同步离岗；加大保安巡视力度，设置多处固定岗，及时通报游客分布状态，并做好应急疏散准备；领导带班巡查，针对傍晚18:00～19:30期间游客增加情况，公园启动了由园领导带队对山体巡查、协调各相关部门做好游客疏导和服务保障工作；积极编发稿件，统计数据，做好人流量对比，通过现场采集照片、剪辑监控集锦方式，与《新京报》《青年报》《北京日报》等多家媒体合作发布快讯，并首次在中央电视台《新闻联播》节目播出。

（李　旗）

【中心召开电子票务系统建设专题会】 6月12日，市公园管理中心召开电子票务系统建设专题会。信息中心就“互联网售票系统”“自助售票机项目”以及“门区闸机票务系统”建设和推进情况汇报，相关处室对项目建设进行探讨研究，明确下阶段工作。中心主任助理、服务处处长王鹏训、办公室、计财处、综合处负责人参加。

（信息中心）

【陶然亭公园创新经营模式】 6月13～14日，恰逢端午节之际，陶然亭公园经营队首次尝试与厂商合作开展新品“海之言”饮料促销活动。现场为游客提供游戏互动、免费试吃等活动。

（方　媛）

【紫竹院加强重点工程监督检查】 6月15日，紫竹院公园纪委围绕全园重点工作，发挥纪检监察职能作用，加强监察督查，为全园重点工作的顺利推进提供有力保障。公园青莲岛及明月岛竹林景观恢复工程进入整理地形、引进竹种的关键节点。园纪委按照公园安排部署，把项目建设各项工作列为当前监督检查重点，对党风廉政建设和廉政风险防控工作情况进行检查。督促责任科室把风险防控贯穿于工程建设全过程，在工程规划、竹种引进、资金运转等各环节严格依法依规办事；严格对照工程建设的任务分工和完成时限，盯住具体责任人，盯紧具体时间节点加强监察督查；强化跟踪问效，采取书面督办、现场督办及专项检查等形式，杜绝不负责任、不敢担当，推诿扯皮、工作不力等现象发生，确保工程按时保质完成，真正把两岛竹林景观恢复工程建成精品工程、廉洁工程。

（中心纪检监察处）

【陶然亭公园开展队留基金使用和规范财务收入专项检查工作】 6月15日，为进一步加强队留基金使用、管理和监督，规范经营管理及财经秩序，陶然亭公园开展“队留基金”使用和规范财务收入检查工作，成立由公园纪委书记担任组长，计财科负责人、纪检干部及党风廉政监督员为成员的检查小组。检查采取自查自纠与重点检查相结合的方式进行，并组织被查部门签订《专项检查承诺书》、填写《专项检查登记表》。

（中心纪检监察处）

【陶然亭公园开展游客安全游园满意度调查】 6月16日，陶然亭公园保卫科、团委按照北京市公园管理中心要求共同开展“您的安全，是我们最大的动力”公园安全工作满意度调查活动。在“安全生产月”期间，依托“公园学雷锋志愿服务站”，4名团员青年志愿者和社会志愿者分时段共同向晨练游客、外地游客和一般游客发放安全满意度调查问卷，对于支持活动的游客赠送了纪念品。广大游客积极配合，在认真填写好答卷的同时，肯定了公园在安全游园环境上的努力。此次活动共发放问卷100份，实收回100份。

（杨文博　周　远）

【陶然亭公园成立游客服务中心】 6月16日，陶然亭公园游客服务中心正式成立，主要负责非紧急救助工作及长年年票售卖工作。

（杨莉莉）

【中心分别召开重点工作任务折子专题会】 6月17日，市公园管理中心召开重点工作任务折子专题会。会议听取服务处、计财处、安全应急处和各公园关于副主任王忠海分管的35项重点折子项目半年工作进展汇报。张勇主任对各处室在重点工作任务折子推进中积极协调、创新形式、主动作为给予充分肯定，对下一步工作进行部署，要求各处室、各公园制定工作倒排期，建立督察机制，相互密切配合，加强信息报送，有序推进各项任务。6月19日，中心召开重点工作任务折子专题会。听取办公室、综合处及各单位关于高大伟副主任分管的30项重点折子项目半年进展情况汇报。会上，张勇主任对各部门、各单位按计划积极推进工作给予肯定，对下步工作进行明确。6月24日，中心召开重点工作任务折子专题会。听取科技处、组织人事处及园林科研院、园博馆关于李炜民总工程师分管的10项重点折子项目半年进展情况汇报。张勇主任对各部门、各单位扎实推进工作给予肯定。中心副主任王忠海、高大伟、总工程师李炜民，各公园行政主要领导，中心相关处室负责人参加。

（绩效办公室）

【玉渊潭公园与市园林绿化局野保处磋商城市湿地公园申报】 6月18日，玉渊潭公园与市园林绿化局野生动物保护处就城市湿地公园申报进行实质性磋商。市园林绿化局野生动物保护处处长刘润泽听取了玉渊潭公园城市湿地公园申报方案后，对于此项工作给予充分肯定，并提出建议。中心综合处副处长朱英姿、北京市野生动物保护协会有关人员参加会议。

（王智源）

【北海公园完成阐福寺展览交接工作】 6月18日，北海公园工程园容队、文化队完成阐福寺历史文化展拆除工程及清扫交接工作。拆除、修复部分展墙360余平方米、灯箱28个、灯管140根、射灯54个、闸箱2个、电线3500米。

（汪　汐）

【香山公园召开社会义务监督员座谈会】 6月19日，香山公园召开社会义务监督员座谈会。监督员们听取了公园关于静宜园28景修复情况、“十二五”规划落实情况、“十三五”规划思路及修复院落开放设想等汇报。经过讨论，监督员们对公园建设发展、园容卫生、安全保卫等方面提出意见和建议。公园党委书记马文香参加会议。

（王晓明）

【北海公园完成年度旺季游客满意度调查】 6月19日，北海公园开展并完成年度旺季游客满意度调查，此次调查主要以游客对公园服务满意度及公园降噪满意度为重点，共发放问卷100份，有效回收率100%。活动旨在利用问卷调查的方法搜集游客的基本信息、旅游感受、对公园的评价，分析出公园在游客服务工作上的优势与不足，汇总游客对公园降噪工作的意见与建议，切实解决实际问题，为游客提供更加优质的服务和优美的游园环境。

（汪　汐）

【中心完成“端午”小长假游园服务保障工作】 6月20～22日“端午”小长假期间，市属11家公园共接待游人120.06万人次，同比减少6.66%；其中购票游人56.05万人次，同比增长6.48%；公园门票总收入862.46万元，同比增长4.10%。从游客来源分析，本市游客78.34万人次，减少12.47%；外埠游客39.24万人次，增长6.49%；外宾2.49万人次，增长9.69%。园博馆3天接待游客1.04万人次。11家公园及园博馆以“端阳思贤游园会”为主题，举办祭祀诗会、赏花荡舟、文化展览等10余项游园活动。天坛公园“坛乐清音·端午节专场音乐会”、陶然亭公园祭祀礼仪展示、中国园林博物馆“裹粽佩香诗意园林”文化体验、北海公园“端午荡双桨水面共欢畅”等主题活动受到广大游客青睐。各大主流媒体刊发中心及各单位新闻稿件300余篇，中心系统政务微博群发布游园资讯、赏花播报、温馨提示等微博217条，点击量200万次。加强安全管理，全中心设立23个游园现场指挥部，出动安保力量7643人次，增设单行线路44条，增设临时性安全疏导牌示310处，全面加强了湖面、防火区域等关键部位和门区、主要景区、施工工地等重点区域监管，增加厕所、售票窗口及商业网点107个，在园区主干道及景观节点布置装饰，用花21万余株，实施全天候立体保洁，确保环境清新整洁。颐和园、玉渊潭、紫竹院等公园适当延长游船运营时间；各公园开展主题实践活动，积极宣传《北京市控烟条例》，劝阻不文明行为。1000余名志愿者为游客提供导游讲解、信息咨询等服务。同时，节日期间共受理非紧急救助服务事项10.38万件次，提供便民服务52253人次。

（孙海洋）

【中心开展游客安全游园满意度调查】 6月24日，市公园管理中心开展游客安全游园满意度调查。完善更新调查内容，采取分时段随机抽样方法，发放并收回调查问卷1100份。调查结果显示，总体安全满意度为98%，同比2014年提升3个百分点。满意度最高的是违法行为现场处罚，安全标识设置，治理野泳、野钓行为等内容，达到95%以上；满意度较低的是园内机动车行驶现象，为28%。各单位将根据调查结果，认真分析，查找不足，采取措施，提高游客安全满意度。

（中心安全应急处）

【景山公园开展游客满意度调查活动】 6月25日，景山公园在南门游客服务中心开展游客满意度调查活动。调查内容分别是票务服务、讲解服务、商业服务、餐饮服务、草坪养护、树木养护、环境卫生、厕所服务、公园设施、文物保护、游览秩序、总体印象等方面，共发放《游客满意度调查问卷》100份，回收有效问卷100份。调查结果显示：满意率票务服务为100%、商业服务为99%、餐饮服务为95%、草坪养护为100%、树木养护满意率为99%、环境卫生为99%、厕所服务为94%、公园设施为98%、文物保护为99%、游览秩序为95%、总体印象为99%。园长杨华、副园长孙仲元参与活动。

（张小雪）

【郑西平主持召开第二季度党委书记例会】 6月25日，市公园管理中心党委书记郑西平主持召开2015年第二季度党委书记例会。中心所属各单位党委就落实党风廉政建设主体责任和“三严三实”专题教育进展情况进行汇报。中心主任张勇、党委副书记杨月、纪委书记程海军出席并就相关工作提出要求。各单位党委（总支、支部）书记，中心相关处室负责人参加。

（中心办公室）

【高大伟到紫竹院公园调研“十三五”规划编制及必选课题进展情况】 6月25日，中心副主任高大伟到紫竹院公园调研“十三五”规划编制及必选课题进展情况，并对规划编制提出建议。办公室、研究室、综合处有关人员随同调研。

（中心研究室　中心综合处　紫竹院公园）

【中山公园更换怡乐城部分设施迎接暑期】 6月30日，为确保学生、儿童游玩安全，中山公园对怡乐城室内游乐设施立柱进行更换，施工为期5天。更换后为耐磨材质的聚乙丙烯立柱。此外，对海洋球球池底部进行加固，进一步提升安全系数，为即将到来的暑期做好各项准备工作。

（中山公园）

【中心完成人大代表建议、政协委员提案办理工作】 6月30日，在市公园管理中心13件代表建议和委员提案中，中心服务处负责游园优待政策、改善公园管理、群众文化活动、文物保护、世界遗产单位保护等方面的7件代表建议和委员提案的答复工作。根据中心人大代表建议和政协委员提案办理工作领导小组的安排以及《北京市公园管理中心关于办理市十四届人大三次会议代表建议和政协十二届三次委员提案的通知》的文件精神，深入研究建议、提案内容，积极与人大代表、政协委员沟通，现已经圆满完成了全部建议和提案的办理工作。

（中心服务处）

【玉渊潭公园更换新型年票刷卡机提升验票效率】 6月30日，经管理科协调，由市政公交一卡通公司为南门更换新型年票刷卡机。在保留原有功能的基础上，增加刷验"残疾人服务一卡通"的功能。

（玉渊潭公园）

【高大伟到玉渊潭公园调研"十三五"规划编制及必选课题进展情况】 6月30日，中心副主任高大伟到玉渊潭公园调研"十三五"规划编制及必选课题进展情况。听取相关情况汇报，并对规划编制和课题提出建议。

（中心研究室　中心综合处　玉渊潭公园）

【景山公园加强票务管理】 6月底，景山公园成立了票务检查小组，检查小组每月不定期对售票员账目进行检查、登记，以此规范票务人员服务意识和安全意识。同时制定了《服务队票务管理检查制度》，细化票务账目检查制度和售票人员管理规定；每日早晨各班班长组织召开班组晨会，通报近期工作动态、服务重点和需要注意的事项，传达相关会议精神；建立微信管理群，积极推进精细化管理；每周定期进行精细化管理检查，检查结果将在管理处公示栏中公示。

（刘水镜）

【2015年市政府为民办实事项目取得成效】 7月1日，由中心承办的市政府重要民生实事项目"革命史迹•历史文化"十项主题展，包括："陶然亭公园慈悲庵革命史迹展"，"颐和园益寿堂共和曙光—寻访毛泽东进京赶考之路红色展览"两项红色教育展览；"景山公园绮望楼历史文化展""北海公园碧海楼'皇家邮驿'文化展""陶然亭公园中国亭文化展"三项文化类展览；"天坛公园北神厨、北宰牲亭天坛文物展""香山公园致远斋、韵琴斋原状恢复展""陶然亭公园云绘楼清音阁陈设展"三项文物实物类展览和"北京动物园畅观楼园史展""陶然亭公园对公众开放60周年园史展"两项公园园史类展览。目前主题展各项工作正有序推进，展陈布置等工程稳步实施，"陶然亭公园慈悲庵革命史迹展"已于当日正式面向公众开放，重点再现建党早期老一辈革命者在陶然亭开展秘密革命活动的情景，受到游客广泛好评，北京电视台、《人民日报》等多家媒体对展览进行宣传报道。以此项展览为起点，市属公园其余9项文化展览将陆续亮相，新增文物古建开放院落10处共6000平方米，使市属公园的历史文化内涵展现更丰富、展示游览空间进一步拓展，中心宣传教育平台功能得到充分发挥，不断提高历史名园的文化服务能力，为广大市民和中外游客提供更好的文化享受。

（李　艳）

【北海公园核定年度社会保险缴费基数】 7月1日，根据北京社会保险基金管理中心《关于申报2015年度社会保险缴费工资的通知》精神，北海公园本着对职工负责的态度，依据2014年职工全年收入情况，核定了全园503名职工的月平均工资，并经本人签字确认。职工各项社会保险缴费数额将以此作为基数计算。

（汪　汐）

【紫竹院公园启动紫晶宴府转型经营工作】

7月1日，紫晶宴府在公园东门外北侧经营的餐饮项目，持续出现经营不景气，影响了公园全年经济任务的完成，为此紫晶宴府向公园提出申请，在合同期内寻求合作伙伴，进行转型经营。公园原则同意其转型经营并要求该公司紧紧把握国家政策和形势，坚决贯彻执行中央《关于严禁在历史建筑、公园等公共资源中设立私人会所的暂行规定》和市委、市政府的相关规定，紧扣免票公园的公益性功能，谨慎选择合作单位。经与多家单位接触后，与海军总医院整形门诊部达成了合作意愿。

（张　玮）

【中心文物保护工作研讨会】　7月3日，市公园管理中心副主任王忠海主持召开文物保护工作研讨会，并强调要提高文保意识，进一步贯彻落实中心文保工作精神，切实提升文物保护管理水平；要加强智能化建设，以现代化手段和技术，完善文物管理、保护和利用；要着眼文保工作中远期发展，科学规划，加强研究，形成成果。

（中心服务处）

【颐和园建立巡逻犬养殖基地】　7月3日，颐和园建立巡逻犬养殖基地，二期近一个月。基地位于北京延庆颐和园花卉园艺研究所内，占地面积265平方米。建设内容包括2条跑笼、1间隔离室、1间库房、9间犬只寝室。改建值班室1间、处置室1间。工程总投资22.03万元。设计施工单位为北京市设备安装工程有限公司。

（丁　宇）

【抗日战争胜利70周年纪念活动花卉环境布置工作会】　7月6日，市公园管理中心召开抗日战争胜利70周年纪念活动花卉环境布置工作会。会上，综合处汇报纪念活动花卉环境布置方案，计财处明确经费申请相关工作。中心副主任高大伟提出要求。

（王未彤）

【中心与市旅游委就开发市属公园夜间游览项目进行座谈研讨】　7月8日，市公园管理中心与市旅游委就开发市属公园夜间游览项目进行座谈研讨。为满足游客夜间游览需要、打造首都旅游亮点，按照市领导指示，中心就市属公园结合特色开发夜间游览项目，围绕颐和园夜景照明及晚间活动项目进行了探索实践，就天坛公园、北海公园夜间游览活动提出设计方案，举办了动物园“夜宿动物园，奇妙你来寻”暑期夏令营、植物园“青草间星空下”露营等活动。为进一步推动夜间游览活动落地实施，中心邀请市旅游委领导进行专题研讨，颐和园、天坛公园、北海公园领导分别介绍了公园情况和开发创意，与会人员就“项目定位”“如何推进”等内容进行深入交流并达成共识。中心张勇主任讲话。市旅游委宋宇主任、方泽华委员及办公室、产业处、市场处、公共服务处负责人，中心张勇主任、王忠海副主任、高大伟副主任及相关处室、公园负责人参加研讨。

（孙海洋）

【中心系统改革发展路径课题研讨会】　7月9日，市公园管理中心主任张勇组织召开中心系统改革发展路径课题研讨会并指出：调研关系到中心的长远发展，因此站位要高、视野要广，思路要拓展；要收集和分析国内外同行业先进的管理理念和运营模式，把握公园行业的最新动态，掌握当前形势和政策环境，为中心改革发展夯实理论基础；要针对中心成立9年来的运行状况，分析优势、查找问题，剖析改革发展进程中的各种难题，有效提出解决举措，为改革发展路径的提出提供有力支撑，进而科学提出中心系统改革发展的长远目标和分步实施路径。

（中心研究室）

【中心开展“为官不为”“为官乱为”意见建议征集】 7月9～24日，市公园管理中心开展“为官不为”“为官乱为”意见建议征集。为切实找准问题，中心以问卷调查形式向15家直属单位征求意见。围绕中心领导班子和机关处室在“为官不为”“为官乱为”方面存在的问题和具体表现等内容，从深入基层调研、服务和指导基层工作、解决基层实际困难以及提高工作效能等方面，收到提出问题16项，具体表现36条，其他意见建议7条。

（孙　静）

【景山“公园之友”办公室召开降噪工作座谈会】 7月13日，“公园之友”代表对管理模式、活动项目和取得的成效予以肯定，表示要自觉遵守降噪规定，在文明游园的同时积极参加志愿活动，劝阻不文明行为，协助公园维护好游览秩序。景山公园领导认真倾听了各位代表对公园管理建设提出的意见和建议，双方分析了不文明行为产生的原因，共同商讨了对策。园领导和“公园之友”代表共17人参加会议。

（景山公园）

【中心常委会传达学习市委十一届七次全会精神】 7月13日，市公园管理中心召开常委会，传达学习市委十一届七次全会精神，会议讨论中心贯彻落实《中共北京市委北京市人民政府关于贯彻〈京津冀协同发展规划纲要〉的意见》的具体措施。中心党委书记郑西讲话。

（中心办公室）

【北海公园加大票务监管力度】 7月15～16日，由北海公园管理经营科、计财科相关人员组成的检查组抽查了文化队、琼华岛队和游船队的售票岗位。检查内容涉及票、账、款是否相符，长短款记录情况，票柜使用是否做到“专柜专用”等。检查组提出牢记票务岗位的职责与要求，始终坚持细心、耐心的工作态度，要积极主动学习，了解国家有关门票价格优惠政策等要求。

（汪　汐）

【经营队完成恐龙展期间准备工作】 7月16日，陶然亭公园恐龙科普文化节开幕，经营队特别成立“恐龙科普文化节商品筹备小组”，并召开专项工作会议3次；新增电动恐龙玩具10余种，共引进恐龙特色商品34类百余种；更新自主设计的“恐龙棒棒糖”样式。截止到8月23日，经营队销售各类食品、饮料共计2469箱，为游客提供服务帮助50余次。

（方　媛）

【中心调研工作中期成果交流会】 7月16日，张勇主任主持召开市公园管理中心调研工作中期成果交流会。各单位就34项调研必选课题进展情况和阶段成果进行了汇报。中心党委书记郑西平、中心主任张勇对调研工作提出要求。中心党政领导、各处室负责人、各单位行政领导和主管领导、工作人员参加会议。

（中心研究室）

【北京植物园做好“一二·九”运动纪念地主题教育活动高峰期服务保障工作】 7月17日，完成纪念地现场环境布置和主题展览布展，印制主题宣传折页和文明游园纪念品；制订服务保障方案，召开科、队长、书记会进行专门部署；对外公布预约电话，为预约团体提供党、团旗和义务讲解等服务，专门调配一名科级干部负责讲解接待工作；在主门区推出党、团旗借用服务，在现场设立学雷锋志愿服务站，每天安排6名讲解员开展咨询服务、义务讲解、来客登记、游客留言等工作；邀请博物馆资深义务讲解员张鹏，对讲解员进行现场辅导并座谈交流；全园各部门密切配合，做好安保、绿化、保洁、喷雾开放等各项工作；6月30日至7月15日，累计接待游客100余批次近1万人次，发放宣传材料3000余份。

（夏　冉）

【陶然亭公园加强“高石墓”周边环境的管理工作】 7月17日，“七一”前夕，公园党委专门制作了“还英烈一方净土，请保持一份安静”宣传牌示两块，安装于烈士墓醒目地带；对高石墓周边绿化进行改造，更新草坪、修剪乔灌木等，为9月份开展主题教育活动创造更好的宣传平台和环境氛围。

（中心宣传处）

【颐和园完成文昌院、新建宫门外广场土地确权】 7月17日，颐和园为保护世界文化遗产的完整性，还原古典园林原貌开展土地确权工作，首先联系河北测绘二院对文昌院、新建宫门广场土地进行测量；随后到北京市国土资源局办理相关手续，张贴公示，最终取得国有土地证书，完成文昌院、新建宫门外土地确权。

（李兆晋）

【中心“十三五”规划编制工作推进会】 7月20日，市公园管理中心副主任高大伟主持召开“十三五”规划编制工作推进会。听取规划编写组各组工作进展汇报后提出指导意见。“十三五”规划编写组各组长及主要编写人员参加。

（王未彤）

【中心召开会议传达学习北京市上半年经济形势分析会精神】 7月20日，市公园管理中心召开会议，传达学习北京市上半年经济形势分析会精神，分析把握当前经济情况，确保全年工作顺利完成。中心党委书记郑西平讲话。中心主任张勇对下半年的工作提出意见。中心领导、各单位班子成员、机关各处处长参加会议。

（中心办公室）

【中心“增彩延绿”示范区建设有序进行】 7月21日，市公园管理中心“增彩延绿”示范区建设有序进行。共涉及5家单位6个示范区建设。其中，香山红叶彩叶林精品示范区、玉渊潭东园三期、紫竹院公园、陶然亭慈悲庵周边绿地改造已基本竣工，完成约3.6万平方米示范区建设，累计栽植乔木6500余株，花灌木2.7万余株，各类品种竹2万余株，地被8000平方米。

（中心综合处）

【北海公园开展标准化专项检查】 7月21日，北海公园针对琼华岛队、商店、游船队、文化队等8个服务队的标准化体系运行情况开展专项检查，主要检查班组运行记录及本队检查情况、食品经营人员健康证有效期和商业网点进货台账登记情况。

（汪　汐）

【市公园绿地协会第四届三次理事会在园博馆召开】 7月23日，园博馆作为会长单位，承办市公园绿地协会第四届三次理事会。会议包括八项议程，135名理事出席会议。会议首先听取了工作、财务、监事三项报告，随后选举刘英担任会长，选举孟庆红担任秘书长，同时讨论并通过关于增选副会长、副秘书长、常务理事、理事的议案。新任秘书长孟庆红部署第十届北京公园季方案，刘英、市公园管理中心副主任发言。

（滕　元）

【香山公园参加北门改造工作协调会】 7月28日，海淀区政府就香山公园北门改造工作在区政府第一办公区召开协调会。香山公园就北门临时商户的历史形成原因、现状、收回目的、改造规划等问题进行说明，海淀区常务副区长穆鹏就目前商户经营方式、收回商户资金使用等问题进行了解。市财政局、市政市容委、香山街道办事处等部门参加会议。

（马杰琳）

【北京公园精细化管理论坛】 7月28日，北京公园精细化管理论坛召开。该论坛由中心和市园林绿化局、北京园林学会共同主办，邀请中外专家就未来公园管理模式、日本公园绿地运营和北京公园精细化管理实践等内容作报告，组织经验交流互动，为进一步提高公园精细化管理水平，促进公园景区健康可持续发展，推动国际一流和谐宜居之都建设发挥了作用。中心、中国公园协会、市园林绿化局、各区县主管部门及各公园景区相关人员200余人参加。

（中心服务处）

【颐和园举办旅游商品研发及运营培训班】 7月29日，旅游商品研发及运营培训班在颐和园举办。活动由中心和市旅游委行业协会主办，颐和园承办，中心副主任王忠海参会并致辞。培训班邀请中国旅游景区协会西安旅游商品研发基地专家、工信部人才交流中心专家分别就《景区旅游商品行业报告解读和旅游商品一体化运营解决方案》《互联网+旅游与旅游商品创客实践》等内容进行授课，并安排了特色旅游商品实地调研及教学活动。市属公园、园博馆及北京市其他旅游景区共30多家单位100余人参加培训。

（李　艳）

【中心召开培育和践行社会主义核心价值观主题公园建设管理工作会】 7月29日，市公园管理中心召开培育和践行社会主义核心价值观主题公园建设管理工作会，会议听取市属各公园及园博馆社会主义核心价值观主题公园建设管理情况汇报，对《中心系统培育和践行社会主义核心价值观行动方案》进行说明，了解陶然亭公园、中山公园、北海公园的主题公园建设管理和服务接待等情况。中心党委书记郑西平提出要求。会议由中心党委副书记杨月主持，中心计财处、综合处、安全应急处、纪检处负责人和市属各公园党委（总支）书记参加会议。

（夏　冉）

【非紧急救助服务市政府热线上线情况通报会】　7月30日，市公园管理中心召开非紧急救助服务市政府热线上线情况通报会。会议通报了7月28日中心主任张勇带队到市政府热线接听群众电话情况，对市民群众反映的问题和意见建议进行汇总分析，对整改落实作出工作部署，要求各公园按照诉求受理标准和程序，主动核实内容，积极解决问题，及时反馈情况，并将此作为群众路线教育实践活动整改落实和“三严三实”专题教育活动深化的抓手，举一反三，按照问题导向，根据群众关心的焦点，反思前一阶段工作，加大工作力度，抓准问题实质，切实整改落实，消除隐患。中心主任张勇讲话。会议由中心副主任王忠海主持，中心办公室、综合处、服务处、安全应急处、宣传处、非紧急救助服务分中心负责人，各公园、园博馆相关负责人参加会议。

（孙海洋）

【北京动物园开展商业服务问卷调查】　7月31日，问卷调查由公园经营队发起，内容涉及游客消费意愿、消费动力、建议等多个方面。共发放100份，收回有效问卷99份。调查结果显示，游客更愿意在纪念品、食品方面进行消费，其中60%的游客喜好购买带有动物园LOGO的商品。

（动物园）

【北京植物园推进内控体系建设工作】　7月，植物园推进内控体系建设工作。成立内控体系建设工作小组，并作为“一把手”工程纳入当年重点工作任务；召开内控体系建设工作启动会，布置工作任务，制订工作方案；与大华融智管理咨询有限公司签订了咨询合同，7月6日该公司已正式进驻植物园开展内控体系建设工作，完成了资料的收集和制度与流程的梳理，并完成经济活动分析及19个部门的调研访谈任务。

（北京植物园）

【陶然亭公园更换职工号牌】　8月4日，为规范服务管理，加强服务监督，陶然亭公园对所有职工号牌进行统一更换。

（刘　斌）

【中心系统两项发展战略调研课题取得阶段性进展】　8月4日，中心系统两项发展战略调研课题取得阶段性进展。经过前期深入广泛的调研工作，明确“中心系统改革发展战略目标定位”和“中心系统改革发展分步实施路径”课题思路：确定生态和文化为“战略定位”调研课题定位焦点，着手进行研究分析。“改革路径”调研课题框架初步确定为五个部分，分别是中心基本情况、发展优势、发展难题及产生原因、发展形势分析和分步实施路径。实施路径调研进入专题访谈和研究提升阶段，已与中心计财处、综合处及组织人事处进行了专访和座谈；以调查研究专刊的形式推进必选课题阶段成果的交流借鉴，刊登必选课题进展情况，供各处室、各单位相互学习借鉴。

（刘明星）

【神乐署雅乐中心乐队代表中心参加首都职工音乐比赛获得一等奖】　8月5日，天坛公园神乐署雅乐中心乐队代表市公园管理中心参加了在海淀工人文化宫举办的第十届首都职工文化艺术节“劳动者之歌”职工音乐比赛决赛，一曲《皇皇者华》赢得了现场观众的热烈掌声并获得一等奖，展现了公园人的风采。中心工会常务副主席牛建国、天坛公园党委书记夏君波、副园长王颖、工会主席段连和观看了比赛。

（中心工会）

【海淀区治安部门到香山公园协调治安管理工作】 8月6日，海淀区治安支队、香山地区派出所就香山公园内派出所的撤离问题到公园协调公园治安管理工作。海淀区治安支队传达了海淀分局对公园安全工作的管理意见：公园治安工作由香山派出所全面接管，建议香山派出所有一名副所长参加公园安全例会；参考颐和园治安管理模式，组成联合执法队伍共同执法；游客纠纷、摔伤事宜等由公园自行处理，治安事件由香山派出所处理；加强职工安全教育，提醒职工在发生突发事件时及时联系香山派出所；及时撤除有关公园派出所的牌示。香山派出所所长王辉对公园安全工作提出建议。公园园长钱进朝参加会议。

（马　林）

【中山公园疏导天安门地区分流游客】 8月9日至“9·3阅兵”活动结束，根据天安门地区管理委员会及地区公安分局的要求部署，中山公园作为天安门广场地区分流疏散通道，南门全天免门票通行。

（郑思光）

【陶然亭公园实施内部控制制度】 8月11日，根据市公园管理中心对建立内部控制制度的有关通知精神，陶然亭公园内部控制体系建设工作正式启动。成立工作小组，明确任务分工；开展业务培训；细化方案，确定各个阶段具体工作；合作的大华公司即日入园开展工作。8月25日至9月1日内控体系建设工作进入访谈环节。通过与公园各个科、队级干部的访谈，对公园经济活动进行全面梳理，分别从管理层面和业务层面两个方面对各部门内部的岗位职责、现有制度、现行业务流程等进行现状梳理和分析，查找存在的问题，进行风险评估。12月2日陶然亭公园召开内控制度讨论会。会议由主管财务副园长孙颖、计财科审计人员及大华融智公司的企业代表共同参会，就陶然亭公园内控体系建设工作中的前期工作成果——内控制度修订稿进行讨论，通过了内控制度修订方案，最终形成《北京市陶然亭公园管理处内部控制制度汇编（试行）》和《北京市陶然亭公园管理处内部控制手册（试行）》，于12月27日印书完毕下发至各科队，并决定于2016年1月1日起试行。

（白蓉华）

【北海公园展开联合降噪治理行动】 8月11日，北海公园展开联合降噪治理行动。保卫科、管理经营科、护园执法队联合驻园派出所在阐福寺景区内逐个约谈在园活动团体，登记更新团体资料，向团体负责人讲解噪音危害及国家相关条文规定，提示活动团体公园噪音标准由90分贝降至70分贝。同时向团体发放“降低音量，创文明环境”倡议书、噪音科普知识等宣传材料，并与负责人签订《北海公园降噪公约》，保证严格遵守公园规定，降低活动音量。本次约谈工作意在持续推进公园噪音治理，巩固公园降噪成果，为广大游客创造一个环境优美、井然有序的游览环境，同时也为即将到来的纪念反法西斯战争胜利70周年阅兵活动做出保障。

（汪　汐）

【服务抗战胜利纪念活动现场会】　8月12日，市公园管理中心召开服务抗战胜利纪念活动现场会。会议听取相关单位服务保障抗战胜利70周年纪念活动各项准备情况。市公园管理中心党委副书记杨月对纪念活动提出要求。中心办公室、安全应急处、宣传处、中山公园、北海公园、景山公园负责人出席。

（赵　冉）

【中心召开抗战胜利70周年纪念活动服务保障工作再动员会】　8月14日，市公园管理中心党委副书记杨月传达近期市纪念活动相关会议精神和中心承担的重点任务。各单位要高度重视纪念活动服务保障工作，进一步健全组织指挥体系，明确责任分工，制订细化各项实施方案；要加强重点时期的安全防范，完善应急预案，增加安保力量，加强安全巡视排查，开展应急演练，杜绝各类安全事故，确保万无一失；要迅速进入战时状态，全面提高综合管理力度，领导干部24小时带班，加强应急值守，保持通信畅通，及时报送信息；加强干部职工教育，提高工作标准，提供优质服务，避免游客投诉和服务事故；加强内部管控，开展人员排查，保持队伍稳定；密切关注舆论动向，及时发现并纠正工作不到位之处，不形成社会舆论焦点，不出现负面报道；加强保密管理，提高保密意识，强化安全防范；强化车辆管理，严格执行市政府限行要求，做好公车封存。中心党委书记郑西平要求：各单位要进一步增强责任感与使命感，以高度的政治觉悟和党性原则，高质量、高水平的做好服务保障工作；要杜绝麻痹思想，强化责任意识，稳妥推进服务保障工作，确保细节责任落实到位；要全中心一盘棋，齐心协力、顾全大局、通力配合，全力以赴落实各项安全和服务保障措施，保证活动圆满完成。

（王永存）

【北海公园完成干部人事档案整理工作】北海公园干部人事档案整理工作自去年9月启动，至8月14日已完成全园227册干部人事档案B5转A4的改版工作：重新排序分类档案材料，重点调整第三类、第四类和第九类材料；整理归档零散材料1000余份，严格做到不错装、不遗失、不损坏；材料逐一核查重要档案，补充材料100余份；完成编写档案目录及打印、装订入册工作；依照单位、姓氏顺序相结合的方法对干部档案进行重新编号。

（汪　汐）

【海淀区治安支队到香山公园检查防恐防爆情况】　8月15日，海淀区治安支队一行3人到香山公园检查防控防爆工作落实情况，重点检查了公园防恐防爆方案制订、处置流程、防恐防爆装备数量及安保人员装备使用情况等。通过检查，海淀区治安支队认为公园防恐防爆处置预案及各项制度制定详细，各种装备配置齐全，能够有效保障公园安全，对公园下一阶段的防恐防爆工作提出建议。

（马　林）

【纪念抗战胜利70周年适应性演练工作完成】　8月15～16日，中山公园全力配合演练，在全园范围进行人员及车辆清场，开展应急值守和巡视巡查，并根据夜间照明、用电、卫生间保洁、车辆人员出入等工作，安排40余人做好服务保障工作。中心作为纪念活动观礼台指挥部、阅兵服务保障组和环境整治组成员，全程参加阅兵联合指挥部演练活动。

（中心办公室）

【北京动物园召开新区规划设计邀标会】 8月17～18日，北京动物园召开新区规划设计邀标会，市公园管理中心主任张勇、副主任高大伟、综合处处长李文海、副处长朱英姿、服务处副处长贺然、北京动物园园长吴兆铮、副园长张金国、动物业务科科长彭真信组成评审组。邀标会由新区规划设计招标代理方北京科技园拍卖招标有限公司主持，共有北京中国风景园林设计中心、PGAVDestinations、德国瓦伦丁设计中心等国内外优秀的8家规划设计单位应邀参加。会上各应标单位介绍规划设计的业绩、规划设计主创团队组成、对北京动物园新区规划设计理念、思路和初步设想，会后经评审组研究决定，初步选定了4个单位进一步参与新区的初步规划设计。

（席　帆）

【中心中国人民抗日战争暨世界反法西斯战争胜利70周年纪念活动服务保障工作会】 8月18日，中心召开工作会，市公园管理中心副主任王忠海、非紧急救助部门负责人魏红到会，各公园主管服务管理工作的副园长、经营、管理科长，负责十项展览及非紧急救助的部分负责人共计40余人参加会议。会上，服务处处长王鹏训传达了中心8月14日抗战胜利70周年纪念活动服务保障工作动员会会议精神，向与会人员传达了中心领导提出的具体工作要求，并对近期的服务管理重点工作进行了部署；服务管理处副处长魏红对服务保障“9·3”纪念活动的非紧急救助工作从指导思想、工作目标和具体措施等方面提出了具体要求。中心副主任王忠海提出要求。

（李　艳）

【中心服务管理工作会议】 8月18日，市公园管理中心召开服务管理工作会议。围绕做好抗战胜利70周年纪念活动服务保障相关工作，服务处对中心服务管理、非紧急救助等重点工作进行了再动员再部署。中心副主任王忠海讲话。各公园分管服务管理、非紧急救助负责人参加会议。

（中心服务处）

【中心召开“历史名园书写辉煌”展览筹备工作会】 8月20日，中心组织召开“历史名园书写辉煌”展览汇报会，会议由服务管理处处长王鹏训主持。中心副主任王忠海到会，各相关处室、部门负责人及园博馆相关工作人员十余人参加了此次会议。会上，园博馆就展陈大纲从五大部分、21个展示组、55个展示柜等方面进行了图文并茂的汇报，与会人员分别从安全文化建设、科研科普、职工风采展示、游客参与互动、服务民生等方面提出了建议。王忠海副主任提出具体要求。根据会议安排，各处室将负责充实内容材料，园博馆将进一步完善方案后报中心审批。

（中心服务处）

【高大伟主持召开绩效联席会】 8月20日，市公园管理中心副主任高大伟主持召开绩效联席会。会议通报了《2015年度市政府绩效考评体系》内容，听取中心绩效工作进展汇报，审议了《2015年度中心绩效评估实施方案》。高大伟强调：要围绕市政府考评体系，结合市政府绩效管理考评实施细则，落实中心14项绩效任务；要明确职责、制订预案、搞好对接、抓好落实，保质保量完成绩效管理各项工作。

（绩效办公室）

【中心老干部工作阶段会暨下半年工作布置会】 8月21日，市公园管理中心党委副书记杨月、所属各单位老干部专职工作人员参加会议。中心老干部处对上半年老干部工作进行小结并对下一步工作进行具体布置。学习了上级有关老干部工作文件精神；各单位以ppt或动态小片的形式对本单位参加中心老干部处开展的“为党的事业增添正能量，传播时代主旋律”主题实践活动进行小结；上报本单位参加主题活动展示项目。中心副书记杨月充分肯定前期老干部工作，对老干部专职工作者的努力工作表示感谢，并对老干部工作提出要求。

（中心老干部处）

【中心完成“8·23”阅兵演练服务保障工作】 8月23日，市公园管理中心系统圆满完成“8·23”阅兵演练服务保障工作。8月22～23日，中心主任张勇全程指挥督导，其余领导分别在综合服务保障组、市环境整治组和中山公园观礼台指挥部现场办公，各处室24小时值守，保证指挥协调准确有力。中山公园自8月22日零点至23日12:00闭园时段，武警联勤指挥部接管整体工作，公园强化门区安检，严格值守，73名人员24小时值守，加强巡视，确保用电、用水、园容、卫生间等服务保障基础设施运行正常，配合做好观礼人员、志愿服务者入场等工作。玉渊潭公园突出安全防范重点，东、西湖安排水面处突及救援人员45人，配备救生艇2艘、消防水泵4台和各类救生消防器具70余件，随时待命；按照规定时间闭园，游船停运，商业停业；集合120名保障人员加强闭园期间秩序维护，对门区、码头和主干路不间断巡视，并做好游客解释说明。陶然亭公园时刻关注空中及水域情况，加强对水面的巡视力度；将园区划分4个安全巡视区，加强园内巡视力度和频次，严格内部人员出入园管理。景山公园配合万春亭制高点取景拍摄和秩序维护，在万春亭观景平台拉设警戒线，加强临时封闭区域安全管理；同时，加强夜间巡视备勤，开展网格化安全排查。北海公园在23日开园至中午12时强化局部封闭区域管理，封闭南门、西南门、静心斋北门等重点门区和白塔、永安寺、团城等重点区域，增加20名武警支援值守南门及白塔制高点，增派专人引导停放服务车辆79辆，同时做好对外开放门区安全服务工作。天坛公园划设专区停放武警备勤车10辆，由专人引导与社会车辆分区管理，为武警提供临时指挥部用房，协助视频监控设备搭设等。

（孙海洋）

【景山公园完成抗战胜利70周年纪念活动服务保障工作】 8月25日至9月3日，共接待游客约1.9万人。8月22日，景山公园加强园内安全秩序维护，在3个门区配备保安人员进行临时安检，确保无危险品、无可疑人员入园；制作闭园公告牌示5块，分别在3个门区和万春亭东西闸门处摆放；做好园容卫生保障工作；落实夜间值守制度，加强22日夜间巡视，由两名处级领导带班，30余名中层干部及职工备勤，组织网格化安全排查；配合央视完成万春亭取景拍摄工作，做好沿线秩序维护。活动期间景山公园周密部署，共投入人力285人次，其中职工235人次、保安人员50人次；投入物力7项：维修启用消防车1辆、检修山体消防水炮3台、更新灭火器380个、检查消防井40口、更新灭火毯2个、增设门区安检仪9台、增设临时牌示5处；公园精心设计以“国泰民安”和“人民之胜利贺卡”为主题的花坛分别摆放在南门和西门，以烘托节日气氛，总用花量约13万株；公园为游客提供饮用水、小药箱和轮椅出租等非紧急救助服务事项共80次。

（孙　昊）

【香山公园加强摄影团队建设】 8月25日，公园自组建摄影团队至今，已由开始的17人扩大至30人。摄影团队召开了启动大会，制订了活动计划，组建了微信交流群，还邀请了《劳动午报》摄影师邱勇讲课，并利用休息时间组织了“我眼中的碧云寺”拍摄交流，计划开展“知香山、爱香山、拍香山”系列活动，通过宣传载体展示摄影团队的优秀作品。

（中心宣传处）

【北海公园通过游船安全检查】 8月26日，北海公园通过市交通委运输管理局西城管理处游船安全检查。当日，西城管理处张永安处长一行实地查看了北海公园船只、码头的维护管理情况和救生器材的配备等运营安全保障工作并给予肯定。北海公园管理经营科、游船队相关人员陪同。

（汪　汐）

【中心调研陶然亭公园商业企业课题】 8月26日，市公园管理中心服务管理处到陶然亭公园就商业企业课题和纪念中国人民抗日战争暨世界反法西斯战争胜利70周年服务保障工作进行工作调研。陶然亭公园园长缪祥流、副园长杨艳分别从公园商业企业历史沿革、经营收入与工作创新情况、与管理处的资金往来、目前存在问题和未来经营探索等五个方面进行了汇报。中心主任助理、服务管理处处长王鹏训讲话。服务管理处全体人员和陶然亭公园相关工作人员参加调研。

（中心服务处）

【北京植物园召开财务工作会议】 8月27日，植物园召开财务工作会议，学习市审计局关于市公园管理中心2014年度预算执行和决算草案的审计报告，在内部控制体系建设完善整改阶段，结合单位实际进行内控知识培训。要求切实加强预算执行及项目资金管理，严肃财经纪律，确保国有资产不流失；扎实抓好内部控制体系建设及实施工作，提高内部控制的认识，结合单位实际，梳理业务流程，针对内部管理薄弱环节，明确职责、完善制度，将内部控制贯穿到各项经济活动中。全园副处级领导及科长、队长、书记共35人参加。

（石　鑫）

【中心回顾展征求意见会】 8月31日，中心服务管理处和园博馆组织召开“历史名园书写辉煌”北京市公园管理中心回顾展征求意见会。园博馆就展陈内容从文物保护、传承发展，文化创新、一园一品，景观提升、名园新貌，科技兴园、科普慧园等五个部分进行了介绍。各单位主管领导结合本单位实际情况和工作亮点对展陈内容进行了讨论，提出了很好的意见和建议。各公园、园林科研院、园林学校及园博馆相关工作人员近20人参加了会议。

（李　艳）

【陶然亭公园开展讲解员技能竞赛暨讲解岗位大练兵活动】 8月31日，陶然亭公园开展“微笑服务传承经典”讲解员技能竞赛，此次技能竞赛采取现场展示和集中点评相结合的方式，特邀7个科室为评委进行现场评分，最终从17名参赛选手中评出一等奖1名，二等奖2名，三等奖3名。通过此活动既展示了职工风采，又为临近的9月阅兵、建园60周年庆典等重大活动储备、提升了导游讲解力量和能力，为导游讲解工作更好、更全面地提升打好了基础。

（中心服务处）

【玉渊潭加强对不文明和扰序行为的综合治理力度】 8月31日，公园护园队职工和保安联合，利用执法记录仪采集取证，巡逻车辆全园不间断巡视，对公园死角部位进行突击检查整治，共劝阻野泳、野钓现象110起、小广告发放11起、禁烟区吸烟7起、攀折树枝、乱扔垃圾等不文明及扰序行为共55起。后勤队、经营队根据队内人员分布情况，合理安排人员上岗时间，防止因天气炎热潮湿等原因出现中暑现象。

（玉渊潭公园）

【玉渊潭公园公共服务提升改造工程获专项资金支持】 8～11月，玉渊潭公园“4A级旅游景区公共服务提升改造工程”获海淀旅游委发展专项资金的部分经费支持。包括留春园厕所改造工程、客服空调系统改造工程、路椅更新工程三项改造工程，改造工程于年底通过海淀旅游委验收，于2016年2月领取海淀区旅游委《北京市海淀区旅游发展委员会关于下达2015年海淀区促进旅游发展专项资金支持（补助）项目的批复》，获得补助资金23.94万元。

（缪　英）

【中心开展商业企业运营管理课题调研】 8月，市公园管理中心服务管理处先后到颐和园、天坛公园、北海公园、中山公园、陶然亭公园和动物园6个单位细致了解商业企业的历史发展沿革、经营管理现状、企业面临问题、应对措施和近几年收入、利润等方面的情况。通过调研，充分肯定商业企业在满足游客消费需求、大型活动服务保障、打造商业品牌等方面，对园林事业发展的贡献；同时要探索新的管理经营模式，调整商业布局和商品结构，避免同质化竞争。

（中心服务处）

【中心做好纪念抗战胜利70周年活动综合保障】 9月2日，市公园管理中心各项工作准备就绪，全力做好纪念抗战胜利70周年活动综合保障。中心领导分工进行值守督导，到中山公园观礼台指挥部、综合环境整治组及阅兵服务保障组参与相关工作，中心主要领导带领处室24小时值守，确保指挥沟通协调有序。在阅兵纪念活动保障准备方面，中心在10家公园启用30辆新型安保电动巡逻车，提升公园快速处置突发事件能力。中山公园配合市警卫局完成第二次场地安检工作；做好园区水电、园容、服务等各项保障工作，进行安全值守；提前准备，在阅兵活动结束后及时恢复园区整体环境。景山公园安排40余名职工加强夜间和闭园期间值守，在闭园前对万春亭及周边环境再次进行安全排查，封闭井盖658个，核查农药库存储情况，对园区开展深度清理。北海公园核查驻园值班人员信息，播放静园广播，做好开闭园期间门区及游船服务工作。玉渊潭公园分别与空军总医院、海淀分局、钓鱼台国宾馆等单位对接备勤场地、急救措施、警力部署和外围安全保护等工作；同时完成园区地下井排查清理工作。陶然亭公园对“9·3”工作再协调部署，完成部队、消防、医院、救护机构等对接工作，现场查勘应急点位，细化应急处突路线，明确突发事件处理流程及职责。天坛公园配合做好车辆停放工作，制作游客提示牌示2块，8月14日以来共开展自查巡检29次。其他各公园加强纪念活动期间游客服务接待管理。

（孙海洋）

【北海公园完成“9·3”假期保障工作】 9月3日至9月5日，小长假期间，北海公园共接待游客5.05万人次，其中购票游客1.98万人次。9月3日上午采取临时闭园措施，中午12点恢复开放，配合市警卫局临时封闭白塔制高点并于琼华岛景区拉设警戒线，13点30分解除警戒。节日期间，北海公园每日出动安保力量403人次排查重点区域和部位，各部门施行网格化管理，落实责任，确保公园正常的游览秩序，并于假期期间开展安全检查，停止施工作业，封存液化石油气罐，清理全园垃圾箱及易燃物，加强飞行航空器管理，进行夜间消防应急演练，配合交通支队清理南门停车场无关车辆，加强食品卫生检查。同时针对可能出现的降雨及大风天气或突发事件等情况制订了紧急预案。规范服务保障工作，9项便民服务措施齐备，提供咨询服务2100余次且无重大投诉事件发生。布置节日花钵、花境、花带45处，全园总用花量达到10万余盆，种植苔草1000平方米、植斑竹1200余株。新闻宣传及时到位，在各类媒体刊登播放新闻12条。

（汪　汐）

【紫竹院公园完成“9·3”阅兵期间各项服务保障工作】 9月3～5日，紫竹院公园共接待游客2.69万余人次，其中外宾7人次，共受理非紧急救助服务2261件。阅兵期间共设置4条单行线，每天保证近400人左右的安保力量，全园5个门区实施安检入园；通过大屏幕、LED显示屏、报刊栏等形式播放宣传标语、口号，纪念抗战胜利70周年。

（黄苗苗）

【中心完成抗战胜利70周年纪念活动综合保障服务工作】 9月3～5日，11家市直管公园接待总游人53.28万人次，接待潘基文、印度外交国务部长、捷克总统夫人等外事观礼嘉宾11批111人。因纪念活动前期及期间中山、陶然亭、玉渊潭等5家公园均有闭园，4日、5日连降大雨，游客总接待量同比减少13.06%。其中本市游客40.73万人次，同比减少9.74%；外埠游客11.38万人次，同比减少23.87%；外宾0.96万人次，同比减少23.59%。中国园林博物馆接待游客0.25万人次。2～3日，中心分管领导分别到中山公园观礼台指挥部、综合环境整治组及阅兵服务保障组参与相关工作，中心主要领导带领处室24小时值守，随时掌握重要部位动态，总体指挥协调，并做好信息汇总上报工作。同时6个重点公园层层分解责任，建立严密的保障服务体系，保障各项任务圆满完成。期间，中心共投入1038人直接参与服务保障具体工作，投入9艘救生艇、9条电瓶船、3辆消防车以及灭火器、消防水炮、救生衣等物资共计801个。中山、景山、北海、天坛、陶然亭、玉渊潭6家公园在此次活动中承担观礼台服务保障、空中梯队水面迫降、目力对空观察哨、制高点管控、车辆停放、组织观礼等任务。中山公园按照要求8月24日至9月3日闭园；南门8月9日到9月3日免票通行，作为观礼台搭建及疏散通道使用。为纪念活动联勤指挥部、武警、志愿者提供备勤场地、基础设施、供电供水、园区照明、车辆入园等服务保障；全力配合市公安局做好警卫局场地安检、天安门西观礼台贵宾人员通行及车辆服务等工作，提供车辆停放场地。9月3日接待活动观礼嘉宾共计1万人，嘉宾车辆122辆，纪念大会结束后，快速清运场内垃圾，及时恢复公园清洁环境。陶然亭、玉渊潭公园作为空中梯队迫降水域，3日6:00～14:00闭园，8:00前人员、设施、应急措施全部到位，做好飞机迫降救援准备，属地派出所增设警力协助公园完成门区管理等工作。14时整公园正式恢复开放，门区秩序井然。景山公园自2日18:00～3日12:00闭园，万春亭作为制高转播点、安全控制点，同时北京军区空军在景山公园设置目力对空观察哨。配合安全部门、中央电视台做好制高点人流管控、电视摄录等工作。北海公园2日18:00～3日12:00闭园，白塔作为安全制高控制点；西南门至五龙亭为观礼嘉宾车辆停放场所，3日停放20辆汽车；配合交通支队清理南门停车场无关车辆，为纪念活动提供服务保障工作。天坛公园为300名武警官兵及9辆武警车辆入驻提供东门停车场及指挥用房一处，供武警指挥使用。各公园3天共投入安保力量8484人次，重点加强活动场地、游客密集区域、施工工地等重要地段的安全防范管理，强化游客高峰时段的疏导分流。开展了全面的安全检查、演练和实时动态监控。9月1～5日，11家公园的43个门区正式启动游客入园安检，按照逢疑必检、逢包必检的原则对带包游客开包验视，重点查扣易燃易爆、管制刀具等危险物品；自9月2日起，启用30辆新型安保电动巡逻车，提升公园快速处置突发事件能力。3日当天，11家公园及园博馆对重点景区实施24小时监控，增配安保人员，园博馆从9月1日开始实行实名制入馆参观。同时，各公园强化纪念活动节日期间的游园扩容，在重要节点设置35条游览单行线，游览高峰分时段开启；增设安全疏导牌示125个。9月3～5日、，共增设售票窗口61个，有效减少游客排队买票时间。3天共受理非紧急救助服务事项34117件，耐心回复游客电话及微博问询。突出红色主题，为纪念庆祝活动营造出热烈喜庆氛围。各公园充分发挥爱国主义宣传阵地作用，在香山公园双清别墅、陶然亭慈悲庵等爱国主义教育基地推出15项红色主题展览，向社会公布植物园“一二·九”纪念亭等8处抗战纪念遗迹。利用LED显示屏、宣传展板、宣传横幅制作党报党刊开展纪念活动宣传，弘扬抗战精神。中山公园作为阅兵活动核心区的重点公园，持续做好后勤保障工作，于4日对公园南门封闭，5日南门自南向北单向免费通行，确保天安门广场游客通道安全。期间，公园通过屏幕公示、增加提示导览牌示、设立隔离墩等方式有效引导游客，保证良好秩序。9月3日，景山公园为保障国家领导人在故宫区域接待外国元首国事接待，于15时30分临时关闭南门。针对阅兵活动后的大客流，及时增加售票窗口，在东门、西门区配备安保人员，对上下山路线进行单行线管理，在万春亭对游客进行限人次放行、分流。陶然亭公园、玉渊潭公园针对纪念活动结束后门区有游客聚集要求入园情况，两公园在确保工作人员到位、服务设施准备就绪前提下，提前30分钟对游客陆续放行，引导游客有序进园。

（孙海洋）

【张勇听取十项展览进展情况】 9月7日，市公园管理中心主任张勇召开会议听取2015年市政府第26项为民办实事项目的进展情况汇报。中心副主任高大伟，办公室、服务处、综合处、安全应急处、计财处、宣传处、绩效办等部门负责人，颐和园、天坛公园、动物园、北海公园、香山公园、景山公园、陶然亭公园园长参加了此次会议。会上7个公园园长分别就十项展览的进展情况及运营情况进行了汇报，参会的各处室负责人在安全、宣传、运营、维护以及迎接市政府督查检查等方面提出了意见和建议。与会人员一同到畅观楼对动物园园史展进行了实地检查。

（中心服务处）

【中山公园纪念抗战胜利70周年环境布置获奖】 9月8日，市公园管理中心副主任高大伟带队，检查评比纪念抗战胜利70周年花卉环境工作。中山公园摆放的“胜利的号角”花坛和全园环境布置分获一等奖。中心综合管理处、科技处领导，各公园主管园长和老专家张济和、耿刘同19人参加评比。园长李林杰陪同，园林科技科和园艺队汇报花坛布置工作。

（张黎霞）

【园林学校召开庆祝表彰大会】 9月10日，园林学校召开庆祝表彰大会。市公园管理中心总工程师李炜民，组织人事处处长苏爱军，学校领导班子成员和教师、学生代表300余人参加。大会总结学校上一学年工作和成绩，对校级专业带头人、骨干教师、优秀班主任、优秀论文等教育教学成果进行表彰。李炜民代表中心领导向全体教职员工致以节日问候并提出具体要求。

（赵乐乐）

【颐和园开展票务专项检查】 9月9日，为提高颐和园售验票岗位的服务规范水平，加强对全园售验票岗位的管理，在杨宝利副园长的带领下由管理经营部、保卫部、财务部、劳动部、纪委五个部室组成的联合票务检查小组，对颐和园7个门区售验票岗位进行了票务专项检查。

（李　艳）

【中心服务管理处调研中山公园商业企业运营管理课题】 9月9日，市公园管理中心服务管理处领导到中山公园就商业企业运营管理课题进行工作调研。中山公园园长李林杰、管理科科长郑思光分别从企业现状、存在的问题、经验总结和未来想法等几个方面进行了汇报。服务处对中山公园如何在企业发展面临危机时积极寻求解决办法，积极寻求新的经济增长点，进一步提升经营收入和怎样科学规范经营，处理好经营与服务管理的关系提出了建议，对中山公园未来的企业发展起到一定的借鉴作用。服务管理处副处长贺然和中山公园相关工作人员参加调研。

（李　艳）

【中心服务管理处调研颐和园商业企业运营管理课题】 9月10日，服务管理处到颐和园就商业企业运营管理课题进行工作调研。颐和园园长刘耀忠对听鹂馆饭庄和商店的相关情况进行了汇报。会议上大家充分发表意见，研讨了颐和园商业企业目前存在的问题和未来发展模式。此次调研对课题的完成和中心企业的发展模式的研究起到了积极的作用。中心主任助理、服务管理处处长王鹏训，副处长贺然及相关人员参加调研。

（李　艳）

【中心"十三五"规划纲要（初稿）研究会】 9月14日，市公园管理中心组织召开"十三五"规划纲要（初稿）研究会。会议听取纲要编写进展情况、框架结构、主要内容及存在问题等情况汇报。中心副主任高大伟主持会议并提出具体要求。"十三五"规划编写组各组长及主要编写人员参加。

（"十三五"编制工作领导小组办公室）

【市2015年中秋、国庆假日旅游工作会议】 9月14日，市2015年中秋、国庆假日旅游工作会议在天坛公园召开。在祈年殿西侧，市假日旅游工作领导小组成员单位主管领导观摩了由天坛公园组织开展的反恐处突及古建消防演练。在神乐署，市旅游委宋宇主任代表市假日旅游工作领导小组部署中秋、国庆长假节日接待保障工作，提出要求。市交通委、市安监局、市公园管理中心、延庆县政府等单位就假日期间交通保障、安全生产、游园扩容、服务接待等工作进行了汇报，进一步明确重点，相互交流经验，促进共同提高。市旅游工作领导小组成员单位、北京市重点旅游企业参加会议，相关媒体对会议情况进行了报道。

（中心办公室）

【玉渊潭公园顺利通过年度双认证审核】 9月14～15日，玉渊潭公园顺利通过2014～2015年度质量与环境管理体系认证审核。本次认证由北京方圆标志认证集团有限公司审核了范围涵盖全园质量、环境的相关部门和科室，涉及服务管理、基础设施、安全保卫、绿化建设、园容保洁等多个部门的工作内容和流程。审核组通过与各部门负责人进行交流、听取汇报和询问、查阅大量资料、现场抽检等方式对公园的质量、环境管理体系运行情况进行了认真细致的梳理检查，未发生不符合项目，顺利通过审核。于11月20日取得认证证书。

（缪　英　王智源）

【中心开展第18届全国推广普通话宣传周活动】 9月15～21日，中心积极开展第18届全国推广普通话宣传周活动。各公园开展牌示规范用字排查，检查牌示6600余块，在门区电子屏幕滚动播出宣传标语，悬挂宣传海报207张，设立咨询台，向游客发放宣传导览图300份、宣传册136本。园林学校开展经典诵读比赛、召开主题班会，宣传普通话"一法一规"；中心党校要求教师讲好普通话、提高职业语言水平，规范文件公文用语。

（李　妍）

【中心重点实验室交流座谈会】 9月15日，市公园管理中心组织召开重点实验室交流座谈会，听取4个重点实验室（工程技术中心）基本建设、科技成果及运行管理等情况的汇报，并组织参观园科院重点实验室。中心总工程师李炜民对实验室建设和取得的成绩给予肯定。中心副总工程师、园科院、植物园、动物园主管领导及重点实验室相关人员参加会议。

（中心科技处）

【中山公园开展服务管理自查自纠工作】 9月17日，中山公园认真落实中心《进一步加强景区管理服务工作的通知》精神，召开专项管理工作会议，举一反三、引以为戒，提出工作要求和工作目标，并对照市民反映的其他景区管理问题，开展专项检查。重点检查园内山石、桥、路、坡道、基础设施等部位；门区车辆入园管理，停车场管理情况；劝阻游客不文明行为、游园秩序管理情况；一线职工规范化服务情况等。此次专项检查中发现安检棚坡道地板螺丝松动，个别道路铺装松动等隐患，已安排相关部门进行维修。

（中心服务处）

【颐和园与法国香波堡签订友好合作协议】 9月18日，颐和园和法国香波堡签订文物古迹保护修复、遗产开发、科研人才培养、可持续发展等方面的合作交流协议，签约仪式在法国卢瓦尔河谷香波堡内举行。北京市公园管理中心主任张勇在签约仪式上发表讲话。香波堡总经理让·德松维尔表示：这次合作协议的签署十分重要，不仅有利于促进双方更好地接待彼此国家的游客，也能增加对彼此文化的了解。

（隗丽佳）

【陶然亭公园进行物价专项检查】 9月18日，为规范园内商品价格，维护游客消费权益，陶然亭公园加强物价监督管理，对公园商店以及出租单位的商品价格进行了检查，强调园内所售商品全部要做到明码标价，货签对位，禁止销售“三无”产品，确保价格规范。

（刘　斌）

【杨月、高大伟等代表中心参加中国人民抗日战争暨世界反法西斯胜利70周年纪念活动北京市服务保障工作总结表彰大会】 9月18日，市公园管理中心党委副书记杨月、副主任高大伟等7名同志代表中心参加在北京会议中心召开的中国人民抗日战争暨世界反法西斯胜利70周年纪念活动北京市服务保障工作总结表彰大会。

（孙海洋）

【北京动物园加强景区管理服务工作】 9月24日，北京动物园在接收到《关于落实中心领导指示进一步加强景区管理服务工作的通知》后，由主管副园长冯小苹牵头组织服务管理科、服务队、管理队、经营队等服务工作主责科室及一线重点部门，对照整改通知内容逐条分析、落实整改。尤其是针对动物园存在的“工作人员态度蛮横，对游客的询问不耐心”的专项问题，进行深刻反思，研究整改，制定工作举措。

（中心服务处）

【中心完成中秋国庆节前综合检查】 9月24～29日，市公园管理中心领导张勇、杨月、高大伟、李炜民分别带队，分4个检查组检查各单位节日准备情况，听取工作汇报，实地查看公园门区、景点及重要管理部位，对安全秩序、服务接待、环境布置等工作进行检查。检查组做出具体工作安排。

（孙海洋）

【北海公园完成中秋节服务保障工作】 9月26～27日，中秋节期间，北海公园共接待游人7.51万人次，其中购票游人3．47万人次。具体做法：北海公园展开节前检查并召开三级会议，贯彻中心通知精神，全面动员部署中秋假期工作；成立以公园园长、党委书记为组长的领导小组；针对可能出现的降雨及大风天气或突发事件制定紧急预案；节日期间保证九项便民服务措施齐备，提供咨询服务7782次且无重大投诉事件发生；针对有可能出现大人流等情况，增设5个临时售票窗口，同时延长夜间游船运营时间，开办赏月专场服务，每日出动安保力量577人次排查重点区域和部位；布置环境景观7处、花坛3座，用花10万株；加大志愿服务力度，组织90名学雷锋志愿者进行游客引导、游园巡视、咨询问路、导览讲解等绿色出行文明游园公益活动；新闻宣传及时到位，在各类媒体刊登播放新闻12条。

（汪　汐）

【北海公园碧海楼皇家邮驿展正式对游人开放】 9月28日，以皇家园林、历史名园和公园为主题，同时具备邮政服务业务功能的特色邮局正式对游人开放。“皇家邮驿”是由北海公园与西城邮政部门携手打造，按功能共分为4个区域，包括展示区、互动区、受理区和便民区。该邮局除了提供一般的邮政功能外，还出售有关北海公园的特色邮品，设有邮政科普展、历史展及邮品展，开设“慢递”服务等。在北海皇家邮驿内，还设有打印设备，游客可以通过扫描二维码，将自己的照片上传，然后打印成明信片。同时，还为游客免费提供展品导游讲解服务，提供擦鞋器和雨伞储存架等。在展室外，制作精美的仿古盘龙造型的“大清邮政”邮筒和栩栩如生的投递雕塑，吸引了众多游客合影留念。此外，在碧海楼二楼开设了面向大众经营的茶水及茶点服务。北京市公园管理中心宣传处处长陈志强、服务处副处长贺然、北海公园园长李国定、公园党委副书记曲禄政、公园工会主席夏国栋等领导出席了开幕式。新华社、中新社、北京电视台、《人民日报》《晨报》等20余家新闻媒体进行了现场报道。

（中心服务处）

【中心2015年国庆假日工作视频会议】 9月28日，市公园管理中心召开2015年国庆假日工作视频会议。会议由中心党委书记郑西平主持，传达北京市区县委书记会议精神，结合郭金龙书记讲话精神，针对中心实际提出工作思路。中心主任张勇部署国庆假日期间工作，围绕节日特点、安全重点、服务接待、信息报送等方面提出要求。中心领导、机关各处室负责人在中心主会场参加会议，各单位副处以上领导在各单位视频分会场参加会议。

（中心办公室）

【中心做好国庆游园服务及游客量管控工作】 9月28日，市公园管理中心多措并举做好国庆游园服务及游客量管控工作，总结历年市管公园节日接待和历次大型活动经验，借鉴故宫国庆限流措施，结合实际，按照园区瞬时最大承载量和日最大承载量制定限流措施和疏散线路，设立50个分指挥部，逐级明确安全责任，做到“预案、设施、人员”三到位，做好应急演练和突发事件应对准备；做好预告工作，实施远端调控。利用公园监控设备，即时观察游客动态流量，以官方微博、园内电子屏幕等方式定时播报园内情况，推出游园“舒适度提示”，通过市旅游委等相关政府网站及短信平台向旅行社和市民发送安全提示，提醒旅游团体错峰参观，北京市民错时参观；以新闻发布形式，提倡游客就近游园、远郊区县游，分解核心区景区游览压力，增加历史名园游览舒适度。切实做好各项预警工作，各市管公园对游客量实时监测，重要节点增设游览单行线50条、安全疏导牌示294个，增设售票窗口84个、厕所22个，减少排队时间，避免游客聚集滞留，提升游览品质。节日期间“把好门、看住点、控制面、管好线”，加强园内力量部署，对游客较多、安全情况复杂的陡坡、窄路、水域等部位地段，安排3800余名引导员和安全员进行秩序疏导、人流控制，严防发生群体性人员跌落、踩踏等事故。与属地政府、公安、交通部门协作联动，共享游客入园、公园瞬时承载量等数据，配合道路交通管控，疏解外围游客，确保景区与周边环境平稳畅通。针对故宫限流后可能出现的客源集中流入情况，中山公园、景山公园、北海公园预先着手、科学制订预案，确保核心区域良好的安全秩序。

（中心办公室）

【中心参加纪念抗战胜利70周年阅兵服务保障工作座谈会】 9月28日，中心参加纪念抗战胜利70周年阅兵服务保障工作座谈会，被北京市纪念活动领导小组授予“中国人民抗日战争暨世界反法西斯战争胜利70周年纪念活动北京市服务保障工作先进集体”荣誉称号。

（中心办公室）

【香山公园与市公安局海淀分局完成驻园派出所房屋移交工作】 9月29日，香山公园与北京市公安局海淀分局完成驻园派出所房屋移交工作。共计收回房屋38间，建筑面积635平方米，原屋内办公家具、设施设备等物品全部撤出。

（马杰琳）

【中山公园参加“第四届中国兰花大会”获奖】 第四届中国兰花大会于9月29日至10月10日在房山区长阳镇兰花文化休闲公园举办。中山公园积极配合北京市花卉协会参与北京展区布展工作，精心挑选建兰、兜兰名品50种80余盆参展。其中兰花品种“朱德素”“青山玉泉”“飘带兜兰”均获得个体竞赛组铜奖，北京展区获得展区布置特等奖。

（中心服务处）

【北京动物园获得市教委100万元任务经费资助】 9月29日，北京市教委在北京教育科学研究院召开了“利用社会资源丰富中小学校外实践活动”项目启动会议，北京市400余家社会资源单位经过初选、复选、专家终审，选出包括国家博物馆、首都博物馆、自然博物馆和北京动物园在内的30家资源单位，每个单位获得市教委100万元任务经费资助。30家资源单位将利用自己的优势承担相关中小学的校外实践活动，项目要求各资源单位2016年年底前完成至少2000人次的任务。这是北京动物园首次争取到北京市级别的大资金科普项目支持。

（臧丽华）

【中心相关处室到故宫博物院考察“十一”黄金周期间安全服务保障工作】 9月29日，中心服务处、保卫处和景山公园领导到故宫博物院考察“十一”黄金周期间安全服务保障工作。故宫博物院保卫处处长李小城介绍了故宫博物院针对黄金周期间安全服务保障工作采取的主要措施。中心主任助理、服务处处长王鹏训，安全处处长史建平参加考察。

（李　艳）

【中心国庆服务安全保障工作会议】 9月30日，中心服务管理处、安全应急处和宣传处联合召开国庆服务安全保障工作会议，会议由中心主任助理、服务管理处处长王鹏训主持。会议传达了中心贯彻落实北京市区县委书记会议和郭金龙书记指示精神，介绍了国庆服务安全保障工作面临的新形势新情况，会议要求各单位严格落实中心的各项措施和做好节日工作的要求，进一步梳理本单位工作脉络，层层落实责任。中心主任助理、服务管理处处长王鹏训，安全应急处处长史建平、宣传处处长陈志强和各相关单位主管领导共计20余人参加了会议。

（李　艳）

【颐和园对园内商业从严要求确保食品安全】 9月30日，两节前夕，颐和园严格督促经营队积极准备货源，布置外摊点，严查食品卫生、明码标价、规范化服务的落实。继续严格落实关于禁止销售裸露食品的要求，黄金周期间颐和园全园禁止销售裸露食品，全部采用包装食品，保证了颐和园市场的食品安全。对餐厅、快餐的加工间严格检查落实操作规程，防止食物中毒事故的发生。积极配合工商、卫生监督部门来园检查，相关执法部门对颐和园的商业管理工作给予好评。

（中心服务处）

【天坛公园进一步加强景区管理服务工作】 9月30日，天坛公园召开相关会议，落实《关于落实中心领导指示进一步加强景区管理服务工作的通知》精神，一是召开非紧急救助服务培训会，传达精神，确保“中秋、国庆”两节平稳、安全、有序；二是加强对游客使用大功率音响设备的劝阻力度；三是巩固已有的治理成果，继续加强对电动车入园、个人物品滞留园内行为的治理力度；四是要求一线服务单位各自制订有针对性的服务接待方案；五是公园绿化部门针对游人挖野菜、摘杏、打核桃等热点问题，进行积极的劝导和集中整治；六是全园各队及驻园单位加强对本部门所属人员的宣传教育工作，严格执行《天坛公园车辆入园管理条例》；七是推行非紧急救助服务快速处理机制；八是管理处综合检查组对服务管理、商业经营、非紧急救助、服务设施等工作进行检查。对于检查中发现的问题，责成相关部门予以解决。

（中心服务处）

【北海公园积极筹备北京市第四届手语风采大赛参赛工作】 9月30日，北海公园从各部门选拔参赛人员参加手语大赛培训，以普及职工手语水平；聘请专业手语老师进行指导，培训于9月初至比赛前每周开展两次，共12人参加培训；发放手语培训教材3种，共36册。公园园长李国定、工会主席夏国栋出席培训并讲话，为参赛选手加油鼓劲。

（中心服务处）

【景山公园多措并举改善服务设施】 9月30日，为提升公园休憩类服务设施使用率、增加游客舒适度，公园对全园路椅进行增加座椅扶手改造，此次改造共增加扶手258个；为方便游客更好地了解公园相关信息，公园修缮门区变形临时牌示共20余块，修缮后基本解决了因日照变形的问题；为使游客能够安全使用后山腰道儿时记忆游戏设施，公园制定《游乐设施游玩须知》，提醒陪伴家长注意儿童游玩时的安全。同时加装两块内容为“宁静创造和谐美”的标语牌示，加大降噪工作的宣传力度。为提升公园服务质量保护园容卫生，公园对园内损坏的垃圾桶进行接焊，此次共计修复垃圾桶23个。

（李　艳）

【北海公园对照市民反映问题改进服务管理工作】　9月30日，北海公园管理处核实了解公园北门外黑车揽客现象，积极联系交通运输管理局反映情况；针对工作人员在劝阻游客不文明行为或解答游客疑问时语气生硬、言辞欠妥，进一步加强员工培训，增强文明服务意识，切实落实标准化、规范化服务要求；参考其他问题举一反三，加大公共设施日常检修维护力度；针对吸烟现象，加强宣传及巡视，发现吸烟游客及时劝阻；进一步细化管理，找寻服务盲点，规范服务标准，强化工作落实，避免类似投诉事情的发生。

（北海公园）

【中心检查北海公园高档餐饮相关工作】　9月30日，市公园管理中心检查北海公园高档餐饮相关工作。检查组先后查看了碧海楼“皇家邮驿”展览展示情况及仿膳饭庄菜品价格、服务接待等情况，提出：要坚持底线原则，持续整治，决不容许“四风”现象反弹，全力做好节日期间的安全、服务和接待工作。纪检监察处调研员郭丽萍参加，公园党委书记吕新杰及纪委部门负责人陪同。

（汪　汐）

【中心检查玉渊潭公园第七届农情绿意秋实展活动】　9月31日，市公园管理中心安全应急处检查组对公园秋实展活动期间商业布展情况、花坛及展板安全检查情况、南门外便民市场拆除后秩序管理情况以及巡逻保安布防管理情况进行检查。检查组强调：要加强活动期间各项安全管理工作，加强对违反《北京市公园条例》行为的管理和处罚，妥善利用中心配发的电动巡逻车加强园内巡视，为游客提供良好的游园秩序。

（中心安全应急处）

【香山公园完成国庆节服务保障工作】　10月1～7日，香山公园东门、北门门区共抽检游客35000余人次、检查箱包2900余个、收存打火机3000余个；制止游客吸烟400余次、治理非法游商80余次、服务游客600余次、帮助游客寻人5次、救死扶伤5次、捡拾财物7起、7天累计清理垃圾约67吨；共有216名志愿者参与到公园各项志愿服务工作中来，服务游人5万余人次，共计服务12096小时；提升园内宣传环境，更新管理处硬质横幅1处、宣传展板1块、更新游客服务中心宣传展板1处，更新双清别墅院内宣传展板8块、室内宣传展板1块、北门内宣传展板6块；撤除临时宣传展架1处、两个门区宣传横幅3块；非紧急救助服务站共接听电话112件，受理非紧急救助服务事项351件，提供义务讲解、饮用水等便民服务97件，期间未发生服务投诉事件。

（任小双　郑　蕊）

【北海公园完成国庆服务保障工作】　国庆

假期期间，北海公园共接待游人40.79万人次，同比增加15.49%，其中购票游人26.80万人次，同比增加19.1%；门票收入243．24万元，同比增加19.3%。具体做法：成立国庆游园活动工作领导小组和游园指挥部；保证安保力量充足，每日上岗专职安保人员95人，其中公安武警50人、保安45人，排查重点区域和岗位，实施网格化管理，逐级落实安全责任制，各部门做到安保方案、预案落实到位，防火措施周密有效。同时，根据北门游人量变化对静心斋入口等狭窄路段设立单行线，保证游园安全；节日期间保证9项便民措施齐备，提供非紧急救助服务5.64万余人次；举办第四届北京·开封菊花文化节和北京市第十八届根石艺术优秀作品展，同时碧海楼“皇家邮驿”特色展览展示项目开幕迎宾；延长景区开放时间与游船营业时间；工程园容队定时进行立体保洁，及时清理枯枝落叶，为游客提供优美整洁的游园环境；团委联合北师大白鸽志愿者协会开展“弘扬抗战精神，青春岗位绽放”志愿服务活动，在北门设立志愿服务亭，为游客提供义务咨询、秩序引导、残疾人帮扶等服务，共服务游客1500余人次，累计服务时长160小时；新闻宣传及时到位，7天在各类媒体共刊登播放新闻65条，其中电视7条、电台20条、报纸38条，全面宣传了公园节日活动和动态。同时，北海公园宣传科于10月2日联合团委开展“绿色出行我带头，文明游园我最美”宣传活动，发放宣传品，倡导游客文明游园。

（汪　汐）

【北海公园完成工资制度调整及补发工作】 10月1日，北海公园完成事业单位工资制度调整及补发工作。自2014年10月1日起增加离退休人员离退休费及调整在职人员基本工资标准、核减绩效工资、补扣养老保险和职业年金，调整后的8月份工资及补发金额已于29日下午全部到账。因缴纳养老保险和职业年金的系统还未正式启动，政策还会有所调整，调整方案将按政策依照多退少补的原则进行。

（汪　汐）

【香山公园完成碧云寺门口商业摊点收回工作】 10月12日，香山公园与香山健民商品交易市场中心就碧云寺门口商业摊点交接问题签署协议。11月30日，按照此前双方签署的交接协议，香山公园收回由香山健民商品交易市场中心无偿占用的碧云寺门口商业摊点，其建筑面积为403.66平方米。

（马杰琳）

【中山公园启用游船电子票务系统】 10月14日，公园正式启用游船电子票务系统。该系统使用感应卡式票证及电脑软件系统管理，自动计时、计费，实现游船纸质票据向电子化票务转变。北京瑞华天健科技股份有限公司开发制作，投资2.11万元。

（郑国芳）

【北海公园接受发改委检查组检查】 10月14日，北海公园接受国家发改委景区物价检查组检查。检查组首先询问了关于门票、联票等票证的使用情况及优惠的执行概况，重点了解和记录了2014年北海公园收入及支出情况，随后检查组赴门区票价公示现场实地考察，并对北海公园的各项工作表示满意。公园园长李国定、工会主席夏国栋及相关科室负责人陪同检查。

（汪　汐）

【张勇检查“增彩延绿”良种中试基地建设情况】 10月15日，市公园管理中心主任张勇带队检查“增彩延绿”良种中试基地建设情况。实地查看园科院和植物园良种中试基地圃地建设、优良品种育种和繁育情况，听取相关情况汇报并提出建议。中心总工程师李炜民，科技处、综合处、宣传处、研究室负责人及相关人员参加检查。

（孟雪松）

【市公园绿地协会专题会议】 10月15日，市公园管理中心副主任王忠海主持召开了北京市公园绿地协会计划财务和发展专题会议。会议由协会秘书长孟庆红汇报了2015年的协会工作和资金使用情况，各处室对协会2015年资金使用情况进行了审核，同比2014年下降21%；协会应着手制定2016年预算，由各处室把关，报计财处审核；就协会的未来发展、功能定位、规范管理和增收节支进行研讨，充分发表意见。服务管理处、计划财务处、组织人事处、综合办公室、宣传处、公园绿地协会负责同志参加会议。

（中心服务处）

【中心召开国庆假期新闻宣传总结研讨会】 10月16日，市公园管理中心召开国庆假期新闻宣传总结研讨会。中心主任张勇参加，听取中心宣传处及有关单位专题汇报研讨后提出：中心宣传工作举足轻重，要持续推动中心宣传工作，一是增强大局观念，政治敏锐性和新闻敏锐性要融合，围绕服务主题，做好宣传的研判分析；二要形成整体性，要组建优秀的宣传干部队伍，建立成熟的新闻工作机制，体现中心系统及市管公园的整体优势；三要工作高标准，不断强化宣传部门职能职责，体现出新闻宣传工作的基础性、专业性、艺术性，以及宣传人员敬业爱岗、无私奉献的精神状态。

（夏　冉）

【景山公园加强对非公园之友团队管理】 10月中旬，景山公园加强对非公园之友团队管理，共记录20余个非公园之友团队活动信息。内容包括主要负责人、团队人数、音箱数量、活动时长、娱乐形式等。公园下一步将建立公园之友团队与非公园之友团队一体化的统一管理模式。

（刘水镜）

【中心完成2016年新开课题评审工作】 10月16日，市公园管理中心技术委员会召开了专项会议，讨论评审了2016年中心立项科研课题。会议由中心技术委员会主任张树林主持，李炜民总工程师参加了会议。各单位围绕中心和行业发展，结合本单位实际情况申报科研课题62项，经初步遴选及完善，最终53项课题提交中心技术委员会评审，内容涉及城市生态、园林植物选育、动植物保护和公园文化等方面。各位委员们听取了各申报单位的汇报，审阅了相关申报材料，进行了认真细致的讨论，经投票确定了29项课题为2016年课题项目。

（孟雪松）

【天坛公园等五家单位被命名为“北京市科普基地”】 10月19日，天坛公园等五家单位被命名为“北京市科普基地”。中心组织天坛公园、北海公园、中山公园、景山公园和陶然亭公园5家单位通过申报和评审，被北京市科委命名为“北京市科普基地（教育基地）”。至此，中心所属11家公园、中国园林博物馆、北京市园林科学研究院共13家单位被命名为“北京市科普基地”，将进一步发挥中心科普资源优势，扩大科普影响力。

（孟雪松）

【中心年度冬防会议】 10月19日，市公园管理中心召开冬防会议，中心应急处分析了冬防安全形势，提出了具体要求。中心各单位主管领导及保卫科长30余人参加会议。

（中心安全应急处）

【首届京津冀公园发展研讨会】 10月20日，首届京津冀公园发展研讨会在北京召开。会上，公园绿地协会会长刘英致辞，中心副主任高大伟、市园林绿化局公园风景区处处长张亚红做报告，中国公园协会秘书长李存东、河北省风景园林与自然遗产管理中心主任朱卫荣、天津市公园绿地行业协会会长张群芳、北京市公园绿地协会秘书长孟庆红等出席了研讨会，来自北京、天津及河北的7个城市共150余人参加会议。研讨会征集京津冀协调发展、公园管理体系、公园管理方式、公园文化实践、园林植物研究等方面论文86篇，行业专家以“三地联动创新惠民”为主题开展研讨，并为区域间公园体系的发展提供思路和方向。

（公园绿地协会）

【中心预算执行工作专题会】 10月21日，市公园管理中心召开预算执行工作专题会，通报部门预算执行审计情况并研究部署整改措施。会议由张勇主任主持，计财处负责人通报相关审计情况，分析审计中指出的问题和风险点，与会领导和各单位对照检查，研究部署整改措施。中心副主任王忠海、高大伟，总工程师李炜民，中心所属各单位、各处室负责人参加会议。

（中心办公室）

【北京动物园动物管理临时工作组成立】 10月22日，北京动物园党委召开成立动物管理临时工作组专项会议，党委书记张颐春宣布党委扩大会关于成立动物管理临时工作组的决定。临时工作组由4人组成，组长彭真信，副组长王泽重，成员有张成林、卢雁平。负责承担原张金国园长所分管的各项工作；各自主管科、队的职能任务不变，同时要统筹协调动物片其他部门工作。北京动物园各部门的负责人参加了会议并进行表态。

（师慧伶）

【香山红叶观赏季第二周重点日指挥部值守工作完成】 10月24日，市公园管理中心主任张勇全天在场指挥，市政府赵根武副秘书长到场进行了现场指挥。中心主任张勇、副主任王忠海分别在市级指挥部全天值守。10月25日王忠海副主任全天在场指挥，副处长贺然负责协调各相关事项。两天香山公园整体游览秩序良好，无突发安全事故发生。服务管理处负责指挥部办公室的值守，协调各委、办、局开展工作，实行每两小时上报制度以及全天数据、情况汇总、上报等工作。北京市政府办公厅秘书四处、北京市交通委、市园林绿化局、市交管局、市城管执法局、市公安局治安总队、市消防局、海淀区政府等部门相关负责人参加值守工作。10月24日、25日，香山红叶季共接待游客15.98万人次，整体游览秩序良好，无安全事故。两天共规范商户、取缔无照经营344起，公园内劝阻吸烟852人次，受理非紧急救助事项486件。预计红叶变色率将会稳步增长，预计10月31日、11月1日仍将为游园高峰日。

（李　艳）

【中心参加第四届北京国际旅游商品博览会】 10月24日，应第四届北京国际旅游商品博览会组委会邀请，市公园管理中心服务管理处参加了第四届北京国际旅游商品博览会开幕式并参观考察了博览会，包括北京礼物专区、北京、各省市和国际主题旅游产品展示、文创礼品及旅游纪念品等。

（李　艳）

【颐和园等三家单位被评为“北京十佳生态旅游观鸟地”】 10月26日，颐和园等三家单位被评为“北京十佳生态旅游观鸟地”。由市园林绿化局、市公园管理中心、市旅游委主办的“北京十佳生态旅游观鸟地”评选活动圆满结束。经过近半年的现场科普展示及网络投票、专家评审、现场考察等形式推选，颐和园、天坛公园、植物园三家单位在30个候选地中脱颖而出，被评为首批“北京十佳生态旅游观鸟地”。

（孟雪松）

【颐和园完成安全管理体系内审工作】 10月26～28日，颐和园开展质量环境和职业健康安全管理体系内部审核工作。内审范围包括殿堂队、园务队、基建队、游船队等18个园属单位，以及管理经营部、保卫部、建设部、文物部等12个职能部室。

（瞿　立）

【中心完成优秀工程评比】 10月29日至11月3日，由市公园管理中心综合处组织，服务处、科技处、中心所属各单位基建、绿化工作主管领导和相关技术人员共同参加中心优秀工程评比，中心副主任高大伟出席优秀工程评比。报名参与评选的优秀工程项目共计40项，涉及10家市属公园、园林科研院及园博馆，项目内容涵盖古建修缮、景观提升和基础设施维修3个方面。工程评比邀请耿刘同、张济和、刘英等业内专家参加并进行指导，专家一致认为中心各单位工程项目在建设管理上有较大进步，工程建设计划得到了认真落实，取得了较好效果，要认真总结经验、充分交流学习，为以后的项目建设工作积蓄力量，提升中心整体项目建设管理水平。

（孙海洋）

【中心开展档案调研工作】 10月30日，市公园管理中心所属各单位分成4组，由各组组长和中心档案负责人带队已对各单位进行了实地走访调研，调研围绕各单位2014年度档案整理和档案室安全落实情况进行。首先查看了各单位档案室安全责任制落实情况，除个别单位存在灭火器不符合要求，档案室防盗措施不够到位外，多数单位都能按照“八防”要求，落实安全工作；其次查看了各单位2014年度档案整理情况，存在个别单位档案收集不及时或不全的现象。针对上述问题，中心将把加强档案室安全工作作为明年工作重点，尤其是对各单位应急预案的制定、库房备案制度的落实、服务外包安全责任制的制定进行督查落实。同时，要求各单位要进一步修订与完善保管期限表，提高档案收集质量，提早做好2015年档案收集的布置工作。

（张　红）

【中心调查研究工作取得阶段性成果】 10月30日，中心调查研究工作取得阶段性成果。已梳理汇总调研报告提纲，34项必选课题中80%的课题已完成初稿；中心党政一把手牵头负责的两项中心发展战略课题已完成初稿，进入深化提升和征求意见阶段；中心文化资源类课题在多年积累的基础上进行研究提升，取得阶段成果。

（刘明星）

【天坛公园调整门票价格实施园中园优惠政策】 10月30日至11月5日，天坛公园对门票优惠及减免规定进行调整，按照市发改委和市公园管理中心关于物价的相关文件指示精神，票价调整为：旺季门票15元，优惠票7.5元；旺季联票34元，优惠票17元；淡季门票10元，优惠票5元；淡季联票28元，优惠票14元；景点票联票20元，优惠票10元；神乐署门票10元，优惠票5元；月票15元。调整天坛公园优惠减免规定为：65岁以上老人持老年优待卡免费入园（大型活动期间除外）；离退休人员凭本人离退休证免费入园；6周岁（含6周岁）以下或身高1.2米（含1.2米）以下的儿童凭有效证件实行免票；6周岁（不含6周岁）～18周岁（含18周岁）未成年人、全日制大学本科及以下学历学生（不含研究生、成人教育、业余大学、夜大函大等）凭有效证件购优惠门票；“六一”国际儿童节免费对少年儿童（学龄前至小学生）开放，集体游园每10名学生、儿童可免1名带队老师的入园门票，对学龄前儿童，每一个儿童可免费接待一名家长或监护人；军人或武警官兵（含退休、残疾军人）凭有效证件免费入园；持革命伤残军人证的伤残军人持残疾证的残疾人可免费入园；残疾人持残疾证享受免费入园；持有社会保障金领取证的人员可购买优惠门票。（注：上述优惠办法不含年票、月票及大型活动的门票。）

（李腾飞）

【中心组织填写调查问卷】 10月31日，由市公园管理中心服务管理处和园博馆组织，各公园积极配合，进行了课题专项调查研究工作，调查方式为发放填写调查问卷，共设置14道题目，内容包括基本信息、商品经营、特色旅游商品、门票等。此次调查共在11个公园和园博馆对600名游客发放填写了调查问卷。这次调查是服务处和园博馆承担本年度相关课题组成部分，对于找出市属公园相关工作的规律将起到积极的作用。

（中心服务处）

【香山公园多渠道公示年票限时政策】 11月1日，就年票限时问题详细做出说明：第27届香山红叶观赏季于10月15日开幕，为缓解游人高峰，保障广大游客游览安全和景观观赏效果，根据《北京市公园条例》及《北京市公园游览年票使用须知》等规定，香山公园红叶节期间双休日实施分流措施。公园通过多种渠道将年票限时使用政策进行公示，内容包括9月7日，在公园东门、北门显著位置摆放关于红叶观赏季分时段入园特别提示；9月中旬，通过《北京晚报》《北京青年报》《法制晚报》《娱乐信报》等报纸，向广大游客做出提示；10月14日，在公园官方微博、官方网站发布《香山公园红叶观赏季温馨提示》；10月16日，在公园官方网站再次发布，将公园开放时间、红叶观赏季期间周末年、季、月票及北京市老年优待卡使用时间进行详细发布。公园同时要求职工耐心做好相关解释工作。

（香山公园）

【市属公园接待游人情况统计】 11月3日，1～10月市属公园共接待游人8644万人次，同比减少61万人次，减幅为0.70%。其中，购票游人3790万人次，同比增加114万人次，增幅为3.09%；免票游人2663万人次，同比减少89万人次，减幅为3.23%，其中65岁以上免票游人1272万人次，占全年免票游人的47.77%；持年、季、月票游人2191万人次，同比减少85万人次，减幅为3.75%。2015年1～10月共接待外宾205万人次，与2014年基本持平。

（中心计财处）

【中心全面开展内部控制体系建设工作】 11月3日，为贯彻落实财政部《关于印发〈行政事业单位内部控制规范〉（试行）的通知》（财会〔2012〕21号）和北京市财政局《行政事业单位内部控制规范（试行）》（京财会〔2014〕125号）要求，结合实际情况，市公园管理中心于2014年9月启动了内部控制规范实施工作，经过认真计划、详尽梳理和评估，形成了初步的设计和实施方案，最后制订了《北京市公园管理中心内部控制手册（初稿）》，并与2015年4月8日通过中心办公会审议，在中心本级试行。计财处根据中心领导要求，在总结中心本级的试点成果和实施经验的基础上，进一步在中心所属各单位全面推行内部控制规范建设，下发了《北京市公园管理中心关于开展内部控制体系建设工作的通知》（京园计发〔2015〕96号），并对各单位财务负责人、基建负责人等相关人员进行了培训和指导。

（中心计财处）

【中心配合市审计局完成审计工作】 11月3日，按市审计局统一部署完成了2014年度部门预算执行和决算草案审计、张勇主任经济责任审计。以市公园管理中心财务收支和有关经济活动的真实、合法和效益为基础，除了对中心本级进行了重点审计外，还对有关事项进行了延伸审计，抽查了园博馆、园林学校、北海公园、陶然亭公园等二级预算单位，计财处积极配合审计工作。根据《审计报告》反映的财务管理现状，中心领导高度重视，召开相关会议，研究落实整改措施。进一步加强预算执行管理和财务控制，对于《审计报告》中提出的意见，计财处召开财务科长例会对此次审计过程中发现的好的经验和存在的问题进行交流总结，对突出的问题提出整改方案并实施整改完成内部审计工作。中心成立审计工作领导小组，定期研究、部署和检查内部审计工作，听取工作汇报，审批年度审计工作计划、审计报告，督促执行审计意见和审计决定。完成中山公园园长离任经济责任审计。委托社会中介机构对中山公园园长卫正南离任经济责任履职情况进行审计。通过审计，反映出公园财务管理情况，指出存在的问题与不足，提出改进建议，促进推动公园事业科学发展。开展大额资金项目审计及绩效评价工作。根据中心领导指示，项目资金要坚持公开透明的原则，建立健全责任监督、审计制度，要遵循规范、细化的原则，中心委托社会中介机构对项目造价开展评审工作；对1000万元以上的大额项目进行全过程审计；组织、委托社会中介机构对中心500万元以上项目进行绩效目标、项目决策、项目管理等方面进行评价，对资金整体使用情况进行专家论证、绩效评价、打分并出具项目绩效报告。利用中介机构出具的审计报告和绩效报告中反映的问题，项目单位进行整改、完善，为各级领导决策提供依据。

（中心计财处）

【中心完成行政事业单位产权登记工作】 11月3日，中心所属单位成立产权登记工作领导小组，分工明确，工作积极认真。通过检查，不仅梳理了产权关系，同时也处理了一些产权不明晰的问题。通过计财处及所属单位的共同努力，2015年5月至10月底，顺利完成了事业单位及所办企业2015年度产权登记检查工作。其中事业单位16家完成2015年度产权登记年检，新增园博馆也完成了初始登记工作，至此，中心所属事业单位均符合国有资产产权登记工作标准。对于中心所属各事业单位所办企业，2015年的工作量有所加大，不仅对所属一级企业进行登记以外，还要对所属各级企业进行登记，通过本年度的工作，中心所属事业单位所办企业年检共通过27家，初始登记完成17家，较2014年有所提高。

（中心计财处）

【中心开展清理检查单位银行账户】 11月3日，根据北京市财政局《关于清理检查市级行政事业单位银行账户的通知》（京财国库〔2015〕1924号）文件精神及要求，为进一步规范市级行政事业单位银行账户，加强财政资金安全管理，针对账户设置及资金管理方面存在的问题积极落实整改，如实填报《清理检查市级行政事业单位银行账户基本情况表》和《清理检查市级行政事业单位银行账户整改落实情况表》等，计财处对所属基层单位填报的《清理检查市级行政事业单位银行账户整改落实情况表》（附清理整改账户有关情况说明）进行了复查并汇总上报市财政局。

（中心计财处）

【多部门持续加强“香山红叶季”期间秩序管理和交通管控】 11月3日，针对近期微博等媒体反映出的香山红叶季期间人多路堵、管理不到位等问题，副市长林克庆专门作出工作指示，市相关部门齐抓共管、主动应对，在强化文明游园宣传引导、号召游人错峰出行的同时，加强园区内外管理，营造良好氛围，市、区、公园三级指挥部强化作用，提高协管能力。11月7～8日，市政府办公厅副秘书长赵根武到市指挥部检查督导红叶季综合指挥工作，督促各单位落实领导指示、持续加强职能管控；香山公园持续强化游园秩序和园容环境管理，组织280人分为6个区进行网格化不间断巡查，7日、8日两天共制止吸烟、攀爬树木、摘折红叶枝739人次，查抄游商、打击黑导游78人次，清理垃圾40余吨；交管部门加强交通管控力量投入，在香泉环岛开通现场指挥所，领导靠前指挥，增加30%警力，在五环路码放锥桶1500米，协调公交调整站点，采取部分路段实行单向行驶、对重点路段适时分流等措施缓解交通压力；城管、治安等部门加大执法力度，出动16个执法队，安排执法人员167人次，执法车辆50台次，保安特勤人员150人次，规范门前三包单位102家，劝离流动经营商贩70起，对18处重点路口分工盯守，保障园外综合环境秩序良好。区消防支队上勤30人次、2部消防车、2辆消防摩托车加强巡视；香山公园加强文明游园宣传引导，印制

“香山畅游卡”和文明游园贴纸共2万份，在客服中心、主要景区向游客免费发放；双休日在门区及主要节点安排50名大学生志愿者，劝导游客文明游园，进行安全疏导；利用官网、微博、微信等网络媒体平台，累计发布文明游园引导提示及信息20篇。各大新闻媒体、各高速路进京收费站对香山区域提前进行交通提示，建议市民避开高峰，前往其他景区观赏红叶。周末两天（10月31日、11月1日），游客数量较上周末有所下降，重点景区人流聚集程度减轻，舒适度相对良好，索道运营正常，游览秩序良好。

（中心办公室）

【园中园票价管理专题工作会】 11月4日，市公园管理中心组织召开园中园票价管理专题工作会，会议由中心主任助理、服务管理处处长王鹏训主持。会议通报了10月份国家发改委物价检查组对中心所属4家公园检查的情况。会议要求：园中园票价也要实行优惠政策；联票价格要低于各景点票价之和。以上优惠措施要完整公示，所有整改措施在2015年11月5日前执行到位。优惠政策执行之后，园中园可能会出现游人量增大的情况，各公园要采取相应的疏导措施，避免出现安全事故。相关处室目前正在测算园中园执行优惠政策后景区收入变化情况，以争取财政支持，各单位要认真协助；在整改过程中有疑问，可以随时联系服务管理处和计财处。各单位在政策执行和整改的过程中，做好相应的工作记录。颐和园、天坛公园、北海公园、香山公园、中山公园、植物园、动物园等七家有园中园的单位相关领导及科室人员共计20余人参加了会议。

（李　艳）

【中山公园落实园中园门票政策】 11月4日，领导班子召开专项工作会议，传达北京市发展改革委员会《关于进一步加强本市景区门票价格管理工作的通知》要求及相关会议精神，布置工作任务，要求任务完成精确到小时。抽调人员采用加盖半价票印章的方式，为门区、唐花坞、蕙芳园准备半价票。及时向税务部门申印相关票种。11月5日，园中园门票政策正式实施。更换门区售票处、唐花坞及蕙芳园售票处票价牌示、《中山公园门票优惠减免规定》公示。组织售检票人员学习相关文件精神并开展专项检查。

（刘倩竹）

【香山公园迅速落实票价整改措施】 11月4日，根据北京市发展和改革委员会下发的《北京市发展和改革委员会关于进一步加强本市景区门票价格管理工作的通知》中“景区包括园中园在内的各类门票价格应严格执行法律法规及国家和本市关于未成年人、学生、现役军人、老年人、残疾人、信教群众等的各项票价优惠规定，不得为方便操作缩减优惠范围，降低优惠标准”的相关要求。公园领导高度重视，由主管副园长召集相关部门召开紧急会议，传达通知精神，迅速落实票价整改措施：碧云寺园中园自11月5日起销售半价票；准确核实门票各项优惠及减免政策，向社会公布；将东门、北门、西北门、碧云寺、游客服务中心各处共计9块购票须知牌示统一更换，执行新的优惠及减免政策；票务管理部门及时将最新购票须知及优惠减免政策发放至相关部门；更换东、北门LED购票须知；更新香山公园官网中涉及相关内容；宣传部门要密切关注媒体动向，做好应对准备；保卫部门要密切关注碧云寺园中园客流量，加强日常巡视，制定安保措施，确保全国重点文物保护单位和游客的安全；非紧急救助站工作人员要熟悉购票须知相关内容，做好来电来访游客咨询的解答；碧云寺园中园工作人员要搞好服务、加强对文物及展品的管理；做好相关数据统计，为日后调研提供科学依据。

（李　艳）

【北京植物园明确门票优惠减免规定】 11月4日，植物园贯彻落实中心关于加强市属公园票价管理工作会议的精神。传达了市发改委《关于进一步加强本市景区门票价格管理工作的通知》及中心会议精神，进一步明确了植物园门票优惠减免规定。对11月5日开始执行园中园票价减免的工作进行了详细的布置。保证园中园销售半价优惠票及各种优惠工作顺利进行，同时制作并更换了票价及门票优惠减免规定公示牌。

（石　鑫）

【玉渊潭公园召开景观提升改造专家论证会】 11月4日，玉渊潭公园召开留春园、远香园绿地景观提升改造一期专家论证会。邀请园林专家耿刘同、张济和、檀馨、施红实地探勘了留春园、远香园景区，听取并讨论了留春园、远香园景区规划设计方案。专家组原则同意设计方案，并提出建议。中心综合处有关人员参加会议。

（王智源）

【张勇主任召开票价工作会议】 11月5日，为进一步落实《关于进一步加强本市景区门票价格管理工作的通知》精神，市公园管理中心召开票价工作会议。中心主任张勇、副主任王忠海到会，各处室处长、各公园行政一把手参加会议。会议强调：要从讲政治的高度重视票价工作，要加强调研，实施动态监控，合理控制人流量。增加安保力量，做好应对大流量客流的准备。要全面梳理各项工作，举一反三，引以为戒，做好整改工作。此次票价调整涉及中心7家公园，各单位行动迅速，第一时间将调整工作落实到位。

（李　艳）

【中心所属各公园迅速应对突发雨雪天气】 11月5日，市公园管理中心所属各公园迅速应对突发雨雪天气，保障公园平稳运行，确保市民游客游园安全。针对11月5日夜间至6日上午的突发雨雪天气，市公园管理中心立即启动应急预案，切实做好雨雪天气防范应对工作，保障公园安全和游客市民顺畅游览。对门区广场、古建房屋、文物库房、树木、山体险段等部位全面检查，采取加固防范措施，防止树木断枝、倒伏伤及游人。颐和园等11个历史名园和中国园林博物馆总体情况良好，未发现古建、古树损失情况；香山公园对倒伏的近1000平方米竹子、被积雪压折枝干的1棵雪柳、2棵国槐进行了及时处理。采取雪中扫雪、雪中清路的措施迅速清理公园门区、主要道路、重点景区的积雪、积水及道路结冰，同时擦拭路椅、栏杆，通过采取加设防滑垫、设置警示标志牌等措施，确保游人安全。做好恶劣天气下游客非紧急救助服务工作，准备好急救药品，为游客提供搀扶和雪后防滑注意事项提示服务，利用公园广播系统、门区及游客服务中心显示屏循环播放“路面湿滑，请注意安全”温馨提示。香山公园临时性封闭4条非主要上山湿滑路段，在门区设立“雪后登山提示牌”，播报安全提示广播，劝阻游客雪中登山。园博馆于入口处摆放自动伞套机，为游客免费提供伞套。做好各类植物的防寒防冻、修剪等保护工作，采用工具进行人工清除较大树冠、竹林上存留积雪，避免植物损伤，确保公园绿化景观。加强应急值守及信息报送。严格落实值班制度，坚守岗位，出现灾情或突发事件立即处置。

（中心办公室）

【香山公园召开钟鼓复原工作会议】 11月6日，香山公园召开香山寺钟鼓楼钟、鼓复原实施方案汇报会。会上，专家及领导听取了香山寺钟鼓楼钟、鼓复原实施方案提出建议。孔庙国子监管理处原主任马法柱、北京大钟寺博物馆研究员夏明明、北京建筑大学教授李沙、北京东方润通文化发展有限公司总经理高广旭、香山公园园长钱进朝、党委书记马文香参加会议。

（高云昆　李　博）

【中心完成“2015年市政府第26项重要民生实事项目”】 11月6日，天坛北神厨北宰牲亭文物展正式对游客开放，至此，北京市公园管理中心所承担的“2015年市政府第26项重要民生实事项目”十项展览已全部向社会亮相，取得良好社会效益。十项主题文化展览分为“红色教育、历史文化、文物实物、公园园史”四类，其中颐和园益寿堂“寻访中国共产党‘进京赶考’之路”主题展、陶然亭慈悲庵革命史迹展为红色革命史迹展览；北海碧海楼皇家邮驿展、景山绮望楼历史文化展、陶然亭“中国亭文化”展为历史文化类展览；天坛北神厨北宰牲亭文物展、香山致远斋韵琴斋原状恢复展、陶然亭云绘楼清音阁陈设展为文物实物展；北京动物园畅观楼园史展、陶然亭对公众开放60周年园史展为园史文化展。十项展览位于上述历史名园中的10处古建院落，面积近6000平方米，均为首次向公众开放，开放至今已接待市民游客近65万人，受到广泛好评和欢迎。

（中心办公室）

【中心进行票价情况检查】 11月9～13日，市公园管理中心服务管理处根据市发改委京发改〔2015〕2456号文件和11月9日中心下发《关于进一步落实公园优惠政策的通知》（京园服发〔2015〕293号）要求，对相关公园门区及园中园票价情况进行暗查，包括颐和园新建宫门、东宫门、北宫门、文昌院；天坛公园东门、祈年殿景区；北海南门、团城；中山公园东、南、西门、唐花坞惠芳园景区；动物园南门、熊猫馆；香山公园东门、北门、碧云寺；北京植物园西南门、大温室等。总体情况良好，各公园门区及园中园都更换了新的牌示，职工对新的优惠政策理解清晰，解释到位。但在检查中也发现公示信息不完整、优惠措施缺项、游客排队、存在倒票现象等问题，根据这些情况，服务管理处于11月13日下午召开会议部署落实，各公园高度重视，于11月14日前落实完毕。

（李　艳）

【园林学校接受“国家改革发展示范校项目建设”省级验收】 11月10日，根据《教育部办公厅、人力资源社会保障部办公厅、财政部办公厅关于开展国家中等职业教育改革发展示范学校建设计划第三批项目学校验收工作的通知》等文件精神，市园林学校接受由市教委、市人力社保局、市财政局联合成立的国家中等职业教育改革发展示范校验收工作领导小组的检查。领导小组一行26人，由市教委职业教育与成人教育处处长王东江带队，中心总工程师李炜民、组织人事处副处长徐刚代表学校上级主管单位和校级领导班子一起迎接专家组的检查验收。汇报会上，校长赖娜娜向专家组汇报了园林学校国家示范校建设项目的完成情况。专家组还听取了重点建设专业园林绿化专业负责人马垣老师和特色项目美育系统负责人田叔分老师的汇报。汇报会结束后，专家组查看了学校建设的有关材料并实地考察了重点专业的校内实训基地和理论实践一体化实训室。

（赵乐乐）

【“测土配方施肥在北海公园绿地中的研究与应用”课题通过验收】 11月10日，北海公园“测土配方施肥在北海公园绿地中的研究与应用”课题通过验收。该课题完成了对独本菊、牡丹、早熟禾、苔草4种园林植物的土壤在不同生态环境和试验处理条件下的pH值、含盐量、含水量及氮、磷、钾含量等数据的测量，并通过总结分析得到4种植物在公园绿地中的最佳施肥时期、肥料种类及施肥量，并据此制订了施肥养护方案，提升了北海公园绿化养护精准化水平。受中心委托，北海公园邀请专家对该课题进行验收，专家组在听取汇报、审阅资料后，经讨论一致同意通过验收。

（汪　汐）

【玉渊潭公园召开东湖湿地公园专家论证会】 11月11日，玉渊潭公园召开玉渊潭东湖湿地公园专家论证会，加快推进行政程序申报工作。邀请中国林科院湿地所研究员崔丽娟、北京林业大学教授崔国发、国家林业局调查规划设计院教授级高级工程师黄桂林、中国林科院湿地研究所副研究员张曼胤、北京林业大学教授鲍伟东组成专家组进行实地考察，认真审阅了规划文本，并听取公园的汇报和规划编制单位的介绍。专家组在充分质询和讨论的基础上原则同意该总体规划，建议根据专家意见对规划文本进一步修改完善，组织专家评审后报批。市园林绿化局野生动植物保护处处长刘润泽、专家黄三祥，中心办公室主任齐志坚、中心综合处副处长朱英姿，公园园长祝玮、党委书记赵康，副园长鲁勇、刘军、党委副书记吕文军出席专家论证会。

（王智源）

【中心召开第三次服务管理工作经验交流会】 11月13日，市公园管理中心召开了第三次管理工作经验交流会，中心副主任王忠海参加会议。会议分别由中心主任助理、服务管理处处长王鹏训和副处长贺然主持。会议邀请北京市园林绿化局风景区处处长张亚红和北京市风景园林学会秘书长徐佳分别介绍了北京公园精细化管理实践的做法与经验和公园文化活动创意相关内容。11家公园和园博馆分别就科学规范管理、群众文化活动举、园容保洁、服务设施及票务管理、服务保障重大活动等方面做了汇报和交流。

（李　艳）

【中心组织召开服务管理工作经验交流会】 11月13～27日，市公园管理中心分三次分别组织召开服务管理工作经验交流会。会议由中心主任助理、服务管理处处长王鹏训主持，中心副主任王忠海参加会议。会上通报了近期对相关公园票价执行的检查情况，市园林绿化局公园风景区处处长张亚红介绍了北京公园精细化管理实践的做法与经验；会上，颐和园、景山公园、植物园、紫竹院公园、玉渊潭公园和动物园6个单位分别就园容保洁社会化情况、服务民生设施改造、提升服务管理水平，以及举办民族舞大赛的做法经验、营造浓郁冰雪体育氛围等情况进行了汇报交流，中心主任助理、服务处处长王鹏训进行了小结。会议指出中心连续举办三期服务管理工作经验交流会，有12家单位分别做了汇报交流，内容新颖，紧贴实际，有利于成果交流转化。中心近期将组织召开十项展览展陈现场会，各相关单位要提前做好准备。中心服务处、各单位相关人员共70余人参加会议。

（李　艳）

【陶然亭公园开展专项离任审计检查】 11月16日，公园党委对部分科、队长岗位进行了工作调整，按照审计工作“离必审、审必严、错必纠”的要求，公园审计小组对2名科长、2名队长进行了专项离任干部经济责任审计。审计小组采取就地审计的形式，通过访谈、抽检等方式对任期内执行财务规定、行业制度建设、队留基金使用及固定资产管理等情况进行了检查，对检查过程中发现的一些具体问题提出了意见和建议。公园纪委对此次审计检查进行全程监督。通过审计加强了科、队级干部的管理，提高了制度执行力。

（刘彩丽）

【玉渊潭公园开展“小金库”专项检查工作】 11月16日，公园围绕是否按规定做到账实相符、是否存放私人物品、是否单据保存完整等内容进行了突击检查，对存在的问题进行了现场纠正改进；公园立足于今后对各部门有可能出现的问题进行了宣传提醒；提出各部门都要高度重视中央相关规定，执行严格的财务管理制度，依章办事，在法律允许的范围内活动，避免违规、违纪、违法现象发生，从根本上杜绝私存“小金库”的现象发生。党委副书记、纪委书记吕文军、财务、纪检部门负责同志及相关工作人员参加检查。

（中心纪检监察处）

【香山公园强化对出差活动的监督提醒】 11月16日，依据年中查找的风险点和制定的防范措施，公园加强对近期四批次因公出差人员的监督提醒：一是提前制订出差计划，明确主题、内容、人员、时间、地点等，确保出差人员少而精，参加的公务活动与公园工作息息相关。二是严格落实“三重一大”制度，相关情况经办公会决议通过。三是强化内控管理的运用，明确邀请函、住宿餐饮、经费支付等环节和流程，严格执行财经纪律。四是由党委副书记、纪委书记孙齐炜与出差人员进行谈话教育，提醒在前。五是创新制定《香山公园领导干部因公出差出访约定书》，实行签字背书。六是按照干部管理权限，认真落实领导干部外出报备，一级对一级负责。七是强化学习体会，强化问题导向，明确出差活动结束后提交学习体会汇报的时限，达到学有所得、学有所思、学以致用的目标。

（刘彩丽）

【景山公园规范票务服务】 11月16日，为规范票务服务，减少服务纠纷与投诉，公园积极采取措施，加强票务管理。服务队领导于11月16日召开票务班长及售票员会议，要求售票员严格落实票价政策，按规定优惠及免票政策售票；服务队对各门区票价电子显示屏进行了检查，确保明示票种、票价和相关优惠及免票政策，并要求票务人员熟知相关优惠及免票政策；要求各门区不得随意手写票价或通告等内容，如确需制作相关牌示，由主管部门统一制作，确保牌示美观实用；要求票务人员在旅游淡季，仍需坚持规范服务，力争圆满完成全年任务；各班合理排班，确保人力充足，减少游客购票排队等候时间；管理科在门区显著位置放置固定票价优惠公示。

（中心服务处）

【国家标准《公园服务基本要求》专题讨论会】 11月25日，市公园管理中心召开专题会议，讨论国家标准《公园服务基本要求》（征求意见稿）。会议由服务处副处长贺然主持，中心副主任王忠海、园科院负责标准编制的人员以及11家市属公园管理科长参加了此次会议。《公园服务基本要求》是一项国家标准，根据国家标准化管理委员会《关于下达2013年第二批国家标准制修订计划的通知》（国标委综合〔2013〕90号），由中心等单位负责编制。具体编制工作由园科院负责，编制组成员包括中心、园科院、中国公园协会、北京公园协会、北京市多家市属公园和上海、西安、沈阳、厦门等地的公园管理机构。北京市公园管理中心所属单位有颐和园、天坛公园、北京植物园和动物园。由园科院姚世才简要介绍了《公园服务基本要求》编制的背景和过程。编写组许超对标准编制的依据、标准、内容等编制情况进行了汇报。各单位管理科长结合工作实际，在征求园内其他岗位意见的基础上，对本文提出了意见和建议。王忠海对标准编制提出要求。

（李　艳）

【市文物局到北海公园检查工作】 11月25日，北京市文物局文物监察执法队到北海公园检查古建安全工作。主要检查了团城、画舫斋、仿膳等景区，提出：要严格依照《文物保护法》等相关法律法规对文物古建进行管理使用；加强日常人员、用电的安全管理，加大巡查力度，确保文物古建安全；完善应急预案，加强消防演练并及时清理古建周边易燃杂物；加大对游人乱写乱画的整治力度，保护古建外观完好。

（汪　汐）

【颐和园管理处完成搬迁】 11月25日，颐和园管理处搬迁至“清外务部公所”和“园博馆筹建办”办公区，地址变更为宫门前街甲23号。其中，“清外务部公所”使用面积620平方米，“园博馆筹建办”使用面积316.4平方米。颐和园管理处原办公楼（又称听鹂馆“小白楼”）共四层，地址为新建宫门路19号，占地面积787.3平方米，建筑面积为2537.8平方米，使用面积为2276平方米，建造于1992年。1993年1月，听鹂馆饭庄正式由北京市饮食服务总公司划归颐和园管理处。1994年9月12日，颐和园管理处租用听鹂馆“小白楼”，租期为30年，租金900万元，共分10年付清。1995年3月27日，听鹂馆取得“小白楼”产权证。1998年9月，颐和园管理处搬迁至“小白楼”办公。由于目前听鹂馆饭庄经营困难，且未来听鹂馆将面临整体修缮，颐和园将“小白楼”腾退并交还听鹂馆对外出租，租金可弥补听鹂馆部分经营损失。此外管理处搬至“小白楼”已将近20年，楼内装修及办公设施等较为破旧，不足以满足未来的办公需求，且办公楼距离主游览区、主要门区较远，给工作带来不便。颐和园清外务部公所于2007～2009年进行整体修缮，2009年10月投入使用，功能为游客服务中心，由于地处东宫门广场外，服务功能得不到发挥，公园将游客服务中心具体服务职能分解到主要游览区及各门区，并拟在西门重新建立游客服务中心。12月31日，颐和园管理处原办公楼完成整体封闭工作。

（张　斌　林广媛　鞠小锋）

【天坛公园做好门票价格整改工作】 11月30日，按照市发改委和市公园管理中心关于门票价格相关文件的指示精神，天坛公园园长李高、党委书记夏君波、副园长王颖主持召开相关整改工作落实会议。

（李　艳）

【中心召开绩效管理评估述职考核汇报会议】 12月2日，市公园管理中心召开2015年度绩效管理评估述职考核汇报会议。会上，中心15家所属单位、12个机关处室围绕2015年履职情况、服务效果、工作创新、2016年工作计划等方面进行汇报，根据述职情况结合全年工作完成情况开展领导考评和单位互评。中心主任张勇、中心党委书记郑西平讲话。中心领导、基层劳模代表、各单位行政主要领导、各处室部门负责人参加会议。

（候　磊）

【北海公园开展鸟类疫源疫病检测工作】 12月2日，北海公园配合市园林绿化局野生动物保护中心开展鸟类疫源疫病检测工作。保护中心工作人员采集了北海公园东大山、北小山两个鸟类集中地域的鸟类粪便样本120份，样本分析数据将为全市鸟类疫源疫病监测工作提供重要依据。

（汪　汐）

【北京动物园获首都生态文明宣传教育基地建设工作嘉奖】 12月3日，北京动物园获“首都生态文明宣传教育基地”宣教活动奖励基金：2015年，北京动物园继续坚持生态建园，以“教育与保护并举、安全与服务并重”为工作理念，面向学校及公众开展科普宣传教育活动。同时在技术层面和资金层面加大投入，不断创新，提高工作中的科技含量，共完成宣传教育工作20余项，将工作落实到了实处，继承发扬首都生态文明宣传教育的工作使命。由于全年工作落实到位，效果显著，年底获北京市首都绿化委员会颁发的宣传教育活动奖励基金10万元。

（齐　诺）

【北海公园获北京市第四届手语风采大赛二等奖】 12月3日，北海公园在北京市“安利杯”第四届手语风采大赛中获得团体比赛二等奖及社会系统二等奖。经过3个月的筹备训练，公园自编自演的手语情景剧《古今北海情》从全市47支参赛队伍中脱颖而出，荣获大赛总排名二等奖及社会团体组排名二等奖的好成绩，获得各级领导的认可及好评。

（李　艳）

【颐和园益寿堂展览经验交流会】 12月7日，北京市公园管理中心主任张勇带队，到颐和园参加益寿堂主题展览经验交流现场会。益寿堂“古都春晓——寻访中国共产党‘进京赶考’之路”主题展览，是北京市公园管理中心年度十项重要展览和北京市2015年29项重要民生实事之一，展陈理念、展览形式、展出内容等均受到中心领导、主责部门的高度重视和督办落实。

（赵　冉）

【中心严格规范因公出国（境）工作】 12月7日，市公园管理中心强机制、重审批，严格规范因公出国（境）工作。为进一步严格中心因公出国（境）管理，提高具体工作操作的科学性、严谨度，根据中央及北京市关于严肃外事纪律加强因公出国（境）管理等方面的要求，中心进一步加强了因公出国（境）工作的程序管理，提高了出访人员财务纪律性的审查力度，确保各环节衔接严谨、信息通畅，形成了环环相扣、互相监督的工作机制。

（孙海洋）

【中心举行十项展览现场验收及交流总结会】 12月7日，市公园管理中心对今年承办的10项展览进行现场验收并召开交流总结会。由主任张勇带队，中心副主任王忠海、高大伟、中心相关处室负责人、11家公园园长及园博馆负责人一行20余人参加了此次现场会。参会人员对7家公园的10项展览进行实地检查，现场检查结束后，进行了项目总结。由服务管理处处长王鹏训介绍了各公园展览的特点和亮点，以及中心在推进十项展览项目过程中的经验和做法。副主任王忠海、高大伟对10项展览的各项工作、展览效果以及对中心文化建设方面的意义给予了肯定。

（李　艳）

【颐和园制订极端天气防护用品使用管理规定】 12月7日，颐和园制订《颐和园极端雾霾天气防护用品（口罩）使用管理规定》。规定包括：防护用品使用条件、范围、方式、管理等事项。

（杜继超）

【中心两个良种中试基地获经费支持】 12月8日，市公园管理中心两个良种中试基地获北京园林绿化增彩延绿科技创新工程经费支持。北京市园林科学研究院“彩色植物中试及基地建设”和北京市植物园“常绿植物中试及基地建设”获得“北京园林绿化增彩延绿科技创新工程——品种研发及栽培技术推广项目”资金支持。目前该项目已完成招投标工作，实施后将进一步促进中心两个增彩延绿良种中试基地的建设。

（中心科技处）

【中心对北海公园开展专项检查】 12月8日，市公园管理中心党风廉政建设责任制检查组到北海公园开展专项检查。中心副主任高大伟带领第三检查组的6名成员，检查了北海公园党委履行主体责任情况和纪委履行监督责任情况，听取了履行“两个责任”的专题汇报，并与处级领导干部个别谈话，查看文档资料及财务账目，实地走访了琼华岛队党支部。北海公园全体班子成员、纪委委员和迎检小组成员全程参与。

（汪　汐）

【香山公园召开道路系统规划专家论证会】 12月10日，香山公园召开道路系统规划专家论证会。会上，北京清润国际建筑设计研究有限公司设计人员就道路系统规划方案进行汇报，与会专家给予充分肯定并提出建议。颐和园原总工程师、市公园管理中心顾问耿刘同，综合处副处长、高级工程师朱英姿，北京林业大学园林学院副教授薛晓飞，北方工业大学副教授傅凡出席会议。

（高云昆　李　博）

【中心因公出国（境）工作培训会】　12月11日，市公园管理中心外事工作协调小组召开因公出国(境)工作培训会。由中心外事专办员讲解上级和中心因公出国(境)相关管理规定、中心外事工作组织机构和出访任务具体工作流程；中心计财处处长王明力从出访经费预算与执行规定、支票领用审批制度、出访结算工作规定三个方面进行解说，提出工作要求；纪检监察处处长李书民从加强出访工作纪律、完善制度严格把关审批、严格规范出国出访流程管理堵塞漏洞、纪检部门参与出国出访审核把关等方面进行了强调；组织人事处相关人员从因公、因私出国（境）政审备案流程和领导干部离京管理等项工作进行了说明，提出具体要求；中心办公室主任齐志坚对因公出访工作进行了综合强调要求。中心外事工作协调小组成员处室负责人及各单位外事主管领导、外事负责部门联络员、财务人员共45人参加会议。

（孙海洋）

【园林学校接受市政府教育督导室德育专项督导】　12月14日，学校接受市政府教育督导室德育专项督导。督导组一行6人，由市政府教育督导室副主任冯义国带队，学校领导班子成员及相关科室负责人陪同。首先，校长赖娜娜作学校德育专项督导自评报告。冯义国主任在汇报后提出建议。汇报结束后，督导组按照中等职业学校德育工作专项督导评价体系开展评估，分别进行德育课、专业课听课，查阅资料，开展教师、学生、企业座谈会，参观学生德育作品和考察德育环境。

（赵乐乐）

【香港花展方案征集活动专家会】　12月15日，市公园管理中心召开2016年香港花展方案征集活动专家会。会议由综合处组织，中心副主任高大伟出席，邀请资深专家刘英及中心科技处、服务处负责人对征集方案进行点评，提出意见或建议。会议共收到12家单位的17个参展方案，在听取相关汇报后，与会人员认为，此次方案征集活动具有创新性，意义重大，在充分发挥基层技术人员积极性的同时，提高了花坛的设计水平。会议在方案中评选出一等奖3名、二等奖5名、优秀奖9名，并将对相对较好的设计方案进行深化研究，在2016年香港花展中进行展示。

（综合处）

【2016公园年票开始发售】　12月15日，2016年北京市公园年票开始发售。截止到12月29日，共计发售599412张，与上年同期相比减少114521张（其中50元票121033张，与去年同期相比减少48328张；100元票453220张，与去年同期相比减少65668张；200元票25159张，与去年同期相比减少525张）。年票发售15天来，各公园领导和一线干部职工认真执行年票发售的各项规定，耐心解答游客问题，热情为购票游客服务。中山公园为方便游客购买年票，将年票售票点调整到公园西门，颐和园、动物园、玉渊潭等公园为方便游客购买，增加年票销售引导牌示，天坛、北海、中山、景山、陶然亭、紫竹院、

香山、北植等公园还在售票地点为游客提供了热水、小药箱等多种便民措施。中心服务管理处检查了市属公园及双秀公园各年票发售点的发售工作，目前各销售点秩序井然，情况良好。

（中心服务处）

【中心文创工作专题会】 12月16日，市公园管理中心召开文创工作专题会，会议由王忠海副主任主持，主任张勇，办公室、服务处、计财处、颐和园、天坛公园、北海公园、香山公园、园博馆主要负责同志参加。服务管理处和园博馆有关领导进行了发言，各与会人员进行了讨论。张勇对2016年重点工作进行了强调。张勇对中心的商业和文创工作提出了具体要求。

（李　艳）

【《动物园术语标准》批准为行业标准】 12月16日，国家工程建设标准化信息网公告“中华人民共和国住房和城乡建设部公告”第984号：“现批准《动物园术语标准》为行业标准，编号为CJJ/T240—2015，自2016年5月1日起实施。本标准由我部标准定额研究所组织中国建筑工业出版社出版发行。住房和城乡建设部2015年11月30日。”北京动物园为该标准的主编单位，历时两年组织研究编制工作，经上网征求意见、定向征求意见，专家评审，初稿、修改稿、送审稿、报批稿等相关程序，完成部颁标准项目。

（杜静静）

【中心被评为全国安全文化建设标杆单位】 12月19日，国家安监总局安全文化课题组、中国企业文化研究会联合召开了“深入贯彻落实《安全生产法》暨2015年全国安全文化建设推进会”，会上发布了《中国企业安全文化模式课题研究及创新示范活动的表彰决定》，市公园管理中心被评为全国安全文化建设标杆单位，安全应急处处长史建平代表中心领取了获奖证书及奖牌。

（中心安全应急处）

【中心四项举措加强内部审计工作管理】 12月21日，市公园管理中心四项举措加强内部审计工作管理。建立内部审计组织机制，成立审计工作领导小组，建立内部审计工作联席会议制度，中心及所属单位建立独立内审部门或配备专职内审人员，确保内审工作健康有效进行；完善内部审计工作制度，各单位制定内部管理制度办法，委托社会审计机构进行内审工作；明确内部审计工作重点，要求各单位开展财务收支、固定资产投资项目及经济活动情况审计；加大单位负责人离任和任职中经济责任审计力度；开展大额资金绩效评价审计；检查内部控制制度执行情况，进行内部控制制度指标评价；强化内部审计队伍建设，加强人员职业素质教育，鼓励支持内审人员参加各类专业知识技能培训，提高业务水平和能力。

（中心计财处）

【“增彩延绿良种基地建设”工作务虚会】 12月22日，市公园管理中心召开2016年“增彩延绿良种基地建设”工作务虚会。市园林科学研究院与北京植物园分别从新优植物的选育、扩繁以及中试基地的建设和示范等方面汇报2016年“增彩延绿”工作计划。中心总工程师李炜民肯定两个基地建设工作，分析当前工作形势，提出要求。中心科技处、植物园、园科院主要领导及相关人员参加会议。

（中心科技处）

【山西省物价局到天坛公园检查】 12月23日，根据国家发改委开展的重点景区交叉检查的要求，山西省物价局王太平、柴飞、魏津生等一行8人到天坛公园检查，园长李高就公园门票价格情况进行汇报，检查组到门区、景区、停车场等处，对票价、优惠政策等公示情况进行检查。对2012～2014年财务报表、统计报表、执行的价格等29份文，进行文档查阅和调查取证。

（于 戈）

【中心召开部门决算工作布置会】 12月24日，市公园管理中心召开部门决算工作布置会。会上，中心计财处将2016年部门预算情况和2015年决算工作对各单位进行了任务下达、布置及讲解，要求做好决算前各项准备工作，完善内控制度建设。中心副主任王忠海对2015年财务工作表示肯定，并在严守工作纪律、立足岗位钻研业务、强化经济效益等方面提出要求。中心计财处、各单位财务人员参加会议。

（中心计财处）

【北海公园冰场通过验收】 12月25日，北海公园冰场通过验收，冰场将于2016年1月1日正式开放。本次冰场活动占地7.5万平方米，共设置3个区域，包括传统冰车、冰上雪橇、滑梯等10余个娱乐项目。配备各类冰车400余辆、冰鞋300双、冰上自行车100辆。为提升活动氛围，于冰场周边布置龙旗及奥运冰雪知识宣传展板。冰场活动拟于2月4日结束。

（汪 汐）

【中国城市规划设计研究院、公园绿地协会调研《北京绿地系统规划》修编事宜】 12月25日，中国城市规划设计研究院及公园绿地协会一行4人就《北京绿地系统规划》修编工作到天坛公园开展调研。实地调研公园门区、582电台、神乐署周边及天坛公园周边单位迁建和社区腾退进展情况。双方就近年来总体规划、城市建设以及区域发展与公园发展之间的关系开展交流，重点讨论了公园年游客量、游客构成、公园管理、文物保护、绿化养护、经营收入、占地单位迁建及居民腾退、规划思路及保护措施。

（吴晶巍）

【中心党员领导干部会】 12月29日，中心召开党员领导干部会，迅速传达市委十一届九次全会精神和市纪委决定。会上，中心纪委书记程海军传达市纪委文件，通报2015年中心党风廉政建设责任制检查情况，并就2016年元旦、春节期间廉洁自律工作提出要求。中心主任张勇传达市委十一届九次全会精神，就市委常委会工作报告、全市经济社会发展工作报告和郭金龙书记重要讲话精神进行详细传达学习，围绕中心年度总结计划的起草，要求各单位认真总结梳理2015年工作，谋划新年发展，统一思想，凝心聚力，实现2016年工作开门红。随后，张勇主任就2016年元旦、春节工作进行部署。中心党委书记郑西平提出要求。会议由中心副书记杨月主持，中心副主任王忠海、高大伟，中心各部门负责人、各单位党政主要领导及纪检工作负责人参加会议。

（办公室）

【北京动物园促成天皓成服装批发市场转型摘

牌】 12月31日，在西城区政府、市公园管理中心领导的指导、协调下，北京动物园积极运作，经多轮洽商谈判，北京园林房地产经营开发公司、北京快乐城堡购物中心有限公司、动物园天皓成服装商品批发市场（简称天皓成服装市场）和宝蓝物业服务股份有限公司于2014年12月31日在中海地产办公楼签署相关协议书，就天皓成服装市场的关停、搬迁和升级改造达成合作协议，按协议1月5日前宝蓝物业服务股份有限公司向天皓成服装市场支付相关费用并入驻，天皓成服装市场已于1月11日下午自行拆除市场商标。动物园下属北京园林房地产公司为此次天皓成服装市场业态调整让利约1600万元（第16年一年租金免收）。宝蓝物业服务股份有限公司根据天皓成服装市场升级改造合同，将约定给予天皓成服装市场2600万元经营补偿中的900万元于1月19日上午汇入天皓成服装市场账户。天皓成服装市场表示于1月20日闭市，力争在3天内退还市场商户的押金，并撤离商户。11月19日，西城区政府在区政府第二会议室举行中关村科技园西城园管委会与宝蓝物业股份有限公司入驻签约仪式，标志着天皓成服装市场升级改造工作圆满完成。

（北京动物园）

【陶然亭公园花卉市场按期撤市】 12月31日，北京陶然江亭观赏鱼花卉市场正式撤市关停。2016年1月10日，所有商户撤出市场。陶然江亭观赏鱼花卉市场位于陶然亭公园西门，于2001年9月8日开业，市场建筑面积2400平方米，使用面积1585平方米，市场职工20名，开业时商户46户。2002年12月露天市场开始营业。2003年公司成立开发部，承揽绿化工程、租摆等业务。2014年8月在陶然亭街道办事处、公园派出所、西城区城管的协助下，取消露天市场。2014年10月15日，市场首次向所有商户发放撤市公告。1月20日，经向领导请示，撤市工作延长到2015年年底。2015年12月31日，在园领导、陶然亭街道办事处、公园派出所、西城区城管、工商的协助下。通过公司领导和员工的共同努力，北京陶然江亭观赏鱼花卉市场正式撤市关停。

（马　兰）

【中心干部选拔、交流、管理、监督工作稳步推进】 年内，市公园管理中心坚持对领导班子述职、述廉、述德、“一报告两评议”制度，注重考察结果的运用，制定下发了《关于干部交流工作暂行规定》和《关于加强中青年干部培养的措施》，并切实抓好贯彻落实。年内，新提处级干部16名（正处7名、副处9名）占处级干部14.3%，交流25名（正处级7名，副处级18名）占处级干部22.3%，总计调整处级干部41名，占处级干部总数的36.6%，进一步优化了班子的年龄和文化结构。对39人核查了个人有关事项报告，批评教育13人，增强了个人有关事项报告的严肃性。完成了后备干部集中调整工作，使中心处级后备干部队伍得到完善和壮大。

（中心组织人事处）

【陶然亭公园完善国有资产购置、使用及处置制度】 年内，陶然亭公园全年新增资产209件、计259.91万元；报废固定资产119件、核减金额122.62万元；现有固定资产总值3525.27万元。在日常工作中，公园计划财务科对新购资产按照财政局资产配置标准严格把关，凡属于政府采购目录中的资产，一律严格按照采购法执行，并及时对新增、报废的固定资产录入资产动态库，确保资产信息及时准确；对于闲置资产，公园在向公园管理中心和市财政局报备的前提下，出租部分资产取得收入，一方面弥补事业收入的不足，另一方面也实现资产的保值、增值。

（徐治东）

【玉渊潭公园推进东北部景区保护性开放】 年内，玉渊潭公园全力推进东北部景区保护性开放工作。启动湿地公园申报意向，详细制订湿地申报方案，积极协调市园林绿化局野生动物保护处、方北京创新景观园林设计有限责任公司，明确湿地公园申报区域面积约35公顷（包括东北部景区和东湖区），并商谈湿地规划与城市湿地公园申报程序，推进申报工作。完成湿地规划编制工作，其中由北京增年野生动物保护中心联合北京林业大学自然保护区学院教授和北京教学植物园教授历时两周完成公园东北部景区动植物资源本底调查，汇入规划文本。规划编制文本经专家论证会审议一致通过后，公园东湖景区申报市级湿地公园的正式文本通过中心审批，并上报园林绿化局进行湿地审批的行政程序。

（王智源）

【玉渊潭公园加强固定资产管理】 年内，按照中心要求，玉渊潭公园重新修订《玉渊潭公园固定资产管理办法》，明确各部门固定资产管理职责，进一步加强固定资产购置、使用和处置的管理。每月月末与后勤部门实物管理人员进行对账，做到账账相符、账卡相符、账实相符，定期实地盘点全园固定资产，对盘盈、盘亏的资产进行相应财务处理，有效实施固定资产全过程动态监管，每月实时录入财政局资产管理动态系统，并上传每月资产情况月报表，确保国有资产保值增值、不流失。

（赵博音）

【玉渊潭公园全面实施内部控制制度】 年内，玉渊潭公园全面实施内部控制制度体系的建设。按照中心要求，委托北京大华融智管理咨询有限公司来园，调研各科、队实际情况及相关业务内容，收集、整理公园各科、队现有内控制度资料，分析待优化内控事项并适度调整、修订，编制完成《北京市玉渊潭公园管理处内控制度汇编》及《北京市玉渊潭公园管理处内部控制手册》。

（赵博音）

【玉渊潭公园开展大额项目资金绩效评价】 年内，按照财政要求，玉渊潭公园对100万元以上的项目开展资金绩效评价工作。项目包括：玉渊潭公园西北部供电改造工程、纪念活动——市属公园环境布置、玉渊潭公园万柳堂前院景区建筑工程。

（赵博音）

【玉渊潭公园完成绩效考核经济指标】 年内，玉渊潭公园事业得到长足发展，职工收入呈现较大涨幅，全年实现园林事业收入4780.62万元，完成预算的130.62%，实际增收76.98万元；园林事业支出10983.09万元，同比2014年增加1366.6万元。

（赵博音）

【玉渊潭公园完成年度绩效督查工作】 年内，玉渊潭公园完成年度绩效督查工作。圆满完成承办中心5项重点折子项目，作为年度重点跟踪督办事项，细化项目内容，科学安排工作进度和倒排计划，通过园长办公会、现场办公、科室主任例会、阶段专项检查、综合检查、各部门自查等方式对工作落实情况实施全过程监管，发现问题及时整改，确保任务按时完成。绩效整改工作取得实效，中心反馈2014年绩效反馈整改问题共性、个性10项，公园制定整改措施共计31项，全年整改完成率100%；配合完成第三方机构调查，采取职工答卷和游客现场调查的方式，对公园服务、管理、文化、建设、环境等方面进行调查，公园30名职工、100名随机拦访游客参加；上报完成创新创优工作项目，分别为：第27届樱花节、第7届农情绿意秋实展、中堤桥建设工程、申办城市湿地公园示范区项目，公园创新创优项目成果显著。

（陈洪淼）

【玉渊潭公园完成冰雪活动研究课题】 年内，玉渊潭公园完成冰雪活动研究课题。根据中心部署，为配合北京市申办2022年冬奥会工作的顺利开展，扎实推进“冰雪体育进公园”行动，公园组织专门人员，分析公园概况，总结以往冰雪活动举办经验，提出冬季文体活动场地规划建设构想，并开展资金预算，于11月底完成撰写《积极营造申冬奥群众参与冰雪体育浓郁氛围——冰雪体育进公园示范研究》报告。研究论文将收入《景观（调研成果专刊）》。

（缪　英）

【北海公园拟开放静心斋北门】 年内，为缓解门区客流压力，北海公园文化队拟于3月14日起开放静心斋北门，开放时间为9:00～16:30。

（汪　汐）

【北海公园通过旅游标准项目考核】 年内，北海公园旅游服务业标准化试点项目考核评估合格。经市质监局35号文件转发国家标准委24号文件《关于北海公园旅游服务业标准化试点等54个国家级服务业标准化试点考核评估合格的通知》，北海公园旅游服务业标准化试点项目考核评估材料和总结经审核考核评估合格。文件要求各试点单位认真总结经验，不断完善服务业标准体系，提高服务质量，更好地促进服务业健康发展。

（汪　汐）

【北海公园就扫雪铲冰工作落实责任制】 年内，北海公园各部门按要求完成扫雪铲冰工作，严格落实责任制：琼华岛队设立“小心地滑”警示标志40余块并反复清扫72级台阶、白塔平台等重点部位。游船队沿湖设置“禁止上冰”牌示80余块。商店提前部署各经营网点扫雪铲冰工作，雪后休息日组织职工到园清扫冰雪。文化队在小西天石桥等易滑处拉设警戒线、摆放提示牌，确保游人安全。

（汪　汐）

【北海公园有序开展年度考核工作】 年内，北海公园有序开展年度考核工作：成立考核委员会，根据客观公正、民主公开的原则制订考核方案；全园共506人次参加本次考核，其中管理岗位90人，专业技术岗位133人，工勤岗位283人；经考核委员会评定，本次考核获优秀等次的共101人，其中管理岗位18人，专业技术岗位26人，工勤岗位57人，评定结果现已公示。

（汪　汐）

【北海公园加快碧海楼展览筹备工作】　年内，北海公园加快推进碧海楼特色展览展示筹备，编写碧海楼规划方案，已拆除原地下室厨房设备等附属设施，改造电路，铺设地下室地面，更换门窗；与市邮电局商讨“北海皇家邮驿”特色展览展示项目，就前期投入、功能定位、运作模式等问题交换意见，同时成立工作组，强化协调对接。

（汪　汐）

【景山公园建立健全内控体系建设】　年内，为加强和规范公园内部控制，进一步提高内部管理水平和风险防范能力，加强廉政风险防控机制建设，景山公园建立以“预算管理为主线、资金管控为核心”的内控体系建设基本框架。此项工作是在对景山公园业务流程与管理制度梳理的基础之上，形成《北京市景山公园管理处内部控制手册》与《北京市景山公园管理处管理制度手册》工作成果。

（曹春娟）

【中心加强机构编制管理工作】　年内，市公园管理中心加强组织领导，完善工作机制，按月做好实名制数据月度维护工作并准确报送。为严格控制机构编制，进一步提升机构编制管理水平，从2015年开始，全面实行机构编制实名制管理。实名制数据月度维护工作从2015年1月开始。各单位按照实名制数据维护要求，准时按月报送实名制数据。按照《北京市机构编制委员会办公室关于改革我市事业单位法人证书年检制度有关事宜的通知》（京编办发〔2014〕3号）文件精神，中心及所属17家事业单位严格按照《事业单位登记管理暂行条例》的各项规定，执行法人年检报告公示管理制度，中心对基层事业单位的法人年检工作进行合法性、真实性和保密性审查，出具审查意见，集中将法人证书年度报告书报市编办进行审核及网上公示。为中山公园、陶然亭公园办理了法人变更工作。配合落实市委在全市开展培训中心腐败浪费问题专项清理整顿工作的决定，摘掉北京市园林学校加挂的“北京市园林教育培训中心”的牌子，作为培训中心腐败浪费问题专项清理整顿工作的整改措施，为北京市园林学校（北京市园林教育培训中心）更名为北京市园林学校（北京市园林教育中心），并办理法人证书变更工作。完成了培训中心整改情况调查，按要求填写调查表上报市编办。根据《关于进一步做好北京市事业单位分类工作的通知》（京编办发〔2015〕6号）精神，根据职责任务、服务对象和资源配置方式等情况，将中心未分类的公益类事业单位细分为公益一类和公益二类，并将中心未分类的14家事业单位的分类方案报送至市编办等待审批。

（中心组织人事处）

【中心完成年度人事管理工作】　年内，市公园管理中心在市人力社保局主管部门的支持下完成了中心专业技术岗位比例调整工作，中心根据现有专业技术岗位特别是高级专业技术岗位设置不能满足中心专业技术岗位发展的现状，中心积极地与市人力社保局主管部门沟通、协商，并邀请市人力社保局主管部门领导和相关人员来中心对科研院、园博馆进行了实地调研，争取对中心政策的倾斜，调整后的专业技术岗位比例改善了中心高级专业技术岗位的聘用需求；严格按照《北京市公园管理中心公开招聘工作人员暂行办法》，严把入口关，在加大管理岗位、专业技术岗位比例；减少工勤技能岗位的比例的基础上开展的公开招聘工作，并首次实行由中心统一组织管理、专技、工勤岗位的统一笔试，2015年公开招聘共有1783人报名，1108人参加考试，经过面试、考察和体检，最终录取226人；与信息中心联合开发干部人才信息资源库，完成中心干部人才信息资源库系统前期业务需求分析、软件开发建设及上线运行部署等工作。项目建成后将对录入的700余名处、科级干部和1500余名专业技术人员进行分类化人事管理；探索试行对高技能人才的考核激励机制，年初研究制定调研内容与调研提纲、调研工作安排，按计划有针对性地开展基层调研，对高技能人才现状、使用、培养情况，以及各单位考核激励机制现状等进行了基础摸底，并积极与各单位就今后实施激励机制的可行性进行了探讨。通过摸底调研，在了解基层单位现状的基础上经过认真分析、归纳、总结后，拟定了《北京市公园管理中心优秀技能人才奖励激励办法（试行）》。完成了事业单位老战士、老同志发放纪念章人员统计、新中国成立前参加革命工作享受100%退休费老工人统计、抗战胜利前（1945年9月2日）参加革命工作享受100%退休费老工人统计情况表等统计，并于8月30日完成了中心系统3名老战士的纪念章发放工作；推荐参加各类评优工作。按照市人保局职业能力建设处的要求，推荐5名同志参加第四批北京市有突出贡献的高技能人才评选表彰活动，天坛公园李文凯被推荐为参加公示人选，推荐中山公园袁承江同志参加评选全国绿化劳动模范，推荐颐和园王爽参加评选全国绿化奖章评选；完成了2014年中心职工技工等级升考、审批、上报工作，共审批本系统技工758人参加培训，并完成了对取证人员的工资兑现备案工作；完成了2015年岗位设置管理相关工作，同时完成了管理岗位七、八级，中级职称，内设机构调整的审核备案工作，截至目前共审批了7个单位12人中级专业技术岗位晋升级别的工作；认真落实完成了2015年军转干部接收安置工作，共接收军转干部4人。

（武　巍）

【信息中心完成中心远程办公网改版工作】 年内，对中心远程办公网进行了改版。根据办公网9年来在使用中发现的问题，改版的主要内容包括重写代码，以便于后期维护和修改；改变公文预览方式，便于公文格式变更后格式调整；根据史志办公室要求，增加史志年鉴电子文件查询功能。

（庄　磊）

【中心新建干部人才信息资源库系统】 年内，信息中心协助组织人事处完成中心干部人才信息资源库系统前期业务需求分析、软件开发建设及上线运行部署等工作。项目建成后将对录入的700余名处、科级干部和1500余名专业技术人员进行分类化人事管理。为今后行政职务选拔任用、民主推荐和专业技术考评、晋级提供履历数据储备，借此也完成两类人员基础资料收集整理工作。

（何　岩）

【中心计算机信息中心互联网门户网站提升工程】 年内主要完成两部分内容：一是网站改版；二是规范网站内容信息的发布机制。

新版互联网门户网站从后台管理到页面、框架、栏目和内容都经过了反复推敲和多角方面的征求意见，进行了全新升级改版，加大了公众浏览页面内容的广泛度及信息量，增加了互动功能，同时对于后台管理增添了功能，从而提高了网站管理和编辑的效率等。

（庄　磊）

【年度信息化项目申报工作完成】 年内，根据北京市对信息化建设项目申报审核工作的要求，市公园管理中心信息中心共为中心机关及直属单位审核申报信息化项目18个，分别是：中心市属公园互联网售票管理系统建设项目，金额726万元；颐和园谐趣园船坞安防项目，金额114万元；颐和园网络机房建设项目，金额49万元；颐和园信息发布系统扩容及配套工程建设项目，金额106万元；园博馆游客信息采集录入系统，金额65万元；园博馆微信微博发布管理系统升级改造项目，金额8万元；园博馆官网升级改造项目，金额14万元；园博馆教育活动现场在线互动应用系统项目，金额36万元；天坛公园北宰牲亭、北神厨展柜报警系统项目，金额47万元；天坛公园北宰牲亭、北神厨多媒体展览系统项目，金额60万元；陶然亭公园安防系统建设项目，金额896万元；中山公园网站改版项目，金额5万元；香山古树名木保护信息管理系统项目，金额150万元；园林学校核心机房升级改造项目，金额89万元；园林学校电子阅览室建设项目，金额134万元；园林学校虚拟演播室建设项目，金额200万元；园林学校校园一卡通建设项目，金额133万元；园林学校学生管理系统平台建设项目，金额144万元。为确保各单位信息化项目顺利通过评审，信息中心在项目申报前会同相关单位进行方案把关，共调整申报文本、方案设计、项目报价等50余次。项目申报后积极沟通市经信委、市信息化项目评审中心，协助申报单位进行了大量准备和协调工作，共召开各类项目方案咨询会、论证会31次，咨询专家39人次，发函11次。18个项目共涉及金额2976万元，所有项目在经信委项目评审中只核减18万元，核减率不超过0.6%。

（庄　磊）

【中心完成信息化项目申报机制修订】 年内，市公园管理中心信息中心在全系统内召开了信息化工作会，会议上下发了修订后的《信息化项目管理办法》，并对管理办法中的内容进行了逐条解读。这次修订主要针对上一版管理办法试行两年来在实际工作中发现的一些问题和不适合工作实际的条目和流程，修订后的管理办法在对申报单位信息化项目规划、信息化项目顶层设计方面加强了要求。通过解读，对之前管理办法中一些模糊、不容易理解的地方进行了说明，更加便于各单位理解、把握管理办法的要求。

（庄　磊）

【中心加强信息化安全与保障】 年内，市公园管理中心在信息安全工作方面主要完成了两项大的工作：市公安局内保局要求进行的信息系统等级保护自查工作；市经信委要求进行的信息安全自查工作。在等级保护自查工作中，信息中心对中心的5个二级信息系统进行了全面的自查，自查内容共包括5个信息系统的13个大项、32个小项、2115个自查项，内容全面而细致。该项工作由于自查覆盖面广、内容全、项目多，每一项都要认真核对之后予以记录，信息中心克服困难，历时3个月完成了这次自查任务，向市公安局内保局提交了自查数据、自查报告等材料。在信息安全自查工作中，信息中心与信息安全运维提供商协作，对中心各项信息系统、网络安全设备、服务器、操作系统、数据库等进行了细致的隐患排查工作。经排查，发现中等威胁信息安全隐患一处，低等威胁信息安全隐患两处，并及时进行了整改。经过认真的自查和整改，在市经信委组织的信息安全技术检查中没有出现任何未提，顺利通过检查。

（庄　磊）

【中心完成电子年票发售工作】 年内，市公园管理中心信息中心协助服务管理处完成新型电子年票发售工作，其中通过计算机终端票务发售系统共售出50元类型（含一卡通功能），53元类型（公园专用功能）的共计67200万余张。为方便广大市民购买新型年票在集中发售后还在中山公园、景山公园、玉渊潭公园设立三处长期发售点，并为其配备专用设备，方便市民补办年票。

（何　岩）

【中心完成工资保险管理工作】 年内，市公园管理中心组织人事处完成了2014年度事业单位工资总额统计上报及计划下达、核定工作，根据完成情况显示，工资总额控制情况较好，大部分单位均能按照预计总额量入为出，认真控制好工资支出，但仍有个别单位存在超额发放情况。完成了2015年工资调整工作，为推行全国行政、事业单位实行养老保险改革，按照市有关部门的统一部署，中心根据会议和文件精神积极组织所属各单位进行了工作布置，各单位按照个人基本情况完成了工资标准的调整、测算与补发，预扣了在职职工12%的个人养老保险（含基本养老保险8%和职业年金4%），同时及时做好了离、退休人员的离、退休费测算、补发工作，于7月底完成了工资调整工作。完成了2014年核增一次性绩效工资发放工作，调整了对各单位一次性绩效工资的分段发放，将绩效考核和绩效工资相结合，体现了优绩优酬，进一步激励了单位、职工工作的积极性；完成了事业单位人员经费支出中工资性支出与非工资性支出易混淆部分调查；根据中心领导要求，部署了中心所属单位要加强对职工工资政策的宣传，要求各单位领导要带头做好相关宣传工作。

（中心组织人事处）

【中心完成职业技能鉴定有关工作】 年内，市公园管理中心组织人事处完成了职业技能鉴定相关工作，完成了第46职业技能鉴定所独立法人、组织机构代码办理工作；通过了2014年全市鉴定所双百分考核达标工作。此外，还完成了46职业技能鉴定所5个工种的各类培训、鉴定工作；完成了市技能鉴定主管部门的实操场地、财务审计、试题等检查工作；积极扩充了考评员队伍，今年申报考评员20人；完成了非命题试题的备案工作；加强了管理人员的管理与培训，组织各单位管理人员参加了两次市鉴定中心管理人员培训班。

（张艺恒）

【中心加强干部监督管理工作】 年内，市公园管理中心做好领导干部报告个人有关事项工作，按照中共北京市委组织部转发《关于进一步做好领导干部报告个人有关事项工作的通知》精神，中心党委高度重视领导干部个人有关事项报告工作，按照干部管理权限中心所有在职处级领导干部完成了相关事项的报告。根据市委组织部的安排，完成了按照10%的比例对处级领导干部个人有关报告事项进行抽查核实工作。年内新提处级干部抽查14人，年度随机抽查12人，组织人事处重点抽查2人，局级后备干部重点抽查8人，对于没有如实报告的人员，采取了约谈、暂停选拔程序等措施。中心党委下发了《关于做好中心系统社会团体和领导干部在社会团体兼职统计工作》，对中心所有处级干部的兼职情况进行了摸底与统计，为下一步的清理规范工作奠定了基础；按照市委统一安排，在中心系统开展了干部人事档案专项审核工作，完成了对107名处级干部的人事档案专项审核工作，同时对中心直属各单位科级干部档案的专项审核工作进行了部署并提出了工作要求。

（中心组织人事处）

【香山公园完成“十三五”规划编制】 年内，香山公园编制完成“十三五”规划及“十二五”规划情况数据统计工作，包括《纲要》《综合建设专项规划》《文化服务专项规划》《人才建设专项规划》《安全保障专项规划》《科技教育专项规划》《信息化专项规划》《香山公园2016年项目计划表》《香山公园2017～2020年项目库》等共1个总纲、6个专项规划、2张项目表，共计9个文本文件，建立了较为完整的“十三五”规划体系，结合公园重大工程陆续竣工，完成编制《香山公园道路系统规划》，启动编制《香山寺详细规划》。

（王　奕　祝云飞）

【《北京动物园制度汇编（2015年版）》修订工作完成】 年内，北京动物园持续进行制度建设，7月31日经会议讨论确定将8个子规划整合为5个子规划。9月29日，经园长吴兆铮同意，在组织机构图中显示“园林房地产”，但在作业层岗位设置文件中暂不列入相关内容。10～11月组织全园决策层、管理层、作业层共同参与讨论《北京动物园制度（2015版）》，16个科室和11个作业队共有753人次参加讨论，提出意见306条，有效意见241条，无效意见64条，重复意见8条；在有效意见中，被采纳意见204条，占有效意见的85%，最终确定《北京动物园制度（2015版）》为1个总则、5个规划和48个管理规定。11月13日，北京动物园与中国和平出版社有限责任公司签订《北京动物园制度（2015版）》图书出版合同及购销协议。

（杜静静）

【陶然亭公园启动园艺公司注销工作】 年内，陶然亭公园园艺队开始进行园艺公司注销工作，第一、二季度已完成公司账目整理及固定资产核查，同时继续履行未到期合同项目。于6月30日履行完成澳大利亚大使馆绿化养护合同，人员及物品已撤回公园。第三季度已完成往来账项的调整清理工作。截至12月底，固定资产清理工作仍在继续，并已开始进入注销审计阶段。

（薄　宁）

【天坛公园印制牌示、栏杆等服务设施图册】 年内，对园内牌示、栏杆等基础服务设施进行普查，通过50余次的现场勘查，对全园481块各类牌示、127处栏杆（共计1726扇，3085.15米）和203个挂衣杆的规格、位置进行了测量和定位，并对其外观、材质及颜色、分类、所示内容及安放方式进行了记录和拍照，形成原始数据和资料。经过6次校对，绘制了《天坛公园牌示分布示意图》。

（李腾飞）

【天坛公园电子票务情况】 年内，电子票务系统运行期间，公园景区入口秩序大幅提升，各种社会车辆违规入园现象大幅减少，减轻一线验票职工的工作强度，提高工作效率。电子票务系统基本准确统计公园游客出入数据，为公园游客接待量预警及分时分流引导游客提供数据参考。为保证电子票务系统稳定运行，全年在各重大节日前巡检6次，日常巡检50余次，累计维修100余次，更换读卡器、打孔器、主板、轧辊轮盘等设备共计20余个。

（熊　伟）

【天坛公园提高服务设施的保障能力】 年内，天坛公园斋宫东门东面道路两侧、皇乾殿东北面、丹陛桥西下坡游客中心周边等处拆除老旧路椅，新安装路椅150把。将主景区周边、主要干道、铺装广场等处的玻璃钢果皮箱更新为铝制果皮箱，共更新110个。

（李腾飞）

【天坛公园制订《建设工程预结算管理办法》】 年内，按照住房和城乡建设部有关法规、北京市建设委员会有关建设工程计价管理办法以及北京市公园管理中心的相关要求，编制了《天坛公园建设工程预结算管理办法》，用于天坛公园内投资额在50万元以下自筹资金的建设工程项目资金审核。该办法于2016年试行。

（郝影新）

【颐和园修订《颐和园考勤工资奖金管理规定》】 年内，颐和园对现行《颐和园管理处考勤工资奖金管理规定》重新进行修订，调整后的制度共十四章六十九条，涉及考勤、劳动纪律等相关内容，重点是依照现行标准取消劳保内容，明确了职工医疗期、病事假、节假日加班、停旷工及其待遇，并对请销假程序做出了规范。

（王冠炜）

【颐和园修订《颐和园带薪年休假实施细则》】 年内，颐和园依照国务院《职工带薪年休假条例》（国务院514号令）、国家人事部《机关事业单位工作人员带薪年休假实施办法》，以及北京市京人发（2008）113号文件精神，结合颐和园实际情况，重新修订《颐和园管理处带薪年休假实施细则》。修订后的细则共二十一条，首次对职工享受带薪年休假的工作年限、年休假天数、不享受年休假等情况进行了明确，对此项工作的责任落实、支付未休年休假工资报酬计算办法等进行说明。

（王冠炜）

【颐和园制订《颐和园返聘人员管理办法》】 年内，颐和园根据国家劳动用工政策，制定《颐和园返聘人员管理办法》，内容涉及十四项，包括返聘人员的聘用条件、返聘类别、返聘程序、聘用待遇、违规处理、续聘条件等，首次提出返聘人员聘期制和聘期考核等相关要求。

（王冠炜）

【颐和园推行联票销售奖励机制】 年内，颐和园采取加强售验票职工培训，灵活运用话语、话术推介技巧，更换票价牌示，延长联票销售时间和园中园关门时间，加大职工销售联票提成奖励力度等措施，使联票销售量明显提高。颐和园年内实现联票销售187.3万张，同比增加33.79万张，增长22.01%。携程网全年累计销售颐和园网上联票59941张，实现创收329.68万元；接待旅游委网站颐和园电子联票65821张，实现收入362.02万元。

（宋世谦）

【颐和园完成绩效管理工作任务】 年内，颐和园根据《北京市人民政府2015年政府工作报告》《北京市公园管理中心2015年市政府重点工作任务对接方案》《2015年度市政府绩效考评问题整改对接方案》《颐和园2015年工作计划》《颐和园2015年经济承包指标的核定和“双增双节”措施》文件精神，绩效管理坚持以“年初建账、月底对账、季度报账、年中查账、年底收账”为标准要求，把北京市14项重点工作任务、北京市政府3项绩效考评问题整改项目、4项列入中心重点项目折子工程、39项颐和园工作和18项科研课题，纳入颐和园本年度绩效督办任务范畴，运用绩效管理展开督查督办，确保全年各项工作任务的圆满完成。

（杜　娟）

【玉渊潭公园初步完成“十三五”事业发展规划】 年内，玉渊潭公园根据公园总体规划，初步完成《玉渊潭公园“十三五”事业发展规划》编写，制定了全国著名赏樱胜地和樱花文化中心、国家5A旅游景区、北京中心区绿色生态历史名园、市级城市湿地公园、首都核心功能的国家重点公园5个发展目标。发展规划涵盖了综合建设、服务管理、科技教育、安全保障、信息化建设、人才建设6个系统67个规划项目，以及为规划实施保驾护航的7个重要部分。

（胡　玥）

【北京植物园加强养护及引种管理工作】 年内，北京植物园加强养护及引种管理工作。月季园进行春季月季修剪30000棵，土壤改良2400平方米；草坪打孔5000平方米，施草坪肥10000平方米；引种铁线莲12种共计100株，枸橘2株并定植于树木区；完成三色堇、金鱼草、鼠尾草等30余种草花的出圃工作，共计5万余株，完成玉簪、萱草、鸢尾等宿根花卉的出圃工作，共计100余株。

（石　鑫）

【北京动物园完成“十三五”规划编制工作】 年内，根据公园管理中心推进“十三五”规划编制工作的通知，按照北京动物园“十三五”规划大纲布置分工，成立了编制小组，明确编制方向。根据编制工作任务及分工，年内已完成三轮方案研讨论证工作，后期将结合北京动物园实际情况及发展定位，继续推进北京动物园“十三五”规划编制工作的开展。

（齐　诺）

【香山公园索道改造前期调研情况】 年内，香山公园向中国索道协会、行业专家咨询索道改造事宜，前往北京八达岭索道、慕田峪索道进行实地查看。经过调研，公园索道拟采用国外进口设备，8人吊箱。收集、整理、编写索道改造相关资料，完成调研报告初稿。研究讨论索道改造设备更新、站房改造、配套设施的设计需求，并上报市公园管理中心，根据提出的建议进行修改调整。

（牛建欣）

【北京植物园启动“十三五”事业发展规划编制工作】 年内，植物园启动“十三五”事业发展规划编制工作，成立工作领导小组，制订编制工作方案，确定规划的指导思想、编制原则、主要任务、规划目标、组织机构、工作进度安排、工作方法及工作要求；编制工作分为前期准备、研究编制、衔接修改和后期协助四个阶段，内容涉及文化服务、人才建设等7个方面专项规划；召开专题会议，全面部署“十三五”规划编制工作。下一步启动规划调研分析和编制工作。

（石　鑫）

【中山公园调研自选课题】 年内，以《中山公园规划建园的实践与思考》为题，启动公园自选调研工作。组成课题组，搜集历次规划文本、信息、资料；召开调研小组开题务虚讨论会，制订调研工作方案；研读公园历次规划，从文本、图纸入手熟悉情况，查找问题；查阅相关文献，学习国内外规划文献资料，掌握一手信息；及时交流，积极讨论，提升共识；在反复讨论基础上经领导审定形成调研报告（审议稿），计1.37万字。同时，围绕京津冀协同发展，首都城市功能调整，组织人员撰写4篇专题报告。其中盖建中、贾明、刘婕撰写的调研报告分别被中国公园协会、北京绿地协会评为优秀论文。贾明受邀参加“首届京津冀公园发展研讨会”并做专题发言。

（李　羽）

【中山公园检查票务工作】 年内，公园针对春季游园及“五一”等节假日开展票务专项检查4次。由管理经营科组织计财、纪检等部门组成检查小组，分别抽查南门、东门、西门、碰碰车、怡乐城、蕙芳园、唐花坞7个售票处14位售票员。经查，售票员做到账、款、票三清，未发现违反票务制度情况。

（郑国芳）

【中山公园落实14项年度绩效管理任务】 年内，公园完成协办抗战胜利70周年纪念活动服务保障任务1项（市政府第56项）；承办春花暨郁金香花展、社稷坛神厨神库挑顶及油饰彩画修缮2项；承办中心2014年度绩效管理反馈整改任务11项。全年接待游客332万人次，未发生安全事故和服务接待事故。

（张　强）

【玉渊潭公园加强自媒体规范管理】 年内，玉渊潭公园注重加强自媒体规范管理。着手制定完善《玉渊潭公园政务微博微信管理办法（试行）》，内容包括总则、管理机构、职责、内容要求、信息发布程序、政务微博（微信）舆论处置流程6个章节内容。

（秦　雯）

【玉渊潭公园完成园内游船码头更名、定名】 年内，玉渊潭公园完成园内4个游船码头更名、定名，并已正式启用。原东湖北码头定名为鱼跃泉鸣码头，原东湖南码头更名为远香园码头；原西湖北码头更名为樱花园码头，原西湖南码头更名为中山岛码头。更名、定名工作规范了园内码头原有名称重复类似、模糊不清的问题，更改后的新名称兼顾文化品位与公园特色，更具地标性与指向性。

（缪　英）

【玉渊潭公园高水平提高园区保洁工作】 年内，玉渊潭公园改进保洁人员管理方式，集中所有厕所保洁人员在公园指定地点用餐、居住，全面杜绝厕所内做饭、夜间留宿等现象，有效维护园内基础设施，大幅改善厕所环境，提高公园安全指数；调整清运方式，定做小型机动垃圾收纳车1辆、新增小型清扫车1辆，定期收集、清运生活垃圾，并集中到指定垃圾站统一消纳，保证达到服务规范“日产日清，垃圾不过夜”的要求，高标准改善全园园容卫生情况。

（缪　英）

【北海公园新添船只并做好宣传工作】 年内，北海公园游船队新置黄鸭脚踏船12条、电瓶船8条和工作快艇1条，连夜完成卸车、转运和组装下水工作。宣传科提前联络媒体、约好版面，有针对性地做好游船职工日夜奋战的采访工作。北京电视台、北京交通广播、中国新闻社、《北京日报》《新京报》等10家媒体予以刊登、播报。

（汪　汐）

【颐和园编制“十三五”发展规划】 年内，颐和园《“十三五”发展规划》编制工作于4月份开始，10月份完成。规划包括“颐和园‘十三五’发展规划纲要”“古建筑保护修缮规划”“园林景观建设规划”“可移动文物及藏品保护与展览展陈规划”“设施建设提升规划”“商业经营规划”“企业发展规划”“安全保障规划”“文化发展规划”“人才队伍建设规划”“科技教育规划”“信息化建设规划”“遗产监测建设规划”13个分项规划。

（孙　震）

【《风景园林学名词·风景园林艺术名词》编写工作完成】 年内，天坛公园与中国园林博物馆合作，参与受国家科学技术名词委员会委托中国风景园林学会承担的《风景园林学名词》风景园林艺术名词一章的编写工作，根据专家意见及编审委员会要求对名词构架等进行多次调整，8月底参加《风景园林学名词》审定委员会第一次审定会议，经反复修改研讨，确定了以装折艺术、彩画艺术、盆景艺术、插花艺术等10个类别为主体的风景园林艺术名词词汇构架。

（袁兆晖　段　超）

【北京市属公园完成“中秋”假日游园服务保障工作】 年内，中秋假日，中心系统各单位提早部署、精心组织，细致安排工作任务，精心策划节日活动，各项管理措施落实到位，圆满完成中秋假日工作。9月26日、27日，11家市管公园共接待游客64.31万人次，同比减少24.30%。因今年中秋假日缩短为2日，中心接待游客量整体呈下降趋势，购票游人量除天坛、香山公园增加外，均有所减少。①景区服务细致周到。坚持以游客为中心，抓好景区服务管理问题整改，加强服务扩容，增加临时售票窗口84个、厕所22处，受理非紧急救助服务事项3.4万余件。节日期间，北海公园延长夜间游船运营时间，开办赏月专场服务；天坛、景山公园加强降噪管理，耐心劝阻活动团体文明活动；中心统一开展公园志愿服务，组织600余名志愿者为游客提供义务讲解、语言翻译、咨询引导等服务。②文化活动异彩纷呈。突出历史名园文化特色，弘扬中国传统文化，在市管公园推出花卉展览、传统文化展示、科普互动等10余项公园特色游园活动，满足市民游园出行选择。其中，在颐和园举办颐和秋韵桂花文化展、西藏罗布林卡文物精品展等3项活动，中山公园迎中秋、国庆花卉精品展等5项展览活动免费向游客开放，园博馆举办“今宵月更圆”中秋音乐会和“南来飞燕北归鸿——纪念徐悲鸿先生诞辰120周年特展”，植物园举办第23届北京市花展、“超级月·夜派对——畅游植物园”亲子活动，玉渊潭举办第七届农情绿意秋实展，紫竹院行宫“雪域星生珍藏唐卡艺术展”持续展出；同时积极开展宣传工作，为市民游客提供提示类播报，方便选择。③安全管理落实到位。强化督办落实，重点检查消防安全、食品安全、交通安全及各类游园突发事件应急预案，全面检修维护索道、游船等游娱设施，确保安全生产。各公园实行网格化管理，设置游园指挥部，实时监控重点区域、重点部位。节日期间，共出动职工、保安、公安武警等安保人员近2000人次，增设安全疏导牌示294块，有序开展大人流疏导工作；同时联合属地公安等执法部门，加大对游商、黑导游等非法人员的打击力度，确保各公园游园秩序良好。④景观环境节日气氛浓郁。持续加强32处抗战胜利70周年主题花坛的科学管护，同时设置花坛、花带等130处，展摆花卉280万盆，悬挂灯笼、彩旗、宣传标语，营造喜庆浓郁的节日氛围。节日期间，各公园植被景观优美，园容卫生整洁。

（中心办公室）

【天坛公园完成游客最大承载量核定发布工作】 年内，根据国家旅游局《景区最大承载量核定导则》标准，天坛公园组织相关部门经科学测算，确定公园祈年殿、回音壁、圜丘坛及全园游客瞬时最大承载量和日最大承载量，并于4月29日上报公园管理中心、市旅游委备案。

（冀婷丽）

【天坛公园配合行政执法情况】 2015年内，天坛公园按照公园管理中心的要求，贯彻执行《北京市公园管理条例》和《北京市控制吸烟条例》等相关法律法规，将“保护景区安全、维护正常的游览秩序”作为完成好执法工作的出发点和努力目标。全年共对不听劝阻和屡次吸烟游客进行处罚58人次，罚款1160元，制止劝阻34435人次。

（冀婷丽）

【紫竹院公园开始设计制作福荫紫竹院手绘地图】 年内，为让广大游客深入了解修缮开放后的福荫紫竹院历史全貌，紫竹院公园开始联合相关有资质的公司绘制福荫紫竹院手绘地图，该地图除实用性和纪念性外，还兼具历史价值和艺术价值。

（张　玮）

【玉渊潭公园门区安检常态化】 年内，中心统一部署，公园启动门区常态化安检工作。分别在全国两会、樱花节、五一、十一等节假日及重点日为各门区安排专业安检人员，通过手持安检仪抽查来园游客。

（范　磊）

【玉渊潭公园有序开展行政执法工作】 年内，玉渊潭公园有序开展行政执法工作。公园持行政执法证人共9人，全年制止游客非法钓鱼346人、非游泳区游泳1318人、禁烟区吸烟803人、其他不文明行为800余人，处罚金

420元，保障公园良好游园秩序。

（范　磊）

【陶然亭公园开发特色纪念品】 年内，结合陶然亭公园对公众开放60周年纪念活动，公园开发了少量有陶然亭特色的实用纪念品，作为参加此次纪念活动的专家、领导及公园职工的纪念物。

（田　婧）

【北海公园落实离退休人员补贴政策】 年内，北海公园认真落实离退休人员物业采暖补贴政策，已分别向490名事业编制离退休职工做好政策宣传解释工作。

（汪　汐）

规划建设

【综　述】　年内，按照北京市公园管理中心战略发展规划要求，科学制订“十三五”中心规划发展蓝图，使中心“十三五”时期重点工作纳入全市发展轨道，首都历史名园保护成为全市园林绿化“十三五”时期四大重点工作之一，一般性项目共43项，投资约7000万元，其中基建项目23项，绿化景观提升改造项目20项；完成零修项目10项，投资857万元；文物局投资项目8项，投资29334.7万元；发改委投资项目2项，投资5239万元；完成景观改造面积393670平方米；新植各类乔灌木103651株，新植竹类植物44520株，移植树木1365株，更新改造绿地93234平方米；共计完成各类古建修缮30470.58平方米，古建围墙修缮1343.38延米，投资约29782万元。历史名园保护取得新进展，标志性历史人文景观逐步恢复，香山永安寺、景山寿皇殿建筑群、北海西天梵境建筑群等10大古建修缮工程有序展开，修缮面积3万余平方米。景山寿皇殿建筑群修缮工程是年内全国计划投资金额最大的古建修缮项目，是北京中轴线上近200年来较大规模的古建修缮；香山永安寺作为静宜园28景核心景观，其复建工程历时3年完成主体部分，香山历史人文景观150多年来首次全面恢复。实施20项、40万平方米景观提升改造任务，优化重点景区环境质量，开放颐和园南湖岛、北海静心斋等一批全国著名景点。着力恢复历史文化遗产完整性，古都风貌保护和历史名园规划取得进展，北海仿膳占用的漪澜堂古建筑群收回取得重大进展，并与景山寿皇殿回收区域分别进行保护利用规划；开展玉渊潭东湖湿地公园规划，促进古都湿地风貌和生态环境保护。历史名园可移动文物保护机制实现创新，引入博物馆文物管理机制，推动文物科学保藏与合理展示，完成部分文物三维扫描，中心系统55000余件（套）可移动文物实现专业规范管理和有效展示利用。硬件服务设施更加优化，合理配置和优化调整园容设施，颐和园、动物园设立母婴室，香山推进索道改造前期调研，天坛印制牌示、栏杆等服务设施图册。实施市属公园节能节水改造工程，完成12项、10万平方米改造任务，实现生态水资源循环利用；完成基础建设项目23个，并加强古树复壮、水体治理、环境布置等工作。植物园月季园荣列“世界杰出月季园”。

（综　合）

基础建设

【玉渊潭公园改造护园队队部】 1月10日至2月6日，玉渊潭公园完成护园队队部改造工程。该工程主要内容为彩钢板部分墙体拆除换新、门窗、室内吊顶、电气设施、内墙装饰见新等。完成工程量包括内墙粉刷见新306平方米，室内吊顶202平方米，电气线路改造436米，室外部分路面及绿地恢复等。施工单位为北京华林佳景装饰有限公司。工程投资金额32万元。

（梁　莹）

【玉渊潭公园改造原职工之家】 1月20日至2月10日，玉渊潭公园完成原职工之家改造工程。该工程对原职工之家彩钢板房屋进行整体改造，工程内容为拆除原旧房屋165平方米，防火岩棉夹心彩钢板房组装、配套电气设施及门窗安装等。施工单位为北京乾嵩建筑工程装饰有限公司。投资金额23万元。

（梁　莹）

【玉渊潭公园完成东北部景区绿化环境建设项目工区自来水管线改线接驳】 1月23日，玉渊潭公园东北部（六建区域）景区绿化环境建设项目工区完成自来水管线改线接驳工作。该区域因拆迁导致部分管线遗留，制约东部区域景观湖开挖建造的进度。经过公园与相关部门的反复协商，历经一个多月的时间，完成报批报审、管道铺设、清洗清理、专项验收、管线接驳等工作。该自来水改线接驳新铺设管线120余米，共设总接入阀门井1座，消防井1座，分支截门井1座。该项工作彻底解决了制约东部景观湖开挖建设问题，也为今后公园管线接入与扩建提供了有利条件。

（范友梅）

【紫竹院公园翻建温室工程】 1月25日，当日开工，3月30日竣工。其中温室工程基础土建配合投资19.52万元。工程建设单位是北京市紫竹院公园管理处，施工单位是涿州市南马建筑工程公司。该温室为节能型日光温室，温室材料及设备的选用本着经济、适用的原则，选用机砖基础、轻钢结构、聚碳酸酯中空保温板（阳光板）覆面，内设湿帘降温系统、遮阳通风系统等。

（张　辰）

【紫竹院公园修建儿童乐园大棚】 2月3日，紫竹院游乐场儿童乐园修建钢制大棚一座，面积约为780平方米，高度为5米。工程总投资88.41万元。经过建设、施工、使用等部门综合验收评定，工程质量合格。施工单位为涿州市南马建筑工程有限责任公司、北京普诺商贸有限公司。

（龚　铭）

【北京动物园改造儿童动物园卫生间】 2月16日，儿童动物园内儿童卫生间改造完工并验收合格。新建儿童卫生间建设工期为40天，面积20平方米。该小型卫生间的建成解决了游览儿童动物园内的小朋友如厕不方便的问题。由北京志同合园林绿化工程有限公司负责施工，1月6日开工，同时完成外围透水砖铺装58平方米，增设防腐木座椅2个，暖气井1座，搭建挡土墙11延米，共投资25.83万元。

（齐　诺）

【颐和园升级改造文昌院综合展厅】　2月17日，文昌院综合展厅升级改造竣工，18日正式对游人开放。该工程于2014年10月23日开工，通过将陈旧的展厅进行重新设计装修，将原有展柜更换为现代化恒温恒湿展柜，满足展品对展陈环境温度、湿度、亮度、紫外线、空气质量、防火、防盗的现代化要求。升级改造后的展厅展陈空间明显增大，原展陈文物38件/套，现扩展文物数量73件/套。展厅设计充分考虑现代科技和古典风格的完美结合，既满足了文物对展陈环境的现代化要求，同时又扩展了展厅的展示空间，丰富展陈内容。工程总投资500万元。施工单位和设计单位均为天禹文化集团有限公司。

（徐　莹）

【玉渊潭公园安装新建游船码头充电设备及服务设施】　3月1～20日，玉渊潭公园完成新建游船码头充电设备及服务设施安装工程。该工程对配套充电设备进行安装，包括公园东湖南、北码头及西湖南码头，主要施工内容为电气设备安装、金属栏杆制作与安装，配套服务设施制作与安装等。该工程施工单位为北京君兴百旺装饰有限公司，投资金额32万元。

（梁　莹）

【北海公园鱼台厕所修缮工程竣工】　3月12日至4月27日，北海公园鱼台厕所修缮工程竣工，公园修缮了鱼台厕所。本次修缮工程扩大了厕所使用面积，增设单独残疾人卫生间，增加了配套基础设施6个；油饰门窗并粉刷管理间；更换室内墙砖、地砖、隔断板、照明设施及排风设备等。现已投入使用。

（汪　汐）

【北京动物园完成老象房屋面维修工程】　3月12日，北京动物园为配合新熊山文化广场项目的实施，对老象房屋面进行了维修：拆除原屋面旧水泥瓦，重新铺设SBS-25防水卷材，干挂全新釉面瓦1162平方米；修补破损檩条、加密檩条1000平方米；干挂铝扣板封檐143延米。此工程由北京志同合园林绿化工程有限公司施工，4月13日竣工并验收合格。工程投资30.35万元。

（齐　诺）

【北京动物园改造儿童动物园西区】　3月17日起，动物园对位于儿童动物园西侧的马圈、农家院、鸟棚及兽舍进行了改造，改造面积近3000平方米，采用不封闭施工方式保证该区域动物展示。4月30日，北京动物园儿童动物园西区三期改造工程完工，该工程由北京志同合园林绿化工程有限公司、北京发现装饰工程有限公司共同负责施工，于4月30日全部完工，“五一”期间正式对游人开放。

（齐　诺）

【香山公园维修北路电话线路】　3月20日，香山公园经与北京网通大有庄电话局沟通，多次勘察现场，3月初开始施工，3月24日完工。期间共铺设暗管60延米，铺设电缆200延米，电话线800余延米。本项工程共修复不通电话8部，修复通话不清晰电话7部，解决公园北部通信线路不畅通问题。

（沈晓晨）

【玉渊潭公园安装南横轴金属网栏】 4月1～30日，玉渊潭公园完成南横轴金属网栏杆制作与安装工程。该工程对公园桥下西门至八一湖游船码头主路南侧安装高度1.9米，总长780米金属网格栏杆，施工内容包括混凝土基础浇筑、金属预埋件安装、栏杆制作安装及喷漆、周边透水砖道路铺装等。施工单位为北京华林佳景装饰有限公司，投资金额为42.37万元。

（梁 莹）

【香山公园完成地下基础设施勘察】 4月1日至11月30日，公园完成地下基础设施勘察，该项目投资50万元，11月30日竣工，由北京聚孚林科技发展有限公司负责勘察，主要内容包括：对香山公园地形图位进行修、补测，提高公园地形图准确程度；对2011～2014年的测绘成果进行整理补测；编制建立完善MAPGIS软件管理系统，为公园今后科学管理打下基础。

（武 健）

【紫竹院公园修复筠石苑水生态】 4月9日，紫竹院公园筠石苑水生态修复工程竣工，项目位于紫竹院公园长河以北筠石苑内，水域总面积4880平方米。工程经过建设、使用、施工等部门的综合验收评定，工程质量合格。施工单位为北京爱尔斯环保工程有限责任公司，工程总投资95万元。

（郭亚青）

【颐和园筹办夜景照明工程前期工作】 4月15日，按照北京市领导对颐和园基础照明的指示，为了更好地保障游客在颐和园晚间行走时道路通行安全，满足公益性照明功能需求，进一步推进北京市旅游业的发展，深入挖掘城市旅游资源，发展具有特色的夜景游览项目，颐和园充分利用其优质的文化资源，着力打造颐和园特有的晚间活动精品旅游项目。6月，颐和园组织国内知名设计单位，研究制订颐和园夜景照明工程总体规划方案。根据专家提出的意见，设计公司对方案反复进行修改，共完成7套规划方案。6月23日，副市长林克庆及各委、办、局领导到颐和园调研夜间照明项目，实地查看谐趣园、后溪河、苏州街、万寿山建筑组群等夜游线路沿岸景观，听取了颐和园夜景照明工程及晚间活动的项目方案汇报。颐和园根据各级领导批复于7月10～20日，先后两次组织业内灯光、规划及遗产保护等多方面专家就各级领导对夜景照明工程方案批复意见召开专家论证会，并于7月底正式向北京市文物局提交颐和园夜景照明工程方案请示。颐和园夜景照明工程拟分两期实施。颐和园夜景照明工程（一期），资金来源于颐和园自筹。工程计划2016年4月15日开工，2016年9月30日竣工。颐和园夜景照明工程（二期），资金来源北京市市政市容委，并由其负责组织实施。11月11日，颐和园夜景照明工程方案已经取得国家文物局及北京市文物局批复，原则同意该方案。

（张 斌）

【景山公园完成寿皇殿建筑群外院南墙修缮】 4月17日，景山公园完成寿皇殿建筑群外院南墙修缮，项目投资总额98.67万元，属市文物局财政投资项目。工程由北京方亭工程监理有限公司监理，北京市文物古建工程公司施工，北京华宇星园林古建设计所设计。施工内容：对寿皇殿建筑群外院南墙141.38米进行修缮，包括墙体、瓦面、下碱和散水的修缮工作，还重点做好古树围挡保护、古建通道防护等工作。该工程于2014年11月3日开工。

（邹　雯）

【北京动物园棕熊文化广场工程】　4月22日起,由北京动物园自行设计并施工在园东区的白熊馆南侧修建了棕熊文化广场，该广场占地400平方米，场内雕塑了10只形态各异的棕熊，并依势造景雕刻水、鸟、鱼仿真模型配合水晶河底，营造出棕熊野外栖息地生活环境。5月19日该广场竣工并通过验收向游人开放。工程投资79.21万元。

（齐　诺）

【北京动物园维修鸟禽馆屋面防水】　4月22日至5月22日，北京动物园鸟禽馆屋面防水维修工程完工。鸟禽馆建成于1998年，东靠水禽湖，西邻黑水洋，由鸣禽馆、鹦鹉馆、笼鸟展厅三部分组成，由于年久失修，屋面渗漏严重，为解决安全隐患，北京动物园与北京市安达亿防水工程有限公司签订了工程承包合同，对其屋面进行防水维修，重做SBS改性沥青卷材防水，铺装面积约3400平方米。

（齐　诺）

【香山公园维修改造喷灌系统】　5月4日，市公园管理中心投资的香山公园喷灌系统更新维修改造工程开工，6月20日竣工，由北京都市创易园林喷泉喷灌技术有限公司施工，投资金额98万元。

（周肖红　刘　莹）

【香山公园园路改造工程通过验收】　5月8日，香山公园对游览道路中部分道路因未连通而产生折返的路段进行改造，即豫泰门经观景台至香炉峰踏云亭路段，道路现状为游客下山时走出来的土路，路面由风化石、土及碎石组成，表面坑洼不平、水土流失严重，已形成安全隐患，该段道路改造分为两年实施。2014年已完成了豫泰门至香炉峰西南侧观景台路段，全长390米，2015年又改造观景台至踏云亭路段，园路全长330米，工程投资98万元，9月25日进行了竣工验收。该工程由北京华宇星园林古建设计所负责设计，北京乾建绿化工程有限公司负责施工，北京中和惠源工程造价咨询有限责任公司完成工程结算审计。工程实施后使护林防火通道得到贯通，消除了安全隐患，提高了游客疏导效率，改善了香山公园游览环境。

（张菁华）

【颐和园完成益寿堂整修工程】　5月15日至6月30日，颐和园完成益寿堂整修工程。益寿堂位于花承阁以东中御路南面的山腰间，始建于光绪年间，占地面积1076.5平方米，院落面积约为300平方米，建筑面积709.2平方米。益寿堂修缮内容为地面及室内装饰改造。工程总投资22.72万元。施工单位为北京怀建集团有限公司，监理单位为北京华林源工程咨询有限公司。

（朱　颐）

【北京动物园小熊猫展区改造工程完工】　5月19日，小熊猫展区改造工程完工。北京动物园于4月3日起在老象房西南侧恢复修建小熊猫展区，新建展区占地面积约500平方米，其中室外运动场300平方米，周边搭建近200

平方米的参观休息廊。室外运动场采用玻璃隔断参观形式，场内进行丰容，搭建两座动物栖架，栽植低矮花、灌木等，同时室内新建砖混结构兽舍二间。参观休息廊为木制框架结构，建筑高度3.9米，最大跨度近4.5米，铺设防腐木地板。该工程由北京志同合园林绿化工程有限公司负责施工，5月19日竣工验收并向游人开放。工程投资130.89万元。

（齐　诺）

【香山公园完成双清木屋工程】　5月20日至6月15日，公园完成双清木屋工程，该工程总投资49.34万元，6月15日竣工，该工程由河北康城建筑安装有限公司施工。主要内容包括在双清别墅下展室西侧新建50平方米木屋作为“红色书屋”用房。

（武　健）

【中山公园改造西南山周边路面】　5月20日至7月31日，中山公园改造西南山周边路面，改造内容为原水泥砖及垫层拆除，回填混料垫层及仿古透水砖铺装1540平方米；原水泥路牙拆除，新做花岗岩路牙370延米等。北京五瑞古建工程有限公司施工，上级拨款94.52万元。

（薛晓晨　刘　欢）

【中山公园改造给水主管线】　5月20日至7月31日，中山公园改造给水主管线，改造内容为更换给水管线主管线1300米。北京场道市政工程集团有限公司施工，上级拨款94.38万元。

（薛晓晨　刘　欢）

【中山公园改造消防管线】　5月20日至7月31日，中山公园改造消防管线，改造内容为更换公园消防管线550米。北京中财银贝瑞德工程公司施工，自筹资金84.4万元。

（薛晓晨　刘　欢）

【颐和园完成镜桥修缮工程】　5月22日至10月23日，颐和园完成镜桥修缮工程。修缮内容为挑顶桥亭屋面，整修大木构架，修补地仗内檐，重做外檐，除尘保护油饰彩画内檐，整修桥体、驳岸等。工程总投资77.42万元。施工单位为北京万兴建筑集团有限公司，设计单位为北京兴中兴建筑设计事务所，监理单位为北京华林源工程咨询有限公司。

（朱　颐）

【天坛公园整修祈谷坛门至西二门南侧围墙】　5月22日，对原有酥碱墙皮剔除后，墙面重新抹水泥砂浆，刷防水涂料，祈谷坛门东侧与外单位交界的墙体出现歪闪及开裂，在原基础、原位置进行拆砌。工程于10月底完工。工程投资17.6万元。

（郝影新）

【北京动物园丰容大会配合改造项目】　5月25～28日，在北京动物园举行的“第十二届动物环境丰容国际研讨会”，同时提高北京动物园丰容措施的基本内容，基建绿化科及饲养队共同制订实施方案，并抓好协议事项的落实。自5月12日起对大猩猩馆、长臂猿馆、大象馆、夜行馆、小猴馆等10余处共完成了26万元计划资金丰容项目。以上项目均由北京志同合园林绿化工程有限公司负责施工，于5月22日全部竣工并投入使用。

（齐　诺）

【天坛公园完成神乐署署门两侧、祈年殿院

北、北神厨及北宰牲亭散水外扩1米宽嵌草砖工程】 5月26日，在神乐署署门两侧、祈年殿院北、北神厨及北宰牲亭散水外扩1米宽铺墁嵌草砖，整修破损散水与嵌草砖铺装同步进行，工程于7月13日竣工。工程投资14.5万元。

（郝影新）

【玉渊潭公园改造游船队队部】 5月26日至6月26日，玉渊潭公园完成游船队队部改造工程。主要施工内容为建筑主体结构不变，室内外整体进行装修，配套给排水及电气设施改造等。完成室内地面新做131平方米，内墙面粉刷433平方米，外墙面粉刷558平方米，金属构件及栏杆刷漆140平方米，新建洗澡间15平方米，安装配电箱及电器设施等。施工单位为北京君兴百旺装饰有限公司，工程投资金额35万元。

（梁　莹）

【天坛公园改造东南区喷灌主管线】 5月26日，更换喷灌主管线、方便体、闸门，增加控制闸门。工程于7月22日竣工。工程投资42.2万元。

（郝影新）

【陶然亭公园增彩延绿项目竣工】 5月28日，陶然亭公园增彩延绿项目“慈悲庵周边绿地环境改造工程”开工，6月25日全部完工。该工程改造面积5110平方米，工程内容包括安装喷灌系统、休闲场地铺装、围栏安装及苗木种植工程，在苗木品种选择上增加了大量的彩叶乔灌木。此次改造工程在植物材料选择上引进了大量的新优彩叶苗木，突出春季植物景观，共栽植乔、灌木350株，其中应用彩叶植物丽红元宝枫、花叶锦带、紫叶稠李等11个品种173株，占乔灌木种植量的50%。栽植宿根花卉350平方米，其中栀子黄矾根、胭脂红景天、法兰西花叶玉簪等彩叶宿根地被6种200平方米，占宿根种植面积的57%。绿篱50延米，竹子4平方米，沙地柏35平方米，铺种草坪5200平方米，修整树木10余株，道路铺装300平方米，安装栏杆320延米，安装消防、喷灌设备保护设施两处。

（杨　威）

【玉渊潭公园完成地下基础设施勘察】 6月1日至9月20日，玉渊潭公园完成地下基础设施勘察。勘察对象包括公园北部区域地下的给水管线、燃气管线、热力管线、雨水管线和污水管线，探测其平面位置、走向、埋深、性质、规格等，并将勘察结果绘制成电子版图纸。施工单位为北京聚孚林科技发展有限公司，工程投资金额为45万元。此次勘察后，公园管理范围内的绝大部分区域地下基础设施勘测完毕，测绘成果将成为今后基础设施建设的重要依据。

（梁　莹）

【北京动物园改造聚苯乙烯压型钢板房】 6月1日至8月23日，为落实北京动物园所属范围内的聚苯乙烯压型钢板轻体建筑及附属设施存在安全隐患的建筑物进行整改的工作要求。由北京宜然园林绿化工程有限公司负责施工，对园艺队队部、库房、五塔寺停车场值班室及斑马圈屋面进行了改造，改造面积共计625平方米，同时拆除原塑钢门窗更换为断桥铝门窗，更换兽舍木制栏杆并加高至2.2米，对电路、上下水、暖气等设施进行维修，共投资近40万元。

（齐　诺）

【陶然亭公园完成华夏名亭园李杜景区改造二期工程】 6月2日，陶然亭公园华夏名亭园李杜景区改造二期工程开工。6月4日，在园内召开华夏名亭园李杜景区景观改造二期工程第一次监理例会，公园基建科、绿化科以及设计方、施工方、监理四方单位代表出席。华夏名亭园李杜景区改造二期项目位于陶然亭公园华夏名亭园西南角，以草堂碑亭和谪仙亭西南部。工程改造面积7750平方米。工程于10月15日完工，10月28日完成竣工验收，12月下旬完成结算报审工作。

（杨　威）

【玉渊潭公园完成南门箱式变压器及电源工程】 6月4日，玉渊潭公园完成南门箱式变压器及电源工程。该工程自2014年11月28日开工，施工内容为新建500KVA箱式变压器一座，地下线缆敷设1133米，拆除并修复各种路面80平方米，铺种草皮820平方米，新建手孔检查井1座等。该项目施工单位为北京国电天力电力建设有限公司，设计单位为北京盛佳捷电力工程设计有限公司，监理单位为北京德轩工程管理有限公司。该工程为中心拨款项目，总投资181.7万元。

（梁　莹）

【香山公园更换管理处高压配电室入户高压电缆】 6月5日至8月14日，公园更换管理处高压配电室入户高压电缆，该项工程总投资98万元，8月14日竣工并通过验收，由北京同盛安电力安装有限公司施工，全项工程共敷设340延米电缆、300延米电缆保护管、沿线安装9座检查井。项目实施后，公园入户总配电可靠性得到有效提高，避免发生因高压电缆问题可能引起的全园停电突发事件。

（武　健）

【北京动物园改造历史文化广场】 6月12日，北京动物园历史文化广场改造工程完工。该项目位于北京动物园东部的老象房西南侧，占地近4000平方米，经过多轮方案论证于3月30日正式进场开工，历史文化广场由三部分组成，集动物兽舍、园林绿化及景观小品融合一体。文化广场路面铺装1000平方米，采用250毫米×450毫米透水大青砖，周边移植大型乔灌木云杉、油松、七叶树等13株、种植宿根花卉500平方米。巨石叠石景观：占地面积20平方米，摆设8块造型独特的景观石，总计20吨。景观石上安装紫铜制微浮雕造型，其上镌刻北京动物园百年发展史。该项目由北京宜然园林绿化工程有限公司负责施工，工程投资39.42万元。

（齐　诺）

【陶然亭公园完成窑台山山体高喷工程】 6月18日，陶然亭公园窑台山山体高喷工程开工。7月28日，召开了窑台山山体高喷项目监理会，施工方通报了工程进度。工程对窑台山山地约17500平方米进行高喷设施安装，铺设相应喷灌管线，安装高喷喷枪，同时针对喷灌用水中杂质较多，喷灌首部过滤系统堵塞问题，对喷灌首部过滤系统设备进行更新改造。工程于10月7日完工，10月8日完成竣工验收。12月下旬完成结算报审工作。

（杨　威）

【颐和园完成益寿堂院内下架油饰工程】 6

月20日至9月15，颐和园完成益寿堂院内下架油饰工程，修缮内容包括：益寿堂院内垂花门、东西厢房及正房的院内下架木结构及木装修进行地仗、油饰的修缮。工程总投资46.97万元。施工单位为北京昊海建设有限公司，监理单位为北京华林源工程咨询有限公司。

（朱　颐）

【北京动物园兽医院改造一期、二期工程完工】　6月23日至9月10日，动物园完成了一、二期的改造，将兽医院西侧二层原医务室改为饲养队队部，重新装修办公室22间，增设男、女卫生间各一间，共计426平方米，更换断桥铝双玻璃中空窗23扇，大门10档。同时更换室内电路、网线等基础设施。工程投资66.7万元。北京动物园兽医院位于长河北侧，始建于20世纪90年代，随着动物种类和数量的发展，其内部基本设施建设需要修整，由北京尚慕园会展策划有限公司负责施工，分三期进行。

（齐　诺）

【颐和园更新游览区果皮箱】　6月23日、29日，颐和园根据年度工作计划，分期分批在后山中御路、南湖岛至西门、耕织图等区域，更新新型果皮箱82个，新增新型果皮箱8个。新型果皮箱为十七孔桥特型，喷绘有颐和园和垃圾分类标识，材质为不锈钢板，整体重量100余千克。

（杜继超）

【北京动物园更新改造企鹅馆水处理设备】　6月25日，北京动物园企鹅馆水处理设备更新改造工程完工。企鹅馆位于北京动物园南部，占地约200平方米，修建于2004年，由于企鹅生活环境特殊，室温及水池温度要控制在18℃左右，为了提高动物福利，北京动物园从5月15日起对其水处理设施、设备进行更新改造。该工程由北京志同合园林绿化工程有限公司负责施工，工程投资44.30万元。

（齐　诺）

【中山公园改造热力站】　6月25日至10月15日，公园改造热力站，施工内容为取消原有生活热水；设1套采暖系统，1套空调系统。北京创源市政建设工程有限公司施工，上级拨款322.96万元。

（薛晓晨　刘　欢）

【北京动物园改造高压电缆】　6月29日，北京动物园高压电缆改造工程完工。此项目被列为北京动物园2015年度自筹项目，2014年年底完成了公开招标工作，中标单位为北京诚信能环科技有限公司，中标金额人民币1799995.81元。此项改造涉及3个区域A区、B区、D区的10KV电缆部分，分别位于动物园西北门、企鹅馆及锅炉房内。6月20日试验发电成功。

（齐　诺）

【北京动物园改造两栖动物爬行馆配电系统】　6月29日，北京动物园两栖动物爬行馆配电系统改造工程完工。为解决安全隐患，更新老化的配电设施、设备，北京动物园从4月13起对两栖动物爬行馆配电系统进行改造。该项目由北京万弘佳景电力工程设计有限公司设计，北京培特电气工程有限公司负责施工，投资50余万元。

（齐　诺）

【北京动物园改造亚运熊猫馆】 6月29日，北京动物园亚运熊猫馆改造工程完工。该项目总体投资490万元，由北京四汇建筑工程有限责任公司及湖北弘毅建设有限公司共同负责施工，包括建筑装饰设施及幕墙改造、绿化、监控、展厅安防、喷灌等，2月内完成招、投标工作，3月2日封闭场馆进行内部拆、搬迁工作，于3月9日正式开工，6月29日竣工。工程投资490万元。

（齐 诺）

【香山公园完成智能数字化语音广播系统建设】 7月1日至12月1日，香山公园完成智能数字化语音广播系统建设竣工，公园共投资267.80万元，由北京宽和警鹰科技发展有限公司负责施工。通过在全园建立200多个语音广播点，搭建无线广播技术平台，实现语音资源库建立，提高公园信息化水平。

（杨 岳）

【颐和园完成园墙抢险修缮工程（三期）】 7月2日至11月17日，颐和园园墙抢险修缮工程（三期）完工。颐和园东、西、南、北四面园墙总长约8253米，北面园墙建于清乾隆时期，东、南、西三面园墙建于光绪十七年。颐和园采取整体立项、分期实施，对园墙进行系统修缮。工程总投资624.08万元。施工单位为北京市房修一建筑工程有限公司，设计单位为北京兴中兴建筑设计事务所，监理单位为北京华林源工程咨询有限公司。

（朱 颐）

【玉渊潭公园完成留春园厕所改造工程】 7月6日至9月29日，玉渊潭公园完成留春园厕所改造工程。施工单位为北京中泰丰盈园林工程有限公司。工程总投资90万元，工程竣工后，整体装修风格清新明亮，功能及设施更加全面且人性化，符合游客需求，提升了公园服务质量。

（梁 莹）

【景山公园改造山体消防系统】 7月10日，景山公园完成改造山体消防系统，项目投资总额510.3万元。由达华工程管理（集团）有限公司监理，北京市花木有限公司施工，招标代理为北京科技园拍卖招标有限公司。该工程全面改造及完善公园消防基础设施，充分保障消防水源。工程于2014年8月15日开工。

（邹 雯）

【园林学校完成学生教室改造】 7月12日至9月5日，园林学校完成学生教室改造工程。该工程招标代理单位为北京北咨工程咨询有限公司，施工单位为中城建第二工程局建设开发有限公司，委托北京德轩工程管理有限公司进行监理。总投资133.78万元。

（赵乐乐）

【陶然亭公园改造升级游客服务中心内部设施】 7月16日至8月20日，陶然亭公园游客服务中心进行了内部装修改造，改造后的游客服务中心开辟了两间独立的接待室，该接待室同时可作为母婴室使用。

（杨莉莉）

【北京动物园维修兽医院屋面】 7月18日，由北京志同合园林绿化工程有限公司负责施工，起进场清理杂物搭建双排脚手架、上料平台、溜棚马道等，21日对其屋面进行维修，维修面积近600平方米，该工程于30日完工。

（齐 诺）

【紫竹院公园更新喷灌系统首部设备】 7月下旬至11月上旬，紫竹院公园完成全园3处喷灌系统首部设备的更新工程。通过喷灌系统首部设备更新工程，有效改善了来源水水质较差、水泵功率大幅下降，轮灌区管道末端压力达不到使用要求等状况，保证了绿地喷灌系统的正常运转，降低设备养护维修成本，节省了水资源，提高了工作效率。经招投标后由北京市花木公司施工。

（蔡澍光）

【玉渊潭公园完成南部景观墙改造工程】 7月20日，玉渊潭公园完成南部景观墙改造工程。该工程自2014年11月28日开工，对公园南门至少年英雄纪念碑南部边界进行景观围墙改造，主要完成工程量为砖墙砌筑361米，墙帽砌筑361米，墙面装饰1350平方米，什锦窗制作与安装等。施工单位为北京君兴百旺装饰有限公司。工程总投资95万元。

（梁 莹）

【景山公园完成西北大墙线缆入地工程】 7月20日至10月20日，景山公园完成西北大墙线缆入地，工程投资总额24.8万元。施工单位为北京都市创易园林喷泉喷灌技术有限公司。

（邹 雯）

【陶然亭公园改造北门低压电缆】 7月22日至8月30日，陶然亭公园为解决该地区用电不足、排除安全隐患，公园对北门地区的低压供电系统进行了改造，工程于8月30日竣工。工程实际总投资为597796元，工程施工单位为北京日盛达建筑企业集团有限公司，设计单位为北京龙安华诚设计有限公司，审计单位为北京兴中海建工程造价咨询有限公司。

（郝刚云）

【玉渊潭公园改造保安驻地边道路】 7月23日至8月20日，玉渊潭公园完成保安驻地边道路改造工程。该工程对保安驻地周边透水砖道路及配套设施进行提升改造。施工单位为北京君兴百旺装饰有限公司。投资金额23万元。该工程有效改善保安驻地周边环境，为公园清洁车辆通行提供便利条件。

（梁 莹）

【天坛公园改造北神厨南侧嵌草砖】 7月28日，公园拆除南侧旧式嵌草砖，更换绿色新式嵌草砖，拆除东西向水泥方砖路面及塌陷的南北向透水砖破损路面及原有基础垫层，新做混凝土基础，铺墁透水砖及花岗岩路缘石。为配合文物布展开放，保证通信线路的使用，在施工中增加电信格栅管埋设及新做电信井等施工内容。工程于10月底完工。工程投资35.7万元。

（郝影新）

【园林学校完成运动场看台座椅安装】 8月3日至26日，园林学校完成运动场看台座椅安装。该项目由河北保定建业集团有限公司施工，施工内容包括拆除运动场看台基础面层并安装看台座椅。项目总投资14.4万元。

（赵乐乐）

【北京动物园改造金丝猴馆及周边绿化景观】 8月10日，金丝猴馆及周边绿化景观改造工程完工。北京动物园金丝猴馆始建于20世纪90年代，西靠猩猩馆，东邻黑水洋，占地面积1051平方米，场馆周边约7000平方米景区景观也列入了此次改造计划中。该工程投资近395万元，经过前期多次方案论证后于1月5日正式进场开工，8月10日全部完工并交付使用。土建及绿化工程由北京志同合园林绿化工程有限公司及北京宜然园林绿化工程有限公司共同负责施工，不锈钢笼网及球形网架由北京锐盛恒德五金机电有限公司负责采购安装。

（齐　诺）

【玉渊潭公园安装东南部金属网栏杆】 8月17日至9月15日，玉渊潭公园完成东南部金属网栏杆制作与安装工程。该工程对东门桥至南门水电站公园主干道南侧沿线安装高度1.9米，总长600米的金属网格栏杆。施工单位为北京华林佳景装饰有限公司，投资金额40万元。

（梁　莹）

【北京动物园启用正门售票处监控设备】 8月22日，为了进一步强化内部管理、规范岗位服务，快速有效解决售票中发生的各种矛盾纠纷。北京动物园管理处安保部门通过多次进行调研，最终确定为售票窗口配备执法记录仪。通过前期试运行，该设备能够为在售票过程中出现的各类矛盾纠纷提供有力证据。8月20日，完成了25台执法记录仪及1台数据采集站的安装和调试工作。同时，北京动物园服务队出台了《执法记录仪使用规定》，并对职工进行了为期2天的设备使用培训。该设备在正门区售票窗口正式启用。

（马　鑫）

【北京动物园完成大熊猫馆竹林景观喷雾工程】 9月5～23日，北京动物园在大熊猫馆竹林内部安装超滤水处理系统以及造雾机组。喷雾设施的应用，营造出竹林雾状景观，并对环境可以起到调节作用，同时也更加有利于新植竹林的养护工作。由北京勒沃康体科技发展有限公司负责施工，投资7.4万元。

（齐　诺）

【北京动物园十三陵基地防火通道完工】 9月10日，市公园管理中心保卫处处长史建平、北京动物园副园长冯小苹等对动物园十三陵饲养繁育基地防火通道进行安全评估验收。十三陵饲养繁育基地因地理原因，长期以来存在消防安全隐患，防火通道工程由公园管理中心拨款82.2万元，二年分二期完成（第一期2014年拨款24万元，于2014年11月完成，第二期2015年拨款58.2万元于2015年9月完成），至此“十三陵繁育基地防火通道”实现全面贯通。施工完成2367.85平方米地面的防火通道面层重新铺装。工程由北京顺呈祥建筑装饰工程有限公司负责施工。

（齐　诺）

【北京动物园改造畅春堂东侧绿地景观】 9月11日，北京动物园畅春堂东侧绿地景观改造工程完工。畅春堂东侧绿地景观改造工程是北京动物园2015年的重点绿化改造项目，绩效考核项目。该项目总投资92万元，由北京乾景陌野园林景观设计有限公司设计，北京华林源工程咨询有限公司负责监理，北京宜然园林绿化工程有限公司负责施工，4月15日开工，9月11日完成全部改造内容，正式向游客开放。此项目整体改造面积为4000平方米，分为景石、铺装、道路、土方、绿化种植五部分。

（齐　诺）

【中山公园改造西门网络】 9月14～20日，中山公园改造西门网络，中山工程内容为：拆除老旧线路，铺设六类网线1000延米；更新设备机柜1个，更换设备箱损坏跳线及设备。工程由北京瑞华天健科技股份有限公司施工。投资4.7万元。

（马德毅）

【北海公园召开静心斋工程验收会】 9月22日，北海公园召开静心斋及周边景区环境改造工程验收会。施工和监理单位一致认为工程符合设计要求，绿化工程、给排水工程、庭院工程均验收合格。

（汪　汐）

【北京植物园完成给排水维修工程】 9月25日，北京植物园给排水维修工程按照施工合同及设计要求施工完毕。工程为6个区域，分别为月季园班部，南门班部，东南门厕所，孙传芳墓东侧彩钢房，丁香园给水及河道排水。给水埋深1.1米，排水埋深1.4米厚为准。

（石　鑫）

【陶然亭公园升级改造安防系统】 10月8日，陶然亭公园为解决公园落后的监控、信息发布、客流统计和公共广播问题，对园内的监控、信息发布、广播和客流统计进行提升改造。该项目为北京市经济和信息化委员会于7月21日批复公园安防系统建设项目审查意见（京经信委信评（2015）329号），共批复客流采集系统8套，监控摄像机152套，室外扬声器172套，室外信息发布大屏幕4个。工程预算投资为9288958.68元。工程于12月26日竣工。调试完成后于2016年春节前投入使用。工程施工单位为冠林电子有限公司；设计单位为中国电子系统工程总公司；监理单位是北京华林源工程咨询有限公司；全过程审计单位为北京兴中海建工程造价咨询有限公司。

（郝刚云）

【静宜园二十八景一期消防工程通过验收】 10月12日，市消防局到香山公园就静宜园二十八景一期消防工程进行验收。本次验收的主要项目是消防管线的水压，选取了致远斋、烟霏蔚秀、栖月崖、雨香馆4处消防井进行检验。通过测试，4处消防井的水压均达到相应的标准，验收合格。

（梁　洁）

【北京动物园改造十三陵基地基础设施】 10月24日，十三陵野生动物繁育基地基础设施改造工程完工。该项目投资80万元，6月15日与北京志同合园林绿化工程有限公司签订了建设工程施工合同。施工单位于7月1日开始进场进行前期准备工作，10日正式开工，10月24日全部改造完工。工程投资83万元。

（齐　诺）

【颐和园完成长廊廊心画复制工程】 10月25日，颐和园长廊廊心画复制工程竣工。颐和园长廊廊心画由于久经自然天候的侵蚀，彩画的表层颜料和内部结构均出现不同种类、不同程度的损害，导致历史信息逐渐衰减和变化。本次长廊廊心画复制工程于2014年11月25日开工，对上述8幅廊心画按原稿资料进行复制，然后进行统一装裱封存。工程总投资38.76万元。施工单位为北京昊海建设有限公司。

（张　斌）

【中山公园改造碰碰车房屋】 10月25日至12月30日，中山公园改造碰碰车房屋，施工内容为拆除原有售票厅、监控室、碰碰车棚内设施，新设地台、吊顶，敷设强电线路，新建墙体并加装防腐木栅栏。北京庆余佳业装饰工程有限公司施工，自筹资金10.73万元。

（薛晓晨　刘　欢）

【中山公园改造后河码头遮阴棚】 10月25日至12月30日，中山公园完成后河码头遮阴棚改造工程，施工内容包括：拆除原有遮阴棚，焊接钢架屋，砌筑四层冰盘檐，现浇珍珠岩混凝土，铺贴防水，重做彩画。北京庆余佳业装饰工程有限公司施工，自筹资金22.51万元。

（薛晓晨　刘　欢）

【香山静宜园二十八景一期修复工程全部验收完毕】 10月30日，香山静宜园二十八景一期修复工程通过验收，投资8500万元，该工程分为两个标段：一标段设计单位为北京房地中天建筑设计研究院，施工单位为北京东兴建设有限公司，监理单位为华林源工程咨询有限公司；二标段设计单位为北京华宇星古建设计所，施工单位为北京市园林古建工程有限公司，监理单位为北京英诺威建设工程管理有限公司。主要对致远斋、绚秋林、栖月崖、晞阳阿、烟霏蔚秀、重翠崦、青未了、雨香馆、小有亭及牌楼等9处景区进行恢复。

（梁　洁）

【玉渊潭公园完成中堤道路改造工程】 11月10日至12月10日，玉渊潭公园完成中堤道路改造工程。该工程改造面积约2400平方米，完成旧路面层及基层拆除，新建道路基层摊铺、道路面层铺装、路牙栽筑、渣土外运等。施工单位为北京华林佳景装饰有限公司。工程总投资95万元。

（梁　莹）

【玉渊潭公园完成西部供配电改造工程】 11月10日至12月10日，玉渊潭公园完成西部供配电改造工程。该工程位于公园西南部。设计单位为北京盛佳捷电力工程设计有限公司，施工单位为北京国电天力电力建设有限公司，监理单位为北京德轩工程管理有限公司。工程总投资190万元。该工程的实施大幅提高公园西部的供电能力，保证用电服务设备的正常运转。

（梁　莹）

【紫竹院公园改造广播系统】 11月30日，紫竹院公园完成了园内广播系统改造工程。工程5月进行公开招投标。招标代理机构为北京华林源工程咨询有限公司，5月25日开标，中标单位为北京瀚海京盛技术发展有限公司。6月3日开工，进行公园广播线路改造，铺设音箱线13000米，配管10850米，更换各类音箱281套。9～11月进行广播室设备迁移改造，将广播室由公园小东门移至澄碧山房游客服务中心内。更新设备安装机柜一套，稳压电源一套，经审计工程总投资126万元。工程建设单位是北京市紫竹院公园管理处。设计单位是北京瀚海京盛技术发展有限公司施工单位是涿州南马建筑工程有限责任公司，监理单位为北京华林源工程咨询有限公司。

（赵　欣）

【北京动物园维修鸟苑屋顶】 12月2日，北京动物园鸟苑生态馆屋顶维修工程完工。由于年久失修，鸟苑生态馆屋顶原阳光板采光窗出现破损、渗漏等现象，为解决安全隐患，同时提升动物福利，由北京宜然园林绿化工程有限公司负责施工，于10月14日至12月2日对鸟苑生态馆屋顶进行维修。

（齐　诺）

【颐和园完成母婴室设置】 12月3日，颐和园对新设母婴室进行粉刷装修，31日正式对游客开放。新设母婴室位于颐和园西门外广场北朝房游客中心，占地面积约10平方米，内设卫生间、电话、沙发、茶几、暖瓶、婴儿换布台、婴儿车、屏风等用具。

（张凤军）

【北京动物园改造A区低压配电柜】 12月14日，北京动物园A区低压配电柜改造工程完工。该项目为上级拨款项目，是北京动物园2015年度基础建设项目，计划投资87.2万元。7月30日起委托代理机构北京科技园拍卖招标有限公司采用公开招标形式在北京财政政府采购网发布招标公告，8月19日公布了中标结果。中标单位为北京培特电气工程有限公司，中标价格：784988.01元。9月7日与北京动物园签订了工程承包合同，10日正式进场开工。该项目委托北京华林源工程咨询有限公司监理，委托北京中平建工程造价咨询有限公司审计并验收合格。

（齐　诺）

【北京动物园改造十三陵基地兽舍及供电设施】 12月16日，北京动物园十三陵野生动物繁殖基地兽舍及供电改造工程完工。该项目为上级拨款项目，9月委托北京科技园拍卖招标有限公司通过北京财政政府采购网进行了公开招投标工作，10月19日发布中标通知书，中标单位为北京广佳建筑装饰股份有限公司和北京诚信能环科技有限公司联合体，中标价格：3382772.92元。施工单位10月20日与北京动物园签订了建设工程施工合同，于10月26日正式开工。该项目由北京创毅力源工程技术咨询有限公司设计，委托北京中环工程建设监理有限责任公司监理，委托北京中平建工程造价咨询有限公司审计，通过验收合格。

（齐　诺）

【中山公园改版升级官方网站】 12月16日，中山公园升级官方网站，通过代码检测，正式上线。工程内容包括解决网站安全漏洞、权限级别低、兼容性差等问题；调整网站导航栏信息；对现有账号重写加密、调整权限，保障网站安全。北京瑞华天健科技股份有限公司组织设计。自筹资金5万元。

（马德毅）

【陶然亭公园完成年度工程建设情况】 年内，陶然亭公园根据工作和基层实际需要共完成系列小型建设工程：高石墓广场改造工程、管理处和悦宾轩结构安全检测工作；完成园艺队整治、园艺队绿化班整修、花卉市场大棚建设、东西码头整修、管理处部分办公用房装修。为离休人员宿舍新建残疾人坡道，并更换了阳台门窗，搭设雨棚。新做慈悲庵工具间，为电工班配备模拟显示盘，为南门、北门区域安装电瓶车充电设施，并调整了西门充电设施。配合公园重点折子任务——四项展览，完成华夏名亭园多功能厅装修，室外油漆彩画油饰翻新、外墙涂料粉刷、破损屋面整修、室内装修、空调调整等。完成云绘楼·清音阁线路、设备改造，将云绘楼的供电线路、有线电视、消防、网线、监控和避雷主线进行了拆除或移位，并拆除了空调和管线。完成慈悲庵线路、设备改造，将慈悲庵部分供电线路、有线电视、消防、网线、监控和避雷主线进行了拆除或移位，将准提殿空调移位，将观音殿和文昌阁的空调拆除。另外，移出石碑9个，展柜4个。

（郝刚云）

【北京动物园更新增设便民服务设施】 年内，北京动物园统计各类服务设施1205个。调整、维护公园路椅86处，设置景观型围挡7处。新增无障碍低位扶手8处，设置“小心台阶”提示154处，“水深危险”提示20处，增设母婴室1处，婴儿换尿布台5处。

（张 帆）

【北海公园为基层班组维修基础设施】 年内，工会为基层班组维修了损坏多年的更衣柜、更换锁具等共计140余件，解决了基层职工的实际困难。

（汪 汐）

【玉渊潭公园完成基础服务设施更新维护工作】 年内，玉渊潭公园完成基础服务设施更新维护工作。包括维修果皮箱170余个；完成东湖服务设施更新工程，于整修后的东湖周边道路新增路椅20个，更新路椅126个，新增警示牌示3块。鱼跃泉鸣码头、远香园码头设置配套牌示、显示屏等设施，其中票价牌、提示牌、警示牌共20余块，LED显示屏3块。

（缪 英）

【园科院完成天敌昆虫生产工厂二期工程】 年内，为了促进城市园林植物害虫生物防治技术的发展，扩大天敌昆虫生产规模，园科院于2015年在已有天敌昆虫实验室的基础上进一步扩大天敌昆虫生产面积，改善了天敌昆虫繁殖条件，提高了天敌昆虫的生产规模。新建成的天敌昆虫生产工厂，生产面积260平方米，具备良好的室内温湿度调控能力，能满足天敌昆虫规模化生产的需要。该工厂生产的天敌昆虫不仅保证了市属11家公园蛀干害虫生物防治的需要，还推广应用到京内外多家单位，取得了较好的经济效益、社会效益和生态效益。

（北京市园林科学研究院）

【北京植物园更新改造展览温室设备】 年内，植物园完成展览温室设备更新改造工程。工程建筑面积为9800平方米，由地下一层、一层、局部二层组成，防火等级1级。本工程范围为设备更新部分、钢化玻璃地弹簧门部分、玻璃部分等。

（石 鑫）

【北京植物园完成国内首个月季品种测试园的建设】 年内，国内首个月季品种测试园在植物园建成，品种测试园用于月季品种测试比赛，进行对比实验使用。位于月季园东侧，占地4000平方米，将原有坡地改造为台地，在台地上配置月季种植池，使得整个展示区更富层次感。植物园已种植国内自育品种20余种，这些月季品种将参加2016年世界月季洲际大会评比。此外，从荷兰、新西兰等国家引进新品种月季500余种。

（石 鑫）

【园科院完善“增彩延绿”彩色植物中试基地建设】 年内，园科院对现有科研展示基地进行了种植调整，进一步突出园科院自育彩叶和彩干良种。调整和完善现有50亩中试圃地，改造100平方米离体种质资源库，升级了15平方米种子库（冷库）。在顺义区扩建彩色自育良种繁殖圃地——包括资源圃50亩，采穗圃50亩，繁殖圃180亩。主要培育和繁殖‘丽红’元宝枫、‘京白’白桦、‘京绿’绒毛白蜡等园科院自育良种。

（王茂良）

【园科院启动并推进城市绿地生态系统定位监测站建设】 年内，为深入研究园林绿地生态功能，提升园林生态研究水平，推动城市园林绿化科学发展，北京市园林科学研究院启动了城市绿地生态系统科学观测研究站建设工作。研究站开展15项长期观测，包括城市绿地生理生态、城市绿地空气质量、城市绿地蒸散量、城市绿地水量空间分配格局、城市绿地水质观测、城市绿地土壤理化性质、土壤有机碳储量、常规气象、植物物候、生物多样性、覆土绿化试验等。它是国内首家以城市绿地生态系统为研究对象的观测站点，填补了在城市绿地生态系统研究领域没有全面系统的定位观测站点的空白。

（李新宇）

【紫竹院公园配合十六号线建设工程】 年内，紫竹院公园配合完成的工作有：污水改移工程，3月东门外施工进场，公园完成施工围挡范围内植物移植工作，伐除树木5株，移植各类树木50株，灌木60丛，竹子1552丛，草坪2253平方米。施工临时用水、用电安排及移动基站搬迁工作；园内长河钢制便桥进场施工，公园积极配合完成绿化移植工作；配合十六号线污水改移工程；完成管理处司机班搬迁，拆除管理用房150平方米；积极做好污水改移工程园内管线施工地上物及公园管理补偿测算；配合北图站建站前期相关工作等。

（张　辰）

【紫竹院公园改造东门厕所】 年内，公园改造东门厕所。厕所改造工程于6月18日竣工，工程总投资41.67万元。施工单位为涿州市南马建筑工程公司。

（张　辰）

文物古建保护

【颐和园完成古建病害巡查与诊断评估（一期）】 1月1日至12月31日，颐和园对末次修缮时间在2000年前的部分古建筑进行病害巡查和诊断评估，分别记录病害情况，并针对颐和园内古建筑的安全性给出评估意见和保护管理建议。监测范围包括宜芸馆、介寿堂、北宫门、写秋轩、福荫轩、意迟云在、清可轩山门、如意馆、辇库、二炮家属院、警卫三团家属院、寅辉城关等12处82座古建筑。此次监测共发现病害1000余处，福荫轩、清可轩山门倾斜歪闪重大病害6处。项目实施单位为北京市建筑工程研究院有限责任公司、建设工程质量司法鉴定中心。

（闫晓雨）

【中心召开可移动文物保护工作座谈会】 1月15日，市公园管理中心召开可移动文物保护工作座谈会，听取颐和园、天坛公园、北海公园、景山等单位就《关于加强可移动文物保护工作的意见》内容及可移动文物工作的管理制度、队伍建设、人员培训、资金支持等方面的意见和建议。综合处、安全应急处相关负责人参会。

（中心服务处）

【北海公园参加可移动文物座谈会】 1月15日，公园文化研究室参加中心《关于加强可移动文物保护工作的意见》征求意见座谈会，结合自身实际及取得的成果就《关于加强可移动文物保护工作的意见》提出建议。

（汪　汐）

【北海公园开会研讨静心斋相关方案】 2月13日，北海公园研讨静心斋及周边景区环境改造工程方案。张树林、耿刘同、张济和等与会专家研讨工程中植物生境改造、植株移植和补植、植物修整等方案，对改造工程方案的必要性和可行性给予肯定，认为该项工程能够实现区域景观效果的提升，于3月进入施工阶段。

（汪　汐）

【北海公园古建复建工程方案获批】 3月3日，北海小西天万佛楼、阐福寺性海福田牌楼复建工程方案获国家文物局及市文物局批复，原则同意复建工程方案。

（汪　汐）

【颐和园复制玉澜堂宜芸馆座下地毯】 3月8日至12月31日，颐和园对玉澜堂、宜芸馆明间地毯进行仿制工作。受殿堂内部环境、虫害、灰尘侵蚀，玉澜堂殿内地毯保存状况不佳，因此聘请具有丰富仿制地毯经验的厂家对其进行复制。同时，还对玉澜堂明间、宜芸馆明间增设手工仿制地毯，进一步恢复晚清时期玉澜堂、宜芸馆原状陈列原貌。

（王晓笛）

【北海公园召开团城古树避雷方案论证会】 3月24日，北海公园召开团城古树避雷设计方案专家论证会。故宫博物院张克贵、国家气象局潘正林等避雷专家听取了团城古树避雷方案汇报并现场踏查确认，并提出建议。中心综合处副处长朱英姿、公园副园长杨宝利参加会议。

（汪　汐）

【颐和园改造乐寿堂周围白板透】 4月1日～20日，颐和园完成乐寿堂宫殿区域白板透更换工作，将其改造为可以打开的门窗，添加窗纱和磨砂玻璃，在恢复古建筑院落历史原貌的同时，也改善了古建的通风问题，有利于古建筑的保护和延年。

（王晓笛）

【中心召开文物保护工作会议】 4月2日，为了促进各公园文物管理工作的科学发展，适应文物保护工作的新常态，市公园管理中心召开了文物保护工作会议。会议由中心副主任高大伟主持，中心党委书记郑西平、主任张勇、副主任王忠海、总工李炜民参加会议。中心机关处室和所属各单位负责人60余人参加会议。会上颐和园、天坛公园、紫竹院公园、园博馆的主管领导汇报了本单位文物保护工作的情况以及存在的困难和问题。王忠海副主任部署了2015年中心文物保护工作。中心主任张勇、中心党委书记郑西平作出指示。

（中心服务处）

【北京植物园完成首次历史文化遗存调查】 4月5日，北京植物园完成为期两周的历史文化遗存调查，共记录山体墙体33处；石碑、雕像82件；古井5处；匾额、名人题字32处；刻字雕花石构建83处；老石板、石阶、引水石渠等各类遗存若干。收集老照片60余幅。对历史遗存进行拍照、测量、建立台账，提出保护方案。

（中心服务处）

【北海公园举办文物保护志愿服务】 4月18日，“北京文物安全保护志愿服务行动”活动在北海公园举办。活动由市文物局主办、市慈善义工协会承办、西城区文委等单位协办，现场通过发放宣传手册及礼品、市民签名活动、民俗节目表演等形式向广大市民宣传文保知识，以进一步提高全社会文物安全保护意识，招募更多志愿力量加入到保护文物行列中来。市文物局办公室主任张展、公园园长李国定、市慈善义工协会领队吴庚新、西城文委副主任吕丹出席。琼华岛队安排导游员及电瓶车为活动提供服务。

（汪　汐）

【中山公园进行藏品咨询甄别】 4月21～24日，邀请国家文物局专家组成员吴梦麟、刘卫东，颐和园文昌院副队长周尚云，甄别搜集整理的木质家具、瓷器、石雕、石刻等藏品。专家认为此批藏品，具有一定的文物价值，值得深入研究。其中，一组位于西南山石桌椅，专家鉴定为金代经幢构件，颇有文物价值。为保护可移动文物，将金代经幢构件移至库房妥善保存，另制作一套花岗岩石桌椅，放于原位。

（郑国芳）

【北京动物园“五一”花坛布展】 “五一”期间，全园摆放正门立体花坛“童年的回忆”1个，地栽花境、花带12处（西南门、科普馆、海洋馆等处），花钵6个，外摆绿植4盆。全园共计使用大花海棠、金鱼草、银叶菊等61种花卉、绿植，共计17330株，面积约420平方米。

（牛　蕾）

【香山公园发现清代值守房基址】 5月6日下午2点，香山公园接到园内绿化作业人员报告，在柏林小区绿化施工时发现长方形青砖，疑似建筑基础。接报后研究室人员及时赶到现场进行实地勘测，并采集相关数据。基本确定为清代原丽瞩楼宫门前北侧的值守房基址，后经园领导批准进行原地回填。

（贾　政　王　宇）

【颐和园更新永寿斋棚壁糊饰】 5月14日开工，8月13日竣工。永寿斋始建于光绪十七年，位于乐寿堂东侧，由正殿、前殿、东配殿、耳房及东面跨院组成，是晚清时期太监李莲英的住所。永寿斋修缮内容：更新三座殿堂全部内檐棚壁糊饰；更新殿堂内檐隔扇、横披窗上全部芝麻纱，恢复晚清时期永寿斋宫廷原状陈列。工程总投资44.8万元。施工单位为北京市文物古建工程公司。

（王晓笛）

【景山公园将寿皇殿牌楼石匾芯搬至管理处】 6月18日，景山公园将存放在大库的3块寿皇殿牌楼石匾芯移至管理处统一保护管理。

（刘婴星）

【北海公园召开静心斋项目立项协调会】 6月23日，北海公园召开静心斋复原展陈项目立项协调会，邀请展陈设计单位首都博物馆来园就立项事宜进行协调，公园园长李国定、园长助理许卫明先后对相关工作提出具体要求，首都博物馆表示将按照要求按时保量完成，配合公园做好项目立项申请工作。

（汪　汐）

【景山公园将疑似可移动文物吻兽搬运至管理处库房保存】 7月10日，景山公园将疑似可移动文物吻兽搬运至管理处库房保存。该吻兽于2014年10月公园消防设施改造时，在绮望楼东侧前山主路发现，由于当时施工单位非公园所属，文物出土后一直存放于公园北门停车场东侧，现将该文物运至中心管理处库房统一管理保存。

（刘婴星）

【神乐署雅乐中心王玲入选东城区级非遗传承人】 7月21日，东城区非物质文化遗产保护中心根据《东城区级非物质文化遗产名录项目代表性传承人认定与管理暂行办法》的要求，通过对天坛公园报送的天坛神乐署中和韶乐代表性传承人的申报材料审核和组织专家评审，天坛神乐署雅乐中心王玲确定为第三批东城区级非物质文化遗产名录传统音乐项目天坛神乐署中和韶乐代表性传承人。

（程光昕）

【景山公园挖掘刻有铭文的方砖】 7月22日，景山公园正进行线缆入地工程，在文物库西侧施工地路基下，挖出一块刻有两字铭文的方砖，工作人员将其搬至库房保管，下一步准备做鉴定。

（王　海）

【香山公园召开“松堂黄石假山修整加固工程”现场会】 7月28日，香山公园在松堂召开“松堂公园古树群保护和基础设施改造项目（二期）”工程项目“松堂黄石假山修整加固工程”施工专家现场会。颐和园原总工程师、北京市公园管理中心顾问耿刘同、园林学者吴群义对松堂内假山石进行了现场勘查，经讨论提出修整加固建议。

（周肖红　刘　莹）

【北海公园召开可移动文物普查汇报会】 7月28日，北海公园召开可移动文物及藏品普查工作推进汇报会，会议对前一阶段的可移动文物工作进行总结汇报，对下一阶段工作进行深入部署安排，同时听取了各科、队近期工作进展、困难及建议。园长李国定在肯定前期工作的同时提出要求。截至汇报会召开时，已完成全园近700件（套）可移动物品的信息采集与登记造册工作。

（汪　汐）

【景山公园对寿皇殿广场南牌楼加装护栏】 7月29日，景山公园对寿皇殿广场南牌楼加装护栏。寿皇殿牌楼始建于清乾隆十五年（1750年），牌楼石立柱由于年代久远，出现不同程度的腐蚀、剥落现象。为加强对文物建筑的保护，公园对牌楼石立柱加装铸铜护栏四组，护栏高1.2米，长宽各3米，可有效避免游客接触石立柱。

（刘曌星）

【天坛公园完成第一次全国可移动文物普查工作】 7月，天坛公园初次启动天坛可移动文物普查工作，至11月28日，完成天坛第一次全国可移动文物普查工作。依据普查工作要求，普查6892套12560件文物藏品，并进行了测量尺寸，称重，查看完残情况，拍摄140G、25294张图片，详细录入文物普查表文物名称类别等14项普查内容。

（王恩铭）

【颐和园完成生态监测（一期）项目】 7月～11月，颐和园对以万寿山为主的森林生态系统和以昆明湖为主的湿地生态系统完成调查监测。森林生态系统监测以万寿山为主，监测内容主要包括：森林植物的种类、分布及群落调查；万寿山昆虫鸟类的种类、分布及季节动态。湿地生态系统的监测范围包括昆明湖、后溪河、藻鉴堂湖、谐趣园内湖等17处水体；主要内容为各个水体的水质监测，包括酸碱度、全磷、全氮、溶解氧、叶绿素a等指标；底泥及土壤监测，包括含水率、微生物碳氮、土壤理化指标和重金属含量；昆明湖水体、藻鉴堂水体和后溪河水体的生物群落监测，包括湿地维管束植物、鱼类、浮游生物、底栖动物、鸟类等指标。监测结果和建议汇编为生态监测报告。项目实施单位为北京林业大学自然保护区学院。

（闫晓雨）

【北海公园召开古建复建工程专家会】 8月5日，北海公园召开小西天万佛楼、阐福寺大佛殿建筑群复建工程设计方案专家会。会议首先通报了国家文物局（文物保函〔2015〕169号）《关于北海小西天万佛楼、阐福寺性海福田牌楼复建工程的批复》中提出的需要补充的几个问题，并就补充内容征询专家意见。随后，与专家们就复建工程的选材、工艺、地勘等问题进行探讨。中心副主任高大伟，园长李国定、副园长师宗海，中心综合处副处长朱英姿，国家级文物古建专家付清远、晋宏逵、王立平、张克贵、李永革等，天津大学王其亨教授及公园修复办公室相关人员参加。

（汪　汐）

【中山公园临时加固破损文物构件】 8月13日，管理经营科巡检时发现社稷祭坛东棂星门南石柱出现断裂，随即通知基建科赶赴现场勘查，报告公园领导启动应急措施：安排人员对东棂星门受损石柱采取临时加固措施，加装围挡，更改疏导路线，调换沿线引导牌示，路口加派人员疏导。

（郑思光　刘倩竹）

【颐和园更新澹宁堂展厅】 8月13日开工，12月30日竣工。澹宁堂位于万寿山后山后湖东部，始建于乾隆十九年，1860年被毁，1996年在其原址上复建。工程总投资275.6万元。施工单位为天禹文化集团有限公司，展柜及设计单位为中比博展（北京）陈列设备有限公司。

（王晓笛）

【北海公园开展静心斋展览展陈方案研讨】 8月27日，文化研究室与首都博物馆就静心斋展览展陈设计方案进行探讨，并邀请专家王敏英对深化设计进行指导，深化设计方案初稿于9月中下旬完成。

（汪　汐）

【北海公园召开西天梵境复建动员会】 9月5日，北海公园召开北海西天梵境大慈真如宝殿、天王殿等建筑群（原北海西天梵境建筑群）修缮工程开工动员会。会议提出：在安全、质量、文物、园林和廉洁5个方面加强管理，各方要严格遵守公园各项规章制度；安全文明施工，确保工程保质保量分阶段按期完成；做好建筑群内古树名木、文物建筑保护工作；关闭西天梵境景区，做好游客解释工作。园长李国定、副园长师宗海和中心综合处、公园相关科室工作人员及施工方、设计方、监理方30余人参加。开工前，相关人员还根据公园纪委要求签订了“阳光工程”承诺书，要求自觉做到“两讲两严格”，工程保质、保量、保廉洁。

（汪　汐）

【市文物局到香山公园进行文物认定】 9月9日，市文物局专家、国家文物局数据中心及北京市市场普查办公室工作人员一行9人到香山公园，为公园馆藏物品进行文物认定。经专家审核鉴定，初步确认香山公园现有可移动文物共计1036件，其中定级文物6件。

（贾　政　王　宇）

【中山公园完成石碑石刻拓片制作】 9月15日至10月15日，委托北京欣宇寰懋科技发展有限公司为园内现存33块石碑石刻制作拓片14套。投资9.1万元。

（郑国芳）

【北海公园召开静心斋专家验收会】 9月16日，北海公园召开静心斋及周边景区环境改造工程专家验收会。听取工程施工情况汇报并进行现场勘验。专家们对工程给予了高度评价，认为达到了预期目标，符合设计要求，同时对植物的修剪和配植及剑石的码放提出积极建议。耿刘同、张济等4名园林专家和中心综合处副处长朱英资出席。

（汪　汐）

【北海公园团城古树避雷工程完工】 9月17日，北海公园北海团城古树避雷工程完工并通过验收。工程于2015年3月完成方案制订及专家论证，7月3日确认施工方，9月29日完工，已完成对团城景区17株古树布设样点的避雷装置安装工作，达到了降低古树直击雷伤害、保护团城内40株古树的目的。29日该工程通过北京市气象局避雷装置安全检测中心检测，验收合格。

（汪　汐）

【北海公园加强九龙壁保护管理】 10月12日，北海公园为加强国家级文物九龙壁保护管理，针对九龙壁目前整体向西北侧歪闪的情况，特协同天津大学进行了实地勘察。公园领导班子听取了天津大学建筑学院关于北海九龙壁变形及形变监测系统架构及研究项目方案的汇报，确定初步监测内容包括沉降位移监测和水平位移监测器两个模块，同期还将开展九龙壁周边环境治理，以确定降土方案及护栏扩围方案。

（汪　汐）

【北海公园西天梵境建筑群修复开工】 10月16日，北海西天梵境大慈真如宝殿、天王殿等建筑群（原北海西天梵境建筑群）修缮工程正式开工。工程总修缮面积约2125.93平方米，计划投资约2661.75万元。该工程经过公开招投标，确定施工单位为北京首华建设经营有限公司，设计单位为山西圆方古迹保护修复有限公司，监理单位为北京方亭工程监理有限公司。

（汪　汐）

【天坛公园修复文物朝灯】 10月30日，天坛公园完成了7座文物朝灯（其中方朝灯3座、圆朝灯4座）的修复工作。在文物朝灯修复过程中，以保存原貌、存其真为原则，严格按照朝灯原形的传统工艺流程，所用材料均采用与原件相同的材质，并建立修复档案，确保了文物朝灯修复的规格准确、制作精细和坚固完整。

（程光昕）

【香山公园召开香山寺钟鼓楼钟、鼓复原实施方案汇报会】 11月6日，香山公园召开香山寺钟鼓楼钟、鼓复原实施方案汇报会。会上，专家及领导听取了香山寺钟鼓楼钟、鼓复原实施方案，并提出建议。孔庙国子监管理处原主任马法柱、北京大钟寺博物馆研究员夏明明、北京建筑大学教授李沙、北京东方润通文化发展有限公司总经理高广旭、香山公园园长钱进朝、党委书记马文香参加会议。

（高云昆　李　博）

【北海公园推进碧海楼施工改造工程】 年内，北海公园在前期筹备的基础上，细化碧海楼特色展览展示的装修设计、展览布置、安防等方案。公园召开皇家邮驿陈展方案审定会，中心服务管理处、安全应急处和西城邮局负责人参会。与会领导在听取相关工作汇报后，肯定了完善后的方案及工作开展情况，并提出改造要求。

（汪　汐）

【北京植物园继续推进曹雪芹西山故里景区项目】 年内，曹雪芹西山故里景区项目工作进展如下：重新调整工作机构，充实了曹雪芹项目建设小组；积极推进规划设计工作，委托北京市古代建筑设计研究所有限公司进行设计。划定项目的实施范围以纪念馆南侧为主要新建区域，同时结合纪念馆现状，整体进行规划设计。已形成设计方案，方案已经过园内第一轮论证，调整后按规划审批相关要求呈报；对曹雪芹纪念馆进行合理的修缮，部分恢复原有老屋风貌，修建围墙扩大原有活动空间，并进行重新布展。由曹雪芹文化基金会投资500多万元，布置“曹雪芹诞辰300周年纪念特展”，展览以曹雪芹著书西山及其社会、历史背景为线索，展示曹雪芹的身世；完成两栋小楼的搬迁、布展、开放工作，布置孙温绘本红楼梦展、红楼艺术家具、文玩展等高品质展览，建成曹雪芹文化艺术中心，建立曹雪芹文献中心；成功举办曹雪芹诞辰300周年纪念活动及第六届曹雪芹文化艺术节暨第二届红迷嘉年华活动。

（石　鑫）

【天坛公园开展遗产保护监测】 年内，天坛公园根据国家文物局、中国文化遗产研究院和“中国世界文化遗产监测总平台”要求，完成天坛四有档案（有保护范围、有保护标志、有记录档案和有保管机构）、申遗文本资料、天坛古代舆图、相关研究著作等文物档案资料的数字化工作，完成《天坛世界文化遗产监测方案（试行）》和“遗产监测总平台”遗产地基础信息三大类，32项基础信息的撰写和报送工作。对遗产日常管理情况、保护展示与环境整治工程等工作进行监测评估，完成《2014年度天坛世界文化遗产年度监测报告》《2015年遗产监测评估报告》的编写工作，并上报至“中国世界文化遗产监测总平台”。

（段　超）

【紫竹院公园完成双林寺塔遗址保护工程前期工作】 年内，紫竹院公园已完成现场遗址的考古发掘，地质勘探，项目的可行性研究，专家论证，图纸设计，预算编制等工作，并已经得到了公园管理中心及海淀区文化委员会的批复。

（林昊海）

【北京动物园修复明清家具】 年内，北京动物园对园内保存的明清家具进行修复，在咨询多家修复公司后，从资金、工艺等方面考虑最终确定由2家公司对古家具进行修复，北京同兴和古典北京家具有限责任公司负责修复美人榻和榆木榻，北京紫香阁家具有限公司负责修复黄花梨大座屏和紫檀大座屏。7月23日，针对北京同兴和古典家具有限责任公司的修复方案召开了专家论证会，会上颐和园和故宫博物院专家对修复方案提出了意见。两家公司分别于8月4～5日将修复家具拉到修复公司进行正式修复。8月24日对修复过程中采用的黄花梨木料去专业检测机构进行检测。9月28日将美人榻、榆木榻和黄花梨大座屏修复完成并通过颐和园专家验收，运回北京动物园畅观楼展出。因紫檀大座屏修复方案未能确定，继续进行修复。北京动物园委派1名人员全程跟踪同兴和修复家具过程。修复过程中多次组织颐和园专家到修复地点考察修复进度和修复工艺，听取专家意见随时对原修复方案进行修改。为丰富园史展展品，北京紫香阁家具有限公司对北京动物园保存较完整的14件家具进行修复。

（吴　静）

【颐和园与上海豫园管理处完成“太后居园-颐和园藏慈禧珍宝展”文物点交工作】 此次展览是颐和园文物首次在上海地区展出，以慈禧居园生活为主题，共展出各类文物展品89件/组，从不同侧面多角度地反映颐和园的文化价值和晚清宫廷的文化品位、工艺水平和历史特点。展览于9月28日在上海豫园开幕至11月8日结束，得到上海观众高度评价。11月9日，颐和园文物专业人员赴上海协助文物运输公司进行文物撤展及装箱。在颐和园文物部及文昌院人员的全程押运与监督下，经过两天的运输，全部文物于11月12日安全抵达颐和园。

（中心服务处）

【颐和园更换耕织图石刻保护罩】 耕织图景区2003年对外开放后，为保护耕织图石刻，为其安装了木框玻璃保护罩。11月27日～29日，颐和园文物部安排对耕织图石刻的保护罩进行拆除，重新安装可开启式木框玻璃罩，便于玻璃罩内侧清洁，提高了石刻的参观效果。

（中心服务处）

环境美化

【北京植物园组织召开绿化项目专家论证会】 2015年1月23日，听取“绚彩北京植物园”景观提升改造项目、卧佛寺及周边区域植物调整以及梅园改造工程3个项目方案汇报，刘秀晨、耿刘同等专家认为：依照总体规划，尊重历史现状，重点对骨架植物及天际线等方面进行细化，重视植物配置的设计和空间把握，提升植物园整体景观，特别是秋冬季植物景观效果；重视土壤改良，地形调整需慎重；开始着手组织苗源，尽量保证苗木的景观效果。

（办公室）

【中山公园处理受损树木】 2月4日和6月17日，两次强降雨及大风天气，造成9处树枝折断，涉及古树8处；直径20厘米以上8处，直径15厘米1处。公园启动树木损害事件应急预案，组织30余名社会化班组职工携带应急工具赶赴现场，拍照、记录树木损害情况，处理断枝伤口，清运断枝2车次。

（刘　昊　张骥林）

【中心召开“增彩延绿”集中示范区建设工程设计方案汇报布置会】 2月10日，由市公园管理中心综合处组织召开，园科院介绍项目相关情况，香山公园、北京植物园、陶然亭公园、紫竹院公园和玉渊潭公园分别汇报方案设计等进展情况。会议明确：各单位尽快修改完善设计方案，要充分利用彩叶和延绿新优植物，明确苗木需求等内容，春节前正式报中心确定。

（中心办公室）

【玉渊潭公园完成樱花园景区更新种植】 3月12～16日，玉渊潭公园完成樱花园景区更新种植工作。改造主要涉及早樱报春、鹂樱绯云和柳堤、东湖湖岸等7处区域，共栽植樱树335株，其中东部景区245株5个品种，樱花园品种樱树90株6个品种。种植榆叶梅50株、棣棠150株、桧柏10株、移栽大柳树3株、连翘20余株、沙地柏15株、移植大柳树3株，改换土方150方。淘汰老弱苗木量累计约100株。此次改造提升早樱报春景点次第花开层次，增加大山樱区域的开放色彩中红色的比重，减少老弱苗木展览景区的比例，营造西湖北岸水边樱花的透视线。

（范友梅）

【北海公园推进静心斋水生态修复工程】 3月24日，北海公园为进一步推进静心斋水生态修复工程召开会议，汇报了设计方案并结合静心斋造园理念和传统景观进行讨论。会议肯定了该方案的必要性和可行性，认为该方案能够达到静心斋水体的生态修复效果，要求进一步细化方案中的植物种类、水体循环、投放鱼类等内容。中心综合处副处长朱英姿、公园副园长杨宝利参加会议。

（汪　汐）

【陶然亭公园海棠春花节花卉环境布置】 3月26日，陶然亭公园园艺队完成首届海棠春花节花卉布置工作，分别于东门内、外广场、东门至“陶然”牌楼沿线、北门广场、抱冰堂至名亭园北门沿线以及南线花街进行花卉环境布置。共摆放海棠组合盆景60盆，大型海棠云盘造型盆景4盆，云盘造型49盆，大型海棠长寿冠11盆，中型海棠长寿冠54盆，树状月季110盆，盆栽月季700盆，防腐木组合花槽7组草花1500盆，组合花塔2组，地栽海棠140株，草花3900株。

（薄　宁）

【北京植物园开展春植工作】 3月，植物园开展春植工作为北京增彩延绿。在园内碧桃园栽植d4～6厘米白桦50棵，绚秋苑及树木区栽植d8厘米“丽红”元宝枫10棵，同时在园内核心景区栽植d8厘米榆叶梅50棵，营造出了一条景色优美的榆叶梅大道，着力为北京城市绿化做出示范。

（石　鑫）

【紫竹院公园推进增彩延绿示范项目】 3～10月，紫竹院公园开展了青莲岛和明月岛竹林景观恢复工程，两岛总占地面积约26000平方米，竹林景观改造恢复7000平方米，总投资96万元，在两岛以及公园主要景区绿化种植斑竹、金镶玉竹、黄槽竹、黄纹竹、紫竹等2万余株；种植菲白竹、菲黄竹、无毛翠竹、翠竹、鹅毛竹、白纹椎谷笹、铺地竹、黄条金刚竹等地被竹共计1.4万余丛；种植新优彩叶植物276株，包括紫叶稠李50株、银槭3株、花叶锦带100株、白桦40株、雪球海棠30株、“丽红”元宝枫3株、美人梅50株；种植蛇莓3000株，播撒白三叶草种7000平方米；利用前期去除的开花早园竹竹竿，制作高90厘米竹栏杆，共计2225延长米。

（姜　媛）

【颐和园完成西大墙绿化景观修复工程】 4月6日，颐和园西大墙绿化景观修复工程于4月6日开工，5月10日竣工。工程总投资92.95万元。监理单位为北京德轩工程管理有限公司。施工单位为北京市花木有限公司。

（李　淼）

【颐和园完成西大墙喷灌设施恢复工程】 4月7日，颐和园西大墙喷灌设施恢复工程于4月7日开工，6月6日竣工。工程总投资97.62万元。设计单位为华诚博远（北京）建筑规划设计有限公司。施工单位为北京都市创易园林喷泉喷灌技术有限公司。

（李　淼）

【中心与市园林绿化局研究推进“增彩延绿”示范项目】 4月14日，市公园管理中心与市园林绿化局共同研究推进“增彩延绿”示范项目。中心总工程师李炜民从两个良种基地的繁殖计划及规划、集中示范区建设和中心取得的种质资源的研究成果等方面进行汇报。市园林绿化局科技处介绍北京市“增彩延绿”工作方案和进展情况，提出整合全市科技资源，建立研发团队、良种引种繁育基地及多种类型示范区的工作目标，副局长甘敬表示今后要加强沟通，优势互补，整体推进。双方达成共识。会上，陶然亭公园汇报本单位“增彩延绿”示范项目实施方案和进度安排。市园林绿化局科技处负责人，中心科技处、综合处、研究室及陶然亭公园负责人参加。4月15日，“增彩延绿”示范稳步推进，建设5个集中示范区，香山、陶然亭、紫竹院、玉渊潭4个公园栽植‘丽红’元宝枫、竹子等新优植物1.5万余株；制定两个良种中试基地繁殖计划及规划；在植物园建立基地500亩，采集完成红花国槐、秋紫白蜡等树种的7个品种接穗，预计可生产嫁接苗5000余株；发挥园科院与企业合作作用，建立基地830亩，加大自育乔木、新品种月季等良种苗木繁育。

（中心科技处）

【颐和园完成南湖岛景观提升工程】 4月中旬，颐和园南湖岛景观提升工程开工，9月30日竣工。工程总投资88.99万元。设计单位为北京天下原色艺术设计有限责任公司。施工单位为北京金都园林绿化有限责任公司。监理单位为北京当代工程管理有限公司。

（李　淼）

【北海公园加强古树复壮保护】 4月21日，就公园2014年古树复壮保护结果及2015年古树复壮保护方案进行专家论证。专家听取了相关工作汇报并现场踏查确认，对2014年完成的遮荫侯支撑调整及避雷保护、唐槐树体修复、画舫斋路面及山体生境改造、濠濮间生境改造等项目成果给予肯定，通过了2015年古树保护复壮方案。形成保护意见，提出保护建议。

（汪　汐）

【北京动物园协助首都体育馆提升绿化景观】 4月，结合北京申冬奥工作，北京动物园协助首都体育馆开展整体环境绿化景观提升方案前期工作。北京动物园专业技术人员在首都体育馆工作人员配合下，开展绿化景观提升方案调研和方案设计。首都体育馆为2022年北京申请冬季奥运会比赛场馆之一。在方案设计上，技术人员根据北京气候环境以及2022年冬奥会举办时间，确定了“以突出本土特色、促进国际交流”为主题进行设计。营造既具有本土景观特色、又具有冬奥会参赛国家代表性的特色植物展示的景观环境，整体方案充满人文情怀，促进国际交流。

（齐　诺）

【北海公园完成“五一”花卉布景工作】 5月1日，北海公园在南门、琼华岛、西门及西岸沿线布置特色花钵40个，使用木茼蒿、天竺葵、洋地黄、龙翅海棠等花卉2500余盆，并首次尝试使用蛾蝶花、风铃草等优质花材，全部完成“五一”小长假花卉环境布置工作。

（汪　汐）

【北京动物园完成“五一”花坛布展】 5月1日，“五一”期间，全园摆放正门立体花坛“童年的回忆”1个，地栽花境、花带12处（西南门、科普馆、海洋馆等处），花钵6个，外摆绿植4盆。全园共计使用大花海棠、金鱼草、银叶菊等61种花卉、绿植，共计17330株，面积约420平方米。

（牛　蕾）

【香山公园完成“增彩延绿工程”示范区建设项目】 5月4日，香山公园为落实市公园管理中心折子工程，启动“北京市公园管理中心‘增彩延绿工程’香山示范区建设项目”。该项目于10月30日竣工，项目总投资98万元，由北京市花木有限公司施工。

（周肖红　刘　莹）

【天坛公园举办“祈年胜春和平花开”月季展】 5月16～31日，天坛公园以“和平”为主题，精心挑选适合盆栽展览的大花品种，本着宣传月季栽培知识，弘扬花卉文化，给市民提供赏花场所，创造优美环境的目的。在北大门、北二门、皇乾殿、祈年殿，共展出盆栽月季2000余盆，地栽月季1万余株，月季品种200余种。活动期间，设置科普展板30块，介绍月季栽培历史、月季花品种介绍、病虫害防治、月季花语等相关知识。

（李连红）

【第七届北京月季文化节开幕】 5月18日，以“赏美丽月季，享幸福人生”为主题的第七届北京月季文化节在大兴纳波湾园艺中心开幕。第七届北京月季文化节举办时间为5月18日至6月18日，由北京市园林绿化局（首都绿化办）、北京市公园管理中心、北京花卉协会、北京月季协会、大兴区世界月季洲际大会执委会办公室主办，中国花卉协会月季分会支持，包括8个展区：北京植物园、天坛公园、陶然亭公园、纳波湾园艺公司、繁花世金玫瑰谷、蔡家洼玫瑰情园、妙峰山镇、北京国际鲜花港。此次月季文化节共组织主题活动50余项。5月18日当天，2016年世界月季洲际大会倒计时一周年活动同日启动。中国花卉协会秘书长刘红向世界月季联合会各成员国发出邀请，诚邀各成员国和各城市参加2016年世界月季洲际大会，并和市园林绿化局、市公园管理中心、中国花卉协会月季分会、北京花协、大兴区相关领导一起为倒计时牌揭幕，宣布2016年世界月季洲际大会倒计时一周年正式启动。中心综合处及北京植物园、天坛公园、陶然亭公园相关人员参加了此次活动。

（中心办公室）

【北海公园全面进行花卉补植】 5月27日，为美化公园景观环境，北海公园园林科技科对全园40个花钵进行了花卉补植，共栽植凤仙、孔雀草3000株。

（汪　汐）

【香山公园完成年度古树复壮工程】 6月17日，为落实《北京市公园管理中心古树复壮保护计划》，市财政投资65万元，组织实施香山公园古树复壮工程，工程于9月30日竣工，此项工程由北京市园林服务咨询公司负责施工。该项工程在年初召开了专家论证会，讨论通过了工程实施方案。

（周肖红　刘　莹）

【北京动物园完成豳风堂东侧换植苔草工程】 6月22日至7月9日，北京动物园完成豳风堂东侧绿地换植苔草工程，施工总面积2800平方米。施工项目包括整地、清运草皮及种植苔草，共用时19天。本次施工依据白皮松不喜水湿的生长特性，达到了绿地控水的效果，使植物间搭配种植更加科学化。

（牛　蕾）

【中山公园召开古树复壮保护专家论证会】 6月26日，公园邀请赖娜娜、牛建忠等7名专家验收2014年古树复壮保护工作，论证2015年古树复壮保护方案。通过听取汇报并探查现场，专家组肯定2014年古树复壮保护工作并提出相关建议。

（唐　硕）

【景山公园完成山脊线景观提升工作】 7月1日起，景山公园与花木公司合作，对公园五亭山脊沿线进行景观提升种植工作，种植面积约800平方米。对山脊线两侧的裸露土地及部分挡土墙进行遮挡，增加苔草、扶芳藤、迎春等植物品种。

（黄　存）

【香山公园完成年度红叶保育工程】　7月1日，依据公园行政工作计划，市财政专项投资90万元，组织实施香山公园红叶保育工程，8月31日竣工，此项工程由北京天卉苑花卉研究所负责施工。工程内容包括：雨季移植黄栌2000株，红叶林区黄栌养护施肥10000株，对6.67公顷红叶林区进行抚育管理、引种5种元宝枫，共100株，红叶新品种实验苗圃一年期养护管理0.8公顷，林区水土保持乡土地被植物繁殖等内容。

（周肖红　刘　莹）

【中山公园古树立地环境改造】　7月1～10日，中山公园改造古树阵立地环境，古树阵524平方米，改造原有渗井5个，新设渗井7个，新铺渗水管140米，受益古树10株；东二道门内北侧绿地古树阵565平方米，新设渗井10个，渗水管108米，受益古树12株。改造后，雨季古树阵地下深层土壤能充分利用和存续雨水，减少地面径流。干旱季节树木缺水、缺肥、病虫害发生时，可以利用渗水井灌水、灌肥、灌药，增大根部吸收面积。

（唐　硕）

【北京植物园组织古树复壮方案专家论证会】7月2日，植物园组织古树复壮方案专家论证会。邀请专家对植物园古树复壮方案进行论证和现场勘查，专家们对复壮方案总体表示肯定，同意实施，并从不同角度提出了意见和建议，对植物园古树复壮工作提供了有益参考。

（石　鑫）

【中心召开反法西斯纪念活动花卉环境布置工作安排会】　7月6日，市公园管理中心综合处组织召开反法西斯纪念活动花卉环境布置工作安排会，中心副主任高大伟、计财处、宣传处及各公园主管领导参加会议。会上综合处汇报了各公园本次反法西斯纪念活动花卉环境布置的最终方案以及资金情况。计财处就资金申请工作做出具体要求。高大伟副主任就花卉环境工作进行进一步部署。

（办公室）

【中山公园完成抗战胜利70周年花卉环境布置】　7月13～8月11日，公园开展抗战胜利70周年花卉环境布置，以“铭记历史缅怀先烈真爱和平开创未来”为主题，在中山像后和西坛门绿地摆放“胜利的号角”“扬帆起航”两处立体花坛；栽植南门、水榭、夏山等地栽花卉9处，花境3组；摆放花箱、花钵60个。使用非洲凤仙、香彩雀、醉蝶花等花卉近30种16万株（盆）。

（柴思宇）

【景山公园精心推出“七彩山路”花镜展示】7月27日，景山公园精心推出“七彩山路”花镜展示。在公园内7条主路步道旁，结合现状植物、地形、山石、建筑等园林要素，种植宿根花卉，包括玉簪、金鸡菊、福禄考、婆婆纳、蓍草、西伯利亚鸢尾、美国薄荷等20余个品种的宿根花卉约6万余株。

（黄　存）

【颐和园完成反法西斯战争胜利70周年花卉

布置】 7月31日至8月28日，颐和园完成反法西斯战争胜利70周年花卉环境布置。采用主题花坛、特色花缸、观赏树木盆景等形式，在园内各主要门区、景区沿线进行布置，烘托铭记历史、缅怀先烈、珍爱和平的庆典及游园氛围。共摆放“珍爱和平”“和风长扬”立体花坛2组，摆放各类组合盆栽花缸、树木盆景233个，栽植地栽花境8处2600平方米，用花总量达到9.21万盆。更新草坪3000平方米。

（李　淼）

【市属公园花卉环境布置特色鲜明】 8月10日，颐和园、天坛、香山、玉渊潭等公园围绕“和平”元素，进行主题花坛设计，表现人民热爱和平，享受幸福生活，庆祝抗战胜利70周年；植物园在月季园景区设立“和平月季区”，表达人们对和平的向往；陶然亭公园在市爱国主义教育基地“高石墓”摆放花坛，缅怀革命先烈；北海、紫竹院将公园代表性特色花卉、品类竹等融入环境布置。花材选用突出节约环保理念。同时，植物园、动物园、陶然亭利用环保、再生和废旧材料搭设创意花坛，宣传环保低碳理念。做好科学养护，花期延长保证观赏效果。根据花坛现场景观情况，在花的颜色、品种上做部分调整，充分利用现有的植物景观效果作为背景，采取修剪施肥、人工浇水等方式维护观赏效果，延长观赏期至10月中旬。

（综合处）

【紫竹院公园花卉环境布置工作】 8月10～15日，紫竹院公园完成了纪念中国人民抗日战争暨世界反法西斯战争胜利70周年纪念活动的花卉环境布置工作。公园在园内门区、重要景区、节点、小广场周围、游乐场等主要的游览路线进行了花卉布置。本次在公园东门布置立体花坛1座，名为“太平盛世”。花境花带13处，在植物材料上选择孔雀草、串红、夏堇、美女樱、醉碟、海棠等时令花卉，共计30000余株。通过花卉环境布置进一步提升了公园整体景观效果，也为纪念中国人民抗日战争暨世界反法西斯战争胜利70周年纪念活动营造了良好的氛围。

（姜　媛）

【天坛公园完成反法西斯战争胜利70周年纪念活动的花卉环境布置】 8月10～25日，公园以“和平发展，继往开来”为主题布置全园花卉，全园摆放五大主题花坛，位置分别位于北门、南门和祈年殿西下坡、皇乾殿北侧、神乐署三大主要景点。完成花坛北门“上善若水”、南门“火浴重生”、西下坡“和平友爱”、皇乾殿“龙腾盛世”、神乐署“鼓舞神州”、祈年殿院内“和平胜春月季花坛”。北门到南门主游览路线及东门到西门游览干道，沿途选用花丛和花钵的布置形式，并在皇乾殿周边、古柏一区沿路、科普园等景区进行地栽花卉布置。全园用花量27万盆。

（李连红）

【北京植物园完成纪念抗战胜利70周年活动环境布展工作】 8月16日，植物园完成纪念抗战胜利70周年活动环境布展工作。内容包括：新建立体花坛2座，调整及修复立体花坛2座，共使用穴盘苗16万株，地面摆花2万株；对原有2000平方米花境进行部分换花，同时新增花境面积1500平方米；设置环保创意景观1处，共栽植宿根花卉和一年生花卉约3万株。

（北京植物园办公室）

【香山公园完成纪念反法西斯战争胜利70周年花卉环境布置】 8月20日，香山公园完成为迎接纪念中国人民抗日战争暨世界反法西斯战争胜利70周年活动进行了花卉环境布置，在东门广场、枫林村景区、知松园景区、索道下站景区、眼镜湖景区、佳日园景区及公园道路沿线重要景观节点等进行了花卉环境布置。采取立体花坛、地栽花卉及花境等多种形式相结合的形式，应用醉蝶花、茼蒿菊、非洲凤仙、硫华菊等花卉30余个品种10余万株。在东门广场布置主题为“珍爱和平”的立体花坛，花坛应用四季海棠、美兰菊、矮牵牛、醉蝶花、串蓝、花烟草等20多种花材。

（周肖红　刘　莹）

【北京动物园纪念抗战胜利70周年花坛布展】 8月20日，北京动物园完成纪念抗战胜利70周年花坛布展工作。正门花坛沿用五一的“童年回忆”为名称，对硬质骨架做出相应调整。在爬行馆完成主题花境“动物花园——非洲掠影”。在科普馆东侧完成“我们的家”花坛布置工作。

（牛　蕾）

【陶然亭公园完成纪念活动花卉布置】 8月20日，为纪念中国人民抗日战争暨世界反法西斯战争胜利70周年纪念活动，陶然亭公园在纪念活动期间进行花卉布置工作。委托招标代理公司北京科技园拍卖招标有限公司于7月23日进行招标公告，公告期为5天。8月7日下午，按照政府采购相关规定在招标代理公司北京科技园拍卖招标有限公司完成竞争性谈判工作，确定供应商为北京天卉苑花卉研究所，并于当日发布成交结果公告。8月20日，公园全面完成花卉布置，共3处主题花坛“珍爱和平”“历史颂歌”“缅怀先烈”，3处景观节点，2处地栽花卉共1200平方米，分别布置于公园3个门区、主干道沿线，及重点景区，花卉布置总面积约1600平方米，使用花材50余个品种，盆花约10万盆，穴盘苗约10.5万株。

（杨　威）

【陶然亭公园完成高石墓绿化改造及花卉布置】 8月24日，陶然亭公园结合高石墓景观改造工程，对周边绿化进行调整及补植工作，移栽黄杨球12株，新植黄杨球6株，铺设草坪近200平方米。配合纪念反法西斯战争胜利70周年全园花卉布置工作，摆放容器花钵30组，搭配鼠尾草、金光菊、变叶木等花卉及绿植1000余株。

（杨　威）

【中心持续做好环境整治提升工作】 8月24日，市公园管理中心持续做好环境整治提升工作。11家公园完成景区环境整治38项，其中升级改造公园绿地107726平方米，新植各类树木17555株，乔木636株、灌木12619株、绿篱200株、竹子33500余株，更新草坪47559平方米。整修改造园内道路15087平方米，调整加固山石1109.3吨，维修改造基础设施1578处，修剪高大乔木2706株，对1437组建筑物、构筑物进行了安全排查。同时，针对8月23日北京市部分地区出现短时暴雨，经过巡查，主题花坛均未受到影响。

（中心综合处）

【北京植物园展示园科院新优自育品种万寿菊】 8月下旬，植物园加强与园科院进一步合作，在南湖沿线对园科院的两种新优自育品种万寿菊进行栽植展示，并加强观察记录和养护管理。

（北京植物园办公室）

【北京植物园热带展览温室进行景观调整】 8月，植物园热带展览温室进行景观调整。主要工作内容是清理生长状况不佳及病弱植株、补植新植物、病虫害防治及部分区域补充种植基质，共清理植物130余株，修剪植物350余株。计划于2016年在重点科属增加植物引种力度，并开展珍奇濒危植物展览。

（刘东来）

【中心开展纪念抗战胜利70周年花卉环境布置总结评比】 9月8～9日，由市公园管理中心高大伟副主任带队，综合管理处组织行业专家、各市属公园绿化工作负责人组成评审小组，对中心各公园纪念抗战活动70周年花卉环境布置进行了现场评比。评审小组对市属11家公园26组大型立体花坛、17处地栽花境及容器花钵花卉进行现场评比，并召开了总结会。中心领导充分肯定了各公园本次活动花卉环境布置工作。

（中心办公室）

【第七届北京菊花文化节开幕】 9月10日，第七届北京菊花文化节于顺义国际鲜花港正式开幕，市公园管理中心高大伟副主任、中心综合处朱英姿副处长及天坛公园、北海公园、北京市植物园等菊花文化节分会场单位的相关人员参加了文化节开幕式和新闻发布会。新闻发布会上，中心各参展单位分别介绍了本次菊花文化节的特色。本届菊花文化节由北京市园林绿化局、北京市公园管理中心、北京花卉协会、北京菊花协会主办，北京国际鲜花港、北海公园（10.1～11.25）、世界花卉大观园、北京植物园（9.25～10.25）、天坛公园（11.1～11.21）、五棵松社区园艺体验中心承办。

（中心办公室）

【陶然亭公园完成“十一”花卉布置工作】 9月16日，陶然亭公园进行“十一”前园内花卉布置的更换工作，分别对东门主花坛、“陶然”牌楼花坛、北门广场、东门内外广场、东门沿线、榭湖桥至慈悲庵沿线及花街部分花卉进行更换和修整，共计2.3万余株，本次换花使用大量自产菊花及艺菊造型。

（杨　威）

【北京植物园完成菊展菊花种苗供苗工作】 9月25日，菊花种苗由植物园苗圃自主培育、自主造型，用于花展景观布置和品种展示。提供4种颜色的小菊16200盆；7种颜色的球菊6000盆；2种颜色的悬崖菊600盆；造型龙菊4个、拱门2个、花球2个、大立菊2个、塔菊1个；多头菊1100盆，13个品种；独本菊1200盆，200余个品种。

（石　鑫）

【中山公园完成中秋国庆环境布置】 9月25日，公园完成“中秋”“国庆”两节环境布置工作，保留“胜利的号角”“扬帆起航”两个阅兵主题立体花坛，局部更换海棠等穴盘苗1.3万余株；使用小菊等地栽花卉1.8万余株，荷兰菊等盆栽花卉6000余盆，补种园内地栽、盆栽花坛、花境以及花箱、花钵等园艺小品；增加环坛南路东侧大丽花花坛，展摆大丽花2000余盆。全园布置大型立体花坛2个，地栽花坛及花境10个，盆栽花坛3个，花钵、花箱60余处，使用花卉1.6万余株（盆）。

（孟　楠）

【中山公园古树修复】　10月6～19日，按照年度古树工作计划，根据古树专家论证会意见修复7株古树，涉及保卫和平坊、环坛西路和环坛北路。修复工作主要针对主干分枝点出现树洞，通过清理、防腐、固化、塑形泥填充封堵的方法，避免树体上部汇集雨水继续侵蚀分枝点，从而保护树体。同时，检查近几年修复的古树，局部修补8株部分填充材料有轻微开裂和人为损坏的古树。

（唐　硕）

【香山公园完成松堂公园古树群保护和基础设施改造项目（二期）】　10月8日，公园依据《香山公园2015年行政重点工作责任书》开展市公园管理中心投资的松堂公园古树群保护和基础设施改造项目（二期），11月30日竣工，由北京市花木有限公司施工，投资金额98万元。工程依据专家意见完成复原维修松堂内假山石及周边环境整理等工程内容。

（周肖红　刘　莹）

【北京动物园在牡丹亭新植牡丹】　10月12日，北京动物园对牡丹亭的牡丹进行调整种植，补植20年生苗木14棵，间苗移植7棵，清理4棵因品种问题不开花植株，修剪7棵，施肥400棵，保证牡丹整体景观效果。

（牛　蕾）

【中山公园地栽郁金香30万球】　10月26日至11月17日，2016年春花暨郁金香展种球栽植完毕。栽植郁金香及其他球根花卉110个品种，30万球，其中地栽郁金香27.2万球，栽植面积7600平方米；盆栽郁金香3万球，1万盆。

（柴思宇）

【中山公园牡丹芍药补植】　11月3日，公园在牡丹、芍药景区栽植菏泽牡丹14个品种48株，芍药6个品种60株，其中部分品种为新增优良品种。

（张黎霞）

【中山公园树木复壮】　11月26～27日，采取挖掘复壮井的方式复壮9株衰弱古树、大树。复壮井内回填由树皮、草炭土、麻姑石混合而成的基质，并埋设透气管以利树木根系生长。

（刘　昊）

【中心召开2016年香港花展方案征集活动专家会】　12月15日，市公园管理中心综合处组织召开2016年香港花展方案征集活动专家会，中心副主任高大伟出席会议，并邀请资深专家刘英及中心科技处、服务处负责人对此次征集到的方案进行了点评，提出了意见和建议。中心每年组织相关人员赴香港参加花展，进行园艺展览展示等业务知识的学习和交流。2015年利用参展契机提前进行全中心范围内的方案征集活动，共收到12家单位17个参展方案。听取了17个参展方案汇报后，各位专家、领导一致认为此次方案征集活动具有创新性，意义重大，在充分发挥基层技术人员积极性的同时，提高了花坛的设计水平。会议对17个参展方案进行讨论研究，最终评选出一等奖3名、二等奖5名、优秀奖9名，并对较好的设计方案进行再深化，在2016年香港花展中展示出来，体现中心花卉环境布置水平。随后，市公园管理中心承接的室外展区立体花坛“蝶舞迎春”获得室外展区立体花坛金奖。市公园管理中心自2008年开始受香港特区政府康乐及文化事务署邀请参加香港花卉展览，自2008年至今均参加室外展区立体花坛独立布展，每年均荣获室外展区立体花坛最高奖项——金奖，通过香港花卉展览加强了北京和香港之间园林花卉行业交流，提高了北京市属公园花卉布置水平，积累了丰富经验，在近年2008北京奥运、国庆60周年、国庆65周年、APEC等重大活动环境布置中，充分展示了北京园林花卉环境布置水平，为首都各项重大活动举办做好了环境保障工作。

（孙海洋）

【玉渊潭公园完成增彩延绿工程】 年内，玉渊潭公园完成增彩延绿工程。主要包括花景线营造、增彩延绿集中展示及东湖湖岸增彩工程，施工范围涵盖了东湖北岸路侧、北部景区、西南线等多个景观区域。增彩延绿工作的完成，丰富了公园景区植物种类，合理植物配置形成层次多变、色彩丰富的立体景观效果，提高了公园整体的绿化景观环境，为游人创造了良好的游园环境。

（范友梅）

【北京动物园保护复壮古树】 年内，根据古树养护计划，北京动物园共新建、改建渗水透气井34个、古树复壮4株、增设透气孔23个、增加挡土墙护坡3处、增加围栏保护12处、调整道路铺装2处、中耕松土120余次、古树枝条整理及折枝断杈处理6株、古树周边速生遮阴树修剪20余株。

（牛　蕾）

【玉渊潭公园丰富樱花基地苗木种类】 年内，玉渊潭公园樱花基地共出圃大规格樱花230株，各色山碧桃150株，工作量同比增加2倍。购土方清理场地，调整并补栽各种规格苗木500余株，增施有机肥，新春园内外总计播种苗量超过3000株，总出苗率约为4成，共计施用有机肥料约750立方米。土地面积基本被樱苗全部覆盖，品种苗储备进一步丰富。

（范友梅）

【玉渊潭公园梅花冬季陆地引种成功】 年内，玉渊潭公园梅花冬季陆地引种成功。现有腊梅300余株，品种主要有素心腊梅和虎蹄腊梅两种，主要分布于公园桥下西门以东沿线、牡丹园区域和东湖北岸西部；梅花共150余株，主要品种有宫粉、绿萼、朱砂、黄香、跳枝和垂枝等，主要分布于公园西南沿线区域。通过采取多种绿化养护和防寒措施，梅花实现大部分开放。

（范友梅）

【玉渊潭公园开展杨柳飞絮治理及摸底调查】 年内，玉渊潭公园共有杨柳树1831株，其中雌株520株。对园内全部雌树及公园周边单位杨柳树注射药剂，共计注射杨柳树599株。

（范友梅）

【玉渊潭公园樱花认养】 年内，玉渊潭公园认养樱花共计11株，其中新认养樱花3株，续养樱花8株。

（范友梅）

【园林学校完成校园绿化提升工程】 年内，为配合国家级示范校验收工作，学校以“设施设备标准化，校园环境景观化，景观环境教学化，教学环境人文化”为方针，对校园绿地景观进行提升改造。改造斑秃绿地总面积9230平方米，其中更换丹麦草5200平方米，冷季型草坪3100平方米，补植野牛草236平方米；新增种植宿根花卉52余种，13000多盆。

（赵乐乐）

【北海公园开展纪念抗战胜利70周年环境布置】 年内，北海公园开展纪念抗战胜利70周年环境布展工作。完成南门、东门、东厅3个主题花坛设计并进行主体骨架施工。已确认布展用花，使用海棠穴盘苗、矮牵牛、鼠尾草等花卉10万余盆。布展面积2000平方米，顺利完成北岸柳树补植及永安寺内1200根斑竹种植。

（汪　汐）

【紫竹院公园完成年度绿化养护工作】 年内，针对早园竹开花现象，公园调整园内竹品种，增加耐阴香花灌木和地被，力求在突出以竹为特色的基础上，丰富竹林景观色彩，使公园景观更加优美，为广大游客提供更多踏青赏花的景点。悬挂护笋牌示20个；共栽植银槭、白桦、丽红元宝枫、雪球海棠、美人梅、紫叶稠李、元宝枫共180棵；栽植花叶锦带、紫叶小檗、月季共250平方米；栽植斑竹、金镶玉竹、黄槽竹、紫竹、黄纹竹等2万余株，栽植菲白竹、菲黄竹、鹅毛竹等14000丛，较好地改善了公园景观。公园根据竹子的观赏特性及生长习性，于4月上旬和7月中旬，赴江苏常州、扬州、河南省博爱县等地引进特色的观赏竹种，主要有浙东四季竹、黄纹竹、斑竹、紫竹、菲黄竹等共计15种。继续加强盆栽竹在公园景观布置中的应用，在福荫紫竹院内及“9·3”等重大节日和活动环境布置、竹荷文化展、舞台布置以及节点花卉布置中使用盆栽竹收到很好的观赏效果，竹种包括浙东四季竹、紫竹、大佛肚竹、小佛肚竹等9个竹种。

（范　蕊）

【天坛公园完成古树养护】 年内，天坛公园施放诱虫饵木1000根，查虫30次。施放天敌蒲螨4000管，管氏肿腿蜂15万头，川硬皮肿腿蜂7万头，周氏啮小蜂1800万头，花绒寄甲2万头，防治古柏蛀干害虫，对隐蔽性强且危害性大的蛀干害虫将有显著的防控作用。使用药物防治，古柏封干2次，防治蚜虫、红蜘蛛3次。防治国槐小卷蛾2次。悬挂诱捕器400套，防治其他害虫。为39株古树（或准古树）实施清理树洞、药物消毒及防腐固化。对古树破损树皮进行仿真修复等保护，修饰措施。采用专利技术进行防腐、固化、防水、加固处理，以达到减缓或终止局部自然朽蚀，保持原有外观，修旧如旧等目的，在保护古树的同时增强景观效果。为改善古树立地条件，为古树创造良好生长环境，为3株古树更换冷季型草坪为麦冬草等耐旱种类，降低土壤含水量，增强透气性。

（张　卉）

【陶然亭公园完成全年植物调整补植任务】 年内，根据公园党委部署，结合重大节庆活动，园艺队完成全部绿化美化工作计划及各项临时性植物调整补植任务。依照园林绿化施工、绿化养护管理标准等，园艺队进行了春季绿化调整补植、海棠春花节景观营造、月季园补植等绿化种植工作。共计种植白桦、金枝白蜡、迎春、金叶风箱果等乔灌木1800株，其中乔木155株，灌木1645，月季300

株，更新草坪2700平方米，补植苔草500平方米，大叶黄杨500株，更新早园竹2500株。

（薄　宁）

【陶然亭公园完成全年重大节日、活动花卉布置】　年内，陶然亭公园园艺队在海棠春花文化节、五一劳动节、北京市月季文化节、端午节、恐龙展、反法西斯抗日战争胜利70周年、国庆节等重要时间节点进行了花卉环境布置工作。大量应用自主培育的花卉材料，科学合理地安排施工进度，精心养护花卉绿植，为各大节日、活动等营造了喜庆热烈的游览景观。全年共栽植一、二年生草花4万株，补植宿根花卉3600株；摆放月季及绿植1000余盆，海棠组合盆景160盆，花塔两组。摆放并养护精品海棠盆景1300余盆。摆放菊柱、盆景、菊球、悬崖菊等工艺菊300盆，切花菊、小菊4000余盆，叶子花72盆，串红等草花3100余盆。平整场地土壤过筛、撤土150余立方米。

（薄　宁）

【园科院为首都“增彩延绿”科技示范工程提供彩色植物材料】　年内，北京市园林科学研究院参与了市园林绿化局组织的“增彩延绿”科技创新工程，为实现首都园林从“绿化”向“彩化美化”转变提供了大量优质彩色植物品种。全年共繁殖‘丽红’元宝枫3万株，‘雷舞’窄叶白蜡10000株，‘京绿’绒毛白蜡10000株、君迁子15000株，血皮槭10000株；繁殖‘园科’涝峪苔草营养钵苗6.4万株，穴盘苗10万株；繁殖‘京美玉’美丽月见草2万株。全年共输出自育‘丽红’元宝枫采穗母株232株，白桦大苗500株，‘园科’涝峪苔草和‘京美玉’美丽月见草19.5万株，用于复兴门桥区绿地、明城墙遗址公园、玉渊潭公园、香山公园等处的示范区建设。科研院工作人员对‘丽红’元宝枫2015年度示范应用效果进行了实地调查，整体变色情况良好，达到了预期效果。尤其是在公园示范区，所有‘丽红’新植植株均变色优异。

（王茂良）

【北京动物园完成兽舍绿化丰容】　年内，北京动物园完成41间动物兽舍的植物丰容工作，其中包括场馆18间、运动场19间、外环境2处、会场2处，生态展缸21个，整地2170平方米，施肥1050千克，种植灌木523株，绿植352株，移植21处，草坪565平方米，地被3929株，攀援植物12株，播种26.2千克，增设喷雾1处。

（牛　蕾）

【北京动物园完成大树修剪】　年内，北京动物园大树修剪共计1030株，其中整形修剪、枯枝干杈修剪、处突等内容协调修树组完成810株；对位置复杂、较危险、需要攀爬的大树聘请专业队伍完成修剪220株。

（牛　蕾）

【中心“增彩延绿”项目顺利推进】　年内，按照市领导指示精神，2015年初正式启动市属公园增彩延绿项目，确定了“一个对接，两个建立，一个输出”的工作思路，该项目顺利推进，主要完成以下工作：一是实现与“市增彩延绿科技创新工程”对接。二是完成“增彩延绿”两个良种中试基地和示范区建设。三是向市属公园和首都增彩延绿工程输出技术和新优植物材料。

（中心“增彩延绿”领导小组办公室）

安全保障

【综述】 年内，市公园管理中心平安公园建设深入推进，坚持五防并举，构筑三道防线，积极构建安全文化建设体系“北京公园模式”。启动安全游览舒适度建设工程，完成11家公园最大承载量核定发布；启动人流量测算调研，着手研究“核定、统计、公布、疏导”四位一体游客量管控机制，其中天坛电子票务已实现门票数据统计、实时数据获取及游客出入量实时监测等功能。园博馆施行实名制入馆参观机制。安全文化建设走向深入，以“雷池行动”为突破口，创建安全文化北京公园模式，强化防范，查找安全隐患点409处；启动“褐色袖标行动”，千名公园安全志愿者上岗服务；创新安全文化宣传形式，创作14部平安公园“微电影”和24套“图说公园安全生产”系列卡通漫画。安全管控和应急能力不断增强，强化交通消防、反恐防暴、文明执法等安全管理工作，在节日长假和重大活动期间，11家公园的43个主要门区实行游客入园安检；强化风险评估，加强预案演练，全年开展安全演练300余次；深化安全培训，中心41名公园安全管理师培训上岗，职工安全培训覆盖率达100%。全年未发生安全责任事故。中心荣获“全国安全文化建设标杆单位”。动物园保卫科长李金生荣获“北京市十佳安全宣传员”称号。

（王未彤）

【安全应急处与有关领导进行公园执法工作座谈】 1月9日，市公园管理中心应急处与市园林绿化局公园风景区处、法规处和执法监察大队有关领导进行公园执法工作座谈。应急处汇报了2014年市属公园执法情况，2014年共执行现场处罚75起，处罚金额1770元，有效遏制了公园里的违法行为，公园游览秩序明显好转。同时，研判了执法过程中出现的问题，讨论了跨年度执法衔接问题。

（王永存）

【北海公园就开展公园安全工作开展座谈】 1月12日，北海公园到园科院就开展公园安全文化建设研究课题工作进行座谈。公园副园长师宗海介绍了公园安全文化建设工作的基本情况、存在问题和下一阶段的工作设想。园科院副院长勇伟介绍了研究课题申报、考核指标、经费预算等内容。会议确定由北海公园和园科院合作成立课题研究小组，共同承担《公园安全文化建设的研究与实践》课题研究工作，并就课题经费预算、课题组成员及研究方向达成共识。

（汪　汐）

【景山公园检查全园消防井】 1月13日，景山公园对全园市政、自建消防井进行了全面检查，主要检查项目有水带钥匙是否齐全、出水口能否正常出水等常见问题，并且全部做了出水作业，同时让保安人员熟悉井口位置和出水流程，以确保冬季消防安全。

（李梦岚）

【安全应急处参加第一季度全市公共安全形势分析会】 1月20日，会议通报了2014年第四季度公共安全总体情况，对2015年一季度安全生产形势进行了分析。市政府领导要求2015年在全市开展“安全工作年”行动，努力实现安全事故明显下降，安全形势根本好转。

（中心安全应急处）

【北海公园画舫建造接受检查】 1月28日，市船检所到北海公园监督检查游船画舫建造工程相关情况，检查了施工方安全防范措施，核实了工程负责人、监督人及船体结构、用料等，各项检查结果均符合施工标准。

（汪　汐）

【长假游园活动实时人流预警形成长效机制】 2月初，天坛公园党委副书记董亚力及保卫科人员陪同中心安全应急处副处长米山坡和相关厂家人员到天坛公园就重大节假日期间实时人流预警安装设备进行调研。

（冀婷丽）

【天坛公园进行春节前反恐防暴演练和消防演练】 2月2日，天坛公园保卫科会同护园队在公园文物库及附近林区进行了节前反恐防暴演练和消防演练。此次演练共出动55人。

（冀婷丽）

【景山公园加强春节前安全保障力度】 2月3日，景山公园加强春节前安全保障力度，完成全园360具灭火器更换工作；清理园内绿化垃圾2车；计划增加南门票务监控探头；调整餐厅可燃性气体报警探头的位置；检查山体洗井工程施工现场，杜绝施工人员吸烟。

（李　旗）

【陶然亭公园开展消防培训、宣传、演练】 2月5日，为更好地完成好2015年陶然亭公园安全培训工作，提高公园职工消防意识，提升职工消防“四个能力”，公园保卫科聘请西城区消防支队防火处法制科邢科长以消防知识讲座和室外火场逃生演练的形式，对公园科队长、班组长以及各驻园单位开展了消防知识培训工作。公园工会主席王金立要求大家要将所讲的知识传达到每一名职工，并对2015年陶然亭公园重点安全工作进行了部署。讲座结束后邢科长组织职工进行了火灾初期扑救和火场逃生的演练。

（杨文博）

【中山公园安保三方联席会议制度建立】 2月9日，中山公园园长办公会研究决定每逢法定节假日、重要节点、重点时段、重大活动前，会同天安门地区公安分局、地区消防监督处建立安全保卫三方联席会议。客观研究、讨论公园防火、防爆、防恐、防抢、防拥挤等方面可能存在的安全隐患、安全薄弱点、安全风险点，制定预防、整改措施，提前做好安全保卫工作部署，消除园内安全隐患。

（刘嘉炜）

【陶然亭公园开展交通安全培训、车辆检查】 2月13日，陶然亭公园为切实做好春节和庙会期间专职司机交通安全工作，公园保卫科联合后勤队对专职司机开展了交通安全教育，保卫科为专职司机配发了《出车前做好八项检查》等小常识，并且与专职司机签订了交通安全责任书。保卫科和后勤队就春节和庙会期间交通安全工作提出具体要求。同时，保卫科、后勤队共同对公园的机动车进行了全面检查，确保公园机动车辆的行驶安全。

（杨文博）

【香山公园召开春节前安全工作部署会】 2月13日，香山公园召开春节前安全工作部署会。各科队安全主管、在园施工单位、驻园单位、联营单位的负责人和全园各夜间值班点负责人参加会议。公园领导提出要求，确保公园夜间财产安全。

（马　林）

【香山公园进行春节前浇水降噪工作】 2月17日，香山公园联合香山消防中队对公园碧云寺南侧苗圃内部的木柴、肥料等易燃物品进行浇水降噪工作。此举有效降低苗圃内部易燃物因燃放烟花爆竹所引起火灾事故的系数，同时增强了地面和树林湿度，防止碧云寺内部树木及古建筑火灾事故的发生，为春节期间的消防安全奠定基础。同时，公园加强巡视力度，在重点时段坚持24小时值守，确保堆肥场节日安全。

（马　林）

【颐和园及时启动防拥堵预案】 2月22日，针对前来观赏第四届“傲骨幽香”两梅展的游客激增的情况，颐和园及时有效启动了防拥堵预案，增派安全保障力量，科学调整指示牌和安全线的位置及做好展室秩序维护工作，确保游客参观有序；视人流量控制进殿人员数量，并做好疏散工作，做到容纳度与舒适度的最佳结合；根据局部调整，加强宣传解释工作及微笑化、人文化、细节化的优质服务，达到与游客相互理解、相互包容的良好状态；加强动态监控，通过“现场看细”“监控看全”的手段，及时跟踪参观情况并作出反应，确保了游客能在一个愉悦有序的环境中踏雪寻梅。

（颐和园）

【中山公园举办防爆培训】 2月27日，中山公园邀请北京市天安门地区治安大队警官李超、公园派出所副所长甄千昆，在护园队队部开展防恐、防爆技能培训。

（郑　超）

【中心开展春节前综合检查】 2月30日，由市公园管理中心领导刘英、杨月、王忠海、高大伟、李炜民、程海军分别带领6个检查组进行检查，听取各单位相关工作汇报，实地察看节日各项准备工作落实情况，慰问一线职工。市公园管理中心主任张勇、中心党委书记郑西平做出指示。

（中心安全应急处）

【景山公园制作两会提示牌】 3月3日，为了保障两会期间职工车辆的安全出行，景山公园提出了“勤检车，守交规，迎两会，安全行”12字口号，并制作出四块提示牌安放在北门停车场的明显位置，确保景山公园职工的安全出行。

（李梦岚）

【中心召开2015年安全工作会议】 3月6日，市公园管理中心召开2015年安全工作会议。中心张勇主任出席会议。会议总结2014年安全工作，部署2015年工作任务，签订2015年安全工作责任书，表彰2014年“平安公园”杯先进集体及个人。中心副主任王忠海主持会议。中心安全工作领导小组，所属单位行政一把手、安全工作主管领导、保卫科长、护园队长、保安队长等70余人参加。

（中心安全应急处）

【北海公园游船通过验收】 3月12日，市交通委运输管理局西城管理处对北海公园所有非自航船运营情况及各码头设施设备等进行开航前年度安全检查。检查组对游船安全管理工作给予肯定。经过检验，全部船舶通过验收，准许运营。北海公园游船将于3月13日正式开航营业。《北京日报》《北京晚报》、北京电视台等多家媒体现场报道。

（汪　汐）

【景山公园对避雷设施进行安全检测】 3月12日，景山公园委托北京市气象局对全园的避雷装置进行安全检测。检测工作严格按照《北京市防雷装置安全检测细则》执行，主要对寿皇殿古建筑群、万春亭等古建筑及园内配电设施进行避雷检测，共计26处。经检测公园内的避雷装置全部符合安全规定，装置载体安全无损，能够安全运行。

（王朝咏）

【天坛公园避雷设施年度检测完毕】 3月16～17日，天坛公园保卫科聘请北京市避雷检测中心对园内古建、配电室和监控室等部位避雷设施进行了安全测试。公园避雷设施216个点全部合格。

（冀婷丽）

【天坛举行安全管理培训会】 3月31日，天坛公园组织公园班、组长以上人员共计85人在南神厨会议室召开安全管理培训会。会上，中心安全应急处处长史建平就安全管理和安全文化建设有关内容进行了讲解。副园长杜刚和保卫科人员参加培训。

（冀婷丽）

【景山公园开展防火防爆演习】 3月31日，景山公园组织11名保安人员在寿皇殿广场进行防火防爆疏散演习，此次演习大大提高了保安人员的整体素质，同时也为春季防火打好基础。

（李梦岚）

【玉渊潭公园完成安全文化微电影创作】 3～7月，按照市公园管理中心2016年安全文化建设工作计划要求，结合开展的“雷池”行动工作，公园3月开始拟定微电影脚本，整体制作全程自编、自导、自演，通过演员选拔、剧情研讨、场景布置、多镜头拍摄、后期制作等工作，最终完成《爱在玉渊潭》微电影拍摄并制作成片，并参加中心统一评比。

（范　磊）

【景山公园对消防及电力设施进行检查】 4月1日，景山公园聘请北京久安正华消防科技有限公司的专业人员，对景山公园的电力及消防设施进行安全检查。重点检查了园内的消防设备，加压测量市政消防栓6处；对园区内的电力线路进行隐患排查，测量配电箱7个。经检测上述设施符合相关安全规定。

（王朝咏）

【中心处级以上领导干部学习新《安全生产

法》】 4月1日，市公园管理中心组织处级以上领导干部集中学习新《安全生产法》。邀请国家安监总局政策法规司司长支同祥，全面解读新《安全法》，为提高中心系统领导干部安全意识、责任意识、维稳意识，加强新法的宣传教育和贯彻实施等工作奠定思想理论基础。中心副主任王忠海主持会议，对开展学习讨论和落实春季公园安全工作提出具体要求。中心副主任高大伟、纪委书记程海军，中心副处级以上领导干部、各单位党委中心组学习秘书、保卫部门负责人及中心职工代表130余人参加。

（中心安全应急处）

【园林学校进行年检】 4月2日，市公园管理中心委托专业公司对园林学校消防火灾自动报警系统、自动灭火系统、消火栓系统、防烟排烟系统以及应急广播、应急照明、安全疏散通道、配电室等消防设施设备系统和用电设施设备进行年检。通过年检，对检测发现的问题立即进行整改，确保学校设施设备运行正常，确保校园安全稳定。

（中心安全应急处）

【中心完成第三方安全检查工作】 4月8～24日，第三方安全检查组再次对市公园管理中心所属各单位的消防设施、监控设施、厨房燃气设施、电路设施、商业网点等重点部位进行专业检查，查出安全隐患59个，提出整改建议26条，安全隐患和整改建议已经反馈到各单位进行逐条整改。

（中心安全应急处）

【天坛公园做好北神厨和北宰牲亭开放安全保障工作】 4月12日至11月5日，天坛公园为确保北神厨、北宰牲亭“天坛文物展”布展工作的顺利进行以及开放后的安全保卫工作，根据相关要求，制订并下发了《北神厨、北宰牲亭“文物展”展览安保工作方案》。邀请东城区消防支队警官对北神厨、北宰牲亭展陈中消防工作进行指导，同时进行岗前安全工作培训。

（冀婷丽）

【动物园完成牌示安全隐患排查工作】 4月13日，为保障安全游园环境，动物园对园内牌示存在的安全隐患进行了全面排查，特别对高空悬挂、单边固定等牌示的稳固性全部进行了确认。为消除潜在的安全隐患，对正门东、西售票处上方三组大型三面翻牌示，采用钢丝绳四角加固的方式再次进行了固定，以保障其在出现极端大风天气时的安全稳固。

（动物园）

【香山公园加强园内服务设施安全】 4月14日，针对大风天气，部分景区内出现牌示倒伏等现象。香山公园利用网格化管理和行业检查等手段，按区域划分，着重就牌示等服务设施的安全性进行检查。此次共涉及牌示476块、路椅路凳411把、果皮箱388个。针对部分固定松动的服务设施，及时安排加固或做移除处理，确保游客的游览安全。

（王晓明）

【中山公园提供抗战阅兵场地保障】 4月15～16日，市警卫局实地考察中山公园游客服务中心、兰室、南门东西票房、水榭展室、一号院及来今雨轩饭庄6处建筑，比较分析2009年国庆60周年阅兵指挥部运行情况。6月11日，市警卫局经与公园商议，正式致函确定公园兰室、游客服务中心、水榭展室、南门东西票班、一号院及来今雨轩饭庄等6处办公用房为抗战胜利阅兵指挥部临时用房。7月23日，市警卫局在公园兰室召开协调会，会议确定阅兵指挥部在园内搭建事宜，市警卫局副局长张何利，阅兵联勤指挥部办公室副主任郭怿丰，市公安局警保处、勤保处、警卫局二处、科信部以及公园相关负责人参会。8月9日，来今雨轩饭庄作为武警十支队备勤指挥部正式启用，120名官兵入驻。8月11～12日，市警卫局完成游客服务中心、公园兰室及客服南广场联勤指挥部大棚搭建、配电工作，8月13日，市警卫局“9·3”阅兵联勤指挥部正式入驻启用。9月3日，“9·3”阅兵联勤指挥部陆续撤出公园游客服务中心、兰室、客服南广场。9月6日，市警卫局同公园完成撤出交接工作。

（刘嘉炜）

【天坛公园的车辆检测通过质监局年检】 4月27日，东城区质量技术监督局特种设备检测所对天坛公园电瓶车、厂内牌照机动车和拖拉机共计49辆进行了年度检测。被检测车全部合格，达到质监局检测标准。

（冀婷丽）

【陶然亭公园开展安全演练】 4月28日，陶然亭公园游船队东码头班组织职工在东码头进行安全演练，保卫科胡勇到现场监督指导。本次演练内容包括灭火器使用方法及注意事项、消防泵和消防栓的使用流程及模拟水上救护等三部分构成。东码头职工普及了灭火器使用知识及操作要点，同时强调了消防泵和消防栓的使用技巧。在模拟水上救护的过程中，游船队水上驾机员、救生员做到了遇紧急情况迅速做出反应、及时准确赶到事发地点，有效地保障了救援的时效，保证了游客的安全。

（付凉爽）

【香山公园组织开展门区疏堵预案演练】 4月28日，香山公园分别在东门、北门门区进行疏堵预案演练。东门、北门检票班人员在接到指挥部下发的疏堵命令后，由班长立即通知班组人员打开大门及两旁通道，用扩音器疏导游客从两侧旁门入园。此次演练用时分别为2.5分钟、3分钟，检票职工共计16人参加演练。

（郑 霏）

【香山公园对园内工地及民工驻地进行安全检查】 4月28日，香山公园对园内所有工地及民工驻地进行拉网式安全检查。检查重点为夜间值班规范、消防设施配备、人员在岗在位、水电基础设施状态等。对检查出来的问题明确整改时限，要求在规定时限内完成，确保节日期间的安全，同时提出要求。

（冀婷丽）

【天坛公园完成园属基层单位汽改电工作】 4月30日，天坛公园根据消防局提出的要求，在2014年保卫科组织对公园内使用液化气罐情况进行摸底统计的基础上，通过征求基层的意见，了解职工的基本需求，结合公园的实际情况，保卫科于3月份提出了气改电的实施方案，保卫科协助工程科对使用液化气罐的园属基层单位的用电线路进行改造。截至4月30日，除了13户住户和5个驻园单位继续使用液化气罐外，园属基层单位的27个液化气罐全部停止使用，基本达到了消防部门提出的中轴线和文物、古建区禁止使用化气罐的要求。

（冀婷丽）

【香山公园完成“五一”节安检工作】 5月1～3日，香山公园聘请北京京安金箭安全防范技术服务有限公司对入园游客实行抽检工作。经过3天的安检，公园共抽检游客4000余人次，收存打火机1395个、刀具1把，有效保障了“五一”期间公园的游览秩序。

（马　林）

【北京植物园开展急救培训】 5月13日，北京植物园开展急救培训。邀请120海淀医学救援中心主治医师，就晕厥、中暑、火灾现场急救、心肌梗死等常见急救知识进行培训，并进行现场心肺复苏术和气道梗阻互救法实操，60余名职工参加。

（刘东来）

【颐和园完成避雷设施安装】 5月15日至8月30日，颐和园完成畅观堂、柳桥古建群避雷设施安装工程。工程设计单位为北京华云科雷技术发展有限公司，施工单位为北京万云科技有限公司，监理单位为北京华银工程管理有限公司。

（李珮瑄）

【天坛公园创建安全文化北京公园模式】 5～12月，公园结合实际积极开展“雷池行动”。组织召开动员大会，就开展“雷池行动”工作进行了部署，园领导对园属各单位提出了“高度重视、排查隐患、认真整改、狠抓落实”的工作要求。组织职工开展了在本单位、本系统、本行业曾经出现的火灾、拥挤踩踏、交通亡人事故、安全生产事故、意外伤亡事故、文物损毁丢失、个人极端事件等事故中查找隐患，吸取教训。通过排查，共查处安全隐患54项，其中有51项已及时整改，3项已责令相关部门正在整改中。全园共征集警言警句77条，漫画107幅。

（冀婷丽）

【中心应急处对公园游乐设施进行现场安全检查】 6月1日，市中心应急处对所属公园进行了安全检查，要求市展公园要高度重视游乐设施运营安全，落实各项安全管理措施，明确责任，定期对设备进行检查和验收，组织作业人员进行安全培训和应急演练，完善疏散大人流等各项应急预案，保障游乐设施运行安全，确保游客度过安全的节日。

（中心安全应急处）

【北海公园开展全园控烟情况检查】 6月1日，北海公园结合《北京市控制吸烟条例》对商业网点、控烟标志标识张贴情况及制止游客吸烟情况，进行抽查时未发现售卖香烟现象，没收摊点售卖的打火机30个，成功制止游客吸烟47起。

（汪　汐）

【市文物局执法大队到北海公园检查工作】 6月9日，市文物局文物执法大队检查北海公园古建安全工作。实地查看团城、仿膳的消防、避雷、用电等方面情况，对相关工作给予肯定并提出要求。

（汪　汐）

【北海公园推进“安全生产月”各项工作】 6月10日，北海公园采取相应举措，积极推进“安全生产月”各项工作。6月10日，保卫科邀请西城消防支队及市安监局来园开展消防安全知识和安全生产讲座。全园140余人参加。制作“雷池行动在北海”主题安全宣传展板18块，琼华岛队、园艺队、工程园容队积极组织职工参观学习；开展全园安全专项检查，及时排查水、电、气等使用安全隐患。游船队检查码头周边及船只应急救援等设施设备。园艺队检查并维修保养打药车、电瓶车等园林机械设备。工程园容队制订查找隐患、灭火演练、室外高温作业安全等工作方案。

（汪　汐）

【香山公园开展大树倒伏应急预案演习】 6月11日，香山公园开展大树倒伏应急预案演习，指挥部向绿化一班和植保班发出抢险救灾指令。接到通知后，临近职工在10分钟内携带工具赶到现场。在绿化一班班长指挥下，进行警戒线设置、疏导游客、梯子架设、防护用具穿戴、上树作业清除安全隐患等工作。其他职工陆续赶到现场，并且协助进行现场清理工作。上午10点，安全隐患消除演习结束。此次演练参与职工人数近20人。

（王雪涵）

【中心举办安全生产月主题宣传日活动】 6月16日，市公园管理中心举办安全生产月主题宣传日活动。各公园在主要门区设置宣传咨询站，悬挂宣传横幅、摆放展板，向游人发放各种安全知识宣传册；开展“公园是我安全的家”游客安全游园满意度调查，发放问卷1100份；启动褐色袖标志愿者行动，千名公园安全志愿者上岗；展示“雷池行动”的警言警句和漫画；开展水上救护、索道救生及消防演练，利用电子显示屏向游人循环播放《安全游园温馨提示》《公园是我安全的家》动漫短片及禁毒公益广告和禁毒宣传口号。中心副主任王忠海出席颐和园现场活动。

（中心安全应急处）

【玉渊潭公园褐色袖标安全志愿者服务队正式成立】 6月17日，公园召开褐色袖标安全志愿者启动仪式会议，与首批45名公园安全志愿者签订了《北京市玉渊潭公园安全志愿者服务承诺书》，向志愿者发放“公园安全志愿者”袖标，讲述“褐色袖标”的由来，对公园安全志愿者活动工作提出要求，倡导市民安全游园，实现安全责任全面落实于公园每个角落。

（范　磊）

【中心完成平安公园“微电影”创作】 6月18日，市公园管理中心圆满完成平安公园“微电影”创作。经过编剧、拍摄、后期制作等环节，由职工自编、自导、自演的14部“微电影”历时5个多月，已经创作完成。“微电影”以平安公园为主题，以多视角展示公园安全管理工作，具有较强的思想性、艺术性和趣味性，作品于6月下旬开始巡回展映。

（中心安全应急处）

【中山公园巡更点位完善】 6月22日，中山公园护园队修正完善巡查巡更点位。修正后4个区域含点位22处，巡更间隔时间调整为10～15分钟。

（郑　超）

【香山公园组织开展索道应急救援演习】 6月25日，香山公园联合香山消防中队在索道三号塔架附近开展索道应急救援演习。演习模拟了索道在突发电器故障，游客高空被困的情况下，关于救援预案启动、高空应急救援、游客护送到安全地点共三项内容的执行情况。全程历时约20分钟，公园职工及香山消防中队官兵共60余人参加。市公园管理中心安全应急处、市旅游委、区旅游委、区质监局、区消防支队、香山街道办事处、香山公园派出所等单位有关人员进行观摩指导。各单位领导对演习成果给予高度肯定并提出建议。

（马　林）

【中山公园微电影创作】　6月26日，中山公园历时5个月完成平安公园系列“微电影”《忽视的代价》创作及拍摄工作。影片讲述游客不听劝阻意外落水，经公园营救后深感后悔，并以自身为鉴提示广大游客在公园要听从工作人员的安全提示，以免发生危险。影片全长15分钟。

（刘嘉炜）

【香山公园组织开展古建施工人员火灾扑救演习】　6月26日，香山公园组织开展古建施工人员火灾扑救演习。上午9点30分，指挥部发出消防预案启动指令，电话通知香山寺二标项目经理，由其联动一标、三标组织人员携带灭火器材进行扑救，参加预案演练人员共60人，用时18分钟。

（马　林）

【玉渊潭公园开展安保工作展示活动】　6月26日，玉渊潭公园开展安保工作展示活动。展示项目包括：队列展示，展现公园安保人员精神风貌；消防演练，展现突发火情时，安保力量快速赶到并控制火险能力；防爆演练，展现发现疑似爆炸物时，安保人员使用排爆工具妥善处理的能力；执法工作演示，展现安保人员依法依规对违反公园各项规定的行为予以制止和劝阻。公园党委书记赵康，党委副书记吕文军、副园长郭会祥共同观摩演练。《法制晚报》《劳动午报》《晨报》等多家媒体记者到演练现场采访。

（范　磊）

【市属公园开展“加强安全法治，保障安全生产”主题志愿服务活动】　6月26日，在主要门区、景点分3个时段对不同类型的游客进行游园安全问卷调查，并配送纪念品，共发放问卷1100份；设立志愿服务站，向游客发放安全书籍、安全志愿者臂章、安全出行手册等；利用公园显示屏，播放安全游览宣传片，摆放安全知识展板，并向游客讲解安全出行、防火、防电等安全知识；部分公园结合水上游船特色，公园志愿者向游客普及使用救生衣、救生圈、逃生技巧等安全常识，提升市民自救意识。

（中心团委）

【北京动物园首次举办“安全主题活动日”】　6月29日，在北京动物园科普馆举办首次“北京动物园安全主题活动日”，内容包括：播放安全微电影、展示各队安全漫画及安全舞台剧、观摩管理队“反恐防暴应急演练”和西城消防支队九中队消防演习、开展“模拟火场逃生演练”。北京市公园管理中心副主任王忠海、安全应急处处长史建平、北京市宣教中心主任高云飞、北京市旅游委安全应急处副处长陈靖滨、西城区旅游委副主任张辉观看了主题日各项活动。公园各部门队长、书记、安全主管及各班组安全员180余人在观看各项活动后参加了“模拟火场逃生演练”。

（刘　萍）

【中心系统“褐色袖标行动”启动】 6月30日，从安全生产月开始，在各公园的票务、经营、保洁、绿化、护园、保安等岗位，组织了千名公园安全志愿者佩戴由市公园管理中心统一制作的褐色袖标上岗，他们在完成本职工作中将成为安全游园的宣传员，发现隐患的巡查员，报告险情的信息员，将逐步成为公园安全管理新的常态化举措。

（中心安全应急处）

【北京植物园举办知识大讲堂活动】 6月30日，北京植物园举办“安全防火与电器应用”知识大讲堂活动，邀请北京市火灾防治中心的王维廉教员给植物园安全员、班组长和承包商亭人员进行消防安全知识培训。介绍火灾形势，解读新《消防法》以及常见火灾起因及如何预防、消防器材的正确使用等知识。

（刘东来）

【东城区A级景区进行联组互查】 6月30日，按照东城区旅游委安全生产月活动方案的部署，天坛公园作为组长单位组织东城区10家A级景区进行了联组互查，各家单位在互查中查找自身不足，彼此交流工作经验，学习兄弟单位的长处。

（冀婷丽）

【中心开展行政执法行动】 6月，市公园管理中心对吸烟、野钓、翻越围栏、攀折花木、乱扔果皮、烧烤等6类78起违法行为执行现场处罚。其中，禁烟区域吸烟处罚48起，占总数60%。中心将持续加大宣传劝阻力度，严控打火机等火种进园，营造安全游园环境。

（中心安全应急处）

【中山公园水上救生演练】 7月2日，中山公园模拟筒子河东侧游客落水。游船班立即启动水上突发事件处置预案：售票员通知保卫科、护园队等相关部门；两条救生艇前往目标落水点，其中一条救生艇距“落水者”5米处抛出救生圈，成功救起“落水者”；另一条救生艇负责维持水面现场秩序。演练用时2分30秒。

（王　薇）

【北海公园积极做好夏季安全工作】 7月13～14日，北海公园保卫科联合管理经营科就公园内商铺、出租单位的用火用电、人员管理、消防器材等情况开展检查，共检查20余处，查出一电多插、私设库房、临时用工人员未及时备案、个别售卖人员不能出示健康证及佩戴假工牌等隐患点6个，均已责令限期整改。商店在疏通雨水管线的同时，加大用电管理力度，培养员工树立节电意识，更新老化的燃气管线和电线，普及雷雨天气安全常识，雷雨天气加强安全防护。

（汪　汐）

【中山公园查封地下空间】 7月15日，中山公园参加天安门公安分局地下基础设施安检管控工作会。7月20日，市公安局安检部门、电力、通信、自来水、燃气公司一行15人拉网式排查全园井盖。查看全园自来水、污水、消防、绿化等地下井776个，其中公园自管井678个。8月10日，上述单位和人员第二次排查全园井盖，贴封条处理移动公司地下井3个、客服北广场无主电力井1个。8月20日，投资18.23万元，完成园内632口自管井加装物防锁工作。8月25～26日，公园配合市特警总队、驻园派出所、电力、通信、自来水、市政排水、燃气公司等单位代表106人，按产权及区域划分12个小组，复查园内各类地下井1013个并贴封条处理。

（刘嘉炜　王子珣）

【香山公园全面做好暴雨极端天气应对工作】 7月20日，针对持续暴雨天气，香山公园加强防汛防灾害检查力度，对危险地段和房屋加强巡视监察。公园因连日降雨共造成36处房屋漏雨，1处墙体垮塌。公园共出动百余人次参与抢修。相关部门已陆续开展对全园受损房屋及基础设施进行维修和加固，并做好持续降雨应对工作。

（武　健）

【颐和园完成消防系统升级改造】 7月20日至10月30日，颐和园完成排云殿、佛香阁消防系统升级改造。工程总投资117.78万元。设计单位为北京中建恒基工程设计有限公司，施工单位为北京中山消防保安技术有限公司，监理单位为华银工程管理有限公司。

（李珮瑄）

【中心安全应急处到紫竹院进行工作调研】 7月24日，中心安全应急处一行到紫竹院调研关于紫竹院派出所撤销事宜，要求公园要做好对新情况的应对准备，确保派出所撤离后公园安保工作不下滑；主汛期已经到来，防汛物资要充足有效，地下有限空间、监控室、游船码头重点区域备好沙袋，做到常备不懈，取之有效；公园“十三五”规划中关于安保方面的项目要再研究再论证中并做出项目费用估算及实施时间等规划。

（中心安全应急处）

【中山公园抗战阅兵活动场地安检】 7月24日，市警卫局针对抗战胜利阅兵活动场地安检到中山公园踩点，并提出要求。公园安排10名职工协助检查。8月31日，公园以五色土为中心划分8个安检区域，由80名士兵、20名特警及犬队人员负责安检工作，每区域1名公园职工陪同。第二次、第三次场地安检分别于9月2日上午11时、9月3日早8时完成。

（刘嘉炜）

【陶然亭公园部署70周年活动安全保障工作】 7月24日至8月5日，陶然亭公园副园长孙颖带队，保卫科联合经营管理科对公园的所有出入口进行了安全检查，通过实地踏勘，孙颖副园长要求保卫科、经营管理科要按照“9·3”大型阅兵活动安保方案的要求，对公园所有的出入口制订管理方案，能封闭的封闭，该整改的整改。同时检查组对公园内重点部位、重点区域、部分驻园单位生活区用火、用电、用气安全管理进行了检查，要求驻园单位管理人员牢牢绷紧安全管理这根弦，切实加强本单位职工安全培训，提升职工安全意识，开展经常性隐患排查工作，对存在的隐患及时整治消除，确保公园的安全稳定。

（杨文博）

【中心对中山公园、香山公园、紫竹院公园和动物园十三陵饲养场开展安全检查】 7月29日，市公园管理中心加强安全管理，对中山公园、香山公园、紫竹院公园和动物园十三陵饲养场开展安全检查。突出古建防火、暑期防汛和极端行为防范等安全重点，梳理完善预案方案，组织开展应急演练，检查督促值班值守和应急备岗，做好纪念抗战胜利70周年各项安全保障工作。

（中心安全应急处）

【中山公园加强抗战胜利阅兵活动期间人员车辆管理】 7月31日，中山公园向市警卫局"9·3"阅兵指挥部办公室申报阅兵活动期间值守人员124人，备勤车辆10辆。124名值守人员、5辆备勤车辆获批。8月13日、8月15日、8月22日、8月30日，市警卫局分别启用活动预演值守证件和准备期工作证、车证，公园留守人员统一持证上岗。8月30日，园内无证机动车全部离园。9月2日，园内留守人员更换"9·3"阅兵活动正式证件上岗。

（刘嘉炜）

【抗战阅兵活动协调会在中山公园召开】 8月8日，市警卫局组织抗战胜利阅兵活动北区相关单位在中山公园兰室召开准备工作协调会。市警卫局分别听取天安门广场、中山公园、劳动人民文化宫、故宫负责人介绍基础设施安保升级、分指挥部施工建设、中央电视台塔架铺装等后勤保障工作进展情况汇报。会后，市警卫局局长王磊、副局长柴新民实地检查园内及西观礼台施工现场。

（刘嘉炜）

【中山公园抗战胜利阅兵活动前期安保】 8月8～23日，中山公园南门奉命免票入园，游客量激增。护园队每天安排不少于15人到岗，并增派保安8名。按指定路线疏导人流，维护公园游览秩序；严厉打击园内非法兜售行为；加强周四、周日后河管理力度；开放西南门为临时出口，调派人员做好车辆、游人疏导工作。期间制止非法兜售5起，随扈重点游客17次40余人，捡拾游客包裹2次，帮助找寻走失游客2次。

（郑　超）

【香山公园开展交通安全宣传】 8月10日，香山公园联合海淀黄庄支队和香山街道安全生产办公室，在公园东门游客服务中心前广场开展交通安全宣传，向游客宣传交通安全知识。本次活动共发放《交通安全责任书》和《交通事故快速处理单》50余份。通过此次宣传，为打造香山地区良好的交通秩序奠定基础。

（马　林）

【玉渊潭公园完成自动灭火装置安装】 8月11日，玉渊潭公园落实中心第三方安全检查组建议，完成职工食堂灶台自动灭火装置安装工程，并通过验收。该工程由北京东方静安消防工程有限公司（消防设施工程专业承包壹级资质）施工。8月11日，副园长郭会祥、高捷，保卫科及后勤队相关人员在厂家技术人员指导下，进行了模拟火情自动报警及灭火装置无药喷洒实验，各项装置启动、运行正常，达到预期效果，验收合格。

（王智源）

【中心召开第四次安全文化建设工作会】 8月13～14日，市公园管理中心召开第四次安全文化建设工作会。中心党委副书记杨月出席并讲话。会议邀请中国企业文化研究会、国家安全生产监督管理总局专家学者介绍安全文化建设知识，提出开展工作建议，展播了各单位创作的平安公园微电影，各单位汇报交流了安全文化建设情况。中心各单位主管领导、相关负责人和工作人员近50人参加会议。

（中心安全应急处）

【中山公园保障抗战胜利阅兵预演】 8月13日，“9・3”阅兵联勤指挥部、驻园派出所、地区消防处及中山公园值守职工100余人到岗备勤；中山公园保安员协助驻园派出所全园人员及车辆清场。晚10时30分，市公安局局长王小洪、副局长丁世伟一行来园考察工作。管理处值班干部、值班电工、社会化保安、保洁人员30人，配合提供夜间照明、用电、卫生间保洁、车辆人员出入等服务保障。8月15日，值班电工、社会化保安、保洁人员40人配合联勤指挥部、驻园派出所、地区消防处完成第二次演练保障。8月23日，73名留守人员24小时值守，会同团市委83名志愿者做好观礼台礼宾出入引导服务，为观礼台礼宾、联勤指挥部、志愿者等提供停车场、人员出入照明、水电设施保障。

（刘嘉炜）

【景山公园邀请防火中心人员进行消防知识培训】 8月17日，景山公园特邀防火培训中心的工作人员到公园进行消防知识培训，重点介绍了日常用火、用电方面的消防知识，园内职工及驻园单位40多人参加了此次培训，大家纷纷表示受益匪浅。

（白传荣）

【中山公园电气检测】 8月17～20日，电气检测公司完成72处办公区域、用电设施、驻园单位及155盏路灯电气检测。发现中山公园用电安全隐患63处。8月30日隐患整改完成。

（刘嘉炜）

【中心开展阅兵和世锦赛“两大活动”安全保障互查工作】 8月18～19日，市公园管理中心开展阅兵和世锦赛“两大活动”安全保障互查工作。由王忠海副主任带队，分两组进行安全互查，听取情况汇报，重点检查消防安全、反恐防爆、防个人极端行为等突发事件应急预案的制定和落实，农药、化肥、汽油等易燃易爆危险化学品的使用管理，商业网点、施工现场等部位的用电安全、交通安全以及人员的管控等内容。王忠海副主任提出要求。

（中心安全应急处）

【陶然亭公园开展“9・3”安全检查】 8月19日，根据中心《关于做好建设工作安全排查的通知》精神，陶然亭公园绿化科工作人员对华夏名亭园李杜景区景观改造二期工程、窑台山山体高喷、慈悲庵周边绿地环境改造工程三处项目工地及驻地进行专项安全排查，并向项目负责人传达“9・3”期间安全管理规定，填写《施工单位安全管理责任签署表》。检查中发现李杜景区项目一个灭火器压力不达标，现场进行了更新。绿化科工作人员根据安全管理规定的要求，对3个项目的负责人在现场进行安全教育，要求其对“9・3”期间的值班人员进行传达、教育，确保活动期间的安全。

（杨　威）

【公园开展海淀区旅游行业景区水上演练】 8月19日，在海淀区旅游委的指导下，玉渊潭公园开展海淀区旅游行业景区水上演练，演练科目包括突发恶劣天气、游客不慎落水、水上船只起火、防汛处突，依次拉动应急队伍进行现场施救，全面提升应急队伍的处突能力，保障公园水面安全。海淀区旅游委主任助理史广亮现场点评演练，公园党委书记赵康、副园长高捷、郭会祥参加观摩演练。

（范　磊）

【中山公园配合市特警支队演习】 8月20日，市特警支队针对“9·3”阅兵期间非法闯入车辆拦截处置在中山公园东门开展演习。东门停止售票，禁止游客出入。保卫科值班员配合疏导游客绕行。晚7时30分演习结束后东门恢复正常出入。

（刘嘉炜）

【中山公园配备高压细水雾消防推车】 8月26日，市公园管理中心拨款37万元，购置两台高压细水雾消防推车，分别放置于神厨神库展厅及管理处东院内。培训保卫科、护园队、服务一队部分职工，试水并考核，10名参加培训人员通过考核。

（刘嘉炜　王子珣）

【北京植物园持续强化安全工作】 8月26日，植物园持续强化安全工作，邀请香山派出所、食品药品监督管理所以及绿源商贸中心法人等行业管理部门领导为园内全部商业网点负责人和相关工作人员进行食品、治安、用电安全等方面的专业培训，旨在规范各经营网点的经营秩序，全面落实园内经营安全管理责任，确保在纪念抗战胜利70周年活动期间所有经营工作有序开展。

（刘东来）

【颐和园完成消防安防系统升级改造】 8月30日至12月30日，颐和园完成谐趣园、船坞消防、安防系统升级改造工程。消防系统升级改造工程设计单位为中奥建工程设计有限公司，施工单位为北京沃得沃机电安装有限公司，监理单位为华银工程管理有限公司，工程总投资72.38万元。安防系统升级改造工程设计单位为北京中奥建工程设计有限公司，施工单位为北京住总建设安装工程有限公司，监理单位为华银工程管理有限公司，工程总投资88.38万元。

（李珮瑄）

【景山公园完成阅兵保障任务】 8月31日，为保障纪念中国人民抗日战争暨世界反法西斯战争胜利70周年阅兵期间公园安全，景山公园加大安全管理力度，确保景山公园安全游览秩序。检查园区消防、电力、无线电、禁烟等情况；制作“底小慢”飞行器禁飞牌示；在门区摆放《北京市公安局关于实施群众举报涉恐涉爆线索奖励办法的通告》牌示；发放了公园志愿者臂章40个、袖标45个、治安巡逻员袖标20个；对驻园单位的用火、用电、商品安全进行全面排查，共检查商户7次，驻园单位10次，园区排查10次，对检查中发现违规立即进行整改处罚；签订“两大活动”安全管理责任书，把责任落实到人；为保障阅兵期间的园区安全，制订了安全保卫方案、预案提前做好演习。组织消防应急演练8次，其中夜间4次，反恐处突事件4次，游客大人流疏散演练4次；对园内外来人员重新进行身份核录，最大限度地消除不安全、不稳定因素，确保“9·3”期间不发生任何问题。

（李　旗）

【中山公园抗战阅兵活动安保接待】 8月31日至9月3日，阅兵活动结束，中山公园部署安保力量109人。接待市警卫局、武警部队、市特警总队值守人员610人次；接待特警支队、38军工兵、北海舰队、市警卫局等场地、水域安检人员370人次，配合安检3次；接待中央电视台、供电公司、市政排水公司、电话局、阅兵指挥部施工部门等活动保障人员200人次；接待活动观礼嘉宾车辆42辆；接待活动备勤车辆64辆；接待活动前期保障、执勤、各级检查车辆60辆次。接待市级领导工作视察1次。

（刘嘉炜）

【天坛公园完成反法西斯战争胜利70周年纪念活动安全保卫工作】 8月中下旬，开展消防安全评估，天坛公园管理处与园属各单位签订了消防安全承诺书。各单位对本部门所属消防设施和灭火器材进行检查维护，检测电气和燃气线路设施，商店和后勤服务队全面清洗油烟道。按照网格化安全管理区域划分，加强对隐患的排查检查，提示严格危险源管理，督促基层单位认真落实消防工作责任，确保消防设施完好有效，保证安全出口、疏散通道、应急车通道畅通，确保及时清理可燃杂物，确保安全规范用火、用电。8月20日0时至9月3日24时，公园全天停驶80%的机动车，公园现有机动车47辆，封存了37辆，保留10辆。

（冀婷丽）

【景山公园门区设安检确保“9·3”阅兵活动安全】 9月1～5日，为做好“9·3”阅兵期间的安全保卫工作，景山公园与京铁卫士保安服务有限公司接洽，在公园3个门区设置保安人员对游客进行安检入园，要求他们严格按照安检制度，逢包必检，确保公园在“9·3”阅兵期间不发生安全问题。

（王朝咏）

【陶然亭公园完成“9·3”阅兵安全保障工作】 9月3日，陶然亭公园游船队作为公园湖面管控主责部门，于阅兵当日全员上岗，在东湖、西湖、南湖设立3个应急点，组成了湖面应急保障力量。在阅兵演练当日，游船队全天候加强水面巡视力度，快艇不间断在湖面进行巡视，并及时检查船只设备，确保各类设备设施正常运行。

（付凉爽）

【香山公园做好“9·3”安全服务保障工作】 9月3日，为确保纪念中国人民抗日战争暨世界反法西斯战争胜利70周年安全服务保障工作，香山公园提前制订安全及服务接待方案，严格执行方案规定，实现安全无事故，服务无投诉；全天共接待游客1.80万人，其中购票游客1.02万人，碧云寺接待游客2000人，索道接待游客1400人；处领导亲自带队，各职能部门牵头，组织力量按全园预先划分的6个区域进行巡视，同时针对人员聚集区、湖面及山顶等重点部位加强管控力度；全天共有295人参与巡检，其中正式职工100人，社会化职工195人；东门、北门、碧云寺门区设置安检员，做到逢疑必检，逢包必检，保障了园区游览安全和秩序；安保方案制订单行线两条，因游客量未达到预警数量未予启用；非紧急救助服务接待游客咨询300件，无意见建议及投诉事件，无外事接待服务。

（任小双　郑　蕊）

【北海公园完成“9·3”安全保障工作】 9月3日上午，北海公园采取临时闭园措施并于中午12点恢复开放，当天北海公园配合市警卫局临时封闭白塔制高点并于琼华岛景区拉设警戒线，13点30分解除警戒。提前在各门区及主要区域及时发布闭园公告，做好游客解释工作，累计回复电话及微博问询近千次。抗战胜利70周年活动当天全天接待游客0.35万人，增派安检人员20人，武警、公安增援60人。联合驻园派出所核查2日夜间值班人员身份信息，开展安全检查，修理码头、船只等设备设施，封存液化石油气罐9个，清理全园垃圾箱及易燃物40车，进行夜间消防应急演练，配合交通支队清理南门停车场无关车辆。

（汪　汐）

【中心完成中秋、国庆假日前安全应急演练】 9月14日，北京市旅游委和北京市公园管理中心组织天坛公园相关人员在祈年殿院内西侧区域举行安全应急演练。此次演练涉及对个人极端行为和火情两项突发情况的处置。整个演练用时18分钟，出动安保力量138人。演练结束后，北京市旅游委赵广朝委员进行了点评，对此次演练给予肯定。演练结束后，在公园神乐署雅乐中心组织召开了中秋、国庆假日旅游工作会议。北京市旅游委主任宋宇、市公园管理中心副主任杨月、市旅游委委员赵广朝、市旅游委安全与应急处处长王军、市公园管理中心保卫处处长史建平、副处长米山坡、天坛公园园长李高、党委书记夏君波、党委副书记董亚力与北京市37个委办局、16个区县政府、7个相关管理部门和16个大型相关企业的领导约100人参观演练。

（冀婷丽）

【安全生产监督局到景山公园检查工作】 9月24日，西城区安全生产监督局副局长曲少博一行到公园检查安全生产工作，公园领导接待并汇报了景山公园2015年安全生产工作，曲副局长查看了公园安全制度、安全生产教育资料和检查记录后，认为景山公园安全生产工作抓的比较扎实，能够按照《中华人民共和国安全生产法》落实好各项规定，对公园安全生产工作予以肯定。

（王朝咏）

【陶然亭公园严格管理入园车辆】 9月28日，陶然亭公园护园队严格按照公园管理处新下发的《陶然亭公园进车单》对入园车辆进行管理，认真践行入园车辆的治理工作。

（郑　涛）

【陶然亭公园制订“四项”展览大人流应急预案】 9月28日，为确保“红色梦”“亭文化”“园史”“云绘楼·清音阁”四项展览期间不发生游客大人流集中现象，陶然亭公园保卫科联合基建科共同制订了“陶然亭公园四项展览大人流应急预案”。确保一旦发生紧急情况和突发事件，立即启动本预案，消除和控制事件扩大，安全疏导游客，最大限度地减少人员伤亡和财产损失，切实做到快速反应、统一指挥、分级负责、有效救援。

（杨文博）

【中心党校做好国庆期间安全工作】 9月30日，中心党校召开职工会议，传达落实中心9月28日电视电话会议精神，部署党校“十一”期间工作：开展安全隐患的排查调处工作，强化对重点部位、重要环节的检查，发现隐患及时整改；落实各项安全预案，提高安全防范意识，加强用气、用电、用火、安全；做好节日值班工作，落实重大事项报告和领导带班制度，履行值班职责，确保通信畅通。

（张洁瑛）

【天坛公园完成国庆节期间安保工作】“十一”期间，在天坛公园5个入口处利用手持安检仪对游客实施安检，查出打火机4500余个，白酒15瓶，啤酒25瓶，刀具16把，开包检查14800个，检查约34300人，“十一”期间共出动专业安检员200人次；节前开展了消防演练和反恐防爆演练各1次。节日期间未发生火情火灾和治安灾害事故。

（冀婷丽）

【景山公园参加国际减灾日体验活动】 10月10日，景山公园积极参加什刹海街道办事处组织的国际减灾日体验活动，活动现场观看了正确快速使用担架、安全绳，以及如何在着火的房间迅速逃脱的方法，还在现场参加了失重、地震模拟体验等活动。

（李梦岚）

【香山公园开展红叶娃娃互动巡游及护林防火宣传活动】 10月15日至11月15日，香山红叶观赏季期间每周一至周五，分上午、下午两场从公园东门至北门，沿环线开展红叶娃娃互动巡游活动。巡游过程中与游客互动拍照留念，并发放护林防火提示卡。游客还可通过扫描提示卡上二维码关注香山的微博、微信，参加香山美景随手拍等活动。

（杨　玥）

【北海公园接受海事局安全检查】 10月16日，海事局到北海公园对游船码头设施、安全设备、相关规范等情况进行安全检查，检查结果均为合格。

（汪　汐）

【景山公园多措施防范火灾隐患】 11月2日，景山公园积极做好冬季防火工作，专门成立了冬防领导工作小组；制订了冬防工作方案下发各科队；在各门区张贴禁烟宣传画，在山路护栏上增加防火宣传警示牌；检查全园各单位的用电、用火以及园内消防器材及设施；加强对山体巡视。

（白传荣）

【景山公园加强雨雪天气防护措施】 11月6日，北京迎来了第一场雪，导致公园上山路段湿滑，景山公园立刻采取措施拉开警戒线封锁后山主要上山路段，并树立安全提示牌，同时增加安保力量加强园区巡视。

（李梦岚）

【中心党校做好应对雨雪天气的安全防范工作】 11月6日，中心党校根据中心关于做好雨雪天气应对工作的通知精神，及时将有关事项传达给全体教职员工，并做到认真巡视检查校园安全，对重点部位进行排查，消除隐患；加强气象信息收集，密切关注大风、强降雨、降雪天气信息发布，遇有极端天气，加强巡视观察，险情及时上报；落实各项安全预案，提高雨雪天气安全防范意识，加强员工雨雪天气交通安全的教育，提醒开车、骑车员工注意行车安全；加强值班工作，落实重大事项报告和领导带班制度，做到任务到岗、责任到人、管理到位，定时巡视，保证不空岗、不脱岗、确保24小时通讯畅通。

（张洁瑛）

【市属11家公园开展“公园是我安全的家”主题宣传咨询日活动】 11月9日，活动共设置消防安全宣传咨询站11个，悬挂宣传横幅20条、摆放展板42块、布置黑板报53块、现场消防表演2次，向游人发放宣传材料10000余份、发放消防安全知识问卷100余份，并利用LED大屏向游人循环播放公园《安全游园温馨提示》动漫短片和消防主题宣传标语。活动出动消防官兵向游客进行了消防器材使用培训、讲解和实战灭火演练。此次活动共计服务游人千余人次。相关消防支队、中队、区街道综治办、驻园派出所参与了公园的宣传活动，中心副主任王忠海、各公园主管领导、中心安全保卫处一同参加了宣传日活动。

（中心安全应急处）

【玉渊潭公园完成监控室升级改造工程】 11月13日至12月9日，公园监控室升级改造工程完工，设备通过竣工验收，正常投入运行。新系统整合了高清监控、模拟监控、人数计数、GPS定位系统，监控墙可视面积增加200%，并为今后监控整体升级改造预留空间。

（范　磊）

【北京动物园开展全国交通安全日宣传】 12月2日，北京动物园召开“11月安全例会”。会上，结合“全国交通安全日”对各科、队、外聘公司、驻园单位等部门安全主管进行宣传培训教育，要求各部门提高安全认识，开展有针对性地培训教育工作；加大检查力度，确保公车、私车出行安全；加强法规学习，确保本部门人员知法守法，能够做到安全驾驶、安全骑行、安全出行。

（刘　萍）

【陶然亭公园开展消防安全检查】 12月4日，陶然亭公园为落实消火栓管理和维护工作，确保冬季消火栓能够正常出水，保护职工及游客生命财产安全，公园保卫科逐一对园区内室外消防井及慈悲庵、云绘楼重点部位消防箱进行了检查、泄水、保温工作，排除了冬季消火栓因余水结冰管裂而无法正常出水的隐患。

（杨文博）

【玉渊潭公园开展禁毒知识宣传活动】 12月5日，公园以“珍爱生命，远离毒品”为主题，在西门外广场设立临时禁毒宣传站，通过LED大屏幕循环播放禁毒短片及宣传口号，展示宣传展板8张，向游客宣传禁毒知识，提高园内职工和游客的禁毒意识。

（范　磊）

【北海公园通过控烟示范单位工作检查】 12月14日，北海公园顺利通过北京市控烟示范单位创建工作检查。西城区疾病控制中心健康教育所联合什刹海街道爱卫会工作人员听取了北海公园关于创建控烟示范单位的工作汇报，并查看了相关文件资料。检查组对北海公园控烟工作表示满意，下一步将上报检查结果并等待审批。公园园长李国定，党委副书记曲禄政出席会议。

（汪　汐）

【香山公园参加实战演练及装备展示会】 12月29日，香山公园共10余人参加由香山街道组织的“森林扑救实战演练及装备展示会”，此次展示主要是模拟在发生事故后，对地区间联动救援机制落实、反应速度、方案落实等方面进行考察。为进一步强化香山地区消防救援能力，为组建微型消防站奠定基础，在演习结束后，由香山消防中队官兵对参会人员进行灭火装备及操作方式的讲解和演示。

（马　林）

【中心安全生产标准化创建工作正式启动】12月30日，市公园管理中心召开安全生产标准化创建工作动员会，中心副主任王忠海出席，提出要统一思想，提高认识。市安监局、市园林绿化局及相关合作公司领导，中心所属各公园主管领导、保卫科长等相关人员参加会议。

（中心安全应急处）

【景山公园保卫科整治公园环境】　年内，为保障“2015年世界田径锦标赛”“中国人民抗日战争暨反法西斯胜利70周年”阅兵活动的顺利进行，景山公园按照公园环境整治要求，制作了4块杂物清理通知牌示摆放在显著位置，对游客私自存放在园内的杂物进行清理，对于不听劝阻或无主杂物，公园当做废弃物进行处理，给游客营造一个温馨舒适的游园环境。

（王朝咏）

【天坛公园圆满完成第十一届文化周安保工作】　年内，天坛公园为维护好第十一届文化周活动游览秩序，在祈年殿院内东西配殿两侧搭建观众看台，在祈年殿院内演出区域安装12扇栏杆，用于维护现场秩序，同时利用广播和安全提示牌对游客进行有序疏导，防止发生拥挤踩踏事件。文化周活动期间，每天出动安全保卫人员共计953人次，其中治安、消防等公安警力83人次，安检和活动现场保安210人次，武警60人次，公园职工和保安（含夜间值守巡逻人员）600人次；在祈年殿三个入口处实施安检，禁止携带打火机、水果刀、易燃易爆等危险物品；公园出动消防车1辆、外雇救护车1辆现场备勤；保卫科人员每天在活动现场进行协调、疏导和巡查，制止吸烟游客9人次。此次文化周活动期间未发生任何安全问题。

（冀婷丽）

【天坛公园重点时段安检情况】　年内，天坛公园2015年春节文化周、“两会”“五一”期间、国庆期间在四大门口和东门停车场游客入口处实施安检，端午节期间至9月底在祈年殿三个入口处对游客实施安检，共计出动安检人员1080人次，安检游客366300余人次，收缴打火机23852个、刀具93把，白酒71瓶、啤酒74瓶。期间共出动专业安检保安2164人次，公园配合安检保安258人次，使用手持安检仪10台，安检游客474005人次，验包31256个，暂扣打火机和易燃物品34868件、刀具108把，暂扣白酒22瓶、啤酒9瓶。

（冀婷丽）

【北海公园完成食堂相关安全隐患排查】年内，北海公园后勤服务队排查职工食堂灶具、排烟系统、消防系统安全隐患，对查出的问题分别制订解决方案。

（汪　汐）

【陶然亭公园创作平安公园“微电影”】年内，按照北京市公园管理中心的要求，各单位创作一部安全文化“微电影”。陶然亭公园通过全园干部、职工自编、自导、自演方式，拍摄了微电影《乐享陶然之安全篇》，该片获得北京市公园管理中心“微电影”评比第二名。

（杨文博）

文化活动

文化研究

【综述】 年内，市公园管理中心打造先进园林文化引领高地，全年举办100余项文化活动和展览展陈，持续打造“一园一品”工程，公园文化季、香山红叶季、北植桃花展、玉渊潭樱花展、景山牡丹展、中山郁金香展等传统品牌活动持续开展，陶然亭首次推出海棠春花“一园一品”主题展示。园博馆创新合作办展模式，与30余家文博单位合作举办专题展览22个，并在打造“有生命的博物馆”中推出新举措。深入挖掘历史名园文化资源，颐和园晚间活动项目顺利推进，夜景照明取得实质性进展。国际文化交融逐渐深化。打造跨国文化项目，颐和园引进“法国香波堡历史文化图文展”，天坛举办中和韶乐赴法文化交流一周年纪念活动，园博馆推出“美国景观之路——奥姆斯特德设计理念展”，“颐和园珍宝展”赴马来西亚展出。第十二届环境丰容国际研讨会在北京召开，这在亚洲尚属首次，动物园代表中国动物园行业向各国展示了圈养野生动物环境丰容、生物多样性保护和生态文明建设水平。国内文化交流合作强化。推进文化战略合作，与故宫博物院建立战略合作关系，并在动物园明清家具修复、景山寿皇殿文化策展等方面实现合作。创新推出和引进颐和园清宫文物展、天坛祭天文物展、园博馆瓷上园林文物展、西藏罗布林卡文物精品展等16个文物展和陶然亭“慈悲庵革命史迹展”等6个红色展览。

（李　艳）

【香山公园召开昭庙文化专题研讨会】 2015年1月22日，香山公园就举办“昭庙文化艺术峰会”召开专题研讨会。拉萨羊日岗寺六世帕洛活佛、中国藏学研究中心、中国社会科学民族学与人类学研究所、北京科技大学、西藏拉萨市城关区政府等相关专家、学者、领导参加会议。香山公园领导向与会专家介绍了筹备峰会相关情况，专家学者就活动规模、规格、主题、组织形式、环境布置、区域合作等问题进行交流探讨。

（高云昆　李　博）

【香山公园出版发行《香山碑帖集》】 2

月2日，香山公园正式出版发行《香山碑帖集》，由西泠印社出版，华宝斋古籍书社发行，发行1000册。书中共分三部分内容，包括碑文、楹联、石刻，全书采用仿古双夹宣，封面及函套采用梅花绫，此书为香山公园首次出版发行的仿古线装书籍。

（王　奕）

【香山公园与中国人民大学清史研究所达成学术研究合作意向】 2月4日，中国人民大学清史研究所历史文献学教研室主任阚红柳、《清史研究》编辑部副主任胡恒到香山公园就香山历史文化研究合作事宜进行协商。双方就制作致远斋展陈所用清乾隆时期疆域图、研究资料的收集与交流、《香山近现代游记》集萃资料汇编及展览等事宜进行了磋商，并达成进一步长期合作的意向。

（李　博　祝云飞）

【《颐和园》杂志第11期出版】 2月，颐和园启动《颐和园》杂志第11期组稿工作，7月9日完成印制。杂志内设园长心语、百年回眸、公园管理、名园忆往、人物丛谈、园林建筑、文物鉴赏、遗产经营、知识长廊、争鸣园地等10个栏目，刊登稿件16篇，发放300余册。

（付一鸣）

【北海公园接受赠书】 3月3日，北海公园接受《北海公园志略》赠书一套。著名藏学文献翻译专家向红笳女士无偿赠送给北海公园新中国成立初期手写本《北海公园志略》书籍一套3本，丰富了藏品种类，为开展公园历史文化研究提供了宝贵资料。

（汪　汐）

【颐和园出版《颐和园遗产监测报告2013～2014》】 3月15日，颐和园和天津大学联合编撰的《颐和园遗产监测报告2013～2014》一书，由天津大学出版社正式出版发行。监测报告分为两个部分，上篇按照中国文化遗产监测中心要求的《中国世界文化遗产地监测年度报告模板（试行）》编制，起于2013年1月，止于2014年12月，主要包括工作综述、遗产基本信息概述、各项保护与管理工作报告等部分；下篇是两年来颐和园实施具体监测项目的阶段性成果报告，包括监测规划、指标体系、古建筑变形震动监测、古建筑彩画监测、万寿山水土流失监测、监测平台的构建等。

（闫晓雨）

【景山公园邀请著名学者阎崇年、原古建博物馆馆长谢立红指导绮望楼历史文化展工作】 3月27日，景山公园邀请著名学者阎崇年、原古建博物馆馆长谢立红指导绮望楼历史文化展工作。专家学者首先到绮望楼进行实地考察，随后针对展览文本方案进行讨论，提出建议。

（刘曌星）

【颐和园完成《可移动文物的保护与利用》课题研究】 3月，颐和园开始《历史名园中可移动文物的保护与利用研究——以颐和园为例》课题调研工作，通过梳理总结近年来颐和园在可移动文物保护与利用过程中进行的工作，梳理出文物的来源价值，可移动文物保护工作的成果、存在问题、目标方向等内容，总结归纳出一些可移动文物管理工作的有益经验和成功做法。11月17日顺利结题。

（秦容哥）

【颐和园完成《APEC领导人配偶活动保障工作》课题研究】 3月，颐和园开展《公园重大政治活动工作保障机制研究——颐和园APEC领导人配偶集体活动保障工作启示》课题研究。该课题通过对APEC接待服务保障工作留存资料研究，查阅相关文献，分析具体保障工作，总结出一套适合公园具体情况的重大政治接待活动管理办法，为公园日后承接大型国际交往服务提供参考。11月17日顺利结题。

（范志鹏）

【中心系统改革发展战略目标定位和分步实施路径调查研究课题启动】 4月9日，“公园管理中心今后五年发展战略目标定位研究”和“中心事业单位改革分步骤实施路径研究”课题是中心系统调查研究的重点内容。4月7日，公园管理中心召开研讨座谈会，以会议调研的形势正式启动上述课题。中心主任张勇主持会议，会议重点围绕以下两个方面进行研讨：中心系统当前面临的发展难点问题，特别是制约中心系统今后五年发展的战略性、根本性问题及解决的对策；中心系统发展方向和目标定位问题。会议就制约中心系统发展的瓶颈问题达成共识。张勇提出解决问题的途径。中心领导王忠海、高大伟、李炜民，部分处室负责人及部分单位行政主要领导参加会议。

（中心研究室）

【香山公园出版《北京香山近代建筑保护研究》】 4月28日，香山公园就静宜园二十八景导讲词课题与北方工业大学建筑与艺术学院，既静宜园文化遗产研究中心共同出版了香山文化遗产丛书——《北京香山近代建筑保护研究》，由中央民族大学出版。该书涵盖了香山慈幼院近代建筑遗存，香山地区其他近代建筑及近代建筑保护和利用现状等主要内容，同时提出保护和规划的构想。全书共计18万字，563张照片和建筑测绘图。

（孟　松）

【香山公园出版发行《北京香山慈幼院探研》】 4月，香山公园出版发行《北京香山慈幼院探研》。由人民日报出版社发行，定价36元。该书系统介绍了香山慈幼院的历史沿革、人物经历及建筑风格等相关内容，填补了香山民国文化历史资料书刊的空白，共涉及180幅图片，7万余文字。

（李　博）

【“第十二届环境丰容国际研讨会”在北京动物园成功举办】 5月24～28日，由环境丰容国际研讨会组织委员会（ICEE）主办，北京动物园承办的“第十二届环境丰容国际研讨会”在科普馆成功举办。本次大会是在中国乃至亚洲地区首次举办，也是中国圈养野生动物关注动物福利的一次盛会。参会代表分别来自美国、英国等9个国家，中国大陆、香港、台湾等48家单位，共139位代表参加会议。此外，列席聆听会议人员58人，分别来自西班牙、清华大学社会科学学院、北京动物园、北京师范大学等。大会持续4天，报告38个，壁报40个。会议由国外代表进行了环境丰容理论、方法、实践的介绍，环境设计方面的演讲，引起与会代表的热烈响应。中国大陆、香港、台湾和NGO代表也汇报了环境丰容方面的案例。

（中心科技处）

【天坛公园开展《北京天坛回音建筑声学问

题》课题研究】 5月，《北京天坛回音建筑声学问题综合研究》是天坛公园与黑龙江大学、国家文物交流中心合作研究的国家自然科学基金项目。5月、10月“北京天坛回音建筑声学问题综合研究”项目组两次进入回音壁进行了声学研究测试。测试产生的频谱数据将由黑龙江大学研究人员进行后续研究分析。

（袁兆晖　张德凯）

【颐和园出版《颐和园皇家档案》】 6月，颐和园和中国第一历史档案馆编辑的《清宫颐和园档案》系列丛书，第二卷“园囿管理”、第三卷“营造制作”由中华书局正式出版发行。两卷丛书共12册，发行500套。其中，第二卷“园囿管理”共4册，收录清雍正至宣统时期颐和园（清漪园）内的皇家生活、园内事务、当差值宿、钱粮财务等档案资料；第三卷“营造制作”共8册，收录清乾隆至宣统时期颐和园（清漪园）的工程清单、工程经费、工艺制作、宫殿修缮等档案资料。

（孙　萌）

【中山公园完成志鉴资料电子化】 7月7日，与北京书海方舟数据处理有限公司签订委托合同，投资7600元启动志鉴资料电子化工作。加工转化《中山公园志》和《中山公园资料汇编（1991～2010年外宣）》4册，约950页纸质资料为可编辑、展示利用电子版资料。

（贯　明）

【社稷祭祀乐谱部分翻译复原】 7月22日，与北京山水印象广告有限公司签订委托合同，投资16.3万元翻译复原社稷祭祀乐谱。邀请中央民族乐团专家翻译、复原、录制部分社稷坛祭祀古乐谱。中国当代古琴演奏大师、音乐史学家、中央音乐学院博士生导师、中国琴学会会长兼全国业务古琴艺术水平考级委员会主任吴钊担任总顾问。

（贯　明）

【北海公园开展根艺研究会相关会议】 8月20日，北海公园召开市根艺研究会理事会议暨第十八届根石艺术优秀作品展筹备会，总结上半年研究会开展的各项工作；成立展览组委会，合理安排人员，确保展览顺利有序进行；商讨确定展览时间、地点，编制参赛作品要求、数量及评奖办法等；现场勘查展览场地，商讨布展方案。公园党委副书记曲禄政、研究会理事及园林科技科工作人员32人参加会议。

（汪　汐）

【中心到景山公园调研纪念抗战胜利70周年新闻宣传工作】 9月2日，市公园管理中心到景山公园调研纪念抗战胜利70周年新闻宣传工作。采集花坛花带的现场镜头，审核抗战主题展览相关宣传口号、宣传牌示和导游讲解等情况，就万春亭作为“9·3”阅兵实况直播点，对服务保障、现场对接、人员安排等提出意见建议。针对境外媒体申请入园采访的新情况，经向市外宣办请示，以“市外宣办发函和提供采访提纲”为基本前提，严格执行相关规定，加强园内巡视监控等工作。

（中心宣传处）

【颐和园完成御制诗扫描登记】 9月15日，颐和园完成园藏清代御制诗的扫描登记工作。共扫描登记御制诗76函，542册，包括清代帝王康熙、雍正、乾隆、嘉庆、道光五位皇帝的诗文作品。

（孙　萌）

【陶然亭公园举办中国历史名亭联谊会成立会暨第一次研讨会】 9月23日，“中国历史名亭联谊会成立会暨第一次研讨会”在陶然亭公园举办。会议由陶然亭公园副园长张青主持，原陶然亭公园主任、原北京市政管委会、建委主任张光汉、中国风景园林学会顾问、原北京市园林局副局长兼总工程师张树林、原北京市公园管理中心巡视员、北京市公园绿地协会会长刘英、天津大学建筑学院教授王其亨、北京市公园管理中心副主任高大伟等专家、领导出席会议。会中相关专家、陶然亭公园领导及醉翁亭、湖心亭、爱晚亭等三大名亭代表进行了发言与讨论，并宣读了中国公园协会所致贺信。该联谊会是一个全国性文化交流与研究的联谊团体，旨在为以亭为特色的园林行业搭建“思想交流、优势互补、资源共享、合作发展”的平台，共同探索与交流“亭文化”学术研究，齐心协力推动亭文化创意产业的兴旺与发展。会议对此学术平台成立的意义达成共识，确定了下一步工作方向及联络人。至此，中国历史名亭联谊会发展步入正轨。

（田　婧）

【香山公园举办《乾隆皇帝与六世班禅学术研讨会论文集》首发式暨香山静宜园第二届文化论坛】 9月24日，香山公园在昭庙广场举办《乾隆皇帝与六世班禅学术研讨会论文集》首发式。中国藏语系高级佛学院常务副院长王长鱼、中国民族古文字研究会党委书记揣振宇、北京雍和宫研究室主任阿巴德夫、中国藏学研究中心图书馆馆长安才旦、中国社会科学研究院研究员降边嘉措等专家学者30余人参加会议。香山公园副园长袁长平主持首发式，安才旦、降边嘉措及香山公园园长钱进朝为首发式揭幕，随后一行前往见心斋正凝堂参加香山静宜园第二届文化论坛。新华社、《今日中国》杂志、《中国政协报》、海淀电视台等6家新闻媒体记者来园采访。

（李　博）

【香山公园出版发行《民国香山诗文精选》】 10月，香山公园与中国人民大学清史研究所联合出版发行《民国香山诗文精选》，本书系统收录了近百位民国时期名人创作的关于香山的诗文共计171篇，全书共计28.4万字，定价38元。

（李　博）

【长河变迁与紫竹院地区历史文化研究课题通过验收】 11月3日，紫竹院公园“长河变迁与紫竹院地区历史文化的研究”课题通过验收。北京市公园管理中心组织，邀请张宝章、刘潞、王世动、史震宇等专家参加会议。会上专家组听取了课题汇报，客观地展现出紫竹院公园历史与长河发展紧密联系，为今后公园的发展起到至关重要的理论依据，可再深入挖掘紫竹院的历史文化并形成资料库。与会专家一致同意，通过该项目验收。

（黄苗苗）

【玉渊潭地域休闲文化的产生、演变与发展初探课题顺利结题】 11月10日，“玉渊潭地域休闲文化的产生、演变与发展初探”课题顺利结题。本课题于2013年开题，经过两年多的研究最终形成了3.6万余字的课题报告及2.4万字的资料汇编两份成果。11月10日，课题得到中心顾问耿刘同、市社会科学院历史所副所长吴文涛、市社会科学院历史所研究员孙冬虎专家组的一致认可，通过专家论证。年内，该课题获得2015年度北京市公园管理中心科技进步三等奖。

（胡　玥）

【颐和园完成“三山五园定位和发展路径”课题研究】　11月17日，《颐和园在“三山五园”保护利用中的定位和发展路径研究》工作于2月份开始，11月17日通过专家验收，最终成文17000余字。课题主要通过分析“三山五园”保护利用现状，以及颐和园在保护利用中存在的问题，提出颐和园发展应做到的全面整体保护，调整颐和园主导功能地位——从公园游憩型逐步向遗产保护型转变。

（李莎莎）

【颐和园完成《智慧颐和园综合信息平台建设研究》】　11月18日，由颐和园和清华大学共同承担的《智慧颐和园综合信息平台建设》顺利结题。

（常少辉）

【北海公园相关课题通过验收】　11月19日，北海公园“北海的历史文化研究——书法碑刻”课题通过验收。该课题以阅古楼、快雪堂保存的法帖石刻为研究对象，通过文献分析法、比较法、实地调查、仪器测绘等方法对两处法帖石刻的保存现状、历史沿革和历史价值进行了梳理、分析及总结，并尝试将三维扫描技术应用于对法帖石刻的空间外形、字体三维结构和刻石材质等内容的数据收集。专家组在查阅完成情况报告、听取验收汇报后，肯定了课题成果，一致同意通过验收。

（汪　汐）

【香山公园参加“三山五园”文化研究与文化传播研讨会】　11月20日，香山公园参加由海淀区文化发展促进中心组织召开的“三山五园”文化研究与文化传播研讨会。会上就“三山五园”民国档案整理项目合作、2016年“三山五园”历史文化研究与传播等内容进行探讨，并对建立稳定的联席工作机制及工作成果转化等方面内容达成共识。中国人民大学清史研究所、北京联合大学“三山五园”研究院、圆明园管理处、颐和园管理处、区史志办等单位参加会议。

（高云昆　李　博）

【《天坛大事记（1407～2010年）》编纂工作】　11月，天坛公园根据北京市公园管理中心出版14家单位大事记的工作任务要求，完成《天坛大事记（1407～2010年）》一书的编辑印制工作。《大事记》共计13万余字，精选彩插图片64张、随文图片62张，记述上限自明代建坛，下限至2010年，时间跨度达590余年。《大事记》以一轮志书资料为基础，通过查阅大量史料，对原有资料进行了整理、补充、修改与完善，客观真实地反映了天坛的发展历程。

（邓　华）

【颐和园完成寿文化体系课题研究】　11月，《颐和园寿文化体系之初步研究》工作于2013年开始，11月份通过北京市公园管理中心验收。课题对颐和园的“寿”文化要素、档案、书籍全面进行收集整理，归纳出“颐和园寿文化表现体系”，在一定程度上填补了颐和园寿文化研究空白。此外，颐和园还对课题的研究成果进行了转化，以听鹂馆为试点，对听鹂馆内外部环境进行升级改造，创新宫廷菜品，打造寿文化特色筵席及庆寿活动。推出寿文化主题旅游路线，开发特色旅游产品及公众参与活动。上述推广实践活动为课题持续研究与深入开发奠定基础。

（孙　萌）

【颐和园完成《颐和园周边历史村落变迁研究》】 12月4日，颐和园《颐和园周边历史村落变迁研究》结题。该课题梳理自元代至今，颐和园周边村落的变迁情况及其与颐和园的关系；从世界文化遗产保护的角度对于颐和园周边村落的规划和改造提出建议。

（张鹏飞）

【颐和园与中国人民大学清史所签署合作协议】 12月9日，颐和园和中国人民大学清史所签署项目合作协议。合作协议内容包括学术研究、文献档案发掘整理与资源共享、教学实习与职工业务培训等多个方面，并成立颐和园人大清史教学实习基地。

（肖　锐）

【中山公园完成年鉴编纂】 年内，在历年上报《北京市公园年鉴》条目基础上充实、整理编纂《中山公园年鉴》。《年鉴》采用分类编纂法，设栏目、类目、条目三个层次，以条目为主，各类条目以时间为序排列。收录公园1989年1月1日至2014年12月31日期间年度工作总结、大事记、管理经营、规划建设、科技宣传、人才培养、党的建设、群团组织等重大事项、工作新亮点、新成就，逐年编纂成册。自2月起相继完成《中山公园1989～2008年（合订本）》及此后历年年鉴7册、974页416万字。

（李　羽）

【玉渊潭公园推进万柳堂历史文化研究工作】 年内，作为北京市公园管理中心重点工作任务折子项目，玉渊潭公园“万柳堂”历史文化研究工作顺利进行。在2014年《万柳堂历史遗迹考证》课题基础上，公园继续加强资料收集工作，并与天津大学副教授张龙多次沟通，经多方努力，从台北故宫博物院购买到电子扫描版《赵孟頫万柳堂图》。

（胡　玥）

【玉渊潭公园完成“管理”“文化”两篇资料长编】 年内，玉渊潭公园完成“管理”“文化”两篇资料长编初稿撰写工作，共计46万余字。资料长编以志书篇目为框架，将1991～2010年有关公园管理和文化方面的原始资料归类、筛选、整理、考订，是二轮修志工作系统资料书。

（胡　玥）

【陶然亭公园出版《陶然心醉一亭留》和《陶然公园古代诗词选》】 年内，为庆祝陶然亭公园对公众开放60周年、陶然亭建亭320周年，陶然亭公园首次编辑正式出版《陶然心醉一亭留》和《陶然公园古代诗词选》。《陶然心醉一亭留》是一本历史图文集，通过图片、表格、文字的配合，讲述陶然亭公园60年的沧桑巨变，陶然亭320年的文化内涵，向读者展现300多年来陶然亭风景地的历史脉络，回顾新中国成立以来一代代陶然人的艰苦与执着，唤起不同时代游人的游园记忆。《陶然亭古代诗词选》遴选出以陶然亭、刺梅园、风氏园、窑台、黑龙潭、龙树寺等园内其他历史存废胜迹为主题的古代诗词250首，涉及135位作家。该书聘请北京大学中国语言文学系、中国古文献研究中心吴国武教授带领北京大学中文系4位博士生做了专业、全面、准确的注释，向读者展示陶然亭公园丰厚的历史底蕴、深邃的人文气息。

（田　婧）

【陶然亭公园完成二轮修志资料长编编纂工作】　年内，陶然亭公园文化研究室完成二轮修志资料长编“文化篇”“管理篇”编写工作。“管理篇”合计完成67万字，“文化篇”合计完成16万字。

（田　婧）

【世界文化遗产单位周边保护管理对策研究——以天坛为例调研课题成果通过北京市公园管理中心审查】　年内，天坛公园完成北京市公园管理中心课题调研课题“世界文化遗产单位周边保护管理对策研究——以天坛为例”。课题以调研为主，采用文献调查、实地观察、访问调查、问卷调查、座谈讨论、专家咨询等研究方法，实地调查保护对象，确定规划依据，逐步厘清沿革，评估天坛公园周边用地使用现状，提出保护利用的难点，对天坛外坛坛域边界及重要遗址区边界进行讨论。结合周边房屋拆迁和居民腾退工作进度，将课题研究与工作实践相结合，旨在现有体制下寻求一种有效的管理保护经验，凝结各方智慧与力量，提出实施世界文化遗产单位周边保护管理的分阶段目标和管理对策，为进一步恢复天坛完整景观风貌奠定基础。

（刘碧莉）

【中山公园完成自选课题研究工作】　年内，以《中山公园规划建园的实践与思考》为题，启动公园自选调研工作。组成课题组，搜集历次规划文本、信息、资料；召开调研小组开题务虚讨论会，制订调研工作方案；研读公园历次规划，从文本、图纸入手熟悉情况，查找问题；查阅相关文献，学习国内外规划文献资料，掌握一手信息；及时交流，积极讨论，提升共识；在反复讨论基础上经领导审定形成调研报告（审议稿），计1.37万字30页。同时，围绕京津冀协同发展，首都城市功能调整，组织人员撰写4篇专题报告。其中盖建中、贾明、刘婕撰写调研报告分别被中国公园协会、北京绿地协会评为优秀论文。贾明受邀参加“首届京津冀公园发展研讨会”并作专题发言。

（李　羽）

【北海公园出版《北海团城大修实录》】　年内，北海公园出版《北海团城大修实录》。编撰工作自2013年开始，历时二年，主要记载了团城历史沿革、古建结构、修复过程及修复工艺，由基建科独立完成，是北海公园在文物建筑保护修复方面第一部正式出版物，是响应国家关于文物古建筑保护专业化、档案化、信息化的一次有力实践，填补了北海公园在这一领域的空白。

（汪　汐）

【北海公园完成资料长编（文化篇）编写】　年内，为进一步推进二轮修志，按照中心统一要求，文化研究室通过查阅1990～2010年20年间的年鉴、大事记、档案等资料，编辑、整理了北海公园资料长编（文化篇）的初稿。该篇由文化研究、文化活动、文化宣传和文化遗产4个章节组成，共计43万余字。

（汪　汐）

【北海公园完成园林绿化志相关内容审阅】

年内，文化研究室通过查阅档案、核对数据等方式，完成了对中心园林绿化志初审稿中北海公园相关内容的审阅及修改工作。

（汪　汐）

【北京植物园挖掘“一二·九”纪念地历史文化】　年内，植物园全面加强“一二·九”运动纪念地爱国主义教育基地的建设和管理。着手深入查找有关史实资料，进一步明确“一二·九”运动纪念地与抗日战争的历史文化渊源。结合历史文化和当前社会主义核心价值观的宣传实践，丰富“一二·九”爱国主义教育基地的宣传栏和展板内容，完善讲解词，提高讲解水平。

（石　鑫）

特色活动

【颐和园举办百年颐和冰上健身活动】　1月1日至2月4日，颐和园在昆明湖冰面举办“百年颐和冰上健身活动”。冰场共设3个出入口，分别位于玉澜堂、排云殿、铜牛，总面积达11万平方米。开设单人冰车、双人冰车、冰上自行车、电动碰碰车、电动冰船等冰上游乐项目。冰场开放35天，共接待游客总量达45000余人次，日均最高接待游客量达3000余人次。

（杨　然）

【园林学校举办“缤纷四季、美在园林”教职工摄影比赛】　1月3日至4月8日，共有56名教职工及120余幅照片参加比赛，评出综合类奖项6名，文字类奖项3名，鼓励奖6名。学校将选取优秀作品用于校本教材《最美北京》的插图及学校官方网站配图。比赛旨在倡导广大教职工感受和发现身边校园的美景，营造快乐工作的氛围，使教职工和谐发展，乐享工作。

（赵乐乐）

【北京动物园举办“我做动物园讲解员”活动】　1月30～31日，北京动物园与展览路少年宫共同主办“我做动物园讲解员”活动。北京动物园的4名保护教育教师分别对展览路第一小学等五所小学的100名小讲解员进行培训，内容为北极熊、黑猩猩、犀牛和河马等动物的相关知识，讲解员的要素与要求，讲解的目的与目标。小讲解员们将利用寒假熟悉培训内容，进行现场讲解培训与演练。

（周桂杰）

【北京植物园举办冰雪游园会】　1月，北京植物园在月季园沉床内旱地泼水制冰制造了一个占地1000多平方米的人造冰场，赢得了广大市民的喜爱。

（石　鑫）

【北海公园冰上活动圆满结束】　2月4日，北海公园冰上活动历时42天，期间推出冰车、冰上自行车、冰上碰碰车及冰滑梯等娱乐项目，共接待游客2万余人。为保障活动现场安全有序，公园每日出动安保力量50余人，设置安全提示牌50块。北京电视台、《新京报》等新闻媒体对活动进行宣传报道。

（汪　汐）

【陶然亭公园开展“冰雪体育进公园，共助北京申冬奥”主题宣传活动】 2月8日，陶然亭公园开展“冰雪体育进公园，共助北京申冬奥”主题宣传活动，在冰雪嘉年华活动现场安装主题宣传牌示和标语口号，用雪场内仿真企鹅玩偶组成北京申冬奥标志（汉字“冬”、“BEIJING 2022”字样）；陶然亭与街道办事处组织以继承和发扬“社会主义核心价值观”而推选出的“六德陶然娃”，与现场游客在“助力北京申冬奥”宣传巨幅旗帜写下寄语，吸引游客签名留念；组织公园志愿者向游客市民发放“助力北京申冬奥”宣传帖，各大主流媒体现场共同策划活动场景，并于当日进行宣传报道。

（陶然亭公园）

【北京植物园开展“转微信送请柬”的微信互动活动】 2月11～15日，北京植物园开展“转微信送请柬”的微信互动活动。活动旨在提升植物园微信用户认知度，更好地宣传春节文化活动，吸引更多的游客前来参观游览。活动期间用户关注北京植物园，并转发2月11日的官方微信内容，就可以参加抽奖活动。每天抽取5名幸运用户，赠与“第十一届北京兰花展、卧佛寺祈福文化活动”请柬一张。用户可以在请柬有效期内免费参观植物园春节各项展览活动。

（石　鑫）

【香山公园举办第十届登高祈福会】 2月16日，本届登高祈福会以“福满香山　登高祈福”为主题，活动自2月16日至3月8日，景观布置以仿真桃花、灯笼、吉祥福羊等为主要表现形式，突出东门、索道下站、北门、香炉峰、枫林村的景观亮点，分别在公园东门、山顶、索道下站、北门、枫林村共设置仿真桃树50株、灯笼3000盏、彩旗70面、金色福羊6只，营造出热烈、喜庆、祥和的节日气氛。活动期间共开展4项主题文化活动，推出碧云登高祈福活动5项，香炉峰“心香邮局”共收集投递明信片百余张。本次活动共接待购票游客5.41万人次，实现收入33.70万元。

（王　奕）

【天坛公园举办第十一届春节文化周】 2月19～23日，以中国传统的祭天文化展示和体现深厚的天坛历史文化底蕴为重点，精心设计、编排，将民族传统文化与现代文化模式进行结合，使活动更加古朴庄重，让游客能够感受祭天乐舞的古朴，聆听被誉为华夏正声的“中和韶乐”，领略博大精神的中国古代祭天文化。期间接待游客45.45万人次，同比上涨7.51%。其中，购票入园游人25.46万人，同比下降10.92%。中央电视台、北京电视台等30余家媒体进行报道。

（孙海洋）

【陶然亭公园举办“北京厂甸庙会陶然亭公园民俗区”活动】 2月19～23日，陶然亭公园举办“2015年北京厂甸庙会陶然亭公园民俗区”活动。庙会以“春来厂甸贺新岁，福到庙会迎吉祥”为主题，围绕“羊”与“春”以及厂甸传统元素“风车”“空竹”“糖葫芦”，按照不同的主题区域进行设计布置，重点体现“三个突出、一项加强”，即突出厂甸庙会公益性、文化性和安全性，同时进一步加强社会主义核心价值观的宣传工作。庙会期间，累计接待游客总量28.47万人次，同比增加12.20%，其中购票人数21.7万人，同比增加12.33%；收入259.88万元，同比增加1.65%。

（刘　斌）

【北海公园琼华岛队开展特色文化活动】 春节期间，琼华岛队开展“敲钟祈福 登高迎春”文化活动，包括“进福寺，敲福钟，挂福牌，走福路，登白塔”等内容。

（汪　汐）

【北京动物园“周末动物课堂”改版】 2月，北京动物园“周末动物课堂”新年改版。一是推出新内容，2～6月，陆续推出“神奇的朋友——斑马”“羊村的故事——羊”“神秘女王——环尾狐猴”“谁能辨我是雌雄——长颈鹿”“鸟宝宝诞生记”等主题的课堂活动，授课内容由原来的每季度更换一次，调整为每月更换一次；二是网上公示授课内容，合理调整授课时间，便于小朋友们更好地选课；三是重新设计制作宣传画，并且为每位老师设计了新的脸萌形象和自然名。

（周桂杰）

【北京动物园举办“世界野生动植物日”活动】 3月1日，由国家林业局主办、中国野生动物保护协会、中国野生植物保护协会承办、市园林绿化局、北京野生动物保护协会、北京动物园、北京林业大学协办的2015年“世界野生动植物日”公益宣传活动在北京动物园象馆广场举行。本次活动主题为“依法保护野生动植物，共建美好家园”。活动现场，4位来自保护一线的基层人士与公众分享了自己与野生动植物保护之间的故事。本次活动还包括野生动植物保护成果图片展、野生动物知识竞答、国家木偶剧院现场表演野生动物保护小剧目、“世界野生动物大寻踪”等互动内容。中国野生动物保护协会会长赵学敏、国家林业局野生动植物保护与自然保护区管理司司长张希武，以及来自美国驻华使馆、国际野生生物保护学会、中国绿色碳汇基金会的代表、市公园管理中心副主任高大伟、北京动物园园长吴兆铮和100多名志愿者应邀参加了活动。

（臧丽华）

【中心开展公园新风奖誓师活动】 3月4日，市公园管理中心开展“弘扬雷锋精神，践行社会主义核心价值观”公园新风奖誓师活动。组织28名“公园新风奖”获得者到北京植物园开展活动，获奖者围绕如何“立足本职岗位，弘扬雷锋精神，践行社会主义核心价值观”作典型发言，紫竹院公园代表向中心系统职工发出倡议。

（北京植物园）

【景山公园举办“花暖女人节”牡丹展】 3月8～10日，景山公园举办“花暖女人节”牡丹展，参展牡丹全部为反季节催花试验品种，共展示了胡红、富贵满堂、海黄、岛乃藤、八千代椿等中原及国外牡丹12个品种，30余盆，展览接待游客500余人。

（周明洁）

**【香山公园举办纪念孙中山先生逝世90周年

悼念活动】 3月12日，为纪念孙中山先生逝世90周年，香山公园在碧云寺孙中山纪念堂举办悼念仪式，回顾了孙中山生平事迹。海淀区委统战部副部长、区台办主任王锋，香山公园党委副书记、纪委书记孙齐炜向孙中山塑像敬献花篮，参加仪式的全体人员在孙中山塑像前三鞠躬，并敬献鲜花。共有50人参加了此次活动。

（武立佳）

【玉渊潭举办第二十七届樱花节】 3月20日至4月20日，公园举办第二十七届樱花文化节活动。活动以“潭清玉渊秀·樱红满园春”为主题，活动历时32天，共接待游客273.67万人次，同比2014年增长36.9%。期间，公园陆续举办“玉和集樱”玉渊潭公园历史回顾与文化传承展、群众文化展演、第十二届“春到玉渊潭”摄影比赛、春鼓祈福、绿色科普展览等11个各具特色的文化展览和互动项目。与往年相比，公园东湖游船恢复开航，新增游船235条，增强了公园游船项目的服务条件和接待能力。樱花节期间，园内主要景区共布置24组大型樱花立体艺术造型及环境小品，栽种紫罗兰、白晶菊、花毛茛等品种花卉2.8万株，郁金香、洋水仙等多个品种的球根花卉2.96万球，并首次于东湖北岸密集种植樱花200余株，开启了玉渊潭“千米樱堤”概念。布置灯杆旗200组，装灯笼300个、花球100个、彩旗100面，票价牌、游览指示牌、温馨提示牌等各类牌示共计200余块。依托樱花文化活动，公园通过志愿北京网上平台招募志愿者694人。首次在公园道路节点上设置自行设计的“爱心加油站”志愿服务旗帜12面，由志愿者进行交通疏导工作，防止拥堵现象发生。期间服务游客万余次，共计3200余小时。活动期间，共刊发相关新闻485篇（条），其中电视台149条，广播26条，报刊310篇（条）。

（缪　英　范　磊　范友梅　白　桦　秦　雯）

【北京植物园举办第27届北京桃花节】 3月21日至5月3日，北京植物园举办第二十七届北京桃花节暨第十二届世界名花展。这是有史以来最早的一届桃花节，以“春天花会开”为展览主题，展览总面积达20000余平方米。室外景观以桃花、球根花卉为主体，通过各种花卉布置营造花的海洋，打造“田园春色、喜气洋洋、花香蝶舞、绿色时尚、生命树”5个不同区域主题。共展出桃花70余个品种，栽植郁金香、贝母等球根花卉150个品种50万株，并推出了郁金香之王——“橘色日出”。完成立体花坛5个，面积200平方米，共插五色草30000株、四季海棠28000株，摆花坛面积150平方米，用花 5000株。

（石　鑫）

【香山公园完成中共中央进驻香山66周年纪念日服务接待工作】 3月25日，香山公园完成中共中央进驻香山双清别墅66周年纪念日服务接待工作。香山双清别墅讲解员着军装免费为前来参观的游客提供上下展室的讲解服务，全天接待团体12个、游客2000余人。

（郑　霏）

【紫竹院公园开展“助力北京申冬奥”签名活动】 3月26日，紫竹院公园党委在东门内广场开展“冰雪文化进公园，共助北京申冬奥”的主题宣传活动。活动为引导广大市民游客积极关注和投身冰雪运动、呐喊助力北京申冬奥为主题展开六项宣传活动：开展

"共圆北京冬奥梦，我承诺，我参与，我助力"志愿者招募活动；开展"助力北京申冬奥，力挺钟爱冬奥项"签名活动。公园东门内广场搭设宣传平台，借助两块主题展板面向市民游客征集助力申冬奥原创口号；开展"冬奥知识你问我答"互动环节，增强对北京申冬奥的认识，普及冬奥会相关知识；开展冬季奥运项目谜语竞猜活动，增强宣传活动的趣味性和互动性，寓教于乐；开展"冰雪文化进公园，共助北京申冬奥"主题宣传，在宣传北京申冬奥的活动历程、介绍申奥大使的同时发放北京申冬奥宣传折页、宣传册及"冰雪体育进公园，共助北京申冬奥"贴纸，利用主题展板鲜明展示奥组委官方网站网址、微信二维码和微博账号，鼓励和引导市民游客持续关注。此次活动共发放宣传折页900余份、宣传册800余份、贴纸380余张，征集原创口号120条、志愿者百余人，大大增加了奥组委官方微信、微博和公园官方微博的点击量和关注量，派发活动礼品400份，活动得到中心领导和公园领导的大力支持。公园管理中心党委副书记杨月、公园管理中心宣传处处长陈志强、公园管理中心服务处副处长贺然、紫竹院公园党委书记夏君波、紫竹院公园园长曹振起及宣传处相关工作人员亲临活动现场并参与宣传活动。

（郭昕怡）

【陶然亭公园举办"大眼萌"观花赏景活动】 3月28日，陶然亭公园游船队举办首届海棠春花文化节活动——"大眼萌观花赏景"活动。在公园领导和各相关科室的鼎力支持下，使"大眼萌"顺利登陆"湖心岛"。此次活动与"小黄人"授权合作方签订合作协议，并进行具体布展。通过几天的展示活动，效果良好，并对游船的营运起到一定的促进作用。

（付凉爽）

【陶然亭公园举办首届海棠春花文化节】 3月28日至4月30日，陶然亭公园举办"2015年首届海棠春花文化节"活动。活动以"海棠花开·幸福陶然"为主题，以全园地栽海棠为主景观，结合海棠盆景展示（室外）、临沂精品海棠展（室内）展览让游人领略花中神仙——海棠的优美风姿。活动期间，累计接待游客总量84.26万人次，其中购票人数21.7万人；收入161.02万元，同比增加1.65%。

（刘　斌）

【北海公园举办"让我们荡起双桨"纪念活动启动仪式】 4月2日，北海公园举办"让我们荡起双桨"60周年纪念活动启动仪式。活动在西岸主题码头开幕，前世界蛙王冠军穆祥雄先生和歌曲《让我们荡起双桨》原唱者刘惠芳老师等嘉宾参加启动仪式并致辞，现场演唱《让我们荡起双桨》歌曲。活动拟持续到8月底，期间将为广大游客提供手划船怀旧体验，推动全民健身活动。北京电视台记者现场报道。

（汪　汐）

【中山公园与房山区窦店镇三街村开展城乡共建活动】 4月2日，中山公园党委带队到城乡共建单位进行慰问，并就今后一年共建工作的方案设想进行讨论，达成共识。

（中心宣传处）

【北京植物园举办中国古代文学家特种邮票

首发仪式】 4月4日，北京植物园举办“中国古代文学家特种邮票首发仪式”。活动在曹雪芹纪念馆举行，北京曹雪芹学会会长胡德平、中国邮政集团公司邮票发行部总经理高山、市公园管理中心副主任高大伟等领导和嘉宾30余人出席。

（石 鑫）

【北京市第三届节能环保低碳宣传活动在天坛公园举办】 4月7日，市发改委在天坛公园北门举办市第三届节能环保低碳系列宣传活动。活动现场邀请了低碳、节能环保专家，为广大游客开展专业讲座和相关技能培训活动，发放各类宣传材料，倡导广大游客低碳出行，节能生活。游客通过参与本次活动，节能意识有了提高，更多的人承诺要低碳出行，为改善环境贡献自己的力量。

（中心服务处）

【香山公园举办第十三届香山山花观赏季】 4月10日至5月17日，本届山花观赏季以“香之恋——踏青赏花到香山”为主题，共开展六项文化活动，举办纪念中共中央进驻香山66周年——《五大书记珍藏图片展》及《仙境香山——香山静宜园二十八景展》，主要布展景区：枫林村、知松园、佳日园、索道下站、翠微亭等7处，布展总面积达5000余平方米。花卉品种达60多种，共计15万株。同时，在知松园、梅谷应用角堇、美女樱、白晶菊打造缀花草坪面积达2500平方米，展示了大面积自然花毯景观。在主干路摆放红枫、组合花槽等共计92盆，补栽草坪3000平方米。本次活动共接待购票游客16.83万人次，实现收入182.74万元。

（王 奕）

【景山公园举办第十九届牡丹文化艺术节】 4月20日至5月26日，景山公园举办第十九届牡丹文化艺术节，共接待游客约120万人次，其中购票游客368012人次，微信公众微信号牡丹展信息转发共计2.1万余条（次），阅读量超过40万次。《北京晚报》《新京报》《京华时报》等主流媒体相继报道97条（次）。此次活动以“芳菲尽染”为活动主题，分为春季花卉展、牡丹九大景区展、牡丹文化展示活动、系列科普文化活动等四大项内容。共计展出国内外牡丹品种544种、2万余株，涵盖十大色系、九大花型；同时汇集芍药249种、2万余墩。活动期间还举办拼出我世界、牡丹艺术节摄影比赛、皇帝巡游赏牡丹、皇家园林书画展、景山公园精品牡丹展、瓢虫的秘密——生物多样性科普宣传等7项文化科普活动。

（张小雪）

【景山公园举办皇家园林书画展】 4月20～26日，景山公园与北京市皇家园林书画研究会联合举办皇家园林书画展。在绮望楼内共展出25位书画家的32幅作品，除此之外，部分书画家还在公园之友办公室前现场挥毫作画，创作以牡丹为主题的书画作品。

（刘水镜）

【香山公园举办“禅意插花”碧云文化讲堂活动】 4月24日，结合公园山花观赏季活动，为扩大碧云寺宣传，促进游客对碧云寺文化的认知，在碧云寺禅堂院举办了碧云禅意文化讲堂，邀请国内著名花艺师梁勤璋现场展示“禅意插花”。公园职工及游客约60人参与了互动交流活动。

（武立佳）

【景山公园举办御苑巡游赏牡丹表演】 4月24日，景山公园提前制订了景山公园第十九届牡丹展皇家巡游方案，于4月24日至5月8日每周一、周五上午9:00～9:30在牡丹园内举办御苑巡游赏牡丹表演。活动自2013年起至今已连续举办3年，通过巡游表演不仅丰富景山公园牡丹展活动内容，而且大力弘扬中华传统文化。

（刘水镜）

【“跨越东西方的握手”系列国际文化交流活动启动仪式在景山公园举办】 4月29日，公园牡丹节系列文化活动之一“跨越东西方的握手”系列国际文化交流活动启动仪式在景山公园举办。此活动由文化部中国民族文化艺术基金会、中国留学人才发展基金会、欧美同学会企业家联谊会共同主办，景山公园协办。活动现场开展了华服秀、纪录片《时尚解码——跨越东西方的握手》启动仪式，设立全球设计师拥抱中国元素创意设计榜单等项目。中心服务处处长王鹏训、宣传处处长陈志强、景山公园园长杨华，还有约80名嘉宾出席此次活动。

（孙　昊）

【景山公园第十九届景山牡丹文化艺术节推出“珍品牡丹”认养活动】 4月30日，第十九届景山牡丹文化艺术节期间，景山公园首次推出“珍品牡丹”认养活动。公司及个人可根据情况进行牡丹登记认养，缴纳一定的认养费用，认养所得费用将用于牡丹科研与保护工作，同时获赠公园“牡丹之友”年卡一张，可免费参观游览公园。

（中心服务处）

【景山公园开展拼出我世界——儿童3D立体拼图活动】 5月1～3日，景山公园开展“拼出我世界”儿童科普活动。活动内容是制作立体拼图模型，模型的材质是以纸质、木质为主，形状多为动物、植物造型。小朋友们需按照图纸说明完成拼插，从中锻炼孩子的观察、动手、逻辑思维、空间想象能力。本次儿童科普活动共接待600多人次，发放拼图百余张，发放“瓢虫的秘密”宣传单千余份。

（黄　存）

【天坛公园完成中心职工健步走活动】 5月8日，“同心共筑公园梦·健康之行你我他”健步走活动在天坛公园举办。中心党委副书记、工会主席杨月，为健步走活动鸣枪发令。来自中心系统的15家单位，共150名职工运动员，以团体形式完成了5千米健步走。此次活动旨在进一步提高职工身体素质，促进中心所属各单位间的沟通与交流，充分展示了市属公园系统职工的精神面貌与风采。中心纪委书记程海军、市总工会政法卫文工会常务副主席李永洪及天坛公园园长李高、党委书记杨晓东、党委副书记董亚力等领导，一同参与健步走活动。

（孙海洋）

【园林学校举行学生花卉组合盆栽比赛】 5月8日，学校举行首届学生花卉组合盆栽比赛。比赛面向该校园林专业，共组成10支队伍，每队5名队员参赛。要求在规定时间内，按照基质装配、花材脱盆、栽植、浇水、插标签，作品命名与说明及清理现场等工序，完成一个花钵的组合盆栽。此次比赛结合企业岗位需求，首次聘请三位行业专家（市公园管理中心科技处副处长、高级工程师宋利培，颐和园园林科技部高级工程师赵晓燕，北京天卉苑花卉研究所工程师汪永诚）担当评委，现场打分。最终评出一、二、三等奖共六组作品。

（赵乐乐）

【园林学校举行校园开放日活动】 5月9日，园林学校举行校园开放日活动。活动中，邀请考生、家长及社区居民畅游校园，参与专业课程互动和职业体验，感受学校教育成果。此次活动主要安排特色专业展示和专业课程互动。活动共吸引100余位家长和市民前来参观。

（赵乐乐）

【陶然亭公园举办“弘扬四自 向善陶然”活动】 5月13日，由陶然亭街道工委、办事处主办，陶然亭街道残联、西城区社区文明推进协会、陶然亭公园管理处、白求恩基金管理委员会共同在陶然亭公园中央岛广场承办了“弘扬四自 向善陶然”活动。活动当天，通过歌舞、朗诵等表演的形式，向游客宣传“自尊、自信、自立、自强”的四自精神。

（刘 斌）

【中心青年职工素质拓展训练活动在密云北京国际青年营举行】 5月13日，本次活动由市公园管理中心工会和团委联合举办，活动旨在增强青年职工的凝聚力、创造力和团队协作能力，激发青年职工积极进取的人生态度，铸就青年职工的社会主义核心价值观。100余名青年职工代表先后参加了团队建设讲解示范和互动游戏、职业生涯规划讲座，以及爱国主义教育和户外拓展竞赛等多个环节。活动中，还对2014年获各类市级以上奖项的青年集体及个人进行了表彰。中心党委副书记杨月出席活动。部分公园工会主席出席活动并为获奖人员颁奖。中心系统青年职工100余人参加。

（中心团委）

【园林学校举行第十届学生艺术节】 5月14～15日，学校举行第十届学生艺术节。艺术节以“弘扬民族艺术，提升校园文化，展现美育成果，放飞青春梦想”为主题，结合纪念世界反法西斯战争暨中国人民抗日战争胜利70周年活动，组织经典诵读、插花叶画、创意手工、德育小品、民族艺术进校园等13项比赛活动，参与人数400余人，200人次在不同项目中获奖。自2006年起，该校连续举办过10届学生艺术节，参与人数达6000余人。

（赵乐乐）

【太极瑜伽相会活动在天坛公园举办】 5月15日，国务院总理李克强与印度总理莫迪来到天坛公园祈年殿前观看400名太极、瑜伽爱好者展示，与太极、瑜伽教练及学员进行交流互动，并分别致辞。展示结束后，李克强总理与莫迪总理在两国官员的陪同下，共同参观了祈年殿。天坛公园园长李高为两国总理详细地介绍了祈年殿的建筑特色及历史演变，并在祈年殿前向莫迪总理赠送天坛纪念品。

（孙海洋）

【北京植物园举办第七届北京月季文化节】 5月15日至6月21日，北京植物园举办主题为“赏美丽月季，享幸福人生”的月季文化节，展示月季1000余个品种，10万余种，内容包括月季专类园展示、精品盆栽月季展览、月季栽培养护专题讲座、月季插花表演与课堂等多项活动。

（石　鑫）

【第五届中关村国际青年艺术节在紫竹院公园举办】　5月17日，由北京舞蹈学院主办、紫竹院街道办事处和紫竹院公园协办的第五届中关村国际青年艺术节暨民族团结主题活动在紫竹院公园北门内广场举行。活动邀请北京舞蹈学院学生和公园晨练群体参加。北京舞蹈学院学生和紫竹院戏剧团现场表演了民族舞、现代舞、芭蕾舞及经典戏剧等节目，并和游客多次互动，使游客近距离感受并体验舞蹈艺术，深入了解多种舞蹈的历史文化，普及民族舞的相关知识。本次活动现场布置了背景板1块、海报10幅，同时在公园南门内布置了民族知识展板56块。

（苏金凤）

【天坛公园举办赴法文化交流一周年纪念活动】　5月18日，根据天坛与法国的世界文化遗产地——丽芙城堡签订的友好合作协议，为纪念赴法文化交流活动一周年，天坛公园神乐署精心制作完成展板22块，分为天坛文化、丽芙城堡介绍、文化交流筹备、展示、互动等多个版块，配以文字注解，对天坛、神乐署、法国世界文化遗产——丽芙城堡及赴法交流期间的活动场景进行生动展示。多角度展现天坛在国际舞台上进行文化交流与文化传播的精彩瞬间和深远意义。举办开幕式专场演出，通过讲解、表演等方式，展示神乐署雅乐中心自2014年中法建交50周年赴法交流以来的文化成果与“中和韶乐”的内涵及历史渊源。

（赵慧玲）

【陶然亭公园配合北京市旅游委举办“中国旅游日”旅游推介活动】　5月19日，北京市旅游委在陶然亭公园举办“中国旅游日旅游推介”活动。活动当天，在公园中心广场设置30余个展位，向游人发放各景点相关推介材料。公园举全园之力配合旅游委做好活动前的各项准备工作，针对活动现场游客过多的紧急状况，公园领导及时调配人力，保证了活动的顺利开展。

（刘　斌）

【皇家园林旅游节新闻发布会在香山双清别墅举办】　5月19日中国旅游日当天，由海淀区旅游委主办的“皇家御苑盛世重光——2015年（三山五园）皇家园林旅游节”在香山公园双清别墅举办新闻发布会。发布会上对香山静宜园二十八景修复工程即将竣工的9大景点模型进行揭幕，并发布推介旅游线路“名园胜地盛世寻踪——三山五园旅游路线”。海淀区旅游委主任黄奕红、副主任冯军参加开幕式，40余家媒体现场报道。

（杨　玥）

【北海公园完成市政府新闻办公室组织活动】
5月21日，为记录2015最美北京的系列活动，北海公园接待来自阿根廷和希腊的两名摄影师对全园风光进行引导推荐拍摄。顺利完成市政府新闻办公室组织的“著名外国摄影师拍北京活动”。

（汪　汐）

【天坛公园举办“社区居民赏天坛月季”活动】　5月21日，天坛公园联合天坛街道共同举办“社区居民赏天坛月季”活动，天坛街道30余名社区居民应邀参加。工作人员向居民们介绍了天坛月季园的历史并现场展示天坛特色月季品种，与居民们就花卉养护技术经验进行互动交流。

（李连红）

【北海公园举办书法文化专题讲座】 5月21日，北海公园举办“领导者人文素养——中国书法文化”专题讲座，邀请北京师范大学陈涛博士后讲解书法发展史、书法名帖赏析和园林中的书法艺术。北海公园40余名中层干部和中心党校青年干部班学员参加。

（汪 汐）

【中国文艺志愿者在行动摄影活动在玉渊潭公园举办】 5月23日，“情浓5·23——中国文艺志愿者在行动”摄影公益活动在玉渊潭公园举办。本次活动由中国文联主办、中国摄影家协会承办，共设有主题影展、致敬光荣、点赞梦想、聚焦玉渊潭现场拍摄、投稿作品评选及辅导点评等内容。中国文联文艺志愿服务中心副主任邵志军、中国摄影协会顾问贾明祖、中国摄影协会副主席王文澜、分党组成员秘书长高琴、国家一级摄影师新华社首席摄影师郝远征、中心党委副书记杨月等领导参加活动，并以致敬光荣的形式为11名劳模、北京榜样代表送上写真照片。整个活动历时5个小时。

（王智源）

【中国科学院附属实验学校在玉渊潭公园开展主题教育活动】 6月1日，中国科学院附属实验学校隆重举行主题大队会暨一年级入队主题教育活动。公园利用公园微博、微信自媒体平台，做好少年英雄纪念碑广场教育基地的宣传，并积极向主流媒体报送稿件。6月2日，《人民日报》政治版对此次活动进行图文报道。

（秦 雯 王智源）

【陶然亭公园开展第三届“中国房颤日”健康义诊咨询活动】 6月6日，陶然亭公园与中国房颤联盟、中国心律失常联盟在公园中央岛广场开展“关注心房颤，远离脑卒中”主题活动。十余名全国知名心血管专家为游客讲授、普及心脏健康知识。北京友谊医院的医护人员免费为游客提供血压、血糖、血氧等测试服务。

（刘 斌）

【北京植物园举办“纳兰词中话红楼、女儿节中论葬花”活动】 6月6日，北京植物园与海淀区纳兰文化研究中心联合举办“纳兰词中话红楼、女儿节中论葬花”活动。再现《红楼梦》中女儿节的喜庆场景，进行寄送花神活动并就纳兰与《红楼梦》、纳兰与贾宝玉有何相似之处等问题进行了探讨。海淀区宣传部长陈名杰、法国友人欧阳丹等40余人参加活动。

（石 鑫）

【紫竹院公园举办书画笔会】 6月10日，紫竹院公园联合皇家书画研究会及海淀书法协会在紫竹院公园行宫文化展内举办书画笔会。活动邀请了孟希泉、卢文举、黄德昌、何辉军、白兆贤等书画家进行书画交流。书画家以竹为题泼墨挥毫，画竹、颂竹。写下包含竹韵兰香、紫气东来以及赞竹诗文等书画作品，共计30余副，并赠与紫竹院公园。

（王 静）

【北海公园举办旅游文化宣传日活动】 6月13日，延庆县旅游文化宣传日活动在北海公园举行。活动由延庆县文化委员会、延庆旅游委主办，北海公园、北京市汽车摩托车运动协会越野汽车委员会、延庆县文化馆协办，此次活动以“带着爱游延庆”为主题，在公园南门广场、团城北广场等地举办。本次活动加强了城乡区域旅游文化合作，传播了生态旅游文化，共接待游客近万人。

（汪　汐）

【颐和园举办第十届中国文化遗产日宣传活动】 6月13日，根据国家文物局、北京市文物局的要求，颐和园在东宫门内举办了第十届中国文化遗产日宣传活动。活动以“保护成果，全民共享”为主题，向游客宣传了颐和园文化遗产价值及其惠及大众的成果，营造了解文化遗产，关心文化遗产，保护文化遗产的氛围。

（中心服务处）

【北海公园举办端午节划船比赛】 6月16日，北海公园工会举办端午节“太液泛舟”划船比赛。全园11个分会选送的60名职工参赛。公园党委书记吕新杰、党委副书记曲禄政、副园长师宗海到比赛现场为选手们加油鼓劲。比赛加强了各部门间的交流，丰富了职工的业余生活。

（汪　汐）

【景山公园开展“我们的节日·端午”主题活动】 6月18日，景山公园开展“我们的节日·端午”主题活动，活动内容包括：制作宣传展板2块，向游客普及端午节的由来和习俗；发放爱国主义名篇佳作宣传彩页80份；组织共青团员到敬老院送温暖活动。

（张　兴）

【北海公园与社区联合举办端午节活动】 6月18日，作为全国军民共建社会主义精神文明先进单位，北海公园继续发挥为部队和居民服务的阵地作用，北海公园在东岸荷花船码头与景山社区、总参服务保障局联合举办以“北海民俗浓、粽子包亲情”为主题的第二届端午节包粽子比赛。北海公园党委副书记曲禄政、什刹海街道工委、办事处领导以及总参服务保障局领导、一营二连官兵代表和景山社区的居民共40余人参加了本次活动。《人民日报》《北京晚报》《北京青年报》、北京电视台、人民网等19家媒体30余名记者进行了现场采访报道。

（汪　汐）

【北京植物园举办“星·叶派对”夜游活动】 6月19～27日，植物园举行了两场“星.叶派对”活动，由植物园专业老师带领小朋友认识并观察夜间植物园的植物和动物，学习相关知识；通过视觉、听觉、嗅觉和触觉，亲近自然；学习夜间户外活动的技能，挖掘自我探索的潜能。

（中心服务处）

【第十届陶然端午系列文化节活动开幕】 6月20日，陶然亭公园以“诗词歌赋中国梦 乐享陶然端午情”为主题的端午活动拉开序幕。北京市公园管理中心服务管理处处长王鹏训、西城区文化委员会书记张云裳、中心宣传处处长陈志强、陶然亭街道办事处等领导参加了活动启动仪式。活动当天，在中央岛佳境牌楼景区举办了“第十届陶然端午活动启动仪式暨获奖诗歌颁奖典礼”；在公园南湖进行划龙舟表演赛；在独醒亭景区举行祭祀活动，欣赏汉朝吟诵演唱。最后，到场领导及嘉宾亲身体验“挂菖蒲”“佩香囊”等多项民俗项目。

（刘　斌）

【北海公园举行第十九届荷花文化节开幕式】 6月25日，北海公园举行第十九届荷花文化节开幕式，北海公园于现场进行荷花茶安排表演、手工艺品制作、植物二维码挂牌仪式等多项活动，中央电视台、北京电视台、中央人民广播电台、中国新闻社、新华社、《北京日报》等30多家媒体进行现场采访报道。中心副总工程师、科技处处长李铁成，综合管理处副处长朱英姿，宣传处工作人员及公园园长李国定、党委副书记曲禄政参加。此次荷花节以“走进荷美生活”为主题，设立5个主展区、2处特色主题花坛，展出特色花钵40个、特色荷花900余盆。期间，将展示植物科普展板68块，并举办荷舞莲香文艺演出、荷花摄影展、名家荷花书画作品展、健步走等活动。

（汪　汐）

【北海公园参加第十二届北京国际旅游博览会】 6月26日，北海公园积极参加市旅游委主办的“第十二届北京国际旅游博览会”。本次博览会于6月26～28日在北京国家会议中心举办，北海公园作为参展单位积极配合西城区旅游委提供图片及文字材料。北海公园管理经营科、文化研究室、琼华岛队、文化队相关工作人员于6月25日下午进驻现场布展，并带去快雪堂、三希堂法帖石刻书籍及北海明信片、文化衫、扇子等十余种商品参展，借此机会宣传展示北海公园丰富的园林和历史人文景观。

（汪　汐）

【北京坛庙文化研究会年会在中山公园召开】 7月3日，北京坛庙文化研究会年度工作会议在中山公园兰室召开。总结2014年度工作，研究2015年工作进展情况。会议提出借助坛庙研究会资源平台，积极开展各单位文化研究、开发、利用工作，加强合作交流，打造各会员单位坛庙文化品牌，扩大坛庙文化影响力和号召力。天坛、先蚕坛、社稷坛、孔庙、太庙等11家会员单位27人参加。

（赵　冉）

【太极柔力球决赛在中山公园举办】 7月8日，市公园管理中心主办，中山公园管理处承办的“第十届北京公园节——太极柔力球”预赛及领队会召开。7月15日上午，决赛在社稷祭坛南侧银杏林举办。活动内容由太极柔力球比赛和太极柔力球个人自选创编表演两部分组成，全市6支太极柔力球队48人参加。安家楼开心柔力球队获得比赛第一名。

（刘倩竹）

【香山公园创新开展山林养生活动】 7月9日，香山公园在洪光寺首次推出山林普拉提养生课程，共20人参加课程训练。此次课程创新将活动地点从健身房转移到园林中，体验人与自然融合一体，达到身心齐修。

（杨　玥）

【冰雪主题夜跑活动在玉渊潭公园举行】 7月13日，第十一届北京国际体育电影周开幕式“冰雪主题夜跑”活动在玉渊潭公园举行。本次夜跑活动由北京奥运城市发展促进会主办，以“助力冬奥，冰雪激情”为主题，300余名长跑爱好者在中国极限马拉松运动名将陈盆滨和羽毛球世界冠军叶钊颖率领的Yes跑团带领下，环绕玉渊潭进行4.2千米的欢乐夜跑。全国政协教科文卫体委员会副主任、北京奥运城市发展促进会常务副会长刘敬民，北京奥运城市发展促进会副会长蒋效愚，国家体育总局宣传司司长涂晓东，北京奥运城市发展基金会理事长张凤朝等出席开幕式。期间，玉渊潭公园做好园内保障工作，保证夜跑活动顺利进行。

（王智源）

【第二十二届紫竹院公园竹荷文化展开幕】 7月16日，以“竹韵梵音 妙漫荷影”为主题的“紫竹院地区第六届民族文化节暨紫竹院公园第二十二届竹荷文化展”，在中央民族歌舞团民族剧院开幕。海淀区委常委宣传部部长陈名杰，市公园管理中心调研员孟庆红，中心服务处副处长贺然，中国人民解放军军乐团政治部主任张太富，海淀区旅游委、紫竹院街道等17家单位相关领导参加开幕式。市公园管理中心宣传处、海淀电视台、《海淀报》等媒体出席开幕式并进行报道。8月16日闭幕。

（鲁志远）

【玉渊潭公园筹备夏季赏荷文化活动】 7月17日至8月16日，玉渊潭公园举办“玉荷飘香·清凉一夏”赏荷文化活动，活动以荷为题，借景咏志，宣传中国园林荷文化，为广大游客提供夏日清爽游园的美好体验。本次活动包括万萍荷香赏荷、第十二届“春到玉渊潭”摄影精品展、非物质文化遗产展示及体验、名家书画展、“火树瓷花”德化白瓷雕塑艺术精品展、观赏科普、茶饮和休闲文化体验等主要活动内容。

（中心服务处）

【国际曼德拉日主题活动在玉渊潭公园举行】 7月18日，“采取行动，激励改变——2015国际曼德拉日”主题公益活动在玉渊潭公园少年英雄纪念碑广场举行。本次活动受南非驻华使馆委托，由北京非洲中心及相关机构联合承办。百余名游客同来自南非的国际友人一起参与了“为自由而行走”6.7千米长跑、“爱心许愿树”现场捐赠等活动，共同为遭受暴力虐待的南非儿童献出了自己的爱心。南非驻华使馆高级代表、北京非洲中心负责人参加活动。

（缪　英）

【北海公园举办荷花主题雅集会】 7月18日，北海公园举办荷花主题雅集会。活动在琼华岛清秀茶苑举行，包括水生插花展示互动，现场由花艺师教授游客插花基本方法，并点评游客插制作品；荷花茶茶艺表演，邀请游客现场品尝荷花茶；荷花书画笔会，邀请职工和游客进行现场作画和书法展示。共50余名来宾与游客参与。

（汪　汐）

【陶然亭公园与市体育局共同开展“北京市全民健身科学指导大讲堂”活动】 7月19日，陶然亭公园与北京市体育局等单位在中央岛佳境广场举办了北京市全民健身科学指导大讲堂活动。国家级社会体育指导员赵之心与中华中医药学会国际部顾问李智共同主持此次活动。活动中通过与游客进行互动问答的方式，向广大游客强调运动改善人体机能的重要性和该如何正确进行运动等健康知识。

（刘　斌）

【北京动物园承办北京市第九次“全国特奥日”活动】 7月20日，是第九次“全国特奥日”。由北京市残疾人联合会主办，动物园和北京市残疾人体育运动协会共同承办的“全国特奥日”定点定向徒步走主题活动在北京动物园举行。本次活动是北京动物园与北京市残联第二次合作开展“全国特奥日”主题活动。来自北京市7个区县的50个智障人家庭参加了本次徒步走活动。作为北京动物园2015年公园文化节的启动项目，公园在本次活动中充分展示了动物园的文化特色。公园在熊猫馆、水禽湖、百木园、大象馆等特色区域设置了服务台，并为每个参与活动的家庭提供了由公园志愿者设计的全套动物造型纪念扇。副园长冯小苹在活动仪式上致辞，并代表公园接受了由北京市残联副理事长吕争鸣颁发的“真情奉献 爱心助残”牌匾。

（张　帆）

【“翰墨园林”职工书画展开幕式在玉渊潭公园举行】 7月21日，“翰墨园林”职工书画展开幕式在玉渊潭公园举行。中心党委书记郑西平、主任张勇参加开幕式，对活动给予充分肯定，指出：要进一步为职工开辟交流平台，提升艺术氛围；要以京津冀协同发展为契机，广泛开展具有园林文化底蕴的书画活动；要宣传园林美和特有的公园文化，提升公园的综合效益。中心副主任王忠海一同参观书画展。

（玉渊潭公园）

【香山公园举办“香山皇家园林养生体验之旅”活动】 7月23日，香山公园在洪光寺举办“三山五园皇家园林旅游节之香山皇家山林养生体验之旅暨香山公园红色绿色游”启动仪式。本次活动集山林养生、文化养生、美食养生、运动养生于一体，邀请专业插花、茶艺、古琴演奏及陈式太极拳老师参与表演。展室内，乾恒药香传人时雅丽、“面人彭”彭小平、“泥人张”传人现场为来宾演示讲述传统技艺，指导大家现场学习。展室外，在专业瑜伽教练的带领下，现场来宾、媒体记者及参与游客共同享受瑜伽静谧之美。海淀区旅游委主任黄亦红、公园园长钱进朝及皇家首宫舫、乾恒药香、三夫户外、雷殿生探索教育、螺丝钉周末亲子游、香山书院、香山饭店、金源商旅酒店等相关代表参加活动。30多家新闻媒体记者现场拍摄报道。

（杨　玥）

【第十一届金鱼文化展在中山公园举办】 7月23～28日，中山公园举办第十一届金鱼文化展。北京思维永乐金鱼文化发展有限公司承办，投资5.3万元。愉园展区除32个金鱼展缸和11个“木海”（木盆）精品金鱼外，另布置展示槽、瓦盆各30余盆名贵金鱼供游客观赏。愉园南侧绿地内金鱼科普走廊设置20块展板，通过文字、图片介绍金鱼的历史、不同金鱼品种的鉴赏方法等科普知识。蕙芳园展区展出“红顶黑龙睛”“玉顶红兰寿”“五花水泡”等名贵金鱼品种20余种30盆。

（郑思光）

【香山公园举办暑期红色绿色游活动】 7月23日至8月23日，本次暑期红色绿色游以“红色之旅　绿色生活”为主题，活动推出《党面临的“赶考”远未结束》主题展览、《香山养生展》及《致远斋皇家理政雅集展》三项主题展览；推出红色之旅——香山爱国主义教育游、绿色生活——皇家山林养生体验游两项主题游园活动，游客可以在香山参与“吃一道养生美食、品一壶禅茶、闻一次药香、学一门非遗技艺、做一场山林瑜伽”的全新养生体验活动。其间公园首次推出“山林奇妙夜”亲子体验课程共举办7期，参与人数200余人。本次活动共接待购票游客12.07万人次，实现收入131.18万元。

（杨　玥）

【“为和平行走——麦克·贝茨勋爵徒步走”活动启动仪式在天坛举办】 7月27日，活动由中国红十字会总会主办，旨在纪念世界反法西斯战争胜利70周年。在国务院侨办主任裘援平、中国红十字会总会副会长郝林娜的陪同下，主宾英国政务大臣——麦克·贝茨勋爵及随行人员一行30人，到天坛圜丘坛出席启动仪式。启动仪式上，麦克·贝茨勋爵及红会副会长分别致辞。最后，麦克·贝茨勋爵宣布活动正式启动，并由天坛南门离园，启动仪式圆满结束。

（张　群）

【北京动物园举办纪念抗战胜利70周年系列活动】 7月27日，北京动物园以纪念抗战胜利和“9·3”活动为契机，举办纪念抗战胜利70周年系列活动。第一，通过主题党日、道德讲堂、座谈交流、观看直播等多种形式，开展爱国主义系列教育活动。第二，公园以“铭记历史、缅怀先烈、珍爱和平、开创未来”为主题，布置摆放花坛2处，主题花境1处，设计布置17块主题展板，营造使广大游客在参观游览同时接受爱国主义教育氛围。第三，强化安全作好保障。通过安全拓展培训、综合应急演练、开展各类安全检查提升应急响应能力，确保公园运转安全。第四，北京动物园党委于7月27日举办“铭记历史 牢记责任”复转军人主题座谈会。复转军人代表共12人围绕“铭记历史 牢记责任”的主题，重温了抗战历史，畅谈新时期、新环境下如何立足本职坚守信念、牢记责任和使命。第五，北京动物园党委于7月23日上午组织处级干部、党支部书记、复转军人到中国人民抗日战争纪念馆参观“伟大胜利 历史贡献”——纪念中国人民抗日战争暨世界反法西斯战争胜利70周年主题展览，接受爱国主义教育。

（师慧伶）

【北海公园开展多项拥军慰问活动】 7月29日，北海公园于“八一”建军节前夕开展多项拥军慰问活动：以“共叙军民鱼水深情”为主题，对中国人民解放军总参谋部通信连及警卫连进行拥军慰问。园长李国定、工会主席夏国栋、总参谋部办公厅秘书长、副秘书长及公园办公室相关人员等100余人参加。7月30日，由总参服务局、北海公园及景山社区联合举办的“军民共建鱼水情”主题手划船比赛在北海公园西岸“让我们荡起双桨”主题码头举行。经过比拼，最终评选出一等奖1名、二等奖2名及纪念奖若干名。北海公园党委副书记曲禄政及景山社区相关领导为获奖者颁发奖品，并对子弟兵们送上节日祝福。总参服务局、四团官兵战士、景山社区居民等50余人参加。北海公园党委探望退休复转军人干部并赠送慰问品。

（汪　汐）

【北海公园举办助力申奥主题冰蹴推广活动】 7月30日，北海公园举办“全民健身，助申冬奥”主题冰蹴球宣传推广活动。由西城区体育局、什刹海街道办事处主办，什刹海民俗协会、西城区社体中心承办，北海公园及北京什刹海体育运动学校协办的“全民健身，助申冬奥”主题冰蹴球宣传推广活动在御膳广场举行。本次活动内容包括冰蹴球比赛及表演、冬奥宣传和冰蹴球知识宣传三个展示区。活动旨在倡导全民健身活动广泛开展，大力促进冰雪体育运动在市民群众中的普及，宣传冬奥会知识，为北京申办2022年冬奥会营造热烈浓厚的氛围。本次活动共40余人参赛，吸引游客300余人。

（汪　汐）

【北海公园举办助力申奥主题健步走活动】 7月，北海公园举办“助力申奥，你我同行”主题健步走活动。为助力宣传北京、张家口联合申办2022年冬奥会，北海公园联合国家体育总局离退休老干部局下属三老协会（首都老运动员、老教练员、老体育工作者联谊会）举办“助力申奥，你我同行”主题健步走活动。启动仪式在阐福寺内举行，健步走路线为阐福寺至团城景区。参与者同时在团城景区参观了“我们的奥林匹克梦”体育收藏联展，展览展出了300余件珍贵奥运藏品。国家体委原副主任张彩珍、女子射箭世界纪录创造者李淑兰、女子跳伞世界纪录创造者赫建华、体操元老陆恩淳、自行车世界冠军江永华等众多奥运名人、中国红十字基金会行者基金管委会相关领导等各界代表及北海公园园长李国定、园党委副书记曲禄政等共100余人全程参加了本次活动。琼华岛队、文化队积极配合做好服务接待、环境布置及保洁等相关工作。

（汪　汐）

【中心工会大讲堂活动在玉渊潭公园举办】 8月4日，市公园管理中心在玉渊潭公园举办工会大讲堂活动。邀请中国文房四宝协会高级顾问、中国公共关系协会文化艺术委员会委员、北京市书法家协会会员、北京市职工书画协会理事隋占刚，围绕“书画基础——笔墨纸砚的选择、书画精髓——文化修养的积累”等内容进行专题辅导，并结合“翰墨园林”职工书画展与中心系统爱好中国传统书画艺术的职工进行沟通交流。中心系统15家单位共68名职工参加。

（杨春莹）

【第十届北京公园节民族舞蹈大赛在紫竹院公园举行】 8月6日，由北京市公园管理中心、北京市绿地协会主办，紫竹院公园管理处、紫竹院街道办事处承办的第十届北京公园节民族舞蹈大赛在紫竹院公园文化广场举办。活动主题为“美丽公园、四季绽放、和谐共享、创新惠民”，进入决赛的10支队伍全部来自公园晨练群体及各社区群众业余舞蹈队。北京市公园绿地协会秘书长孟庆红、紫竹院街道办事处副主任王战欧、紫竹院公园副园长李美玲、北京市公园管理中心服务处李艳、北京景观杂志特约编辑陶鹰及海淀区舞蹈家协会等相关领导作为评委出席了此次活动，近千名游客观看了演出。

（鲁志远）

【香山公园在碧云禅舍开展“古法品香”讲座】 8月8日，香山公园在碧云禅舍举办香山皇家山林文化养生“古法品香”公益讲座。邀请阅香堂香道老师为游客做熏香演示，并带领游客体验了古法熏香。共20多名游客参加。

（纪　洁）

【全国肢残人活动日活动在北京动物园举办】　8月11日，是全国肢残人活动日，北京市残联在北京动物园举办了“无障碍·乐畅行——全国肢残人活动日暨无障碍环境推广活动”。市残联副巡视员欧玲、市公园管理中心副主任高大伟出席，市残联无障碍设施促进中心主任顾锦荣、中心服务管理处副处长贺然、市规划委综合业务处副处长刘秋君、市人大代表宋慰祖及市无障碍监督员、无障碍网站负责人、北京地铁运营公司、西城区残联的相关专家共同参加活动。本次活动以北京动物园的无障碍设施建设及运营管理为基础，分别参观了公园西南门厕所、狮虎山厕所内的无障碍卫生间、金丝猴馆的无障碍坡道和熊猫馆的无障碍电梯。参观过后，召开了“无障碍 乐畅行”工作座谈会。北京动物园园长吴兆铮、中心服务管理处副处长贺然分别介绍了动物园及市属公园在无障碍设施方面的主要做法。

（张　帆）

【天坛公园举办暑期特色科普活动】　8月11日，生态科普园组织举办“体验种植快乐、品尝绿色食品”天坛暑期特色科普活动。在科普互动厅举办“无土栽培芽苗菜” 主题科普讲座，科普园工作人员向参加活动的社区居民介绍了芽苗菜的营养特点、适合在家中培育的芽苗菜种类以及家庭培育芽苗菜的技巧和注意事项等。

（刘育俭）

【香山公园联合市公园管理中心计生办举办暑期山林奇妙之旅活动】　8月12日，香山公园联合市公园管理中心计生办组织开展了香山山林奇妙之旅活动。活动包括参观香山公园双清别墅，北京民间工美艺术家、“面人彭”传人彭小平言传身教捏面人，手工制作红叶灯笼，观看营地电影，实践扎露营帐篷等。市公园管理中心各公园职工子女共41人参加活动。

（杨　玥）

【第十届北京公园季在地坛公园启动】　8月18日，第十届北京公园季在地坛公园启动。本届公园季以“美丽公园　四季绽放　和谐共享　创新惠民”为主题，突出“京津冀”协同发展，围绕“文明游园你我他”主线开展，由中国公园协会、首都精神文明建设委员会办公室、北京市园林绿化局、东城区人民政府、北京市公园管理中心主办，北京市公园绿地协会承办。仪式上，启动首届“京津冀”公园发展研讨会活动，为地坛公园《地坛的传统文化大讲堂》、恭王府管理中心《非遗展演季》、圆明园遗址公园《黑天鹅保护及志愿者服务》等10个获奖单位颁发“服务民生　创新管理”品牌奖，“公园之友”社会团体宣读“文明游园”倡议书，群众代表队进行了文体活动展演。中国公园协会会长陈蓁蓁、河北省风景园林与自然遗产管理中心副主任杨凌、天津公园协会会长张群芳、北京市公园绿地协会会长刘英、东城区人民政府副区长陈之常、中国公园协会秘书长李存东以及中心副主任王忠海等领导出席，100余家会员单位参加。公园季期间，围绕“共享三地公园管理经验、共谋公园未来发展方向”举办首届京津冀三地联动、创新惠民公园发展研讨会，举办适合大众参与的系列园林特色文化活动，整体活动持续到11月。

（北京市公园绿地协会）

【北海公园举行摄影作品颁奖活动】 8月19日，北海公园举行“荷美北海”摄影作品颁奖活动。活动共收到各方投稿172幅，通过群众评选与评选委员会评选相结合的方式，最终确定获奖人员10余人，并在官网进行公示。摄影作品征集活动更好地让游客体会到了北海公园荷花的特色，提升了北海公园荷花的品牌效应。公园党委副书记曲禄政、公园职工及市民共30余人参加。

（汪 汐）

【天坛公园开展“红色印记·文化之旅”爱国主义教育活动】 8月，天坛公园开展“红色印记·文化之旅”爱国主义教育活动，活动中，园长李高和党委书记夏君波共同为神乐署市级爱国主义教育基地揭牌，并从传承民族文化、弘扬时代精神等方面对公园近年的爱国主义教育工作进行了简要回顾，老干部志愿者和青年志愿代表分别从铭记历史、传播文化等不同角度进行了发言。党委书记夏君波讲话。揭牌仪式结束后，近30名中小学生代表在志愿者的带领下参观神乐署文化展览，欣赏中和韶乐演出，开展交流互动活动。公园领导班子全体成员、各党支部书记、离退休老干部、职工代表和中小学生50人参加活动。

（王小铮）

【玉渊潭公园举办第七届农情绿意秋实展活动】 9月10日至10月7日，玉渊潭公园举办第七届农情绿意秋实展活动。本次活动主题为“金秋玉渊潭”，期间陆续举办“寻访公园的明星”群众文化展演、公园季健身操比赛、观赏科普、非物质文化遗产展示等文化活动，并设置摄影精品系列展、“玉和集樱”玉渊潭公园历史回顾与文化传承展、“火树瓷花”德化白瓷雕塑艺术精品展等展览供游人参观。此外，玉渊潭公园还首次采用一站式方式，与京郊农园对接，将农园特色生态果蔬引进展示，受到广大游客的欢迎。活动共计28天，其中9月10～30日门票为10元/人次，10月1日起恢复原票价，共接待游人53.5万人次。

（缪 英）

【“三山五园”皇家园林旅游节专场音乐会在香山公园举办】 9月15日，由海淀区旅游行业协会主办，香山公园协办的“2015（三山五园）皇家园林旅游节专场音乐会”在香山公园致远斋景区举办。京剧表演艺术家刘铮、民乐演奏家等现场表演了二胡齐奏、中阮独奏、笛子独奏、琵琶古琴合奏及京剧《坐宫》节目。活动历时2小时，现场观众百余人，数十家新闻媒体进行了报道。海淀区旅游委主任黄亦红参加活动。

（杨 玥）

【中心积极开展第十八届全国推广普通话宣传周活动】 9月15～21日，市公园管理中心积极开展第十八届全国推广普通话宣传周活动。各公园开展牌示规范用字排查，检查牌示6600余块，在门区电子屏幕滚动播出宣传标语，悬挂宣传海报207张，设立咨询台，向游客发放宣传导览图300份、宣传册136本。

园林学校开展经典诵读比赛、召开主题班会，宣传普通话“一法一规”；中心党校要求教师讲好普通话，提高职业语言水平，规范文件公文用语。

（李　妍）

【北京十佳生态旅游观鸟地评选活动在天坛公园举行】　9月17日，市旅游委委员会、市园林绿化局、市公园管理中心主办，北京市野生动物保护协会、北京市野生动物保护中心、飞羽视界传媒承办北京十佳生态旅游观鸟地评选活动。活动旨在引导大众关注身边的野生动物，发现自然之美。首都师范大学高武、北京师范大学赵欣如等专家，到天坛生态科普园参加评选活动。评选过程中，专家通过网络投票的方式，从15家晋级的景区中进行遴选，最终评选出天坛、颐和园、野鸭湖等十佳生态旅游观鸟地。评选结束后，评委一行实地检查、参观天坛公园观鸟地环境。

（刘育俭）

【天坛公园联合东城发改委物价检查所举办“价格服务进公园”宣传活动】　9月17日，活动在皇乾殿北侧广场举办，旨在加强公园物价管理，面向游人广泛宣传物价相关政策，更好地为游客提供满意的服务，进一步增强游客和职工的法律意识、价格常识。面向广大游客开展了物价咨询服务，发放宣传材料、纪念品2000余份。摆放宣传展板10块、易拉宝4个、横幅2条，并利用公园大屏幕进行了物价宣传。副园长王颖、东城区物价检查所领导及管理科负责人参加。

（刘　欣）

【北海公园举办“金象会员节”】　9月19日，“第十一届金象会员节”在北海公园举办。活动以“呈送吉祥　护佑安康”为主题。现场设置了主舞台区、健康咨询区、会员服务区三个区域，活动主要包括向孝星榜样进行爱心捐赠，发放老年痴呆患者防走失黄手环，开展专家义诊、健康咨询讲座，进行文艺表演等。

（汪　汐）

【玉渊潭公园举办第十届北京公园季健身操比赛】　9月23日，玉渊潭公园举办第十届北京公园季健身操比赛。活动以“美丽公园　四季绽放　和谐共享　创新惠民”为主题，邀请甘家口家园艺术团、航天社区舞蹈队等13支来自社区及公园锻炼团体的健身操队伍参加比赛。公园园长祝玮参加活动并致开幕词，北京市公园绿地协会秘书长孟庆红、公园副园长郭会祥及甘家口街道领导参加活动，并为获奖队伍颁奖。

（缪　英　白　桦）

【陶然亭公园举办“圆梦中秋·点亮陶然”中秋赏月活动】　9月26日至27日，陶然亭公园游船队于中秋节期间举办了第三季主题为“圆梦中秋·点亮陶然”中秋赏月活动。此次活动于每晚18:30至20:00在游船队西码头进行，分为湖面游览区、赠送礼品区、幸福合影区等。游船队为游客提供了贴心、周到、细致的服务，受到游客的一致好评。

（付凉爽）

【北海公园举办第四届“北京·开封菊花文化节”开幕式】　9月29日，北海公园举办第四届“北京·开封菊花文化节”开幕式暨新闻发布会。中心副主任高大伟致开幕词，开封市常务副市长秦保强讲话，公园园长李国定介绍菊展布展情况。随后，与会人员参观了阐福寺菊花主景区及碧海楼“皇家邮驿”。公园党委书记吕新杰、园长李国定、中心综合管理处副处长朱英姿、服务管理处副处长贺然，公园党委副书记曲禄政、开封市文化产业园副主任李红宁、开封市园林科研所所长程玉长、书记潘慧英、开封市龙亭公园主任杜惠玲、开封市文化产业园区负责人及公园相关科室负责人出席。开封电视台、北京电视台、北京广播电台、《北京日报》《法制晚报》《劳动午报》等10余家媒体20名记者进行现场报道。本次菊展由北海公园、市菊花协会及封宋都古城文化产业园区管委会共同主办，以“情系古都·文雅芬芳”为主题，主景区设在阐福寺。菊展共使用各种造型艺菊11万余盆，包括多头菊、造型艺菊、大立菊、悬崖菊、菊花盆景等品种。在花卉布置方面，除在原有3处主题花坛及3处花境的基础上增加各式菊花艺术造型外，最大的亮点是在主景区摆放的长25米高1.3米的“清明上河图”菊花盆景。菊展期间还将举办科普互动活动。展览于10月20日结束，历时20天，共接待游客64.17万人次。

（汪　汐）

【颐和园配合首都文明办公室完成“文明旅游袋动中国”大型环保公益活动】　9月29日，由首都文明办公室、北京电视台共同发起的大型环保公益活动生活微行动——“文明旅游袋动中国”，在颐和园东宫门外广场开展现场文明引导活动。来自首都各行各业的志愿者们冒雨为游客现场发放了垃圾袋，积极宣传文明游园知识，号召游客在国庆黄金周期间能够自觉自律、文明出游，不乱扔垃圾。活动持续约两个小时，BTV北京新闻予以报道。

（中心宣传处）

【根石艺术作品展在北海公园开幕】　9月30日，北海公园“北京市第十八届根石艺术优秀作品展”开幕。展览由北海公园与北京市根艺研究会共同主办，展出根艺大家李桓志金丝楠木荫沉木作品、赏石收藏家安奇勇先生奇石作品及石景山区、东西城区等近十余家单位的优秀作品160余件。开幕式在阐福寺举行，公园党委副书记曲禄政、根艺研究会副会长、理事及参展单位相关人员50余人出席。展览时间为9月30日至10月7日。

（汪　汐）

【第十届北京公园节踢毽子比赛在北海公园举行】　9月30日，此次活动报名参赛人数90余人，包括景山社区居民及社会报名。经初赛、复赛两轮选拔后，有55人进入决赛，最终评选出一等奖1名，二等奖2名，三等奖3名，并由北京市公园管理中心、北海公园的领导为获奖者颁发奖品及证书，所有参赛者均获得纪念奖。

（李　艳）

【“第三届北京老年节开幕式”在天坛公园举办】　10月13日，由市民政局、市老龄办主办，市公园管理中心、东城区政府、市老龄产业协会承办的“第三届北京老年节开幕式”活动，在公园皇乾殿北侧广场举行。活动历时50分钟，由快闪、开幕式、串烧表演三部分组成，来自全市的老年人代表共表演了9个精彩节目。原北京市常务副市长、北京市老龄产业协会会长翟鸿祥通过现场大屏幕宣布“第三届北京老年节”开幕，并祝全市老年人重阳节快乐。原北京市政府副秘书长、国务院参事、市老龄产业协会常务副会长张玉平，市老龄办公室常务副主任王小娥、市公园管理中心副主任王忠海，东城区人民政府副区长陈之常以及市老龄产业协会执行副会长王寿松，市公园管理中心主任助理、服务处处长王鹏训，宣传处处长陈志强，东城区老龄办主任徐维江、园长李高、党委书记夏君波、副园长王颖等领导出席。

（王佳新）

【香山公园第27届红叶观赏季开幕】 10月15日，香山公园第27届红叶观赏季开幕。香山红叶观赏季活动主题为“胜利之约”，举办时间从10月15日至11月15日，为期32天。本次活动共接待购票游客99.81万人次，实际总收入1108.99万元。为做好整体保障工作，成立香山红叶季综合保障领导小组和市、区三级指挥部，包括市级总指挥部、海淀区指挥部和香山公园指挥部，综合统筹保障红叶季各项工作；启动成员单位集中值班制度，在红叶季举办期间的5个双休日高峰游览期，市相关委、办、局负责同志及工作组人员集中办公，协调指挥，确保游览高峰期游园、交通、治安和环境秩序等安全平稳；加强园内综合保障，梳理出9个易发生拥堵节点，高峰时段实施全园单向大循环；在游客高峰日投入800余名安保人员加强秩序管理，疏导人流；双休日实行年季月票分时段入园，做好园区扩容，增设2台临时售票车、临时厕所3处；做好服务保障，强化索道安全运营；配合红叶季，适度举办展览互动活动。期间设置6处花坛、花带主题景区，布置面积3000余平方米，举行《党面临的“赶考”远未结束》《香山自然与人文特色展》《皇家雅集展》三项主题展览和醉美香山摄影比赛、“香山美景随手拍”微博有奖互动三项互动活动，提高游客参与体验感。

（孙海洋）

【陶然亭公园举办第十三届“陶然杯”地书邀请赛】 10月15日，陶然亭公园同陶然亭街道在北门广场共同举办以“铭记历史同铸梦 珍爱和平共陶然”为主题的第十三届“陶然杯”地书邀请赛。活动当天，北京、天津、南京、杭州、长春、运城等地的地书爱好者汇聚京城，以楷书、行书、草书、隶书等多种书体进行比赛，最终评出一等奖1名，二等奖2名，三等奖3名。

（刘 斌）

【第27届香山“红叶观赏季”开幕首周末运行平稳】 10月17日，林克庆副市长在市香山“红叶观赏季”综合保障指挥部主持召开会议，听取中心、海淀区等相关单位主管领导关于香山红叶季综合保障工作情况汇报。市政府赵根武副秘书长提出要求。香山红叶季综合保障领导小组和市区三级指挥部全面推进综合统筹保障工作，市级综合指挥部集中办公地点设在市公园管理中心，启动成员单位集中值班制度，在红叶季举办期间的5个双休日高峰游览期，市政府办公厅秘书四处、市公园管理中心、市园林绿化局、市交通委运输局、市城管执法局、市公安局治安管理总队、市公安局交通管理局、市消防局、海淀区政府等相关委、办、局负责同志集中办公，每两个小时统计数字、综合会商、协调指挥，确保游览高峰期游园、交通、治安和环境秩序等安全平稳。10月17

日、18日首个高峰游览期，市公园管理中心党委书记郑西平、主任张勇、副主任王忠海分别在香山公园和市综合指挥部前沿指挥，确保首周末香山红叶季综合保障顺利完成。10月17日、18日香山共接待游客12.93万人次，同比减少3.51%，其中购票游客10.62万人次，同比减少8.37%。公园投入818名管理服务人员，采取全园游览单向大循环、双休日年季月票分时段入园等措施加强疏导，在园游客未超过安全承载力标准，全天游园舒适度较好，索道运行安全，游园一切正常。市交管局投入警力及协管员118人次，在五环路出口码放锥筒1.5千米，重点路段实行单行；市交通委运输局协调公交10余线路加车110部，备班车50部，开通香泉环岛摆渡车，加开地铁区间车，开行地铁北宫门站至香山专线车。全天交通秩序正常，在交通流量较大时段，适时调配旅行车停放旱河路、调整摆渡候车区等措施缓解交通压力。市治安总队派分局警力55人次加强区域巡视，治安状况正常。环境秩序方面，城管执法出动执法人员80人次和保安140人次，规范商户、取缔无照经营等共437起。区消防支队上勤24人、2部消防车、2辆消防摩托车加强巡视。海淀区投入各种保障力量450人次，加强区域环境、交通、秩序管控，清运垃圾40余吨，区域总体秩序良好。新闻媒体和香山微博持续开展香山红叶疏导宣传。

（孙海洋）

【第四届北京市“天坛杯”社区太极拳（剑）比赛活动举办】 10月20日，由市体育局、市公园管理中心主办，天坛公园管理处、北京武术院、市武术运动协会承办。参赛内容涉及24式太极拳、32式太极剑、自编自选项目等3个项目单项和团体比赛。全市5个区县、17个社区代表队200余名参赛选手参与其中，同台竞技。市公园管理中心王忠海副主任出席并致辞。中心主任助理、服务处处长王鹏训，中心宣传处长陈志强、北京武术院院长彭红、园长李高、党委书记夏君波、副园长于辉等领导出席。

（李　艳）

【北京市第十一中学师生到神乐署开展文化社会实践活动】 10月20日，北京市第十一中学师生100余人专程到天坛公园神乐署开展文化社会实践活动，积极发挥神乐署文化宣传阵地作用，并根据学生班级和年龄的差异，设计了讲解、展室互动展示、专场演出相结合的方式，安排优秀讲解员对学生进行深入浅出的专题讲解，介绍中国传统的历史和礼乐文化。

（赵慧玲）

【景山公园举办空竹表演赛】 10月23日，景山公园举办第十届公园节市属公园休闲健身竞赛——空竹表演赛。此项表演赛是配合第十届北京市公园节群众文化活动，以景山公园之友团队“空竹乐园”为基础的群众文化活动。共18位公园之友选手分15组参加了此次活动，选手平均年龄58岁，最大为82岁。选手们使用不同空竹展示了风格迥异的抖空竹技艺。中心服务处副处长贺然、公园园长杨华等参加此次活动。

（刘水镜）

【北京植物园举办第五届“曹雪芹西山传说小学生故事会”走进校园系列活动】 10月26至11月3日，北京植物园第五届“曹雪芹西山传说小学生故事会”走进校园系列活动共举办三期。讲解员们分别到白家疃小学、四王府小学和培星小学，围绕“曹氏风筝”以及“《红楼梦》中的人物与扇子”等主题，带领孩子们讲故事、品红楼、画风筝、绘扇面，旨在弘扬中国传统文化、普及“红学”知识、传承“曹雪芹西山传说”这项非物质文化遗产，三期活动共100余位学生参加。

（石　鑫）

【第七届菊花文化节在北海公园开幕】　10月28日，北京市第三十六届菊花（市花）展暨北京市第七届菊花文化节在北海公园开幕。本次菊花展由北海公园和北京菊花协会主办，主题为“菊香悠然——传承经典”，主景区设在阐福寺，共设置室内展台12间、室外展台17间以及插花、小菊盆景专项展区2个，展出各式精品菊花、小菊盆景及插花、造型艺菊等3000余盆，参展单位包括颐和园、天坛公园、北京植物园等中心所属公园、小菊盆景协会、北京林业大学等27家会员单位。菊花节期间还举办“菊香悠然来——走进寻常百姓家”非遗进社区系列活动，通过菊花大师传授菊花栽培技术、开展菊艺交流、百姓参与北京市菊展评比等方式，扩大菊花栽培技艺非遗项目宣传，融入百姓生活，促进菊花技艺的发扬和传承。《北京日报》《北京青年报》《新京报》北京电视台、北京广播电台交通台等新闻媒体来园采访报道。工程园容队、园艺队、文化队积极做好相关工作。开幕当天北京菊花协会会长刘英来园参观，公园园长李国定、党委书记吕新杰、党委副书记曲禄政及相关工作人员陪同。展览持续至11月25日，本次展览历时29天，累计接待游客65.84万人次。11月25日，文化队积极配合相关部门做好撤展工作。

（汪　汐）

【北京植物园举办第六届曹雪芹文化节暨纪念曹雪芹诞辰300周年大会】　10月30日，由北京植物园与海淀区政府、北京曹雪芹学会、北京曹雪芹文化发展基金会联合主办，也是第六届曹雪芹文化艺术节的最高潮部分。活动共分为以下几项内容：中心主任张勇致辞，北京曹雪芹学会胡德平会长作主旨发言；由87版《红楼梦》剧组成员上台讲述当年的拍摄场景，带大家重温创作经典背后的传奇故事；《红楼梦》藏品捐赠仪式，画家安云霁先生创作的《雪中曹雪芹纪念馆》和中国中医药学会名誉会长孙隆椿先生30多年来的《红楼梦》资料收藏和近万件工艺品捐赠给北京曹雪芹文化发展基金会；启动《红楼梦》万人赠读活动。嘉宾现场向香山小学的小学生赠送《红楼梦》书籍；曹雪芹诞辰300周年纪念特展开幕揭牌；由上海古凡交响乐团演绎《红楼梦音乐传奇》。社会各界人士260余人出席活动。

（北京植物园）

【颐和园第十四届桂花文化节】　10月31日，本届桂花文化节以“颐和秋韵”为主题，结合颐和园环境特点，以重点院落、重点游览区域为主线，以花坛、花缸、盆景、桂花等环境布置形式为依托，在东宫门及北如意门摆放主体花坛，在德和园、仁寿殿、长廊沿线等院落展摆精品桂花和特色花缸，在耕织图水操学堂等进行盆景展示，共集中摆放大型桂花300余盆，展摆特色花缸共计60余个，展示颐和园传统花卉。由于展摆时间较长，花卉研究所对桂花花期进行了前期调控，两批次桂花均如期盛开，得到了广大游客的好评。

（中心服务处）

【北京植物园成功申请市教委“初中开放性科学实践活动——叶子的秘密”】 10月底，植物园“叶子的秘密”课程项目通过教委审核并在初中开放性科学实践活动平台全面上线接受预约，该活动项目共开设“叶子的秘密”课程15期，课程于2016年1月全面开展。

（石　鑫）

【香山公园组织开展纪念孙中山先生诞辰149周年主题纪念活动】 11月12日，香山公园在孙中山纪念堂举办孙中山先生诞辰149周年纪念活动。青年职工代表发出了“不忘历史使命、争当爱国爱园爱岗好青年”的号召，公园党委副书记、纪委书记孙齐炜，团员青年骨干，新入职员工等代表全园职工，向孙中山像敬献了花篮、鲜花，并参观了展览。共有50人参加了此次活动。

（武立佳　王　嘉）

【北京动物园开展聋哑儿童游园活动】 11月17日，北京市残疾人联合会无障碍促进中心副主任管子旸带队，太阳花听力语言康复中心25名聋哑儿童、25名家长及相关工作人员共50余人，在北京动物园开展了“跨越障碍 童心飞扬”聋哑儿童无障碍游园活动。公园由服务管理科、客服中心人员及两名志愿者接待。

（张　帆）

【北京动物园开展“争当中国好网民”活动】 11月底至12月3日，北京动物园团委落实团市委下发的《关于在全体共青团员中开展争当“中国好网民”活动的通知》精神，策划活动方案，分3个步骤推进此项活动。此项活动已普及公园全体团员，参与学习、关注、转发近800人次。

（马　琳）

【陶然亭公园第六届冰雪嘉年华系列活动正式开幕】 12月26日，陶然亭公园第六届冰雪嘉年华系列活动正式开幕。活动中家长和孩子们能够近距离接触极地企鹅，同时，还能体验雪地飞碟、冰滑梯、雪地摩托和香蕉船等游乐设施。

（陶然亭公园）

【第12届环境丰容国际研讨会在北京动物园举行】 年内，由环境丰容国际研讨会（ICEE）委员会主办，北京动物园圈养野生动物技术北京市重点实验室、北京师范大学、上海动物园、广州动物园和中国生物多样性保护与绿色发展基金会共同承办的第十二届环境丰容国际研讨会于5月25～28日在北京动物园科普馆举行。这是ICEE首次在北京动物园举行，也是首次在亚洲举行国际研讨会。本次会议总计注册代表139人，其中来自美国、英国、意大利、法国、日本、澳大利亚、巴西和科威特等9个国家、25家单位的代表26人，来自中国大陆、台湾和香港地区43家单位的代表113人；还有旁听会议的未注册代表近50余人，分别来自中国生物多样性保护与绿色发展基金会、清华大学社会科学学院、北京动物园、北京师范大学、北京海洋馆等。会议收到论文或论文摘要41篇。大会安排5位专家就丰容和动物福利的理论和实践做了专题报告，33名代表就丰容作了报告。会议安排的学术交流活动，尤其是会议中提出的“360度动物园”“动物通道网络”等新概念，必将进一步推动国内丰容工作水平上升到一个新的高度。本次会议还举办了纪念品拍卖活动，总计收到来自与会代表的拍卖品81份，其中66份（99件）成功拍卖，收入8315.00元，拍卖款将捐赠给中国动物园协会用于鼓励和促进丰容工作。会议结束前，经集体讨论，会议组委会决定将全部论文全文或者摘要在The Shape of Enrichment发表。

（席　帆）

【北京动物园举办暑期夏令营】　年内，北京动物园与鼎欣博业发展文化有限公司继续合作，圆满完成暑期夏令营活动。根据公园管理处关于2015年夏令营活动以招投标方式确定合作方的工作要求。此次夏令营活动是公园首次通过竞争性磋商寻求合作伙伴，4～5月，经召开北京动物园2015年夏令营活动答疑会、竞争性磋商会等工作程序，最终确定中标公司。6月初着手策划、落实夏令营活动方案，进行宣传与推广活动，并组织完成对志愿者及教师队伍的安全、服务与业务知识的培训工作。夜宿动物园2015年暑期夏令营活动7月5日正式拉开帷幕，并进行了全新改版。突破了以往的24小时夜宿动物园活动经典版，增加了36小时活动升级版和十三陵繁育基地野外版。共开展营日活动31期，接待6～12岁营员1234人。其中经典版11期，接待营员422人；升级版19期，接待营员776人；野外版1期，接待营员36人。此外，还举办了北京动物园职工子女夏令营1期24人；青年骨干夏令营1期28人、2015年新职工保护教育训练营1期26人。使营员们看到了一个不一样的“北京动物园”。2015年暑期夏令营活动9月2日落下帷幕。

（周桂杰）

展览展陈

【梅墨生师生作品展在中山公园举办】　1月10～21日，皇园艺术馆举办“五凤于飞——梅墨生师生作品展”。展出中国国家画院一级美术师、文化部文化市场发展中心艺术品评估委员会委员、中国文物学会特聘专家梅墨生国画作品30件。开幕当天，接待嘉宾及参观游客200余人。

（刘倩竹）

【香山公园就昭庙展陈利用召开专家会】　1月29日，故宫博物院原研究员、“三金工程”总设计、西藏文物专家王家鹏，中国藏学研究中心宗教研究所所长李德成到香山公园，就昭庙展陈利用提出指导建议。专家首先听取昭庙展示利用方案，对方案给予肯定，并对昭庙内清净法智殿、四智殿、都罡殿需原样复原陈设殿宇内的佛像、佛塔等文物的复原材质、比例、体量、类别提出建议：对于复原的佛像材质应尽量参照原陈设档案中记载；不可移动佛像配套文物应与佛像整体考虑；金质佛像、佛塔的制作可按铜镀金、鎏金等现代工艺处理；同时对成立香山宗镜大昭之庙专家组成员提出建议。

（贾 政 李 博）

【北京动物园举办羊年生肖文化展】 2月8日，北京动物园羊年生肖文化展开始布展。2月13日，“羊大为美”2015年羊生肖文化展开展。以“细数那些有如珍宝的野生羊”“家羊的起源”“演化的成功者——羊”和“你真的认识羊吗”四大板块进行了全方位介绍、展示。期间，同时展出岩羊、斑羚、羚牛（幼）动物标本和名字中带有羊字的植物展板等，让游客更直观地进一步了解和认识野生动物。“羊大为美”2015年生肖文化展于2月30日撤展。共接待参观游客近万人次。

（周桂杰）

【北京植物园举办郁金香展】 2月11日至4月5日，郁金香展在科普馆展出，主题为“国泰民安”，展出郁金香盆栽立体作品10个品种10000余株。展览向游客讲述了郁金香回家的故事，即郁金香在亚洲起源、传播到欧洲、在荷兰兴盛、大面积的栽植与育种、最后选育出“国泰”这个品种又回到中国的过程。展览亮点是“国泰”郁金香，它是带有高贵紫色的鹦鹉型郁金香品种，是一种珍贵的变种，被彭丽媛命名后获得世界广泛关注。这是该郁金香首次在北京与广大游客见面。

（石 鑫）

【北京植物园举办第十一届北京兰花展】 2月11日至3月5日，北京植物园举办第十一届北京兰花展。本次展览设置两个展区：2月11～3月5日在温室中心举办洋兰展；2月18～23日在曹雪芹纪念馆举办国兰展。本届兰花展主题为“画中花”，共展示兰花150个品种，年宵花卉70余个品种，共计10000余株鲜花，以及以油画形式为表现手法的多幅花艺作品，其浓郁的兰花风情及如春的感受将成为市民春节期间休闲出行的极佳选择。

（石 鑫）

【迎新春花卉精品展在中山公园举办】 2月14日至3月8日，“三阳开泰”迎新春花卉精品展在中山公园唐花坞举办。陆续展出西府海棠、梅花、迎春、牡丹等花期控制花卉8种200余盆，红掌等年宵花卉1500盆。其中北美冬青、蝎尾蕉、袋鼠掌兰、紫玉珊瑚、红玉珠、迷你石斛兰等珍稀盆花，帝王花、石蒜花、针垫花等瓶花成为游客瞩目的焦点。展览历时23天，共接待游客2.8万人次。

（张黎霞）

【中山公园举办名人名兰展】 2月14日至3月8日，“四季飘香”北京名人名兰展在蕙芳园举办。陆续展出春兰、墨兰、虎头兰、兜兰以及朱德、张学良等名人赠送兰花品种70余种150余盆，并邀请河南顺利兰园销售兰花。展览历时23天，接待游客2.8万人次。

（张黎霞 孟 楠）

【颐和园举办第四届“傲骨幽香”两梅展】 2月15～27日，颐和园在谐趣园涵远堂举办第四届“傲骨幽香”梅花、腊梅两梅展。此次展览展出梅花、蜡梅、树桩盆景10余个品种共66盆。其中，梅花50余盆、蜡梅10余盆。展览共接待游客3万余人次。

（李 淼）

【北京动物园科普馆举办“中国大熊猫现状

展”】 3月6日，由国家林业局主办、北京动物园承办的“中国大熊猫现状展”在北京动物园熊猫馆奥运馆二层展出，展览由40余块展板组成，从调查过程、调查结论、领导关怀等方面展示了第四次大熊猫调查工作所取得的成效，于3月6～20日在动物园展出。

（中心科技处　北京动物园）

【中山公园举办王士生山水画作品展】 3月7～25日，中山公园皇园艺术馆举办“丹青品读——王士生山水画作品展”，展出中国美术家协会会员、中国国画家协会常务理事、中国画院特聘画师王士生山水作品25件。开幕当天，接待嘉宾及参观游客100余人。

（刘倩竹）

【北京植物园科普馆举办“航天育种科普展”】 3月17日，由北京植物园和北京神舟绿谷农业科技有限公司合作的“航天育种科普展”在科普馆东展厅开幕。该展览利用展板、航天器模型、视频、图片、实物展出等形式，全面展示中国航天育种产业发展情况，让北京市民，特别是广大中小学生了解我国航天育种的发展历程和已经取得的科技成果。

（中心科技处　北京植物园）

【景山公园推出《历史上的景山》图片展】 3月20日，景山公园推出《历史上的景山》图片展。展览在公园西侧宣传橱窗展出，共展览展板24块。此次图片展览的内容丰富，选用了近百张景山历史照片，详细介绍了景山历史的变迁，生动地反映出不同时期景山公园内的建筑和人文情况，历史的沧桑显露无遗。同时还首次展出了寿皇殿碑亭中的“重建寿皇殿碑”碑文及译文。

（刘婴星）

【郁金香慈善行动主题花展在中山公园举办】 3月20日至4月5日，中山公园在唐花坞、蕙芳园、七间房三个室内展室举办“人人参与·共筑大爱”国泰郁金香慈善行动主题花展及义展义卖活动。活动由荷兰国泰郁金香协会、北京插花协会和中山公园共同主办。展出中欧百名花艺师联袂打造的120余件花艺作品。唐花坞展室通过地栽、盆栽两种形式展出50余种郁金香、风信子等球根花卉，使用郁金香、洋水仙、马蹄莲等花卉材料8000余株。展览除供游客参观与品鉴外，还举行认捐义卖活动，所得善款与部分花展门票收入用于慈善捐赠。

（袁承江　张黎霞　张骥林）

【北京植物园举办第二十七届北京桃花节暨第十二届世界名花展】 3月21日至5月3日，北京植物园举办第二十七届北京桃花节暨第十二届世界名花展。这是有史以来最早的一届桃花节，以“春天花会开”为展览主题，展览总面积达20000余平方米。共展出桃花70余个品种，栽植郁金香、贝母等球根花卉150个品种50万株，并推出了郁金香之王——“橘色日出”。完成立体花坛5个，面积200平方米，共插五色草30000株、四季海棠28000株，摆花坛面积150平方米，用花 5000株。

（石　鑫）

【香山公园革命历史专题展首次走入西柏坡】 3月25日，为纪念中共中央进驻香山66周年，加强京冀两地文化交流，香山公园还原双清别墅历史，在河北省西柏坡纪念馆举办《1949中共中央在香山》专题展览，展览于3月25日开展，主题为“艰苦朴素，清正廉洁，永葆革命本色”。此次展览由市公园管理中心主办，香山街道办事处、北京市香山公园管理处承办。在展览开幕式上，中共石家庄市委党校副校长高建庄、西柏坡纪念馆副馆长段彦峰、香山街道办事处主任张建水分别致辞。

（贾 政 李 博）

【香山公园举办《五大书记珍藏图片展》】 3月25日至6月中旬，为纪念中共中央进驻香山66周年，香山公园在双清别墅推出《五大书记珍藏图片展》，展出的图片为1949年毛泽东、朱德、刘少奇、周恩来、任弼时五位领导人在工作、生活期间的珍贵照片，其中多数为他们在香山时期的图片。展览共计16块展板，期间公园讲解员身着预备役军装为游客讲解。

（王 奕）

【北京植物园开展《红楼游艺》专题展览】 3月27日，北京植物园开展《红楼游艺》专题展览。桃花节期间每逢节假日将设置《红楼游艺》相关体验活动，其中包括《红楼梦》原著中的游艺展览和春季画纸鸢、《红楼梦》中益智游戏体验和棋坛对弈体验等。

（石 鑫）

【中山公园举办春花暨郁金香展】 3月28日至5月10日，“春之圆舞曲”2015年春花暨郁金香展览在中山公园举办。园内梅花、杏花、牡丹、紫藤、海棠等50余种春花与100种30万株郁金香共同组成“春林花溪”、“花坞春晓”等七大观赏景区。新增“春林花溪”景区填补东部郁金香景观空白。栽植和摆放紫罗兰、三色堇、天竺葵等6万余株草花，控制1万盆郁金香盆花花期，装点布置展览各个阶段。铺设赏花木栈道两处111平方米，设置花卉科普展板35块，景区说明和赏花导览牌示11块；维修、安装草坪围栏柱900根，维护花卉景观。展览历时44天，接待游客58.6万人次。

（张黎霞）

【熊晓东中国画作品展在中山公园举办】 3月29日至4月15日，皇园艺术馆举办“丹青品读——熊晓东中国画作品展”。展出中国教师书画院特聘教授兼副院长、河南省书画院特聘画家、河南省美协花鸟画研究会副秘书长、河南省山水画艺委会委员熊晓东中国画作品34件。开幕当天，接待嘉宾及参观游客200余人。

（刘倩竹）

【景山公园举办《景山公园精品牡丹图片展》】 4月1日，景山公园在西侧宣传橱窗举办《景山公园精品牡丹图片展》，本次展览共展出展板24块，内容为牡丹名品及景山公园自育牡丹品种的图片及其品种特征介绍，包括花色、花器、花期等，涵盖景山养植牡丹的九大“精品”花型。展览将于6月中旬结束。

（韩佳月）

【北京动物园科普馆举办野生鸟类摄影展】 4月1日，由北京市旅游发展委员会、北京市公园管理中心、北京市园林绿化局、中国野生动物保护协会、北京野生动物保护协会主办，飞羽视界文化传媒和北京动物园承办的“燕京飞羽——2015北京野生鸟类摄影展”

正式在科普馆机动展厅展出。本次影展以“弘扬生态文明，关爱野生动植物”为主题。展出的73幅（种）北京野生鸟类摄影作品，出自16位北京作者之手。本次影展精选了注重纯自然状态下拍摄的更具生态意义的作品，生动美丽的鸟类摄影，制作精良的彩色图片，展现了良好的视觉效果。

（中心科技处　北京动物园）

【香山公园举办《三山五园——香山静宜园历史文化展》】　4月13日至9月30日，香山公园在东门广场举办《三山五园——香山静宜园历史文化展》。展览以解读静宜园二十八景御制诗为主要内容，同时对续建的致远斋、欢喜园、带水屏山、见心斋、昭庙等景点及部分与香山静宜园有关的乾隆御制书画进行介绍。共展出60块展板。10月20日至12月底，香山公园与北京语言大学党委宣传部合作，在北京语言大学图书馆联合举办《三山五园——香山静宜园历史文化展》。共展出展板60块。

（贾　政　王　嵌）

【中山公园举办梅兰竹菊水墨画展】　4月25日，由李可染画院主办，中山公园及北京皇家园林书画研究会协办的“李可染画院春季特别选题——梅兰竹菊展暨李庚教授蕙芳园水墨雅集展”在蕙芳园开幕。开幕式上，李庚教授向中山公园捐赠山水画作品一幅，公园园长李林杰代表中山公园接受捐赠。本次展览展出了李可染画院执行院长李庚教授国画作品50余幅，均是李庚教授以公园的梅兰竹菊为蓝本精心创作的，本次展览至5月5日结束。

（李　艳）

【汪新林中国画作品展在中山公园举办】　4月27日至5月13日，皇园艺术馆举办“汪新林中国画作品展”。展出国家一级美术师、享受政府特殊津贴专家、北京语言大学兼职教授、中国书画研究院副院长、中国国际书画艺术研究会理事汪新林中国画作品30件。开幕当天，接待嘉宾及参观游客200余人。

（刘倩竹）

【孙忠义焦墨山水画展在中山公园举办】　4月28日至5月15日，皇苑艺术馆举办“孙忠义焦墨山水画展”。展出国家一级美术师、梦溪画院副院长、西部书画艺术研究院常务理事、中国美术家协会会员孙忠义山水画作品24件。开幕当天，接待嘉宾及参观游客200余人。

（刘倩竹）

【颐和园举办“龙兴关外——清前文物展”】　4月30日至7月4日，颐和园和沈阳故宫博物院在颐和园德和园共同举办“龙兴关外——清前文物展”。展览以沈阳故宫博物院馆藏文物精品为主，共展出文物122件（组），其中包括被称为沈阳故宫博物院镇馆之宝的“努尔哈赤御用剑”“皇太极御用腰刀”“皇太极御服”“顺治帝御用弓箭”等一级文物13件，二级文物20件。展览从满族崛起、清初武备、宫廷生活和宗教祭祀四个方面，介绍了清朝入关前这一特殊历史时期的政治、军事、宫廷习俗和宗教信仰。展览共接待观众4万余人次。

（卢　侃）

【颐和园举办“颐和园与京西御稻”科普展】　5月1～15日，颐和园在廓如亭广场举办“颐和园与京西御稻”科普展。展览向广大游客介绍京西稻自清代出现至今的种植历史和特点，以及京西稻为何被称之为御稻等知识。

（颜　素）

【第五十届国际野生生物摄影年赛获奖作品巡展在动物园举办】　5月8日，由英国自然历史博物馆和英国广播公司（BBC）联合举办的《第五十届国际野生生物摄影年赛获奖作品巡展》于5月8～19日在动物园展出。共展出84幅来自全球的摄影大赛获奖作品，照片包括野生生物和自然景观。野生生物摄影年赛已经成为世界野生生物摄影领域的顶级赛事，吸引着全世界最顶尖的专业摄影师的作品参赛，2015年是动物园第七次举办该展览。

（中心服务处）

【北海公园召开静心斋展览展陈专家意见会】　5月8日，北海公园召开静心斋展览展陈专家意见会。邀请耿刘同、孟亚男等专家来园听取有关展陈大纲的工作汇报，专家对大纲初稿给予肯定，同时结合北海实际提出修改意见。下一阶段，将根据专家意见修改完善大纲内容。

（汪　汐）

【北京植物园发起“中国植物园联盟——公众科普计划”】　5月9日，由植物园发起的“中国植物园联盟——公众科普计划”之“珍稀濒危植物保护科普展”到中国药科大学展览。展出海椰子、千岁兰等22种珍稀濒危植物。展览已在全国30家以上植物园和相关单位陆续展出，旨在使普通民众有机会与珍稀濒危植物零距离接触，提升保护珍稀植物的公共意识。

（石　鑫）

【颐和园举办“颐和园清宫钟表展”】　5月15日至8月18日，颐和园和海淀博物馆共同举办“皇室遗珍——颐和园清宫钟表展”。在海淀博物馆展出文物展品39件/组，其中二级文物10件/组，三级文物15件/组。展览共接待观众4000余人次。

（徐　莹）

【中国楷书网书法笔会在中山公园举办】　5月17日，皇苑艺术馆、徐旷达艺术馆、皇园艺术馆联合举办“中国楷书网纪念世界反法西斯战争暨中国抗日胜利70周年”笔会。活动是中山公园“纪念抗战胜利70周年”系列展览之一。50余名书法家及书法爱好者现场挥毫书写“铭记历史、缅怀先烈、珍视和平、警示未来”16个字。

（张冬霞　刘倩竹）

【北京市地方志系统开发利用成果展在玉渊潭公园举办】　5月19日至6月5日，“2005年以来北京市地方志系统开发利用成果展”在玉渊潭公园玉和集樱展室举办，共计18天。展览由北京市地方志办公室主办，以地方志开发利用的成果为出发点，向全社会宣传地方志事业，鼓励和引导社会各界开发、利用地方志资源。5月29日，中心史志办公室组织各公园系统修志人员26人参观展览。

（胡　玥）

【瓷画主题文化展在中山公园举办】　5月30日，“皇城清夏——《瓷·画》主题文化展”由北京丝绸新路国际文化有限公司主办，中山公园协办。展览分为土与火的艺术、水墨与青花的对话、器与道三部分，两个展区，两个时段举办。5月30日至8月15

日，唐花坞展出陶罐、陶器246件、瓷板画39幅；6月6日至7月12日，蕙芳园展区布置名家书画29幅、瓷版画22件，瓷器136件、紫砂壶7件、奇石18件。接待游客5.83万人次。

（薛子臣　张黎霞）

【紫竹院公园举办“雪域星生珍藏唐卡艺术展”】　5月30日，由中国收藏家协会、中国藏学研究中心唐卡文化研究院、紫竹院公园管理处主办，北京雪域星生文化艺术中心、中宣文创（北京）经济文化发展中心承办的“雪域星生珍藏唐卡艺术展”在紫竹院公园行宫开幕。原西藏党委书记阴法唐、原西藏自治区常务副主席毛如柏、文化部副部长援藏建藏协会会长杨至今，市公园管理中心副主任王忠海、主任助理王鹏训等100余人出席开幕仪式。中国新闻社、《人民日报（海外网）》、中央电视台、中国西藏网等11家媒体参加开幕式。艺术展展出了著名画家、收藏家叶星生大师300余件珍贵历代唐卡及部分佛像、法器等宗教艺术品首次与观众见面，分别在行宫5个展室进行展出。此次艺术展5月31日正式面向游客开放，12月9日闭幕，共接待游客18477人次。

（王　静）

【香山公园召开静宜园二十八景文化展陈与综合利用方案专家评审会】　6月12日，香山公园召开《香山静宜园二十八景2015年修复景观文化展陈与综合利用方案》专家评审会。会议针对静宜园二十八景修复景观综合利用发展方向及利用方式进行讨论。中国民族古文字研究会党委书记揣振宇、中国文化书院秘书长兼文化发展研究院院长张军、中国文化遗产研究院副院长荣大为三位专家听取汇报后，给予充分肯定并提出建议。市公园管理中心综合处、服务管理处、计财处相关领导出席。

（高云昆　李　博）

【第三届屈原主题艺术展在中山公园举办】　6月19～21日，徐旷达艺术馆在中山公园举办第三届屈原主题艺术展，展览由中国延安文艺学会主办，山西远征广告文化传播有限公司、中央国家机关书法家协会、北京名家世华书画院协办。展出以屈原爱国主义精神为主题的书画作品50余件。开幕当天，接待文化艺术界人士及参观游客100余人。

（刘倩竹）

【北京植物园举办盆栽荷花展】　6月25日至8月，北京植物园在热带植物展览温室前平台展出盆栽荷花200余盆，并加强了追肥和对病毒的预防措施，保证了良好的展出效果。

（石　鑫）

【杨茬葆书法作品展在中山公园举办】　6月26日至7月15日，皇园艺术馆在中山公园举办“杨茬葆书法作品展”，展出空军美术书法研究院副院长、空军文艺创作室副主任、清华大学美术学院高级研修班导师、中国美术家协会理事、中国画学会理事杨茬葆书法作品32件。开幕当天，接待嘉宾及参观游客200余人。

（刘倩竹）

【景山公园推出《北京市景山寿皇殿建筑群数字化信息采集成果展》】　6月30日，景山公园推出《北京市景山寿皇殿建筑群数字化信息采集成果展》。本次展览主要展示了公园寿皇殿建筑群各古建、石刻、建筑附属品等测绘图，具有较强的科普性。

（刘曌星）

【香山公园举办《党面临的“赶考”远未结束》主题展览开幕式】 6月30日，香山公园在东门外广场举办《党面临的“赶考”远未结束》主题展览开幕式。展览由市公园管理中心、海淀区委宣传部、中共石家庄市委党校、西柏坡纪念馆、香山公园联合推出。市公园管理中心党委副书记杨月，海淀区委常委、宣传部部长陈名杰，中共石家庄市委党校副校长高建庄，海淀区旅游委主任黄亦红，西柏坡纪念馆馆长王红等领导嘉宾参加开幕式。北京电视台等多家新闻媒体现场报道。

（王　奕）

【北海公园举办沈三草大师画展】 6月30日，国家一级美术师沈三草在北海公园阐福寺景区举办的“荷”系列书画展开幕，开幕式上沈三草向北海公园赠送了书画作品。本次意在以书法、国画形式向广大游客展示中国传统文化的别样风采。画展将持续至8月10日。

（汪　汐）

【北京动物园举办生物多样性保护摄影作品展】 7月1日，由中国生物多样性保护与利用数码摄影赛组委会主办，国家环保部自然生态保护司等6家指导单位及14家支持单位共同举办，北京动物园承办的第八届“中国生物多样性保护与利用数码摄影赛优秀摄影作品展暨海峡两岸第二届生物多样性保护摄影作品展”在科普馆举办。展出的89幅获奖作品和部分参赛作品。该展览于7月1日撤展。接待参观游客万余人次。

（周桂杰）

【陶然亭公园举办慈悲庵红色文化展】 7月1日，为贯彻落实北京市公园管理中心古建文物修缮与开发利用同步进行的精神，充分展现慈悲庵爱国主义教育基地的红色文化精髓，陶然亭公园在园内慈悲庵举办“红色梦——慈悲庵革命史迹展”。展览采取图文结合的传统展览与历史环境再现复原相结合的形式，辅以少量的声光等现代化技术，重点展示建党早期（1919～1921年）毛泽东、李大钊、周恩来等革命者在陶然亭开展秘密革命活动的情景，探索、追寻拯救中国坎坷之路的思想活动，达到激励现代人沿着前辈足迹，追逐中华民族伟大复兴梦的目的。

（田　婧）

【北京动物园举办“阿尔山四季风光摄影展”】 7月2日，由阿尔山市委、市政府主办，北京动物园承办的“阿尔山四季风光摄影展”在科普馆举办。此次展出的近百件摄影作品从动植物、人文、环境等展现阿尔山四季魅力。通过影展，使广大游客及摄影爱好者能够领略和感受阿尔山的神奇与魅力。该展览于9月8日撤展。共接待参观游客近万人。

（周桂杰）

【景山公园举办第八届荷花盆景艺术展——瓷风雅韵·仿古瓷展】 7月4日至8月7日，景山公园举办第八届荷花盆景艺术展——瓷风雅韵·仿古瓷展，展览期间共接待游客约89万人。园内新布置荷花等水生植物200余组，前山主路两侧、后山种植多个品种花卉共计15000余盆；关帝庙展出元、明、清三朝代表性陶瓷仿古瓷精品百余件；儿童陶艺体验区成为暑期少年儿童互动亮点。公众微博、微信公众号发布荷花展信息共计22条

（次），电视、报刊、电台等主流媒体相继报道共计43条（次）。

（张小雪）

【《三山五园——香山静宜园历史文化展》走进中国人民大学】 7月13～31日，香山公园举办的《三山五园——香山静宜园历史文化展》在中国人民大学图书馆展出。此次展览由香山公园与中国人民大学清代皇家园林研究中心联合举办。展览以“我到香山如读书”为主题，用60块展板介绍了香山静宜园的发展史及静宜园二十八景的主要景点。海淀区委常委、宣传部部长陈名杰，市公园管理中心宣传处处长陈志强，中国人民大学清代皇家园林研究中心副主任董建中，校长助理、校办公室主任郑水泉等专家领导出席开幕式。

（贾 政 王 嵌）

【陶然亭公园举办第二届恐龙科普文化展】 7月16日至8月23日，陶然亭公园举办第二届恐龙科普文化展。此次活动以“珍爱地球 保护环境”为主题，按照恐龙生存时代展示三叠纪、侏罗纪及白垩纪三个时期具有代表性的仿真恐龙及恐龙化石56条，打造“东北线”“南线”两条经典参观路线。为期39天的活动各项收入同比2014年有所下降。共接待参观游客115.01万人次，门票收入174.13万元，纪念品售卖收入30.8万元，游艺项目收入36.72万元，游船收入204.69万元。

（刘 斌）

【紫竹院公园党委制作纪念抗战胜利70周年主题宣传展板】 7月17日，将位于公园文化广场的9块展板全部更换为纪念抗战的主题宣传展板，内容包括主题宣传活动的重大意义、中国作为东方主战场的重要作用、中国共产党的中流砥柱作用和抗战精神等系列内容，并宣传了赵一曼、张自忠、杨靖宇等革命先烈的英雄事迹。

（中心宣传处）

【“翰墨园林”职工书画展在玉渊潭公园开幕】 7月21日，本次展览在“玉和集樱”展室展出作品67幅，其中绘画作品29幅，书法38幅。经过书画展评审小组评选，评出优秀奖22名，市公园管理中心领导向获得优秀奖和纪念奖的职工颁发了荣誉证书。中心党委书记郑西平、主任张勇参加开幕式，对活动给予充分肯定。中心副主任王忠海一同参观书画展。

（中心工会）

【景山公园举办《荷花摄影精品展》】 7月21日，景山公园在公园西大墙橱窗展出《荷花摄影精品展》。本次展览配合公园暑期荷花盆景展活动，与《大众摄影》杂志合作，共展出优秀荷花摄影作品50余幅，介绍摄影技巧10余种。本次展览是公园首次采取磁石相框的形式进行展示，本次展览到7月底结束。

（韩佳月）

【北海公园举办“荷”系列主题展】 7月21日，举办著名书画家杨子洋“荷”系列主题作品展。该展览为北海公园第十九届荷花节系列活动之一，于7月21～27日在阐福寺景区展出杨子洋先生荷花书画精品50余幅。期间共接待游客近2000人次。

（汪 汐）

【图东方中国画作品展在中山公园举办】 7

月25～31日，皇园艺术馆举办“丹青品读——图东方中国画作品展”。展出中国美术家协会终身会员、河北省美术家协会理事、教授级国家高级美术师图东方作品35件。开幕当天，接待嘉宾及参观游客200余人。

（刘倩竹）

【北京植物园“一二·九”运动纪念地“铭记抗战历史 传承爱国情怀”主题展面向公众开放】 7月，由北京市公园管理中心、北京植物园联合推出，分为“来自北平的呐喊”“爱国情扬樱桃沟”“苦难辉煌 丰碑永铸”“铭记抗战历史 传承爱国情怀”四部分，详细记录了“一二·九”运动情况及纪念地建设过程。设置展版16块，导览牌示10块，大型主题背景1处，展出历史图片58张。开幕3天接待游客30批次约1500人。北京电视台、《北京日报》等多家媒体进行了报道。

（石　鑫）

【玉渊潭公园举办第十二届春到玉渊潭摄影比赛展】 7～10月，玉渊潭公园第十二届“春到玉渊潭”摄影比赛展暨往届部分优秀作品回顾展在玉和光影影廊开展。本次展览共展出68幅摄影作品，其中包括第十二届“春到玉渊潭”获奖作品及第一届至第十一届部分优秀摄影作品。同时，公园利用微博、微信同步发布与网友分享，得到众多网友的关注。

（秦　雯）

【景山公园推出《冬奥主题科普展》】 8月4日，在公园南门东侧推出《冬奥主题科普展》，向游客普及冬季奥林匹克运动会的由来、项目、获奖情况等科普知识。展览共推出10块展板，于8月中旬撤展。

（张小雪）

【抗战胜利70周年书法展在中山公园举办】 8月4日，中国书画收藏家协会、中国网络电视台、中国将军书画院主办，中山公园管理处、北京皇家园林书画研究会承办的“纪念抗日战争胜利70周年书法展”，在蕙芳园举行开幕式。全国政协常委、中国书法家协会副主席苏士澍、中国收藏家协会副会长王永茂、中国网络电视台书画院院长赵立凡、中国将军书画院执行院长黄万荣、市公园管理中心党委副书记杨月、副主任王忠海及媒体记者50余人莅临参加。展览时间为8月4～18日，展出书法作品70余幅，开幕当天有200余名游客参观游览。

（刘倩竹）

【香山公园举办致远斋、韵琴斋文化展览开幕式】 8月6日，香山公园举办市政府重要民生实事项目——致远斋、韵琴斋文化展览开幕式，展览正式向公众开放。市公园管理中心主任张勇，副主任王忠海，市公园管理中心社会义务监督员戴月琴，颐和园原总工程师、市公园管理中心顾问耿刘同，海淀区旅游委副主任冯军，海淀区文化发展促进中心副主任赵天书，香山街道办事处党委书记胡淑彦，颐和园、圆明园及致远斋设计、施工、监理、服装设计等相关单位代表参加开幕式。戴月琴、耿刘同为致远斋揭幕，各界代表在宫装导讲员引领下，参观致远斋、韵琴斋，在听雪轩品茗、听琴并留下墨宝。近30家新闻媒体进行报道。

（高云昆　李　博　王　奕）

【景山公园举办《中国抗日战争史图片展》】 8月10日，景山公园认真落实市公园管理中心相关要求，以“铭记历史、缅怀先烈、珍爱和平、开创未来”为主题，以弘扬爱国传统、振奋民族精神、凝聚民族力量为目标，举办了《中国抗日战争史图片展》。本次展览内容由东北三省沦陷、卢沟桥事变、中国浴血抗战、日军暴行、军民艰苦奋战、国际支持、抗日战争胜利、受降与审判等部分组成，共展出历史照片112张。展览持续到10月份。

（景山公园）

【颐和园举办“露陈石座颖拓艺术作品展”】 8月10日至9月7日，颐和园和海淀老龄大学在颐和园德和园共同举办“颐和园露陈石座颖拓艺术作品展”。展出的53套颐和园露陈石座颖拓艺术作品，均由海淀老龄大学绘制，是海淀区非物质文化遗产，具有独特的艺术特征和欣赏价值，是对中国传统书画艺术的创新与发展。展览共接待观众5万余人次。

（徐　莹）

【陶然亭公园举办云绘楼·清音阁内景复原展】 8月13日，陶然亭公园云绘楼·清音阁陈设展试运行。该展览自2014年3月开始筹备，通过查阅资料、参观、与专家反复沟通，7月31日具备验收条件。该展览采取仿制清宫家具及宫廷建筑内部装饰的展览形式，首次恢复云绘楼·清音阁在光绪年间的内部陈设。

（田　婧）

【颐和园改陈永寿斋部分列展】 8月14日，颐和园对原太监题材的天津泥人张塑像陈列展进行改陈，将作为库房使用的东配殿进行原状恢复。此外，还更新了永寿斋前殿的原有仪仗泥人塑像展陈，重新安置现代化展柜，修复园藏20世纪80年代“泥人张”塑像作品。

（王晓笛）

【颐和园开放南湖岛景区】 8月18日，在经历近10个月的专家论证、竞争性谈判、厂家考察工作、评标委员会选标、北京市公园管理中心批复等前期筹备工作后，颐和园南湖岛景区第一次以文化展览展陈的面貌向公众开放。开放景区占地面积近万平方米，建筑面积2057平方米，主体建筑有广润灵雨祠、鉴远堂、月波楼、云香阁、澹会轩等。开放内容以仿明清代古典家具、名人字画、小型特色展览为主。

（张　禹）

【玉渊潭公园举办廉政文化展】 8月18日，发挥公园面向社会的宣传平台作用，紧贴公园荷花景观，将廉政警言警句融入莲文化与莲科普知识，以展板展示、游客互动等形式面向游客宣传廉政文化，达到以莲喻廉，使以“廉”为本，以“廉”为美，以“廉”为荣的社会正能量深入人心。

（中心纪检监察处）

【北京植物园举办“百亩花海迎抗战胜利70周年”花展】 8月31日，为了纪念反法西斯战争胜利70周年，北京植物园围绕抗战胜利的主题共布置了6组花坛，从东南门到科普馆再到温室门口，绵延300多米，总面积达1500平方米的花镜是本次夏季花展的另外一大特色。从植物园南湖至热带展览温室之间的道路两侧，10余万盆各色鲜花齐聚一堂，高低错落，是北京目前最大的花镜展示。科普馆西侧是本次花展的主展区，31个品种的15000余株向日葵进行展出。

（中心服务处）

【北海公园举办主题书画展】 9月10日，北海公园举办著名书画家刘文科、寒石书画展。本次展览以“弘扬抗战精神、珍视和平生活” 为主题，共展出书画作品60余幅，旨在让广大市民、游客在欣赏书画艺术的同时，铭记历史、珍爱和平。开幕式于9月10日在北海公园阐福寺举行，刘文科、寒石先生还分别向北海公园赠送了一幅作品，园工会主席夏国栋出席。书画展于9月20日结束。

（汪　汐）

【北京动物园举办公益海报设计作品展】 9月10日，作为最早取缔动物表演的机构之一，北京动物园联合亚洲动物基金会推出“为它代言·拒绝表演”公益海报展览。此次展览旨在向观众普及动物福利的理念，揭示动物表演背后的真相，呼吁广大公众从我做起，拒绝观看动物表演。展览通过65张图片展板、视频播放、“拒绝动物表演”宣传册的发放等形式，讲述动物福利的基本理念，使公众充分了解动物表演背后的真相，号召公众拒绝娱乐性的动物表演。展览至10月15日结束，接待参观游客万余人次。

（周桂杰）

【北京植物园举办苦苣苔植物展】 9月12～26日，在北京植物园展览温室举办“苦苣苔植物展”，本次展览以“认识苦苣苔，投身苦海”为主题。为参观的游客揭开“世外隐士”苦苣苔的神秘面纱。景观区采用自然式手法，利用枯木、石灰石搭建骨架，配以石蝴蝶、非洲紫罗兰、大岩桐等及其伴生植物，再现苦苣苔植物的原生环境。

（李　艳）

【太后居园——颐和园藏慈禧珍宝展在上海豫园听涛阁展厅前举办开幕仪式】 9月18日，《太后居园——颐和园藏慈禧珍宝展》在上海豫园听涛阁展厅前举办开幕仪式。颐和园管理处书记毕颐和、中国园林博物馆书记阚跃、上海豫园管理处主任臧岭等领导参加了开幕式并致辞。此次展览由颐和园与上海豫园联合举办，颐和园共提供各类文物展品89件/组，分设4个章节从不同侧面多角度反映颐和园的文化价值和晚清宫廷的文化品位、工艺水平和历史特点。副园长秦雷就展览内容和特点接受了上海各界媒体的采访，并为参加开幕式的领导及嘉宾们作了一次颐和园历史沿革与文物藏品简说的讲座。

（李　艳）

【颐和园赴法国举办历史文化图文展】 9月18～25日，颐和园在法国香波堡举办历史文化图文展。展出39块不同时期的风貌历史与现代摄影作品。展览共接待观众3000余人次。

（隗丽佳）

【陶然亭公园举办中国亭文化展】 9月21日，为继承和弘扬中国古典园林“亭”的传统文化，深入挖掘“亭文化”的内涵，落实文化建园的举措，陶然亭公园在华夏名亭园多功能展厅向游客推出“江山亭聚——中国亭文化展”。此次展览于9月2日施工完毕，9月7日起开始试运营。展览以水墨长卷的设计风格为主体，展现了亭的建筑之美、水墨之美、书法之美、文字之美，并以中国四大名亭——陶然亭、湖心亭、醉翁亭、爱晚亭为蓝本，手工制作四大名亭的木雕模型。在木雕模型下方配有互动屏幕，使游客借助现代技术，了解亭结构、亭文化及人文意蕴内涵中的精华之美。

（田　婧）

【陶然亭公园举办对公众开放60周年园史展】 9月21日，“陶然心醉一亭留——纪念陶然亭公园对公众开放60周年暨陶然亭建亭320周年”在陶然亭公园水榭对公众开放。该展览于9月16日完工，具备验收条件。该展览展示近300张新老照片、复制文物4件、拓片3件、碑刻1件、文献材料6本。此次展览增加视频放映厅，对公众放映影片，以新媒体、多元化、全方位的形式，向游人展现陶然亭公园的历史变迁，立体全面地展示了陶然亭公园60年风雨历程，梳理陶然亭320年的文化脉络以及发展蓝图。

（田　婧）

【颐和园举办“西藏罗布林卡文物精品展”】 9月22日至12月4日，颐和园和西藏自治区罗布林卡管理处在颐和园德和园共同举办“雪域藏珍——西藏罗布林卡文物精品展”。西藏自治区罗布林卡管理处处长拉巴次仁、西藏自治区布达拉宫管理处副处长索南航旦、西藏自治区博物馆副馆长白玛顿珠、西藏自治区罗布林卡管理处副处长次仁旺堆、北京市公园管理中心副主任高大伟、北京市公园管理中心服务管理处副处长贺然、颐和园管理处党委书记毕颐和参加发布会。展出文物74件（套），展览共接待观众10万余人次。

（卢　侃）

【颐和园举办第十四届“颐和秋韵”桂花文化展】 9月24日至10月11日，颐和园举办第十四届“颐和秋韵”桂花文化展。分两批在新建宫门、东宫门、德和园、乐寿堂、长廊沿线、听鹂馆、北宫门、西门、耕织图等重点游览区域，摆放金、银、丹、四季桂4个品种，共270盆桂花。

（李　淼）

【北京动物园更新亚运熊猫馆展览展陈】 9月25日，完成亚运熊猫馆的展览展陈的更新工作，本次更新进一步丰富原有的展品并对展板进行了重新设计。展览分为六个部分，分别为：熊猫标本展示区、熊猫骨骼标本展示区、大熊猫食物展示区、人工育幼展示区、野外保护展示区、现有展出熊猫照片墙展示区。展览以“大熊猫的一生”为主线，展现人类与大熊猫之间的紧密联系，展示人工育幼箱、野外追踪器、大熊猫的食物等动物园历史实物，也将大熊猫标本的制作用具、骨骼标本、熊猫标本独立展示，形成动物园特有展览构架。

（张　帆）

【北京植物园举办第七届北京菊花文化节】 9月25日至10月底，北京植物园举办第七届北京菊花文化节暨北京植物园第23届市花展。共用花30万株，“菊海花田”“悠然西山”以及“精品菊花长廊”是本届市花展三大赏花景点。在此期间，植物园举办了“中华文化世界行，我喜爱的传统文化项目”以及“仙人掌及多浆植物展”等文化展览活动。

（石　鑫）

【北京金秋兰花精品展在中山公园举办】 9

月26日至10月18日，“四季飘香——北京金秋兰花精品展”在中山公园蕙芳园举办。展出自主养植‘一品梅’‘金荷’‘富山奇蝶’‘铁骨素梅’等传统名贵建兰近70种120余盆。室外庭园地栽建兰100余株，布置桂花、叶子花、菊花等芳香植物。接待游客4.19万人次。

（孟　楠）

【北海公园“北京市第十八届根石艺术优秀作品展”开幕】 9月30日，“北京市第十八届根石艺术优秀作品展” 在北海公园开幕，展览由北海公园与北京市根艺研究会共同主办，将展出根艺大家李桓志金丝楠木荫沉木作品、赏石收藏家安奇勇先生奇石作品及石景山区、东城区、西城区等十余家单位的优秀作品160余件。开幕式在阐福寺举行，公园党委副书记曲禄政、根艺研究会副会长、理事及参展单位相关人员50余人出席。展览持续至10月7日。

（中心服务处）

【陶然亭公园“四项展览”全部对游客开放】 9月30日，作为2015年北京市政府为民办实事第26项折子工程内容之一，也是陶然亭公园史无前例的重大文化工程项目，正式面向全国各地的游客免费公开开放。四项展览的开放，受到各方记者和广大游客们的广泛关注。先后有北京电视台、北京人民广播电台、《北京日报》等20余家新闻媒体进行多次的宣传报道。《红色梦——慈悲庵革命史迹展》自7月1日开展以来接待了来自北京市各级党政机关的单位团体前来参观，节假日平均客流量500人次左右。“江山亭聚”——中国亭文化展、“陶然心醉一亭留——纪念陶然亭公园对公众开放60周年暨陶然亭建亭320周年”对游人正式开放，适逢中秋、国庆佳节，每天有近6000人来此参观。

（中心服务处）

【玉渊潭公园第七届农情绿意秋实展正式拉开帷幕】 9月30日，玉渊潭公园此次活动主题是“金秋玉渊潭”，主要文化活动包括：群众文化展演、公园节健身操比赛、万平荷香赏荷区、摄影精品系列展、“玉和集樱”玉渊潭公园历史回顾与文化传承展、“火树瓷花”德化白瓷雕塑艺术精品展、观赏科普等。

（中心服务处）

【北京植物园举办仙人掌及多浆植物展】 9月30日至10月7日，北京植物园举办仙人掌及多浆植物展。由植物园及北京市公园绿地协会仙人掌及多浆植物专业委员会共同主办，共展出植物200余盆，其中包含大戟科、景天科、仙人掌科等众多品种的稀有多肉植物，更有美丽且富有创意的多肉植物画、多肉植物盆栽组合供游人欣赏。此次展览累计接待游客11100人次。

（石　鑫）

【北京动物园畅观楼园史展】 10月10日，正式面向公众免费开放。北京动物园畅观楼园史展被列入北京市为市民办实事第26项和北京市公园管理中心重点折子项目，此次展览实现两个“首次”，展览面积为256平方米，大清圣旨、农事实验场“四爪龙旗”场旗等字画、雕塑、模型、实物展品420余件珍贵藏品首次亮相。“动物园简史展”为首次呈现中国动物园的起源与发展，“北京动物园园史展”则全面展示动物园100多年历程。

园史展的开放时间为每周六、日（不含国家法定节假日）9:00～16:00，周一至周五闭馆。为确保参观和保护古建，此次展览采用分组式参观，每组最多不超过20人，并配备一名专业讲解和一名陪同人员。公园先后启动了放票限流、自主参观等两套应急预案，并紧急召开专项会议，调整服务接待细节，确保整体运行平稳。10月10日，畅观楼园史展接待参观游客近400人次。

（孙　毅　张　帆）

【李庚水墨作品展在玉渊潭公园举办】 10月10～31日，李庚水墨作品展在玉渊潭公园“玉和集樱”展室举行。历时22天，共展出李庚教授新近创作山水、人物、花鸟、水墨抽象作品40幅。期间共接待游客1500余人。

（王智源）

【颐和园举办三山五园之现代艺术展】 10月14日至11月14日，颐和园和北京市海淀区旅游发展委员会在颐和园畅观堂共同举办“三山五园之现代艺术展——传承·交融——颐和园与现代设计的对话”。展览共展出50余件作品，分四部分内容：园林绘画与现代绘画作品、现代艺术作品、古典园林家具图片与现代家具作品、图片与现代雕塑作品。

（姚晨曦）

【北京动物园举办“青海三江源保护区野生动物图片展”】 10月17日，由青海三江源国家级保护区管理局、山水自然保护中心、影像生物调查所（IBE）共同主办，北京动物园、北京大学自然保护与社会发展研究中心、青海野生动植物和自然保护区管理局等单位协办的此图片展在科普馆开展。展览旨在通过展出的60幅精美的图片来领略三江源的自然之美，野生动物的生命之灵不仅展现了这片让人心生敬畏的土地，同时让人们由衷地赞叹并更多地关注三江源。照片全部来自“三江源影像生物多样性调查项目”，包括雪豹、藏羚羊、胡兀鹫、兔狲、藏狐、花斑裸鲤等高原珍稀野生动物的清晰影像。17日上午在科普馆报告厅邀请了北京大学教授吕植、IBE所长徐健和青海著名野生动物摄影师葛玉修进行科普讲座，吸引了150余名游客参与。

（周桂杰）

【颐和园举办“法国香波堡历史文化图文展”】 10月20日至11月5日，颐和园在德和园举办“法国香波堡历史文化图文展”。展出43幅介绍香波堡建造历程的图文展板，将法国香波堡的历史文化以影像、图片、文字等形式进行展示，使游客领略到法国园林文化的艺术精华，有效增进中法两国人民对园林文化的关注与理解，深化双方合作共赢的良好关系。

（隗丽佳）

【中国植物园联盟珍稀濒危植物展在北京植物园开幕】 10月21日至11月8日，植物园举办“中国植物园联盟珍稀濒危植物展”。林业专家畅谈崖柏保护。展出了海椰子等珍稀植物，介绍了国内外50多种濒危植物及北京植物园建园60年来在珍稀濒危植物保护工作中取得的系列成果。展览的最大亮点是著名濒危植物崖柏首次在京城亮相，并邀请中国林业科学研究院专家郭泉水教授作崖柏专题讲座，畅谈10余年崖柏保护的经历，辨析市场上的真假“崖柏”。

（石　鑫）

【景山公园绮望楼景山历史文化展拉开帷幕】 10月22日，市公园管理中心市政府为民办实事“十项展览”之一——景山公园绮望楼《景山历史文化展》拉开帷幕。景山历史文化展以时间为主线，分为“悠久景山”“壮美景山”“尊贵景山”3个展区，通过100余张历史照片和手绘线描图、23件文物和文献、影片等资料系统展现景山历史、建筑、文化；同时打造“室内看展览、室外观古建”的游览环境，结合南门广场地标、月台科普和构建展示等配套展示内容，使游客能全面了解景山人文历史。中心服务处处长王鹏训、宣传处负责人陈志强与园长杨华、副园长孙仲园共同为展览揭幕。

（刘婴星）

【中山公园举办“菊染金秋”菊花精品展】 10月31日至11月中旬，展览在中山公园唐花坞举办，展出传统品种菊、屏风菊、多头菊等80个品种近900盆，配合展出绿植以及红掌、蝴蝶兰等温室花卉。共接待游客7000人次。

（中心服务处）

【天坛公园举办“华夏菊香筑梦中国”菊花展】 11月1～21日，公园采用宽3米，长9米展棚，全透光篷布，设置4个分展室，分别以“凤凰涅槃，人寿康宁，瑞雪祈年，太平盛世”为主题。展览占地面积1600平方米。展示了品种菊、大立菊、塔菊、造型及盆景等300个品种1000盆、盆景菊7盆、造型5盆、嫁接塔菊2盆、大立菊8盆、悬崖菊20盆及月季等共计2000余盆。

（李连红）

【景山公园举办《中国第一水乡周庄摄影精品展》】 11月2日，景山公园与中国国家公园网合作在公园西大墙举办《中国第一水乡周庄摄影精品展》。本次展览展示了以简庆福为代表的10余位摄影家的50余幅摄影作品，展览主要展示了周庄的自然风光、历史古迹、风土人情等，展览持续至11月底。

（刘婴星）

【颐和园举办“寻访中国共产党进京赶考之路”展览】 11月3日，颐和园在益寿堂完成“古都春晓——寻访中国共产党进京赶考之路”布展并正式对游客开放。展览分3个展室，共展出历史图片101张、文献资料32件、文件原件3件。

（孙　震）

【十项文化展览全部对游客开放】 11月6日，天坛北神厨北宰牲亭文物展正式对游客开放，至此，北京市公园管理中心所承担的“2015年市政府第26项重要民生实事项目”十项展览已全部向社会亮相，十项主题文化展览分为“红色教育、历史文化、文物实物、公园园史”四类，其中颐和园益寿堂“寻访中国共产党‘进京赶考’之路”主题展、陶然亭慈悲庵革命史迹展为红色革命史迹展览；北海碧海楼皇家邮驿展、景山绮望楼历史文化展、陶然亭“中国亭文化”展为历史文化类展览；天坛北神厨北宰牲亭文物展、香山致远斋韵琴斋原状恢复展、陶然亭云绘楼清音阁陈设展为文物实物展；北京动物园畅观楼园史展、陶然亭对公众开放60周年园史展为园史文化展。十项展览位于上述历史名园中的10处古建院落，面积近6000平方米，均为首次向公众开放，开放至今已接待市民游客近65万人。

（中心办公室）

【景山公园协助举办《砗磲艺术展》】 11月6日，北京市渔业协会砗磲专业委员会在景山公园护国忠义庙举办砗磲艺术展，展出平面贝雕作品、砗磲佛教造像、原生态砗磲艺术珍品等共计60件，展览持续两个月。

（刘罂星）

【北神厨、北宰牲亭“天坛文物展”对外开放】 11月6日，北神厨、北宰牲亭“天坛文物展”作为2015年市政府为民办实事项目之一，展览工作自3月开始，11月6日正式向社会公众开放。展览包括北神厨、北宰牲亭两处院落。

（程光昕　段　超）

【许力水墨戏画展在中山公园举办】 11月6～25日，中山公园在皇园艺术馆举办“以戏出戏——2015许力水墨戏画展”。展出中国书法家协会会员、中国美术家协会漫画艺术委员会委员、河北省委文化委员会委员许力作品60件。开幕当天，接待嘉宾及参观游客100余人。

（刘倩竹）

【北京动物园举办“消失的家园”主题图片展】 11月28日，由USAID、FREELAND、中央广播电视大学出版社、北京动物园主办的“消失的家园”主题图片展于11月28日在科普馆机动展厅举办。以大象罗拉、拯救老虎泰格亮、拯救海豹菲加为主题的图片展通过90余幅图片展示了动物们在受人为捕猎及环境的影响下，使动物们的栖息地逐渐丧失，因此，动物保护机构及动物保护爱好者呼吁，拯救大象罗拉、拯救老虎泰格亮、拯救海豹菲加，让动物们的家园不再消失。2016年1月25日撤展，接待参观游客近万人次。

（周桂杰）

【景山公园举办《中国梦影像公益广告》宣传展】 12月1日，景山公园举办《中国梦影像公益广告》宣传展，共展示出以“中国梦”为主题的影像44张，均以影像公益广告的形式记录时代发展、表现视觉艺术、传递时代价值。

（韩佳月）

【景山公园举办登山赛摄影回顾展】 12月22日，《运动的旋律·2015中国健身名山登山赛摄影回顾展》在景山公园西侧宣传橱窗展出。展览由中国健身名山组委会主办，中国国家公园网、景山公园承办。通过不同的视角和表现手法反映了祖国大好河山的人文地貌、风土人情，以及全民健身运动的丰富多样性，共展出展板46块。展览持续到2016年1月中旬。

（韩佳月）

【颐和园举办“传奇·见证——颐和园南迁文物展”】 12月28日，颐和园举办“传奇·见证——颐和园南迁文物展”。展览以颐和园文物南迁历程为序，分“奉命南迁”“辗转西南”“北返分配”“归园精粹”四部分，共展出文物及档案73件（套）。展览接待观众4万余人次。

（卢　侃）

【玉渊潭公园“玉和光影”摄影展廊举办多

项摄影展】　年内，玉渊潭公园“玉和光影”摄影展廊举办多项摄影展。1月1日，“中国梦”影像公益广告展，由中国摄影家协会主办，中国摄影家协会信息资源部协办，共展出摄影作品51幅，以全新的公益广告样式，直观、鲜明地展示了“中国梦”的伟大构想；同日，“美丽的三沙——宋举浦摄影作品展”，共展出摄影作品100幅，本次展览为宋举浦“红”（丹霞地貌）、“白”（盐田景观）、“蓝”（海洋、海岛）、“黑”（火山地貌）四大专题系列之一；2月1日，丝绸之路——中国摄影家作品联展，展出作品72幅，展现了丝绸之路我国境内段的风景名胜和自然风光；2月7日，“三峡门户——诗城奉节风光摄影展”在“玉和光影”摄影展廊正式开展。展览由中国风景名胜区协会、重庆市奉节县旅游局主办，中国风景名胜区协会摄影专业委员会、北京市玉渊潭公园管理处承办，共展出作品109幅；4月2日，第二届中国好风光全国摄影大展，本次展览由《大众摄影》杂志社、中国摄影家协会艺术摄影专业委员会等16家单位主办，共计展出摄影作品114副；4月17日，中国第一水乡周庄摄影作品展，由江苏水乡周庄旅游股份有限公司主办，北京国艺光影文化传播有限公司承办，北京市玉渊潭公园管理处协办，共展出作品114幅；5月7日， 大美凉山摄影展，由凉山彝族自治州人民政府主办，凉山彝族自治州旅游局、螺髻山风景名胜管理局、邛海泸山风景名胜管理局、灵山景区管理局、泸沽湖旅游景区管理局、北京国艺光影文化传播有限公司承办，共展出摄影作品117幅；5月23日，《到人民中去——中国文艺志愿者在行动》专题摄影展，由中国文联、中国摄影家协会、中国文艺志愿者协会主办，共展出摄影作品77幅；同日，“我爱我家——中国摄影家协会曙光学校学生作品联展”，由中国摄影家协会主办，共展出作品114幅；同日，“OPPO手机拍摄的中国热气球俱乐部联赛”摄影作品展，由中国风景名胜区协会摄影专业委员会主办，北京国艺光影文化传播有限公司承办，共展出摄影作品60幅。

（梁　莹）

【景山公园举办“增彩延绿”项目新优苗木应用成果展】　年内，景山公园结合《牡丹四季观花栽培技术的研究》课题研究，精心挑选出催花牡丹30余盆，在公园南门游客中心开展主题为“花暖女人节”的展示，为期三天，共展示了包括胡红、富贵满堂、海黄、岛乃藤、八千代椿等中原及国外牡丹品种12个，此次展览也是科研工作与公园实际应用相结合的一个很好的项目，受到了广大游客的肯定和赞赏，共接待游客500余人。

（景山公园）

【天坛公园举办“五谷”科普展】　年内，天坛公园在生态科普园举办主题为“五谷”的科普展，展览共分为四部分：古代五谷起源、明清祈谷大典、北京与农业祭祀有关的建筑、“五谷为养”与现代养生，还结合展板72张、五谷画1幅来宣传中国的“五谷”文化。本次科普展使前来参观的游客不仅了解了五谷文化的历史起源和发展，还学习了五谷的养生知识，深受广大游客好评，展览期间共接待游客100余人次。

（天坛公园）

人才管理　教育培训

【综述】　年内，市公园管理中心加强领导班子和干部人才队伍建设。按照市委统一安排，在中心系统开展了干部人事档案专项审核工作，完成了对107名处级干部的人事档案专项审核工作。完成了市委组织部和市直机关工委的各种调训指标。中心系统局、处级干部参加了市委组织部“四个全面”学习培训，有两名局级干部参加了中组部调训，一名局级干部与一名处级干部参加了市委组织部境外培训班。4月，中心党委下发了集中调整处级后备干部的工作方案，中心各单位5月初上报了本单位副处级后备干部名单。5月，中心党委成立了处级后备干部调研组，与各单位每名处级领导进行了个别谈话，了解班子运行和干部配备情况。根据各单位上报和调研情况，中心组织人事处统筹提出正处级后备干部名单31人，其中48岁以下占83.9%，副处级后备干部名单68人，其中45岁以下占73.5%，将后备干部名单上报中心党委。新提处级干部抽查14人，年度随机抽查12人，组织人事处重点抽查2人，局级后备干部重点抽查8人。加强三类岗位的调控与管理，从严控制并逐渐减小工勤技能岗位比例。完成中心专业技术岗位比例调整工作。与信息中心联合开发干部人才信息资源库，完成中心干部人才信息资源库系统前期业务需求分析、软件开发建设及上线运行部署等工作，项目建成后将对录入的700余名处、科两级干部和1500余名专业技术人员进行分类化人事管理。严格按照中心公开招聘工作人员暂行办法，进一步加强公开招聘管理，由市人事局考试中心统一组织笔试，录取226人。政策性安置接收军转干部4名。改进技能人才激励机制，首次出台优秀技能人才奖励激励办法，有效提升高技能人才的发展空间，调动技能人才的积极性和创造力。改进绩效奖金发放办法，首次结合绩效考核结果，适度分级分配2014年绩效工资，强化奖惩机制，体现优绩优酬。园林学校完成国家教育改革发展示范校建设省级验收工作，首批“3+2”学生顺利毕业升学，全年获得全国农业职业教育教学成果奖6项。

（中心综合处）

人才管理

【中国植物园联盟科普教育项目启动会暨培训班】 1月15～16日，中国植物园联盟科普教育项目启动会暨培训班首次在北京召开，此次项目由中国植物园联盟主办，北京市植物园承办。培训班围绕搭建全国植物园科普交流平台，启动公众科普计划等内容进行交流，全国41家植物园及14家相关单位骨干人员参加培训。

（中心科技处　北京植物园）

【北京植物园全面加强"一二·九运动纪念地"爱国主义教育基地的建设和管理】 6月29日，公园深入查找有关史实资料，进一步明确"一二·九运动纪念地"与抗日战争的历史文化渊源；结合历史文化和社会主义核心价值观，不断丰富关于"一二·九运动纪念地"的宣传栏和展版内容，完善讲解词，提高讲解水平；把"一二·九运动纪念地"作为内部教育基地，通过各种形式加强对职工的爱国主义及知园爱园教育；在重要时间节点，做好社会各界开展主题活动的服务保障工作。

（中心宣传处）

【中心宣传处学习传达贯彻"中心党委培育和践行社会主义核心价值观主题公园建设管理工作推进会"精神】 8月5日，中心宣传处在景山公园管理处召开会议，对会议流程、内容和特点进行了说明，对副书记杨月的指示精神进行了传达，对书记郑西平的四点要求逐条进行了学习和解读，并对各单位的主题景观环境提出了具体要求。一是紧跟形势，从履行党委主体责任和从严治党的高度认识社会主义核心价值观宣传教育工作；二是组织发动，各单位要主动作为、形成合力；三是提高能力，宣传干部要提高学习能力、群众工作能力、组织协调能力、宣传政工能力、财务管理能力等；四是组织落实，宣传工作要认清职能定位，加强调查研究，组织协调落实。

（中心宣传处）

【抗日战争暨世界反法西斯战争胜利70周年纪念活动】 9月14日，为铭记历史、缅怀先烈、珍爱和平、开创未来，市公园管理中心老干部部门专门下发了认真做好抗日战争暨世界反法西斯战争胜利70周年活动安排。中心党委高度重视，中心所属各单位认真落实。中心党委书记郑西平、主任张勇以及中心离退休干部领导小组成员分别对中心5位抗日战争前期参加革命的老干部，10位抗日战争后期参加革命的老干部进行走访慰问，送上奖章、慰问金及慰问品。中心所属各单位党政领导对所属单位的老战士和抗战期间参加革命已故老干部的遗属也进行走访慰问；对参加过抗日战争健在的离休干部进行口述历史抢救性访谈，追忆刻骨铭心的烽火岁月，形成视频；依托老干部活动站（室）

平台，以党支部、老干部兴趣活动小组为载体，以纪念抗战胜利70周年为主题，组织开展老干部唱红歌、座谈会、宣讲会、纪念抗战实地参观、观看抗战题材电影，组织书画、摄影展等；发挥老同志薪火传递作用，教育年轻人尊重老同志、学习老同志、弘扬红色文化精神。激发他们热爱祖国、贡献公园的力量。

（中心老干部处）

【“2015年非紧急救助服务业务知识答题”活动】 12月31日，市公园管理中心非紧急救助分中心开展答题活动，试题以《北京市信访条例》《北京市便民服务和应急抢险电话管理办法》《北京市2014年度便民服务和应急抢险电话管理考评细则》《北京市公园管理中心关于以“三严三实”专题教育为指导增强群众诉求办理实效的工作措施》等法规文件为依据，重点考核工作程序和工作标准。各服务站结合实际开展培训，组织专兼职人员参与答题活动。答题活动增强了从业人员的法律法规意识和服务游客的意识，普及了非紧急救助服务业务知识，为适应新时期非紧急救助服务工作要求，实现“三率”指标，即群众诉求按期办结率达到100%、合理诉求解决率达到80%以上、公众满意度力争达到75%以上。

（中心非紧急救助分中心）

【玉渊潭公园完成工资政策解说宣传工作】 年内，玉渊潭公园分层开展工资政策解说工作。公园园长祝玮在处级领导层面详细讲解工资总额规定、分配情况、严控加班等政策内容，班子成员认真学习讨论，统一思想认识；党政主要领导在科级干部会上宣讲工资总额管理、完善工资制度等政策，帮助大家了解事业单位工资结构；联合组织各队内勤人员就调整事业单位工作人员基本工资标准、涉及养老保险缴费测算等相关情况进行专题培训，提升从业人员业务水平；利用公园《樱花报》对职工工资构成情况进行刊登，便于大家详细了解事业单位人员的工资组成情况，掌握实际政策。

（张　翰）

【中心召开青年科技人员座谈会】 2月3日，市公园管理中心召开青年科技人员座谈会。颐和园、天坛公园等五家单位的青年科技人员做典型发言。与会人员围绕中心科技工作发展和存在问题进行交流。中心党委副书记杨月就做好中心科技人才队伍建设提出要求。中心总工程师李炜民主持会议。中心人事处、团委、宣传处相关负责人及中心所属单位的15名青年科技人员代表参加。

（中心科技处）

【中心领导到北海公园宣布任命决定】 3月4日，市公园管理中心党委副书记杨月到北海公园宣布曲禄政任命决定。任命曲禄政为北海公园党委副书记、纪委书记。杨月指出：通过人员调整保持领导班子良好的工作势头，争取取得更大成绩；要着重开展学习、服务、创新“三型”组织建设；加强后备干部队伍建设，积极培养年轻同志。

（汪　汐）

【中心任命北京动物园处级干部】 3月3日，市公园管理中心党委常委、副主任高大伟，组织人事处处长苏爱军，到北京动物园宣布公园处级干部王树标任北京动物园副园长。

北京动物园9名处级干部参加会议。6月3日上午，市公园管理中心党委书记郑西平，党委副书记杨月，组织人事处调研员（正处级）刘国栋，到北京动物园宣布公园处级干部调整工作。会议由杨月主持，刘国栋宣布：免去马文香北京动物园党委书记职务，由北京动物园园长吴兆铮主持党委工作。北京动物园8名处级干部、34名科级干部参加会议。6月30日下午，市公园管理中心党委副书记杨月，组织人事处调研员刘国栋，到动物园宣布公园处级干部调整工作。刘国栋宣布：杜刚任动物园党委副书记、纪委书记。北京动物园5名处级干部参加会议。9月10日上午，市公园管理中心党委书记郑西平，主任张勇，党委副书记杨月，组织人事处调研员刘国栋，到北京动物园宣布公园处级干部调整工作。刘国栋宣布：张颐春任北京动物园党委书记。北京动物园5名处级干部、33名科级干部参加会议。

（师慧伶）

【中心领导宣布北海公园、陶然亭公园人事任免决定】 3月20日，市公园管理中心党委书记郑西平、主任张勇到北海公园、陶然亭公园宣布中心重要人事任免决定：任命李国定为北海公园园长、党委副书记，免去李国定陶然亭公园园长、党委副书记职务。免去张作英北海公园园长、党委副书记职务，办理退休手续。中心领导对原领导班子的工作给予充分肯定，并对今后工作提出新希望、新要求。

（汪　汐）

【中心调研陶然亭公园高技能人才情况】 4月21日，市公园管理中心组织人事处副处长徐钢、张艺桓到陶然亭公园进行高技能人才情况调研，副园长董鹏及劳资科参加该次调研会。劳资科按中心要求进行3个部分内容汇报：公园高技能人才现状；工资政策执行及宣传情况；公园在高技能人才培养方面的设想等。徐钢对公园的工作给予充分肯定，希望公园积极探索、鼓励、调动高技能人才工作积极性，培养出更多的业绩突出的技能人才。

（罗　辰）

【北海公园完成调薪相关工作】 根据京国工改办〔2006〕12号文件及中心通知精神，北海公园于4月中下旬完成了对全园考核在合格及以上等次的职工增加一级薪级工资工作。自5月起，职工薪级工资将按新标准执行，并在5月工资中补发1～4月差额。

（汪　汐）

【北海公园完成公开招聘现场资格审核】 5月15日，北海公园完成公开招聘现场资格审核工作。专业技术岗共报名29人，25人参加现场资格审核并全部通过；工勤岗网上初审通过的97人中70人通过审核。6月9日，北海公园完成公开招聘笔试及成绩上报工作。其中报考专业技术岗23人、工勤岗66人。按照招聘人数与面试人数1∶5的比例，从高到低依次确定面试人选及笔试成绩低于60分合格线者不能进入面试的要求，最终进入北海公园面试环节共61人，其中专业技术岗园林绿化职位9人、文物文化研究职位10人，工勤岗游船码头服务岗21人、门区票务岗11人、讲解服务岗10人。6月24～25日，北海公园完成两个专业技术岗、三个工勤岗的面试工作。其中专业技术岗面试园林绿化岗位7人、文物文化岗位9人；工勤岗中面试门区票务岗位9人、讲解服务岗位8人、游船码头服务岗位19人。北海公园党委书记吕新杰、园长李国定及相关科室负责人参加了面试。

（汪　汐）

【中心领导到玉渊潭公园宣布新任党委书记赵康任命决定】　6月8日，市公园管理中心党委书记郑西平、党委副书记杨月、组织人事处处长苏爱军到玉渊潭公园宣布新任党委书记赵康任命决定。公园园长祝玮、党委书记赵康分别作表态发言。郑西平对上一任领导班子工作成绩和综合素养给予了充分肯定，对新一届领导班子提出要求。公园领导班子成员、各科队党政主要负责同志参加会议。

（秦　雯）

【北海公园员工获得专业从业证书】　年内，北海公园游船队职工阎民佳、潘龙获叉车专业操作人员从业证书，陈旭获电焊工专业从业证书。

（汪　汐）

【颐和园完成8个副科级管理岗位竞聘工作】　4～7月，颐和园对部分副科级领导岗位实施竞争上岗，共设后勤队副队长、西区管理队副队长、保卫部副主任、游船队副队长、文物部副主任、团委书记、园艺队副队长、旅游服务队副队长8个职位。竞聘工作严格贯彻执行公开报名、资格审查、笔试、面试、成绩公布、组织考察、任前公示、组织任命等制度环节。5月10日，颐和园党委在国际关系学院组织对符合条件的187人进行笔试；5月29日，组织第三方人员对通过笔试的76人进行面试；7月16日，最终确定王慧、王文清、冯帆、高悦、徐莹、王茜、肖志广、杨勇8名干部任以上领导职务。

（张　婉）

【颐和园完成招聘工作】　8月，颐和园通过考生网上报名、现场资格审核、笔试、面试、体检、考察、公示等环节，招聘工勤岗位工作人员31人。其中，本科学历11人，专科学历16人，职高学历3人，中专学历1人。招聘管理岗位、专技岗位工作人员18人，其中，研究生学历3人，本科学历9人，专科学历6人。

（王冠炜　张　爽）

【中山公园公开招聘】　6月，中山公园面向社会公开招聘专业技术和工勤两类7个岗位。按照《北京市公园管理中心直属事业单位公开招聘工作人员暂行办法》（京园人发〔2011〕65号）和《北京市中山公园公开招聘方案》等规定程序，经过公布招聘信息、报名与资格审查，初步确定符合条件的应聘人员参加笔试、面试、考核和体检。经公园公开招聘领导小组集体研究，择优确定拟聘人员并公示。根据公示结果，公园与7人确立了人事关系，并签订相应聘用合同或劳动合同。

（白　莹）

【中心领导到北海公园宣布任命决定】　7月15日，市公园管理中心党委副主任杨月到北海公园宣布夏国栋同志任命决定。14日，北海公园第六届工会委员会第二十八次会议选举表决，通过关于由夏国栋同志担任北海公园工会第六届委员会代主席的提议。15日，中心党委副书记杨月到北海公园宣布夏国栋的任命决定。公园领导班子成员参加。

（汪　汐）

【中山公园选拔任用中层干部】　年内，中山公园选拔任用正科级干部2人、副科级干部5人；正科级干部职务调整8人，副科级干部职务调整7人。

（刘　智）

【园林学校开展普通中专招生录取工作】　8月2日，园林学校完成北京生源普通中专招生录取工作。共招收“3+2”中高职衔接实验班、园林技术、园林绿化、景区服务与管理、导游服务、宠物养护与经营等专业学生75人，同时开展新生报到服务工作。

（赵乐乐）

【玉渊潭公园完成社会公开招聘工作】　年内，玉渊潭公园完成社会公开招聘工作。根据公园岗位需要，本着公开透明、严谨流程、择优录取的原则进行公开招聘。经过网上报名、现场资格审查、中心笔试、面试、体检等程序，共招录工勤岗位人员20人。

（张　翰）

【香山公园举行青年骨干人才库启动仪式】　7月15日，香山公园组织举行青年骨干人才库启动仪式，仪式由公园党委副书记、纪委书记孙齐炜主持。园长钱进朝作动员，入库青年职工代表和支部书记代表分别进行发言表态，公园党委、管理处向每一位青年骨干赠送书籍。党委书记马文香总结分析了青年人普遍存在的优势和不足，同时提出要求。全园各科队领导及30名入库青年职工参加了启动仪式。

（王　嘉）

【香山公园完成新职工入职培训工作】　8月4～5日，香山公园对2015年21名新职工进行入职培训。培训内容包括香山公园园史介绍，计划生育政策介绍，服务规范，公园管理，安全教育，劳动人事政策，相关制度的介绍，公园基本情况，入职要求等，随后参观公园主要景点。

（王晓芳　史　倩）

【紫竹院公园梁勤璋被评选为2014年度享受政府特殊津贴技师】　年内，紫竹院公园园艺队技师梁勤璋，被推选为2014年享受北京市政府特殊津贴技师，受到人力资源和社会保障局等部门的表彰奖励。

（刘　兵）

【陶然亭公园工勤职工调配】　5月6日，为保障陶然亭公园举办四个展览期间的导游讲解工作顺利开展，公园召开人员调配会，调配5名职工充实导游讲解力量。5月15日，按照陶然亭公园党委工作要求，召开人员调配工作会。公园对服务二队进行机构调整，服务二队26名职工调入护园队，充实护园队人员。

（罗　辰）

【陶然亭公园完成技术工人升考工作】　11月4日，按照北京市公园管理中心技工升考工作会议部署，制定了《陶然亭公园2015年技术工人升考高级工规定》，在全园各队范围内布置了技工升考工作。经公园领导班子及劳资科审核，各队推荐的高级工符合推荐晋升高级工条件，并将名单通过管理处橱窗公开栏及内部办公网在全园进行公示。此次技工升考共72人，其中初级工33人，中级工21人，高级工18人。受中心委派联系维修电工高级工、技师培训机构，做好报送材料、取证等相关工作。

（罗　辰）

【景山公园完成自学成才奖励兑现】　11月4日，景山公园按照《关于奖励工会会员自学成才的暂行办法》的规定，对本年度内“自学获得比原学历高一等级证书”会员兑现奖励。本次获得兑现的有“大专升大本”1名员工，奖励500元。

（颜　喆）

【北京动物园技工升考选拔考试】　11月5日，北京动物园组织开展了2015年技工升考资格选拔考试，符合条件参与考试人员共62人。通过笔试、业绩测评两项成绩，综合对符合条件参加升考的职工进行选拔，按照公平、公正的原则选拔综合成绩前32名职工，并将结果进行公示，无疑议后按岗位需求报送鉴定机构培训。

（郭京燕）

【景山公园工勤技能岗位升考情况】　年内，景山公园升考高级工指标为3名，中级工指标3名，初级工指标4名。公园结合职工工龄、工作表现及出勤等具体情况，在园属各单位推荐的基础上由公园党政办公会进行综合评定，最终确定升考人员并予以公示。

（吕璟瑶）

【北京植物园樊金龙被评为享受政府特殊津贴技师】　3月12日，北京植物园樊金龙被评为享受市政府特殊津贴技师，并受邀到北京市人力资源保障局领取政府特殊津贴证书。

（石　鑫）

【北京动物园完成公开招聘工作】　年内，北京动物园一次性完成了三个岗位的社会公开招聘，分别为综合服务、营业员和观赏动物饲养工，总报名人数107人。经过网上资格审查、现场资格审查、笔试、面试、阅档、体检等环节后，最终录用22人。根据岗位需求，新职工分别安排在饲养队、服务队、经营队、管理队等相应岗位，同时签订了聘用（劳动）合同书，于8月1日全部正式上岗。

（郭京燕）

【香山公园青年骨干人才库首次实践展演活动】　11月11日，香山公园首次展演青年骨干人才活动，要求青年对公园一处景点或景区的历史文化、经营服务、安全管理、文化活动、文展创意等方面进行考察，形成报告并进行演示。经过近三个月的准备，青年以演绎、影片、手工、演说等形式进行了汇报展演。公园党委对展演活动表示肯定并提出要求：全园各级领导干部要强化对青年的重视和培养，以给任务、给空间、压担子、勤关怀等途径，激发青年才智，发挥正能量；青年骨干要加强学习，发挥作用，引领和带动全园青年服务保障好红叶观赏季的各项工作；骨干人才库的成员要积极取长补短，发挥优势，加强对自身不足方面的学习和锻炼，为公园发展建设贡献力量。

（中心团委）

教育培训

【中心组织摄影讲座】 9月22日，市公园管理中心综合处邀请中国摄影家协会会员、北海公园职工吴超英在中心多功能厅举办公园花坛及景观摄影知识讲座。各公园均安排了2～3名相关工作人员到场参加讲座。吴超英结合个人优秀摄影作品从摄影的基本知识入手，对景观摄影中光影的使用、构图、后期制作等方面进行了深入浅出的讲解，还带领大家在动物园的两处花坛进行了实地教学，并对大家的作品给予了指导。

（王未彤）

【中心开展花卉环境布置技术培训】 10月9～10日，市公园管理中心综合管理处组织各公园花卉环境布置主要技术人员开展技术培训，参观、交流各市属公园中国人民抗日战争暨世界反法西斯战争胜利70周年纪念活动和国庆花卉环境布置。技术培训从花卉环境布置方案设计、施工布置、成品管护、园林新品种和新技术等多个方面开展，各参与主要技术人员丰富了经验、开阔了视野，为今后公园花卉环境布置工作逐步奠定坚实基础。

（中心办公室）

【北京动物园开展园林花灌木冬季修剪培训】 2月11日，北京动物园邀请北京市园林科研所种苗研究发展中心主任、高级工程师姚士才对园艺队职工进行冬季园林花灌木修剪管理技术培训。培训采用实操模式，现场指导讲解日常养护修剪过程中的疑惑和问题，共讲解、学习花灌木修剪技术18项，有助于提升园艺职工的实操能力。参与培训人员共56人次。

（牛　蕾）

【北京动物园举办首届青年科技沙龙】 7月31日，北京动物园举办首届北京动物园青年科技沙龙活动。主讲人为北京林业大学教授陈建伟。此次活动陈建伟与大家分享了他前往南极科考的经历。分别从梦幻南极、穿越魔鬼西风带、南极探险遗迹、南极英雄沙克尔顿、险遇冰川风、主权之争与《南极条约》、中国与南极、南极之最、动物南极九个方面讲述了他在南极科考的经历。为广大青年科研人员扩大视野、增长见识打下基础。“青年科技沙龙”是由北京动物园圈养野生动物技术北京市重点实验室主办的一个青年科技人员自主管理、互助互动的学术性团体活动。每月邀请一次生物相关专业的专家学者、技术人员来园开展活动。

（贾　婷）

【北京动物园举办青年职工夏令营】 9月7日，北京动物园举办“追逐，让青春闪光”青年夏令营活动，28名来自公园各部门的青年骨干在科普馆开展了24小时主题营日活动。该活动由组织科、团委、总工办、科普馆等部门共同举办。活动期间，公园组织科、人事科、绩效办、财务科、总工办等部门领导分别到场进行了观摩指导。

（周桂杰）

【景山公园开展岗位劳动技能竞赛与考核】 8月25日，景山公园开展票务岗位劳动技能竞赛与考核。考核内容包括服务管理规范、票务岗位职责和技能实操等，采取问答、陈述、判断、实操和抢答五种形式相结合的比赛模式，对售票、检票人员进行考核，并综合考察票务人员的点钞、速算、识别假币和规章制度等掌握情况。16名参赛选手均思路敏捷、沉着应答，展现出了较高的业务水平。

（颜 喆）

【陶然亭公园召开专业技术人员工作大会】 4月2日，陶然亭公园绿化科联合党委办公室召开专业技术人员工作大会，公园党委书记张颐春、副书记白永强、副园长张青、工会主席王金立、公园各课题组负责人及公园专业技术人员共计60余人参加。大会由绿化科科长张兰春主持，首先由党委办公室副主任张岩就专业技术相关政策进行解读，随后由张兰春介绍公园近年来科技工作发展情况，并邀请《月季园栽培管理技术研究》《亭文化研究（一）——中国名亭匾额楹联的研究》《慈悲庵建筑风格初探》3个课题组的负责人进行课题交流，分享研究思路与研究心得。课题汇报后，副园长张青就年内公园课题工作进行安排部署，并对专业技术人员提出“加强学习、勤奋工作、努力钻研”的三点希望。公园党委书记张颐春从当前专业技术人员现状、专业技术人员定位、专业技术人员需具备的能力以及积极营造和谐奋进的工作氛围4个方面进行阐述，鼓励大家要不断超越自己，刻苦钻研技术，做一名合格有用的人才。

（程 彤）

【中心党校举办第八期青年干部培训班】 4月7日至7月3日，中心党委在党校举办第八期青年干部培训班，由组织人事处和中心党校组织实施。培训班学员由中心所属各单位选派具有大专以上学历、年龄在45岁左右的优秀科级干部，共29人参加。培训以学习政治理论、现代领导和科学管理知识及园林知识等为主要内容。培训期间，中心领导班子成员、各处室负责人等结合各自分管工作分别为学员授课。同时邀请市委党校、部分区县党校及高校的专家、教授为学员授课。中心党委书记郑西平在培训班开班动员会上讲话。

（张洁瑛）

【中心党校举办党员发展对象培训班】 3月17～19日，中心党校举办了为期三天的中心党员发展对象培训班。参加培训的学员为各单位经过一年以上培养教育和考察、基本具备党员条件的发展对象，共40人参加。培训班通过授课、看录像、参观、讨论等形式进一步加强党员发展对象党史党章教育和党风廉政教育，促进学员对发展党员程序的了解，丰富基本理论知识，坚定理想信念。中心组织人事处处长苏爱军出席开班式并进行动员讲话。

（张洁瑛）

【中心党委举办处级领导干部培训班】 11月16～27日，市公园管理中心党委在北京卧佛山庄举办中心处级领导干部培训班，由组织人事处、宣传处和中心党校组织实施。中心副主任高大伟、总工程师李炜民、中心副处级以上领导干部、各单位中心组学习秘书130余人参加。培训班分两期进行，每期五天时间，以学习贯彻十八届五中全会精神为主线，结合“三严三实”教育，贯彻落实习近平总书记讲话精神，安排国际形势、党风廉政建设、事业单位改革、领导艺术等方面的内容进行集中授课学习和讨论交流。

（张洁瑛）

【香山公园举办花艺大赛】 4月11日，春季山花节期间，香山公园开展以“低碳环保”为主题的花艺大赛，此次大赛面向公园绿化部门全体职工，参赛人员以班组为单位报名参加，最终报名参赛为10个班组。在翠微亭景区组织参赛人员进行了现场栽植。4月28日，公园组织参赛人员在现场对参赛作品进行评分。4月29日，香山公园举办花艺大赛颁奖仪式。作品“郁香园”获一等奖，绿化科科长周肖红对各参赛作品进行点评，并以历年来香山山花节优秀设计作品为例，进行了花卉环境布置设计、施工技术培训。

（周肖红　刘　莹）

【香山公园举办拜师学艺活动启动仪式】 5月1日，香山公园举办拜师学艺活动启动仪式，10对来自工程机电、园林绿化、餐厨等岗位的师徒在仪式上签署《师徒承诺书》，徒弟向师傅敬茶、鞠躬、献花，师傅赠送徒弟礼物，并共同种下师徒同心树。党委书记甘长青代表公园党委提出要求。《劳动午报》等记者进行了现场报道。

（王嘉武　立　佳）

【香山公园举办青年技能竞赛】 5～6月，香山公园举办青年技能竞赛。竞赛共设硬笔书法、PPT制作及微视频拍摄3个比赛项目，共上交硬笔书法参赛作品20份，PPT参赛作品9份，微视频参赛作品8份。经评审，最终评选出硬笔书法一等奖1名，二等奖、三等奖各2名；PPT制作、微视频拍摄一、二、三等奖各1名。

（王　嘉）

【园林学校学生顶岗实习总结研讨会】 于1月16日召开。会议在2014年度顶岗实习长效机制建设基础上以深化校企合作为主题展开，达成三点共识：形成岗前培训、签订安全协议、分配岗位、轮岗实践、过程指导、考核评优、实习总结的顶岗实习管理流程；选择优秀班组及经验丰富的班组长指导学生；让学生参与企业重大政治活动、承担企业重要工作任务，提升学生职业素养、责任意识等综合能力。颐和园、北海公园、园林科研院等10家实习单位代表、学校领导及实习教师20余人参加。

（赵乐乐）

【园林学校召开2014～2015学年学生表彰大会】 3月18日，园林学校召开2014～2015学年学生表彰大会。全校师生400余人参加会议。大会表彰市政府奖学金获得者30名、校级三好学生和优秀干部44名、市级文明风采大赛获奖者39名。

（赵乐乐）

【园林学校2015届毕业生招聘会】 于3月20日举行。来自全市的26家园林绿化企事业单位为97名毕业生提供300余个就业岗位。学校向市园林公司、市园林设计院、翠湖湿地等用人单位重点推荐12名综合优秀毕业生和30

名学习优秀毕业生。

（赵乐乐）

【园林学校强化毕业生就业指导工作】 3月，学校强化毕业生就业指导工作。召开班主任工作会，要求协助毕业生了解就业派遣政策，做好学生思想工作，帮助毕业生修改简历，提示面试注意事项；召开家长会，指导家长转变观念、关注毕业生心理状态；积极联系用人单位，为毕业生寻求合适的就业岗位。2015届毕业生共97人，其中园林专业81人，宠物专业16人。

（赵乐乐）

【园林学校完成首届“3+2”中高职衔接试验班分段考试】 4月8日，园林学校园林技术专业2012级1班34名学生参加首届“3+2”中高职衔接试验班分段考试。内容包括文化基础课程语文、数学、英语综合考核和专业课程考核。该校领导和北京农业职业学院相关领导分别到理论考试现场和花卉生产技术实操考核现场巡考。2012级1班是2012年以来该校与农业职业学院合作开展“3+2”中高职衔接项目后第一个到达分段层次的班级。学生通过考核，将取得中专毕业证书，并直接升入高职院校继续深造。

（赵乐乐）

【园林学校在市职业教育系统运动会上获得佳绩】 4月25～26日，园林学校参加北京市职业教育系统运动会。该届运动会由市教委、市体育局、市人力资源和社会保障局主办，市职业教育体育协会承办，包括教职工运动会和学生运动会，学校23名教师、22名学生参加43个项目的比赛。学校师生组成的开幕式入场方阵向大会展示了花卉应用礼仪，获得精神文明奖。学生原宇鹏以6.74米的纪录打破职教运动会男子跳远6.72米的大会纪录。

（赵乐乐）

【园林学校教学成果获得全国农业职业教育教学成果奖】 年内，为进一步贯彻落实习近平总书记关于职业教育工作重要批示和全国职业教育工作会议精神，中国职业技术教育学会农村与农业职业教育专业委员会举办第六届全国农业职业教育教学成果评审活动。学校共申报六项教学成果。6月，学会公布评审结果，学校共获得1个一等奖，1个二等奖，3个三等奖。此次获奖项目集中体现了学校紧扣专业内涵建设，校企合作的人才培养模式和理论与实践一体化课程体系改革成果。

（赵乐乐）

【中山公园完成年度技工升考】 4月，中山公园完成技工升考取证工作。高雯俐等10人取得技术工五级证书，樊欣楠取得技术工四级证书，赵海红等11人取得技术工三级证书。上述同志自取证次月兑现薪级并取得岗位聘书。

（白　瑩）

【园林学校举行市中职学校农林技术技能比赛】 10月15日，园林学校举行市中职学校农林技术技能比赛。市职业技术教育学会会长李壑、市教委职业成人处技能大赛负责人吕轮超、市教育科学院职业成人教研中心研究员禹志斌出席开幕式。市职业技术教育学会园林专业委员会主任、园林学校校长赖娜娜致开幕词。来自园林学校、昌平职业学校等4所学校的40名选手参加种子质量检测、艺术插花、园林植物修剪、动物外科手术四项比赛。比赛采取理论知识考试和实操技能考核相结合的方式，聘请全国、北京市园林绿化行业、农业行业具有高级职称的专家担任裁判，并设立了仲裁委员会。经过激烈角逐，学校获得植物修剪比赛一等奖、二等奖、三等奖各一个；艺术插花比赛二等奖、三等奖各一个；包揽种子质量检测和动物外科手术所有奖项。

（赵乐乐）

【香山公园开展导游讲解岗位竞赛】　9月29日，香山公园组织导游讲解岗位职工进行岗位技能竞赛。15名职工根据各自岗位不同特点着军装、工装、宫廷服饰等进行竞赛。赛后，公园党委书记马文香对此次岗位练兵表示肯定。对职工提出多学习、多总结、多实践、多坚持的希望。

（郑　霏）

【景山公园开展职工食堂厨师竞赛】　10月14日，景山公园在职工食堂开展厨师技能大赛，共有4位厨师参加了此次比赛。最终厨师肖有强师傅，以精湛的技艺获得了第一名，通过实操比赛达到了技术练兵的良好效果。

（颜　喆）

【北京植物园举办专业技术人员学术交流会】　3月23日、26日，植物园举办2014年度专业技术人员学术交流会。此次交流会选取各专业有代表性的16位技术人员分两场进行了交流汇报，主要涉及植物引种、园林工程、植物保护、花展布置、科普展览及园林设计等多方面内容，70余人次听取了汇报。

（石　鑫）

【颐和园完成第13批大学生志愿者中文讲解考核】　3月31日，“全国青年文明号”导游服务中心采取模拟实地形式分5组进行，现场抽签决定考核景点和考核次序，内容涵盖全园主景区各景点。本次考核注重讲解内容的掌握与服务技能的岗位应用，严把入口关。经过评委组综合评定，最终55名大学生志愿者成绩合格。其中42名通过中文讲解资格认定，13名通过中文讲解年度资格再认定。

（中心团委）

【玉渊潭公园第三届青年岗位能手技能竞赛拉开序幕】　7月31日，以“中国梦，公园梦”为主题，首次开展齐力冲关——趣味拼图环节，邀请游船队老职工传授服务要领，并在公园官方微信、共青团“玉和青樱”等平台发布竞赛信息。公园党委书记赵康、党委副书记吕文军参加活动并讲话。

（中心团委）

【香山公园组织开展龙爪槐修剪实操培训】　3月10日，香山公园组织绿化工开展龙爪槐修剪实操培训。由两名高级工进行讲解，对修剪的要点、树木整型技巧、安全操作等重点环节进行示范。随后由班长或技术骨干带领进行上树修剪工作，全天共计完成22株龙爪槐的修剪工作。

（王雪涵）

【北京植物园举办年度专业技术人员学术交流会】　3月23～26日，植物园举办2014年度专业技术人员学术交流会。此次交流会选取各专业有代表性的16位技术人员分两场进行了交流汇报，主要涉及植物引种、园林工程、植物保护、花展布置、科普展览及园林设计等多方面内容，共有70余人听取了汇报。

（石　鑫）

【香山公园参加全国红色旅游信息报送系统实操骨干培训班】 3月24～27日，香山公园参加了由全国红色旅游工作协调小组办公室举办的“全国红色旅游信息报送系统实操骨干培训班”。此次培训从红色旅游信息报送工作的开展与革新、红色旅游的宣传与推广、新常态的红色旅游创新等多方面邀请专家授课，并到天津南开大学、全国爱国主义教育基地天津大沽口炮台遗址进行实地教学活动。

（王晓明）

【中山公园举办园艺技术座谈】 5月12日，邀请公园原主任工程师虞佩珍与园艺队10名专业技术人员座谈。虞佩珍将珍藏书籍和资料赠与青年技术干部，了解公园专业技术队伍现状。同时指出：要加强古树名木的养护和复壮工作；积极开展职工基础专业知识培训；努力钻研专业技术，求真务实，充分发挥专业技术人员作用。

（张骥林）

【香山公园岗位练兵公文写作组召开培训动员会暨第一次培训会】 6月16日，香山公园岗位练兵公文写作组召开培训动员会暨第一次培训会。公园园长钱进朝进行培训动员，并提出要求。全园各科队副科级以上干部、各科负责公文写作的科员及各队内勤、班组信息员共40余人参加培训。

（任小双　郑　蕊）

【香山公园参加市红色旅游管理人员培训班】 6月17～18日，香山公园参加由市旅游发展委员会举办的“红色旅游培训班”。此次培训从红色旅游的现状、发展、问题几个方面邀请专家授课，各参会单位逐一结合各自情况就各景区基础设施、导游讲解、特色活动、旅游纪念品开发等方面提出意见及建议。随后前往白乙化烈士纪念馆进行实地教学活动。

（王　嘉）

【香山公园举办园史知识培训】 7月29日，香山公园副园长袁长平以《品读清乾隆时期香山静宜园的文化之美》为题进行培训，内容涉及造园艺术、植物配置、山水文化、诗词文化等方面，随后参会的30余人实地参观了致远斋景区。

（王　嘉）

【香山公园举办《园林建设基础知识》培训】 10月8日，香山公园举办《园林建设基础知识》培训，由副园长孙召良主讲，内容涉及公园历史沿革、道路体系、建筑部分、供配电系统、给排水系统、供暖系统、安防系统、后期发展8个部分。公园中青年科级干部、青年骨干职工和工程部门专业技术人员共计40余人参加培训。

（王　嘉）

【香山公园开展职业道德辅导讲座】 12月24日，香山公园邀请中国人民抗日战争纪念馆原副馆长于延俊开展职业道德辅导讲座。讲座围绕工作是什么，把工作目标化成实际行动、打造职业魅力，成就职业人生，让敬业成为一种习惯4个方面内容展开。公园中层干部、机关科员、基层骨干、青年职工代表近60人参加培训。

（武立佳　王晓明）

【北海公园开展第二期绿化技能培训】 1月2日，北海公园开展第二期冬季园林绿化技能培训。邀请园林机械公司、公园管理经营科和保卫科相关人员，从园林机械的使用和保养、员工日常管理标准及安全隐患排查与整改方面进行培训，使职工了解安全生产及规范化管理的重要性，强化安全操作意识，提高专业技术水平。园艺队全体干部职工40余人参加。

（汪　汐）

【园林学校开展教师培训】 1月12～23日，学校集中开展教师培训24次，有300余人次参加。该校根据新任教师、在职教师、骨干教师、班主任等不同岗位的实际需求，使培训内容模块化，把师德教育、教育技术能力、教学法、专业能力等方面培训有机结合，并邀请市教委、教科院、高校及行业专家开展讲座、指导和交流。

（赵乐乐）

【北海公园青年职工拜师学艺】 1月15日，为传承中国菊文化，提高公园菊花栽培养护技术，北海公园菊花班青年职工“北京市菊艺新星”刘宁拜“中国菊艺大师”中国菊花研究会副理事长叶家良先生为师，向大师学习菊花养植技艺，为公园园艺工作贡献力量。市花卉协会、北京菊花协会负责人，唐山市全国菊艺大师王德建，北京市菊艺大师季玉山等出席拜师会，公园职工代表参加。

（中心团委）

【园林学校优秀毕业生为母校教师培训】 1月16日，园林学校邀请1994级毕业生、北海公园首席英文导游刘秀荣为母校导游专业的老师做培训。刘秀荣结合自身岗位，讲述自己从学校到社会，从理论到实践，从“门外汉”到“首席”的奋斗经历，探讨目前公园导游岗位人才新的要求，并从教学的角度与老师们探讨导游词的创作和高规格导游接待礼仪。培训中教师们进行讨论。

（赵乐乐）

【中心冬季科技培训圆满完成】 1月19日，市公园管理中心冬季科技讲座圆满完成。培训历时50天，举办7次专题讲座，邀请北京市科学技术委员会、北京林业大学、北京市园林科学研究院、北京植物园的专家分别就北京市科技发展趋势、科技项目的申报、城市生态、园林文化等方面进行授课。中心所属14家单位从事科研、科普工作的领导及专业技术人员共622人参加。

（中心科技处）

【园博馆举办申评国家4A级旅游景区专题讲座】 1月27日，园博馆面向全体干部职工开展“申评国家4A级旅游景区”专题讲座，党委书记、市公园管理中心主任助理阚跃通报了2104年度市公园管理中心总体绩效考评规则及2014年度园博馆游客满意度调查报告，并结合实际工作，从“新常态下的景区发展”“旅游景区质量等级划分与评定”“旅游景区安全管理与突发事件应急处置”3个方面剖析了园博馆申评4A级景区的优势和重点改进项目，对园博馆全面申报4A级景区所涉及的基础设施改造、周边资源整合、技能和服务培训等内容进行了动员和部署。园博馆筹备办公室全体工作人员参加会议。

（滕　元）

【陶然亭公园举办办事员培训】 1月28日，

陶然亭公园举办办事员培训班，全园10名办事员参加培训。此次培训班有三项内容：办事员相关工作职责，劳资相关工作要求，对工资管理、医保工作、考勤台账等具体工作进行业务培训；组织办事员进行工作交流，征求工作中存在的问题，听取工作改进建议；总结2014年劳资工作及2015年劳资重点工作，对办事员工作提出五点建议。培训班发放了学习材料及答卷，通过培训为更好地执行政策、更好地服务职工，更好地发挥好办事员的桥梁纽带作用奠定了坚实的基础。

（罗　辰）

【中心召开年鉴培训会】 1月30日，市公园管理中心史志办公室召开年鉴培训会。以中山公园和香山公园为例，推广有关年鉴工作先进做法，并提出要求。中心所属单位年鉴撰稿人参加。

（中心史志办公室）

【玉渊潭公园组织副科级以上干部参加安全教育培训】 1月31日，培训由中心安全应急处史建平主讲，全园41名副科级以上干部参加了安全培训。培训以国内、本市及本系统近期发生的安全事故为实例，阐述了安全工作的重要性以及公园中心安全工作的重点和目标；对安全隐患的类型、产生的原因、排查的方法、预防措施、警示教育手段等进行分析，对公园各部门副科级以上干部提出要求。

（中心安全应急处）

【中山公园进行游船职工技能培训】 2月10日，服务二队14名游船班职工、青年骨干开展技能培训。邀请服务一队队长邢启章讲解游船电机保养、充电安全、初级电工知识及日常自检排查，列举易出现的游船操作问题，并讲授处置办法；服务二队党支部书记曲中禄讲授如何控制情绪，保持良好心态，化解服务矛盾；4名职工担任小教员，讲解游船电机保养和维护知识、船只计量术语，示范紧急心脏复苏及人工呼吸救生知识；观看突发事件演练录像等。

（王　薇）

【北京动物园和清华附中合作开展校外生物课项目】 3月10日，北京动物园和清华附中合作开展校外生物课项目正式启动。清华附中初中二年级创新实验班的21名生物兴趣小组学生到北京动物园，参加由北京动物园高级畜牧师任辅导教师的动物丰容兴趣小组等。3名指导教师分别为学生们讲述了动物观察、动物丰容等概念，并为学生们设计了项目试验内容。3～4月，学生们每周抽出半天到动物园开展相关项目研究，在动物园指导教师的辅导下，完成了3篇论文，经第十二届动物环境丰容国际研讨会组委会审核通过，获得了在国际大会上发言的资格，3个小组发言代表较高的论文水平和精湛的外语得到了大会的认可，北京动物园结合保护教育，把先进的动物保护理念及时传递给下一代的工作思路获得赞赏。

（臧丽华）

【陶然亭公园举办第三期班长骨干培训】 3月11～13日，陶然亭公园举办了以新状态建设“三有”班长队伍第三期班长骨干培训班。全园班长、办事员骨干50余人参加。园长李国定、副园长董鹏，经管科、文化研究室、保卫科、绿化科、办公室、服务二队讲解员，为全园班组长骨干进行十个方面内容的培训，涉及2014年公园取得的成绩、公园重要园史、“四个展览”活动介绍、首届海棠春花文化节活动介绍，安全、管理、计生的各项重点工作制度、要求，公园重要景点讲解。在观看班长管理知识讲座后，9位班长代表进行了交流发言。公园还制作班长交流发言摘录90余册发放到公园处、科队、班长范围，促进基层班长骨干经验交流。

（罗　辰）

【陶然亭公园组织职工进行拓展训练】　3月16日，在陶然亭公园中央岛，游船队组织职工开展开船前培训项目之一“拓展训练”。此次活动邀请专业户外拓展训练讲师进行指导，培训对象以青年职工为主，28名职工参加培训。

（付凉爽）

【北海公园开展牡丹养护知识培训】　3月16日，北海公园园艺队组织职工开展牡丹养护知识培训。邀请景山公园花卉技师朱淑云为20余名职工介绍牡丹的原产地及生长习性，讲解牡丹的修剪、施肥等养护方法，并亲自进行修剪示范，为推进公园牡丹养护工作发展打下良好基础。根据老师所讲解的方法于年内完成了东岸160余株牡丹的修剪、施肥、翻地及浇水工作。

（汪　汐）

【北海公园加强职工技能培训】　4月14日，为提高北海公园职工业务水平，特加强相关技能培训工作：劳资科邀请联合大学旅游学院老师讲解中国传统建筑文化相关知识。北海公园20余名导游员参加。为加强北海公园标准化、规范化、科学化管理，全面推动管理水平提升，管理经营科邀请资深审核员结合北海公园年度内审工作，为全体内审员进行标准条款培训。在文化队开展票务培训中，笔试考核参训的10名售票员，岗位规范与职责熟识率达99.2%。游船队开展讲解演练培训并组织职工学习标准化相关内容和日常英语知识。4月24日，由市交通委运输管理局西城管理处组织的橹工培训在北海公园举办，针对橹工工作管理规范、安全、实操等方面进行培训与考核，北海公园、什刹海及朝阳公园等单位30余人参加。4月23日，邀请联合大学旅游学院老师讲解中国古典园林概述、园林要素及其审美特征、主要造景手法及中西方园林的比较等方面知识，并针对公园特点从北海的历史沿革及造园艺术特色等方面进行专题讲座，30余名导游员参加。4月8日，开展“十三五”规划编写培训，明确纲要编写方向和文本编写要求，提出相关注意事项，公园处级领导及各部门负责人40余人参加。

（汪　汐）

【陶然亭公园组织小型机械安全操作规程培训】　4月22日，陶然亭公园园艺队队领导和机动班职工在园艺队会议室对外来务工人员进行小型机械（剪草机和抽边机）安全操作规程培训。会后，机动班资深职工对与会者现场教授剪草机和抽边机的使用方式，告知工作中的常见问题、注意事项及工作经验，并由每位外来务工人员实际操作一次，及时纠正不当做法。

（薄　宁）

【陶然亭公园组织技术骨干学习木瓜属海棠修剪】　4月24日，陶然亭公园园艺队在大兴基地对技术骨干开展“沂州海棠栽培养护”培训。培训邀请了山东沂州海棠养植专业人员，对公园新引进的山东沂州海棠养护方式进行技术指导，对沂州海棠的施肥、浇水方式等进行了介绍，对花后修剪方式进行了现场操作和指导。

（薄　宁）

【中山公园举办星级讲解员考评】 5月11日，中山公园在职工之家和兰室分两个考试地点笔试考核星级讲解员。采取闭卷考试方式，分为笔试和现场测试两个部分。笔试成绩占总成绩30%，现场测试占总成绩70%。考试内容包括公园历史、礼仪道德、导游讲解知识及案例分析等内容。服务一队23名讲解员参加考试。经考核第一名是许新征、第二名是郑桐、第三名是苏然。

（白　帆　李欣丽）

【中心党校组织第七期青年干部班学员举行廉政文化论坛】 5月14日，中心第八期青年干部班举行廉政文化论坛。学员们以“讲成语故事、赞勤政廉政、品为官之道”为主题，通过引用廉政典故、成语、名言等，深入探讨廉政文化，增强勤政廉政意识。中心纪委书记程海军、青年干部班29名学员参加。

（张洁瑛）

【陶然亭公园组织导游员培训】 5月20日至6月2日，陶然亭公园为举办“四项展览”进行导游员培训。按照导游培训工作计划，公园劳资科邀请北海公园服务队队长刘秀荣，为公园新成立的导游讲解班进行导游技巧培训；邀请天坛公园导游中心班长张红媚，进行讲解方法、技巧及相关礼仪培训；邀请北京市园林学校老师杨立新，进行导游讲解服务培训。服务二队领导及导游班全体职工参加培训。

（罗　辰）

【中山公园举办讲解员业务培训】 5月25日，服务一队在兰室会议室组织朗诵（诵读）技巧培训。邀请从事播音工作的专家授课，培训内容包括发声、吐字要领，连读、换气技巧等，现场一对一指导练习，帮助讲解员掌握发音、吐字要领。25名职工参与培训。

（白　帆　李欣丽）

【颐和园举办系列文化讲座】 5～10月，颐和园在游客中心多功能厅举办《颐和园瓷器》《清代皇帝的大婚典礼》《颐和园园藏文物琐谈》《走进承德避暑山庄》《从清代古物陈列到故宫文物南迁》5次文化讲座。颐和园300多名一线职工参加此次培训。

（李　华）

【北海公园邀请专家来园培训】 6月29日，北海公园邀请大华智囊专家刘克雄来园培训内控风险知识，北海公园师宗海副园长主持会议，全园各科、队长共30余人参加会议。

（汪　汐）

【北海公园纪委组织新任干部集中学习】 7月23日，北海公园纪委组织2014～2015年新任科级干部开展集中学习教育。以“增强党性锻炼践行‘三严三实’”为主题，参观市廉政教育基地宋庆龄纪念馆。新任科级干部及部分党支部书记10余人参加。

（汪　汐）

【陶然亭公园举办新招聘职工培训】　7月27～30日，陶然亭公园举办新招聘职工培训班，24名新职工参加。经营管理科、保卫科、文化研究室、绿化科、劳资科、工会、团委、计生8个科室的10位人员，就公园服务规范、安全生产、公园园史及公园四项展览、公园景区规划及一园一品特色植物、劳资相关政策、公园工会基本情况、公园团委工作任务、计划生育及住房补贴政策等内容进行培训。同时，组织新职工进行公园景点参观，进行培训答卷。为新职工了解公园工作，尽快融入工作岗位奠定基础。

（罗　辰）

【颐和园举办新入园员工培训班】　8月3～7日，颐和园在游客中心举办新招收员工培训班。54名新学员系统学习了颐和园园史、园林景观、造园艺术、园林植物、文物、公园服务、管理规定、劳动纪律、消防安全等课程。

（李　华）

【北海公园开展岗前培训教育】　8月3～5日，北海公园对新入职职工进行岗前培训教育。重点围绕公园历史文化、生产安全、服务规范、福利待遇四个方面进行，公园党委书记吕新杰、工会主席夏国栋参加培训会并讲话。游船队、琼华岛队、文化队也分别从标准化管理、安全生产、本队工作职责、规章制度等方面对新职工进行了岗前培训，帮助新职工早日适应岗位需求。

（汪　汐）

【香山公园党委加强社会主义核心价值观学习教育】　2月17日，公园开展“三个一”主题教育活动，即观看一次教育影片、组织一场座谈交流、撰写一篇学习体会，参与范围覆盖至全体干部职工；采取“3+N”模式，各党支部采取灵活多样的组织形式，在本年度内深入开展好学习教育；以党支部为单位，各党支部书记开展一次教育引导，引导职工如何深入理解社会主义核心价值观、如何理解爱岗敬业、如何以实际行动做好本职工作；加强中层干部教育，对习近平总书记提出的“四个有”进行了解读并提出要求。

（中心宣传处）

【颐和园开展道德讲堂教育活动】　2月28日，颐和园工会各分会开展题材丰富的活动，包含“情系颐和”文艺汇演、“我为公园发展献良策”征集活动、拜师学艺、书法征文比赛等多种内容，突出廉政教育、社会主义核心价值观教育和文明修养教育、传统文化教育等主题，并在形式上进一步创新，安排了为会员赠送文化健康书籍、分会成员全体宣读《道德承诺书》、分会自制并播放《十年回顾》视频短片等。讲堂活动从身边的感人故事说起，从身边的典型榜样学起，鼓励职工从力所能及的事做起，培养并提升职工的知园、爱园意识和爱岗敬业精神，凝聚职工队伍，弘扬正能量。

（中心工会）

【北海公园园艺队分会举办水仙雕刻及冬季园林绿化技能培训】　2月28日，水仙花雕刻培训聘请北京著名水仙雕刻大师季玉山为职工们介绍了水仙鳞茎挑选技巧、水仙雕刻造型新思路、养护管理等知识，并现场进行“一对一”雕刻教学，亲自示范讲解了水仙鳞茎的雕刻方法。冬季园林绿化技能培训针对职工的实际工作需要，包含了“园林机械的安全使用和保养”“北海公园园林绿化员工日常管理标准”及“公园是我安全的家”三项安全生产教育培训。

（中心工会）

【园博馆开展消火栓安全使用专项培训】 2月9日，为加强节前消防安全管理工作，园博馆对节日应急小组全体成员与中控室值机员、物业公司相关人员开展室外区域消火栓实操和维护专项培训，进一步提高全体人员应急消防能力和实战能力；同时全面检查了室内外展园、馆前区域、各经营场所、餐厅、各展厅、各设备间机房、四合院、藏品库区域以及财务室、档案室等区域的干粉灭火器和二氧化碳灭火器，整理编号，录入消防电子档案，并对其中5个干粉灭火器进行了更换。

（滕　元）

【园博馆开展讲解员技能考核】 3月18日，根据年度讲解员培训计划，园博馆藏品部、展陈部、园艺研究中心等主要业务部门负责人组成评审小组，针对固定展厅重点内容开展专题精讲讲解技能评比活动。十余名讲解员参与考核，分别进行了讲解展示，从仪容仪表、语音语调、态势语言、讲解内容、专题设计及讲解技巧等方面展现了园博馆讲解员的综合素质，在比、学、赶、帮、超的良好氛围中增强了团队凝聚力，提升了讲解员的业务水平。

（滕　元）

【北海公园开展导游讲解技能培训】 3月31日，北海公园开展导游讲解技能培训。邀请北京联合大学旅游学院杨昆老师从导游讲解语言、讲解技巧等方面介绍导游讲解的艺术，并通过PPT演示、视频示范、案例分析等方式详细分析了导游讲解过程中出现的各种问题，使导游员可以更直观地理解导游讲解的相关要求。北海公园30余名导游员参加。4月7日，北海公园邀请联合大学旅游学院老师讲解导游词撰写的相关知识，通过案例对比、例文分析的方法，详细讲解导游词的特点、分类、结构、功能与作用及表述方法等。北海公园30余名导游员参加。

（汪　汐）

【北京市杨柳树调查与飞絮治理技术培训会】 4月1日，由北京市园林绿化局和市公园管理中心联合组织的“北京市杨柳树调查与飞絮治理技术培训会”在园科院召开。来自北京市16个区县园林绿化部门和市属11家公园的专业技术人员参加了此次培训。园科院植保所所长讲解了杨柳树雌雄株识别与飞絮综合治理技术，林勘院技术人员介绍了杨柳树普查方案。

（中心科技处　园科院）

【园林学校专业教师到玉渊潭公园开展专业教学实践调研】 4月3日，园林学校专业教师到玉渊潭公园开展专业教学实践调研，听公园工程师刘玉英讲解玉渊潭公园樱花品种和病虫害防治问题；园林技术专业教师对公园管理处门前绿地内植物改造开展定点放线工作，对30余株樱花进行开树堰、施肥、浇水等内容的实践；园林绿化专业教师在公园开展樱花种类（品种）、栽培养护、繁育、生长环境调控、病虫害种类及防治方法和节日花坛、花镜施工等方面的调研。实践调研由学校书记马宪红带队，专兼职教师60余人参加。

（赵乐乐）

【中心举办“十三五”规划编制与调查研究培训讲座】　4月24日，市公园管理中心举办“十三五”规划编制与调查研究培训讲座。由市委研究室副主任余钟夫主讲，结合北京城市发展的热点、难点、焦点问题及北京城市发展新要求，立足公园未来发展的新高度，分析“十三五”规划编制政策环境、经济常态的重要变化，解读新时期北京发展与治理并重的显著特征，强调调查研究的重要作用。中心副主任高大伟讲话。各单位、各处室有关人员80余人参加会议。

（王未彤）

【天坛神乐署雅乐中心开展乐理知识培训】4月30日，针对青年职工乐理基础参差不齐等问题，利用课余时间，由专业人员进行乐理知识培训，内容涉及“中和韶乐”听力训练、强化识谱能力训练和规定曲目练习等内容。此次培训，既是对现阶段工作的自我检验，也是锻炼自身专业水平的机会，进一步推动乐团整体水平的提升。

（中心团委）

【中心召开信息化工作培训会】　5月29～30日，市公园管理中心召开信息化工作培训会。两天培训围绕“十三五”信息化规划、智慧公园建设等内容进行交流解读。中心副主任高大伟提出要求。中心相关处室负责人，各单位领导和相关人员参加。

（信息中心）

【园博馆对职工开展安全月宣传培训】　6月2日，园博馆大力推进馆内安全文化建设，针对六月“安全生产月”主题，启动面向职工的宣传教育活动，为一线安保工作者举办“危险有害因素辨识及控制措施”培训；制作“安全生产十大习惯性违章”漫画，使职工认识到日常工作中应避免的违规行为，寓教于乐；倡议员工根据岗位特点创作编写警言警语、安全口号，在馆区张贴；召开全体工作人员会议，强调安全月检查制度，加强隐患排查力度，建立综合治理长效机制。

（滕　元）

【中心机关开展“公园与公园文化建设”专题培训】　6月11日，市公园管理中心机关开展“公园与公园文化建设”专题培训。邀请中心主任助理、服务处处长王鹏训从公园基础概念、北京公园的特点、公园文化建设等方面系统讲授业务知识，中心机关党员干部40余人参加。

（中心机关党总支办公室）

【中心组织“三严三实”专题教育集中学习】　6月23日，市公园管理中心组织“三严三实”专题教育集中学习。邀请中央党校党史教研部陈述教授，作辅导报告。从专题教育活动背景、内容、党员履职等方面进行全面解读。学习报告会由中心党委副书记杨月主持，中心领导班子成员，中心副处级以上干部、各单位党委中心组学习秘书、第八期青年干部班学员以及中心机关职工代表共130人参加。

（人事处　宣传处）

【颐和园导游服务中心新增大学生英文讲解志愿者】　6月26日，颐和园劳动部副主任与导游服务中心人员组成考评组，对新增英文讲解员进行考核验收和资格认定。从讲解内容、表述方法、层次逻辑和应变能力等方面考察英语实地讲解服务能力。截至6月底，颐和园大学生志愿者英文讲解服务力量增至33名。

（中心团委）

【颐和园导游服务中心开展颐和园殿堂陈设专题培训】 6月26日，邀请颐和园文物部助理馆员授课，介绍了仁寿殿、乐寿堂和排云殿陈设与布局的基本知识及体现的文化内涵，引导讲解员与颐和园晚清文化相结合找准切入点，进一步为做好接待服务工作奠定基础。

（中心团委）

【颐和园举办游船驾驶员培训班】 6月27日至7月11日，颐和园在社区活动站举办游船驾驶员培训班。培训内容包括：船舶概述、游船驾驶、游船避碰、船舶运输、发动机构造、船舶电气、轮机管理、柴油机维修等。共11名学员参加理论和实操考试，成绩全部合格。

（李　华）

【北京植物园举办防火知识大讲堂活动】 6月30日，为了提高职工的安全生产意识和应急处置能力，有效预防各类生产安全事故的发生，北京植物园工会联合保卫科邀请北京市火灾防治中心教员为各部门安全员、班组长和承包商亭人员进行消防安全知识培训，介绍近期的火灾形势，解读新《消防法》，并讲授常见火灾起因及预防、报警、逃生、消防器材的正确使用等方面的知识。全园12个分会60余名职工参加活动。

（中心工会）

【旅游商品研发及运营培训班】 于7月29日在颐和园举办。活动由中心和市旅游委行业协会主办，颐和园承办，中心副主任王忠海参会并致辞。培训班邀请中国旅游景区协会西安旅游商品研发基地专家、工信部人才交流中心专家分别就《景区旅游商品行业报告解读和旅游商品一体化运营解决方案》《互联网+旅游与旅游商品创客实践》等内容进行授课，并安排了特色旅游商品实地调研及教学活动。市属公园、园博馆及北京市其他旅游景区共30多个单位100余人参加培训。

（中心服务处　颐和园）

【颐和园殿堂队德和园班举办茶艺培训讲座】 7月31日，举办主题为“品茶论道”，涵盖中国传统茶文化、茶叶审评与检验、沏泡技巧等知识。通过PPT演示、现场授课与实操展示相结合的方式与青年进行沟通交流。殿堂队领导参加培训并讲话。

（中心团委）

【中心举办夏季科技系列讲座】 7月31日至8月14日，中心所属14个单位从事科研、科普工作的领导和专业技术人员500余人参加。此次培训共进行了8次讲座，邀请了北京市园林绿化局、北京市科委及天坛公园、植物园、园科院的专家分别从北京市增彩延绿项目、城市生态、园林文化等方面进行了全面深入的授课，通过此次科技培训，中心科技人员拓宽了知识视野，了解了最新的园林科技动态，丰富了科技工作经验，促进了学习和交流，对提高中心科技工作水平起到了很好的作用。

（孟雪松）

【颐和园导游服务中心开展中文讲解比赛】 7月31日，采取舞台讲解形式，从颐和园历史文化、建筑特色、造园艺术和文物知识等不同方面进行讲解。评委进行现场点评，指出讲解中存在的问题和改进方法。赛后，导游服务中心对比赛中存在的共性和个性问题进行集中培训和一对一辅导。

（中心团委）

【颐和园导游服务中心开展植物养护专题讲座】　7月31日，以理论知识与实际养护工作相结合的形式，介绍防御不良气候、土壤改良、修剪、病虫害防治等6个方面的养护措施，直观再现公园植物养护做法和成效，以此扩充讲解员知识储备，为在日常讲解起到积极指导作用。

（中心团委）

【北京动物园筛选夏令营志愿者】　7月31日开始筛选，内容包括象房项目、夜晚精灵项目、小熊猫项目、大富翁游戏项目等内容及保护教育知识、公园规定、安全服务知识等。根据培训内容，通过笔试和分组模拟场景考试，筛选合格大学生志愿者，承担夏令营引导、看护和协助工作，为2015年夏令营工作的顺利开展铺垫基础。

（中心团委）

【景山公园召开合同续签工作培训会】　8月，景山公园大部分职工的聘用合同期即将到期，公园召开内勤人员工作会议，对聘用合同的续签工作进行培训说明，将聘用合同的范本和空白合同发给各部门，由内勤人员组织本部门职工依法续签聘用合同。在各部门的大力配合下，聘用合同续签工作已经有序圆满完成。

（史英杰　吕璟瑶）

【北海公园游船队开展园史培训】　9月9日，游船队开展新职工公园历史文化培训。此次培训对东岸、北岸景区和琼华岛景区的景观和历史进行了详细的讲述，新职工们认真聆听并进行了热烈讨论。培训进一步增强了新职工对北海公园历史、人文景观的了解和热爱。

（汪　汐）

【中心科技系列讲座完成】　8月6日，市公园管理中心邀请了北京市园林绿化局科技处处长王小平作专题讲座，园科院、植物园和五家“增彩延延”示范区的主管领导及中心所属14个单位的专业技术人员70余人参加了讲座。王小平处长从建设背景、思路与内容、团队建设、基地建设、预期目标、资金投入6个方面对北京园林绿化增彩延绿科技创新工程进行了详细介绍，并与参加培训的科技人员进行了现场交流。

（中心科技处）

【景山公园开展消防安全知识讲座】　8月17日，景山公园邀请西城防火培训中心卢老师，在职工之家开展消防安全知识讲座。重点就正确的日常用火用电方法、火灾逃生方法和防火灭火设备，为大家进行了相关知识的普及和讲解。还对当下火灾实事热点问题，与大家进行了讨论。公园职工代表、驻园单位和保安人员共计40余人参加此次讲座。

（颜　喆）

【园科院举办“城市绿化增彩延绿技术”高级研修班】　9月7日，由市公园管理中心主办、北京市园林科学研究院承办的“城市绿化增彩延绿技术”高级研修班正式开班。来自北京、湖南、江苏的部分省市科研院所及企业、事业51家单位的147名科研及管理人员参加研修班学习。中心总工程师李炜民，组织人事处、园科院等相关领导出席开班仪式。此次高级研修班邀请了北京园林学会名誉理事长张树林、北京市园林绿化局、林业大学、北京园林学会、市种苗站等专家就“国外彩色常绿园林植物应用鉴赏”“北京市园林绿化苗木生产现状与需求展望”等专题进行授课。北京园林学会名誉理事长张树林讲授“增彩延绿”第一课。市园林绿化局科技处处长王小平围绕“北京园林绿化增彩延绿科技创新工程”，介绍了项目进展和行业动态。

（孟雪松）

【北海公园参加控烟相关工作培训】 9月15日，管理经营科参加北京市控烟示范单位创建工作培训，学习了控烟示范单位创建活动的意义、要求、监督审核等方面知识和无烟单位工作手册、创建指南。

（汪　汐）

【天坛公园非紧急救助服务工作培训会】 于9月17日召开，天坛公园副园长王颖就“如何提升非紧急救助服务工作快速处理水平”，从介绍中心和公园8月份诉求办理情况入手，强调了非紧急救助服务工作的重要性，进一步明确了组织机构和岗位职责，并提出要求。公园管理处各科室、各队主管非紧急救助工作领导、文书及班组长百余人参加培训。

（天　坛）

【颐和园完成三个体系内审员培训】 9月23日，颐和园开展质量环境和职业健康安全管理体系内审员培训，园属各单位内审员31人参加。培训内容：质量环境和职业健康安全管理体系的重点条款、审核依据、审核内容、审核技巧等。

（瞿　立）

【中心老干部处进行“增彩延绿”讲座】 9月24日，市公园管理中心老干部处请中心副总工、科技处处长李铁成为中心所属各单位老干部党支部书记、局自管委员、中心机关退休干部及全体老干部专职工作人员进行“增彩延绿”讲座。老同志及时了解中心发展建设，时刻关心中心事业发展，从而增强为中心事业发展献计献策，发挥余热，为首都城市绿化美化工作做贡献的决心。中心组织人事处工作人员就上半年工资调整和党费缴纳情况进行详解。

（中心老干部处）

【颐和园开展技能培训和劳动竞赛活动】 9月30日，公园后勤队分会开展职工食堂面案技能比赛，全面提升职工食堂供应能力。游船队分会组织开展劳动竞赛，旨在提高岗位实操技能。殿堂队分会开展中英文实地讲解比赛，比赛以班组为单位进行初赛，40岁以下职工全部参赛，最终23名讲解员进入舞台讲解决赛，达到了选拔、培养、储备优秀讲解员的目的。苏州街分会以准备节日接待工作为契机，采取多样形式学习专业知识，锻炼实操技能。商店队分会分别组织全体会计人员和司机开展了会计实操、财务管理规定、交通安全知识的劳动竞赛答题活动，通过进行专业技术岗位答题，以赛代考，夯实了相关岗位职工的专业技术基础。

（中心工会）

【中心召开“三严三实”专题教育工作推进

会】　10月13日，市公园管理中心召开“三严三实”专题教育工作推进会。会上，各单位进行阶段性总结和经验交流，颐和园、北海公园等6家单位围绕扎实做好规定动作、专题教育工作创新与特色、学习成果转化、专题教育存在问题与不足和下一步工作安排等方面进行典型发言。中心直属各单位分管领导、党办主任共60余人参加了会议。

（组织人事处）

【中心完成首期公园安全管理师培训工作】　10月27日至11月5日，市公园管理中心在北京市园林学校举办首期安全管理师培训班，经过10天的封闭学习，41名学员全部考试合格，取得公园安全管理师结业证书。中心党委副书记杨月、中心副主任王忠海分别为学员进行指导和动员。采取邀请中国公安大学教授授课、安排观看案例分析、组织分组讨论等形式开展培训，促使学员将学习到的理论知识和专业技能运用实际工作当中。

（中心安全应急处）

【中心组织参观学习北京市增彩延绿示范项目】　10月27日，中心组织参观学习北京市增彩延绿示范项目。分别到大东流苗圃“增彩延绿”繁育基地、陶然亭公园增彩延绿示范区、明城墙遗址公园及复兴门绿地增彩延绿示范区进行参观学习。详细了解繁育基地重点工作和多种园林绿化科技成果的应用情况，并围绕优良品种引选育、节水园林建设、绿化养护管理等内容进行现场交流。园科院、植物园、陶然亭公园、紫竹院公园、香山公园、玉渊潭公园等单位的专业技术人员16人参加。

（中心科技处）

【中心举办处级领导干部培训班】　11月16～27日，市公园管理中心举办处级领导干部培训班，以学习贯彻党的十八届五中全会精神、学习“三严三实”专题教育内容为主线，围绕从严治党、国际形势、党风廉政建设、领导艺术等方面进行集中授课学习和分组讨论交流。中心党委副书记杨月进行开班动员，中心党委书记郑西平讲授专题党课。中心主任张勇、副主任高大伟、总工程师李炜民、中心副处级以上领导干部、各单位中心组学习秘书120余人参加。11月27日上午，中心主任张勇参加结业式并为培训班作专题辅导。中心党委副书记杨月对培训班进行总结，四位学员代表进行了典型发言。中心党委书记郑西平、副主任王忠海、高大伟、总工程师李炜民，以及中心副处级以上干部、各单位中心组学习秘书共120余人参加。

（夏　冉）

【中心与市语言文字工作委员会联合开展公园旅游业语言服务规范培训班】　11月24日，中心与市语言文字工作委员会联合开展公园旅游业语言服务规范培训班。邀请市语委办主任贺宏志、首都师范大学副教授李艳、市政府办公厅副巡视员孟伟杰分别从语言文化建设、公园语言服务规范和公文写作等方面进行讲授，中心150人参加培训。

（中心办公室）

【北京植物园、北京动物园、园博馆成为北京市教委初中开放性科普实践活动资源单位】12月，北京植物园、北京动物园、园博馆、园科院参加市教委征集的“初中开放性科学实践活动资源单位和活动项目”申报工作。经过市教委审核，“植物生态墙”“蜥蜴别墅”“叶子的秘密”等11项课程正式上线北京市初中生综合实践活动管理平台，接受中小学生上线预约，截止到12月底，共有2000余人预约课程。

（中心科技处）

【中心举办科普讲解专题培训】 12月18日，市公园管理中心在玉渊潭管理处会议室举办科普讲解专题培训。此次培训是针对参加2015年市科普讲解大赛人员以及各单位科普讲解员开展的专题培训，邀请科技部政策法规司人才与科普处调研员邱成利博士授课。邱博士以“科普讲解的特点与技巧”为题，从科普讲解的意义、竞赛规则、特点与技巧以及类型等方面进行生动讲解。科技处、中心各单位科普讲解人员、科普工作人员40人参加了此次培训。

（中心科技处）

【园林学校为行业开展培训鉴定】 年内，园林学校发挥教育资源优势，为行业开展培训鉴定工作。培训项目包括中直机关花卉园艺师培训、市公园管理中心安全管理培训、石景山区园林绿化培训等。全年共完成各类培训5160人次。此外，组织行业绿化工、插花员、展览讲解员等职业技能鉴定13批次、638人。

（赵乐乐）

【园林学校完成“国家中等职业教育改革发展示范学校建设”项目】 年内，学校完成“国家中等职业教育改革发展示范学校建设”项目，在创新人才培养模式，构建新型的课程体系，完善校内外实训基地建设，提升教师队伍素质，创新校企合作机制，提高社会服务能力，开展学校美育系统建设、园林文化特色校园建设等方面取得成效。具体完成情况：

重点专业建设工程 人才培养模式与课程体系改革：学校重点建设专业园林技术、园林绿化、导游服务、宠物养护与经营四个专业，编写完成45门专业课程标准、34门课程的实训指导书、制作30个微课、开发和完善了园林工程施工、园林有害生物控制5门课程的教学互动平台；编写完成13本教材、撰写教学论文40篇、编录18个典型课例。师资队伍建设：学校组织全体教职工、专职教师、兼职教师、骨干教师、专业带头人等不同类别及不同形式的培训，如“师德教育培训”“教学设计和信息化教学培训”“微课制作培训”等；组织教师到颐和园、天坛公园、玉渊潭公园等单位进行企业实践，外派教师到杭州职业技术学校、齐齐哈尔林业学校、上海园林绿化局等地进行同行业的学习与交流，年内共开展各类教师培训与交流920人次。校企合作工学结合运行机制建设：学校与11家市属公园等单位签订实训基地协议，形成“园中有校、校中有园”的一体化格局；与北京市花木有限公司等行业龙头企业深度合作，形成“校企共管”的顶岗实习及管理。在教师企业实践、学生顶岗实习、共同研讨人才培养模式、企业员工技能培训、聘请企业兼职教师等方面加强深入合作。

师生综合素质提升工程 通过美育理念、美育行为、美育效益三层递进方式进行美育建设，坚持“师生全员参与，不留空白”，通过校园文化艺术节、十佳歌手比赛、经典诵读比赛、保护生物多样性宣传月、职业技能比赛5大系列品牌活动，覆盖学校全部专业和全体师生，形成了“以美启智，以美辅德，以美育人，以美践行”的和谐美校园。

完成《最美北京——公园植物景观》《园林美文——学生读本》《园林美文——花花诗界》等校本教材，深化提升美育效益。

校园室内外环境建设工程　学校根据“设施设备标准化，校园环境景观化，景观环境教学化，教学环境人文化”的校园建设目标。以“一草一木融入教学，一景一物引导教育”为基础，探索文化、环境、育人三位一体的建设模式，树立了“环境育人”建设理念。室外环境：完成屋顶教学示范园、科普长廊翻新、校门粉刷、校园植物补种等多项工作。校园园林景观构架为“一环、二轴、四区、五园”，结合中国传统园林文化，营造潜移默化的教育环境。室内环境：改造完成心理咨询室、插花室、导游实训室等9个理论与实践一体化教室的改造提升；教学楼、实验楼内门厅与楼道的文化布置；室内外所有门牌、指引牌的牌示更新。

（赵乐乐）

【北海公园完成讲解技能培训】　年内，北海公园与北京联合大学旅游学院合作开展导游讲解技能系列培训，历时7个月，完成笔试及讲解词撰写的考核后以模拟实地讲解的形式开展了口试考核。为增加竞赛的专业性，北海公园特聘请两位旅游学院国际旅游系专家担任评委。琼华岛队、文化队共18名导游员参加，最终琼华岛队刘睿以94分的高分获得一等奖，琼华岛队赵杰、文化队朱扬获得二等奖，琼华岛队陈静怡、孙晓梅和文化队马硕获得三等奖。北海公园工会主席夏国栋为选手颁奖。

（汪　汐）

【北京植物园开展绿化养护管理培训】　年内，北京植物园对绿化部门职工进行了《公园绿化养护管理技术》的培训，就现行城市绿地养护标准和费用进行了说明，对养护中的栽植、修剪、水肥土、植保、地面覆盖等方面进行了讲解，并针对乔木、灌木、竹类、月季、绿篱等方面进行了具体的工作指导。

（石　鑫）

【中心完成园林绿化、公园讲解主体工种技能培训】　年内，北京市公园管理中心积极完成举办园林绿化、公园讲解等主体工种技能培训相关工作。由中心主办、北京市园林学校承办的中心重点折子工程“北京市公园管理中心园林绿化和讲解服务业务骨干培训班”于2015年7月27～31日在北京市园林学校举办，共有中心系统12个单位的51名业务骨干参加，培训采取创新教学模式暨通过专家授课和现场交流教学相结合的形式，园林绿化和讲解服务的学员们通过在颐和园、天坛公园的工作实地学习，有针对性地对工作中存在的实际问题进行了交流、互动与学习。中心还组织举办了专业技术高级研修班。为提高园林绿化行业和中心系统专业技术人员的整体水平，与市人力社保局合作，举办“城市绿化增彩延绿技术”高级研修班北京市专业技术高级研修班，企业、事业51家单位的147名科研及管理人员参加。

（中心组织人事处）

【景山公园打造学习型党组织，开展知园爱园教育】　10月6日，景山公园打造学习型党组织，开展知园爱园教育。邀请绮望楼展览展陈设计师洪烨以PPT的形式对绮望楼展览的设计思路、设计内容及工作心得等内容进行讲解，让职工对景山有了新的认识。同时进行实地讲解，为导游班人员进行讲解前期培训，并对整个展览顺序及亮点进行介绍和重点讲解。

（李潇潇）

【北海公园开展工资政策宣传培训工作】 11月5～6日，劳资科、党委办公室联合对各部门内勤进行工资政策培训，并召开全园中层干部会，专门就各级工资政策进行培训。北海公园党委书记吕新杰就工资相关政策进行解答说明，要求各部门认真对职工开展宣传教育。

（汪　汐）

【颐和园举办干部骨干培训班】 11月，颐和园举办科级干部、党员骨干和青年干部培训班，共设8堂专题讲座：《从严治党，全面锤炼党性》《学党史、守纪律、讲规矩是中国共产党的优良传统》《压力管理和心理健康》《京津冀协同发展中的非首都功能疏解问题》《学习贯彻中央八项规定主要精神》《深入领会四个全面战略布局》《曾国藩的领导艺术》《中国周边安全环境》，此次共计培训1200余人次。

（吴靖亚）

【颐和园举办入党积极分子培训班】 11月，颐和园举办入党积极分子培训班。培训课程包括：《守纪律、讲规矩是中国共产党的优良传统》《从严治党，全面锤炼党性》《中国共产党党史》《颐和园精神》专题党课，共计26名入党积极分子参加此次培训。

（张　婉）

【北京动物园创新安全培训形式】 11月，北京动物园结合冬防工作对全园各部门安全主管、班组安全员进行一天半脱产“安全拓展培训”。活动分为两期（12～13日，16～17日），参加培训人员共120人（包括外聘公司保安队、社会化用工保洁公司、驻园施工队代表）。11月12日，北京市旅游委安全应急处处长王军、公园管理中心安全应急处处长史建平到场，并给予活动高度评价。活动期间同时开展“精彩瞬间”摄影比赛，参加活动人员在活动微信群上传活动摄影作品近百张。

（刘　萍）

【颐和园与苏州风景区共同举办培训班】 12月1～10日，颐和园与苏州虎丘山风景名胜区共同举办“颐和园—虎丘景区园林技艺”培训班。颐和园派遣8名技术骨干到苏州虎丘景区，就园林造景手法、乔灌木修剪技术、园林养护管理方法、古树日常养护与复壮技术、中国插花技艺、植物的病虫害防治、盆景艺术的创作与展示等内容进行交流学习。

（李　淼）

【北海公园开展非紧急救助业务培训】 12月14日，管理经营科下发“2015年非紧急救助服务业务知识考核试卷”，开展全园非紧急救助业务培训。

（汪　汐）

【北海公园开展医保政策解读培训会】 12月16日，北海公园后勤服务队召开医保政策解读专项培训会，详细讲解了医药费报销渠道、报销申报材料及报销金额计算公式等职工关心的报销政策，全园职工代表共24人参加会议。

（汪　汐）

【陶然亭公园开展花艺技能培训】 12月31日，陶然亭公园园艺队党支部以党的十八届五中全会精神为指导，以学习促工作，组织全体党员在园艺队会议室开展花艺技能培训。培训邀请了多次在插花比赛中获奖的花班职工高占玲讲授插花艺术的基本知识、插花造型、器具选择、色彩应用及花卉品种等内容，并现场示范、指导操作、动作实践。

（薄　宁）

【北海公园启动导游讲解系列培训】 年内，为提高导游讲解员综合素质和景区讲解服务品质，北海公园实行“送出去、请进来”的培训方式，与北京联合大学旅游学院合作，邀请专家进行中、英文导游的讲解服务规范与技巧、导游词撰写等系列培训讲座，并组织开展劳动竞赛。为迎接中国人民抗日战争和世界反法西斯战争胜利70周年系列活动，高标准完成接待任务，选送3名导游员到联大进行为期半年的英语脱产学习。

（汪　汐）

【北海公园党委开展理论学习】 年内，北海公园党委开展处级中心组理论学习。观看学习光盘《首都功能浅析——北京首都功能及国际比较》，并结合北海公园实际组织研讨交流。公园党委书记吕新杰主持会议，全体处级领导参加会议，党委理论中心组秘书、党委办公室负责人列席。

（汪　汐）

【北海公园开展理论学习教育活动】 年内，北海公园开展党委、支部两级理论学习中心组爱国主义教育活动。公园以抗战历史文化为教育题材，以中层干部为教育重点，创新开展“看话剧、读历史”宣传教育活动，创新形式，组织全园副科级以上干部60人集中观看人民艺术剧院抗战题材话剧《故园》，感受海峡两岸同胞凛然抵抗日本文化侵略的民族精神与爱国情怀；为副科级以上干部配发《中国抗日战争史》《中国历史的教训》等抗战主题理论学习用书，引导大家重读史实，缅怀先烈，学习抗战精神，指导实践工作。

（汪　汐）

【中心党校开展菜单式免费教学服务】 年内，中心党校继续发挥四个服务作用，面向基层单位开展菜单式免费教学，结合形势政策对课程内容进行了补充调整。围绕十八大报告、十八大党章、十八届三中、四中全会精神、中国特色社会主义、党性修养等内容，到颐和园、北海公园、动物园、香山公园、陶然亭公园、紫竹院公园、玉渊潭公园、园林学校等单位开展授课10次。听课人员为科队长、党员、积极分子等，受到基层单位的肯定。

（张洁瑛）

【中心党校加强师资队伍建设】 年内，中心党校加强教师队伍建设，在外出培训、岗位锻炼、基层调研、教学观摩等方面努力为现有教师创造条件。做好教师聘任工作，推荐教师参加市委党校中高级教师任职资格评议。选派教师参加市委党校组织的全市党校系统党性教育师资培训班和全市党校系统京津冀协同发展师资培训班。订阅购买各类教学用书和参考资料，通过观看宣讲家网、北京干部教育网等网站视频，学习专家教授讲授的先进理论，不断丰富知识结构，提高科研调研能力。

（张洁瑛）

党群工作

党的建设

【北京植物园组织2014年新提拔的11名领导干部进行廉政答题考试】 2月16日，北京植物园纪委以加强领导干部廉洁从政教育作为重点，通过廉政答题考试，给新提拔领导干部打好“预防针”，以考促学。考试以集中组织、开卷形式进行，以掌握应知应会的廉政法规和常识为目的，内容包括党章、纪律处分条例、党政领导干部问责的暂行规定、廉洁从政准则、干部选拔条例和中心党风廉政建设责任制实施办法等9项党纪条规。

（中心纪检监察处）

【中心“共产党员献爱心”捐款活动】 按照市委组织部、市直机关工委工作部署，于6月16日至7月8日组织捐款。经过广泛动员，各单位共捐款134486元；共有共产党员2946人、入党积极分子592人、职工764人参与。捐款现已交至北京市慈善基金会。

（中心人事处）

【中心机关党员集体宣誓活动】 7月7日，开展市公园管理中心机关开展党员集体宣誓活动。以“勿忘国耻　圆梦中华”为主题，围绕纪念中国人民抗日战争暨世界反法西斯战争胜利70周年，到北京植物园“一二·九”纪念亭开展活动。中心党委副书记杨月、副主任王忠海、纪委书记程海军参加活动。

（中心机关党总支办公室）

【中心团委“勿忘国耻、圆梦中华”党团员集体宣誓活动】 7月17日开展，活动设一个主会场和3个分会场。各分会场活动分别在颐和园耕织图、香山双清别墅、陶然亭高石墓开展，共计200余人。中心宣传处、团委分别参加了分会场活动。BTV北京新闻、广播电台、《北京青年报》记者现场采访并播出。

（中心宣传处）

【天坛公园党委主题党日活动】 7月17日，公园党委组织全体党员280余人到平西抗日战争纪念馆参观学习，参观了抗战历史长廊、平西抗日纪念碑，并在百名抗日烈士碑林前重温入党誓词。党员代表发出“亮诺践诺做表率”的倡议，使党员干部进一步坚定信念、牢记使命、永葆本色。

（中心宣传处）

【陶然亭公园党委主题党日活动】 7月17日，陶然亭公园在慈悲庵外广场举办党日活动。组织党员重温了入党誓词，邀请公园在抗战时期参加革命的老干部闫金台讲述史迹，公园党政一把手分别为闫金台颁发纪念证书和纪念奖牌。参加活动的全体党员和积极分子分批参观了“红色梦——慈悲庵革命史迹展”，党委书记张颐春讲话并对党员提出要求。活动由党委副书记白永强主持，园长缪祥流致词，全园130余名党员和入党积极分子参加，有关媒体进行现场报道。

（中心宣传处）

【颐和园党委“忆党史铭党恩”主题道德讲堂活动】 7月17日举办，首先由全国劳模韩笑带领全体党员重温了入党誓词，合唱了歌曲《没有共产党就没有新中国》。全园20个党支部分别制作了“微视频”，展示了基层党建工作的特点、亮点以及党员的风采。离退休老干部党支部书记徐冀民、殿堂队青年党员薛炜分享了体会感受。公园领导班子成员、基层党支部书记、党员代表共计144人参加。

（中心宣传处）

【园科院党委“三严三实”学习讨论】 8月17日，园科院党委按照“三严三实”活动要求，采用中心组理论学习形式。与会人员围绕主题进行了发言，大家表示与西城区园林市政管理中心签署战略合作框架协议，是园科院加强科技成果转化服务体系建设的重要举措。

（张建芒）

【中心党委学习贯彻习近平总书记在纪念中国人民抗日战争暨世界反法西斯战争胜利70周年大会上的重要讲话】 9月6日，市公园管理中心党委召开常委会议，学习贯彻习近平总书记在纪念中国人民抗日战争暨世界反法西斯战争胜利70周年大会上的重要讲话。会议号召中心各单位要认真学习领会习总书记重要讲话精神，自觉把思想和行动统一到讲话精神上来，自觉将讲话精神转化为工作动力，进一步提升集体荣誉感和自豪感，坚定信心、凝聚力量、勇于担当，迎难而上，为中心的事业发展努力拼搏，为把北京建设成为国际一流的和谐宜居之都而不懈奋斗。同时，会议对中山公园、陶然亭公园、玉渊潭公园等6家单位在礼台服务保障、空中梯队水面追降等保障任务中的出色表现给予充分肯定，并向全中心参与阅兵活动各项服务保障工作的广大干部职工表示感谢和慰问。

（中心办公室）

【中心对北京动物园工程建设领域开展专项巡查】 9月10～25日，市公园管理中心党委巡查组赴北京动物园开展专项巡查工作，巡查内容重点查看近三年来，上级拨款、列入中心重点项目及自有资金项目工程的前期申报审批、招投标环节、项目建设实施、资金管理使用、项目建设管理、项目竣工结算验收6个方面。9月10日，中心党委巡查组专项巡查动员会在职工之家召开。中心党委巡查组组长、纪委副书记、纪检监察处处长李书民就即将开展的专项巡查工作作了动员讲话，北京动物园党委书记张颐春作了表态发言，会后，巡查组在职工食堂、信息平台张贴和公布了巡查的主要内容和反映问题的具体方式。中心党委巡查组成员6人出席会议，北京动物园党委副书记、园长吴兆铮主持会议，北京动物园副科以上干部及党风廉政监督员83人参加会议。12月7日，中心党委第一巡查组组长李书民、副组长刘军、组员李静到北京动物园对中心党委专项巡查工作进行意见反馈。组长李书民代表中心党委对9月10～25日开展专项巡查中发现的主要问题和情况向公园班子成员和科级以上干部进行反馈。公园党委书记张颐春代表处级领导班子成员进行表态。

（师慧伶）

【中心召开第三季度书记例会】 9月17日，中心召开第三季度书记例会。会议学习了习近平总书记在中共中央政治局第二十六次集体学习时的讲话和郭金龙书记在市委常委会开展“三严三实”第二专题交流研讨时的讲话。各单位汇报了前阶段开展“三严三实”专题教育的情况；中心组织人事处、宣传处、纪检监察处分别通报近期工作安排。中心党委书记郑西平代表中心党委对各单位前一阶段各项工作表示肯定。会议由中心党委副书记杨月主持，中心直属各党委、总支、支部书记，机关有关处室人员参加。

（中心办公室）

【程海军带队检查天坛公园党风廉政建设责任制落实情况】 12月9日，中心纪委书记程海军对天坛公园落实党风廉政建设责任制完成情况进行检查评估。天坛公园党委书记夏君波、纪委书记董亚力向检查组进行了汇报。程海军在听取汇报后查阅了部分考核评估资料。检查组分别与公园班子其他成员就“两个责任”问题进行谈话。检查组实地走访了4个基层党支部，就贯彻落实党风廉政建设责任制的情况听取了支部的汇报，与基层一线职工面对面座谈，就部分党员学习《准则》和《条例》的情况进行了提问和考核，以此验证基层党支部贯彻党委工作部署的能力和效果。

（王　彬）

【中心检查北京动物园党风廉政建设责任制落实情况】 12月11日，市公园管理中心由副主任王忠海任组长、纪检监察处处长李书民任副组长的中心党风廉政建设责任制检查组一行6人来北京动物园检查党风廉政建设责任制党委主体责任、纪委监督责任的落实情况。北京动物园党委书记张颐春，党委副书记、纪委书记杜刚分别汇报了动物园党委落实“两个责任”的具体做法、取得成效、存在不足和努力方向。同时，通过与班子成员谈话、检查档案记录材料、到两个基层党支部走访的方式，实地检查了公园党委“两个责任”的落实情况，听取了一线干部职工的意见和建议。

（师慧伶）

群团工作

【中心党委召开离退休干部征求意见座谈会】 1月6日，中心党委召开离退休干部征求意见座谈会。听取中心教育实践活动整改方案落实情况、深化作风建设及对领导班子坚持原则、敢于担当。遵守党纪方面的意见和建议。老同志们高度肯定中心领导班子工作和作风，并对年轻干部队伍培养、年轻职工教育、各单位党委作用发挥、新上岗基层支部书记培训等工作方面提出建议和意见。郑西平感谢老同志们对中心党委工作的充分肯定和良好建议。

（中心离退休干部处）

【中心团委学习“社会主义核心价值观”现场会】 1月27日，中心团委召开学习“社会主义核心价值观”现场会，组织参观陶然亭公园社会主义核心价值观布展区域，集中学习北京市副市长林克庆在中心工作会上的讲话；结合社会主义核心价值观内容、2014年工作和学习情况，开展团干部个人述学；研讨共青团2015年工作。探讨中心共青团的工作定位、任务目标和2015年中心共青团重点工作。中心团委书记、直属各单位团委（总支）负责人共15人参加会议。

（中心团委）

【市总工会到中山公园班组慰问一线职工】 2月5日，市总工会副主席陆晓光、市政法卫文工会主席原在会、常务副主席李永洪到中山公园班组慰问一线职工。深入西门票务班、蕙芳园展室、游客服务中心等一线班组，为职工送上慰问金，同时对公园职工之家建设给予肯定，要求各级工会加大对基层班组建设的力度。中心党委副书记杨月陪同。

（中山公园）

【中心工会劳模大讲堂】 2月6日，在天坛公园科普屋举行，本次活动是中心工会首次举办以本系统劳模作为主讲人，面向全系统先进群体进行培训的讲堂活动，授课人选专门安排在各专业领域取得较高成就的劳模担任，旨在充分挖掘并发挥劳模的领军示范作用，进一步加强对先进群体的教育，提升劳模的整体素质。活动中，全国劳模、盆景大师周国梁，以及建设部先进工作者、插花大师梁勤璋为34名中心系统全国及省部级劳模、先进集体代表讲授了相关知识，并现场进行了实操示范。

（中心工会）

【中心工会召开一届二十八次委员（扩大）会议】 3月2日，市公园管理中心对一届委员会委员及主席进行了替补及增补，会议审议并通过了有关任免事项，选举杨月为工会一届委员会主席。杨月对当选一届工会委员会主席感到荣幸、表示感谢，并作表态发言。一届委员会委员、所属各单位工会主席及负责人参加会议。

（中心工会）

【北京市公园管理中心劳动妇女节女职工时尚风采展示活动】 3月5日，市公园管理中心工会在中国园林博物馆举办“靓丽风采 青春园林”庆“三八”主题女职工风采展示活动。活动以服装秀为主要内容。近200名工作在各个岗位的女职工代表参加活动。中心党委副书记杨月出席并代表中心党委向全体女职工致以节日的问候，中华全国总工会全国海员建设工会副主席姚久强以及北京市总工会政法卫生文化工会有关领导出席并观看了演出。

（中心工会）

【北海公园主题宣传志愿服务活动】 3月5日，北海公园开展雷锋纪念日主题宣传志愿服务活动，团委以“弘扬雷锋精神”为主题，联和北大医院为100余名游客提供义务健康咨询、血压测量等志愿服务。工程园容队等10余名职工志愿者维护现场秩序，引导游客顺序排队；文化队开展义务讲解活动，主动帮扶老幼游客并发放公园导览图200余册，为游客出行提供便利。

（汪 汐）

【北海公园联合东直门中学开展志愿者实践活动】 3月15日，北海公园游船队、工程园容队党支部联合东直门中学在游船码头开展船只清洁志愿者社会实践活动，有20余名学生参加。

（汪 汐）

【景山公园工会补选温蕊为第二届工会委员会副主席】 3月25日，景山公园工会召开第二届工会委员会第六十四次扩大会议，根据《中华人民共和国工会法》和《中国工会章程》相关规定，经景山公园第二届工会委员会审议，由于已到退休年龄，于立太不再担任景山公园工会第二届委员会委员、副主席职务；补选温蕊为景山公园工会第二届委员会委员、副主席。

（中心工会）

【颐和园党委道德讲堂汇报演出】 4月2日举办，以唱响革命歌曲，观看道德讲堂视频集锦，职工自编、自导、自演舞蹈和小品等节目为主要内容，集中了各党支部道德讲堂活动的精彩部分，增强了职工的道德意识，激发了职工的创造力、表现力和知园爱园的热情。园领导班子成员及中心宣传处有关人员参加了活动。

（中心宣传处）

【天坛公园党委“弘扬正能量，共筑天坛梦”主题道德讲堂】 4月2日举办，活动共有5个环节：唱歌曲，诵经典，讲故事，看短片，展风采。园长李高号召广大职工团结向上、爱岗敬业、奋发有为，全力做好各项工作。副科级以上干部、党员职工及退休老干部代表200余人参加了活动。

（中心宣传处）

【香山公园党委年度第一场道德讲堂】 4月2日举办，活动共分5个环节：法律讲堂、观影课堂、事迹宣讲、座谈体会和歌曲合唱，达到弘扬传统道德、提升职工素质的目的。党委书记甘长青、党委副书记孙齐炜及职工代表共计60人参加活动。

（中心宣传处）

【北京植物园党委职工道德讲堂暨首个“植

物园职工日”活动】 4月2日开展，通过道德讲堂三句半、歌颂家国情怀诗朗诵、天耀中华手语表演及情景剧展演等形式，弘扬社会主义核心价值观，展示职工风采；组织职工参观兰花展，品尝职工日特色套餐，畅谈交流，共度其乐融融的“职工日”。颐和园党委“感知耕织文化，体验爱国情操”活动荣获首都未成年人思想道德建设创新案例。

（中心宣传处）

【香山公园党委加强全国爱国主义教育基地品牌建设】 4月2日，公园党委实地走访慰问北京陆军预备役高射炮第四团，与部队军政领导围绕双清别墅编入预备役、讲解员着军装提供特色讲解等内容进行座谈；公园党委向部队赠送“军民共筑中国梦，红色经典香山情”锦旗，推进军民融合发展，共建和谐美丽香山。

（中心宣传处）

【北海公园徒步走活动】 4月14日，北海公园工会举行春季太液环湖徒步走活动，近240名职工参加，活动推进了全民健身运动的开展和各分会间的交流。

（汪　汐）

【中心先进女工工作者总结会】 4月14日，市公园管理中心召开“三八”活动先进女工工作者总结会。天坛工会女工主任代表承办单位，全面细致地总结与回顾本次活动。中心各单位工会主席及先进女工代表17人参加会议。

（中心工会）

【北海公园召开“十佳好人好事”表彰会】 4月15日，北海公园召开第十届“十佳好人好事”表彰会。获得2014年度北海公园职工“十佳好人好事”的有：“舍己救人”的机关干部高健；“见义勇为”的商店干部叶枫、王兴、刘子钧及游船队职工王伟、刘柯、张顺增；“热心助人”的护园执法队干部杨青玉及工程园容队干部柴春露、董强；“助人为乐”的琼华岛队职工王海凌、王童；“忍辱负重、优质服务”的游船队职工赵文硕；“拾金不昧”的园艺队职工郑雷格尔；“发现险情”的文化队职工马旭；“热心公益”的文化队职工陶郁林。公园党委书记吕新杰向获奖集体和个人表示祝贺并颁奖，希望继续发扬高尚品格并带动全园职工“树正气、凝聚正能量”，使北海公园在促成和谐社会方面的工作做得更好，促进公园各项工作大步向前。

（汪　汐）

【颐和园完成募捐救助活动】 4月15～22日，颐和园根据北京市红十字会《关于开展2015年“博爱在京城”募捐救助工作的通知》、北京市民政局《关于开展2015年“春风送暖”募捐救助工作的通知》、北京市慈善协会《关于在全地区开展2015年“春雨润海淀 慈善暖人心”社会捐助活动的通知》要求，在全园范围内开展专题募捐活动，募集到善款1.51万元，全额上交海淀区青龙桥街道民政科。

（杜继超）

【北海公园青年读书沙龙】 4月23日，北海公园举办“为心灵增添一抹阳光”青年读书沙龙。青年们分别推荐一本自己所喜爱的书籍，涵盖政治、历史、经济、文学等，并畅谈读书体会，就良好的阅读习惯和体验进行交流。公园党委书记吕新杰和公园党委副书记曲禄政分别发表讲话。公园优秀团干部、团员及青年代表近20人参加。

（汪　汐）

【中心劳模慰问活动】　4月24日，市公园管理中心工会开展劳模慰问活动。组织20名中心系统省部级及以上劳模和先进集体代表到北京植物园参观学习，并代表中心领导慰问参会劳模，转达中心党委对劳模群体的关心与祝福。

（工　会）

【景山公园团总支开展牡丹展原创微博微信评选活动】　4月25日，景山公园团总支首次开展“青春助力牡丹展，原创微博微信大赛”，活动要求团员青年编发记录牡丹展布展过程、品种特写、游客赏花等多方面题材的原创微博微信，活动将在牡丹展结束后进行统一评奖。此次活动通知也一改以往传统样式，以微信动态海报呈现，清晰的H5画面，简洁的语言，容易转发形式，立刻引发青年关注和参与热潮，共计转发37次，浏览量达到200次以上，收到良好效果。

（律琳琳）

【北海公园助盲志愿服务活动】　4月29日，为践行社会主义核心价值观，弘扬奉献、友爱、互助、进步的志愿精神，北海公园文化队“暖心”学雷锋志愿服务岗和游船队共15名志愿者引领12名盲人朋友游览北岸主要景区并为他们在龙舟上进行环湖讲解。活动使得盲人朋友感受到关怀与尊重，同时提升了志愿者的道德修养。

（汪　汐）

【景山公园参加“学雷锋志愿服务推动日”活动】　4月30日，北京市公园管理中心展位设在专业化志愿服务区域，公园青年志愿者代表向各界人士介绍公园之友志愿服务项目，开展多项现场互动，进行隼桙知识科普和拼插，邀请访客在明信片上印上羊年春节纪念章等。活动共分发项目介绍宣传单和纪念品1800份。

（中心团委）

【玉渊潭公园志愿者服务在行动】　4月30日，公园团总支依托樱花文化活动，通过志愿北京网上平台招募志愿者694人，使志愿者依托首都学雷锋志愿服务站（岗），首次在公园道路节点设置自行设计的“爱心加油站”志愿服务旗帜12面，由志愿者进行交通疏导工作，共计服务游客万余次、3200余小时。

（中心团委）

【中心团委举办青年大讲堂之多肉植物的栽培与养护】　4月30日，活动分为现场授课与实践操作两部分。邀请植物园温室中心专家讲授多肉植物的概念、栽植方法、养护知识及盆栽组合注意事项等。随后青年们到盆景基地分组制作多肉植物组合盆栽并现场讲解展示，温室中心专家点评作品。中心团委负责人，中心及所属各单位青年团员50余人参加。

（中心团委）

【北海公园承办中心合唱团】　4月，根据中心工会的部署和要求，北海公园工会于4月开始筹备中心职工业余合唱团的组建工作。最终确定59人为合唱团正式团员。合唱团组建后，于5月8日按照北海公园制定的活动规定统一管理、组织训练。

（汪　汐）

【北海公园青年素质拓展活动】　5月3日，团委开展超龄团员退团仪式和青年素质拓展活动。以“爱岗敬业　践行核心价值观”为主题，公园团委带领8名超龄退团人员重温入团誓词。随后开展青年素质拓展活动，16名团员和青年职工代表在专业老师的带领下，开展了团队建设、体能拓展等训练竞赛。

（汪　汐）

【天坛公园青年志愿者五一期间开展志愿服务活动】　5月5日，在公园北门学雷锋志愿服务站为游客提供信息咨询、导游讲解等志愿服务，并发放宣传材料，向游客传播绿色、文明的生活理念。组织公园主要门区、景区的青年职工利用岗下时间开展“志愿服务一小时”活动，积极开展文明疏导、文明排队、义务讲解等活动，引导游客“安全、有序、文明”游园，营造和谐舒适的游园环境。

（中心团委）

【植物园“绿色守护者”志愿服务“五一”小长假】　5月5日，植物园团委开展“绿色守护者”志愿服务活动。以门区秩序维护、志愿服务岗义务引导、重点花展区看花护绿、重点文物景观的看护为主要内容。3天165名志愿者共计服务时长2970小时，服务达8000余人次，为保障植物园桃花节最后的工作做出贡献。

（中心团委）

【景山公园社会志愿者服务牡丹节】　5月5日，社会志愿者到景山公园服务牡丹节，一是公园之友团队继续贯彻执行暂停活动的要求，将空间让给游客。二是公园之友团队积极加入到劝阻游客不文明行为的活动中去。三是园林学校学生志愿者来园进行宣传咨询、秩序引导、园容保洁等工作。“五一”期间，景山公园社会志愿者共计来园服务120余人次，累计服务时长292小时。

（中心团委）

【香山公园“五一”期间开展志愿服务工作】5月5日，来自中央财经大学、对外经济贸易大学、北京交通大学的30余名志愿者到公园东北门门区、双清别墅景区、碧云寺景区进行文明引导、秩序维护、信息咨询、宣传科普等进行志愿服务。“五一”期间共服务游客一万余人，发放宣传材料300余份。

（中心团委）

【北海公园推选职工参加中心健步走活动】5月8日，北海公园工会组织各分会推选的10名职工参加中心“同心共筑公园梦　健康之行你我他”健步走活动，公园党委副书记曲禄政带队全程参与。

（汪　汐）

【北海公园组织职工参加素质拓展活动】　5月13～14日，公园团委组织2014年度获得各项奖励的9名青年职工参加中心“铸造卓越团队　点亮精彩人生”青年职工素质拓展活动。

（汪　汐）

【陶然亭公园开展“赏美丽月季享幸福人生”志愿服务】　5月29日，公园青年职工与陶然亭小学的学生带来“创意生活·和平使者”表演。通过现场模特花艺展示及互动活动，普及绿色环保知识。志愿者在花艺制作、养护咨询区进行学雷锋志愿服务，向市民游客发放宣传折页。活动共发放宣传折页1000余份，展出科普展板8张。市公园管理中心党委副书记杨月、服务处调研员孟庆红、科技处副处长宋立培，公园党委书记张颐春、园长缪祥流、党委副书记、纪委书记白永强、副园长张青，工会主席王金立参加活动。

（中心团委）

【颐和园团委开展兴趣团课之“五月鲜花”花束制作培训活动】 5月29日，邀请北京五四青年奖章获得者王爽和园艺队工程师张莹进行花束制作培训。分现场授课、互动实操两部分。共计50余人参加活动。

（中心团委）

【工会大讲堂心理健康专场讲座】 5月29日在园林学校举行，讲座由园林学校教师、国家二级心理咨询师薛琳主讲，结合生活中的典型事例，通过实际案例分析、问答互动、故事分享、现场示范等多种方式，对如何通过自我暗示进行压力管理进行了阐述，并与职工分享了进行压力管理的理念和方法，使职工能够通过积极的自我暗示构建健康向上的工作心态。全系统各单位170余名职工参加活动。

（中心工会）

【陶然亭公园第八次会员代表大会】 5月31日召开，会议审议并通过《陶然亭公园工会第七届委员会工作报告》等，决议选举产生陶然亭公园工会第八届工会委员会委员和经济审查委员会委员。中心党委副书记杨月出席并讲话。87名会员代表出席会议。

（中心工会）

【北海公园端午节划船比赛】 6月16日，北海公园工会举办端午节“太液泛舟”划船比赛。全园11个分会选送的60名职工参赛。公园党委书记吕新杰、党委副书记曲禄政、副园长师宗海到比赛现场为选手们加油鼓劲，并提前祝大家端午节快乐。比赛加强了各部门间的交流，丰富了职工的业余生活。

（汪　汐）

【景山公园工会“安康杯”主题活动】 6月16日举办，景山公园联合保卫科根据安全宣传牌的展示内容，为游客普及安全知识，并现场发放安全宣传材料300余份，组织游客填写《市属公园游客安全游园满意度调查问卷》100余份；利用大屏幕播放消防、交通、戒毒等知识，增加宣传力度，让安全健康的生活意识深入人心。

（中心工会）

【玉渊潭公园做好端午佳节志愿服务活动】 6月26日，端午期间，玉渊潭公园以“做文明达人，赢端午蛋兜儿”为主题开展一系列的志愿服务活动。公园志愿者为游客讲述端午文化，送吉祥香囊，表达节日祝福。向游客发出“低碳环保、爱护环境”绿色倡议，呼吁将垃圾带下船，回收游客手中垃圾等，并为游客送去编制的“五彩蛋兜儿”。与游客开展互动活动，协助公园做好第五届微笑玉渊潭感动人物的评选工作。

（中心团委）

【陶然亭公园开展“拼贴大自然”学雷锋科普志愿活动】 6月26日，公园结合儿童节开展了“创意松球制作”“妙笔生花——海棠团扇绘制”“湖水净化小实验”等互动体验，公园志愿者带领小朋友利用简单材料制作节日礼物。中心宣传处处长陈志强、科技处副处长宋立培及公园领导参加活动，北京电视台等10余家媒体进行报道。

（中心团委）

【天坛团委组织青年志愿者为小学生进行志愿服务】 6月26日，精忠街小学200余名师生及家长在爱国主义教育基地——神乐署凝禧殿前举行入队仪式，聘请公园团委负责人为校外辅导员，对少先队员进行爱国主义教育；公园志愿者全程参与入队仪式，学生们为其佩戴红领巾，重温光荣时刻；志愿者带领师生及家长参观爱国主义教育基地，采用互动讲解模式使学生亲身体验、了解八音乐器，感受天坛的文化魅力。

（中心团委）

【香山公园开展控烟志愿宣传活动】 6月26日，公园志愿者在东门游客服务中心，通过发放宣传折页，签名承诺等活动，呼吁游客全民控烟、文明游园，创造良好的公共环境。同时，公园35岁以下青年签署控烟承诺书，全力支持公园控烟工作，打造无烟香山。

（中心团委）

【颐和园各级青年文明号、基层团支部志愿服务庆端午】 6月26日，在主要门区、景区设立便民服务台，为游客进行游览咨询2000余次，义务讲解600余次，免费提供热水、帮助游客抬放婴儿车、轮椅等便民服务100余次，发放公园文化宣传折页、便民服务卡300余份。开展“孝为先”父亲节活动，向游客提供古装试穿体验，并发放节日小礼品。开展“我为北京蓝天做贡献”活动，青年代表发起“绿色出行、文明参观、安全游览”宣言，制止游客吸烟、折枝等不文明游园行为百余次，为无烟北京、首都蓝天做贡献。

（中心团委）

【北海公园端午节期间开展系列志愿服务活动】 6月26日，公园在南门、北门、永安寺门口等主要景区和游客聚集区提供秩序引导、义务咨询、指路等志愿服务。开展“垃圾带下船，我给你点赞”宣传引导活动，为游客提供摆渡船义务讲解、介绍水体环保知识等。端午节期间，共提供秩序引导800余次、咨询指路300余次，服务游客1000余人次。

（中心团委）

【北京动物园服务队游客服务中心开展英语讲解比赛】 6月26日，青年赛前学习百年园史及大熊猫展区两方面内容，自行撰稿进行现场讲解展示，最终评选出一、二、三等奖。服务队领导对参赛青年的表现进行点评，并寄语青年要深刻领会服务的内涵，主动学习提高英文讲解技巧和讲解水平，用对公园最真挚的爱，更好地服务游客。

（中心团委）

【北京动物园志愿者开展文明游园主题活动】 6月30日，由北京动物园志愿者自主设计，公园组织协调，共同完成的文明游园活动之“拒绝投喂　保护动物”主题活动，在北京动物园顺利开展。公园为保障此项工作顺利开展，为志愿者们配置了手持专项提示牌示12面，劝阻游客敲打玻璃、使用闪光灯、大声喧哗、攀爬等不文明行为。

（中心服务处）

【园林学校工会开展关爱教职工子女系列活动】 6月30日，活动围绕“环境保护”主题，一是为14岁以下的教职工子女发放苔藓微景观DIY生态瓶盆景植物材料，让小朋友们亲自动手体验种植的乐趣；二是为即将参加中考、高考的5名教职工子女赠送再生环保材料制作的笔袋，对他们进行鼓励和慰问；三是开展“倡导生态文明，水上游陶然”活动，组织12名教职工子女到陶然亭公园科普小屋，学习公园植物分类和鸟类知识，在游船上欣赏公园美景，了解陶然亭文化。

（中心工会）

【北海公园完成琼华岛队永安寺班职工书屋建设】 6月30日，为了加强北海公园职工队伍建设，北海公园工会年初制定了“2+2”工作目标，即创建2个职工书屋和提升2个职工之家。从年初开始，公园党委书记吕新杰带领工会干部走访全园基层各分会，多次对职工书屋和职工之家进行了实地勘察，并针对班组成员结构特点，量身订制方案，特别是根据全国级青年文明号琼华岛队永安寺班制订了符合班组青年人的简洁、明快、活泼、环保的方案。工会为永安寺殿堂班的职工书屋购置了书柜、会议桌、椅等设施，书屋建设工作于六月底完成。

（中心工会）

【陶然亭公园党团员集体宣誓活动】 7月7日，陶然亭公园团委组织35岁以下党团员青年在公园高石墓前召开北京市公园管理中心分会场暨陶然亭公园“勿忘国耻、圆梦中华”党团员集体宣誓活动。团委严格按照活动流程要求，一是带领大家唱响国歌；二是青年代表介绍高君宇、石评梅革命事迹；三是向烈士墓敬献花篮；四是由公园团委书记带领大家一同重温入团誓词；五是团员青年代表发出“勿忘国耻、圆梦中华——我们在行动”的号召；六是优秀青年代表陈澄做出郑重承诺；最后，带领团员青年参观了“红色梦·慈悲庵史迹展”。公园党委书记张颐春、中心宣传处王萌萌以及公园各岗位50名党团员青年代表一同参加活动。

（周　远）

【香山公园“勿忘国耻　圆梦中华”主题宣誓纪念活动】 7月7日，公园团总支在双清别墅组织开展“勿忘国耻　圆梦中华”纪念中国人民抗日战争暨世界反法西斯战争胜利70周年主题宣誓纪念活动。活动共分为同唱国歌、听革命故事、青年表态等8项内容。公园党委书记马文香参加活动，并向革命先烈敬献鲜花，市公园管理中心团委书记原蕾带领公园团员青年重温入团誓词。共有40人参加此次活动。

（王　嘉）

【北海公园组织团员代表参加宣誓活动】 7月7日，北海公园组织青年团员代表参加在北京植物园“一二·九”运动纪念亭举办的“勿忘国耻，圆梦中华”抗战纪念暨党团员宣誓活动。活动围绕纪念中国人民抗日战争暨世界反法西斯战争胜利70周年，开展以唱响国歌、敬献花篮、重温入团誓词、参观主题展览等形式的纪念活动，激发团员青年勿忘国耻、铭记历史的爱国情怀。其中，北海公园青年代表赵杰、闫易担任此次活动的旗手。

（汪　汐）

【中心组织开展纪念“7·11”世界人口日暨人口和计划生育知识竞赛决赛】 7月8日，市公园管理中心组织开展纪念“7·11”世界人口日暨人口和计划生育知识竞赛决赛。活动在园博馆举行，内容涉及计生法律法规、优生优育等相关知识。有8个单位获得决赛资格，24名选手参加比赛。中山公园夺冠，天坛、香山公园代表分别获得第二名，陶然亭、紫竹院、颐和园、园林学校、北海代表分别获得第三名。150余人在现场观摩助威，参与互动答题环节。活动以寓教于乐的形式宣传普及了人口和计划生育相关知识，为进一步开展相关工作，落实相关政策打下基础。中心原巡视员刘英、中心副主任高大伟、市卫计委相关领导、中心计划生育工作领导小组成员和各单位负责人参加活动。

（中心办公室）

【景山公园工会举办“牢记国耻　振兴中华”主题读书交流活动】 7月8日，来自各分会的代表们在交流畅谈读书心得的过程中积极踊跃发言，从不同层次、不同角度，结合历史、文化、经济、军事、资源等方面内容，思考如何以史为鉴，不断提升发展我国综合国力和人文素质，以及如何立足本职岗位用心做好事，处理好平衡好家庭、工作、社会责任等方面的关系。此次活动有机地融入了社会主义核心价值观、实现民族伟大复兴的中国梦等正能量主题教育。

（中心工会）

【北海公园联合志愿者协会开展相关活动】 7月12～15日，北海公园团委联合北大医院青年志愿者协会开展健康知识科普咨询志愿服务活动，来自北大医院的青年志愿者在南门广场为游客提供血压测量、健康知识咨询等志愿服务。3日共接待咨询游客300余人，发放宣传册150余份，受到游客一致好评。

（汪　汐）

【北海公园团委开展“白衣天使进公园”健康科普咨询志愿服务活动】 7月31日，北海公园联合北大医院青年志愿者协会，选派“白衣天使”公园志愿者，为游客提供血压测量、健康知识咨询、发放健康知识宣传册等志愿服务。活动3天共接待咨询游客300余人，发放宣传册150余份。

（中心团委）

【天坛公园举办“勿忘国耻　圆梦中华”主题演讲比赛】 9月，天坛公园党委举办“勿忘国耻，圆梦中华”主题演讲比赛，比赛分设一等奖、二等奖、三等奖与优秀奖四个奖项，副园长牛建忠、王颖、于辉，管理科、规划室、劳资科以及公园外宣部门负责人担任评委，党委书记夏君波、党委副书记董亚力出席活动。夏君波在讲话中对此次演讲比赛给予了高度评价，并向所有获奖选手表示祝贺。各基层部门领导、党员、团员、职工代表90余人参加活动。

（王小铮）

【玉渊潭公园青年兴趣讲堂正式启动】 9月15日，首期参加活动的青年代表以素质拓展、历史文化、海水鱼养殖发展、Hiphop西方文化等内容进行分享互动。同时，结合工作实际，畅谈感想，传递青春正能量。公园党委书记赵康、副书记吕文军参加活动。

（中心团委）

【中心当选中国建设职工政研会第七届理事单位】 9月15日，中国建设职工政研会第七次会员代表大会暨第十二次年会召开，进行了理事的换届选举，中心党委书记郑西平当选中国建设职工政研会第七届理事会理事。中心党委报送的玉渊潭公园党委《深入学习贯彻党的十八大精神 不断提高公园党建工作科学化水平》一文，被评为“全国住房城乡建设系统思想政治工作优秀论文”。

（中心宣传处）

【北京动物园青年夏令营“追逐，让青春闪光”系列活动】 9月15日开展，以凝聚青年、传播动物保护知识为目的，进行24小时夜宿夏令营活动，开展破冰及拓展游戏，增强团队协作及集体凝聚力；走进动物饲养后台观察动物的日常生活，体验小熊猫和大象的魅力；结合实地参观及所学知识，搭建动物家园；借助互动项目，体验手工制作的乐趣；利用夜视镜，探秘夜行动物世界，体会与大自然的共鸣。公园各岗位青年共28人参加活动。

（中心团委）

【中心举办青年大讲堂之“花之语”中国传统插画艺术讲座】 9月22日，市公园管理中心举办青年大讲堂之“花之语”中国传统插画艺术讲座。分为现场授课及实践操作两部分。邀请紫竹院花卉园艺技师梁勤璋讲授中国传统插花艺术理论知识，演示插花技巧。中心系统青年制作插花作品并讲解展示。共60余人参加。

（中心团委）

【中国旅游志愿者队伍成立暨旅游志愿服务活动启动仪式】 9月30日，由国家旅游局主办，北京市旅游发展委员会、北京市公园管理中心联合承办的“中国旅游志愿者队伍成立暨旅游志愿服务活动启动仪式”在天坛公园举行。国家旅游局局长李金早、北京市人民政府副市长程红、国家旅游局副局长王晓峰、中央文明办一局局长吴向东、北京市公园管理中心主任张勇、北京市旅游发展委员会副主任于德斌以及国家旅游局和北京市旅游委相关领导、地方旅游部门、全国各省会城市、副省级城市、重点旅游城市志愿者代表参加启动仪式。首先由北京市副市长程红讲话并号召大家共同参与到“中国旅游志愿者队伍”中来，并鼓励更多的人参与到旅游服务行列中“让旅游更文明，让旅游更美好，共同携手共创旅游美好明天”。国家旅游局局长李金早正式宣布中国旅游志愿者队伍成立并与各位领导共同向来自全国各地31支志愿者队伍代表授旗。活动在志愿者代表宣读誓词后落下帷幕。

（中心服务处）

【天坛公园开展“弘扬抗战精神，青春岗位绽放”志愿服务活动】 10月9日，在各大景点、主要门区进行文明游园宣传、信息咨询、秩序疏导、扶老助残、劝阻不文明行为等志愿服务。国庆7天累计志愿者人数120人、上岗人次640次、服务时长1400小时、服务人次40000余次、好人好事38件。

（中心团委）

【玉渊潭公园开展“文明游园我最美”主题志愿服务活动】 10月9日，志愿者带领游客朗读文明游园倡议书，号召文明游览。参与宣读倡议的游客进行“一诺千金”签名行，在宣传板上签名并填写寄语。帮助游客关注玉渊潭官方微博、微信公众号，参与“文明游园我最美——随手拍”活动，用手机记录园中语言美、举止美、形象美、环境美的美德美景。国庆7天累计志愿者人数10人、上岗人次30次、服务时长38小时、服务人次2000余次。

（中心团委）

【园林学校志愿者国庆期间为景山公园提供志愿服务】 10月9日，学生志愿者在景山公园门区进行文明引导、环保清洁、公园导览等，并为游客发放“绿色出行我带头·文明游园我最美”主题宣传折页和纪念品，倡导游客文明游园，绿色出行。

（中心团委）

【工会大讲堂专题讲座】 10月27日，“天坛文化絮思”专题讲座在天坛公园举办，活动邀请原天坛公园总工程师、教授级高级工程师徐志长深入浅出地讲授了天坛建筑构成、建筑布局寓意以及天坛历史文化传承脉络等方面知识，同时还与大家共同分享了天坛公园的老照片，进一步加深了广大职工对天坛文化的理解。来自各单位的200余名职工聆听了讲座。

（中心工会）

【中心离退休干部“为党的事业增添正能量，传播时代主旋律”主题实践展示活动】 于10月27日举办。活动中，各单位以纪实片、宣讲、表演等多种形式回顾了整体主题活动，进行了多样展示。中心主任张勇出席，市老干部局副局长刘冰、市直机关工委老干部处副处长张双锁、中心副主任王忠海分别讲话，对主题活动给予肯定，对老干部送上祝福。中心老干部领导小组相关成员、所属各单位主管领导、离退休干部党支部书记、老干部先进个人、团委书记、机关退休干部、老干部专职工作人员、老干部演职人员百余人参加展示活动。

（中心离退休干部处）

【中心团委青年大讲堂】 10月28日，市公园管理中心团委举办青年大讲堂——“三山五园之园林古建文化”讲座。分为现场授课和实地参观两部分，邀请天津大学副教授张龙以“样式雷与颐和园”为主题，讲授颐和园发展历程及“样式雷”作为“世界记忆遗产样式雷建筑图档”的核心责任人为颐和园所作的独特贡献，揭示中国古代建筑设计家族的传承性。参观环节结合讲座内容，由讲解员讲解颐和园古建及其蕴含的历史典故。活动共70余人参加。

（中心团委）

【中心年度十佳志愿服务项目评选汇报会】 11月25日，中心召开2015年度十佳志愿服务项目评选汇报会。中心15家直属单位的19个志愿服务项目进行了现场多媒体演示汇报。经评选，动物园的“‘动物卫士你我同行’保护动物志愿活动”等10个志愿服务项目最终被评为中心十佳志愿服务项目。中心团委就如何更加专业化、规范化和常态化设计和开展符合各单位特点的志愿服务项目提出要求。

（中心团委）

【中心与团市委联合举办“一二·九爱国接力长跑”活动】 12月7日，中心与团市委联合举办“一二·九爱国接力长跑”活动。活动分为启动仪式、爱国接力长跑、参观纪念亭三部分。来自颐和园、天坛公园、北海公园、香山公园等单位的团员青年代表及首都各界大学生代表组成14支队伍参加了接力长跑比赛。北京奥运城市发展促进会副会长蒋效愚、全国学联主席王圣博、共青团中央学校部部长杜汇良、共青团北京市委员会书记常宇、中心党委副书记杨月、共青团北京市委员会副书记黄克瀛参加活动。

（中心团委　北京植物园）

【景山公园导游班开展志愿服务活动】 12月30日，以“12·5国际志愿者日”为契机，组织班组青年职工在绮望楼“景山历史文化展”义务为参观游客进行整点讲解，受到游客的欢迎与好评。全天共讲解6次，服务游客110余人。

（中心团委）

【中心离退休干部报表工作完成】 截止12月31日，中心共有离休干部103人（事业97人，企业6人）；其中，男75人，女28人，中共党员91人，抗日战争前期参加革命的5人，抗日战争后期参加革命的10人，解放战争时期参加革命的88人。享受副地（厅、司、局）级待遇4人，享受正县（处）级待遇16人，享受副县（处）级待遇62人，享受正、副乡（科）级待遇的8人，享受其他待遇的13人，平均年龄85岁以上，本年度去世5人。退休干部1044人（事业1007人，企业37人），其中，男性562人，女性482人，中共党员807人，年内办理退休手续51人。

（中心老干部处）

【北京植物园各分会开展岗位练兵和技能竞赛活动】 12月31日，花卉中心分会开展插花艺术技能竞赛。管理队联合文物队分会举办了售验票岗位竞赛。曹雪芹纪念馆分会举办了“纪念曹雪芹诞辰300周年特展”讲解比赛。养护队分会开展了彩叶植物识别技能竞赛。护园队分会组织了安全消防技能培训。

（中心工会）

【北海公园游船队启动劳动竞赛】 年内，北海公园工会游船队分会启动劳动技能竞赛。活动以创新为主题，时间贯穿全年，全队职工均可参加。以工会小组为单位上报创新项目，以项目的优势及能否提高经济效益、社会效益、环境效益为评选依据，经阶段评审、小组初选、分会推优、公园主管领导及相关科室负责人投票，评选出最佳项目并进行表彰和经验推广。

（汪　汐）

【北海公园开展读书沙龙系列活动】 年内，北海公园开展“抱素书屋”读书沙龙系列活动，以读书为平台，定期举办集体阅读、交流、书籍分享等活动，增进青年职工间的沟通与交流；收集、归纳成员阅读的优秀书目，并向青年职工推荐书单；在读书日、纪念日等重点时期开展以座谈交流、集体阅读等形式的读书沙龙；为纪念反法西斯抗战胜利70周年，读书小组开展“品书夜读”活动，组织成员到三联韬奋24小时书店进行夜读，公园党委书记吕新杰及青年职工15人参加活动。

（汪　汐）

精神文明

【天坛公园党委开展“共享吉祥中国年，共践核心价值观”主题宣传实践活动】 2月25日，公园利用大屏幕、LED屏等媒体循环播放公益广告，营造喜庆、祥和、文明、和谐的宣传氛围。组织职工志愿者在北门学雷锋志愿服务站或身着民族服装、或身披绶带，向游客拜年送“福”，同时热情介绍春节期间市属公园的20项文化活动，提出合理化绿色出行方案，并发放宣传品1000余份。公园门区、景区等一线岗位职工佩戴“践行社会主义核心价值观”主题绶带，以说好第一句“拜年话”为带动，为游客提供文明优质的服务，同时做好游园活动期间的文明疏导工作，确保安全有序的游览环境。公园党委副书记董亚力参加活动。

（王小铮）

【天坛公园开展“学习雷锋好榜样，践行核心价值观我带头”主题志愿宣传活动】 3月5日，公园党委邀请第一届公园新风奖获得者刘绍晨、第二届公园新风奖获得者肖勇和2014年度“天坛之星”获得者代表王志杰、刘晓菲，与小学生志愿者一起在北门学雷锋志愿服务站向游客提供信息咨询等志愿服务项目，并向游客发放文明游园倡议书、绿色生活口袋书、文明旅游出行指南等宣传品1000余份，倡导在日常生活中时刻践行社会主义核心价值观。开展“正月十五闹元宵，天坛公园送福袋”活动，邀请游客在主题展板上写下社会主义核心价值观的“二十四字”内容，并赠送象征幸福、美满的五福荷包。组织小学生志愿者在园内捡拾垃圾，并在门区、景区售票处开展文明引导活动，倡导游客排队购票、按序参观游览。

（王小铮）

【天坛公园开展“优雅游园、无痕赏花”主题宣传实践活动】 4月4日，公园党委利用LED电子屏和大屏幕加大对社会主义核心价值观相关内容的宣传力度，营造浓厚的宣传氛围。组织游客服务中心职工志愿者在学雷锋志愿服务站、岗开展宣传实践活动，向游客发放文明赏花倡议书和代表节能减排的主题手帕，大力倡导“爱护环境、无痕游园”。更新并制作市属公园春季赏花地铁线路图和天坛游览图，热情为游客介绍市属公园赏花看点及绿色出行线路。

（王小铮）

【香山公园党委举行“祭先烈·学雷锋——践行社会主义核心价值观”启动仪式】 在4月5日的仪式上，香山公园总结了近年来志愿服务工作开展的情况，中央财经大学志愿者代表做出了服务承诺，西苑小学的香山红领巾小导游发出了倡议，公园双清班预备役讲解员为小学生志愿者佩戴了绶带，公园领导向志愿团队赠送了书籍和学习用品。中心宣传处处长陈志强向志愿服务团队授旗并讲话。公园党委书记甘长青、副书记孙齐炜参加仪式并聆听了红领巾小导游的现场讲解。

BTV北京新闻、《北京日报》等主流媒体现场报道。

（中心宣传处）

【玉渊潭公园开展主题实践活动】 4月7日，玉渊潭公园开展“弘扬节日传统文化，传承志愿服务美德，践行社会主义核心价值观”主题实践活动。结合4月4日首都义务植树日，组织北京市第57中学的学生、中国农业大学的大学生、樱花认养家庭和游客代表义务参加公园的花灌木栽植工作，旨在向大家传递共建绿色公园、共享生态成果的理念，引领和带动更多的游客、群众自觉植绿护绿，为生态北京、绿色北京贡献一份力量；围绕清明节拔河、射箭、投壶等传统文化活动，由学生志愿者在活动现场为游客讲解清明传统文化的缘由，并组织游客参与体验，积极传承和弘扬清明传统文化；在全园设立12处“爱心加油站”志愿服务岗，重点组织150名志愿者针对个别游客攀爬树木、拉花拍照等不文明行为进行劝阻，对热点景区、狭窄路段游客进行疏导，对园容卫生进行巡视并捡拾垃圾，为来园游客营造安全、有序、和谐的游览环境。

（秦　雯）

【北京动物园“品味书香共享智慧”主题道德讲堂活动】 于4月22日在科普馆报告厅举办，由经营队、科普馆党支部承办。园领导班子成员马文香、郭立萍、冯小苹、程明以及科队干部、职工代表共计120人参加了活动。活动分为5个环节。一是知识问答，以名家名句、名著、说文解字等为内容，与观众开展互动问答。二是观影课堂，观看了活动主题视频，对经营队、科普馆党支部开展学习型党组织建设的成果进行介绍。三是经典演绎，以情景剧的方式，现场再现了国学经典“孔子与弟子谈读书”、世界名著《哈姆雷特》《简·爱》和“毛泽东闹市读书”的经典故事和片段，让大家感受阅读的力量。四是心灵感悟，有4名职工代表讲述了他们的心灵感悟，并进行了好书推荐。五是共沐书香，分别向公园班组代表和党支部代表赠送了思想教育、廉政文化、管理科学等经典书籍，并把公园自行设计制作的动物廉政文化书签送给在场的每位职工。公园党委书记马文香对活动给予肯定，并结合自身读书感悟寄语全体职工。中心宣传处处长陈志强参加并对动物园党委开展读书日主题的道德讲堂活动给予好评并讲话。

（中心宣传处）

【陶然亭公园党委开展“思先烈，承遗志——践行社会主义核心价值观”学雷锋志愿服务活动】 4月23日，团市委机关来园进行清明节扫墓活动，并参观了社会主义核心价值观主题公园展览。团市委副书记郭新保、中心团委书记原蕾参加了活动，公园党委副书记白永强陪同。在清明节期间，公园学雷锋志愿者冒雨做好讲解和服务接待等工作。在清明节，依托“高石墓”爱国主义教育基地开展义务讲解服务9次，受众人数1050人次；依托社会主义核心价值观主题公园，每天为游客提供义务讲解2次；依托公园海棠节，在海棠盆景室内展厅为游客普及海棠等知识。

（中心宣传处）

【紫竹院公园党委开展“争做文明礼让游客，共建绿色低碳家园”主题宣传活动】 4月23日，门区LED显示屏滚动播放“打造低碳风尚，提倡绿色出行”等主题宣传口号；搭设宣传台，通过自制展板，面向游客发出绿色出行的倡议，引导游客“垃圾减量垃圾分类”；文明游园引导员佩戴袖标，定时定点全园巡查，劝阻游客不文明行为；青年职工代表佩戴主题绶带，为游客发放“绿色低碳进公园，勤俭节约进生活”宣传册、公园2015年花讯风向标宣传页、带有“文明游园”字样的纸巾及吐痰纸袋。公园党委书记夏君波、园长曹振起参加。

（中心宣传处）

【动物园党委开展“文明守护·快乐游园”系列主题活动】 4月23日，清明期间，动物园组织107名公园志愿者和60名职工志愿者开展游园咨询、排队引导、劝阻投喂等活动，累计志愿服务1000余小时；启动保护教育户外讲解站，设置大象、熊山等5个户外讲解分站，每周末组织20余名学雷锋志愿者为游客讲解动物科普知识；接待西城区志愿者联合会一行25人，进行一日志愿服务体验活动，全程参与了动物科普知识讲解、劝阻游客投喂、捡拾垃圾和游客调查等体验项目，副园长冯小苹参加。同时开展“重温园史·知园爱园”主题教育活动，组织青年职工为四烈士墓和宋教仁塔献花。

（中心宣传处）

【颐和园党委开展“踏青赏花春满园文明游园爱颐和”学雷锋志愿服务活动】 4月23日，颐和园充分发挥示范岗作用，在东宫门导游讲解示范岗摆放首都文明办配发的“志愿帆”、应急工具包、雨衣等，为游客提供多语种讲解、信息咨询、非紧急救助等志愿服务，并在其他门区和游客中心增设学雷锋志愿服务站点，开展便民服务。在耕织图、苏州街等主要景区设立便民服务咨询台，为游客发放清明节主题专刊、耕织图文化宣传页、公园花期播报、游览路线、温馨提示等。

（中心宣传处）

【玉渊潭公园启动道德讲堂活动】 4月30日，玉渊潭公园以“奏响劳动者之歌”为主题启动道德讲堂活动。活动共分为“听歌曲、学经典、讲故事、说感悟、作点评、搞调研”6个环节，在全园树立辛勤劳动、诚实劳动、创造性劳动的理念，让劳动光荣、创造伟大成为时代强音，让“劳动最光荣、劳动最崇高、劳动最伟大、劳动最美丽”在玉渊潭公园蔚然成风。公园副园长刘军、科级干部和党员、团员代表共计61人参加道德讲堂活动。

（白　桦）

【天坛公园开展“积极践行核心价值观，共同打造靓丽人文景观”主题宣传志愿活动】 5月1日，公园党委为了营造浓厚的宣传氛围，利用公园大屏幕播放主题标语与社会主义核心价值观宣传片，将《文明游园“三字经”》制作为卡通展板，吸引了众多小游客驻足观看。组织“首都劳动奖章”获得者吴颖、张玺与志愿者在学雷锋志愿服务站向游客宣传《文明游园“五要五不要”》内容，带领小朋友朗诵《文明游园三字经》，并邀请游客在主题展板上签下“文明承诺”，同时发放宣传折页、公园周边公交线路图等纪念品1000余份。志愿者全天候向游客提供咨询、景点讲解、全程导游等志愿服务，并在讲解过程中将社会主义核心价值观的内容与导游词有机融合，生动、广泛传播了文明、和谐、生态的理念。

（王小铮）

【北海公园党委举办“书香北海厚德至善”——4·23世界读书日暨道德讲堂活动】 5月6日，将“世界读书日”的理念融入道德讲堂各个环节，通过观看“作家谈读书”视频、“世界读书日”主题宣传片、歌曲《龙文》MV等内容，深化认识；公园各岗位喜爱读书、曾经出书以及对读书有独特见解的职工代表通过诗词朗诵、外文品读、风趣互动、分享出书体会等形式，从不同角度分享读书心得；开展“为传承文化而读书”沙龙。中心总工程师李炜民与大家分享自己的“人生三堂课”，结合园博馆的建设发展畅谈园林文化；党委书记吕新杰围绕书籍的选择与读书的目的与大家分享阅读体会；园长李国定结合“书籍、文化、传承”的辩证关系与大家分享“文化对人的重要性”。三位领导向各党支部书记赠送了《团队学习案例》一书，向职工代表发放了“福娃”特色纪念品。党委副书记曲禄政全程参加，全园中层干部、职工代表共计60人参加活动。

（中心宣传处）

【香山公园党委开展“迎五一·歌颂劳动者”道德讲堂活动】 5月6日，此次道德讲堂活动分4个环节：朗诵经典、歌颂劳动者、表彰先进和歌曲合唱。通过观看职工工作视频、事迹宣讲、诗歌朗诵等形式，用身边人讲身边事、身边事教育身边人，取得了良好的效果。党委书记甘长青、副书记孙齐炜、工会主席苗连军、中心宣传处有关人员以及职工代表共60人参加了活动。

（中心宣传处）

【颐和园党委召开精神文明建设表彰大会暨“学习先进弘扬正气”主题道德讲堂】 6月5日会上，首先通过观看《APEC回顾宣传片》，重温公园职工筹备接待APEC任务期间的故事。之后，对导游服务中心韩笑等9名同志进行了表彰，观看了《中国梦365个故事》短片。园长刘耀忠在对2014年精神文明建设工作总结的基础上，对今后精神文明建设工作提出要求。园党委以一本《遇见未知的自己》现场为参会的每一位职工送上祝福。园领导班子成员、党团员及职工代表共143人参加会议。

（中心宣传处）

【天坛公园召开“弘扬劳模精神，唱响时代强音”主题道德讲堂】 6月5日，公园领导班子全体成员出席本次讲堂活动，此次道德讲堂共有5个环节：唱歌曲，欣赏经典歌曲《劳动最光荣》；诵经典，共同学习习近平总书记的重要讲话精神；看短篇，领略3名劳动模范及其他4位先进代表的风采；讲故事，劳动模范李文凯、张红媚、王玲所在集体的代表向大家讲述“我眼中的劳模”；谈感受，各岗位职工代表交流活动感想。在诵经典环节，公园原党委书记杨晓东带领大家共同学习了习近平总书记在全国劳动模范和先进工作者表彰大会上的讲话精神，结合工作实际开展了一次生动的党课教育。园长李高代表领导班子讲话，就“弘扬劳模精神，唱响时代强音”的主题向全体干部职工提出要求。中心宣传处处长陈志强对天坛党委持续组织开展好道德讲堂活动给予肯定。公园副科以上干部，党团员及职工代表120人参加。

（夏　冉）

【北京植物园党委开展“追梦桃花源·讴歌劳动美”主题道德讲堂活动】 6月18日，观看“美丽植物园·最美北植人——第27届北京桃花节精彩回顾”短片；演唱歌曲《春暖花开》；欣赏由职工原创的配乐诗朗诵《桃源寻梦》和《醉美桃花节》；对桃花节期间的先进职工和好人好事进行表彰；先进集体和先进个人代表畅谈了各自对岗位奉献、劳动光荣的感悟和体会。公园原党委书记赵康、园长赵世伟就如何发扬在桃花节服务保障工作中体现出的团结协作、拼搏奉献、争创一流的精神，全力做好纪念抗战胜利70周年主题活动和2015年各项折子工程任务提出了要求和希望。活动由党委副书记王立新主持，领导班子、中层干部和职工代表参加了活动。

（中心宣传处）

【香山公园党委“五月鲜花青春之歌”道德讲堂活动】 6月18日举办，活动分为讲故事、诗朗诵、看短片、谈体会、唱歌曲、送吉祥等环节，最后开展了以“香山今后发展是以皇家园林为主还是以森林公园为主”的辩论会。园长钱进朝讲话。园领导孙齐炜、袁长平、宗波一同参加。

（中心宣传处）

【玉渊潭公园党委举办“爱岗敬业”主题道德讲堂活动】 6月18日，活动由票务队、经营队党支部联合承办。通过聆听公民道德歌，观看《时间都给了谁》视频短片，学习典型人物、畅谈心灵感悟、观摩《感恩的心》手语表演、齐学国学经典等环节，带领大家感受道德的洗礼。园长祝玮从道德是人类品质的精华、道德是社会共识的优秀品质、道德是一种克制和放弃3个方面，畅谈了自己对道德感悟的三点体会。党委副书记吕文军、主管副园长高捷、党团员及职工代表参加了活动。

（中心宣传处）

【颐和园韩笑代表公园行业宣讲员参加“百姓宣讲骨干培训班”】 6月18日，经中心宣传处与颐和园党委沟通协调，报市直机关工委同意后，颐和园韩笑参加了全市“百姓宣讲骨干培训班”。培训内容包括党的十八大和十八届三中、四中全会、习近平总书记系列重要讲话精神及“四个全面”战略布局解读，当前国内外和意识形态领域斗争形势分析，宣讲稿件撰写和演讲技巧辅导等方面。经过3天的短暂培训，来自全市各行业的宣讲骨干分成五组就宣讲经验、经历、体会和收获进行讨论交流，并在会后撰写培训和宣讲心得。最终，韩笑撰写的心得体会被培训组委会评为优秀结业报告，并在培训结业式上作了典型发言。培训结束后，以“三严三实”为主题的新一轮百姓宣讲活动拉开序幕，韩笑代表中心参加宣讲活动，继续向社会传播“公园好声音”。

（中心宣传处）

【紫竹院公园党委召开“魅力紫竹文化之旅”道德讲堂学习会】 6月18日，公园编写组负责人以课题研究成果为依据，面向全体中层干部和机关职工讲述了公园的历史沿革，以详实的图文资料展现了公园脉络。授课内容分为四大板块：公园水系历史，公园历史沿革，人文历史和竹文化。党委书记甘长青鼓励大家要加强自主学习，丰富文化底蕴，做到知园爱园。

（中心宣传处）

【香山公园党委注重发挥红色资源的宣传教育作用】 6月29日，公园加强与西柏坡等红色旅游景区的横向联系，及时沟通情况，了解红色教育基地的最新发展动态；结合2015年的形势特点，在讲解词中加入纪念建党94周年和抗战胜利70周年的素材，向游客讲述抗战史和抗日故事；印制宣传折页5000份，以图文形式介绍抗战历史概况、公园景区特点和导讲服务项目；对预备役讲解员进行培训，近期采取军训的方式，邀请部队指战员来园开展为期3天的拉练活动。

（中心宣传处）

【紫竹院公园组织党团员参观张思德纪念馆】 6月29日，通过讲解员的生动讲解和观看图文实物展览，使党团员深刻理解张思德同志为人民服务的行为操守。原公园党委书记夏君波讲话。

（中心宣传处）

【中心团委开展“勿忘国耻，圆梦中华”爱国主义教育活动】 6月29日，在优秀青年职工素质拓展活动中，按照中心党委副书记杨月的要求，在密云国际青年营组织各单位100余名青年代表一起观看升国旗，高唱国歌。在宣誓人的带领下，集体重温了“入团誓词”。北京植物园和香山公园的青年代表结合“一二·九纪念亭”和双清别墅等爱国主义教育基地作了主题宣讲，号召全体青年继承先辈精神，努力工作，岗位圆梦。

（中心宣传处）

【天坛公园开展“端午佳节游天坛，共忆先贤守文明”主题宣传活动】 6月，公园党委开展“端午佳节游天坛，共忆先贤守文明”主题宣传活动，摆放设置文明游园、绿色出行等主题展板展架，营造浓厚宣传氛围。组织游客服务中心职工代表在北门学雷锋志愿服务站向游客介绍天坛公园的端午文化，向游客推荐景点游园路线，并送上“五彩福粽”。开展文明游园宣传活动，传播绿色生活理念，邀请游客签写文明承诺，同时发放宣传品、纪念品。

（王小铮）

【中心推进“公园红色游”主题系列宣传活动】 7月14日，市公园管理中心推进“公园红色游”主题系列宣传活动，充分挖掘红色资源，形成红色教育、爱国主题、抗日素材20处；以爱国主义教育基地为依托，推出红色旅游路线和社会主义核心价值观游园路线；结合庆祝“七一”和抗战胜利70周年，在陶然亭慈悲庵、植物园“一二·九”纪念地、香山双清别墅等处举办相应主题红色教育展；加强社会宣传，借助“七一”和“七七”等时机，统筹宣传工作重点，引导各大主流媒体报道；推出多项主题微博讨论，持续跟进报道，一周点击量达10万次。

（中心宣传处）

【香山公园党委推出“红色爱国游”活动】 7月17日，公园面向学生及社会团体推出“听一次讲解、穿一次军装、站一班岗、做一件好事、唱一首红歌、拍一张照片”的“六个一”主题实践活动。结合2015年的主题，双清班预备役讲解员为参加活动的游客提供“讲党史、知党情、纪念抗战胜利70周年”特色讲解服务。

（中心宣传处）

【颐和园党委积极开展爱国主义宣传教育】 7月17日，公园接待太平路社区党委退休干部40余人参观耕织图景区，讲解员带领大家分别参观了水操学堂的4个展室和永和轮等。

（中心宣传处）

【北京植物园组织退休干部党员在一二·九纪念亭开展“党员道德讲堂（主题党日）”活动】 7月27日，高唱《义勇军进行曲》和《团结就是力量》、重温入党誓词；铭记共产党员的身份、保持共产党员的本色、践行共产党员的使命，为植物园的发展和中华民族伟大复兴的中国梦贡献自己的最大力量。

（北京植物园党办）

【北京动物园举办第十届北京公园季文明游园主题宣传活动】 8月18日，为配合“美丽公园、四季绽放、和谐共享、创新惠民”第十届北京公园季的启动仪式，北京动物园在正门西广场举办了文明游园主题宣传活动。活动的主旨是宣传“游园十要”“游园十不要”“践行十大文明提醒语”，引导游客做文明游园的使者，与文明同行，以文明之举让北京公园的美景更加绚丽多彩。

（中心服务处）

【天坛公园举办职工道德讲堂青年专场】 8月，公园党委举办青年讲堂活动，以“缅怀革命先烈，传承抗战精神；学习身边榜样，传播正能量”为主要内容，通过身边的先进典型分享自己的岗位故事和职工讲述抗日英烈故事，引导青年职工感悟职业道德的力量、领会抗战精神的真谛，不断为公园的事业发展汇聚正能量。此次道德讲堂共6个环节：一是观看《天坛之星》20年回顾短片；二是共同学习青年典型刘绍晨、杨辉、张红媚的先进事迹；三是欣赏配乐诗朗诵《中国，一个不羁的灵魂》；四是由青年职工讲述杨靖宇、赵一曼等革命先烈及部队的抗战故事；五是团员青年和新职工从不同角度畅谈体会与感想；六是全体与会人员齐唱歌曲《歌唱祖国》。党委书记夏君波、园长李高、党委副书记董亚力、副园长牛建忠、工会主席段连和出席。全园团员青年代表、新职工90人参加。

（王小铮）

【天坛公园举办“红色印记·文化之旅”爱国主义教育活动】 8月，天坛公园开展“红色印记·文化之旅”爱国主义教育活动，活动中，园长李高和党委书记夏君波共同为神乐署市级爱国主义教育基地揭牌，并从传承民族文化、弘扬时代精神等方面对公园近年的爱国主义教育工作进行了简要回顾，老干部志愿者和青年志愿代表分别从铭记历史、传播文化等不同角度进行了发言。党委书记夏君波发表讲话。揭牌仪式结束后，近30名中小学生代表在志愿者的带领下参观神乐署文化展览，欣赏中和韶乐演出，开展交流互动活动。公园领导班子全体成员、各党支部书记、离退休老干部、职工代表和中小学生50人参加活动。

（王小铮）

【首都文明办公室“文明旅游我最美”主题宣传活动发布会在天坛公园举办】 9月25日，首都文明办主任腾盛萍、副主任韩龙彬、市旅游委副主任于德斌、市交通委委员荣军、市公园管理中心党委副书记杨月出席发布会，公园党委副书记董亚力、副园长王颖全程陪同。活动中，首都文明办公室副主任韩龙彬宣读了“文明旅游我最美”主题宣传活动的方案；天坛公园园长李高代表市属公园发出“公园服务创一流，文明游园享和谐”的倡议；主办方向现场游客介绍并演示“文明旅游我最美”微信互动平台；与会领导共同揭晓“文明旅游我最美”活动标识；首都文明办公室主任滕盛萍宣布主题宣传活动正式启动。各区县文明办公室、旅行社代表、市属公园代表以及志愿者代表150余人参加活动。

（王小铮）

【天坛公园开展“文明游园我最美”主题宣传实践活动】 10月1日，公园党委利用门区、景区LED电子屏播放社会主义核心价值观宣传口号，并将“文明游园”三字经等内容制作成宣传展板，加强文明游园的氛围营造。在北门设置文明游园宣传志愿服务台，公园党委书记夏君波、园长李高和公园职工代表一起向游客发放主题宣传折页和文明游园倡议书1000余份，并邀请游客签名承诺“文明游园我先行”。组织志愿者在门区开展文明引导活动，倡导游客排队购票，并向游客推荐合理的错峰游览线路。

（王小铮）

【景山公园开展“文明游园我最美”主题宣传活动】 10月1～5日，景山公园开展“文明游园我最美”主题宣传活动，向游客发放“绿色出行我带头·文明游园我最美”主题宣传折页和纪念品；“一诺千金，我承诺”游客签名活动，邀请游客签名承诺，承诺文明游园，绿色出行；组织“公园之友”志愿者团队进行园容维护的卫生清理活动；游园高峰期循环播放“景山公园文明游园倡议书”；门区LED显示屏循环播放文明游园口号；在门区显著位置布置文明游园宣传展板。

（张 兴）

【北海公园开展主题道德讲堂活动】 11月26日，北海公园工程园容队党支部开展“千载不变的爱国情怀”主题道德讲堂活动，活动选取了古代爱国诗词和近现代抗战将领、科研工作者等爱国志士的感人事迹，结合歌曲《中国男儿》《五星红旗》来赞美自强不息的民族精神和历久弥新的爱国之情，号召大家将对党和国家的热爱体现到日常工作和生活学习中，让爱国情怀代代相传。

（汪 汐）

【天坛公园举办“讲讲天坛好故事，说说身边好榜样”主题道德讲堂】 12月，天坛公园党委按照中心宣传处的工作部署在公园内广泛开展“天坛好故事，身边好榜样”推选活动。各党支部从十余个岗位推选出了爱岗敬业、无私奉献、勤学苦练的12名先进代表。为表彰先进，广泛宣传身边榜样的先进事迹与宝贵精神，特举办此次专题讲堂。活动中，园长李高代表领导班子成员向“身边好榜样”颁发荣誉证书；部分先进典型所在班组的职工代表纷纷讲述了身边榜样的感人故事；现场观众也表达了自己的真实感受与想法，同时还观看了展示神乐署雅乐中心职工风采的《美丽公园梦》视频短片。党委书记夏君波发表讲话。公园领导班子全体成员、副科以上干部、党团员、职工代表110人参加活动。

（王小铮）

【北京植物园到顺义别庄村开展“园艺下乡 文明同行”城乡共建活动】 年内，为村民介绍了“园艺疗法”及香草植物在生活中的应用，指导村民现场开展文竹盆景制作，并赠送了“园艺福祉体验盒”和盆景制作、香草植物种植系列书籍。活动反响热烈，近30位村民参加。

（中心宣传处）

科研科普

科技工作

【中心完成杨柳雌株摸底调查工作】 5月21日，市公园管理中心完成杨柳雌株摸底调查工作。历时一个多月，采取专人实地调查法，普查雌杨柳株量、位置及长势情况。结果为中心系统内共有杨树、柳树雌株7513株，其中杨树雌株1350株，柳树雌株6163株，此次普查为今后公园杨柳飞絮治理工作打下良好基础。

（中心科技处　综合处）

【中心召开2016年新开课题评审会】 10月16日，市公园管理中心召开2016年新开课题评审会。会议由中心技术委员会主任张树林主持，中心总工程师李炜民参会。各单位围绕中心和行业发展，结合实际情况申报科研课题62项，经初步遴选及完善，53项课题提交中心技术委员会评审，内容涉及城市生态、园林植物选育、动植物保护和公园文化等方面。经汇报、审阅、讨论后，技术委员会投票确定2016年课题项目，评审结果经公示后，将开展项目任务书签订工作。

（中心科技处）

【测土配方施肥在北海公园绿地中的研究与应用课题通过验收】 11月10日，北海公园“测土配方施肥在北海公园绿地中的研究与应用”课题通过验收。该课题完成了对独本菊、牡丹、早熟禾、苔草4种园林植物的土壤在不同生态环境和试验处理条件下的pH值、含盐量、含水量及氮、磷、钾含量等数据的测量，并通过总结分析得到4种植物在公园绿地中的最佳施肥时期、肥料种类及施肥量，并据此制订了施肥养护方案，提升了北海公园绿化养护精准化水平。11月10日，受中心委托，北海公园邀请专家对该课题进行验收。专家组在听取汇报、审阅资料后，经讨论一致同意通过验收。

（汪　汐）

【颐和园完成《微生态制剂对海棠复壮防病作用研究》】 11月，《微生态制剂对海棠复壮防病作用研究》结题。2013年1月，颐和园开展微生态制剂对海棠复壮防病作用研究，课题组连续3年进行微生态制剂对颐和园海棠复壮防病作用的专项研究，首次将植

美术专业小组社会实践活动，“爱护小鸟 保护环境”亲子小课；《军事文摘：科学少年》杂志社的知识问答，看图识鸟；父母邦的画鸟、拼鸟、有奖问答。活动发放科普宣传材料5000份。举办此次爱鸟周活动的目的旨在通过丰富的活动内容普及爱护鸟类的知识，激发起人们对大自然的好奇，让人们了解自然，热爱自然，进而促进人与自然的和谐发展。

（北京动物园）

【“生物多样性保护科普宣传月”系列活动在北京植物园拉开帷幕】 4月16日，由北京市公园管理中心、北京市园林绿化局、北京市旅游委主办，北京植物园承办的“生物多样性保护科普宣传月”启动仪式在北京植物园举行。本次“宣传月”活动以“弘扬生态文明，关爱野生动植物，走进绿色旅游”为主题，北京市公园管理中心总工程师李炜民宣布中心“生物多样性保护科普宣传月”活动启动。仪式当天，启动了北京十佳生态旅游观鸟地评选活动，天坛公园、植物园、颐和园、动物园和玉渊潭公园五家单位入围候选地名单，同时还举行了小学生观鸟体验、放飞猛禽、生物多样性展板、科技咨询等活动。

（中心科技处）

【陶然亭公园举办“春里品海棠”科普活动】 4月17日，陶然亭公园科普小屋前举办了“春里品海棠”主题科普活动。活动围绕公园特色植物——海棠，开展了“海棠拼图亲子制作”“花中神仙找一找”“家庭园艺产品展卖”等多项互动体验活动。活动现场还为游客设置了亲子体验区，由公园志愿者带领小朋友动手制作海棠拼图。此次科普活动通过赏花识别、园艺产品展卖、亲子体验活动等形式，弘扬公园文化，激发市民对保护生态环境的热情。

（陶然亭公园）

【天坛公园开展“体验生态，走进自然”科普活动】 4月19日，天坛公园生态科普园、北京教育科学院丰台实验小学共同开展“体验生态，走进自然”科普互动活动。在工作人员的带领下，同学们参观了生态体验区，扫描二维码植物标牌学习植物知识、了解公园古树管理、病虫害防治等专业知识。天坛生态科普园利用公园生态资源优势为学校的生态科普教学提供平台，拉近了学生及家长与生态自然的距离。

（天坛公园）

【第46个世界地球日科普宣传活动在紫竹院公园东门开展】 4月22日，由中国地质学会主办、紫竹院公园协办的第46个世界地球日科普宣传活动在紫竹院公园东门外广场拉开序幕。活动主要内容有科普知识展示、发放科普书籍、玉石专家现场解答等。活动共设置科普知识展板30块，并设专家现场讲解，发放科普书籍、宣传资料共计500余份。活动现场气氛热烈，近1000余人次参与了现场活动。中国地质学会常务副理事长孟宪来、秘书长朱立新，公园园长曹振起、党委书记夏君波到现场参加活动。

（中心服务处）

【香山公园启动山花观赏季景观小品介绍及绿化科普志愿服务项目】 4月30日，香山公园团总支前期取得绿化园艺部门支持，收集相关材料。中期至公园实地勘察，确定讲解路线。后期，根据路线撰写园艺景观介绍及绿化科普讲解词，并对招募的部分固定志愿者进行理论与实践相结合的志愿服务培训。来自园艺队的职工向大学生志愿者介绍公园常见的绿植名称、种类、习性和观赏期等，并相互切磋探讨。此次培训共有15名志愿者参加。

（中心团委）

【天坛公园举办“浓情五月　感恩母亲”主题科普互动活动】　5月8日，天坛生态科普园举办“浓情五月　感恩母亲”主题科普互动活动。绿化队青年职工向参与者介绍多肉多浆植物家庭养护技巧，让大家零距离感受和了解多肉植物，并动手进行盆栽组合。

（刘育俭）

【北海公园举办非遗技法科普活动】　5月16日，北海公园举办“传承非遗技法，御园菊艺展现”科普宣传活动。活动内容如下：制作北海公园非遗技法及传承人介绍等相关内容展板，菊艺大师在南门景区现场传授养菊技艺，工作人员讲解品种菊养殖及多肉植物养护知识，向游人发放菊花杯垫500个、宣传折页200份。

（汪　汐）

【天坛公园参加全国科技活动周暨北京市科技周主场活动】　5月16～24日，在北京民族文化宫举办的2015年全国科技周暨北京科技周主场活动中，天坛公园以“传承礼乐文化·科技再现雅音”为主题进行了科技成果展示。天坛公园神乐署雅乐中心以“中和韶乐”为基础，介绍天坛礼乐文化传承理念，普及天坛文化知识，展示神乐署创新工作室自制的乐器，并邀请游客亲身体验了“中和韶乐”专用乐器瑟的弹奏，以及在乐器制作过程中描画金龙的过程。展示活动发放宣传材料1000余册。

（中心科技处）

【北京动物园参加西城区科技周活动】　5月17日，北京市西城区科学技术协会在西城区青少年科普馆举办了“汇聚科普、携手创新”的西城区科技周启动仪式与展览活动。北京动物园科普馆张毅、周伟代表公园参加了此次活动。活动汇聚了从高精尖的手绘3D打印到科技救灾等若干项目。为更好地让受众触摸科技、参与其中，北京动物园展位向广大青少年展示了指触魔卡、动物分布挂图、环保铅笔、少年科学画报等展品参展。指触魔卡是一种通过智能电子终端将2D的动物图片用3维立体的方式活灵活现地呈现在受众眼前，同时配有声音和文字的相关知识介绍。得到了到场参观的西城区领导的一致好评。

（周桂杰）

【北京动物园举办节能宣传活动】　5月22日，为深入贯彻落实国家发改委《2014～2015年节能减排低碳发展行动方案》精神，北京动物园开展“节能有道，节俭有德”宣传活动。通过展板、专题片向游客、职工宣传节能低碳理念，并向游客发放环保宣传资料及纪念品1000余份。西城区发改委副主任曾承东、北京动物园副园长祖谦参加活动。

（杨术平）

【中心启动科普游园会】　5月23日，市公园管理中心科普游园会启动。主题为“科技惠民，品味园林文化”，推出瓦当纹样印制

DIY活动、展示雨水收集利用设备实物及展板等60余项科普展示及互动项目。市科委副主任朱世龙、市园林绿化局副局长甘敬、中心总工程师李炜民等领导参加启动仪式，并发布中心科普游园图，进行科普剧表演。5月23～24日接待参观游人10万余人。本次科普游园会共持续一周。

（颐和园）

【北京动物园举办“小小讲解员”科普活动】 5月23日，北京动物园为了宣传植物保护理念，扩展百木园的科普教育性，同时结合“百木园”建设及科普功能探讨的课题，上午在百木园组织开展了“小小讲解员”科普活动。通过技术人员的培训，让学生们为游客讲解植物知识，培养学生们对自然的兴趣和对生物多样性的关注，号召同学们积极参与植物科普活动，增加社会实践经验，倡导安全文明游园的意识。本次活动通过建立微信报名平台，共有10所小学的16名学生参加。基建科副科长赵靖对此次活动进行了介绍。

（周桂杰）

【中心“生物多样性保护科普宣传月”系列活动启动】 从5月26日开始，市公园管理中心所属各单位集中开展30余项生物多样性保护宣传活动，包括开展动植物知识、园林生态、观鸟活动、历史文化展、花卉种植体验等科普活动，让游客在公园踏青赏花的同时，体验公园生物多样性的魅力，共享生态文明成果。北京市园林绿化局副局长高士武、北京市旅游委委员邹伟南、中国野生动物保护协会、北京野生动物保护协会及四王府小学的师生共计150余人参加了启动仪式。

（中心科技处）

【北京动物园百木园举办“有益昆虫放飞”科普活动】 6月13日，北京动物园园艺队与人事科、工会共同组织开展职工子女“有益昆虫放飞”科普活动。活动共有28名小学生参加，园艺队的6名讲解老师在百木园为孩子们讲解了园区内乡土植物和无公害防治的意义、方法及有益昆虫的知识和放飞方法，在老师的带领和指导下，孩子们学习了植物和昆虫的相关知识，并放飞瓢虫、大草蛉 100盒，瓢虫卵卡150个。最后，孩子们将亲手绘制的环保手提袋作为父亲节的礼物带回家。

（牛　蕾）

【北京植物园举办“青草间，星空下”露营活动】 7月4日至8月30日，北京植物园暑期科普露营系列活动“青草间·星空下”设置了暗夜徒步、搭建帐篷、夜访昆虫等6个“五感自然体验”项目，自7月4日活动启动共开展6期，接待亲子家庭140个共300人，受到社会广泛关注。

（石　鑫）

【“我是小小园艺师”天坛暑期特色科普活动】 7月21日，生态科普园组织举办“我是小小园艺师”天坛暑期特色科普活动。天坛公园在互动厅举办了“植物世界”主题科普讲座，工作人员向参加活动的家长和孩子介绍了北京常见观赏植物，讲座内容丰富，以图片和视频相结合的形式让大家熟悉和了解植物的不同特点。

（刘育俭）

【香山公园举办首期“山林奇妙夜”亲子夏令营】 7月25～26日，香山公园在洪光寺开展主题为“山林奇妙夜”的周末亲子游活动。内容包括搭建帐篷、参观双清别墅、登顶香炉峰看日落观星辰、亲子瑜伽、举办跳蚤市场等互动活动。共16个家庭、40余人参与夏令营。海淀新闻中心等多家媒体采访报道。

（杨　玥）

【中心科普夏令营活动启动仪式】 于7月30日在动物园举行。中心主任张勇宣布开营，并向营员代表授旗。颐和园、天坛公园、北海公园等11家公园陆续开展了“青草间·星空下”“园林小讲师”等主题科普夏令营，进一步丰富学生暑期生活，培养环保意识和科学探索精神。活动持续到8月底，拟举办50余期，接收营员2000人。中心总工程师李炜民，科技处、宣传处负责人，夏令营营员及媒体人员等60余人参加。科普夏令营期间，中心所属颐和园、园博馆、园科院等12家单位开展了主题突出、内容丰富、形式多样的科普活动。据统计，中心所属12家单位共举办科普夏令营活动107期，参与人数3600余人。中心科普夏令营活动充分利用各单位的科普馆、科普小屋（园）等科普场地，遵循了中心科普活动“四化五性”的思路，突出了各公园的特色，提高了营员们的兴趣度和参与度；不仅利用了各单位的自然资源和科研人员为营员们普及科学知识，还联合了中国科协、自然博物馆、北京林学会以及多家公司共同开展科普活动，促进了同行业之间的交流合作；通过微信公众号、网络报名、电话预约等方式，加大对公众宣传和招募的力度，多家媒体进行了相关报道。

（中心科技处）

【北京动物园举办野外夏令营】 8月19日，“探秘农事科普园”野外夏令营活动在十三陵饲养繁育基地（以下简称基地）举行。此次活动共有35名营员参加，首先由基地主任普天春为营员们介绍了基地的历史、功能与现状。普天春带领营员们参观并介绍了农事种植园区种植的农作物；保护教育教师带领营员们进行生命网游戏，使营员感受到地球上生命之间的联系。下午，营员们参观了蛮羊、川金丝猴、东非狒狒等基地代表性动物，普天春为营员们进行了细致的动物饲养、动物训练等动物知识讲解。在最后的农事耕种体验环节中，营员们亲自种植白菜，体验了种植的乐趣。

（周桂杰）

【北京动物园举办“走近鸟类　体验生态”科普亲子互动活动】 8月19日，动物园科普互动厅由自然之友野鸟会会长李强向学生和家长介绍了北京野生鸟类资源概况，观鸟器材的选择和使用方法，北京适合进行观鸟活动的公园和景区等内容，并与学生和家长进行互动交流。

（刘育俭）

【“体验生态·感受天坛文化”全国科普日主题开放活动】 于9月19日举办。活动在室外生态体验区开始，学生和家长通过参观鸟类摄影作品展、古树知识展、中国生物多样性保护与绿色发展基金会宣传了解天坛动植物科普知识，并通过填写趣味答题卡的方式，加深对知识的记忆。同时进行了天坛古建拼图计时赛，学生和家长共同合作，通过完成拼图，熟悉和了解天坛古建筑以及良好的生物多样性。最后进行的是衍纸花卉手工制作，利用事先准备好的手工材料，在老师的指导和帮助下制作衍纸花卉立体书签，充分发挥学生的想象力和创造力，锻炼学生的协调性。

（刘育俭）

【中山公园联合北京市农林科学院开展全国科普日宣传活动】 9月20日，活动在公园科普小屋举办，邀请北京市农林科学院博士及研究生专家团队5人，向游客介绍昆虫天敌知识，帮助辨别瓢虫种类，解答家庭养花问题，并用开心果壳、轻黏土制作瓢虫、蚂蚁等昆虫工艺品进行展示。现场设置古树年轮、生物防治展板14块。活动共吸引100余名游客参与，发放《北京市民科学素养读本》等宣传资料150份，解答游客问题50余次。

（中心服务处）

【中心开展全国科普日活动】 9月23日，市公园管理中心开展全国科普日活动。11家历史名园、园博馆和园科院以动植物教育、古建文化、科技传播、园林知识、昆虫花卉等为主要内容，以游戏互动、手工制作、展览展示、科普讲座为主要形式，开展16项科普宣传活动，引导青少年游客体验科学探究过程和方法，培养热爱园林、保护环境的理念，有2500余人参与。

（中心科技处）

【北京植物园开展“超级月·夜派对——畅游植物园”活动】 9月26～27日，植物园科普团队带领10个亲子家庭开展识植物、观鸟、观星月以及学习天文知识和自己动手制作月饼等活动。此活动是全国科普日系列活动的延伸，旨在将科普与传统文化结合，让孩子们感受科普文化魅力。

（石　鑫）

【中山公园科普小屋举办第二次多肉栽植科普活动】 9月27日，中山公园科普小屋举办第二次“缤纷多肉·掌上花园”科普种植活动，20名对植物感兴趣的中小学生齐聚在科普小屋内，认真地听公园的刘昊工程师给大家讲解《多肉植物养护知识》，并指导学生们自己动手，组合一盆美丽的多肉盆栽带回家。此次活动设有征文活动，要求学生们对拿回家的盆栽进行后续观察，提交观察日记，从而培养学生热爱植物，养好小盆栽的信心。

（中心服务处）

【天坛公园特色科普活动——制作叶脉书签】 10月1～2日，天坛生态科普园举办天坛特色科普活动——制作叶脉书签。工作人员在科普互动厅开展“叶子趣谈”科普讲座，在向大家介绍了树叶以及叶脉作用的同时，认识和了解北京常见的彩叶树种。通过腐蚀的方法（碱水煮），在工作人员的指导下使用废旧牙刷和镊子等工具，除去叶肉保留叶脉，并利用水彩颜料将叶脉着上不同的颜色，最后进行塑封压制成为个性DIY叶脉书签。

（刘育俭）

【北京植物园举办“自然享乐，科普课堂”系列活动】 10月1～18日，以学习植物相关知识为主旨，开展走进植物园辨识、制作叶片拓印画等活动，通过理论学习、实地观测与互动游戏相结合的方式进行科普教育，受到参与家庭广泛好评。三期活动共53组亲子家庭参加。

（石　鑫）

【北京植物园举办中国植物园联盟珍稀濒危植物保护科普展系列讲座】 10月29日，“中国植物园联盟珍稀濒危植物保护科普展——植物达人讲北京的野花”专题科普报告在北京植物园举办。讲座介绍了北京地区的槭叶铁线莲、独根草等多种珍稀濒危植物及其遭受破坏的现状，同时展示了最新研发的“拍花识植物”系统。20余名微信报名游客以及相关领域专业技术人员共50余人参加了此次报告。11月4日，植物园举办“中国植物园联盟珍稀濒危植物保护科普展系列讲座——肉铺掌柜谈肉”。邀请北京知名的多肉植物专家，花卉企业家张宏元讲课。社会公众及职工40余人参加此次讲座。11月6日，植物园举办“中国植物园联盟珍稀濒危植物保护科普展”系列科普讲座第四期——“兰花博士讲北京野生兰花保护”。主讲人为植物园教授级高级工程师张毓博士。颐和园、北海公园等6个单位的技术骨干、海淀区园林绿化局的技术骨干、北京林业大学学生及兰花网友等共计50余人参加此次科普讲座。

（石　鑫）

【北海公园参赛选手成功晋级】　11月27日，北海公园两名参赛选手成功晋级市科委主办的北京市科普讲解比赛决赛。

（汪　汐）

【中山公园举办“种盆属于自己的郁金香”科普活动】　12月7日，中山公园在科普小屋举办“种盆属于自己的郁金香”科普活动。公园两名园林科技人员分别介绍郁金香等球根花卉的分类、习性和养护知识，认识球根花卉种球的形态和构造。通过网络平台招募10名志愿者参与活动，挑选不同种类的郁金香种球动手栽植并带回家养护。活动发放礼品及宣传折页20份。

（中心服务处）

【“凌波仙子·千娇百媚”水仙知识讲座】于12月12日，在天坛公园举办。以“凌波仙子·千娇百媚”为主题，20余个家庭通过关注天坛微信公众号及电话预约的形式，积极参加本次活动。绿化一队高级技术员杨辉，从水仙花的栽培历史、品种分类、家庭养护技巧以及雕刻造型4个方面进行讲座。

（刘育俭）

宣传交流

宣传工作

【景山公园微信公众订阅号正式开通】 2015年1月14日，景山公园微信公众订阅号正式开通。订阅号主要发布景区景点介绍、文化历史、公园活动、园务动态等资讯，同时提供游园指南，参观游览等服务。

（孙　昊）

【景山公园党总支策划开展宣传社会主义核心价值观的春节纳福活动】 2月17日，在景山公园各门区宣传春节文化活动展板上，以社会主义核心价值观24字为核心，展开文化纳福活动，将核心价值观学习宣传教育与公园工作紧密结合、与春节文化宣传相结合，向广大游客宣传践行社会主义核心价值观。

（中心宣传处）

【香山公园党委加强社会主义核心价值观环境布置工作】 2月17日，香山公园党委邀请展览设计公司对公园门区、主干线、主要景区进行勘察，拟在管理处、游客服务中心、双清别墅以及老松林景区增加4处宣传栏或宣传展板。香山索道下站大屏幕、东门广场北侧大屏幕和硬质横幅的社会主义核心价值观宣传被电视台新闻媒体作为背景和活动内容播出，起到良好的宣传效果。

（中心宣传处）

【中心团委在陶然亭公园召开“社会主义核心价值观”现场学习会】 2月17日，在公园讲解员的带领下，对公园社会主义核心价值观布展区域进行参观学习，深入学习31名优秀共产党员的先进事迹：一是以观铭史，通过参观主题展览，更加了解铭记了红色历史和革命志士的英雄事迹；二是以观明志，通过观看“图说我们的价值观”，激发正能量、弘扬爱国情、鼓舞工作干劲。中心团委负责人原蕾、各直属单位团委（总支）负责人共15人参加。陶然亭公园党委书记张颐春参加并表示欢迎。

（中心宣传处）

【动物园党委加强社会主义核心价值观宣传环境氛围布置】 2月17日，对动物园正门的“三面翻”进行重新改造设计，以社会主义核心价值观为主要内容设置巨幅展画。宣传部门与服务管理部门积极沟通、分工配合、强化落实；由宣传部门提供了主题设计素材，服务管理部门结合公园“三面翻”实际进行重新排版；宣传牌整体为铝合金框架，展示画面为车贴，大气醒目；安装完毕后，公园基建及管理等部门对“三面翻”宣传牌的电源及安装方式等进行了安全检查。目前改造后的“三面翻”宣传牌已面向游客展出。

（中心宣传处）

【颐和园党委进一步拓宽渠道加强社会主义核心价值观景观环境建设】 2月17日，结合景区环境特点，经多次实地考察，在西区开辟了新的社会主义核心价值观主题宣传阵地。此次环境布置，共制作核心价值观主题宣传板8块，以图文并茂的形式广泛宣传了社会主义核心价值观内容，做到了环境布置与公园文化协调，与园林景观融合，进一步丰富了内容，扩大了宣传覆盖面。

（中心宣传处）

【中山公园开展申冬奥宣传活动】 3月27日，中山公园党委开展“点燃激情传递梦想携手环保助力冬奥”宣传活动。室外大屏幕每天滚动播放北京申办冬奥会宣传片。制作申冬奥系列海报宣传展板，在南马路南侧白架上悬挂。开展“为北京申办冬季奥运会加油游客签名活动”，向游客宣传环保知识，邀请游客在主题展板上签字。有100余名游客参与。

（周　彬）

【颐和园宣传全国劳动模范韩笑】 5～12月，颐和园在全园广泛开展向韩笑等劳动模范学习活动。制作“全国劳动模范”韩笑事迹宣传短片，总结和提炼韩笑工作7年来的成长经历，通过图片、视频等形式，全面展现韩笑在北京市公园管理中心、颐和园中锻炼、建功成才的风采；召开“学习先进，爱岗敬业，崇尚劳动，弘扬正气”事迹报告会。下发《关于开展向韩笑等劳动模范和先进工作者学习的决定》，号召广大党员干部、职工要学习他们爱岗敬业，甘于奉献，在平凡岗位上做出不平凡业绩的拼搏精神。接受共青团中央网络影视中心“青春励志故事”的主题采访，把韩笑的个人经历、成功经验与励志感言等借助网络视频向青少年讲述，向社会传播正能量。

（杨　莉　李　昆）

【香山公园做好红色教育基地的宣传保障工作】 6月初至7月17日，到双清别墅开展主题党日和爱国教育的游客和团体持续增多，截至7月共接待有预约的游客团体120批次、6000余人。公园党委为游客提供音响和话筒，发放宣传折页2000份，并及时更新更换党旗、入党誓词大型硬质背板等，新增宣传栏一处，并对展室进行了维修。双清班预备役讲解员加班加点整理更新讲解词，增加抗战宣传内容，讲解红色历史，受到游客好评。

（中心宣传处）

【中心对北京植物园“一二·九”运动纪念地开展主题社会宣传活动的情况向市委宣传部报告】 7月17日，市公园管理中心宣传处专门起草了专项工作报告，说明开展主题教育活动的背景意义、中心及北京植物园党委目前所做的一系列工作、纪念地服务接待情况以及保障举措等，并将北京植物园党委制作的主题宣传折页、主题展板和服务接待的图片资料一并呈送给市委宣传部有关部门领导。

（中心宣传处）

【景山公园召开绮望楼《景山历史文化展》新闻发布会】 10月22日，景山公园在绮望楼召开《景山历史文化展》新闻发布会，由中心服务处处长王鹏训、宣传处处长陈志强与园领导共同为展览揭幕，后由公园新闻发言人介绍展览整体情况，并现场接受媒体采访、解答问题。北京电视台、《北京晚报》、北京人民广播电台等19家媒体记者参加了此次新闻发布会，并对相关活动进行现场报道。

（律琳琳）

【景山公园协助1039交通广播台庆节目录制】 12月19日，景山公园协助1039北京交通广播，录制《青春接力，用声音证明》台庆系列活动京华烟云景山站活动，公园新闻宣传部门积极配合，邀请三名听众来到绮望楼《景山历史文化展》的现场，向公园导游人员学习展览导游讲解，体验一日当导游员的经历。此次活动通过交通广播和1039微信平台进行全程直播，并实时与听众互动，对宣传公园历史文化，扩大《景山历史文化展》社会效应起到了积极作用。

（律琳琳）

【中心政务微博“畅游公园”充分宣传十项主题展览】 年内，一是实时发布，在各展览开放当天及时发布最新图文资讯，并对展览公园的微博进行及时转发；二是阶段发布，对已经开放的展览进行汇总宣传，并预告后续展览，以表格的形式进行生动告知；三是持续发布，利用市属公园每周秋讯和北京初雪雪景发布，在推荐公园美景的同时宣传十项主题展览和公园室内展，效果良好。围绕收尾的两项展览发布相关原创微博24条，累计阅读量13.3万次。

（中心宣传处）

【景山公园2015年微博、微信、官方网站三方面自媒体运行情况】 年内，景山公园发布微博319条次、微信发布81条次、官方网站发布资讯119条次。

（孙 昊）

【中心宣传处组织开展“公园好故事·身边好职工”网络评选活动】 年内，在市直机关工委组织的全市百姓宣讲活动中，市公园管理中心宣传处组织公园职工500余人关注活动官方微博、微信，在此基础上顺势开展中心系统 “公园好故事·身边好职工”评选活动并印发了《通知》。经过各单位的分期申报，共征集“公园好故事·身边好职工”先进事迹55例，其中第一期22例，第二期20例，第三期13例；在中心官方微博上刊登了先进事迹，组织各单位分三期开展了网络投票评选活动，中心系统广大职工积极参与，投票累计参与人数6663人次，起到了很好的宣传教育效果，评选结果将于明年3月5日学雷锋纪念日公布。

（中心宣传处）

【中心对爱国主义教育基地有关情况进行汇总】 年内，按照中心领导关于加大对中心系统“红色教育资源”的深入挖掘和系统宣传的要求，中心宣传处印发了通知，按照中国共产党成立、抗日战争胜利、新中国建立的不同历史阶段，结合当前践行社会主义核心价值观“公园红色线路”的主题，对中心系统爱国主义教育基地有关情况进行全面摸底调研。在各单位积极报送材料的基础上，宣传处汇总整理了中心系统20处爱国主义教育基地和纪念地，其中，全国爱国主义教育基地1处，市级爱国主义教育基地5处，与抗战有关的爱国主义教育基地8处，并将有关情况向中心领导进行了汇报，得到了领导的一致肯定。中心党委书记郑西平提出要将8处“抗战”主题的教育基地统一集中在9月3日前进行宣传报道。

（中心宣传处）

对外交流

【丰台区市政园林局到陶然亭公园参观学习】 1月8日，丰台区市政园林局副局长一行10人到陶然亭公园，就社会主义核心价值观主题公园的建设情况进行参观交流。公园园长李国定介绍了公园活动开展情况，工会主席王金立介绍了科普小屋建设及公园主题环境布置情况。随后，一同到实地参观了光耀京华主题标志、科普小屋及园内其他环境布置，同时对公园建设给予很高的评价。

（程　彤）

【“天坛·小罗山共建文化家园”主题活动举办】 2月7日，天坛神乐署雅乐团的演员赴小罗山村，与村民共同举办“中国梦，城乡情——共建文化家园”主题活动，为小罗山村民们送去新春诚挚的问候和良好的祝愿，携手迎新，畅叙友情。演出曲目中，《太平令》《庆隆舞》《合欢曲》等节目。整台节目的设计别具匠心，弘扬社会主义核心价值观、追求和谐、奋发向上的正能量贯穿始终，赢得了乡镇领导和村民的喜爱和欢迎。北京电视台“北京新闻”、千龙网对此次活动进行了报导。

（霍　燚）

【北京植物园承担中国植物园联盟公众科普计划项目——“珍稀濒危植物主题科普巡展”在重庆首次亮相】 3月12日，由北京植物园承担发起，中国科学院项目资助的中国植物园联盟公众科普计划珍稀濒危植物保护科普展，在重庆南山植物园首次亮相。北京植物园为展览编写了科普知识展板，并携带世界珍稀濒危旗舰种植物——海椰子和千岁兰，以及箭毒木树皮衣、乌羽玉、生石花和多种食虫植物等珍贵展品赴当地协助布展，南山植物园还在周边地区引进了50多种濒危植物小苗作为盆栽展示。3月18日，北京植物园科普馆馆长受中国植物园联盟之托，以及成都植物园邀请，到“中国植物园联盟公众科普计划珍稀濒危植物保护科普展”成都展区开展科普讲座。

（北京植物园）

【澳大利亚月季专家劳瑞·纽曼访问北京植物园】 3月15～18日，劳瑞·纽曼对植物园中澳月季园的古老月季品种进行了鉴定，并对月季修剪进行了现场指导。另外，劳瑞·纽曼还与植物园部分专业技术人员对月季的历史、分类及栽培养护等相关知识进行了座谈。

（石　鑫）

【美国克里山植物园主任马克那马拉一行5人访问北京植物园】 4月14日，马克那马拉一行参观了郁金香花展、海棠园、温室等专类园，对植物园的植物收集和景观设计赞不绝口。随后就关于保护珍稀植物五小叶槭的计划进行讨论。马克那马拉先生介绍了五小叶槭的发现史以及他尝试的迁地保护工作。中国生物多样性保护与绿色发展基金会秘书长介绍了该基金会的历史和工作内容，特别是绿色发展基金会正在系列建设生物多样性迁地保护区的工作。北京植物园园长赵世伟博士介绍了植物园在珍稀植物保护方面的工作。

（石　鑫）

【塞舌尔植物园首席执行官到北京动物园参观交流】 4月17日，塞舌尔共和国国家植物园基金会首席执行官雷蒙德·布里奥奇及陪同人员一行3人到访北京动物园参观交流。园长吴兆铮与到访来宾进行座谈交流并交换礼物，来宾参观了塞舌尔象龟馆、大熊猫馆及新熊山等动物展区，充分肯定了动物园的园林景观和动物饲养展示工作，认为值得借鉴和学习。双方均表示，要进一步加强交流合作，互相借鉴工作经验，促进相关领域交流提高。

（彭　硕）

【荷兰动物园园长到北京动物园参观交流】 4月21日，荷兰动物园园长一行5人到访动物园参观游览。园长吴兆铮、副园长张金国与到访成员进行座谈交流并交换礼物。荷兰客人参观了奥运熊猫馆及珍稀鸟类展区，参观过程中双方就动物饲养、展示、动物园行业发展等专业领域进行探讨。荷兰动物园园长表示动物园在很多方面都有着自身的发展特点，值得双方学习、交流，希望今后能够创造更多机会增加合作、增进了解，实现双方的共同促进。

（彭　硕）

【北京植物园与捷克布拉格植物园专业技术人员进行技术交流】 4月27日，北京植物园与捷克布拉格植物园的杰米拉和卡罗拉两位专业技术人员进行了技术交流，参加交流会的专业技术人员达30余人。

（石　鑫）

【里斯本大学景观学院院长到香山公园进行学术交流】 5月19日，葡萄牙里斯本大学景观学院院长路易斯·保罗·法利亚·里贝罗（Luis Paulo Faria Ribeiro）到香山公园进行学术交流。双方就文物古建的修复、发展、再利用情况和香山公园在国际园林界定位等问题展开讨论，并参观了昭庙景区。路易斯对公园的生态环境、文化研究、建设发展给予充分肯定。

（高云昆　李　博）

【联合国生物多样性公约秘书处执行秘书长访问北京植物园】 5月24日，联合国生物多样性公约秘书处执行秘书长布劳里奥·迪亚斯访问北京植物园。就迁地保护、珍惜濒危植物保护、科普教育能力建设等进行交流。

（石 鑫）

【加拿大增彩延绿专家访问北京植物园】 6月10日，由北京市园林绿化局聘请的“增彩延绿项目”专家科学部主任加拿大布鲁斯·潘觉先生、加拿大公园委员会执行主任米歇尔·高蒂尔先生、咨询顾问丽兹·克罗斯女士到北京植物园参观考察，对植物园的景观建设和植物收集给予高度赞许，对植物园增加常绿树的种类和彩叶树种提出了建设性意见，同时表示希望今后加强郁金香展示方面的合作，举办国际郁金香节。

（石 鑫）

【北京植物园邀请美国莫顿树木园教育与信息部副主任苏珊女士作专题报告】 6月17日，报告人围绕儿童园的重要性以及设计理念、园区功能划分、植物选择、道路设计、活动策划、科普牌示等进行了讲述，使专业技术人员拓宽思路，并将其借鉴到实际工作中，打破原有的思维模式进行创新，最大限度地发挥植物园的科学普及功能。共30人参加交流培训。

（石 鑫）

【东盟生物多样性官员和专家访问北京植物园】 6月25日，东盟生物多样性官员和专家一行访问植物园，植物园专业人员借此机会向考察团展示并介绍植物园建设情况与在生物多样性保护方面所做的工作。考察团一行对植物园在此方面的工作表示肯定和赞许。此访问团由环保部东盟合作中心组织。

（石 鑫）

【日本公园运营士会会长小林治人教授访问北京植物园】 7月27～28日，日本公园运营士会会长小林治人教授一行考察了园区建设，交流了植物园管理运营的做法，对植物园的园容与发展表示赞赏，并希望今后加强交流合作。28日小林治人教授和学者在卧佛山庄做了“未来公园的发展方向”和“公园的管理运营”专题讲座。

（石 鑫）

【陈名杰到香山公园参观致远斋展览】 7月29日，海淀区委常委、宣传部部长陈名杰，法国蒙达尔纪市法中友好协会会长、法国汉语教学协会副会长王培文，外语教学与研究出版社社长满兴远一行到香山公园参观致远斋展览，并考察了公园文创产品开发工作。陈名杰对致远斋展览给予高度评价，并表示：今后将继续加强与香山公园的交流合作，借助“三山五园”平台，把静宜园文化推向世界。

（李 博）

【芬兰艾赫泰里市市长到北京动物园参观交流】 8月5日，芬兰艾赫泰里市市长及艾赫泰里野生动物园园长、饲养主管等一行6人到北京动物园参观交流。客人一行考察学习大熊猫行为训练，针对大熊猫饲养等问题进行座谈交流并交换礼物。北京动物园副园长张金国全程陪同。

（郜 伟）

【莱索托王国国家林业部技术人员访问北京植物园】 8月25日，莱索托王国国家林业部林业种植培育技术培训班一行15人访问植物园，参观考察了植物园的各个园区，并沿路就植物园的园区规划建设、植物收集与保育、科研科普以及历史文化等进行了细致的讲述。

（石　鑫）

【颐和园与保定文物单位开展交流】 9月8日，颐和园赴保定市莲池博物馆、直隶总督署博物馆参观考察，与保定市文物管理局、莲池博物馆等相关部门负责人进行交流座谈。三方在管理、文化、园林、研究、培训等方面的交流合作达成意向，下一步将细化和深化合作内容，签署合作框架协议。

（徐　莹）

【Andreas Roloff教授、张德顺教授到北京植物园参观考察】 9月29日，德国德累斯顿工业大学Andreas Roloff教授和同济大学张德顺教授到植物园参观考察。重点考察了园区内椴树、海棠、杜仲等树种引种培育、栽培养护管理等情况。

（石　鑫）

【京津冀公园发展研讨会与会代表到香山公园交流学习】 10月21日，由北京市绿地协会组织的京津冀公园发展研讨会各与会成员一行22人到香山公园交流学习。公园就红叶观赏季期间安全服务保障工作及日常管理情况进行汇报。双方就京津冀公园的发展现状、建设规划、营销模式及今后发展方向等内容进行探讨。

（王晓明）

【中山公园分会在武汉成立】 10月27日，中国公园协会中山公园分会成立暨第一届年会在湖北省武汉市召开。大会推选北京中山公园园长李林杰为会长，上海、厦门、银川、青岛、深圳、沈阳、宁波、江阴、荆州等地中山公园为副会长单位。推选卫正南等四位同志为名誉会长。通过会长提名的秘书长、副秘书长名单。会议研究《中国公园协会中山公园分会管理办法》，举办园长论坛，就分会成立后的工作等情况进行讨论交流。北京、济南、上海、武汉、银川、沈阳等地中山公园分会代表80余人参加大会。

（赵　冉）

【恭王府人员到北海公园考察交流】 11月2日，文化部恭王府管理中心主任孙旭光带领全体班子成员到北海公园交流考察。孙主任一行6人首先参观考察了北京市第36届菊花展主展区阐福寺及静心斋、阅古楼等景区，随后同公园党委书记吕新杰、工会主席夏国栋就文物保护、景区管理、绿化养护及文化产品开发等方面的工作进行了充分的交流探讨，并计划在服务管理方面形成优势互补的长效机制，双方还就下一步加强合作达成初步意向。

（汪　汐）

【太原市相关单位来北海公园交流学习】 11月18日，到北海公园交流学习。双方就水面游船安全运营管理、码头设施配备、船只维护保养开展了交流，并实地考察了游船维护保养现场。北海公园党委书记吕新杰陪同。

（汪　汐）

【北海公园与北京青年政治学院旅游景区服务项目展演交流活动】 11月18日，北海公园一行9人到北京青年政治学院进行旅游景区服务项目展演交流活动，党委办公室、管理经营科、文化队讲解员及第四届手语大赛全体参赛选手参加，进行中英文讲解展示、爱心手语教学，并表演获奖手语清宫穿越剧《古今北海情》。活动展示了公园职工的服务风采，激发了大学生们对手语学习的浓厚兴趣，促进了双方的志愿服务合作。

（中心服务处）

【北京植物园与西双版纳植物园联合启动“成员互动交流计划”】 年内，北京植物园积极响应中国植物园联盟号召，与西双版纳植物园联合启动“成员互动交流计划”。该计划是中国植物园联盟尝试在成员单位间展开的一项人才交流与合作计划。针对植物园业务发展实际需求，采取“派出学习”和“引进交流”两种方式，努力促成并实现各成员单位间的人才互动，满足新建或在建植物园对于自身人才的培养和需求，加强植物园间沟通，推进人员技术交流，促进中国植物园体系能力建设水平的提升。西双版纳植物园选派工作人员到北京植物园参加科普交流，双方就如何开展更深层次的环境教育活动进行了研讨并提出建议。

（石　鑫）

统计资料

2015 年北京市公园管理中心事业单位职工基本情况

单位：人

单位	年末人数	正式职工															离退休人员
		合计	干部	处级领导干部			专业技术职称				工勤技能人才						
				合计	正处级	副处级	合计	高级职称	中级职称	初级职称	合计	高级技师	技师	高级工	中级工	初级工	
合　计	11 817	6575	2787	109	43	66	1602	118	302	1182	3788	6	52	1170	1351	1209	5242
中心机关	61	48	48	24	13	11	0				0						13
颐和园	2183	1222	493	8	2	6	252	7	51	194	729		4	239	293	193	961
天坛公园	1565	874	409	6	2	4	277	9	38	230	465	3	9	134	161	158	691
北海公园	997	508	224	4	2	2	129		17	112	284		5	143	62	74	489
动物园	1442	745	228	7	2	5	121	18	34	69	517	1	9	121	229	157	697
中山公园	590	316	119	6	2	4	47	1	10	36	197		3	72	44	78	274
香山公园	899	501	193	7	2	5	88	3	10	75	308		6	88	107	107	398
北京植物园	773	471	227	6	2	4	154	22	51	81	244	2	4	70	129	39	302
玉渊潭公园	790	425	165	5	2	3	100	4	11	85	260		1	65	75	119	365
陶然亭公园	1000	537	168	7	2	5	84	2	12	70	369		1	108	105	155	463
紫竹院公园	703	385	152	5	2	3	91		3	88	233		6	69	81	77	318
景山公园	297	217	97	4	2	2	55		4	51	120		1	32	44	43	80
科研所	236	136	110	5	2	3	97	32	35	30	26		2	12	9	3	100
园林学校	172	100	85	4	2	2	74	13	23	38	15			7	7	1	72
园林党校	20	11	8	1	1		5	1	2	2	3			3			9
后勤中心	34	24	12	1		1	4		1	3	12		1	6	4	1	10
园博馆	55	55	49	9	3	6	24	6		18	6			1	1	4	0

复核人：徐钢　　　　制表人：张艺桓　　　　制表日期：2017年2月28日

事业单位基本概况

表　　号：京园年统1表
制定机关：北京市公园管理中心
批准文号：京统函〔2015〕358号
填报单位：北京市公园管理中心　　2015年　　有效期至：2017年6月

指标名称	计量单位	代码	数量
甲	乙	丙	1
一、收入和支出情况	—	—	—
1. 上年结转	万元	01	7534.36
2. 收入合计	万元	02	241 107.55
其中：门票收入	万元	03	56 715.50
月、季、年票收入	万元	04	12 355.80
文化活动门票收入	万元	05	5561.24
3. 支出合计	万元	06	236 373.38
其中：基本支出	万元	07	189 326.28
项目支出	万元	08	47 586.12
4. 结转下年	万元	09	12 268.53
二、绿化情况	—	—	—
1. 新植树木株数	株	10	61 862
2. 新植草坪面积	平方米	11	29 829
3. 新植宿根花卉株数	株	12	162 671
4. 公园绿地面积	公顷	13	1473.22
5. 绿地率	%	14	100.00
6. 绿化覆盖面积	公顷	15	1001.31
7. 绿化覆盖率	%	16	65.05
三、公园情况	—	—	—
1. 公园数量	处	17	11
其中：免费公园数量	处	18	1
2. 公园面积	公顷	19	1539.29
其中：水面积	公顷	20	368.92
3. 持月、季、年票游人量	人次	21	24 592 709

（续表）

指标名称	计量单位	代码	数量
甲	乙	丙	1
4. 节日游人量	人次	22	12 443 059
5. 文化活动期间游人量	人次	23	14 856 216
6. 实有动物	—	—	—
种数	种	24	465
只数	只	25	6666

说明：1. 统计范围：北京市公园管理中心所属事业单位。
2. 报送时间及方式：年后 1 月 20 日前电子邮件报送并报送纸介质报表。
3. 本表万元、公顷、%指标保留两位小数，其余指标一律取整数。

公园绿化基本情况

表　　号：京园年统 2 表
制定机关：北京市公园管理中心
批准文号：京统函〔2015〕358 号
有效期至：2017 年 6 月

填报单位：北京市公园管理中心　　2015 年

指标名称	计量单位	代码	上年实有	本年增加	本年减少	本年实有
甲	乙	丙	1	2	3	4
一、树木株数	株	01	2 617 942	64 016	2154	2 679 804
1. 乔木	株	02	1 617 360	2358	1040	1 618 678
常绿乔木	株	03	792 750	284	33	793 001
落叶乔木	株	04	824 610	2074	1007	825 677
2. 灌木	株	05	631 609	50 737	1073	681 273
常绿灌木	株	06	153 904	10 328	45	164 187
落叶灌木	株	07	477 705	40 409	1028	517 086
3. 其他小计	株	08	368 973	10 921	41	379 853
月季	株	09	161 986	6000	41	167 945
攀缘	株	10	206 987	4921		211 908
攀缘延长米	米	11	43 881	161		44 042

（续表）

指标名称	计量单位	代码	上年实有	本年增加	本年减少	本年实有
甲	乙	丙	1	2	3	4
攀缘面积	平方米	12	75 240	335		75 575
二、竹子株数	株	13	1 537 602	40 758	37 100	1 541 260
竹子面积	平方米	14	166 770	1314	224	167 860
三、绿篱株数	株	15	298 256	14 329	1030	311 555
绿篱面积	平方米	16	30 147	879	80	30 946
四、色块株数	株	17	148 779			148 779
色块面积	平方米	18	15 565			15 565
五、宿根花卉株数	株	19	1 583 035	362 731	200 060	1 745 706
宿根花卉面积	平方米	20	158 617	4400	15	163 002
六、草坪面积	平方米	21	2 884 456	52 689	22 860	2 914 285
七、古树株数	株	22	13 832			13 832
八、濒危植物株数	株	23	7582			7582

说明：1. 统计范围：北京市公园管理中心所属各公园管理处。

2. 报送时间及方式：年后1月20日前电子邮件报送并报送纸介质报表。

3. 本表指标一律取整数。

4. 主要审核关系：本年实有＝上年实有＋本年增加－本年减少。

公园游人情况

表　　号：京园年统3表

制定机关：北京市公园管理中心

批准文号：京统函〔2015〕358号

填报单位：北京市公园管理中心　　2015年　　有效期至：2017年6月

指标名称	计量单位	代码	本年	上年同期	本年比上年同期	
					增减（±）	增减（%）
甲	乙	丙	1	2	3	4
公园游人量	人次	01	95 733 466	98 122 075	－2 388 609	－2.43
1. 购票游人	人次	02	41 036 561	40 818 371	218 190	0.53

（续表）

指标名称	计量单位	代码	本年	上年同期	本年比上年同期	
					增减（±）	增减（%）
甲	乙	丙	1	2	3	4
其中：外宾	人次	03	2 262 657	2 290 338	−27 681	−1.21
2. 免票游人	人次	04	30 104 196	31 249 351	−1 145 155	−3.66
其中：65 岁以上免票游人	人次	05	14 266 821	15 752 394	−1 485 573	−9.43
外宾	人次	06	2325	3519	−1194	−33.93
3. 持月、季、年票游人	人次	07	24 592 709	26 054 353	−1 461 644	−5.61
其中：持年票游人	人次	08	21 201 779	22 303 115	−1 101 336	−4.94
售月、季、年票	张	09	1 760 939	1 724 232	36 707	2.13
1. 月票	张	10	68 529	73 405	−4876	−6.64
2. 季票	张	11	38 930	41 700	−2770	−6.64
3. 年票	张	12	1 653 480	1 609 127	44 353	2.76

说明：1. 统计范围：北京市公园管理中心所属各公园管理处。

2. 报送时间及方式：年后1月20日前电子邮件报送并报送纸介质报表。

3. 本表%指标保留两位小数，其余指标一律取整数。

公园节日情况

表　　号：京园年统 4 表

制定机关：北京市公园管理中心

批准文号：京统函〔2015〕358 号

填报单位：北京市公园管理中心　　2015 年　　有效期至：2017 年 6 月

项　　目	代码	节日游人量（人次）	节日总收入（元）	门票收入（元）
甲	乙	1	2	3
合　　计	01	12 443 059	136 494 475	84 462 386
元　　旦	02	876 254	4 365 811	2 823 486
春　　节	03	2 040 920	20 168 704	12 346 599

（续表）

项　　目	代码	节日游人量（人次）	节日总收入（元）	门票收入（元）
甲	乙	1	2	3
除　　夕	04	121 546	473 495	255 388
正月初一	05	272 808	2 372 148	1 455 288
正月初二	06	207 433	1 863 804	1 048 320
正月初三	07	288 949	3 162 032	1 865 844
正月初四	08	371 741	4 130 534	2 578 768
正月初五	09	410 354	4 788 505	3 019 379
正月初六	10	368 089	3 378 186	2 123 612
清　　明	11	2 034 443	20 909 975	14 341 312
五　　一	12	1 810 387	20 938 223	13 826 678
端　　午	13	1 256 095	13 639 845	7 780 873
中　　秋	14	649 916	6 358 966	3 590 397
十　　一	15	3 775 044	50 112 951	29 753 041
10 月 1 日	16	391 684	3 815 323	2 677 428
10 月 2 日	17	646 616	8 915 285	5 166 672
10 月 3 日	18	677 183	9 811 590	5 774 083
10 月 4 日	19	679 663	10 190 258	6 035 225
10 月 5 日	20	599 376	8 208 241	4 704 677
10 月 6 日	21	465 472	6 002 495	3 499 847
10 月 7 日	22	315 050	3 169 759	1 895 109

说明：1. 统计范围：北京市公园管理中心所属各公园管理处。

2. 报送时间及方式：年后1月20日前电子邮件报送并报送纸介质报表。

3. 本表指标一律取整数。

4. 主要审核关系：（1）01=02+03+11+12+13+14+15（2）03=04+05+06+07+08+09+10
（3）15=16+17+18+19+20+21+22

公园文化活动情况（一）

表　　号：京园年统5表
制定机关：北京市公园管理中心
批准文号：京统函〔2015〕358号

填报单位：北京市公园管理中心　　2015年　　有效期至：2017年6月

主办单位	文化活动名称	活动的主要内容	起止日期	代码	活动面积（平方米）	文化活动期间游人量（人次）	门票收入（元）	备注
甲	乙	丙	丁	戊	1	2	3	已
合计	—	—	—	100	—	14 856 216	55 612 367	
北京市天坛公园管理处	第十一届天坛文化周	祭天仪仗、祭天乐舞	2.19~2.23	01	2 102 300	279 159	1 361 727	
北京市香山公园管理处	第二十七届红叶文化节	红叶节	10.15~11.15	02	1 600 000	996 100	11244800	
北京市北海公园管理处	“一园一品”系列文化活动暨第十九届荷花展	荷文化	6.25~8.10	03	全园范围	1 720 000	6983686	
北京市北海公园管理处	开封菊展	菊花展览	10.1~10.20	04	全园范围	641 700	151655	
北京市北海公园管理处	北京市第三十六届菊花（市花）展览	美丽北京——菊花满园	10.28~11.25	05	阐福寺、小西天	270 000		不单独售票
北京市景山公园管理处	景山春季花卉暨第19届牡丹艺术节	应时花卉展览	4.18~5.22	06	176 000	368 012	3 426 865	
北京市景山公园管理处	景山公园第八届荷花盆景艺术展——瓷风雅韵•仿古瓷展	应时花卉、盆景展览	7.4~8.5	07	176 000	335 357	2 938 525	
北京市中山公园管理处	中山公园春花暨郁金香花卉展览	郁金香花卉展览	3.28~5.10	08	228 400	463 564	2 870 055	
京都公司	2015年北京厂甸庙会陶然亭公园民俗区	嘉年华游艺、百姓大舞台、小吃	2.19~2.23	09	565 605	337 479	2 598 850	

（续表）

主办单位	文化活动名称	活动的主要内容	起止日期	代码	活动面积（平方米）	文化活动期间游人量（人次）	门票收入（元）	备注
甲	乙	丙	丁	戊	1	2	3	已
北京市陶然亭公园管理处	海棠春花文化节	海棠植物的展览	3.28~4.30	10	565 605	842 610	1 612 720	
北京市陶然亭公园管理处	第二届恐龙科普文化展	恐龙科普文化展出及恐龙科普知识等	7.12~8.23	11	565 605	1 150 083	1 741 199	
北京市紫竹院公园管理处	冰上互动	冰滑梯，小冰车，冰上自行车，溜冰场，冰上碰碰车	1.1~2.4	12	32 564	622 594		
北京市紫竹院公园管理处	第二十一届竹荷文化展	展示竹荷文化	7.16~8.16	13	457 300	982 317		
北京市玉渊潭公园	第六届冰雪文化节	高台雪圈滑道、高台雪圈蛇形滑道、卡通机器人拉车、雪地小坦克、雪地真人CS、雪地碰碰车、珍稀观赏动物等	12.18~2.25	14	16 000	46 532	889 325	
北京市玉渊潭公园	第二十七届樱花文化节	“玉和集樱”玉渊潭公园历史回顾与文化传承展、群众文化展演、第十二届“春到玉渊潭”摄影比赛、春鼓祈福活动、“火树瓷花”雕塑艺术精品展等	3.20~4.20	15	1 366 900	2 569 155	11 030 635	
北京市玉渊潭公园	第四届消夏活动	万萍荷香赏荷区、第十二届“春到玉渊潭”摄影精品展、非物质文化遗产展示及体验、名家书画展、“火树瓷花”雕塑艺术精品展、观赏科普、茶饮和休闲文化体验区	7.17~8.16	16	1 366 900	604 527	179 100	

（续表）

主办单位	文化活动名称	活动的主要内容	起止日期	代码	活动面积（平方米）	文化活动期间游人量（人次）	门票收入（元）	备注
甲	乙	丙	丁	戊	1	2	3	已
北京市玉渊潭公园	第七届“浓情绿意”秋实展	群众文化展演、公园节健身操比赛、万萍荷香赏荷区、摄影精品系列展、“玉和集樱”玉渊潭公园历史回顾与文化传承展、“火树瓷花”雕塑艺术精品展等	9.10~10.7	17	1 366 900	535 623	458 570	
北京市植物园	第27届桃花节暨第12届世界名花展	举办丰富多彩的桃花、名花观赏及科普文化活动	3.21~5.4	18	1 566 000	1 139 617	6 068 320	春天花会开
北京市植物园	第7届月季节	开展月季专类园展示等	5.15~6.21	19	1 566 000	127 203	590 255	赏美丽月季，享幸福人生
北京市植物园	第23届市花展	杨树林菊海、盆景园园艺菊展、独本菊展	9.25~10.25	20	1 566 000	323 074	1 466 080	珍爱和平

说明：1. 统计范围：北京市公园管理中心所属各公园管理处。

2. 报送时间及方式：年后1月20日前电子邮件报送并报送纸介质报表。

3. 本表指标一律取整数。

公园文化活动情况（二）

表　　号：京园年统5表

制定机关：北京市公园管理中心

批准文号：京统函〔2015〕358号

填报单位：北京市公园管理中心　　　　2015年　　　　有效期至：2017年6月

主办单位	文化活动名称	活动的主要内容	起止日期	代码	活动面积（平方米）	文化活动期间游人量（人次）	门票收入（元）	备注
甲	乙	丙	丁	戊	1	2	3	已
合计	—	—	—	100		37 811		

（续表）

主办单位	文化活动名称	活动的主要内容	起止日期	代码	活动面积（平方米）	文化活动期间游人量（人次）	门票收入（元）	备注
甲	乙	丙	丁	戊	1	2	3	已
中国园林博物馆	年俗体验活动	园林故事儿童剧，园林雅集——品茗·赏曲·闻香·过新年等活动	1.1~1.3	21	馆内	1200		
中国园林博物馆	春节文化活动	非遗民俗展示体验，象鸟蛋科普展览之蛋壳彩绘	2.19~2.24	22	馆内	1716		
中国园林博物馆	妇女节活动	结合中式香文化和西式芳香疗法，传统药香体验活动和女性芳疗健康讲座	3.7~3.8	23	馆内	200		
中国园林博物馆	清明传统文化雅集活动	茶文化体验，诗词朗诵会，风筝DIY 活动	4.5~4.6	24	馆内	1639		
中国园林博物馆	五一期间文化活动	园林雅集活动，儿童绘画写生，“国色天香赏牡丹——古典诗词与绘画艺术”文化讲座	5.1~5.3	25	馆内	217		
中国园林博物馆	科普乐园庆六一	探古寻今·古陶文化体验之旅，植物立体画及花镜设计	5.30~6.1	26	馆内	869		
中国园林博物馆	识艾草 佩香囊活动	结合端午习俗，推出五彩丝线粽和香囊制作活动	6.20~6.22	27	馆内	600		
中国园林博物馆	暑期科普夏令营	园林小讲师，园林艺术夏令营，暑期科普讲堂	7.11~8.23	28	馆内	870		
中国园林博物馆	全国科普周活动	开展“与鸟窝对话”“品鉴好吃的园林”两场科普讲座	9.19~9.20	29	馆内	150		
中国园林博物馆	第二届中国园林博物馆中秋音乐会	“古乐雅集”表演，丁笛演奏与互动体验，今宵月更圆第二届中秋音乐会	9.26~9.27	30	馆内	1000		
中国园林博物馆	山居雅集传统茶事文化	茶文化雅集，紫砂茶具互动体验展示	10.1~10.7	31	馆内	1598		
中国园林博物馆	九九重阳节 浓浓敬老情	邀请老年观众共同参与，现场讲授香文化礼仪，体验传统香文化的魅力	10.21~10.21	32	馆内	100		
中国园林博物馆	冬日暖心烘焙 公话香之礼仪	香文化雅集，鹿纹瓦烘焙	12.25~12.27	33	馆内	200		

（续表）

主办单位	文化活动名称	活动的主要内容	起止日期	代码	活动面积（平方米）	文化活动期间游人量（人次）	门票收入（元）	备注
甲	乙	丙	丁	戊	1	2	3	已
中国园林博物馆	“京西御稻插秧”及“秋收”科普体验活动	“京西御稻插秧”科普体验活动，京西御稻秋收体验活动	5.16~10.11	34	馆内	204		
北京市公园管理中心	北京历史名园精品展	多种展陈方式立体展现了中心历年来的重大事件和工作成果	9.11~10.31	35	馆内	21 624		
中国园林博物馆	中国亭文化展	展览从亭史渊流、亭式营造、亭园冶景、亭记意蕴四个部分介绍了我国古代亭文化的历史渊源、形式构造和建筑美学等内容，展出了包括陶亭、汉代画像砖、古籍、团扇等一系列反映中国亭文化的实物展品	11.18~12.13	36	馆内	5624		

说明：1. 统计范围：北京市公园管理中心所属各公园管理处。

2. 报送时间及方式：年后1月20日前电子邮件报送并报送纸介质报表。

3. 本表指标一律取整数。

公园文化活动情况（三）

表　　号：京园年统 5 表

制定机关：北京市公园管理中心

批准文号：京统函〔2015〕358 号

填报单位：北京市公园管理中心　　　　2015 年　　　　有效期至：2017 年 6 月

主办单位	文化活动名称	活动的主要内容	起止日期	代码	活动面积（平方米）	文化活动期间游人量（人次）	门票收入（元）	备注
甲	乙	丙	丁	戊	1	2	3	已
合计	—	—	—	100		348 135		
成都杜甫草堂博物馆	珍楠精雕·翰墨瑰宝——成都杜甫草堂博物馆馆藏名家书法木刻精品展	展览共展出百余件书法木刻作品，均是从成都杜甫草堂馆藏数千件的历代名人手书真迹中精心挑选镌刻而成	1.15~2.10	37	馆内	2591		

（续表）

主办单位	文化活动名称	活动的主要内容	起止日期	代码	活动面积（平方米）	文化活动期间游人量（人次）	门票收入（元）	备注
甲	乙	丙	丁	戊	1	2	3	已
中国对外友好协会经济合作委员会	奥运之旅百年圆梦	展览通过历届夏、冬季奥林匹克以及中国早期奖杯、奖牌、徽章、奥运瓷器、纪念邮票等为观众展示丰富多彩的奥运文化	3.20~5.5	38	馆内	16 426		
罗布林卡管理处	藏地瑰宝——西藏园林文物展	本次文物展展出充满了神秘藏式风情的佛像、唐卡、经书、生活物品等精品文物 108 件（套），体现了独特的民族艺术魅力	5.16~9.10	39	馆内	150 362		
徐悲鸿纪念馆	“百年巨匠，风华永世”纪念徐悲鸿诞辰120周年画展	展览甄选 52 件（套）徐悲鸿先生生前真迹，展览形式为国画、油画、素描及水彩，涉及山水、园林、人物、花鸟动物等	9.20~11.3	40	馆内	23 411		
河南博物院	中国屋檐下——河南博物院古代建筑明器展	展览通过“历代建筑史话”、“汉代建筑明器”两大部分，从河南博物院珍藏的历代建筑明器中遴选出 100 余件（套）珍贵文物，其中一级文物 16 件（套）	11.18~1.10	41	馆内	10 597		
中国园林博物馆	瓷上园林——从外销瓷看中国园林的欧洲影响（贵州）	精选了园博馆外销瓷文物 120 件（套），系统而全面的展示中国明清外销瓷的输出及 17 世纪中叶至 19 世纪欧洲的仿制瓷器	5.18~7.10	42	馆内	70 035		
中国园林博物馆	瓷上园林——从外销瓷看中国园林的欧洲影响（普洱）	精选了园博馆外销瓷文物 120 件（套），系统而全面地展示中国明清外销瓷的输出及 17 世纪中叶至 19 世纪欧洲的仿制瓷器	8.18~10.18	43	馆内	50 220		
中国插花花艺协会	国风雅韵·蝶舞迎春——中国兰花精品展	展览两大主题，49 盆荷梅、瑞梅、金荷鼎、素心兰等组成“国风雅韵”展区，600 丛大花惠兰、蝴蝶兰、石斛兰等组成“蝶舞迎春”展区	2.15~2.25	44	馆内	3478		

（续表）

主办单位	文化活动名称	活动的主要内容	起止日期	代码	活动面积（平方米）	文化活动期间游人量（人次）	门票收入（元）	备注
甲	乙	丙	丁	戊	1	2	3	已
中国美术家协会、中央美术学院、中央美术学院中国画学院	羊年康泰——迎新春王同仁羊年画展	展览以“三阳开泰”为题，依托60余幅艺术佳作，展现作者王同仁教授探索创新“以书入画、融书于画、书画并举”的技法	2.10~3.8	45	馆内	3677		
北京市收藏家协会	中国名园门券大观	本次展览将通过不同时期、不同景点、不同形式、不同风格的2000余件展品	3.13~4.26	46	馆内	6741		
古陶文明博物馆	道在瓦砾——一个博物馆人的逐梦旅程	展出了瓦当、画像砖、封泥、陶器等类别的500件珍贵文物	5.18~3.12	47	馆内	10 597		

说明：1. 统计范围：北京市公园管理中心所属各公园管理处。

2. 报送时间及方式：年后1月20日前电子邮件报送并报送纸介质报表。

3. 本表指标一律取整数。

公园文化活动情况（四）

表　　号：京园年统5表

制定机关：北京市公园管理中心

批准文号：京统函〔2015〕358号

填报单位：北京市公园管理中心　　2015年　　有效期至：2017年6月

主办单位	文化活动名称	活动的主要内容	起止日期	代码	活动面积（平方米）	文化活动期间游人量（人次）	门票收入（元）	备注
甲	乙	丙	丁	戊	1	2	3	已
合计	—	—	—	100		115 564		
李可染画院	传承和守望——爱国主义教育画展	展览共展出以晋、隋、唐、宋、元、明、清各朝及现代名家代表名作200余幅	2.12~3.15	48	馆内	9892		

（续表）

主办单位	文化活动名称	活动的主要内容	起止日期	代码	活动面积（平方米）	文化活动期间游人量（人次）	门票收入（元）	备注
甲	乙	丙	丁	戊	1	2	3	已
中国风景名胜区协会摄影专业委员会	丝绸之路风光摄影展	展示“丝绸之路经济带”的自然风光、历史古迹和民俗风貌等	4.2~5.10	49	馆内	12 987		
中国插花花艺协会	古典雅致——传统园林花卉精粹展	展览以《国韵华章》为主题，汇集数位中国插花花艺大师、国家级非物质文化遗产“传统插花”传承人以及中国插花花艺高级讲师等	5.1~5.7	50	馆内	2676		
北京曹雪芹学会	红楼梦中的中国园林	展厅内搭建红楼梦中描绘的实景场景，欣赏到林则徐手书扇面真迹、清末民初大观园版画等珍贵展品	5.18~6.28	51	馆内	17 537		
沈阳故宫博物院	沈阳故宫博物院清前期文物展	从满族崛起、清初武备、宫廷生活和宗教祭祀等方面介绍了清前历史时期的政治、军事、宫廷生活习俗以及宗教信仰等内容	7.4~8.9	52	馆内	12 453		
李可染画院	画北京，园林写生——李可染画院	展览精选了李可染画院的80余幅精品画作，系统展示了当前国内美术院校的教学成果和当代中青年画家的绘画艺术水平	6.20~7.19	53	馆内	6069		
李可染画院、北京皇家园林书画研究会	中国园林书画展	展览共展出50余幅中国近现代和当代美术家的园林题材画作，从不同角度展示了中国园林之美	8.1~8.23	54	馆内	5239		
中国人民抗日战争纪念馆	伟大贡献——中国与世界反法西斯战争专题展览	展览分为5个部分，共展出51块展板，照片267幅	8.29~9.20	55	馆内	20 721		
中国人民对外友好协会	和平70周年——二战主题钱币展	展览展出了从1943年以来，世界48个国家和地区发行的二战主题纪念币章，约300枚纪念币章	9.25~10.11	56	馆内	4594		
美国奥姆斯特德博物馆	美国景观之路——奥姆斯特德设计理念展	系统展示了奥姆斯特德近300余件在美国城市公园、城市绿道、国家公园、校园景观和居住环境5个典型方面的代表性作品	10.20~12.20	57	馆内	7830		

（续表）

主办单位	文化活动名称	活动的主要内容	起止日期	代码	活动面积（平方米）	文化活动期间游人量（人次）	门票收入（元）	备注
甲	乙	丙	丁	戊	1	2	3	已
天津市市容和园林管理委员会、天津市园林规划设计院	天津市园林规划设计院低碳园林展	“低碳园林　创意生活”展通过低碳园林的理念，将生活中每个人的衣食住行通过园林造景的手法进行生动表现	5.18~6.14	58	馆内	7263		
中国风景名胜区学会	第二届园林设计大赛	展览内容为2015年中国风景园林优秀规划设计获得的一、二、三等奖作品，这些作品体现了风景园林设计行业的丰硕成果和较高水平	12.9~1.20	59	馆内	4490		
大众摄影杂志社	第二届中国园林摄影大赛	此次展出的145幅（组）作品是经专家评选出的金、银、铜奖作品	12.26~1.26	60	馆内	3813		

说明：1. 统计范围：北京市公园管理中心所属各公园管理处。

2. 报送时间及方式：年后1月20日前电子邮件报送并报送纸介质报表。

3. 本表指标一律取整数。

公园文娱活动情况

表　　号：京园年统6表

制定机关：北京市公园管理中心

批准文号：京统函〔2015〕358号

填报单位：北京市公园管理中心　　2015年　　有效期至：2017年6月

项　目	代码	文娱活动游人量（人次）	文娱活动收入（元）	备注
甲	乙	1	2	丙
游艺活动合计	100	808 362	37 850 555	
北京市香山公园管理处	01	389 726	31 355 160	

（续表）

项　目	代码	文娱活动游人量（人次）	文娱活动收入（元）	备注
甲	乙	1	2	丙
北京市中山公园管理处	02	83 208	526 064	
北京市紫竹院公园管理处	03	256 907	4 415 940	
北京市玉渊潭公园管理处	04	572 20	843 625	
北京市植物园	05	21 301	709 766	
游船合计	200	3 811 803	64 121 658	
北京市颐和园管理处	01	1 992 307	28 332 724	
北京市北海公园管理处	02	847 951	19 169 320	
北京市中山公园管理处	03	103 208	1 637 920	
北京市陶然亭公园管理处	04	555 271	8 890 714	
北京市紫竹院公园管理处	05	162 904	2 443 540	
北京市玉渊潭公园管理处	06	150 162	3 647 440	
园中园活动合计	300	7 061 744	78 851 222	
北京市颐和园管理处	01	1 260 304	11 744 380	
北京市天坛公园管理处	02	1 507 673	29 102 960	
北京市香山公园管理处	03	82 897	822 803	
北京市北海公园管理处	04	1 839 384	17 465 810	
北京市动物园	05	1 125 051	5 603 378	
北京市中山公园管理处	06	443 851	620 180	
北京市陶然亭公园管理处	07	43 223		
北京市植物园	08	759 361	13 491 711	

说明：1. 统计范围：北京市公园管理中心所属各公园管理处。

2. 报送时间及方式：年后1月20日前电子邮件报送并报送纸介质报表。

3. 本表指标一律取整数。

林业旅游与休闲产业发展情况

表号：C108 表
制定机关：国家林业局
批准机关：国家统计局
批准文号：国统制〔2015〕号
有效期至：20　　年　　月

省（自治区、直辖市）地（市、州、盟）县（区、市、旗）
行政区划代码：797552485
综合机关名称：北京市公园管理中心　　2015 年

指标名称	代码	人次	收入（万元）	人均花费（元）	直接带动的其他产业产值（万元）
甲	乙	01	02	03	04
全部林业旅游与休闲产业合计	01	95 733 466	106 460	113	
1. 林业旅游	02	95 733 466	106 460	113	
2. 林业疗养与休闲	03				

单位负责人：张勇　　统计负责人：王明力　　填表人：蒙萌　　报出日期：2016年1月25日
填报说明：本表指标一律取整数。

林业产业产值

（按现行价格计算）

表号：C101
制定机关：国家林业局
批准机关：国家统计局
批准文号：国统制〔2015〕号
有效期至：20　　年　　月

省（自治区、直辖市）地（市、州、盟）县（区、市、旗）
行政区划代码：797552485
综合机关名称：北京市公园管理中心　　2015 年

产业类别	计量单位	代码	总产值	增加值
甲	乙	丙	01	02
总计	万元	01	115 357	31 931
一、第一产业	万元	02		
（一）涉林产业合计	万元	03		

（续表）

产业类别	计量单位	代码	总产值	增加值
甲	乙	丙	01	02
其中：湿地产业	万元	04		
1. 林木育种和育苗（021）	万元	05		
（1）林木育种（0211）	万元	06		
（2）林木育苗（0212）	万元	07		
2. 营造林（0220,0230）	万元	08		
3. 木材和竹材采运（024）	万元	09		
（1）木材采运（0241）	万元	10		
（2）竹材采运（0242）	万元	11		
4. 经济林产品的种植与采集	万元	12		
（1）水果种植（0151,0152,0153,ex0154,ex0159）	万元	13		
（2）坚果、含油果和香料作物种植（0161,0162,ex0163）	万元	14		
（3）茶及其他饮料作物的种植（0169）	万元	15		
（4）森林药材种植（0170）	万元	16		
（5）森林食品种植（ex0123,ex0141,0142）	万元	17		
（6）林产品采集（025）	万元	18		
5. 花卉及其他观赏植物种植（0143,0149）	万元	19		
6. 陆生野生动物繁育与利用（ex0329,0330,ex0390）	万元	20		
（二）林业系统非林产业	万元	21		
二、第二产业	万元	22		
（一）涉林产业合计	万元	23		
其中：湿地产业	万元	24		
1. 木材加工和木、竹、藤、棕、苇制品制造（ex20）	万元	25		
（1）木材加工（201）	万元	26		
（2）人造板制造（202）	万元	27		
（3）木制品制造（203）	万元	28		
（4）竹、藤、棕、苇制品制造（2041,2042,2043,ex2049）	万元	29		
2. 木、竹、藤家具制造（2110,2120,ex2130,ex2190）	万元	30		
3. 木、竹、苇浆造纸和纸制品（ex22）	万元	31		
（1）木、竹、苇浆制造（2211,ex2212）	万元	32		
（2）造纸（ex2221,2222,ex2223）	万元	33		

（续表）

产业类别	计量单位	代码	总产值	增加值
甲	乙	丙	01	02
（3）纸制品制造（ex2231,ex2239）	万元	34		
4. 林产化学产品制造（2663,ex2684）	万元	35		
5. 木质工艺品和木质文教体育用品制造（ex2415,ex2431,ex2433,ex2434,ex2412,ex2413,ex2421,ex2422）	万元	36		
6. 非木质林产品加工制造业	万元	37		
（1）木本油料、果蔬、茶饮料等加工制造（ex1331,ex1332,ex1371,ex1372,ex1391,ex1422,ex1453,ex1462,1515,ex1519,ex1523,ex1524,ex1525,ex1529,1530）	万元	38		
（2）野生动物食品与毛皮革等加工制造（ex1351,ex1352,ex1353,ex1451,ex1459,1741,ex1742,ex1910,ex1921,ex1931,ex1932,ex1939,ex2666）	万元	39		
（3）森林药材加工制造（ex2730,ex2740,ex2760）	万元	40		
7. 其他（ex2311,ex2312,ex2319,ex2811,ex3024,ex3732,ex4890）	万元	41		
（二）林业系统非林产业	万元	42		
三、第三产业	万元	43	106 460	31 931
（一）涉林产业合计	万元	44	106 460	31 931
其中：湿地产业	万元	45		
1. 林业生产服务（ex0519,0521,0522,0523,0529,ex0530）	万元	46		
2. 林业旅游与休闲服务（ex6110,ex7852,ex8316,ex8411,ex8830）	万元	47	106 460	31 931
3. 林业生态服务（ex7690,7711,7712,7713,ex7719,7840,ex7851）	万元	48		
4. 林业专业技术服务（ex7450,ex7462,ex7482,ex7483,ex7511,ex7512）	万元	49		
5. 林业公共管理及其他组织服务（ex9123,ex9125,ex9126,ex9421,ex9422）	万元	50		
（二）林业系统非林产业	万元	51		
补充资料：竹产业产值	万元	52		
油茶产业产值	万元	53		
林下经济产值	万元	54		

单位负责人：张勇　　统计负责人：王明力　　填表人：蒙萌　　报出日期：2016年1月25日

填报说明：1. 涉林产业统计范围为全社会；行业代码前的ex表示为该代码所代表的产业活动的一部分。

2. 本表指标一律取整数。

林业投资完成情况

表　　　　号：E101 表
制定机关：国家林业局
批准机关：国家统计局
批准文号：国统制〔2015〕号
有效期至：20　　年　　月

省（自治区、直辖市）地（市、州、盟）县（区、市、旗）
行政区划代码：797552485
综合机关名称：北京市公园管理中心　　　2015 年（定）

指标名称	计量单位	代码	本年实际	其中：中央投资
甲	乙	丙	01	02
一、本年计划投资	万元	01		
二、自年初累计完成投资	万元	02	275 922	
其中：国家投资	万元	03	112 420	
1. 生态建设与保护	万元	04	20 750	
（1）营造林	万元	05	4201	
（2）湿地恢复与保护	万元	06		
（3）沙地治理与封禁	万元	07		
（4）野生动植物保护及自然保护区	万元	08		
（5）生态保护补偿	万元	09		
（6）其他（含生态工程补助资金）	万元	10	16 549	
2. 林业支撑与保障	万元	11	36 705	
（1）林木种苗	万元	12		
（2）森林防火与森林公安	万元	13		
（3）林业有害生物防治	万元	14		
（4）科技教育	万元	15		
（5）林业信息化	万元	16		
（6）其他	万元	17	36 705	
3. 林业产业发展	万元	18	949	
（1）工业原料林	万元	19		
（2）特色经济林（不含木本油料）	万元	20		
（3）木本油料	万元	21		

（续表）

指标名称	计量单位	代码	本年实际	其中：中央投资
甲	乙	丙	01	02
（4）花卉	万元	22		
（5）林下经济	万元	23		
（6）木竹制品加工制造	万元	24		
（7）木竹家具制造	万元	25		
（8）木竹浆造纸	万元	26		
（9）非木质林产品加工制造	万元	27		
（10）林业旅游与休闲	万元	28		
（11）其他	万元	29	949	
4. 林业民生工程	万元	30		
（1）棚户区（危旧房）改造	万元	31		
（2）社会性基础设施	万元	32		
（3）其他	万元	33		
5. 其他投资	万元	34	217 518	
其中：财政事业费	万元	35	74 603	
三、本年实际到位资金合计	万元	36	247 067	760
1. 上年末结余资金	万元	37	7991	760
2. 本年实际到位资金小计	万元	38	239 076	
（1）国家预算资金	万元	39	119 082	
（2）国内贷款	万元	40		
（3）债券	万元	41		
（4）利用外资	万元	42		
（5）自筹资金	万元	43	107 982	
（6）其他资金	万元	44	12 012	

单位负责人：张勇　　统计负责人：王明力　　填表人：蒙萌　　报出日期：2016年1月25日

填报说明：本表上报时间分别为2016年6月2日和9月2日前。本表指标一律取整数。

2015年北京市公园管理中心科技成果获奖项目

序号	获奖课题名称	完成单位	参加人员	评奖结果
1	丹顶鹤血变原虫流行调查	动物园	张成林、贾婷、郑常明、丁楠、杨明海	一等
2	北京市古树（大树）试验站的建立及油松、白皮松大树根系生长规律研究	园科院	孙宏彦、丛日晨、李子敬、舒健骅、王茂良	一等
3	华北地区蕨类资源收集及园林应用研究	植物园	吴菲、王广勇、王苗苗、西战、赵世伟	一等
4	北海公园阅古楼与快雪堂法帖石刻的研究	北海公园	杨宝利、杜红霞、任明杰、孟瑞、夏国栋	一等
5	微生态制剂对颐和园海棠复壮、防病作用的研究	颐和园	王爽、赵京城、李洁	二等
6	大花卫矛快速繁殖技术的研究	植物园	李鹏、孙宜、曹颖	二等
7	北方地区岩石园景观植物配置与建造	植物园	张辉、刘娜、邓军育	二等
8	生态景观地被的可持续性应用研究	植物园	陈进勇、李菁博、温韦华	二等
9	北京地区流浪猫及部分圈养珍稀动物弓形虫病调查	动物园	王昕、赵娟、苍艳军	二等
10	北京动物园园林植物昆虫调查	动物园	牟宁宁、宋利培、任旻	二等
11	长河功能变迁与紫竹院地区历史文化研究	紫竹院公园	黄苗苗、刘博然、马玉娟	二等
12	北京地区观赏海棠虫害调查及综合防治方法的研究	陶然亭公园	史新欣、张兰春、马媛媛	二等
13	市属公园绿地土壤改良措施研究	园科院	李芳、刘倩、吴建芝	二等
14	天坛公园环境设施布局与承载力研究	天坛	刘碧莉、邬东璠、徐点点	二等
15	乡土花卉组合及应用技术研究	园科院	秦贺兰、梁芳、许超	二等
16	牡丹四季观花栽培技术的研究	景山公园	杨华、周明洁、高岚	三等
17	利用园林废弃物开发有机覆盖材料的研究与示范	植物园	赵世伟、陈进勇、刘东焕	三等
18	北京市公园体验型科普示范基地建设	紫竹院公园	范卓敏、郭亚清、吴西蒙	三等
19	造型菊的栽培与品种筛选	天坛	李红云、于世平、申博	三等
20	万佛楼遗址复建工程周边配套绿化植被的恢复研究	北海公园	寿运增、高苏岚、陈春萌	三等
21	玉渊潭地域休闲文化的产生、演变与发展初探	玉渊潭公园	鲁勇、靳涛、赵立梅	三等

附　录

文件选编

中共北京市公园管理中心委员会
印发《关于干部交流工作暂行规定》的通知

京园党发〔2015〕3号

中心直属各党委、总支、支部：

现将《中共北京市公园管理中心委员会关于加强干部交流工作暂行规定》印发给你们，请根据本单位实际，认真贯彻执行。

中共北京市公园管理中心委员会

2015年1月21日

中共北京市公园管理中心委员会
关于干部交流工作暂行规定

第一条　为贯彻党的十八大精神，进一步推进中心干部交流工作，优化领导班子结构，提高领导干部的素质和能力，加强党风廉政建设，促进中心科学发展，根据《党政领导干部选拔任用工作条例》和中央、市委推进干部交流的相关精神，综合中心系统的干部队伍实际情况，结合中心党的群众路线教育实践活动整改方案，制定本暂行规定。

第二条　本规定所称的干部交流，是指中心党委按照干部管理权限，通过调任、转任对领导干部的工作岗位进行调整。

第三条　干部交流的原则：

（一）在中心党委的领导下，干部交流要有计划、有步骤地进行。

（二）干部交流要与领导班子建设、事业单位人事制度改革相结合。

（三）干部交流要坚持使用与培养、合理流动与相对稳定相结合。

（四）干部交流要严格执行领导班子职数的有关规定，不得超职数配备。

（五）干部交流工作要与领导干部任职回避相关规定相结合。

第四条 交流的对象：

（一）因工作需要交流的；

（二）需要通过交流锻炼提高领导能力的；

（三）在一个单位或者部门工作时间较长的；

（四）按照规定需要回避的；

（五）因其他原因需要交流的。

第五条 必须、应当和不宜进行交流的：

（一）中心机关和所属各单位领导班子成员在同一职位上任职满十年的，必须交流。

（二）中心处级领导干部，有夫妻、直系血亲关系在同一单位（或同一部门）的，必须进行交流回避。

（三）在同职位连续任职达到两个任期的，不再推荐、提名或任命担任同一职务。同一单位的党政正职一般不同时进行交流。

（四）在同一职位五年以上的处级领导干部，应当有计划地进行交流。

（五）缺少基层工作经验或者岗位经历单一的干部，应当有计划地到基层、艰苦岗位和复杂环境工作。

（六）同一干部不宜频繁交流，在同一职位任职不足 2 年的不宜交流，在试用期内的干部不得交流。

第六条 有下列情形之一的，可不交流或者暂缓交流：

（一）距法定退休年龄不足三年的（对符合干部交流的对象，可区别不同情况对其工作进行调整）；

（二）因健康原因不宜交流的；

（三）因涉嫌违纪、违法正在接受组织审查尚未做出结论的；

（四）其他原因不适合交流的。

第七条 干部交流采取纵向交流与横向交流相结合，有计划地在中心所属单位和中心处室之间，在中心所属单位间进行。

第八条 干部交流工作在中心党委统一领导下，结合领导班子调整、年度绩效考核、事业单位人事制度改革，由组织人事处按照干部管理权限组织实施，严格把握人选的资格条件。

第九条 干部交流的程序：

（一）根据中心事业发展需要，主管领导和相关部门加强调研，了解和掌握干部的情况。

（二）组织人事处拟定交流方案，提出交流人选。

（三）主管领导和主管部门进行酝酿、沟通形成初步意见。

（四）征求中心分管领导、干部调出、调入单位意见。

（五）中心党委常委会集体讨论决定。

（六）中心党委责成专人与交流干部谈话，听取本人意见，做好思想工作。

（七）组织人事部门办理调动手续。按规定需作离任审计或干部选拔任用工作评议的，应当进行审计或干部选拔任用工作评议。

第十条 干部交流的纪律：

（一）任何单位和部门必须执行中心党

委关于干部交流的决定，不得以任何理由拒绝执行。

（二）必须严格执行干部交流程序，集体研究决定交流对象，不得借干部交流突击提拔干部。

（三）干部个人不得自行联系交流事宜，领导干部不得指定交流人选。

（四）干部应当服从组织的交流决定。接到交流通知后，须尽快办理工作交接手续，在限定的时间内报到。无正当理由拒不服从组织安排的，就地免职或者降职使用。

第十一条 实行干部交流工作责任追究制度。对违反纪律或者执行纪律不严格的，应当严肃批评教育；造成严重后果的，追究主要责任人以及其他直接责任人的责任。

第十二条 中心党委及组织人事处应当跟踪了解交流干部的思想、工作情况，加强教育、管理和监督。

第十三条 中心系统科级干部交流工作按干部管理权限参照本规定执行。

第十四条 本规定由中心组织人事处负责解释，中心党委讨论通过后试行。

中共北京市公园管理中心委员会
印发《关于加强中青年干部培养的措施（试行）》的通知

京园党发〔2015〕2号

中心直属各党委、总支、支部：

现将《中共北京市公园管理中心委员会关于加强中青年干部培养的措施（试行）》印发给你们，请根据本单位实际，认真贯彻执行。

中共北京市公园管理中心委员会

2015年1月21日

中共北京市公园管理中心委员会
关于加强中青年干部培养的措施

根据《党政领导干部选拔任用工作条例》和《深化干部人事制度改革纲要》，综合中心系统的干部队伍实际情况，结合中心党的群众路线教育实践活动整改方案，为进一步优化领导班子结构，激发干部队伍的生机与活力，按照“信念坚定、为民服务、勤政务实、敢于担当、清正廉洁”的标准，切实加大培养和选拔中青年干部的工作力度，制定以下措施：

一、坚持合理配置、突出重点、分级统筹，切实加强中心所属领导班子中青年干部配备。用三年左右的时间，中心所属各领导班子原则上至少配备一名45岁以下的处级领导干部。各单位有计划地、有重点地培养一批30岁左右的科级干部队伍。

二、正确处理培养选拔年轻干部和用好其他各年龄段干部的关系，充分调动整个干部队伍积极性。每年拿出不少于30%的处级领导空缺职位选拔任用45岁以下的年轻干部。

三、拓宽选人视野和渠道，统筹用好各类干部资源，促进年轻干部跨单位、部门交流，强化对专业技术干部的教育培养，有计划地在中心系统开展中青年干部竞争上岗工作。

四、根据中心班子建设和事业发展需要，开展中心系统处级后备干部调整工作，加强对后备干部动态管理，保持一支结构合理、规模适度、素质优良的后备干部队伍。

五、推进中心系统互派年轻干部挂职锻炼的试点工作。根据工作需要和干部队伍状况，中心所属单位和中心机关选派有发展潜力的科级干部到所属各单位、中心机关挂职锻炼，挂职时间半年或一年。

六、根据中心事业发展和工作实际，每年确定一些调研项目，采取定向委托的方式向中青年干部给任务、压担子，锻炼、提升、考评中青年干部的能力。

七、建立中心系统中青年干部思想政治素质、结构能力状况的分析制度，形成中心领导与中青年干部联系、沟通机制。

八、切实办好中心青年干部等培训班，坚持将从严要求贯穿年轻干部培养选拔全过程，严格教育、严格管理、严格监督。

九、以上措施经中心党委讨论通过后试行，中心所属各单位要根据《中心党委关于加强中青年干部培养的措施》制定符合本单位实际的落实办法。

北京市公园管理中心关于下发《2015年市政府重点工作任务对接方案》的通知

京园办发〔2015〕67号

中心所属各单位，机关各处室：

近期，市政府及相关委办局陆续明确了中心承担的2015年市重点工作任务四类17项，主要有市政府工作报告分解任务14项、市政府专项工作1项、北京市2015年为群众拟办重要民生实事1项、市领导交派任务1项。这些工作是2015年市政府重点督查事项，也是中心2015年重点督查事项。

经中心领导审核同意，现将《北京市公园管理中心2015年市重点工作任务对接方案》予以下发。请各处室、各单位认真研究，积极做好任务对接工作，按照市政府要求和中心安排，明确具体工作目标，建立任务台账，制定季度推进计划措施预案，倒排工期，抓紧抓好贯彻落实工作，确保任务有序开展，圆满完成。

北京市公园管理中心

2015年3月20日

北京市公园管理中心
2015年市政府重点工作任务对接方案

截至3月20日，市政府及相关委办局已经明确由中心系统承办的2015年市重点工作任务共四类17项，包括市政府工作报告分解任务14项、市政府专项工作1项、北京市2015年为群众拟办重要民生实事1项、市领导交派任务1项。为做好任务落实工作，明确责任领导、责任部门和责任人，特制定以下对接方案。

一、市政府工作报告分解任务

《北京市人民政府关于印发2015年市政府工作报告重点工作分工方案的通知》（京政发〔2015〕1号）分解任务216项，由中心主责或共同主责承办14项。

（一）第56项：做好纪念中国人民抗日战争暨世界反法西斯战争胜利70周年有关活动的服务保障工作，弘扬爱国主义精神。

牵头领导：李士祥

主要责任单位及负责人：各部门负责人、各区县区县长

完成时限：2015年12月底

中心责任领导：张　勇

中心对接领导：王忠海、高大伟

对接部门及责任人：服务处王鹏训、综合处李文海

落实单位：中心所属各单位

（二）第59项：加强优秀传统文化保护、传承与发展，做好“三山五园”、周口店遗址、长城文化带的保护利用，加强历史文保区修缮整治与改造更新，保护好历史文化名城这张“金名片”。

牵头领导：陈　刚

主要责任单位及负责人：市规划委黄艳、市文化局陈冬、市文物局舒小峰、市住房城乡建设委徐贱云、市公园管理中心张勇、东城区政府张家明、西城区政府王少峰、海淀区政府孙文锴、房山区政府曾赞荣、平谷区政府姜帆、延庆县政府李先忠

完成时限：2015年12月底

中心责任领导：张　勇

中心对接领导：高大伟

对接部门及责任人：综合处李文海

落实单位：颐和园、香山、北植等

（三）第88项：拓宽公众参与渠道，高水平做好“十三五”规划和各专项规划编制工作，认真对接国家“十三五”规划，深入研究重点难点问题，推动经济社会发展、城乡、土地、人口、环境等“多规合一”。

牵头领导：李士祥、陈　刚

主要责任单位及负责人：市发展改革委

卢彦、市规划委黄艳

协办单位：市政府有关部门

完成时限：2015年12月底

中心责任领导：张　勇

中心对接领导：高大伟

对接部门及责任人：综合处李文海

落实单位：中心所属各单位

（四）第149项：坚持男女平等基本国策，保障妇女儿童权益。

主要责任单位及负责人：市商务委

协办单位：市公园管理中心、市总工会

完成时限：2015年12月底

中心责任领导：张　勇

中心对接领导：王忠海

对接部门及责任人：服务处王鹏训

落实单位：颐和园、动物园

（五）第186项：广泛开展冬季体育运动，大力推进冰雪体育进校园、进公园、进商业圈，深化冬奥文化宣传，营造良好的申奥氛围。

牵头领导：张建东

主要责任单位及负责人：2022年冬奥申委侯玉兰、市体育局李颖川、市教委线联平、市公园管理中心张勇、市文化局陈冬、各区县区县长

完成时限：2015年12月底

中心责任领导：张　勇

中心对接领导：王忠海

对接部门及责任人：服务处王鹏训、宣传处陈志强

落实单位：颐和园、北海、陶然亭、玉渊潭、紫竹院、北植等

（六）第192项：完善行政决策档案管理制度，建立重大行政决策绩效评估机制，加强对重大行政决策实施情况跟踪反馈和监督检查。

牵头领导：李士祥

主要责任单位及负责人：市政府各部门负责人、各区县区县长

完成时限：2015年12月底

中心责任领导：张　勇

中心对接领导：高大伟

对接部门及责任人：绩效办缪祥流

落实单位：中心机关各处室、各单位

（七）第204项：自觉接受人大工作监督、法律监督和政协民主监督。

牵头领导：王安顺

主要责任单位及负责人：市政府各部门负责人

完成时限：2015年12月底

中心责任领导：张　勇

中心对接领导：高大伟

对接部门及责任人：办公室齐志坚

落实单位：服务处等处室，颐和园、天坛、玉渊潭等相关单位

（八）第208项：加大政府信息公开力度，推进预决算、公共资源配置、重大建设项目批准和实施、社会公益事业建设等领域的信息公开，接受人民群众和新闻舆论监督。

牵头领导：李士祥

主要责任单位及负责人：市政府各部门负责人、各区县区县长

完成时限：2015年12月底

中心责任领导：张　勇

中心对接领导：高大伟

对接部门及责任人：办公室齐志坚

落实单位：中心机关各处室、各单位

（九）第209项：深入贯彻落实十八届中央纪委五次全会精神，坚定不移推进党风廉政建设和反腐败斗争。

牵头领导：王安顺

主要责任单位及负责人：市政府各部门负责人、各区县区县长

完成时限：2015年12月底

中心责任领导：张　勇

中心对接领导：程海军

对接部门及责任人：纪检监察处李书民

落实单位：中心机关各处室、各单位

（十）第210项：不断强化党性修养和规矩意识，严守党的政治纪律和政治规矩，坚决在思想上政治上行动上与党中央保持高度一致，坚决维护党中央权威，维护党的团结。

牵头领导：王安顺

主要责任单位及负责人：市政府各部门负责人、各区县区县长

完成时限：2015年12月底

中心责任领导：张　勇

中心对接领导：杨　月

对接部门及责任人：组织人事处苏爱军、纪检监察处李书民

落实单位：中心机关各处室、各单位

（十一）第211项：深化“四风”整治，巩固和拓展党的群众路线教育实践活动成果，全面落实各项整改任务，切实兑现承诺。

牵头领导：王安顺

主要责任单位及负责人：市政府各部门负责人、各区县区县长

完成时限：2015年12月底

中心责任领导：张　勇

中心对接领导：杨　月

对接部门及责任人：党的群众路线教育实践活动办公室苏爱军

落实单位：中心机关各处室、各单位

（十二）第213项：认真落实党风廉政建设主体责任，抓好职责范围内的党风廉政建设。

牵头领导：王安顺

主要责任单位及负责人：市政府各部门负责人

完成时限：2015年12月底

中心责任领导：张　勇

中心对接领导：张　勇

对接部门及责任人：纪检监察处李书民

落实单位：中心机关各处室、各单位

（十三）第214项：各级领导干部充分发挥表率作用，认真落实“三严三实”的要求，切实做到为民务实清廉，以上率下改进作风。

主要责任单位及责任人：市政府各部门负责人、各区县区县长

完成时限：2015年12月底

中心责任领导：张　勇

中心对接领导：杨　月

对接部门及责任人：党的群众路线教育实践活动办公室苏爱军

落实单位：中心机关各处室、各单位

（十四）第216项：大兴调查研究之风，全面推行机关联系基层、干部联系群众“双联系”制度，以良好的作风、优异的业绩赢得群众的支持和信任。

牵头领导：王安顺

主要责任单位及负责人：市政府各部门负责人

完成时限：2015年12月底

中心责任领导：张　勇

中心对接领导：高大伟

对接部门及责任人：办公室齐志坚

落实单位：中心机关各处室、各单位

二、市政府专项工作

《北京市人民政府关于加快推进河湖水

系连通及水资源循环利用工作的意见》（京政发〔2015〕8号）工作职责分工任务1项。

（十五）市公园管理中心负责协同做好河湖水系连通及水资源循环利用工程涉及市属公园的相关工作。

中心责任领导：张　勇

中心对接领导：高大伟

对接部门及责任人：综合处李文海

落实单位：各有关公园

三、北京市2015年为群众拟办重要民生实事

全市2015年共办七个方面29项实事，中心独自承办第26项。

（十六）重要民生实事第26项：扩大市属公园对外开放面积，新增文物古建开放院落10处6000平方米，并面向市民免费开放颐和园益寿堂历史文化展、北京动物园畅观楼史展等10个历史文化主题展览展陈馆。（征集实事意见线索阶段市人大代表提出的意见建议第50条）

完成时限：2015年11月底前

主要责任单位：市公园管理中心

中心责任领导：张　勇

中心对接领导：王忠海

对接部门及责任人：服务处王鹏训

落实单位：颐和园、天坛、北海、景山、香山、动物园、陶然亭

四、市领导交派任务

（十七）根据林克庆副市长加强城市园林“增彩延绿”工作的指示，推进市属公园“增彩延绿”示范项目相关工作。

完成时限：2015年12月底

主要责任单位：市公园管理中心

中心责任领导：张　勇

中心对接领导：李炜民、高大伟

对接部门及责任人：科技处李铁成、综合处李文海

落实单位：香山、北植、陶然亭、玉渊潭、紫竹院、园科院

北京市公园管理中心关于印发《北京市公园管理中心2015年调研工作方案》的通知

京园办发〔2015〕66号

中心所属各单位，机关各处室：

为了更好地应对国家和北京发展的新形势，更好地适应中心发展的新常态，切实提高调查研究服务决策、指导工作的水平，公园管理中心全面加大调查研究工作力度，现将《北京市公园管理中心2015年调研工作方案》印发给你们，请认真学习，遵照执行。

特此通知。

北京市公园管理中心

2015年3月23日

北京市公园管理中心2015年调研工作方案

2015年，我国经济发展步入新常态，全面建设小康社会、全面深化改革、全面依法治国、全面从严治党的“四个全面”战略布局系统提出。北京提出了“四个中心”的新定位和建设国际一流和谐宜居之都的新目标。

为了更好地应对国家和北京发展的新形势，更好地适应中心发展的新常态，切实提高调查研究服务决策、指导工作的水平，公园管理中心全面加大调查研究工作力度，现制定如下调研工作方案：

一、指导思想和工作目标

（一）指导思想

以中国特色社会主义理论体系为指导，深入贯彻落实党的十八大和十八届三中、四中全会精神，学习贯彻习近平总书记系列重要讲话和对北京工作的重要指示精神，按照北京建设国际一流和谐宜居之都的新目标，围绕中心年度重点任务和重大决策部署，运用“适度超前”的思维方式，以事关全局的重大战略问题、影响事业发展的难点问题、群众反映强烈的热点问题、当前社会关注的焦点问题为重点，不断提高发现问题、研究问题、解决问题的能力，切实发挥调查研究服务决策、指导工作的作用，促进中心各项事业全面协调可持续发展。

（二）工作目标

通过开展调查研究工作：

——有效梳理中心成立以来的工作，进一步总结经验、探索规律、形成特色、指导工作。

——进一步统一思想、提高认识，发现问题、正视问题，揭露问题、解决问题。

——建立起一套科学有效的调查研究工作长效机制，在全中心营造“想问题、搞研究、出成果”的良好氛围，为制定和实施科学决策、正确指导工作提供有力依据。

二、组织机构

（一）为了加强调查研究工作，成立北京市公园管理中心调查研究工作领导小组

组　长：

郑西平　北京市公园管理中心党委书记

张　勇　北京市公园管理中心主任

副组长：

杨　月　北京市公园管理中心党委副书记

高大伟（常务）　北京市公园管理中心副主任

成　员：

王忠海　北京市公园管理中心副主任

李炜民　北京市公园管理中心总工程师

程海军　北京市公园管理中心纪委书记

王鹏训　北京市公园管理中心主任助理

阚　跃　北京市公园管理中心主任助理

李铁成　北京市公园管理中心副总工

齐志坚　北京市公园管理中心办公室主任

职　责：

负责统筹协调、组织指挥中心调查研究工作。

（二）领导小组办公室设在研究室

主　任：

齐志坚　北京市公园管理中心办公室主任

副主任：

刘明星　北京市公园管理中心研究室负责人

职　责：

负责组织推进年度调查研究工作；负责制定年度调研方案、安排年度调研课题，并做好协调联络和督促落实工作。

三、课题安排

在各单位、各处室申报，并广泛征求意见的基础上，经中心行政领导班子会议、中心常委会讨论研究，形成中心2015年调研课题。以下课题仅提出研究方向，具体调研题目责任单位自拟。中心2015年课题调研工作分3个层面开展。其中，中心发展全局战略性问题调研课题由中心领导牵头负责，共10个。中心处室普遍性调研课题由各处室负责，共11个，涉及9个处室。中心各单位普遍性调研课题由各单位负责，共22个，涉及13个单位。以上课题，中心领导牵头负责的课题、各处室负责的课题，以及各单位必选课题必须年度内完成。各单位自选课题可跨年度完成。

四、时间安排

3月25日前，召开中心2015年调查研究工作会，全面部署工作。

4月30日前，听取课题安排及开题工作情况汇报。

7月30日前，召开中期成果交流会。

11月30日前，各单位、各处室上报调研报告。

12月30日前，完成调研报告的修改完善工作。

2016年春节前，组织开展年度调研报告验收工作；完成年度研报告汇编成册。

2016年春节后，召开北京市公园管理中心2015年调研成果研讨会。

五、工作要求

（一）加强对调研工作的领导

所属各单位、机关各处室要加强对调查研究工作的领导，建立调查研究组织机构。各单位党政一把手、各处室处长直接负责本单位、本处室调查研究工作。同时，各单位要确定调查研究工作责任部门和1名具体工作人员；各处室要确定1名具体工作人员。

请各单位、各处室于3月25日（星期三）16：00前将主管领导、主责部门领导姓名及具体工作人员姓名和联系方式报送至中心局域网办公室邮箱。

（二）加强推进调研工作的落实

公园管理中心围绕重大发展战略问题和当前重点、热点问题提出和确定一批重点调研课题。研究室作为领导小组办公室将充分发挥综合协调职能，做好具体调研的组织和督促工作。领导小组将组织召开开题汇报会、中期成果交流会、调研报告验收会、调研工作总结会，听取课题进展情况，指导调研工作。同时，要求调研工作严格按照时间进度推进，此项工作将纳入年度绩效考评。

（三）重视调研力量配备

充实调研力量。积极选拔具有较高政治素质和理论修养、实践经验丰富的干部充实到调研队伍。从生产、生活方面做好关心调研干部的各项工作。

（四）加强调研经费投入

增加对调研工作的投入，改善调研工作条件，提高办公自动化、信息化水平，为调研工作创造良好的工作环境。

附件：1．2015年中心发展全局战略性问题调研课题安排表（略）

2．2015年中心各处室普遍性问题调研课题安排表（略）

3．2015年中心各单位普遍性问题调研课题安排表（略）

北京市公园管理中心印发《北京市公园管理中心关于加强可移动文物及藏品保护利用工作的意见》的通知

京园服发〔2015〕80号

中心所属各单位：

《北京市公园管理中心关于加强可移动文物及藏品保护利用工作的意见》经中心主任办公会研究通过，现下发执行。请各相关单位在贯彻这个意见的同时，认真做好不可移动文物、露陈文物等各项文物保护利用工作。在执行中结合具体情况，研究制定本单位的相关规定。在执行发现的问题及困难，可及时向中心有关处室反映。

北京市公园管理中心

2015年3月31日

北京市公园管理中心关于加强可移动文物及藏品保护利用工作的意见

为切实做好中心系统可移动文物及藏品的保护利用工作，依据国家及北京市相关法律法规，现提出以下意见。

一、明确总体要求，提高对可移动文物保护重要性的认识

（一）对可移动文物保护利用工作的总体要求是：按照“保护为主、抢救第一、合理利用、加强管理”的基本方针，严格执行国家和北京市有关文物保护的各项法律法规，动员中心人财物各方面的资源，加强人员教育、制度建设和设施改善，全力做好可移动文物及藏品的保护利用工作，确保文物安全。同时认真做好研究、修复、利用等相关工作。

（二）明确可移动文物保护的重要意义。可移动文物是中国园林重要的组成部分，是人类文化的遗产，是社会历史发展的物化形式。随着社会进步和人民生活水平不断提高，园林中的可移动文物在述说悠久历史、展示灿烂文化、丰富生活情趣、普及科学知识、培养爱国情操等方面发挥出越来越大的作用。保护、利用好可移动文物是每一个园林人的职责和义务。

（三）中心系统所有员工，都要提高对

可移动文物保护重要性的认识，从自己从事的工作出发，推进或帮助做好文物保护工作。

直接从事可移动文物管理、研究、修复、讲解、看护等工作的人员，要树立高度的责任心，不断提高专业知识和业务素养，严格遵从有关法律、政策和规程，尽心尽职做好工作。

要加强对社会、游客和在公园内从事经营、劳务等单位人员的宣传，依法履行保护文物的义务，形成保护文物的良好氛围。

二、明确可移动文物的范围，实施科学划分与管理

根据《中华人民共和国文物保护法》的规定，下列具有历史、艺术、科学价值的文物，受国家保护。

具有历史、艺术、科学价值的古文化遗址、古墓葬、古建筑、石窟寺和石刻；与重大历史事件、革命运动或者著名人物有关的以及具有重要纪念意义、教育意义或者史料价值的近代现代重要史迹、实物、代表性建筑；历史上各时代珍贵的艺术品、工艺美术品；重要的革命文献资料以及具有历史、艺术、科学价值的手稿和古旧图书资料等；反映历史上各时代、各民族社会制度、社会生产、社会生活的代表性实物。具有科学价值的古脊椎动物化石、古人类化石和具有历史价值、纪念意义的古树名木同文物一样受国家保护。

以上文物中涉及历史上各时代重要实物、艺术品、文献、手稿、图书资料、代表性实物等已经收集为馆藏或适合馆藏的，称为可移动文物。可移动文物分为珍贵文物和一般文物。文物本体与附属物同等重要。

各公园、各单位搜集收藏的涉及以上类型的实物又未经过鉴定、定级的称为藏品。藏品参照文物进行管理。对符合文物条件的藏品要进行定级，定级后按相应文物级别进行保护管理。

三、明确管理主体责任，细化文物管理职责

可移动文物的产权单位对文物保护负有主体责任，其行政主要领导是第一责任人。

收藏有可移动文物的单位应当履行下列职责：

（一）建立健全的管理体系和制度

1．明确主管领导、主管科室和管理人员。建立岗位责任制，设立专人管理文物藏品库房和文物藏品账册，严格进出库手续和库、柜钥匙的管理，落实责任到人。

2．对收藏的可移动文物，区分文物等级，设置藏品档案，建立严格的管理制度，并报主管的文物行政部门备案。

3．每年应从业务经费中划出适当比例，作为文物保护专用资金，用以更新和添置必要的文物保护设备，改善文物库房条件，减少、防止自然的和人为的因素对藏品的损害。资金不足的要说明理由，每年制定下一年度计划时向中心提出申请。

4．制定文物保护年度计划，培训文物管理人员、实施文物保护措施、加强文物科学研究、举办各项文物展览，组织对下属单位的专项检查。

5．加强与市、区两级文物主管部门的联系，需要请示的事项按时限上报，并抄报中心备案。重要事项须先向中心请示。

（二）严格文物库房管理，确保人员设施设备到位

对库房管理的总要求是：设施有效、制度健全、账目清楚、编目详细、保管妥善、查用方便、实行分级分类保管。

1．应设立文物专用库房或者专柜并设专

职保管员。国家一级文物应当设专柜保管。每年须对可移动文物及藏品进行核查。国家一、二级文物每半年核查一次。

2．建立并健全可移动文物的目录和档案，总账、分类账，并编目造卡。文物帐及文物均须设专人管理，实现账物分离。藏品管理人员调离前，应当办结藏品移交手续。

3．各单位须建立健全可移动文物库房管理制度和安全检查制度。建立突发情况预案，遇突发状况能及时和正确处理，确保文物安全。

4．文物库房及研究、修复的场所，要具备必要的照明、保暖、防护等条件，留有人员操作空间。

5．文物库房24小时应设专职警卫值守，警卫须经过单位保卫部门审查和培训，熟悉工作预案，能处理突发的各种情况。文物库警卫及管理人员要严守库房机密，建立《库房日记》。任何人员出入文物库均须进行登记。

6．非库房管理人员未经主要领导、主管领导及文物保管部门负责人许可，不得进库房。经许可者由库房管理人员陪同入库，进入文物库时不得携带任何包装物，若工作需要必须携带须接受相关检查。库房一般不接待参观。

7．文物出入库房必须办理出库、归库手续。对文物数量和现状，必须认真核对，点交清楚。文物出库后，由接收使用部门负责保管养护，保管部门对使用情况进行监督和检查。使用部门应尊重文物保管部门的意见，对发现的不安全因素，应及时予以纠正。

（三）加强安全管理，确保文物完好

1．可移动文物的展馆和库房应采取多种技防、物防措施，具备防火、防盗、防潮、防震、防虫等功能。要加强值班巡查，严格管理程序。

2．文物如有损坏、丢失或其他原因减少，必须及时向上一级主管部门及领导报告。

3．各单位要建立定期的安全检查制度，发现不安全因素或发生文物损伤要及时处理并报告上级主管部门及文物行政部门。发生火灾、文物失窃等案件，应保护好现场，并立即上报当地公安部门、文物行政管理部门。发生文物损伤等重大事故，应立即上报公园管理中心及文物行政管理部门，并查明原因，根据情节轻重给有关人员以必要的行政处分，直至追究法律责任。

4．各单位要建立健全文物的保护管理制度和安全操作规程。文物库电气设备须有相应管理制度。

5．开展文物外展时，对方场地必须符合安全规定，双方要签订安全协议，必要时应投保。要制定文物包装、运输、装卸、存放等过程的安全方案和应急预案，安排专人押运。

6．文物管理部门要会同安全保卫等部门，建立有效的安全管理制度，安全责任落实到人。

四、创新管理机制，扩大文物影响力

为更好发挥文物的作用，中心鼓励在严格遵守相关法律法规的前提下，加强文化交流，扩大文物影响力。

（一）要加强与专业部门、专业公司的合作，编制可移动文物保护规划和使用规划，探索应用现代科技手段，科学保护文物，采集文物数据，丰富展示手段。有条件的要建立文物三维扫描模型，完善文物保护和修复措施，推进数字化博物馆建设。

（二）发挥文物及藏品优势，开展相关专业领域的理论及应用研究，提高业务水平，促进专业人才的成长。

（三）创新文物管理机制，推进社会捐赠、捐助、认养文物，借助社会力量的支持推进文物征集和保护利用工作。有条件的，可以开展收购，收购要制订计划，经过专家论证，并报中心批准。

（四）充分挖掘可移动文物的综合价值，寻求政策支撑，依法做好文物衍生品的开发、使用、推广。

（五）有计划地开展可移动文物的外展工作。

五、建立有效机制，确保工作落实

（一）公园管理中心和各公园、各单位的领导和部门，要把可移动文物及藏品的保护利用，作为日常工作的重要内容，纳入年度计划。

（二）公园管理中心可移动文物及藏品保护与利用工作，由服务管理处牵头负责。服务管理处负责提出中心可移动文物及藏品保护计划、指导各公园单位制定专项计划，建立并实施检查和督促制度，确保工作落实。

（三）公园管理中心和各公园单位要保证工作所需的人员和经费按时到位，所需经费可在文保基金列支。人事、宣传、管理、后勤、安全等各个部门都要在工作中对可移动文物及藏品的保护利用提供支持。

（四）可移动文物及藏品的保护利用工作将列入中心年度考核内容。对于在工作中管理措施到位、成绩表现突出的单位和个人，中心将予以表彰奖励。对于管理不善出现问题单位和个人，予以追责。对违反国家法律法规造成损失的，交由相关部门处理。

（五）各公园单位要依据本意见制定实施细则，并参照有关法律法规，制定或修改自己的规章制度，在工作中严格执行。

北京市公园管理中心关于下发《北京市公园管理中心“十三五”事业发展规划编制工作方案》的通知

京园综发〔2015〕93号

中心所属各单位，机关各处室：

经报中心党委常委会研究同意，现将《北京市公园管理中心“十三五”事业发展规划编制工作方案》下发给你们。请各单位、各处室高度重视、精心组织、科学谋划、抓紧推进。

请所属各单位参照中心“十三五”规划编制工作方案制订本单位工作方案；请各单位、各处室按照各自职责分工认真抓好落实，抓紧时间启动“十三五”规划编制工作。具体规划编制工作安排由 中心“十三五”规划编制工作领导小组办公室统筹组织。

北京市公园管理中心

2015年4月10日

北京市公园管理中心“十三五”事业发展规划编制工作方案

2015年是“十二五”规划收官之年，是深化改革的关键之年，北京正着力解决非首都核心功能疏解，保护首都古都风貌，建设生态环境，强化城市管理，北京提出了“四个中心”的新定位和建设国际一流和谐宜居之都的新目标。2015年同时也是“十三五”规划编制之年，为紧紧抓住“十三五”时期发展战略机遇，创新管理机制，有效保护历史名园，科学有序推进“十三五”时期各项工作，现按照市委、市政府相关要求，启动中心“十三五”规划编制相关工作。为保证“十三五”规划编制的前瞻性和合理性，保证规划编制步调一致，顺利与全市其他部门对接，充分融入全市发展格局，现制定如下中心“十三五”规划编制工作方案。

一、指导思想

深入贯彻落实党的十八大以来北京市委、市政府一系列重大决策部署，以习近平总书记系列讲话特别是考察北京工作时的重要讲话精神为统领，准确把握新时期首都城市发展战略定位，紧紧围绕北京提出的“四个中心”新定位和建设国际一流和谐宜居之都的新目标，坚持目标导向、问题导向和改革导向，以事业单位体制改革为突破口全面深化改革，破解市属公园发展难题，以2015年中心发展战略性问题调研为导向，结合中心第二次党代会研提中心“十三五”规划战略目标，全力打造公园行业典范，试点国家公园体制，站在生态文化高地，引领全市生态文明建设，融入京津冀协同发展，重点推动公园文化创意产业，为首都转型升级提供重要支撑，促进首都公园行业科学可持续发展。

二、编制原则

（一）坚持服务宗旨原则。以服务为宗旨，以游人为中心，改善民生，服务民生，服务首都“四个中心”新定位，服务建设国际一流和谐宜居之都新目标，寓管理于服务之中，积极探索社会公益性公共服务实现的最佳途径、方式和方法。

（二）坚持科学发展原则。紧紧围绕生态文明、美丽中国建设理念，坚持历史名园保护、发展并重，保护、管理、利用并举，始终坚持绿色节能环保理念，统筹协调发展，共建共享，充分保证文化价值的最大传承，充分发挥历史名园的价值功能，促进首都历史名园全面、均衡发展。

（三）坚持引领示范原则。在中心“十二五”规划“打造全国公园行业典范，争创世界一流名园”目标基础上，按照中央、市委、市政府提出的事业单位体制改革试点、国家公园体制建设、融合发展等工作要求和部署，认真开展中心系统软硬件建设总结、提高工作，争先创优，建精品，创典范，形成标准，构造先进管理体系，以首都历史名园丰富的生态文化内涵引领全市生态文明建设，充分发挥示范作用。

（四）坚持“多规合一”原则。把握好服从发展与调控发展之间关系，做到中心事业发展规划与公园总体规划、文物保护规划等其他各专项规划之间的有机衔接、协调统一，创新思维，积极探索，在文物保护、游人服务、安全建设、管理利用等多方面充分发挥各类杠杆调节作用，多规合一，使公园进入一种动态均衡发展模式。

三、主要任务

采取“统一组织、部门协作、专家咨询、公众参与、综合衔接、融入汇总”的工作方式，编制形成以规划纲要为龙头、专项规划为支撑、各公园（馆、院、校）规划为基础的“两级”［中心整体规划和公园（馆、院、校）规划］、“三类”（规划纲要、重点专项规划和一般专项规划）规划体系。

（一）扎实开展前期重大课题研究。全面评估“十二五”规划实施成效和存在问题，重点对关系中心科学发展的全局性和战略性问题、关系中心发展的热点难点问题，开展前瞻性、针对性研究，提出可操作、可实现、可评估的新思路、新举措和新路径，并形成研究报告，为规划编制提供有力的支撑和指导。

（二）研提中心“十三五”规划基本思路。在前期研究的基础上，起草形成中心“十三五”规划基本思路，明确发展目标、指导原则、重点任务和重大举措。并切实做好与市委、市政府研究室和市“十三五”规划基本思路起草单位市发展改革委的工作衔接，提出拟纳入全市“十三五”规划基本思路和专项规划的重点内容。

（三）抓好中心规划纲要编制。中心“十三五”规划纲要是战略性、纲领性、综合性规划，是编制中心专项规划和公园（馆、院、校）规划以及制定有关政策和年度计划的依据。规划纲要的编制要从解决公园发展面临的突出矛盾和问题入手，明确“十三五”时期中心事业发展的指导思想、基本原则、发展目标、战略任务、重大项目布局和主要措施等。

（四）做深做实中心六个重点专项规划。专项规划是规划纲要在特定领域的细化，也是指导该领域发展以及安排政府投资和财政支出预算的依据。围绕“十三五”时期中心系统的发展总体目标任务，组织编制综合建设、文化服务、人才建设、科技教育、安全保障、信息化建设等重点专项规划，要明确具体的指导思想和原则、发展目标和主要任务、政策措施与资金保障，并纳入中心“十三五”规划体系统筹管理和实施。

（五）做好中心所属各单位发展规划。中心所属各单位负责编制本单位“十三五”发展规划。立足单位实际，融入区域发展，发挥自身优势，提出“十三五”期间的发展思路、发展目标，研究策划提出一批关系本单位长远发展、示范带动性强的重大建设工程和重点建设项目，同时做好与中心总体规划、文物保护规划和相关专项规划的衔接。

四、组织机构

为切实加强领导，保证“十三五”规划编制工作的高效有序进行，中心成立“十三五”规划编制工作领导小组，下设办公室。中心各单位要成立相应的“十三五”规划编制工作领导机构和执行部门。

（一）中心“十三五”规划编制工作领导小组成员

组　长：郑西平　张　勇

副组长：杨　月　王忠海　高大伟
　　　　李炜民　程海军　阚　跃

成　员：中心各处室、各部门负责人；中心所属各单位党政工作主要负责人

（二）编制工作领导小组办公室成员

编制工作领导小组下设办公室。

办公室主任：高大伟（兼）

副 主 任：齐志坚　李文海

办公室成员：王鹏训　李铁成　王明力

史建平　苏爱军　李书民

陈志强　刘国栋　朱英姿*

米山坡　徐　刚　宋丽培

缪祥流　刘东斌　贺　然

康　雁　王晓军　高飞*

肖　洋*　胡东崴*

王未彤*

（“*”为办公室常驻工作人员）

办公室日常工作开展由综合处负责统筹组织。

办公室内设七个工作组，按职责分工统一整合专项规划，形成规划报告。

“十三五”规划各专项规划编制组可根据工作需求适当抽调工作人员，由各编制组组长将抽调计划报与办公室统一安排。

纲要编写组：由中心办公室、综合处主责。负责中心事业发展规划纲要的编制工作；负责总体统筹协调。

牵头领导：高大伟

主责部门：办公室　综合处

组　长：齐志坚　李文海

副组长：缪祥流　高　飞

综合建设组：由中心计财处和综合管理处主责。负责综合建设规划的编制、汇总工作。

牵头领导：王忠海　高大伟

主责部门：计财处　综合处

组　长：王明力　李文海

副组长：康　雁　朱英姿

文化服务组：由中心服务管理处和宣传处主责。负责文化服务发展规划的编制、汇总工作。

牵头领导：王忠海　杨　月

主责部门：服务处　宣传处

组　长：王鹏训　陈志强

副组长：贺　然

人才建设组：由中心组织人事处和纪检监察处主责。负责中心人才、队伍建设规划的编制、汇总工作。

牵头领导：杨　月　程海军

主责部门：组织人事处　纪检监察处

组　长：苏爱军　李书民

副组长：刘国栋　徐　刚

科技教育组：由中心科技处主责。负责科技教育发展规划的编制、汇总工作。

牵头领导：李炜民

主责部门：科技处

组　长：李铁成

副组长：宋利培

安全保障组：由中心保卫处主责。负责安全保障、应急处置建设规划的编制、汇总工作。

牵头领导：王忠海

主责部门：应急处

组　长：史建平

副组长：米山坡

信息化建设组：由中心办公室主责，负责中心信息化建设、智慧型公园建设规划的编制、汇总工作。

牵头领导：高大伟

主责部门：办公室　信息中心

组　长：齐志坚

副组长：王晓军

五、工作进度安排

分为动员准备、研究编制、衔接修改、汇总提升四个阶段。

（一）动员准备阶段（2015年3月31日前）。中心系统召开规划编制工作部署会议，启动业务培训和编制工作。3月31日前各单位上报“十三五”规划编制工作领导小组名单和工作方案。办公室各工作组启动规划调研和规划思路确定工作。

（二）研究编制阶段（2015年4月1日—7月31日）。各单位：编制本单位“十三五”规划，加强规划务虚研讨，在6月30日前将本单位“十三五”规划分别上报各分项规划编制主责部门。各分项规划编制主责部门于7月15日前完成对各单位分项规划的审核，并将审核意见反馈各单位。各单位修改完善后于7月31日前上报中心“十三五”规划编制工作办公室。办公室：各工作组全力开展工作，经常性开展务虚研讨，多方征求意见。7月31日前，撰写完成“十三五”规划重点研究报告；编制《中心“十三五”事业发展规划纲要》和《综合建设等六个重点专项规划》初稿。

（三）衔接修改阶段（2015年8月1日—11月20日）。中心“十三五”规划办公室各工作组研究各单位上报“十三五”规划，完成各单位“十三五”规划与中心总“十三五”规划之间衔接之后，由中心领导带队，约请市委、市政府研究室，市发改、规划、文物、文化、旅游、园林、水务、经信委等各部门规划工作主管领导、主管部门座谈，征求编制意见建议，根据所征求意见、建议修改中心“十三五”规划初稿，充分融入 全市各专项规划。

（四）汇总提升阶段（2015年11月21日—12月31日）。办公室各工作组于12月20日前完成中心“十三五”规划的汇总整理、提升工作。召开各部门领导、专家学者、公园员工、市民游人等四个层次的研讨交流会，广泛征询意见并进一步修订完善纲要和各专项规划。上报编制工作领导小组审定。

六、工作要求

（一）加强组织领导，形成工作合力。成立中心“十三五”规划编制工作领导小组，负责统筹指导、总体协调规划研究编制工作。领导小组办公室设在综合处，具体负责规划研究编制工作的统筹安排与协调推进。中心所属各单位要高度重视，尽快组建本单位规划编制工作领导机构，调配精干力量组建规划编制队伍。各单位要始终坚持“全中心一盘棋”思想，把规划编制作为统一思想、整合资源、协调步调的过程，加强信息沟通、数据交换、成果共享，形成密切配合、相互促进、合力规划的互动机制，在服务全市大局和中心发展全局中谋划好各单位的发展。

（二）坚持改革创新，提高规划质量。各单位要把改革创新的要求贯穿于规划编制和实施工作的全过程，深入总结“十二五”规划编制和实施经验，充分运用前期课题调研成果，不断提高规划编制的科学性，科学设定规划目标，突出可操作性、可实现性以及相关规划目标之间的衔接性。坚持规划编制与实施并重，研究确定一批关系行业全局、带动性强的重大项目，切实推动规划落实。

（三）规范编制程序，强化规划衔接。切实加强前期研究、文本起草、征求意见、衔接论证、融入汇总等环节的规范管理，有序推进规划编制。以规划纲要为统领，按照下级规划服从上级规划、专项规划服从规划纲要、同级规划相互协调的原则，及时了解掌握全市“十三五”规划编制进展，加强与市“十三五”专项规划主责部门的沟通与协作，确保融入全市工作格局，融入区域发展。

（四）充分发扬民主，扩大社会参与。提高规划编制的透明度、社会参与度。搭建网络媒体信息平台，主动听取社会各界意见和建议，积极回应社会关切，广泛征求公园各相关行业专家和主管部门意见和建议，做好重大问题咨询和规划草案论证，体现规划编制的科学性与民主性。

中共北京市公园管理中心委员会印发《中共北京市公园管理中心关于在处级以上领导干部中开展“三严三实”专题教育的实施方案》的通知

京园党发〔2015〕28号

中心所属各党委、总支、支部：

经中心党委常委会研究通过，现将《北京市公园管理中心关于在处级以上领导干部中开展“三严三实”专题教育的实施方案》印发给你们，请结合实际认真贯彻执行。

中共北京市公园管理中心委员会

2015年5月28日

北京市公园管理中心关于在处级以上领导干部中开展“三严三实”专题教育的实施方案

为贯彻落实全面从严治党要求，巩固和拓展党的群众路线教育实践活动成果，持续深入推进中心党的思想政治建设和作风建设，根据《北京市关于在处级以上领导干部中开展“三严三实”专题教育的实施方案》，结合中心实际，制定如下方案。

一、总体要求

深入学习贯彻党的十八大和十八届三中、四中全会精神，深入学习贯彻习近平总书记系列重要讲话和对北京工作重要指示精神，紧紧围绕协调推进“四个全面”战略布局，对照“严以修身、严以用权、严以律己，谋事要实、创业要实、做人要实”的要求，聚焦对党忠诚、个人干净、敢于担当，把思想教育、党性分析、整改落实、立规执纪结合起来，教育引导中心各级领导干部加强党性修养，坚持实事求是，改进工作作风，着力解决“不严不实”问题，尤其是要立足公园管理中心战略定位，不断提升中心发展和管理水平，切实增强践行“三严三实”要求的思想自觉和行动自觉，努力在深化“四风”整治、巩固和拓展中心党的群众路线教育实践活动成果上见实效，在讲政治顾大局、守纪律讲规矩、营造良好政治生态上见实效，在真抓实干、推动中心改革发展稳定上见实效。

二、工作原则

（一）坚持从严从实

中心所属各单位要借鉴群众路线教育实践活动成功经验做法，结合自身重点工作任务，认真谋划和开展专题教育，把抓好专题教育作为改进中心各项工作的有利契机，以首善标准落实全面从严治党任务、推动中心各项事业科学发展。要坚持以严的要求、严的措施、严的纪律、严的作风扎实开展专题教育，切实提高领导干部思想认识。要立足本职岗位开展专题教育，真正从思想上、工作上、作风上严起来、实起来，把“三严三实”要求体现到履职尽责、做人做事的方方面面。

（二）坚持以上率下

中心领导机关要树标杆、作表率，层层传导压力、层层示范带动。中心所属各单位党政领导班子成员特别是党政主要负责同志，要立足承上启下，同群众联系更直接、更紧密的实际开展专题教育，从思想深处清除与“三严三实”要求不适应、不符合的突出问题，努力当好忠诚、干净、担当的标杆。

（三）强化问题导向

真正把自己摆进去，着力解决理想信念动摇、信仰迷茫、精神迷失，宗旨意识淡薄、忽视群众利益、漠视群众疾苦，党性修养缺失、不讲党的原则等问题；着力解决滥用权力、设租寻租，不直面问题、不负责任、不敢担当，顶风违纪还在搞“四风”、不收敛不收手等问题；着力解决无视党的政治纪律和政治规矩，对党不忠诚、做人不老实，阳奉阴违、自行其是，心中无党纪、眼里无国法等问题，推动中心各级领导干部把“三严三实”作为修身做人用权律己的基本遵循、干事创业的行为准则，争做“三严三实”的好干部。

三、工作步骤

“三严三实”专题教育是党的群众路线教育实践活动的延展深化，是加强党的思想政治建设和作风建设的重要举措，要融入领导干部经常性学习教育，不分批次、不划阶段、不设环节，不是一次活动。从今年5月开始，在中心所属各单位处级以上领导干部中，开展学习研讨、专题党课、专题民主生活会和组织生活会，强化整改落实和立规执纪，各级同步进行。具体工作安排如下：

（一）学习专题党课报告（6月底前）

中心所属各单位处级以上领导干部认真学习市委书记郭金龙，市委副书记、市长王安顺，市委常委、市纪委书记叶青纯，中心党委书记郑西平同志专题党课报告，深入领会“三严三实”的重大意义、本真内涵和总体要求。各单位按照中心党委要求和部署，及时开展“三严三实”专题教育。

（二）领导干部讲党课（6月底前）

中心所属单位党委（总支、支部）书记结合专题教育动员部署工作，紧扣“三严三实”要求，结合本单位实际，联系党员、干部思想、工作、生活和作风实际，带头讲一次党课。党委（总支、支部）其他成员也要在适当范围内讲党课。要讲清楚“三严三实”的重大意义和丰富内涵、“不严不实”的具体表现和严重危害，以及落实“三严三实”的实践要求，发挥带学促学作用。

（三）整改落实专项检查（6月底前）

按照市委关于在“三严三实”专题教育中坚持边学边查边改的要求，结合中心教育实践活动整改落实工作安排，自4月下旬开始，各单位认真组织开展教育实践活动整改落实专项自查工作。在此基础上，中心活动办将会同有关部门组建检查组，对中心所属单位领导班子整改方案落实情况进行专项抽查，在继续推动整改落实中查找和发现“不严不实”问题，突出专题教育的问题导向。

（四）党委（总支、支部）中心组开展专题学习研讨

深入学习习近平总书记系列重要讲话精神，学习党章和党的纪律规定，重点研读《习近平谈治国理政》《习近平关于党风廉政建设和反腐败斗争论述摘编》。认真学习焦裕禄、谷文昌、杨善洲、沈浩等先进典型事迹，从周永康、薄熙来、徐才厚、令计划、苏荣等违纪违法案件中汲取教训。认真学习《优秀领导干部先进事迹选编》《领导干部违纪违法典型案例警示录》及中心党风廉政教育有关资料。坚持从查摆自身问题入手，在教育实践活动整治“四风”问题的基础上，进一步查找“不严不实”问题，做到边学边查边改。坚持个人自学和集体学习相结合，重点分3个专题开展学习和交流研讨，大体上每两个月1个专题，每个专题集中学习和交流研讨时间不少于4个半天，其中，在每个专题学习过程中至少组织召开1次专题交流研讨会。会前，领导干部要结合相应专题学习内容，通过召开座谈会、实地走访等形式进行专题调研，听取党员群众意见建议；会上，领导干部结合相应专题的学习和调研情况，把自己摆进去，紧扣重点研讨内容踊跃发言、讨论交流，互相启发、形成共识。

1．开展第一个专题学习研讨（5月～6月）

以“严以修身，加强党性修养，坚定理想信念，把牢思想和行动的‘总开关’”为主题。重点学习和交流研讨以下内容：作为中心的领导干部，如何坚定马克思主义信仰和中国特色社会主义信念，增强道路自信、理论自信、制度自信；如何站稳党和人民立场，牢固树立正确的世界观、人生观、价值观和公私观、是非观、义利观，忠于党、忠于国家、忠于人民；如何保持高尚道德情操和健康生活情趣，自觉远离低级趣味，树立良好家风，坚决抵制歪风邪气，坚守共产党人精神家园。

2．开展第二个专题学习研讨（7月～8月）

以“严以律己，严守政治纪律和政治规矩，自觉做政治上的‘明白人’”为主题。重点学习和交流研讨以下内容：作为中心的领导干部，如何严格遵守党章，落实习近平总书记在十八届中央纪委五次全会上提出的“五个必须”要求，坚决防止和遏制“七个有之”现象，自觉维护党中央权威，任何时候任何情况下都做到在思想上政治上行动上同以习近平同志为总书记的党中央保持

高度一致；维护党的团结，做老实人、说老实话、干老实事，不搞团团伙伙，不搞任何形式的派别活动；遵循组织程序，不超越权限办事，不搞先斩后奏；服从组织决定，不跟组织讨价还价，不欺骗组织、对抗组织；管好亲属和身边工作人员，不让他们擅权干政，不让他们利用特殊身份谋取非法利益。

3．开展第三个专题学习研讨（9月～10月）

以“严以用权，真抓实干，实实在在谋事创业做人，树立忠诚、干净、担当的新形象”为主题。重点学习和交流研讨以下内容：结合本职工作，如何坚持用权为民，自觉遵守宪法法律和党的纪律，按规则、按制度、按法律行使权力，敬法畏纪，为政清廉，任何时候都不搞特权、不以权谋私；如何坚持民主集中制，自觉接受监督，不搞大权独揽、独断专行；如何坚持从中心改革发展稳定的实际出发，谋划事业、推进工作，敢于担责、“为官有为”，努力创造经得起实践、人民、历史检验的实绩。

（五）召开“三严三实”专题民主生活会和组织生活会（2016年2月底前）

中心处级以上党员领导干部年度民主生活会和组织生活会，要以践行“三严三实”为主题进行。

1．进行党性分析。1月底前，每名处级以上党员领导干部都要对照党章等党内规章制度、党的纪律、国家法律、党的优良传统和工作惯例，对照正反两方面典型，联系个人思想、工作、生活和作风实际，联系个人成长进步经历，联系教育实践活动和2014年度民主生活会个人整改措施落实情况，结合征求意见和谈心情况，深入查摆“不严不实”问题，进行党性分析，撰写党性分析材料。

2．开好专题民主生活会。2016年2月底前，围绕践行“三严三实”要求，按照教育实践活动专题民主生活会的标准和要求，召开一次高质量的专题民主生活会，严肃认真开展批评和自我批评。会前，要对教育实践活动整改落实情况再进行一次自查，并在会上通报有关情况。会后，要认真研究制定领导班子整改方案和个人整改措施，及时通报专题民主生活会情况，并于民主生活会结束后15日内，向上一级党组织上报专题民主生活会情况。

3．召开专题组织生活会。中心所属各单位及其内设机构处级以上党员领导干部，要认真参加所在党支部召开的专题组织生活会，认真开展批评和自我批评，提出改进问题的措施和办法。

（六）指导所属单位领导班子专题民主生活会（2016年2月底前）

中心常委领导班子成员根据联系点，全程指导不少于1个下属单位领导班子的专题民主生活会，并在会上对民主生活会召开情况进行点评。

（七）强化整改落实和立规执纪

在专题教育过程中，坚持边学边查边改，主要领导干部带头，注重听取党员群众意见建议，认真查找存在的“不严不实”问题，列出问题清单，一项一项整改，进行专项整治。要严格正风肃纪，严肃查处违反党的政治纪律、组织纪律、廉政纪律，以及违反中央八项规定和市委十五条实施意见的行为；对存在“不严不实”问题的领导干部，立足于教育提高，促其改进；对群众意见大、不能认真查摆问题、没有明显改进的，要进行组织调整；对搞形式、走过场的要严肃问责，坚决防止和杜绝形式主义。加强源头治理，针对“不严不实”问题，建制度、立规矩，强化刚性执行，健全领导干部考核评价制度，加大治庸治懒治散力度，推动践行“三严三实”要求制度化、常态化、长效化。

四、工作要求

中心“三严三实”专题教育在中心党委领导下进行，中心组织人事处牵头，由中心组织人事处、办公室、纪检监察处、宣传处负责人和相关人员组成“三严三实”专题教育工作协调小组，统筹推进有关工作。

（一）加强组织领导

中心所属各党委（总支、支部）全面负责本单位的专题教育，党委（总支、支部）主要领导同志要承担起第一责任人的责任，各单位组织部门牵头负责专题教育工作，认真研究制定专题教育工作方案，将加盖党组织章的纸质版与电子版及时报中心组织人事处。要把抓好专题教育作为履行党建主体责任的重要任务，纳入党建工作述职评议考核的重要内容，积极探索在全面从严治党中加强党的思想政治建设的有效办法和措施。

（二）注重督促指导

中心党委将加强对各单位开展专题教育的督促指导。各单位要以从严从实作风抓好自身专题教育，确保专题教育取得实效。各单位要在每个专题学习研讨结束后，向中心组织人事处报送专题教育小结，在专题教育结束后及时向中心组织人事处上报专题教育总结报告电子版与纸质版（加盖党组织公章）。

（三）强化工作统筹

中心所属各单位要把开展“三严三实”专题教育与推进党的群众路线教育实践活动整改落实工作结合起来，与做好当前改革发展稳定各项工作结合起来，与完成本单位重点工作任务结合起来，做到专题教育与日常工作有机融合、相互促进，两手抓、两不误，以完成各项任务的实际成果检验“三严三实”专题教育的成效。

（四）抓好宣传引导

要充分运用各种宣传平台和渠道加强宣传引导，宣传市委和中心党委的部署要求，宣传专题教育的进展成效，宣传践行“三严三实”的先进典型和加强党的思想政治建设的有效办法、措施，为专题教育营造良好的舆论环境。

北京市公园管理中心关于开展“为官不为”“为官乱为”问题专项治理的通知

京园监发〔2015〕137号

中心所属各单位，机关各处室：

为深入贯彻十八届中央纪委五次全会精神，认真落实市纪委十一届四次全会及市政府第三次廉政工作会议的部署，结合“三严三实”专题教育的具体要求，进一步推进中心各项工作科学化、规范化、透明化，切实转变工作作风，按照市纪委相关工作要求，经研究，中心决定开展“为官不为”、“为官乱为”问题专项治理工作，强化对中心各单位、各职能部门领导干部履职的监督。现将具体工 作方案通知如下：

一、工作目标

坚持以党的十八大和十八届三中、四中全会精神为指导，以习近平总书记关于作风建设重要讲话要求为遵循，按照“四个全面”的战略部署，围绕中心工作实际，认真查找中心各单位、各部门及其领导干部、工作人员存在的“为官不为”、“为官乱为”问题，重点整治、限期整改，不断推进科学决策、规范服务行为、增强工作透明，做到讲规矩、守纪律，敢于担当、敢于创新、敢于负责，努力营造中心良好政治生态。

二、领导小组

成立中心“为官不为”、“为官乱为”专项治理工作领导小组，负责对中心系统专项治理工作的领导。

组　长：张　勇

副组长：王忠海、高大伟、李炜民、程海军(常务副组长)

成　员：王鹏训、齐志坚、苏爱军、李书民、陈志强

专项治理领导小组办公室设在纪检监察处。

三、专项治理时间

2015年5月至2015年年底。

四、专项治理的主要内容

（一）“为官不为”治理内容

以效率低、服务差作为工作重点，重点治理中心各级领导干部 对上级决策部署事项，特别是列为市政府重点工作折子、中心重点工作任务折子等重点工作、重大项目，敷衍塞责、推进不力，影响整体工作效果的问题；工作人员不作为、慢作为，工作中推诿扯皮、慵懒散拖的现象；各单位、各部门对职责范围内的工作放任不管或监管不力等问题；一线服务岗位标准不明确，服务不到位、态度冷漠、纪律涣散等行为。

（二）“为官乱为”治理内容

以滥用职权、决策不科学为工作重点，重点治理暗箱操作、权力寻租，谋取利益乱作为的问题；不切实际，好大喜功，追求政绩乱决策的问题；缺乏调研，应付工作乱履职等问题。

（三）其他“为官不为”、“为官乱为”问题。

五、具体工作安排

（一）宣传部署阶段（2015年6月15日前）

中心直属各单位成立专项治理工作领导小组，制定治理工作方案，并利用网络、信箱、举报电话等形式，接受群众监督，受理群众来信来访。中心公开举报电话：68390353（纪检监察处电话）。

（二）自查整改阶段（2015年8月20日前）

中心直属各单位、机关各处室要结合自身实际，对照治理的主要内容，认真查找自身存在的问题，通过开展问卷调查、召开座谈会、走访群众、发放征求意见表等形式，广泛征求各方面的意见建议，特别是工作对象、服务对象的意见建议，认真填报《“为官不 为”、“为官乱为”问题专项治理自查整改情况登记表》（见附件），并于8月20前以电子邮件的形式报中心纪检监察处。对

查找出的问题要列出清单，深入剖析问题产生的原因，提出问题整改措施，建立整改台账，实行销号式管理。

（三）问题查处阶段（2015年12月底前）

坚持问题导向，中心各级纪检部门要集中时间开展“为官不为”、“为官乱为”的专项检查和问题查处，特别是对问题较为突出的或群众反映较为强烈的要开展监督检查。认真梳理专项治理工作中受理的信访举报情况，加大问题线索的初核力度，对专项治理工作中发现的违规违纪行为，以“零容忍”的态度，发现一起、查处一起、曝光一起。对专项治理不重视、走过场的，及时约谈“一把手”；对敷衍塞责、做表面文章的，严格问责、责令整改；对瞒案不报、压案不查的，追究党委主体责任和纪委监督责任。

六、工作要求

（一）提高认识

中心直属各单位、机关各处室要充分认识开展此次专项治理的重大意义，组织各级领导干部、工作人员学习掌握专项治理具体要求和内容，主动参与其中，将专项治理工作与“三严三实”主题教育实践活动结合起来，与推进廉政风险防控管理、规范权力清单结合起来，与讲规矩、守纪律，营造中心良好政治生态结合起来，不断推进中心各项工作规范化、科学化。

（二）加强领导

中心各级领导干部要以身作则、率先垂范，特别是“一把手”要牢记第一责任人职责，带头开展自查自纠，及时整改自身在“为官不为”、“为官乱为”方面存在的突出问题。纪检部门要发挥组织协调作用，认真开展监督检查，督促各阶段具体工作稳步推进。

（三）强化督办

要充分发挥特约监督员、党风廉政监督员、职工群众代表的作用，接受群众监督，推进治理工作的落实。中心将此次专项治理工作纳入2015年绩效考评及党风廉政建设责任制检查考核之中，对不认真开展自查的，及时约谈主要领导；对瞒案不报、压案不查、干扰办案的坚决查处，严肃追究领导责任。

北京市公园管理中心

2015年5月29日

中共北京市公园管理中心委员会
关于加强领导干部外出报备工作的通知

京园党发〔2015〕37号

中心直属各党委、总支、支部，机关各处室：

为严格落实党政领导干部外出报备制度，切实加强干部监督管理，规范中心系统领导干部管理，现就领导干部外出报备有关工作通知如下：

一、报告范围

中心所属单位主要负责人和机关处室（部门）负责人出差、出访、学习、考察、休假、探亲或因病、因事离京，在按照出国、出差、休假等相关规定完成报批手续后，还须提前3天向中心报告。因紧急事项临时外出的，要及时报告。

二、报告内容

报告中除包括领导姓名、外出事由、时间范围、地点、在此期间代其主持工作的负责同志姓名和职务等要素外，公务行程还应明确公务目的和实质内容。

三、报告方式

所属单位主要负责人以公文形式书面报告，并在办公网“外出备案”中登记；机关处室（部门）负责人将签批后的《北京市公园管理中心国内出差审批单》或《年休假审批表》等表格印送中心办公室备案。

四、有关要求

1．高度重视，认真执行。各单位、各部门要进一步增强政治意识、大局意识和责任意识，从守纪律、讲规矩的高度做好领导干部外出报备工作。

2．遵守规定，落实到位。此次领导干部外出报备工作的通知是对以往各项干部管理工作的补充和完善，领导干部要在严格遵守以往制度的基础上，履行外出报备程序。

3．领导干部外出期间要保持联络畅通，如期间行程有变化，要以书面或口头等形式补充报告。

附件：

1．×××公园关于×××同志赴××省××市调研×××××的报告（模 板）

2．中共 ××× 公园委员会关于 ××× 同志赴 ×× 省 ×× 市参加 ×××× 会议的报告（模板）

中共北京市公园管理中心委员会

2015年6月7日

北京市公园管理中心印发《北京市公园管理中心关于以“三严三实”专题教育为指导增强群众诉求办理实效的工作措施》的通知

京园服发〔2015〕191 号

中心所属各单位：

为贯彻落实《北京市公园管理中心关于在处级以上领导干部中开展“三严三实”专题教育的实施方案》工作要求，特制定《北京市公园管理中心关于以“三严三实”专题教育为指导增强群众诉求办理实效的工作措施》，现下发给你们，请各单位将“三严三实”专题教育的要求体现在为群众服务的具体工作中，推动解决群众合理诉求，以问题为导向，进一步改进提升市属公园服务管理水平。

北京市公园管理中心
2015年7月1日

北京市公园管理中心关于以“三严三实”专题教育为指导增强群众诉求办理实效的工作措施

为贯彻落实《北京市公园管理中心关于在处级以上领导干部中开展“三严三实”专题教育的实施方案》工作要求，将“三严三实”专题教育要求体现在为群众服务的具体工作中，推动解决群众合理诉求，以问题为导向，进一步改进提升市属公园服务管理水平，特制定增强群众诉求办理实效的工作措施。

一、明确工作目标，增强做好新形势下群众诉求办理工作的责任感和使命感

按照中心党政领导指示精神，在“三严三实”专题教育中，突出群众诉求办理实效，以提高群众满意度为目标，以规范办理程序、完善办理工作机制为保障，将群众诉求办理的工作着力点从接听、受理、转办转向调查核实、督办落实和回复反馈，实现职责分明、重点突出、督办有力、落实到位的群众诉求办理工作新突破。

二、建立健全工作机制，推动群众合理诉求得到快速解决

一是在原有工作基础上，健全完善分级负责协调督办工作机制，强化归口管理和属地管理责任落实。具体工作中，根据诉求内容确定协同办理主责处室，由主责处室将群众诉求转至主责单位办理。分中心和主责处室共同对办件质量和进度进行跟踪督办。对调查工作不细致，答复内容不符合实际，合理诉求处理和解决不力的，要进行二次督办，直至群众满意或取得较好效果，切实做到事事有回音，件件有着落。分中心按照30%的比例对主责单位的全年诉求办理情况进行电话回访，促进群众满意度的提高，推动属地责任的落实。按照“谁主管、谁负责”的原则，承办单位分管领导负责对本单位所有诉求答复进行审核。主要领导要对本单位承办的有效投诉办理结果进行实质性审核。二是建立重点时期诉求“日清日结”工作机制。重点节假日和重大活动期间，分中心要第一时间联系诉求人听取意见建议，将诉求内容通知主责处室负责人，并及时转至主责单位办理。主责单位要对群众反映的问题快速做出反应，并于当日向分中心和主责处室负责人反馈办理结果。以快速面对问题，妥善化解纠纷，努力争取群众的理解和支持，为重点时期和重点工作任务的完成提供服务保障。三是建立5次以上重复诉求定期“清零机制”和历史遗留问题“清仓机制”。报请主管领导后，按照领导指示，分中心和主责处室协同对5次以上重复诉求和历史遗留问题进行调研，形成调研报告，报请有关领导批示，主动推动解决合理诉求。针对群众提出的无理诉求，主责单位要认真拟定终结答复口径，减少重复诉求的办理数量。推动两种机制规范运行，需要坚持“四个必须”。即凡是法律、政策有明确规定的，必须不折不扣加以解决；凡是要求合理，但法律政策没有明确规定的，必须从实际出发，认真研究解决；凡是情况复杂，一时难以解决的，必须做好群众解释工作，取得群众的理解支持，创造条件适时予以解决；凡是对法律政策不理解或理解有偏差，坚持无理要求的，必须坦诚面对群众，做好说明教育工作，落实好维稳措施。

三、强化数据分析，发挥预警预测作用

便民服务电话等与群众沟通的渠道具有收集民意的功能，群众反映的共性诉求是提出预警、完善制度和改进工作的重要参考。分中心和各单位负责群众诉求办理工作的部门要分别加强对群众诉求的阶段梳理、分类分析和科学研判。根据诉求反映次数的频度、涉及人数的广度、事情紧迫的程度、问题解决的难度进行量化分析，为两级领导决策提供信息服务。分中心在《非紧急救助服务工作简报》（月刊）通报群众诉求办理情况基础上，每月向各单位一把手汇报本单位当月办理诉求分类处置情况。每季度向中心党政一把手汇报未能及时妥善解决群众诉求的情况。按照1、3、5诉求承办次数分级向有关领导汇报，反映动态监测情况。即1事1次诉求按常规办理；1事诉求反映达3次，分中心主任主动联系主责单位分管领导提请予以关注；1事诉求反映达5次，则通过《便民服务电话动态》向中心主管领导汇报情况。各单位要结合实际，健全完善诉求办理情况通报制度。针对苗头性、倾向性或有可能引发不稳定群体性事件的突发事件和敏感问题，两级具体工作部门要及时分别上报情况，按照领导批示进行督办落实。

四、完善监督考核机制，推动群众诉求办理水平提升

非紧急救助服务（群众诉求办理）工作已纳入中心绩效考核范围，两级主责部门要结合实际，不断完善考核指标，通过客观公正的绩效考核推动责任落实。在诉求办件审评上，原则上不以暴露问题的多少作为评价依据，而以面对问题采取的态度和解决问题的实际效果作为评价依据。在服务管理效果评价上，综合公园性质、大小、受理诉求总量、办理重复和复杂疑难诉求力度及效果等指标予以审评，体现公平、公正的评审原则。

五、以问题为导向改进提升服务工作，杜绝不作为和乱作为现象的发生

一是要严格执行各类规范性文件。群众诉求办理工作要贯彻落实《信访条例》、《北京市便民服务和应急抢险电话管理办法》等规范性文件，做到有法可依，有章可循。分中心要组织开展规范性文件的宣传学习及执行情况检查，对发现的问题提出改进意见。二是按照市监察局、市纠风办、市非紧急救助服务中心工作安排，中心领导将走进“政风行风热线”直播间和市政府便民服务电话大厅与网民互动和接听市民来电，主动征求群众意见，广泛接受社会监督，推动群众合理诉求就地及时解决。三是围绕市非紧急救助服务中心开展的“三率提升年”专项活动，进一步规范交办、签收、办理、回复、反馈、督办、回访、问责工作标准，确保诉求办结率（合理诉求解决率）达到100%、回复反馈率达到100%和群众满意率达到75%以上的市政府绩效考核指标。群众诉求交办率和领导批示件办结率要达到100%，不稳定因素前期处置率争取达到100%。四是高度重视，正确对待上级部门邀请第三方机构对全市便民服务电话值守、群众诉求办理情况进行的明察暗访，坚持工作原则和服务标准，树立公共服务的良好形象。

中共北京市公园管理中心委员会
印发《中共北京市公园管理中心委员会关于
处级干部任前廉政法规考试的规定（试行）》的通知

京园党发〔2015〕46号

中心各直属党委、总支、支部，机关各处室：

《中共北京市公园管理中心委员会关于处级干部任前廉政法规考试的规定（试行）》经中心常委会研究通过，现予以下发，请认真贯彻执行。

中共北京市公园管理中心委员会

2015年7月9日

中共北京市公园管理中心委员会关于
处级干部任前廉政法规考试的规定（试行）

为了切实增强领导干部遵纪守法观念和廉洁自律意识，进一步筑牢拒腐防变的思想道德防线，激励广大干部争做勤政廉政模范，北京市公园管理中心（以下简称中心）党委决定在处级干部任职前开展廉政法规考试，特制定本规定。

一、考试对象

中心拟提拔任用的副处级以上领导干部，包括拟任非领导职务、非领导职务转任领导职务的人员。

二、考试内容

（一）党内廉政法规

1．关于反腐倡廉建设的指导思想、基本原则、方针政策及工作部署和要求；

2．党内法规中各项纪律要求及纪律处分方面的条规，党内监督方面的条规；

3．干部选拔任用方面的规定；

4．党风廉政建设责任制及领导干部廉洁

自律方面的规定；

5．其他履行领导岗位职责应掌握的党纪条规和廉政法规基本知识；

6．中心党委、纪委对勤政廉政方面提出的要求。

（二）法律法规

1．法律法规涉及廉政勤政方面的规定；

2．行政纪律及纪律处分、责任追究方面的规定；

3．政府颁布的行政程序方面的规定；

4．其他履行领导岗位职责的廉政法规基本知识。

（三）非党员领导干部任前廉政法规考试内容，以有关法律法规中廉政勤政方面的规定为主。

三、考试时间和办法

（一）任前廉政法规考试在拟提拔人员考察结束后、任命前进行。纪检监察处、组织人事处负责组织拟提拔人员集中进行考试。

（二）任前廉政法规考试实行百分制。开卷考试成绩在80分（含80分）以上为合格，闭卷考试成绩在60分（含60分）以上为合格。

（三）任前廉政法规考试试题由中心纪检监察处、组织人事处联合出题，建立试题库，在每次考试前从试题库中随机抽取试题作为考试试卷。

（四）考试前，中心纪委通过多种形式组织应考人员进行廉政法规知识学习培训。

四、结果运用

（一）考试成绩作为干部选拔使用的依据。考试成绩合格者，按规定程序任用。

（二）考试成绩不合格者，建议党委暂缓使用，三个月内补考一次，合格者予以任用，不合格者不予任用。

（三）考试成绩将存入考试人员的个人廉政档案。

中共北京市公园管理中心委员会关于印发《北京市公园管理中心党风廉政建设约谈制度》的通知

京园党发〔2015〕45号

中心各直属党委、总支、支部，机关各处室：

《北京市公园管理中心党风廉政建设约谈制度》经中心常委会研究通过，现予以下发，请认真贯彻执行。

中共北京市公园管理中心委员会

2015年7月9日

北京市公园管理中心党风廉政建设约谈制度

为切实落实党风廉政建设党委主体责任和纪委监督责任，促进北京市公园管理中心（以下简称中心）各级党政领导班子及其成员认真落实党风廉政建设责任制，深入推进中心系统党风廉政建设和反腐败工作，根据《中国共产党党内监督条例（试行）》《关于实行党风廉政建设责任制的规定》等党内法规，结合中心实际，制定本制度。

第一条 本制度所称约谈，是指通过约见谈话的形式，了解沟通情况、指导督促工作、及时提醒警示。

第二条 约谈人及约谈对象

约谈人为中心党委书记、副书记、常委和中心纪委书记。约谈对象为中心各直属单位、机关各部门主要负责人和分管相关工作的负责人。

第三条 约谈种类及约谈主要内容

（一）工作约谈

1. 约谈人根据工作需要，了解约谈对象个人思想、履行职责、廉洁自律等情况。

2. 了解约谈对象所在单位或部门落实党风廉政建设责任制情况，包括党委（总支、支部）履行主体责任和纪委（纪检部门）履行监督责任情况，领导班子成员履行“一岗双责”情况；对中央、北京市和中心有关党风廉政建设和反腐败工作部署的贯彻执行情况；落实中央八项规定精神和市委实施意见，改进作风、纠正“四风”情况。

3. 就当前党风廉政建设和反腐败斗争问题听取意见建议。

4. 其他需要了解的问题。

（二）警示约谈

中心各直属单位、机关各部门出现下列情形之一的，应及时启动警示约谈：

1. 对党风廉政建设工作领导不力，以致本单位、本部门群众反映强烈的突出问题得不到有效治理，造成不良影响的。

2. 对上级部署的党风廉政建设和反腐败工作不落实或落实不好的。

3. 对北京市、中心重大工作任务不推进或推进不力，存在“为官不为、为官乱为”问题的。

4. 党政领导班子成员发生严重违纪违法案件，或管辖范围内发生严重违纪违法案件、串案，或管辖范围内发生重大违纪违法案件且后果严重、影响较大的。

5. 对本单位、本部门发生违纪违法行为隐瞒不报、压案不查的。

6. 党风廉政建设责任制检查考核排名靠后、结果明显偏低的。

7. 不严格执行中央、北京市、中心关于改进工作作风、密切联系群众有关规定，导致发生严重问题，造成恶劣影响的。

8. 其他涉及党风廉政建设和反腐败工作需要进行警示约谈的。

第四条 约谈程序

（一）凡需实施约谈的，由中心纪委或相关部门向约谈对象发出约谈通知。

（二）约谈对象应根据约谈通知，认真做好接受约谈的相关准备工作。

（三）约谈一般采取个别谈话的方式进行，视情况需要，也可以采取集体谈话的方式进行。约谈人可以一对一约谈，也可以带一名助手负责记录。

第五条 约谈情况反馈及落实

（一）被约谈人在约谈结束后要将约谈情况向所在单位党委（总支、支部）汇报（机关各部门向主管领导汇报），并按照有关要求，抓好工作的落实。

（二）对于警示约谈中涉及的问题，约谈对象要及时制定整改措施，并以书面形式报中心纪委。

（三）中心纪委将对约谈对象工作落实、问题整改情况进行监督检查和跟踪回访。

第六条 本制度由中心纪委负责解释。

第七条 本制度自发布之日起实施。

附件：北京市公园管理中心党风廉政建设约谈登记表（略）

中共北京市公园管理中心委员会关于印发“培育和践行社会主义核心价值观行动方案”的通知

京园党发〔2015〕48号

中心直属各党委、总支、支部：

2014年，中心党委印发了《关于在中心系统培育和践行社会主义核心价值观的实施意见》，各单位认真学习贯彻有关要求，大力推进社会主义核心价值观建设，取得了明显进展和成效。根据中宣部和市委宣传部的通知要求以及中心领导的指示精神，作为与《实施意见》相配套的文件，特制定此《行动方案》，具体安排说明如下：

一、指导思想

培育和践行社会主义核心价值观，关乎国家前途命运，关乎人民幸福安康，是凝魂聚气、强基固本的基本工程，是必须始终抓好的国家战略。通过制定此《行动方案》，把中心系统各方面力量动员起来、组织起来、行动起来、坚持下去，用社会主义核心价值观引导职工“爱岗敬业、文明服务”，引导游客“提升素质、文明游园”，推动中心系统形成共同的价值追求，为中心系统的科学健康发展提供强大的价值引导力、文化凝聚力和精神推动力。

二、活动安排

培育和践行社会主义核心价值观，要紧紧围绕“四个全面”的战略布局和“三严三实”主题教育，坚持以理想信念为核心，坚持以人为本，坚持联系实际，坚持改革创新，充分发挥中心各级党组织的主体责任，立足中华优秀传统文化，本着客观科学礼敬的态度，不断挖掘园林历史文化，把全社会倡导的思想观念、价值取向、道德规范鲜明地树立起来，使之内化于心、外化于行，成为中心系统广大职工的群体意识和共同行动。

今后，中心及各单位要着眼践行、立足行动，以环境营造、思想教育、典型引领、实践养成为核心，以职工、党员、领导干部三个层次为重点对象，要在深化拓展爱国、敬业、诚信、友善公民层面活动的基础上，向社会层面和国家层面延伸，精心设计工作抓手，组织开展活动，着力把培育和践行社会主义核心价值观的要求具体化、具象化。

（一）不断加强社会主义核心价值观的环境景观建设。按照市委宣传部和中心党委的有关要求，从主题景观、牌示介绍、安全保障、讲解宣传等方面，加强公园的环境布置和服务保障等工作，特别要突出公园的环境特色。持续加强陶然亭、中山、北海公园作为全市重点主题公园的维护管理，做好来访单位和新闻媒体的服务接待和社会宣传等工作。

各单位结合公园景观、节日布展、游园宣传和游人分布等情况，发挥公园作为社会主义精神文明建设的阵地作用，设置和开辟更添彩、更有效的宣传点位和宣传载体。有效利用好公园大屏幕、电子显示屏、硬质宣传横幅等载体，持续做好主题景观的布展和宣传工作，保持热度、形成声势，为培育和践行社会主义核心价值观营造好环境。

（二）广泛开展社会主义核心价值观的教育引导。认真贯彻落实上级的部署安排和组织要求，广泛进行探索创新，在贯穿结合融入上下工夫，在落细落小落实上下工夫。创新教育形式载体，用好微博、微信、微电影等群众喜闻乐见、时尚便捷的形式，充分发挥职工之家、党员活动室、党支部宣传栏、单位报刊等载体的宣传教育作用，强化一线职工的自我教育。开展为职工办好事、办实事等暖心活动，引导职工在工作过程中践行社会主义核心价值观。

以“十佳道德讲堂”评选为带动，进一步找准“公园道德讲堂”与开展“三严三实”教育、提升职工职业道德、推动单位各项工作的结合点和着力点，坚持开展好具有特色、富有实效的道德讲堂活动，努力推进社会主义核心价值观学习教育实践活动的具体化、日常化、生活化。

（三）大力提升中心系统先进典型的覆盖面和影响力。积极学习宣传全国和首都道德模范的事迹，延续去年“北京榜样”推荐工作的好经验、好做法，在做好举荐张榜、宣传教育等工作的基础上，进一步在中心系统劲吹“公园新风”，充分发挥党的十八大代表紫竹院公园朱利君、中心系统全国和市级劳模等各类先进典型的示范带动作用。

以开展“公园好故事•身边好职工”主题教育活动为载体，着力在中心系统培育和打造一批践行社会主义核心价值观的先进典型，持续打造“导师带徒”等平台载体建设，突出先进人物的技能与精神，做好传承工作。各单位都要持续打造培养树立先进典型的活动品牌和教育载体，通过编发书籍专刊等，弘扬小事大爱、点赞好人好事，有效地做到弘扬主旋律、汇聚正能量、树立新风尚。

（四）深入开展“公园学雷锋志愿服务活动”。以“学雷锋、讲文明、树新风——践行社会主义核心价值观”为主题，充分发挥中心系统“首都学雷锋志愿服务站和示范岗”的作用，开展经常性的“文明游园”公共文明引导工程。

紧密联系中心系统的工作实际和游客市民的游园需求，结合单位特点，精心设计开展群众喜闻乐见的宣传实践活动，持续推进“诚信建设和文明服务、科普宣传和文明游园、城乡共建和扶贫济困”等老品牌项目；突出“清洁空气、绿色出行、节能环保、文明礼让、安全引导、垃圾减量、节水护水和平安公园”等宣传引导重点，在传统节假日和游园高峰期，加强“文明旅游”的正面宣传教育，广泛开展“微承诺、微行动、微志愿”系列活动，开展中心系统“公园学雷锋优秀志愿服务项目”的展示交流。

（五）打造公园的社会宣传和政治教育阵地。以市属公园中的各级各类爱国主义教育阵地、纪念地和标志点、标识物为依托，将社会主义核心价值观的主题公园建设和爱国主义教育融为一体，将公园的历史文化、园林知识与中华优秀传统文化融为一身，通过挖掘和整合公园里的爱国教育资源、红色游园线路、抗战主题遗物等，强化和拓展北京公园的政治教育功能，发挥出公园的窗口平台、文化创意、精品展示的作用，使公园成为社会主义精神文明建设的阵地，更成为弘扬社会主义核心价值观的高地。

三、组织保障

2015年，中心及各单位要以更宽广的视野，深化对社会主义核心价值观建设的认识，增强思想自觉和责任担当，主动适应经济发展新常态，不断创新社会主义核心价值观建设的内容和载体，持之以恒、久久为功，做到一以贯之地抓、一天不放松地抓，持续抓、反复抓、从具体事情抓起，保持工作的连续性和稳定性，使中心系统社会主义核心价值观建设始终充满生机活力。

（一）加强组织领导，完善工作机制。一是中心系统各级党组织要把社会主义核心价值观建设摆上重要议事日程，深入研究新情况新特点，及时解决工作中遇到的困难和问题，做到思想重视、加强领导，经常总结、定期研究，统筹协调、过程考核。二是加强对社会主义核心价值观建设的全面领导和组织带动，建立健全党委统一领导、党政齐抓共管、宣传部门组织协调、各个部门分工负责、社会力量积极参与的工作机制。三是各单位宣传部门要结合实际，根据本《行动方案》提出的任务，明确责任部门、责任人和落实推进措施等，并注重做好记录、交流、讲评和表彰等工作，确保上下步调一致、前后衔接有效。

（二）加强工作协调，拓展宣传平台。一是各单位党委要担负起统筹协调责任，各部门要把社会主义核心价值观建设作为分内之事、分内之责，发挥各自优势、加强协同配合，以积水成渊、积土成山的劲头，推进社会主义核心价值观建设的各项任务落地见效。二是中心及各单位的宣传部门要及时通报工作情况，坚持编辑好《宣传简讯》、单位报刊等，开设社会主义核心价值观的专刊、特刊、系列刊。三是充分运用中心系统媒体资源和政务微博平台，大力宣传各单位社会主义核心价值观建设的工作成效。

（三）加强督促检查，总结推广经验。要把社会主义核心价值观建设的工作成效纳入中心及各单位宣传绩效考评的重要内容，定期对基层单位和部门的工作情况进行督促检查，通过现场观摩、交流研讨等方式，及时总结推广实践中的好经验好做法，大力推进基层宣传工作的探索创新，不断提高工作的针对性和实效性，广泛持续地践行社会主义核心价值观。

中共北京市公园管理中心委员会

2015年8月5日

北京市公园管理中心
关于印发督查督办工作试行办法的通知

京园办发〔2015〕221 号

中心所属各单位，机关各处室：

为了落实《北京市公园管理中心关于督促检查和工作落实的制度》，确保市委市政府重点任务折子、领导重要批示、重要会议议定事项、中心重点工作任务折子及其他重要决策和工作部署能够得到及时、全面、有效地贯彻，使中心督查督办工作平稳高效地运行，中心结合工作实际，制定本试行办法。

一、督查督办的工作对象

督查督办工作的对象为中心机关各处室和所属各单位。

二、督查督办的事项内容

1．市委市政府重点任务折子；

2．中心党政主要领导的重要批示批件；

3．重要会议议定事项；

4．中心重点工作任务折子。

三、督查督办的工作程序

（一）立项

市委市政府重点任务折子和中心重点工作任务折子作为必督事项进行督办。中心党政主要领导的重要批示批件和重要会议议定事项经由主管领导圈定确认后，督查室以督办通知单的形式进行立项。

（二）对接

市委市政府重点任务折子和中心重点工作任务折子经中心领导明确对接处室和单位后，督查室编制对接方案下发各处室和单位进行对接。中心党政主要领导的重要批示批件和重要会议议定事项由督查室以督办通知单的形式发送至相关处室、单位进行对接。

（三）督办

督办期间，督查室要与承办处室和单位保持沟通，了解督查事项的运行情况和办理情况。相关处室和单位要积极配合督查室工作，保证督办事项顺利进行。

（四）办结

承办处室和单位在工作任务完成后，及时将情况回复至督查室。

（五）反馈

督查督办任务完成后，按照事事有结果，件件有回音的原则，由督查室汇总情况后向领导和上级部门汇报。

四、督查督办的时间安排

（一）市委市政府重点任务折子

承担该类任务的相关处室和单位应按照市委市政府督查室的要求，将相关情况按季度报送中心督查室，由中心督查室报送至市委市政府督查管理平台。对报送周期有特殊要求的任务折子，相关处室和单位应根据市委市政府督查室提出的具体要求按时报送。每季度末，中心督查室汇总该类任务折子的进展情况并形成《督查与反馈》，报送领导、上级部门、各处室及各单位。

（二）中心重点工作任务折子

承担该类任务的相关处室和单位应按季度向督查室报送相关进展情况。每季度末，督查室汇总该类任务折子的进展情况并形成《督查与反馈》，报送领导、上级部门、各处室及各单位。

（三）中心党政主要领导的重要批示批件及重要会议议定事项

对于涉及全年工作的事项，承办处室和单位应按月向督查室报送工作进展情况。对于短期工作事项（需要在1个月内办结的事项），相关处室和单位应每两周向督查室报送工作进展情况。每季度末，督查室汇总该类任务折子的进展情况并形成《督查与反馈》专刊，报送领导、上级部门、各处室及各单位。

北京市公园管理中心

2015年8月10日

中共北京市公园管理中心委员会
印发《中共北京市公园管理中心委员会
常务委员会关于加强自身建设的意见》的通知

京园党发〔2015〕49号

中心直属各党委、总支、支部：

现将《中共北京市公园管理中心委员会常务委员会关于加强自身建设的意见》发给你们，请各级党组织和党员予以监督，并切实加强各级党委领导班子的自身建设。

中共北京市公园管理中心委员会

2015年8月25日

中共北京市公园管理中心委员会常务委员会
关于加强自身建设的意见

当前，全面深化改革工作正在全国深入开展，中心正处于承前启后、继往开来的关键时期。面对新形势、新任务、新挑战，中心党委常务委员会（以下简称常委会）肩负着带领中心干部职工“坚持服务首都生态文明、传承北京历史名城文化、打造世界一流名园”的艰巨任务。党的十八大以来，中心党委常委会在市委的坚强领导下，通过学习习近平总书记系列讲话精神，通过开展党的群众路线教育实践活动，更加深刻地认识到加强领导班子自身建设的重要性和紧迫性。根据《中共北京市十一届委员会常务委员会关于加强自身建设的意见》，现就加强中心常委会自身建设，提出如下意见。

一、始终与中央、市委保持高度一致

1．坚定正确的政治方向

北京作为首都，是全国的政治中心，履行好中心的职责，首要的是在思想上、政治上、行动上，始终与中央、市委保持高度一致。中心常委会全体同志必须牢固树立政治意识，认真学习贯彻中央、市委的指示精神，坚决维护中央、市委权威，确保中央、市委政令在中心畅通。中心常委会每位成员要自觉加强党性修养，把握政治方向，绝不允许发表同中央、市委决定相违背的言论，绝不允许“上有政策、下有对策”，绝不允许有令不行、有禁不止，绝不允许在贯彻执行市委决策部署上打折扣、搞变通。

2．切实增强政治定力

常委会每一位成员要牢记首都工作的政治责任，牢记中心各方面工作都具有代表性、指向性，始终保持清醒的政治头脑，提高政治敏锐性和政治鉴别力，以敢于担当的精神，在大是大非面前要敢于亮剑，不能左右摇摆、态度暧昧；在矛盾困难面前要敢于迎难而上，不能躲着、绕着、拖着；在危急关头要敢于坚决斗争，不能圆滑世故、听之任之。

3．严格遵守政治纪律。常委会每一位成员都要坚持学习党章、贯彻党章、维护党章，坚持党的基本理论、基本路线、基本纲领、基本经验、基本要求，强化党的意识、纪律意识、法制意识和组织观念、程序观念。坚持重大问题按规定向市委请示报告的制度。要坚持纪律面前人人平等，执行纪律没有例外，自觉遵守纪律，严格执行纪律，强化执纪问责，严肃追究违纪责任。

二、切实加强思想理论建设

1．加强理论武装

常委会每一位成员都要坚持不懈地抓好理论学习，深入学习马克思主义理论，深入学习中国特色社会主义理论体系，深入学习党的十八大、十八届三中、四中全会精神，特别是习近平总书记系列重要讲话精神，努力掌握马克思主义立场、观点、方法，提高马克思主义理论水平，提高战略思维、创新思维、辩证思维、底线思考能力，增强自我净化、自我完善、自我革新、自我提高能力，打牢思想理论根基，增强做好中心工作的底气。

2．加强党性修养

常委会每一位成员都要时刻牢记自己的第一身份是共产党员，第一职责是为党工作，任何时候都要忠于党，与党同心同德。要自觉加强党性修养，常补精神之“钙”，牢固树立正确的世界观、人生观、价值观，始终坚定马克思主义信仰、共产主义信念、中国特色社会主义信心，不断增强中国特色社会主义道路自信、理论自信、制度自信。要自觉站在党和人民的立场上想问题、做决策、办事情、干工作。

3．加强能力建设

常委会每一位成员都要把提高领导水平和执政能力作为重要任务，按照岗位职责要求，不断提高履职能力。要努力掌握党的路线方针政策，掌握履行岗位职责所需的各种知识，掌握中心工作的规律，提高科学决策、民主决策的能力。要坚持问题导向，着眼于解决新时期中心改革发展稳定中的实际问题，强化各项工作的执行落实。要坚持解放思想、与时俱进，克服抱着老目标、守着老机制、继续走老路的惯性思维，转变观念，创新工作，形成推动中心工作的新思路、新机制，创造性地落实好市委的要求，做好中心各项工作，提高推动改革创新能力。要妥善处理各方面利益关系，善于化解各类复杂矛盾问题，把握工作主动权，提高解决复杂问题的能力。

4．健全学习制度

坚持理论学习不放松，建设学习型班子。常委会每一位成员都要养成自觉学习的习惯，围绕履行职责、破解难题、应对挑战的需要，切实加强学习，每年学习不少于110学时。要坚持和完善党委理论学习中心组制度，加强理论学习的计划管理，提高理论学习的质量。要坚持和完善常委会成员自学制度，推动集中学习与自学相结合，改进学习方式，丰富学习内容，提高学习的质量和实效。

三、善于谋大事、抓大事

1．牢固树立大局观念

常委会每一位成员都要站在首都战略的高度认识和思考中心工作，任何时候都不能忘记，中心的发展和管理必须服从和服务于首都发展的大局，必须符合首都战略的要求，不能想怎么干就怎么干，务必做到想问题自觉把握中心职责和定位，做决策自觉考虑市委的要求和广大人民群众的期待，抓工作自觉坚持首善标准，努力把中心的各项工作做好。

2．加强对重大问题的研究

牢固树立进取意识、机遇意识、责任意识，紧紧把握中心的发展机遇，从首都的“四个服务”、加强生态文明建设、提升首都全国文化中心的高度来深入研究和谋划中心工作中的重大问题。要健全常委会统筹研究重大问题的机制，完善务虚会制度，多思考、多研究事关中心长远发展的大事，集中精力研究解决影响中心发展的瓶颈问题，下大力气破解涉及最广大人民利益的难题。

3．加强工作统筹

做好各方面工作，要注意工作方式方法，学会弹钢琴，加强对工作的统筹。特别是要围绕落实习近平总书记视察北京市的重要讲话精神，加强和区县的沟通和协调，紧密围绕市委落实首都战略定位、疏解调整非首都核心功能、提高城市建设管理水平、加大大气污染治理力度、推动京津冀协同发展等重大问题开展工作，推动各类资源和各方面工作的整合。牢固树立法制观念，自觉遵守宪法和国家法律法规，把办事依法、遇事找法、解决问题用法、化解矛盾用法准则贯穿常委会工作的各个环节，在法治轨道上推动各项工作。

四、加强民主集中制建设

1．健全集体领导和分工负责相结合制度

在民主基础上的集中和集中指导下的民主相结合，是常委会工作中必须遵循的基本准则。常委会成员必须做到个人服从党组织，少数服从多数，下级组织服从上级组织，党委和党员服从中央。要坚持集体领导、民主集中、个别酝酿、会议决定的原则，凡是重大问题的决策、重要干部的任免、重大项目的安排与大额资金使用，必须集体研究讨论、集体决定。要营造民主讨论、讲真话、讲实话、讲心里话的氛围，每一位常委会成员都要增强独立思考能力，在研究讨论工作时畅所欲言，充分发表意见，积极贡献智慧。要按照常委会的分工，各司其职、各负其责，相互之间加强沟通、密切配合，既要做好分管工作，又要参与集体领导，既不能事不关己、高高挂起，又不能搞本位主义，犯自由主义。要健全常委会成员向常委会报告工作制度，常委会成员要定期向常委会报告分工领域的工作。

2．强化科学决策、民主决策制度

改进中心常委会议事规则和决策程序，不断提高科学决策、民主决策水平。中心原则上每月召开一次常委会，如有急需讨论决定的重大问题，根据书记提议适时召开。每次常委会议题由书记根据有关规定和工作需要，在充分听取常委意见的基础上确定。决策出台前，要解放思想，集中各方面的智慧，注重征求中心党委委员、纪委委员、党代表等方面的意见。决策之后，必须雷厉风行，不折不扣，坚决执行，严格按程序办事、按规则办事、按集体意志办事。要加强决策咨询工作，发挥智库作用，完善专家论证、技术咨询、决策评估机制，提高决策科学化、民主化水平。

3．严格党内生活制度

带头严格坚持“三会一课”、组织生活会、谈心交心、民主生活会、双重组织生活等制度，增强党内组织生活的政治性、原则性、严肃性，使各种方式的党内生活都有实质性内容，都能有针对性地解决问题。坚持用好批评与自我批评武器，开展批评要出以公心、态度诚恳、实事求是、分清是非，切实指出问题，真诚帮助提高，营造常委会团结干事的气氛。每一位常委会成员要带头严格执行党的组织纪律，自觉坚持党性原则，正确处理个人与组织的关系，自觉接受组织安排和纪律约束。要自觉维护班子团结，常委会成员之间要心往一处想、劲往一处使，大事讲原则、小事讲风格，勤沟通、多补台，合力加强常委会领导班子建设。

五、密切联系群众

1．健全调查研究制度

要认真贯彻落实常委会加强调查研究的制度，常委会成员每年除开展经常性调研外，每年都要坚持拿出2个月的时间到基层调研。要注重开展蹲点调研，多到困难较多、情况复杂、矛盾尖锐的地方去，深入了解真实情况，通过“解剖麻雀”认识规律，更好地总结经验、研究问题、解决困难、指导工作。

2．健全密切联系群众的制度

要认真落实常委会成员基层联系点工作机制，及时了解基层群众利益诉求，及时宣传党的路线方针政策，帮助解决群众反映突出的各方面难题，与基层群众交朋友，努力使常委会工作接地气，不脱离群众。

3．健全与干部群众谈心制度

中心主要领导带头与领导班子成员谈心，每年至少1次，领导班子成员也要相互谈心谈话。中心主要领导同中心所属单位主要领导同志谈话谈心每年至少1次。常委会每位成员都要与干部谈话、与群众交流，虚心听取意见建议，切实帮助解决实际困难，对发现的苗头性、倾向性问题要及时进行教育引导。通过开展谈心谈话活动，进一步沟通思想、消除隔阂、增进理解、促进团结、形成共识，营造实事求是、客观公正、坦诚相见的良好工作气氛。

4．健全征求群众意见制度

要通过健全公示、听证、民意调查等制度，利用互联网等多种方式，就中心发展中的重要问题和游客群众最关心最直接最现实的利益问题广泛征求游客群众意见，与游客群众协商，并以适当方式反馈或公布群众意见采纳处理情况。要把定期收集汇总、分析研判群众意见，作为决策的重要依据，努力使常委会的决策具有更加坚实的群众基础。

六、切实加强作风建设

1．带头落实中央八项规定精神和市委的实施意见

坚持下基层调查研究轻车简从、减少陪同、简化接待，不安排迎送，不安排宴请。严格清理、切实减少各类会议活动，严格控制会议数量和规模，提高会议活动的效率和质量。精简文件简报，切实改变文风。带头执行中央和市委关于办公用房和住房、车辆配备、公费出国（境）、公务接待等有关规定，加强督促检查。健全改进作风的常态化、长效化的制度，发挥好常委会的示范带头作用，以上带下、层层示范，要求别人做到的自己首先做到，要求别人不做的自己绝对不做。

2．带头求真务实、真抓实干

要按照“三严三实”的要求，努力做到严以修身、严以用权、严于律己，谋事要实、创业要实、做人要实，做老实人、说老实话、干老实事。要牢固树立正确的公私观，大公无私、公私分明，摒弃私心杂念，事事出于公心。要确立首善标准，发扬“钉钉子”精神，讲认真、动真格，切实抓好各项工作的落实。

3．带头践行“两个务必”

始终坚持艰苦奋斗，坚持勤俭办一切事业，与群众一块苦、一块过、一块干，带头勤俭节约，反对铺张浪费，坚决反对讲排场、比阔气、搞特殊，对一切腐蚀诱惑保持高度警惕，防微杜渐。做任何事情都量力而行、精打细算，把有限的资金和资源更多用在推动中心事业发展上，用在人民群众迫切需要解决的问题上。

七、加强廉洁自律

1．认真落实党风廉政建设责任制

严格执行上级《关于实行党风廉政建设责任制的规定》，落实常委会在中心党风廉政建设中的主体责任和主要责任人的第一责任，牢固树立不抓党风廉政建设就是严重失职的意识，切实将主体责任落实到实处，并强化责任追究，有错必究、有责必问。要以零容忍的态度，坚决惩治腐败，坚持和完善反腐败领导体制和工作机制，领导和支持有关部门依法查处违法违纪问题。按照市委、市纪委要求认真抓好中心系统廉政风险防控工作，抓好重点领域、重要环节的廉政风险防控，建立健全各项廉政风险防控管理制度，坚持用制度管权、管事、管人。

2．严格执行廉洁自律各项规定

牢记打铁还需自身硬的道理，带头贯彻十八届中央纪委二次、三次、四次全会精神，严格遵守《中国共产党党员领导干部廉洁从政若干准则》各项规定，坚决守住做人、处事、用权、交友的底线，严格按照中央、市委要求，不出入私人会所，不接受和持有私人会所会员卡，自觉接受党组织和人民群众的监督。管好亲属和身边工作人员，为全中心党员树立爱党爱民、勤政敬业、廉洁奉公的榜样。

3．自觉接受各方监督

贯彻执行述职述廉述德等制度，推进、落实中心党委委员、纪委委员对中心常委会工作的评议监督制度。注重发挥社会义务监督员、党代表、新闻媒体等各方面的监督作用。常委会成员要认真落实民主生活会和双重组织生活制度，严格执行领导干部个人有关事项、述职述廉述学等制度，始终把权力置于有效监督之下。

中共北京市公园管理中心委员会印发《中共北京市公园管理中心委员会关于规范处级领导干部在社团兼任领导职务的意见（试行）》的通知

京园党发〔2015〕50号

中心直属各党委、总支、支部：

现将《中共北京市公园管理中心委员会关于规范处级领导干部在社团兼任领导职务的意见》发给你们，请各级党组织严格按照意见要求，抓好落实。

中共北京市公园管理中心委员会
2015年8月28日

中共北京市公园管理中心委员会关于规范处级领导干部在社团兼任领导职务的意见（试行）

根据市委组织部关于党政机关领导干部不得兼任行业协会领导职务的通知（京组通〔2007〕66号文）和关于规范退离休干部在社会团体兼职问题的通知（京组发〔2015〕6号文），按照党的群众路线教育实践活动专项整改工作的要求，结合中心实际，现就规范中心处级领导干部在社会团体兼任领导职务提出如下意见。

一、凡是新兼任社团领导职务，必须进行报批手续

根据相关文件和要求，党政领导干部原则上不得在社会团体兼任领导职务。根据工作需要，领导干部(含离退休)确需在社团兼任领导职务(会长、副会长、理事长、副理事长、秘书长、副秘书长、监事长等)，按照干部管理权限须在履行相关程序前报批，报批同意后方可兼任。自中心规范意见正式下发后，凡处级干部（含离退休）确需在社团兼职必须提前20天上报中心组织人事处。

二、对已兼任社团领导职务的，重新履行相关报批手续

中央组织部、市委组织部对领导干部在社团兼任职务有明确的规定，要对未按规定报批兼任领导职务的进行坚决纠正和处理。凡未经中心党委书面批准在社会团体兼任领导职务的，在2015年12月20日前重新履行完有关审批手续。不符合规定的，2015年12月底前辞去所兼任职务，并将情况向所在单位党委汇报。

三、从严审批领导干部在社团兼任职务

中心党委从严把握领导干部在社会团体兼任领导职务数，确需兼任的要严格按照有关规定审批。离退休干部经批准可兼任1个社团领导职务，兼职的任职年龄界限为70周岁。兼任职务任期届满拟连任的，必须重新履行有关审批手续，兼职不超过两届。领导干部兼任社团领导职务要与工作业务或领域密切相关，坚决杜绝兼职过多过滥、影响正常工作的情况。

根据事业发展和工作需要，中心系统处级干部（包括已离退休干部）确需在社会团体兼任领导职务要提供兼任社团的基本情况，要填写《北京市公园管理中心处级干部兼任社团领导职务审批（备案）表》，一式三份，呈报单位党组织提出意见，盖章后上报中心组织人事处。中心组织人事处根据工作需要和兼任职务情况拟提意见后，在职副处级干部、离退休处级干部兼任社团领导职务上报中心主管干部人事领导审批；在职正处级干部兼任社团领导职务，报中心行政主要领导同意后，报中心党委主要领导审批。

四、强化兼职期间的监督管理

经批准兼任社会团体领导职务的，兼职期间要发挥好政治把关、经验指导、业务传授等方面的作用。在社团兼职的领导干部要自觉严格执行八项规定,切实履行有关请销假制度和财务管理规定。领导干部在社团兼职不得领取社会团体的薪酬、奖金、津贴、补贴等报酬和获取其他额外实物利益，确属需要的工作经费，要从严控制，不得超过规定标准。兼职期间的履职情况、是否取酬和报销有关工作费用情况，干部本人年底以书面情况报所在单位党委。

五、加强宣传，严肃纪律

加强对在职及离退休领导干部兼任社团职务的宣传教育，明确政策，严肃纪律，积极引导领导干部自觉遵守组织规定，力争在2015年年底前全面规范中心系统的领导干部在社团兼职。2015年年底前对中心系统领导干部在社团兼任领导职务情况进行“回头看”，中心系统纪检监察部门要加强监督检查，凡未经批准在社团兼任领导职务的，追究领导干部的相关责任。

六、本意见自正式下发之日起试行

根据干部管理权限，局级干部报市委组织部按照有关规定审批，科级及以下干部参照中心处级干部兼任职务规范意见执行。

附件：北京市公园管理中心处级领导干部兼任社团领导职务审批（备案）表（略）

中共北京市公园管理中心委员会关于认真学习贯彻《中国共产党廉洁自律准则》和《中国共产党纪律处分条例》的通知

京园党发〔2015〕56号

中心各直属党委、总支、支部：

10月18日，中共中央印发了《中国共产党廉洁自律准则》（以下简称《准则》）和《中国共产党纪律处分条例》（以下简称《条例》）。《准则》和《条例》是在党长期执政和全面依法治国条件下，实现依规管党治党、加强党内监督的重大举措，是落实党的十八大和十八届三中、四中全会精神，推进全面从严治党的实践成果。为切实抓好《准则》和《条例》的学习贯彻，经中心党委常委会研究决定，现就中心系统深入开展学习落实两部党内法规有关事项通知如下：

一、充分认识学习贯彻《准则》和《条例》的重要意义，迅速掀起学习宣传热潮

治国必先治党，治党务必从严。加强纪律建设是全面从严治党的治本之策。党的十八大以来，以习近平同志为总书记的党中央坚持党要管党、从严治党，坚定不移推进党风廉政建设和反腐败斗争，突出强调政治纪律和政治规矩、组织纪律，着力解决管党治党和执行纪律失之于宽、失之于松、失之于软的问题。新修订的《准则》和《条例》，把从严治党的实践成果总结提炼出来，转化为道德和纪律要求，体现了党的十八大和十八届三中、四中全会精神，实现了党内法规建设的与时俱进。《准则》和《条例》的颁布实施，是在党长期执政和全面依法治国条件下，实现依规管党治党、加强党内监督的重大举措，对于深入推进党风廉政建设和反腐败斗争具有十分重要的意义。

中心各级党组织要充分认识学习贯彻这两部党内法规的重要意义，结合实际，认真组织，周密部署，在全中心系统内迅速掀起学习宣传热潮。一是把两部党内法规纳入党委中心组学习计划当中。中心广大党员领导干部要率先垂范，带头学习。11月底以前，中心及直属各单位党委理论中心组要召开一次专题学习交流会，逐条学习原文，准确把握党员的行为底线和党纪条规标尺。二是在11月底中心组织的处级干部培训班中设立专题，邀请市委党校等相关部门老师授课，深入解读两项法规及十八大以来中央从严治党的一系列纪律要求。要把学习两部党内法规作为今明两年重要教学内容，有计划地对党员干部进行培训。三是将两部法规内容纳入到中心处级干部任前廉政法规考试试题当中，关口前移，进一步强化党员干部的党章党规党纪意识和遵规守纪的自觉性。四是要把宣传贯彻两部党内法规作为当前一项重要任务，作为明年工作的一项重要内容，通过领导带头宣讲、制作园刊小报、撰写调研报告、开展案例分析、警示教育等多种形式，广泛宣传，真正将两部法规的精神实质、纪律要求传达到每一名党员。五是结合当前深入开展的“三严三实”专题教育和民主生活会开展对照检查，通过学习贯彻两部法规，切实查找自身问题，规范党员干部行为，提升党性修养，建设中心风清气正良好政治生态。

二、全面把握《准则》和《条例》的基本要义，切实做到内化于心外化于行

《准则》和《条例》在党内制度设计上逻辑分明、各司其职、相互配合，树立道德高线和纪律底线，是各级党组织和全体党员的行为规范和指引，是管党治党的重要基础性党内法规。

中心各级党组织、广大党员领导干部要着重从以下四个方面深刻领会和准确把握两部党内法规的基本要义，真正将两部法规记在心上，落实到行动中。

（一）从一正一反内容展现上理解和把握

《准则》侧重正面倡导行为，针对全体党员，提出要坚持先公后私、崇廉拒腐、尚俭戒奢、甘于奉献；针对党员领导干部，提出要廉洁从政、廉洁用权、廉洁修身、廉洁齐家，自觉带头作廉洁自律的表率。而《条例》侧重开列负面清单，明确违背政治纪律、组织纪律、廉洁纪律、群众纪律、工作纪律、生活纪律的具体表现和相应处分。

（二）从一高一低行为导向上理解和把握

《准则》是第一部面向全体党员、规范全党廉洁自律工作的重要基础性法规，是对党章规定的具体化，为党员领导干部树立了一个看得见、够得着的道德高线。而《条例》坚持问题导向，坚持纪严于法、纪在法前，删除了原条例中70余条与法律法规重复的规定，增加了拉帮结派、对抗组织审查、搞无原则一团和气等违纪条款，划清了更加具体化、细分化的纪律底线。

（三）从一内一外执行动力上理解和把握

《准则》紧扣廉洁自律主题，侧重从共产党员的内在修身克己中实现党的理想信念宗旨、优良传统作风，发掘党员领导干部自觉追求高尚道德的动力，永葆党的先进性和纯洁性。而《条例》紧扣纪律处分主题，侧重从共产党员的外在处分威慑中实现行为的规范，发掘党员领导干部遵守党规党纪的动力，凸显党规党纪的严肃性和权威性。

（四）从一少一多条款设定上理解和把握

《准则》在修订过程中，突出重点、删繁就简，将原来的《中国共产党党员领导干部廉洁从政若干准则》浓缩成现在《准则》的8条、298自律标准，微言大义，更易入脑入心。而《条例》相比《准则》，条款设定更加丰富翔实，以负面清单为核心的行为底线更加细致明确。

中心各级党组织和广大党员要把学习两部党内法规与学习党章、学习其他党内法规紧密结合起来，通过逐条学习，要深刻领会和准确把握两部党内法规是一个辩证统一体，是依规管党和以德治党的有机结合，既向《准则》倡导的高标准看齐，加强廉洁自律，又不触碰《条例》划出的行为禁区。要深刻领会和准确把握两部党内法规是每个党员学习、工作、生活的基本行为规则，自觉把两部党内法规的规定转化为做人干事的规矩，坚定理想信念，牢记根本宗旨，树立高尚道德情操，严明党的纪律戒尺。要深刻领会和准确把握组织严密、纪律严明是党的优良传统和政治优势，进一步增强组织性、纪律性，使守纪律、讲规矩内化为自觉意识和行动。要深刻领会和准确把握党规党纪严于国家法律、党的组织和党员不同于社会组织和普通公民，在模范遵守国家法律的同时，全面把握、严格遵守党的政治纪律、组织纪律、廉洁纪律、群众纪律、工作纪律和生活纪律，自觉做到知行止、存敬畏。

三、切实抓好《准则》和《条例》的贯彻实施，严格落实“两个责任”

（一）中心各级党组织要切实担当和落实好全面从严治党的主体责任

以对党的事业、中心的发展和党员、干部高度负责的精神，抓好两部党内法规的贯彻实施。坚持以党章为根本遵循，坚决维护党章权威，坚持问题导向，把严守政治纪律和政治规矩放在首位，严格按照两部党内法规办事，把握运用监督执纪“四种形态”，加强对党员干部的日常教育管理和监督，对违反党规党纪的行为及时给予批评教育、组织处理、纪律处分。加强对党员干部苗头性、倾向性问题的廉政约谈，让咬耳扯袖、红脸出汗成为常态。要把贯彻落实两部党内法规作为今年党风廉政建设责任制检查和年度干部述职述廉的重要内容，认真开展对照检查，层层传导压力，逐级落实责任。

（二）中心各级纪检部门要找准在全面从严治党中的职能定位，认真履行监督执纪问责职责

以修订后的两部党内法规为重要依据，进一步加强和改进纪律审查工作，坚持把纪律和规矩挺在前面，抓早抓小、动辄则咎，把监督执纪问责做深做细做实。要以两部党内法规为主要内容，加强对党员干部的党性党风党纪教育，精选典型案例开展警示教育。要以贯彻落实两部党内法规为契机，进一步探索建立不敢腐、不能腐、不想腐的有效机制，为全面推进“十三五”规划、促进中心事业健康可持续发展提供坚强纪律保证。

（三）中心系统广大党员领导干部要以身作则，发挥表率作用

带头践行廉洁自律规范，带头维护纪律的严肃性和权威性，自觉在廉洁自律上追求高标准，在严守党纪上远离违纪红线，敢于担当、敢于碰硬，永葆共产党人清正廉洁的政治本色，真正把党章党规党纪落实到每一项工作中。

中心党委、纪委将加强日常监督和专项检查，督促两部党内法规在中心系统的贯彻落实，对于随意变通、恶意规避、无视制度等现象和问题将严肃查处，追究责任，公开曝光。

中共北京市公园管理中心委员会

2015年11月5日

北京市公园管理中心办公室关于印发《北京市公园管理中心机关保留公务用车使用管理暂行办法》的通知

中心机关各处室，后勤服务中心：

为落实北京市公务用车制度改革要求，根据市车改办有关文件精神，制定《北京市公园管理中心机关保留公务用车使用管理暂行办法》，现予以印发，请全体机关工作人员及时了解，并严格执行。

附件：1．北京市公园管理中心机关保留公务用车使用管理暂行办法

2．北京市公园管理中心机关保留公务用车使用审批单（略）

北京市公园管理中心办公室

2015年11月9日

北京市公园管理中心机关保留公务用车使用管理暂行办法

第一条　为切实加强中心机关保留公车管理，实现车辆管理的规范化和制度化，根据《北京市党政机关保留公务用车使用管理暂行办法》及有关文件精神，结合中心实际，制定本办法。

第二条　中心机关保留公务车辆是指经市车改办批准，允许中心在规定保障范围内自行管理和调度使用的公务车辆。

第三条　中心机关保留公务车辆遵循“集中管理、专项使用，规范审批、厉行节约”的原则，由中心办公室统一负责调度、使用及管理工作。

第四条　应急车辆适用主要用于突发事件处置、紧急事项办理、中央及国家重大活动保障、限行限号车辆临时替代及其他不宜采取社会化出行方式保障的工作任务等，保障范围包括以下几个方面：

（一）处理紧急突发的各类自然灾害、事故灾难、公共卫生事件、社会安全事件等；

（二）办理中央和市领导交办的紧急、保密、时限性强，且使用社会车辆难以实施保障的公务事件；

（三）参加中南海、人民大会堂、京西宾馆等重要场所的重大活动，参加与之相关的各类应急保障专项任务；

（四）参加临时通知（仅限当天）的中

央和国家部委以及市领导召集的紧急会议、调研、外事接待等紧急公务事项；

（五）财务人员赴银行办理现金业务等涉及财物安全的公务活动；

（六）其他不便于采用社会化出行方式保障，或在不具备社会化出行保障条件的地区参加的公务活动。

第五条 离退休干部服务用车等其他车辆仅限于保障特定公务需要，严禁挪作一般公务出行使用。

第六条 车辆使用遵循“先审批后使用，谁审批谁负责”的原则，按照“车辆使用人申请、所在部门审核、单位分管领导审批”的程序，实行统一调度管理。

第七条 保留公务用车车辆实行专人单车管理，建立完整的车辆运行台账制度，如实记录车辆使用人、审批人、出行时间、目的地、行驶里程等信息，形成车辆使用管理档案备查，做到用车登记、有车有帐、凭单出车、一车一档。车辆驾驶人员应当严格执行车辆管理使用制度，按照规定时间和目的地行驶，遵守交通法规，文明驾驶，确保行车安全。

第八条 严格落实中央要求，任何部门、任何人不得以特殊用途等理由变相超编制、超标准配备公务用车；不得以任何方式换用、借用、占用下属单位或其他单位和个人的车辆；不得接受企事业单位和个人赠送的车辆；不得以任何理由违反用途使用或固定给个人使用；不得以交通补贴名义变相发放福利；不得既领取公务交通补贴又违规使用乘坐公务用车。

第九条 保留车辆由专职驾驶员负责驾驶，自觉遵守交通法律法规，文明驾驶，安全驾驶，定期年检，及时保养，发现故障及时按规定处理。

第十条 本办法自印发之日起施行。

北京市公园管理中心关于印发《北京市公园管理中心因公出国（境）工作流程（试行）》的通知

京园办发〔2015〕310号

中心所属各单位，机关各处室：

近年来，我中心根据中央及北京市关于严肃外事纪律加强因公出国（境）管理等方面要求，印发施行了《北京市公园管理中心外事工作规则》（京园党发〔2012〕34号）、《北京市公园管理中心因公出国（境）管理规定（试行）》（京园办发〔2013〕261号）、《中共北京市公园管理中心委员会进一步加强领导干部出国（境）管理监督工作的通知》（京园党发〔2014〕38号）等规定。为进一步规范我中心因公出国（境）管理，提高具体工作操作的科学性、合理性，不断适应新形势变化，中心外事工作协调小组编制了《北京市公园管理中心因公出国（境）工作流程（试行）》，经中心第97次主任办公会并中心党委一届八十二次常委会审议，同意施行，现予以印发，请各单位严格参照执行。

为确保各单位能够准确掌握工作流程各环节，中心外事工作协调小组将于近期就《北京市公园管理中心因公出国（境）工作流程（试行）》开展培训。培训后请各单位参照此流程制定本单位因公出国（境）工作流程，确保出访工作严谨规范，符合纪律规定。在实际工作操作中如有问题，及时向中心办公室外事部门反馈。

同时中心将建立外事工作联络制度，请各单位确定一名外事主管领导、一名外事联络员、一名财务工作人员，于12月3日前向中心办公室外事部门（内网邮箱-办公室娄亚光）反馈人员名单及联络方式。

联系人：娄亚光、訾瑞雪联系电话：68390325、68390301

附件：1.《北京市公园管理中心因公出国（境）工作流程（试行）》

2. 外事工作联系表

北京市公园管理中心

2015年12月1日

北京市公园管理中心
关于进一步加强内部审计工作的意见

京园计发〔2015〕325号

中心所属各单位，机关各处室：

根据《北京市审计条例》、《北京市人民政府办公厅印发关于进一步加强内部审计工作意见的通知》及《北京市审计局关于2015年内部审计工作的指导意见》等规定，为建立健全内部审计工作机制，进一步加强市公园管理中心（以下简称“中心”）内部审计工作，特提出以下意见。

一、统一思想，充分认识加强内部审计工作的重要性

内部审计是对单位经济活动、风险管理和内部控制的适当性、合法性及有效性进行监督评价和提出建议的一项常态化工作，是单位监督、控制体系中必不可少的组成部分。加强内部审计，对于完善内部管理，规范财经行为，促进党风廉政建设具有重要的作用。

中心所属单位多、资金体量大，资金使用和管理风险高。个别单位出现的违法案件，更是暴露出中心系统资金管理中存在着薄弱环节。各单位要充分认识加强内部审计的重要意义，增强自觉性和责任感，建立内部审计常态化机制，切实推进工作，规范管理，提高资金使用绩效。

二、建立机制，加强内部审计组织建设

中心成立审计工作领导小组，按照中心党委对内部审计的工作部署，提出内审工作要求，审定内审工作规划、年度计划、方案，听取内审工作情况总结汇报，指导内审工作健康有效进行。

审计工作领导小组下设办公室，具体负责领导小组日常工作及审计工作的年度计划、方案的制订并组织全面实施，对审计结果进行报告，监督审计所提出的问题、建议的整改落实，负责指导中心所属单位内审工作的开展并对内审队伍进行统筹管理。

建立内部审计工作联席会议制度，联席会成员包括：内审办公室、计财、纪检、人事、服务、综合等业务部门。联席会议定期召开，贯彻落实中心审计工作领导小组的工作部署和要求，通报单位内部审计工作情况，研究制定年度审计工作计划、方案，交流、研究、解决内部审计中发现的问题，全方位推进审计工作。

中心及所属单位应建立内部审计机构，并独立行使审计监督职能，条件暂不具备的也可以与相关机构合署办公，职能分开。审计机构应明确审计职责和任务，配备与其职能相适应的内部审计人员。根据工作需要，也可以采用购买社会服务的方式聘请有资质的第三方社会审计力量参与内部审计工作。

三、整合资源，加强内部审计队伍建设

内部审计工作专业性强、要求高，各单位要选调政治素质好、熟悉审计业务、思想作风过硬的人员从事相关工作。根据审计工作需求，中心可以调配各单位审计力量集中开展重要审计工作。

内部审计人员应具备从事内部审计所需要的专业知识和业务能力，要遵守内部审计准则、规定，恪守职业道德规范。

各单位要支持和保障内部审计人员参加审计、财务会计、工程管理等方面的业务培训，不断提高内部审计人员的理论水平、业务技能和解决实际问题的能力。

四、明确工作重点，提高内部审计的针对性

各单位要根据本单位工作特点和形势发展的要求，科学确定本单位内部审计工作目标和重点。重点抓好以下工作：一是开展预算执行、财务收支审计及大额项目资金全过程审计，加强监督，保障资金、资产的安全、完整和会计信息的真实、可靠；二是加大所属单位负责人离任经济责任审计和任中经济责任审计力度，中心所属单位行政一把手离任必审，各单位要加强对下一级离任经济责任审计和任中经济责任审计，形成对权力和责任的全方位长效监督，促进领导干部依法履职、勤政廉政；三是积极开展绩效评价审计，促进各项目绩效管理目标的实现和资金的安全有效运行；四是不断深化内部控制和风险管理审计，检查内部控制制度的执行情况，进行内部控制制度指标评价，向本单位主要负责人或相关部门报告评价结果，加强内部控制，防范管理风险。

五、完善制度，提高内部审计工作的质量

中心及各单位应建立内部审计工作制度，内部审计人员应以职业谨慎态度执行任务。在实施审计时，内部审计人员应深入调查，采用内控测试、分析复核、抽样审计、计算机辅助审计等技术方法，获取充分、相关、可靠的证据。编制内部审计报告，应以经过核实的审计证据为依据，做到客观、完整、清晰、及时，具有建设性，体现重要性，加强对被审计单位或部门进行问题整改、建议落实的后续审计，确保审计质量和效果。

在委托第三方社会审计机构进行内部审计时，各内部审计机构应做好组织、协调、监督工作，一要选用财政局政府采购网公布有资质的单位，二要按照规定提供必要的支持和资料；三要监督审核社会审计机构进行的财务审计、项目审计等结果，保证审计质量。

六、强化保障，全力开展内部审计工作

各单位内部审计机构履行职责所必需的经费列入本单位财务预算，由各单位予以保证。各单位要提供必要的工作条件和环境，赋予内部审计人员相应的工作权限，积极支持内部审计人员开展工作。被审计单位要在资料提供、检查实施、整改落实等方面，积极协助，提供配合。

本意见自下发之日起执行，请中心各单位、各部门联系实际，制定细则，认真抓好贯彻落实。

附件：北京市公园管理中心内审工作领导小组名单

北京市公园管理中心
2015年12月15日

北京市公园管理中心内部审计工作领导小组名单

组　长：
郑西平　中心党委书记
张　勇　中心党委副书记、主任
常务副组长：
王忠海　中心党委常委、副主任
副组长：
杨　月　中心党委副书记
高大伟　中心党委常委、副主任
李炜民　中心党委常委、总工程师
程海军　中心党委常委、纪委书记
组　员：
王鹏训　中心主任助理、服务管理处处长
李铁成　中心副总工程师、科技处处长
齐志坚　中心办公室主任
王明力　中心计财处处长
史建平　中心安全应急处处长
苏爱军　中心组织人事处处长
陈志强　中心宣传处处长
李书民　中心纪检监察处处长
牛建国　中心工会常务副主席
李文海　中心综合处处长
办公室主任：
王明力（兼）

中共北京市公园管理中心委员会关于开好处级领导“三严三实”专题民主生活会的通知

京园党发〔2015〕61号

中心直属各党委、总支、支部：

按照《北京市关于在处级以上领导干部中开展“三严三实”专题教育的实施方案》（京办发〔2015〕7号）和《中共北京市纪委机关、中共北京市委组织部关于开好“三严三实”专题民主生活会的通知》（京组通〔2015〕76号），为开好中心2015年度处级领导干部“三严三实”专题民主生活会，现就有关事项通知如下：

一、明确主题，认真制订工作方案

认真贯彻落实党章要求和《中国共产党廉洁自律准则》等党内规章，深入学习贯彻习近平总书记系列重要讲话特别是关于“三严三实”专题教育的重要指示精神，紧扣“三严三实”主题，围绕“严以修身、严以用权、严以律己，谋事要实、创业要实、做人要实”要求，聚焦对党忠诚、个人干净、敢于担当，深入查摆不严不实的突出问题、严肃认真开展批评和自我批评，坚持真理、修正错误，立规执纪、严抓整改，确保专题民主生活会开出高质量、取得好效果，切实增强党员领导干部践行“三严三实”的思想自觉和行动自觉。

党委（总支、支部）主要负责同志要主持制定专题民主生活会工作方案，并经领导班子集体研究确定，为召开高质量民主生活会奠定基础。

二、精心准备，扎实做好会前工作

1．深化学习研讨成果

要紧扣民主生活会主题，认真学习贯彻党的十八大和十八届三中、四中、五中全会精神，学习习近平总书记关于党员干部践行“三严三实”的新思想新观点新要求，学习党章和《中国共产党廉洁自律准则》《中国共产党纪律处分条例》等规章制度，学习《京津冀协同发展规划纲要》和市委十一届八次全会精神，牢固树立“三严三实”的检验标尺，准确把握“三严三实”的基本要求。党委（总支、支部）要对党员领导干部参加专题党课、专题学习研讨情况进行全面梳理，重点看是否掌握了“三严三实”的核心要义、认清了不严不实的严重危害、强化了从严从实的行为规范、深化了对首都和中心改革发展的新认识，切实把思想统一到市委和中心党委部署上来，为开好专题民主生活会打牢思想基础。

2．广泛征求意见建议

民主生活会前，党委（总支、支部）要紧扣民主生活会主题，在前阶段边学边查的基础上，通过“群众提、自己找、上级点、互相帮、集体议”等方法，采取座谈走访、个别访谈、发放征求意见表、利用网络平台等多种方式，广泛征求党组织、党支部和党员群众的意见建议。要注重从工作服务对象的评价反馈中、从涉及群众切身利益的具体工作中、从群众反映领导干部工作生活的细节小事中，筛查问题、找准症结。主要负责同志和其他班子成员要深入基层一线，认真听取下级组织、党员群众和游客的意见建议，每位处级领导班子成员要至少主持召开一次征求意见座谈会。

3．深入开展谈心谈话

党委（总支、支部）要做出专门安排，班子成员要安排充足时间，认真开展谈心谈话，认真谈透问题、沟通思想、消除隔阂、形成共识，为开展批评和自我批评打好基础。谈心谈话要做到“三必谈”，即党委（总支、支部）主要负责同志同班子成员之间必谈、班子成员相互之间必谈、班子成员和分管部门主要负责同志之间必谈。班子成员要适当扩大谈心谈话范围，主动接受党员干部群众的约谈。谈心谈话要紧扣主题，重点谈遵规守矩、担当作为上的差距与不足，谈自身和对方存在的不严不实问题及具体表现，谈改进提高的意见建议。

4．认真梳理上年度整改方案落实情况

对领导班子整改方案落实情况进行一次系统梳理，对已经整改的，提出巩固成果的措施，防止反弹；对正在整改的，加大落实力度，推进整改；对尚未整改的，分析原因，作出说明，进一步明确责任人和完成时限。班子成员对个人整改措施进行梳理。领导班子和班子成员上年度整改落实情况要分情况在班子对照检查材料和个人发言提纲中进行说明。

5．认真撰写发言提纲

认真查找和剖析自身存在的不严不实问题，重点对照八个方面严格进行党性分析：对照党章和《中国共产党廉洁自律准则》《中国共产党纪律处分条例》等规章制度、对照习近平总书记关于“三严三实”的重要论述、对照中央组织部要求重点排查基层干部不作为乱作为等4个方面的突出问题、对照郭金龙同志“三严三实”专题党课中列举的12类不严不实突出问题、对照北京市处级领导干部队伍中不担当不作为的14种情形、对照正反两方面典型、对照中心党政领导专题党课材料、对照党员群众反映的问题等。要从理想信念、党性修养、权力观地位观利益观和道德品行等方面，深入剖析根源，理清问题实质。要注重从日常表现、重大关头、中心发展和疏解非首都功能、推进京津冀协同发展中分析党性，查找不严不实问题的根源；要发挥正反典型镜鉴作用，对照先进典型的精神境界，反省立根固本的差距、检视党性锻炼的不足；汲取周永康、薄熙来、徐才厚、郭伯雄、令计划、苏荣等反面典型的深刻教训，对吕锡文涉嫌严重违纪问题进行深刻反思，针对中心系统出现肖绍祥违法违纪案件进行反省，认清放松自我修养、理想信念滑坡的严重危害。

领导班子的对照检查材料要由党委（总支、支部）主要负责同志亲自主持起草，并经集体研究决定。班子成员要按照从严从实的要求，形成发言提纲；党委（总支、支部）主要负责同志要带头撰写发言提纲，督促班子成员撰写发言提纲并逐一审核把关，提出具体修改意见。对照检查材料（个人发言提纲）主要内容包括：在修身做人、用权律己、干事创业等方面存在的不严不实问题，在遵守党的政治纪律、政治规矩和组织纪律方面存在的问题，在落实党风廉政建设主体责任和监督责任方面存在的问题；产生问题原因的分析；改进的具体措施等，对上年度民主生活会整改措施落实情况进行说明。对照检查材料（个人发言提纲）要突出主题、开门见山，用具体事例说明具体问题，以自我解剖精神深挖思想根源，做到见人见事见思想，并提出具体化、可操作的整改措施。

党委（总支、支部）主要负责同志要认真履行审核把关责任，重点审核是否查摆了存在的主要问题、分析了产生问题的原因、提出了今后的努力方向和改进措施；是否对个人整改措施兑现情况作出回应。中心直属各单位党委（总支、支部）领导班子对照检查材料和党政主要负责同志的个人发言提纲，在民主生活会召开前10天报中心“三严三实”专题教育指导组审核把关（指导组办公室设在中心组织人事处）。

三、紧扣主题，严肃认真开好民主生活会

1．严格会议议程

专题民主生活会由党委（总支、支部）主要负责同志主持，议程主要包括：党委（总支、支部）主要负责同志代表领导班子作对照检查发言；党委（总支、支部）主要负责同志带头，班子成员逐一开展自我批评，接受其他班子成员批评；中心领导班子成员点评；党委（总支、支部）主要负责同志总结讲话。

2．严肃开展批评和自我批评

认真贯彻整风精神，拿起批评和自我批评的武器，开展积极健康的思想斗争，做到“三个统一”：干部群众提问题、班子成员相互点问题、班子成员个人找问题相统一，班子集体查摆的问题与班子成员个人查摆的问题相统一，班子成员心里想提的意见、会前谈心沟通时提的意见、会上相互批评时提的意见相统一。

自我批评要勇于解剖自己。要以党章为准绳，聚焦对党忠诚、干净干事、敢于担当，突出政治纪律、政治规矩，联系思想、工作、生活和作风实际，联系个人成长进步经历，联系上年度民主生活会整改措施落实情况，把自己存在的不严不实问题及根源亮明讲透。对党员干部群众提出的意见和上级点出的问题，一一作出明确回应，提出明确具体的改进措施。领导班子成员每人作对照检查发言时间一般不少于15分钟。

相互批评要坦诚相见。批评意见要直奔主题、直截了当，有的放矢、切中要害，重点围绕找准摆清不严不实问题，指出对方不足，帮助分析原因，提出改正建议，做到点准穴位、见筋见骨。

党委（总支、支部）主要负责同志要带头开展批评和自我批评，营造良好会议氛围。批评和自我批评要注重方式方法，既出以公心、实事求是、态度诚恳，又坚持原则、敢于较真、有“辣味”，使人真正红脸出汗，达到“团结—批评—团结”的目的。

四、突出实效，扎实抓好整改落实

1．制定领导班子整改方案和个人整改措施

民主生活会后，党委（总支、支部）要及时研究整改落实工作。领导班子及其成员要结合教育实践活动尚未整改到位的“四风”问题和上年度民主生活会尚未完成的整改任务，针对本年度民主生活会上查找出来的问题，逐个进行梳理，有针对性地提出整改方案和整改措施，整改进程和效果要做到可检查、可监督。

领导班子的整改方案要由党委（总支、支部）主要负责同志亲自主持制定，领导班子集体研究确定。整改方案要明确工作目标、具体措施、责任主体、完成时限等，实行一把手负责制，纳入督查范围，限时进行整改。班子成员的整改措施要形成书面材料，要务实、有可操作性。民主生活会召开情况以及领导班子整改方案等，一般要在中层以上干部、党员群众代表中通报，自觉接受党员群众的监督评议。领导班子的整改方案兑现情况要采取适当方式在一定范围内公开，接受党员群众监督。

2. 开展专项整治

对党员群众反映强烈的不严不实突出问题，要集中力量，开展治理。中心所属各单位要把基层干部不作为、乱作为等侵犯群众利益问题作为专项治理重要内容，逐项排查，明确责任，强化措施。对那些发现在基层、根子在上面的问题，要加强统筹协调、上下联动，合力解决。

3. 强化立规执纪

根据查摆和解决不严不实问题情况，结合本单位实际，进一步健全完善制度规定。要严格党内政治生活制度，严肃政治纪律、组织纪律、廉洁纪律、群众纪律、工作纪律和生活纪律。加强对遵纪守规情况的日常监督和定期检查，严肃查处违纪违规行为，推动践行“三严三实”要求制度化、常态化、长效化。

五、从严从实，加强组织领导和督促指导

1. 强化主体责任

党委（总支、支部）对组织开好民主生活会承担主体责任，党委（总支、支部）主要负责同志要高度重视，切实履行好“第一责任人”职责，以“严”和“实”的作风，确保民主生活会开出高质量、好效果，使民主生活会真正成为凝聚共识、增进团结、强化监督、提高领导班子发现和解决自身问题能力、加强领导班子和自身建设的有效途径，成为履行全面从严治党责任的重要载体。

2. 加强督促指导

要按照一级抓一级，严格执行中心党委成员指导下级党组织民主生活会的制度。每个中心党委领导班子依照联系点参加处级班子民主生活会，并进行点评。中心“三严三实”专题教育指导组选派干部列席各单位民主生活会。

各单位结合工作实际对民主生活会作出安排，在2016年2月8日前完成。民主生活会方案要在2016年1月10日前书面报中心“三严三实”专题教育指导组审核，同意后方可召开。民主生活会召开前10天，各单位将召开的具体时间报“三严三实”专题教育指导组。民主生活会召开后15天内，要向中心党委报送情况报告、每位班子成员发言提纲和会议记录。2016年2月28日前召开通报会，通报民主生活会召开情况和领导班子整改方案，并将民主生活会整改方案、个人整改措施上报中心“三严三实”专题教育指导组。

民主生活会期间，领导班子成员原则上不得请假，不得安排出差任务。

党员领导干部在参加民主生活会的基础上，还要以普通党员身份参加所在党支部（党小组）的组织生活会。基层党组织要于2月底前以党支部或党小组为单位召开一次“三严三实”专题组织生活会，要确保100%覆盖，促进全体党员践行“三严三实”要求，弘扬严和实的品德，发挥先锋模范作用。

中共北京市公园管理中心委员会

2015年12月10日

北京市公园管理中心
关于印发《北京市公园管理中心优秀技能人才奖励与激励办法（试行）》的通知

京园人发〔2015〕331号

中心所属各单位：

现将《北京市公园管理中心优秀技能人才奖励与激励办法（试行）》印发给你们，请遵照执行。

北京市公园管理中心

2015年12月15日

北京市公园管理中心
优秀技能人才奖励与激励办法（试行）

根据中共中央办公厅、国务院办公厅《关于进一步加强高技能人才工作的意见》和北京市政府办公厅《关于进一步加强高技能人才工作的实施意见》等有关文件精神，为进一步激励技能人才,鼓励和引导广大工勤技能岗位职工为中心公园事业多做贡献，更有效地激发技能人才立足本职、爱岗敬业、钻研技术的热情，中心在对基层单位技能人才整体工作现状进行调研的基础上，特制定《北京市公园管理中心优秀技能人才奖励与激励办法（试行）》（以下简称“办法”）。

第一条 本办法以《北京市事业单位工作人员考核暂行办法》（京人社专技发〔2014〕272号）文件精神和各单位考核办法为基础，结合中心及所属各单位绩效工资分配办法，对表现突出的优秀技能人才进行奖励。

第二条 本办法适用于中心系统所属事业单位优秀技能人才的奖励、激励工作。

中心优秀技能人才是指自中心成立以来，拥护党的路线、方针和政策，热爱祖国，遵纪守法，具有“奉献、务实、创新、钻研”的实干精神，爱岗敬业，在中心系统中从事工勤技能岗位工作，在上年度考核中被评为优秀档次且具备以下条件之一的在职工勤技能岗位工作人员：

（一）获得国家、市（省、部）级技术能手称号的技能人员；

（二）获得国家、市（省、部）级

（含）以上劳动模范称号并保持荣誉的技能人员；

（三）获得"北京市有突出贡献的高技能人才"称号或"享受北京市政府技师特殊津贴"的技能人员；

（四）获得市（省、部）级（含）以上政府相关部门组织举办的职业技能比赛前十名或一、二、三等奖的技能人员；获得中心组织的，由组织人事部门参与或备案的各类技能竞赛中取得前三名或一、二等奖的技能人员；

（五）获得市（省、部）级（含）以上技术革新、技术发明成果证书的技能人员；

（六）在行业中有一定知名度或荣誉称号的领军技能人才；

（七）在培养技能人才、传承技术方面取得显著成绩并有较大影响的技能人员；

（八）在承担的国家、市级重大政治、外事活动及重要工作中，表现出色或做出突出贡献受到主办单位或有关部门表彰和表扬的技能人员。

第三条 优秀技能人才奖励、激励须遵循公开、公平、公正、择优奖励的原则。

第四条 对获得优秀技能人才称号人员的奖励、激励办法：

（一）由中心为其颁发年度"优秀技能人才"荣誉证书。

（二）优先给予优秀技能人才晋级奖励。在符合北京市事业单位技术工人职业技能鉴定相关技工升考政策规定的前提下，对于符合条件的优秀技能人才用人单位须结合本单位岗位设置、技工升考办法等综合情况优先推荐申报上一等级职业资格考核。所占名额不得低于当年本单位各职业技能等级升考名额的30%。

（三）中心给予优秀技能人才一次性奖金奖励。对于优秀技能人才中心给予奖金奖励，年内对同一事迹获得多项荣誉人员原则上按所获最高荣誉进行奖励。

中心所属单位须参照中心奖励标准结合本单位的实际情况和绩效工资分配方案对本单位获奖的优秀技能人才制定奖励办法给予相应奖励。

中心奖金奖励标准：

对于获得国家级荣誉的奖励标准5000元；

对于获得市（省、部）级荣誉的奖励标准3000元；

对于获得局级荣誉的奖励标准1000元。

中心和所属单位的奖励资金由中心主任奖励基金和各单位奖励基金及劳动竞赛相关费用列支。

（四）加强对优秀技能人才的使用与培养。中心所属各单位要结合单位实际情况对优秀技能人才的成长给予更多的技术支持和保障；优先安排优秀技能人才参与相关科研课题研究、技术革新等工作并报中心组织人事处备案。

中心所属各单位必须加强对优秀技能人才的培养，优先推荐优秀技能人才参加中心举办的骨干技能人才培训班及各类培训与交流，鼓励其作为技术专家、技术能手等在单位和系统中积极开展技能讲座授课、"师傅带徒弟"等形式多样的培训活动，将技术、技能传授给其他职工，做好传帮带工作。积极支持各类优秀技能人才参加行业技能竞赛。

（五）加强对优秀技能人才的宣传。中心及所属单位要加强对优秀技能人才的事迹和技术特点的宣传，树立先进典型，鼓励广大职工向优秀技能人才学习，努力学技术，提高技能水平从而激励广大技能人员不断努力做好本职工作。

第五条 优秀技能人才的推荐与确定。优秀技能人才的确定须严格按照自下而上、逐级推荐、民主择优的方式进行，推荐阶段按照单位推荐和中心审核确定程序进行，公示分别在本单位和中心系统范围进行。中心成立相应的组织机构负责优秀技能人才推荐审核的组织领导；由组织人事处会同有关部门负责此项工作的具体落实。

1．单位推荐阶段。中心所属各单位须根据本单位实际工作、考核结果、综合评比等情况于每年5月底前将本单位拟推荐的优秀技能人才推荐材料上报中心组织人事处，要求材料内容真实准确、业绩突出。上报材料包括：推荐审批表、基本情况及先进事迹、获奖证书、本单位公示情况及结果（其中公示时间为5个工作日，公示内容包括被推荐对象的基本情况和主要事迹）。

2．中心审核确定阶段。中心组织人事处牵头会同有关部门对拟推荐人员资格进行审核后提请中心主任办公会审议确定。对拟表彰人员在中心系统范围内进行公示（公示时间为5个工作日），根据公示结果，中心将适时对确定的获奖人员给予表彰和奖励。

第六条 本办法自2016年1月1日起在市公园管理中心系统内试行。如遇上级政策发生调整时，本办法将随之进行修改。中心所属各单位对“办法”执行中遇到的问题，请及时向中心组织人事处反馈以便适时对本办法进行完善。中心纪检监察处将对此项工作的开展情况进行监督。

本办法由中心组织人事处负责解释。

附件：1．北京市公园管理中心优秀技能人才资格审核领导小组

2．北京市公园管理中心现有工勤技能岗位工种名录（略）

3．北京市公园管理中心优秀技能人才推荐审批表（略）

附件1

北京市公园管理中心优秀技能人才资格审核领导小组

为加强对中心系统优秀技能人才审核评选工作的领导，对所属各单位推荐候选优秀技能人才资格进行审核、确定，特成立中心优秀技能人才资格审核领导小组。领导小组职责主要听取审核评选工作安排，指导、督促做好审核评选相关工作，确定优秀技能人才初选名单并提交主任办公会审议通过。

领导小组构成如下：

领导小组组长：由中心主管劳资工作的领导担任

领导小组牵头协调部门：组织人事处

领导小组组成部门：由组织人事处、服务管理处、综合管理处、科技处、计财处、工会、纪检监察处、团委负责同志组成。领导小组办公室设在组织人事处，负责评选、审核、表彰具体工作。

此外，为保证推荐初审的专业性和规范性，拟建立中心系统技能人才专家库，在初审过程中，视情况从中选取部分专家提供技术咨询和技术支持。

北京市公园管理中心
关于调整部分机关处室职责的通知

京园办发〔2015〕348号

中心所属各单位，机关各处室：

根据工作需要，经研究决定，对部分中心机关处室职责进行调整如下。

由计划财务处负责中心机关财务工作，中心办公室不再负责机关财务工作，其他职责不变。

特此通知。

北京市公园管理中心

2015年12月24日

北京市公园管理中心
关于调整部分中心领导工作分工的通知

京园办发〔2015〕349号

中心所属各单位，机关各处室：

根据工作需要，经研究决定，对部分中心领导工作分工进行如下调整。

主任张勇：主持中心行政全面工作，负责发展规划、机构编制、劳资方面的工作。

副主任王忠海：负责文化活动、展览展陈和文物保护方面的工作；负责非紧急救助工作；负责计划财务、审计、统计工作；负责安全秩序、安全生产、应急管理、消防方面的工作；完成主任交办的工作。分管计划财务处、服务管理处、安全保卫处（安全应急处）。

北京市公园管理中心

2015年12月24日

中共北京市公园管理中心委员会
关于调整部分中心党委常委工作分工的通知

京园党发〔2015〕64号

中心直属各党、总支、支部，机关各处室：

根据工作需要，经研究决定，对部分中心党委常委工作分工进行如下调整。

党委书记郑西平：主持中心党委全面工作，负责党的建设、党风廉政建设和老干部工作。分管老干部处（离退休干部处）。

党委副书记杨月：负责组织人事、宣传、统战、工会、共青团、机关党总支、中心党校工作。分管组织人事处、宣传处、工会、团委。

中共北京市公园管理中心委员会

2015年12月28日

中共北京市公园管理中心纪律检查委员会关于
严明纪律规矩确保节日清廉节俭的通知

京园纪发〔2015〕5号

中心各直属党委、总支、支部，机关各处室：

近日，中共中央办公厅、国务院办公厅和中央纪委及北京市纪委先后印发通知，就做好2016年元旦春节期间有关工作，确保风清气正、务实节俭、文明廉洁过节提出明确要求。中心纪委就两节期间持之以恒纠正“四风”，加强中心系统广大党员干部作风建设和廉洁自律工作提出如下要求：

一、强化认识，持之以恒纠正“四风”

2015年是中央八项规定实施三周年。三年来，各级纪检监察机关严格执纪问责，全国已累计查处违反中央八项规定精神问题10万余起，138867人受到处理，其中55289人受到党纪政纪处分。从查处的问题类型看，违规配备使用公务用车问题最突出，达到20295起，其次是大办婚丧喜庆、违规公款吃喝、违规收送礼品礼金、公款国内旅游等。从处理的人员级别看，乡科级人数最多，达到130793人，其次是县处级7389人、地厅级678人，另有7名省部级领导干部被处理。

三年时间，通过深入贯彻落实八项规定在全国上下掀起了一场深刻的作风之变，并渗透到方方面面的工作、生活当中。作风建设永远在路上，党的十八大以来，抓住关键节点，开展正风肃纪，强化监督执纪问责已经形成常态，持续释放了越往后执纪越严的强烈信号，彰显了党中央惩治腐败的坚定决心。

中心各级党组织、广大党员领导干部要充分认识作风建设的艰巨性和持久性，要切实提高思想认识，增强行动自觉，将做好元旦、春节期间廉洁自律各项工作作为持续改进作风建设的又一次实践，作为强化党规党纪意识的又一次教育，认真遵守政治纪律、组织纪律、廉洁纪律、群众纪律、工作纪律、生活纪律，认真落实中央八项规定和市委的实施意见，紧紧抓住节日期间易发多发的“节日腐败”风险点，持之以恒纠正“四风”，努力营造中心系统良好的节日氛围，确保干部职工度过一个安全、祥和、节俭、愉快的元旦、春节。

二、突出重点，明确各项纪律要求

中心各直属党委、总支、支部要组织党员干部再次认真学习贯彻中央八项规定精神、市委十五条实施意见和廉洁自律各项规定，认真学习中央、北京市相关通知精神，严格执行“十个严禁”要求，即：

（一）严禁用公款购买赠送贺年卡及烟花爆竹等年货节礼；

（二）严禁违规用公款吃喝、旅游、接待走亲访友和参与高消费娱乐健身活动；

（三）严禁年底突击花钱和滥发津贴、补贴、奖金和实物；

（四）严禁违规出入私人会所或借机关内部食堂奢侈浪费；

（五）严禁公车私用或“私车公养”；

（六）严禁违规收受礼品、礼金、消费卡等；

（七）严禁利用虚假发票报销与公务无关的费用或以任何名义将节日的不合理费用转移到下属基层单位开支；

（八）严禁违规参加老乡会、校友会、战友会；

（九）严禁用财政性资金举办年会、经营性文艺晚会；

（十）严禁违规操办婚丧喜庆事宜并借机敛财。

在坚决贯彻落实上述“十严禁”的基础上，结合中心实际，中心各级党组织和党员领导干部在元旦、春节期间要着重抓好以下五方面工作：

（一）切实制定措施，严格管理，坚决杜绝“节日腐败”的现象出现；

（二）切实加强房屋出租管理工作，巩固会所治理成果，坚决杜绝问题反弹；

（三）切实加强公园的票务管理和各类节庆文化活动的管理，坚决杜绝赠票及票务管理、文化活动管理中违规违纪行为的发生；

（四）切实加强公务用车管理，严格执行各项管理规定，坚决杜绝公车私用现象；

（五）切实加强出国（境）和国内出差管理，坚决杜绝公费旅游现象。

三、从严执纪，严肃查处违规违纪行为

一是加强纪律教育。中心各级党组织要结合近期学习贯彻新修订的《中国共产党廉洁自律准则》和《中国共产党纪律处分条例》，通过各种形式，进一步加强党章党规党纪教育，持续向党员干部发信号、打招呼、提要求，真正将纪律和规矩挺在前面，营造崇廉尚俭的节日氛围。广大党员干部要切实提高纪律意识，从自身做起，做到心中有纪，心中有戒，克服侥幸心理，严守纪律规矩底线。

二是以上率下抓好监督执纪问责。中心各级党组织要认真履行党风廉政建设主体责任，要把元旦、春节期间纠正“四风”作为重要的政治任务，自觉承担起作风建设的宣传发动、组织实施和监督检查等职责。班子成员要认真履职“一岗双责”，在研究节日期间工作时，要将廉政规定、廉政要求一同布置、一同落实、一同检查。中心各级纪检部门要切实履行好监督责任，敢于担当、敢于负责、敢于较真。积极实践监督执纪“四种形态”，早提醒、早发现、早处理。对不收敛、不知止的，要不留情面、严肃查处，对典型问题通报曝光，形成有力震慑。对发现问题隐瞒不报或压制不查、袒护包庇的，要严肃追究党组织的主体责任和直接责任人责任。中心各级领导干部，特别是纪检干部要从自身做起，带头落实廉洁自律要求，从严要求自己，做守纪律、讲规矩的表率。

三是进一步畅通信访举报渠道。要通过组织明察暗访，积极运用新媒体、新技术等形式，畅通群众监督渠道。对顶风违纪的，发现一起，查处一起，严肃追究直接责任人和有关领导的责任，坚决防止“四风”反弹，用优良作风塑造中心良好政治生态。

中共北京市公园管理中心
纪律检查委员会
2015年12月29日

北京市公园管理中心关于加强法定节假日机关办公区域和动物园西南门区域车辆及人员出入管理规定（试行）

为强化2016年法定节假日（劳动节、端午节、中秋节、国庆节）动物园西南门区域和中心机关办公区域管理秩序，保障园区游览环境和办公环境，消除安全隐患，现就加强区域车辆、人员进出管理制定相关规定（试行）如下：

一、进出车辆实行车证制管理

1．对因工作需要进入动物园西南门的车辆实行车证管理，机关人员车辆证件由中心后勤服务中心统一编号印制，核实人车信息，登记造册管理，给予动物园西南门样证。机关人员车辆凭证进出西南门。

2．中心后勤服务中心一并印制中心系统各单位办公车辆临时进出车证（每单位按具体情况发2至5张，车证颜色、编号制式与中心机关车辆区别），系统内各单位至中心办公车辆须凭车证进出。

3．动物园工作人员车辆车证由动物园管理处编号印制管理，凭证进出动物园西南门。

4．机关西门管理仍执行原规定（晚17:30至早9:00工作车辆进出）。

二、外来车辆实行预通知登记核验制度

1．凡无中心机关和动物园制发车证车辆，进出动物园西南门和中心机关西门必须进行查验登记，除办公车辆和相关单位车辆（须提前联系），其他无关车辆不得进出。

2．外单位至中心或动物园的办事车辆（含公安、医疗救护、工程等特种车辆），进入动物园西南门，须由中心值班室或动物园管理处办公室进行确认同意，电话报西南门，由门区值班室进行登记核验（登记其单位、车号、人数、接待部门人员姓名、日期），方可进入。

3．凡由中心机关部门接待的外来办事人员、车辆，须由各处室提前向中心值班室报备，由中心值班室登记备案后报动物园西南门值班室。与中心领导联系的相关办公车辆进入门区，由中心领导通知办公室办理。

4．在法定节假日期间，中心机关处室组织召开的会议，须由会议负责处室通知参会单位打印开会日期（例如“4·20”，A4纸打印）作为一次性进入门区凭证，并提前告知中心值班室，按程序办理。

三、车场区域秩序管理

1．中心机关办公区域（含办公楼前后及西侧）车场秩序综合管理由机关后勤服务中心统一负责。后勤服务中心在制发车证过程中对中心机关和后勤中心工作人员车辆进行统计、登记、备案。中心机关后勤服务中心公车按划定区域停放，工作人员长期不开车辆集中一区域停放，正常上下班工作人员车辆按划定停车线位置停放，不得停放非停车带区域或挤占消防通道。临时来中心机关办公车辆停放在指定临时停车区域。

2．动物园西南门至中心办公楼通道和畅观楼前后及西侧区域车辆管理由动物园管理处负责，务必确保景观环境协调美观。

3．所有进出动物园西南门的车辆时速不得超过15公里，不得鸣笛。

四、工作实施安排

1．此工作由中心办公室、后勤服务中心、动物园管理处负责具体实施。

2．中心所属各单位和机关各处室遵照执行。

3．此规定于2016年劳动节、端午节、中秋节、国庆节试行。

4．中心后勤服务中心和动物园管理处将定期对进出上述门区的车辆情况分别进行汇总分析，必要时可在一定范围内进行公布。如出现不按规定办理的情况，将对相关人员、部门进行通报批评。

关于在党员中开展“学党章党规、学系列讲话，做合格党员”学习教育的实施方案

根据《中共北京市委办公厅印发〈关于在全体党员中开展“学党章党规、学系列讲话，做合格党员”学习教育方案〉的通知》精神和市委有关要求，2016年要在全体党员中开展“学党章党规、学系列讲话，做合格党员”学习教育(以下简称“两学一做”学习教育)，现结合北京市公园管理中心实际，提出如下实施方案。

一、总体要求

开展“两学一做”学习教育，是落实党章关于加强党员教育管理要求、面向全体党员深化党内教育的重要实践，是推动党内教育从“关键少数”向广大党员拓展、从集中性教育向经常性教育延伸的重要举措，是推动全面从严治党向基层延伸的有力抓手，是加强党的思想政治建设的重要部署。“两学一做”学习教育不是一次活动，要按照思想建党和制度治党相结合的要求，抓常、抓细、抓长；要突出正常教育，区分层次、区分对象，有针对性地解决问题，用心用力，抓细抓实，每个党组织都要开展学习教育，每名党员都要参加学习教育，真正把党的思想政治建设抓在日常、严在经常，把全面从严治党的要求落实到每个党支部、落实到每名党员。

开展“两学一做”学习教育，基础在学，关键在做。要把党的思想建设放在首位，以尊崇党章、遵守党规为基本要求，以用习近平总书记系列重要讲话精神武装全党为根本任务，教育引导党员自觉按照党员标准规范言行，进一步坚定理想信念，提高党性觉悟；进一步增强政治意识、大局意识、核心意识、看齐意识和首善意识，坚定正确政治方向；进一步树立清风正气，严守政治纪律政治规矩；进一步强化宗旨观念，勇于担当作为，在服务、工作、学习和社会生活中发挥先锋模范作用，为党在思想上政治上行动上的团结统一夯实基础。

开展“两学一做”学习教育，要把加强基层党组织建设作为重要任务，着力破难题、补短板，充分发挥基层党组织的战斗堡垒作用，为中心更深入地贯彻落实创新、协调、绿色、开放、共享发展理念、提升“四个服务”能力和水平、传承好北京的金色名片提供坚强的组织保证。要深入研究公益性事业单位的党建工作特点和规律，进一步明确党建工作思路，重心下移，夯实基础，创新党组织和党员活动方式，便于对党员开展学习教育和加强服务管理。要强化基层党建工作力度，健全组织，配齐配强班子特别是带头人，完善工作制度，确保学习教育有人抓、有人管。要对基层党组织书记、组织科长、宣传科长等党务骨干进行培训，帮助他们掌握工作方法，明确工作要求。要开展党员组织关系集中排查，摸清“口袋”党员、流动党员、长期与党组织失去联系党员

情况，理顺党员组织关系，畅通党组织同党员的联系，努力使每名党员都纳入党组织有效管理，参加学习教育。要注重总结经验做法，突出经常性教育的特点，完善党员日常教育管理制度，切实贯彻好“三会一课”、组织生活会、民主评议党员、党员教育培训等制度要求，使党的组织生活和党员教育管理严起来、实起来。

二、基本原则

1．坚持正面教育为主，用科学理论武装头脑

要引导广大党员读原著、学原文、悟原理，结合党的十八大以来党的理论创新和实践创新进程，结合党和国家事业发展的新成就，深入学习领会党章党规和习近平总书记系列重要讲话精神，全面提升党员队伍思想政治素质。

2．坚持学用结合，知行合一

要把思想建设、作风建设、纪律建设融为一体。促使党员不仅要认真学习、深刻领会，更要入脑入心、外化于行，做到学而信、学而用、学而行。要更加自觉地尊崇党章、履行党员义务，更加爱党忧党兴党护党，更加主动地立足岗位作贡献，为推动中心改革发展建功立业。

3．坚持问题导向，注重实效

要以解决问题为牵引来开展学习教育，同抓好党的群众路线教育实践活动和“三严三实”专题教育的问题整改结合起来，持续深入地纠正“四风”，抓好不严不实突出问题整改，切实整治群众身边的不正之风。“学”要带着问题学，“做”要针对问题改，把解决问题贯穿学习教育全过程。

4．坚持领导带头，以上率下

领导干部要作表率，要有更高标准，在“两学一做”学习教育中走在前面、深学一层，层层示范、层层带动，给党支部和广大党员作出榜样。党员领导干部要严格执行双重组织生活制度，以普通党员身份参加所在党支部组织生活，与党员一起学习讨论、一起查摆解决问题、一起接受教育、一起参加党员民主评议，要带头讲党课、带头开展批评和自我批评、带头解决自身问题、带头立足岗位作贡献，引领整个学习教育扎实有效开展。

5．坚持从实际出发，分类指导

针对领导班子和党员干部、普通党员的不同情况作出安排，根据不同部门的情况提出不同的目标要求和办法措施，把学习教育的任务具体化、精准化、差异化。对服务一线的党员，可因岗制宜，创新载体、丰富形式，灵活开展学习教育。对人员多的党支部要充分发挥党小组的作用。对机关党员，要紧紧结合履职尽职，力争学在前面，做出示范。对离退休干部职工党员及年老体弱党员，既要体现从严要求，又要考虑实际情况，以适当方式组织他们参加学习教育。对流动党员，按照流入地为主的原则，把流动党员编入一个党支部，就近就便参加学习教育。要充分发挥党支部自我净化、自我提高的主动性，留出足够空间，鼓励基层党组织结合实际探索创造，有针对性确定学习方式、学习重点、学习计划，充分利用各种阵地设施、资源手段来开展学习教育，防止大而化之，力戒形式主义。

三、学习教育内容

把学习党章党规与学习习近平总书记系列重要讲话统一起来，在学系列讲话中加深对党章党规的理解，在学党章党规中深刻领悟系列讲话的基本精神和实践要求。

1. 学党章党规

学习《中国共产党章程》，深入领会党的性质、宗旨、指导思想、奋斗目标、组织原则、优良作风，深入领会党员条件和义务、权利，牢记入党誓词，明确做合格党员的标准和条件。处级以上党员领导干部在全面把握基本内容的基础上，还需重点掌握党章总纲和党员、党的组织制度、党的基层组织、党的干部、党的纪律等内容，深刻把握“两个先锋队”的本质和使命，进一步明确“四个服从”的要求，掌握党的领导干部必须具备的六项基本条件。

全体党员要认真学习《中国共产党廉洁自律准则》、《中国共产党纪律处分条例》、《中国共产党党员权利保障条例》等党内法规，掌握廉洁自律准则规定的“四个必须”、“四个坚持”，掌握各类违纪行为的情形和处分规定。处级以上党员领导干部还要认真学习《党政领导干部选拔任用工作条例》等党内法规，重点掌握廉洁自律准则规定的“四个廉洁”、“四个自觉”，掌握党纪处分工作原则及各类违纪行为的情形和处分规定，掌握党政领导干部选拔任用原则、条件、要求。认真学习《党委会的工作方法》等篇目，学习掌握科学的工作方法和领导艺术，学习掌握其中蕴含的政治纪律和政治规矩，切实提高决策能力和领导水平。

结合纪念建党95周年和长征胜利80周年，就近就地运用红色资源等，引领党员认真学习党的历史、光荣传统和优良作风，学习党的历史，学习革命先辈和先进典型。同时，注重从反面典型中汲取教训，发挥正面典型的激励作用和反面典型的警示作用，引导党员牢记党规党纪，牢记党的优良传统和作风，树立崇高道德追求，养成纪律自觉，守住为人、做事的基准和底线。

2. 学系列讲话

着眼加强理论武装、统一思想行动，认真学习习近平总书记系列重要讲话精神和对北京工作的重要指示，引导党员深入领会习近平总书记系列重要讲话的丰富内涵和核心要义。学习习近平总书记系列重要讲话要同学习马克思列宁主义、毛泽东思想、邓小平理论、“三个代表”重要思想、科学发展观结合起来，深刻理解党的科学理论既一脉相承又与时俱进的内在联系，坚定中国特色社会主义道路自信、理论自信、制度自信。

全体党员以《习近平总书记系列重要讲话读本（2016年版）》为基本教材，处级以上党员领导干部以《习近平谈治国理政》和《习近平总书记重要讲话文章选编》(领导干部读本)为重要学习内容。学习领会习近平总书记系列重要讲话的基本精神，学习领会党中央治国理政新理念新思想新战略的基本内容，掌握与增强党性修养、践行宗旨观念、涵养道德品格等相关的基本要求。学习系列讲话，主要领会掌握以下方面内容：①理想信念是共产党人精神上的“钙”，树立正确的世界观、人生观、价值观；②中国梦是国家的梦、民族的梦、人民的梦、是中华民族近代以来最伟大的梦想，核心要义就是国家富强、民族振兴、人民幸福；③中国特色社会主义是实现中华民族伟大复兴的必由之路，增强道路自信、理论自信、制度自信；④“四个全面”战略布局是新的历史条件下党治国理政总方略，自觉用“四个全面”引领各项工作；⑤坚持创新、协调、绿色、开放、共享发展是关系我国发展全局的一场深刻变革，按照新发展理念做好本职工作；⑥践行社会主义核心价值观，弘扬社会主义思想道德和中华传统美德；⑦全面从严治党是全体党员共同责任，必须落实到每个支部和每名党员；⑧深入领会科学的思想方法和工作方法，观大势、定大局、谋大事；强化战略思维、辩证思维、系统思维、创新思维、底线思维；树立问题导向，注重防风险、补短板；牢记空谈误国、实干兴邦，一分部署、九分落实等。

3．做合格党员

着眼党和国家事业的新发展对党员的新要求，坚持以知促行，强调政治合格、执行纪律合格、品德合格、发挥作用合格，做“讲政治、有信念，讲规矩、有纪律，讲道德、有品行，讲奉献、有作为”的“四讲四有”合格党员。在工作岗位上，讲党性、顾大局，爱岗敬业、开拓进取，全心全意为人民服务；在日常生活中，明辨是非，维护社会公德，积极参与社会公益活动，真正实现党员在单位中争做好职工、在社区中争做好居民、在群众中争做好榜样。引导党员强化政治意识，保持政治本色，把理想信念时时处处体现为行动的力量；坚定自觉地在思想上政治上行动上同以习近平同志为总书记的党中央保持高度一致，经常主动向党中央看齐，向党的理论和路线方针政策看齐，做政治上的明白人；坚持按党的组织原则办事，按时参加党的组织生活，按时足额交纳党费，认真完成党组织分配的任务；践行党的宗旨，保持公仆情怀，牢记共产党员永远是劳动人民的普通一员，密切联系群众，全心全意为人民服务；加强党性锻炼和道德修养，心存敬畏、手握戒尺，廉洁从政、从严治家，筑牢拒腐防变的防线；始终保持干事创业、开拓进取的精气神，平常时候看得出来，关键时刻冲得上去，在全面落实“十三五”规划、服务首都核心功能、提升“四个服务”水平、深化中心改革发展中奋发有为、建功立业。

四、重点解决的问题

开展“两学一做”学习教育，要增强针对性，中心各级党组织和广大党员要重视当前基层党组织建设和党员队伍中存在的问题，瞄着问题去、对着问题走，把自己摆进去，对照标准检视和改进自己。

要着力解决一些党员理想信念模糊动摇的问题，主要是对共产主义缺乏信仰，对中国特色社会主义缺乏信心，精神空虚，推崇西方价值观念，热衷于组织、参加封建迷信活动等；着力解决一些党员党的意识淡化的问题，主要是看齐意识不强，不守政治纪律政治规矩，在党不言党、不爱党、不护党、不为党，组织纪律散漫，不按规定参加党的组织生活，不按时交纳党费，不完成党组织分配的任务，不按党的组织原则办事等；着力解决一些党员宗旨观念淡薄的问题，主要是利己主义严重，漠视群众疾苦、吃拿卡要、损害群众利益等；着力解决一些党员精神不振的问题，主要是工作消极懈怠，不作为、不会为、不善为，逃避责任，不起先锋模范作用等；着力解决一些党员道德行为不端的问题，主要是违反社会公德、职业道德、家庭美德，不注意个人品德，贪图享受、奢侈浪费等。党员领导干部要带头查摆解决问题，带头坚定理想信念，带头严守政治纪律和政治规矩，带头树立和落实新发展理念，带头攻坚克难、敢于担当，带头落实全面从严治党责任。

要推动解决一些基层党组织落实党建工作责任制不够的问题，主要是没有有效履行政治责任，核心地位弱化，发挥作用不明显等；推动解决一些基层党组织软弱涣散的问题，主要是组织制度执行不力，开展党组织活动不规范，服务群众意识和能力不足等；推动解决不同领域党组织建设不平衡的问题，主要是党组织覆盖还有空白点，个别领域党建工作存在弱化淡化虚化的倾向，个别领域党组织设置还不够规范等；推动解决一些基层党组织政治生活和组织生活不严肃的问题，主要是落实“三会一课”制度不认真、不经常，存在庸俗化、随意化、平淡化、娱乐化现象等；推动解决一些基层党组织基础保障不够的问题，主要是党务工作力量相对薄弱、后备储备不足，党组织活动场所配置不够充足、利用率不高等。

开展学习教育是为了解决问题，要强化问题导向，学要带着问题学，做要针对问题改，把解决问题贯彻学习教育全过程。中心直属各党委（总支、支部）要分别列出处级领导班子、各党支部班子、党员干部队伍的问题清单上报中心党委，用钉钉子精神抓好整改。中心“两学一做”学习教育协调指导组将按照问题清单进行督促、检查、考核。

五、主要措施

开展“两学一做”学习教育，要以党支部为基本单位，以“三会一课”等党的组织生活为基本形式，以落实党员教育管理制度为基本依托，在融入经常、融入日常上下功夫，更好改造主观世界和客观世界。

1. 围绕专题学习讨论

①制订学习计划。每个党支部要结合实际制订学习计划，明确自学要求，对学习内容、时间和方式等作出具体安排，引导党员搞好自学。针对党员多样化学习需求，充分利用办公平台、微博微信等，统筹和整合学习资源，及时推送学习内容。充分利用各类网络媒体，引导党员利用网络自主学习、互动交流，扩大学习教育覆盖面。②定期组织党员集中学习。按照“三会一课”制度，党小组每月至少要组织党员进行1至2次集中学习；不设党小组的，以党支部为单位集中学习。党支部每季度召开1次全体党员会议，分别围绕“对党忠诚、做合格党员”（5月～6月）；“严守纪律、做合格党员”（7月～9月）；“务实担当、做合格党员”（10月～12月）开展学习研讨。各单位还可以围绕以上内容，结合实际，明确每季度的讨论主题，对讨论内容进行细化，切实增强针对性。

学习讨论要紧密结合现实，联系个人思想工作生活实际，看自己在新任务新考验面前，能否坚守共产党人信仰信念宗旨，能否正确处理公与私、义与利、个人与组织、个人与群众的关系，能否努力追求高尚道德、带头践行社会主义核心价值观、保持积极健康生活方式，能否自觉做到党规党纪面前知敬畏守规矩，能否保持良好精神状态、积极为党的事业担当作为。通过学习讨论，真正提高认识，找到差距，明确努力方向。

党员领导干部要参加所在党支部的学习讨论。党委(总支、支部)要召开会议进行专题学习，要以中心组学习等形式组织集中研讨，深化学习效果。要按照习近平总书记重要批示精神，安排专题学习毛泽东同志的《党委会的工作方法》，学习掌握科学的工作方法和领导艺术，学习掌握其中蕴含的政治纪律和政治规矩，全面加强党委（总支、支部）领导班子的思想政治建设、作风建设和能力建设。中心党委常委要到党建联系支部进行调研或参加学习讨论。

2. 创新方式讲党课

讲党课一般在党支部范围内进行。党支

部要结合专题学习讨论，对党课内容、时间和方式等作出安排。“七一”前后，党支部要结合开展纪念建党95周年活动，集中安排1次党课。组织优秀党务工作者、优秀共产党员、先进模范到基层一线党支部讲党课。鼓励和指导基层党组织书记、普通党员联系实际讲党课。注重运用身边事例、现身说法、答疑释惑；注重运用微视频、微博、微信等多媒体手段，强化互动交流，增强党课的吸引力和感染力。

党员领导干部要在所在党支部讲党课，同时要结合领导干部上讲台，到党校讲党课，阐明形势、解析政策、交流经验、答疑解惑；要结合分管领域、工作联系点，到基层单位党支部讲党课，深入浅出地宣讲市委和中心党委的政策、交流学习体会、分享个人成长经历，进一步增进和党员群众的感情。

3. 召开党支部专题组织生活会

年底前，党支部要召开专题组织生活会。党支部班子及其成员对照职能职责，进行党性分析，查摆在思想、组织、作风、纪律等方面存在的问题。要面向党员和群众广泛征求意见，严肃认真开展批评和自我批评，针对突出问题和薄弱环节提出整改措施。组织全体党员对党支部班子的工作、作风等进行评议。党小组可参照党支部要求，召开专题组织生活会。党员领导干部要以普通党员身份参加所在党支部的专题组织生活会，所在领导班子年度民主生活会要以“两学一做”为主题，领导班子和领导干部把自己摆进去，查找存在的问题。

4. 开展民主评议党员

以党支部为单位召开全体党员会议，组织党员开展民主评议。对照党员标准，按照个人自评、党员互评、民主测评、组织评定的程序，对党员进行评议。党员人数较多的党支部，个人自评和党员互评可分党小组进行。结合民主评议，党支部班子成员要与每名党员谈心谈话。党支部综合民主评议情况和党员日常表现，确定评议等次，对优秀党员予以表扬。对有不合格表现的党员，要区别不同情况处置，对愿意接受教育并决心改正的，要研究落实教育帮助的具体措施，促其改正；对经教育仍无法改变的，要稳妥慎重地给予组织处置，并做好包括思想政治工作在内的相关工作。

党员领导干部要以普通党员身份参加所在党支部组织的民主评议党员工作。

5. 立足岗位做贡献

基层党组织要以“亮明身份、公开承诺、示范带头、接受监督”为主要内容，根据岗位特点和工作实际自主创新活动方式，教育引导党员在任何岗位、任何地方、任何时候、任何情况下都铭记党员身份，积极为党工作，立足岗位、履职尽责。组织党员采取佩戴党员徽章、设立党员先锋岗、党员示范窗口、党员责任区等方式亮出党员身份；开展承诺践诺，将承诺事项融入岗位职责、化为岗位行动；党员干部给普通党员示范，普通党员给群众示范，主动接受党内监督和群众监督。在窗口服务岗位，重点落实党员挂牌上岗、亮明身份制度；在机关单位，促进党员模范履行岗位职责，落实党员到社区报到、直接联系服务群众制度；在学校，重点要求党员增强党的意识，自觉爱党护党为党，敬业修德，奉献社会。

党支部要把“两学一做”学习教育内容贯穿到日常活动中，坚持边学边做，学要聚焦、做要扎实，每季度至少组织1次党员活动，开展主题党日、警示教育、志愿服务、联系群众等活动，“七一”前后要集中组织1次主题党日活动。

6. 领导干部做表率

各级领导干部要以身作则、率先垂范，层层示范、层层带动，形成上行下效、整体联动的总体效应。领导干部要学在前、做在前，要求别人做到的自己首先做到，要求别人不做的自己坚决不做，不能搞“灯下黑”、搞“手电筒照人不照己”。要严格执行双重组织生活等党内生活的各项制度，带头参加学习讨论，带头谈体会、讲党课、作报告，带头参加组织生活会、民主评议，带头履职尽责、立足岗位作贡献，发挥带学促学作用，推动整个学习教育扎实有效开展。

六、组织领导

北京市公园管理中心“两学一做”学习教育在中心党委领导下进行，由中心组织人事处牵头组织实施，中心办公室、纪检监察处、宣传处、离退休干部处、工会、团委等部门参与，成立中心“两学一做”学习教育协调指导组，负责统筹推进有关工作。

1. 层层落实责任

各级党委(总支、支部)要把开展“两学一做”学习教育作为一项重大政治任务，切实履行主体责任，周密安排部署、精心组织推动，定期听取汇报、定期研究分析，层层传导压力，从严从实抓好学习教育。主要负责同志要切实履行第一责任人的责任，对工作方案亲自审定，对重要任务亲自部署。要把组织开展“两学一做”学习教育情况，作为基层党建工作述职评议考核的首要内容。

中心党委“两学一做”学习教育协调指导组，将采取专题调研、随机抽查等多种形式，对中心系统的“两学一做”学习教育进行督查指导。各基层党组织要围绕保证学习质量、争做合格党员、创新活动方式、加强支部建设等方面，研究提出本单位开展“两学一做”学习教育的具体指导方案。要对所有党支部进行全覆盖、全过程的现场指导，帮助党支部制定学习教育计划。

各党委（总支、支部）组织部门要作为牵头部门，切实做好统筹谋划和组织协调，加强与相关部门沟通联系，及时总结推广基层创造的新鲜经验，及时发现和纠正苗头性倾向性问题。党支部要充分发挥作用，切实担负起从严教育管理党员的主体责任，每一个党支部都要结合实际对学习教育作出具体安排，确保组织到位、措施到位、落实到位。

2. 加强工作统筹

要坚持围绕中心、服务大局，把“两学一做”学习教育同做好中心深化改革、创新发展、提质增效及各项工作结合起来，同落实好本单位的各项任务结合起来，做到两手抓、两促进。要将“两学一做”学习教育作为党员干部培训的重要内容，列入各级、各类培训班次，切实提高党员干部践行“两学一做”学习教育的思想自觉和行动自觉。要把开展“两学一做”学习教育与本单位领导班子建设、基层党支部换届工作结合起来，教育引导党员干部讲政治、顾大局、守规矩，以工作实际成果检验“两学一做”学习教育的成效。中心党委将以纪念建党95周年为契机，评选表彰优秀共产党员、优秀党务工作者、先进基层党组织、党员先锋岗，展示新时期中心系统全体党员的良好形象和精神风貌，引导广大党员学习先进、礼敬先进、争做先进。

3. 加强宣传引导

要注重创新形式和载体，加强正面宣传和舆论引导，为“两学一做”学习教育营造良好的舆论氛围。要充分运用各类载体，深入宣传“两学一做”学习教育的重大意义、决策部署和进展情况。要注重发挥微信等新媒体作用，广泛宣传广大党员学习党章党规、坚定理想信念的新实践，学习系列讲话、统一思想行动的新成效。要大力宣传先进典型，展现广大党员立足岗位做贡献、发挥先锋模范作用的新风采。

中共北京市公园管理中心委员会处级干部选拔任用工作流程和纪实办法（试行）

为贯彻落实《党政领导干部选拔任用工作条例》、市委组织部《北京市干部选拔任用工作纪实办法》（京组发〔2015〕5号）和市委组织部《关于北京市处级党政干部选拔任用工作流程的若干规定》（京组通〔2015〕83号）的相关要求，进一步规范北京市公园管理中心处级干部选拔任用工作流程和纪实工作，现结合北京市公园管理中心（以下简称“中心”）实际，制定中心处级干部选拔任用工作流程和纪实办法。

一、动议

1．中心党委或组织人事处，根据工作需要和干部队伍建设实际，提出启动干部选拔任用工作意见。具体可以由中心党委主要领导提出，也可以在经中心党委主要领导同意后，由中心分管干部组织（人事）工作的领导提出，或由中心组织人事处研究提出。启动意见可以是口头的，也可以是书面的。

2．中心组织人事处在听取分管领导和有关单位、部门意见基础上，综合有关方面建议和平时了解掌握的情况，经分析研判，就拟选拔任用的职位、条件、范围、方式、程序、人选等提出初步建议。对建议人选，要审核干部档案（见附件1、附件2）、核实个人有关事项报告。根据实际情况，也可以不提出建议人选。

3．初步建议向中心党委主要领导报告后，在一定范围内进行酝酿，形成工作方案。中心可召开党委常委会议进行酝酿，也可以由党委主要领导、分管组织（人事）工作领导或组织（人事）部门负责人与其他班子成员进行沟通酝酿，形成工作方案（见附件3）。可以根据领导班子建设的实际需要，在工作方案中提出意向性人选。

4．工作方案形成后，组织人事处就有关人员情况征求分管职位的领导意见。拟提拔和平级转任重要职务（中心组织人事处处长、计划财务处处长、综合管理处处长）的意向性人选，要就其党风廉政情况征求纪检监察部门意见。

5．按照有关规定需要向市委组织部报告的，主要包括破格提拔、越级提拔干部，因特殊情况超职数配备干部，在机构变动或者主要领导成员已经明确即将离任时确因工作需要提拔、调整干部，领导干部因被问责受到处理影响期满拟重新任用，一批集中调整干部数量较大（超过核定职数15%），选拔任用组织人事处处长等情况，应当在工作方案确定之后请示报告；工作方案中未提出人选的，应当在确定考察人选后及时上报。

6．动议环节纪实要注意保存以下材料：

（1）研究确定的干部选拔任用工作方案；

（2）拟提拔或平级转任重要职务的，要保存个人有关事项报告查核的结论和处理结果；

（3）干部档案审查的结论及处理结果；

（4）按照《关于贯彻〈党政领导干部选拔任用工作有关事项报告办法（试行）〉的实施细则》和《市委组织部关于严格落实组织工作重要事项请示报告制度的通知》等有关规定，在干部选拔任用工作启动前，需书面报告市委组织部批复同意后方可进行的，要保存报请市委组织部同意的请示和批复；竞争性选拔工作中突破资格条件的，要保存报请市委组织部同意的请示和批复；

（5）因特殊情况确需超职数配备干部的，要保存报请市委组织部同意的请示和批复；

（6）引进海外特殊人才需要在限入岗位任职的，要保存报请上级组织人事部门同意的请示和批复；

（7）其他应保存的材料。

二、民主推荐

1．提拔担任处级领导职务和非领导职务、处级非领导职务改任同级领导职务、领导干部平级转任重要职务必须经过民主推荐，民主推荐由中心组织人事处负责组织实施。对非定向推荐，推荐结果在一年内有效；对具体职位进行的定向推荐，推荐结果在确定该职位考察对象时一年内有效，如果拟任职位有变化，一般应当另行组织民主推荐。

2．民主推荐包括会议推荐和个别谈话推荐，一般要同时采用，会议推荐后进行个别谈话推荐。根据需要先行进行个别谈话推荐的，应当注意充分发扬民主，不得事先制定推荐人选；根据个别谈话情况，经中心党委或者组织人事处酝酿研究，提出初步人选名单，再进行会议推荐。会议推荐可以开会投票推荐，也可以分散发票推荐。推荐会上，由组织人事处公布推荐职位、任职条件、推荐范围，按干部管理权限提供干部名册（见附件4），提出有关要求，组织填写北京市公园管理中心领导干部民主推荐表（见附件5）。

3．参加推荐人员范围：中心机关推荐副处级以上职位应参加民主推荐人员范围原则为中心机关在编人员。中心直属单位推荐副处级以上职位应参加民主推荐人员范围原则为本单位领导班子成员、正科级以上干部。根据实际情况，推荐人员范围可以适当调整。参加推荐人员应不少于应到人员的2/3。

4．个人向党组织推荐领导干部人选必须负责地写出推荐材料并署名。所推荐人经组织人事处审核，符合条件的纳入推荐范围。

5．民主推荐结果可与有关单位、部门（处室）主要负责同志沟通。

6．民主推荐环节纪实要注意保存以下材料：

（1）民主推荐汇总表（会议投票推荐和个别谈话推荐的范围、时间、应到人数、实到人数以及有效票数、得票数、得票率等）（见附件6），包括会议投票推荐和谈话推荐的情况，有二次推荐的要保存二次推荐的汇总表；

（2）有关单位党委推荐或领导干部署名

推荐干部的，要保存推荐材料；

（3）竞争性选拔干部的，要保存成绩汇总表，包括笔试成绩、面试成绩、资历评价等；

（4）其他应保存的材料。

三、考察

1．考察对象由中心党委常委会研究确定，也可以结合实际情况，由中心党委授权组织人事处确定。确定考察对象，应当将民主推荐结果和干部一贯表现、人岗相适等情况综合考虑。如意向人选不能确定为考察对象，或者对人选有较大争议的，由组织人事处报党委主管和主要领导同意后，进行重新酝酿。

2．中心党委确定考察对象后，中心组织人事处负责制定考察方案（见附件7），方案明确考察的时间和方式，考察组成员等情况，上报中心党委同意后实施。

3．组成考察组，对考察对象进行全面考察，考察前3天通过适当方式在一定范围内发布考察预告（见附件8）。考察拟任人选，应当面听取干部所在单位组织人事和纪委意见，纪委按照干部管理权限出具书面意见（见附件9），根据需要还可听取其他部门意见。

4．考察采取民主测评（见附件10）、个别谈话的形式，严把人选资格条件，突出考察政治品质和道德品行，严格审核基层工作经历和任职经历等资格。对在现工作单位任职不满两年的考察对象，应到其原任职地方或单位与领导班子成员进行延伸考察。

5．考察征求意见范围原则与参加推荐人员范围相同。

6．考察环节纪实要注意保存以下材料：

（1）考察工作方案；

（2）考察预告；

（3）民主测评汇总表（见附件11）；

（4）考察报告或考察材料（见附件12）；

（5）参加考察谈话人员名单、重要谈话记录；

（6）纪检监察部门出具的书面意见；

（7）考察中重要问题调查情况及结论；

（8）其他应保存的材料。

四、讨论决定

1．根据考察、征求意见情况，组织人事处就干部任免事项建议提交中心党委常委会研究。中心党委常委会讨论决定干部任免事项，必须有2/3以上成员到会，由党委分管组织工作的领导成员或组织人事部门责任人逐个介绍拟任人选的推荐、考察和任免理由等情况；参加会议人员进行讨论表决，形成决定。党委讨论任免干部，平级交流的一般采取口头表决，新提拔或平级转任重要岗位成员通过无记名投票方式进行表决（见附件13）。以中心党委常委应到会成员超过半数同意形成决定。

2．党委讨论干部任免事项，应当使用《干部任免会议记录专用簿》进行会议记录，记录必须全面详细，真实准确，能够反映讨论决定干部任用的全过程，尽可能完整地记录下发言人的原话。

3．按照有关规定需要在讨论决定后报市委组织部审批或备案的，要按要求及时上报。

4．讨论决定环节纪实要注意保存以下材料：

（1）中心党委常委会会议讨论决定原始记录、票决材料及形成的任免决定；

（2）按照《关于贯彻〈党政领导干部选拔任用工作有关事项报告办法（试行）〉的实施细则》和《市委组织部关于严格落实组

织工作重要事项请示报告制度的通知》等有关规定。在中心党委常委会议作出决定前，需书面征求市委组织部意见的，要保存书面征求意见的请示和批复。

（3）其他应保存的材料。

五、任职

1．拟任人选可在中心党委常委会讨论决定后进行任前公示，也可以在考察结束后、党委讨论决定前进行任前公示（见附件14）。公示期从发布公示通知的第二天算起，不少于五个工作日。

2．领导干部的任职时间，由中心党委决定任职的，自中心党委决定之日算起；由党的代表大会、党的委员会全体会议、党的纪律检查委员会全体会议选举、决定任命的，自当选、决定任命之日起计算。

3．由组织人事处统筹协调安排中心领导进行任职谈话，宣布任职。

4．任职环节纪实要注意保存以下材料：

（1）正式任职文件；

（2）干部任免审批表；

（3）工资变动审批材料；

（4）任前公示通告，收到问题反映的，要保存调查核实情况及结论；

（5）试用期转正相关材料，包括试用期满未能正式任用的情况；

（6）其他应保存的材料。

选拔任用处级干部，要严格按照干部管理权限和有关规定进行纪实，使每个干部的选任过程可追溯、可倒查。对动议、民主推荐、考察、讨论决定、任职等各个环节的主要工作和重要情况，必须如实记录，形成的有关材料要及时归档。干部基本信息审核确认表、干部任免审批表（见附件15）和考察材料等归入干部本人档案。

处级干部选拔任用过程填写干部选拔任用工作纪实表，由纪实处室，纪实人员签字（见附件16）。其他需要纪实的材料：选拔任用过程中对了解到下列情况的核实结果，也要采取适当方式记录在案，形成用人上的“负面清单”：说情打招呼、私自干预下级或原任职单位选人用人的；要求提拔本人近亲属、指令提拔身边工作人员的；拉票、跑官要官的；人选不符合资格条件，或廉政等方面存在影响任用的问题时，仍坚持提拔任用的；阻挠、制止对选人用人问题调查核实和依规依纪处理的；存在其他用人不正之风的。

中心各级领导班子换届和处级领导干部公开选拔、竞争上岗产生人选的，按有关规定办理。中心所属单位纪委书记的选拔任用参照京办发《区县纪委书记、副书记提名考察办法》施行。中心科级干部选拔任用工作，由各单位党委（总支、支部）结合中心处级干部选拔任用工作流程和纪实办法施行。

中共北京市公园管理中心委员会

2016年3月3日

北京市公园管理中心党委“两学一做”学习教育协调指导组名单

为深入推进中心“两学一做”学习教育，根据有关精神，中心党委成立“两学一做”学习教育协调指导组，办公室设立在中心组织人事处。

一、协调指导一组：组长苏爱军，指导单位：颐和园、北京市植物园、北京市园林学校、玉渊潭公园、北京市园林科学研究院、中心党校。人员组成：中心组织人事处、中心办公室、离退休干部处工作人员，指导所在单位党组织领导。

二、协调指导二组：组长李书民，指导单位：天坛公园、北海公园、景山公园、中山公园、中心机关，人员组成：中心纪检监察处、中心团委工作人员，指导所在单位党组织领导。

三、协调指导三组：组长陈志强，指导单位：北京动物园、陶然亭公园、中国园林博物馆北京筹备办、香山公园、紫竹院公园。人员组成：中心宣传处、中心工会工作人员，指导所在单位党组织领导。

中心“两学一做”学习教育协调指导组在中心党委领导下开展工作，适时召开会议研究和推进“两学一做”学习教育，协调指导组坚持每季度不少于1次到指导单位检查、督促。

荣誉记载

荣誉记载（2015年）

国家级奖项

1月9日，第九届中国（三亚）国际热带兰花博览授予北京植物园“单株竞赛1银1铜、组合盆栽1铜”。

1月，中华人民共和国住房和城乡建设部授予颐和园“华夏建设科学技术奖”二等奖。

3月，香港特别行政区政府康乐及文化事务署授予北京市公园管理中心“蝶舞迎春”花坛“香港花卉展览最佳设计金奖”。

4月，中华全国总工会、国家安全生产监督管理总局联合授予颐和园“2014年度全国‘安康杯’竞赛优胜单位”称号。

4月，中国职工保险互助会授予北京市公园管理中心工会“2014年度职工互助保障先进单位”称号。

4月，中国共产党中央委员会、中华人民共和国国务院授予韩笑“2015年度全国劳动模范”称号。

5月，中央精神文明建设指导委员会授予北海公园“全国文明单位”称号。

6月1日，世界月季联合会授予北京植物园月季园“世界杰出月季园”称号。

6月，中国花卉协会授予北海公园“第29届全国荷花展碗莲栽培技术评比三等奖（两项）”。

6月，中央精神文明建设指导委员会办公室授予颐和园“全国文明单位”称号。

8月12日，共青团中央、住房城乡建设部授予北京动物园科普馆保护教育班“全国青年文明号”称号。

8月18日，中国公园协会、北京市公园管理中心、北京市园林绿化局授予中国园林博物馆“服务民生-创新管理品牌奖”。

10月，中央精神文明建设指导委员会授予北京植物园“全国文明单位首都文明旅游景区”称号。

11月，中国风景园林学会菊花分会授予北海公园送展菊花“太液紫霞”（新品种）“第六届中国菊花精品展第一名”。

12月，中国风景园林学会授予北京市园林科学研究院课题应对空气PM2.5污染的北京绿化造林关键技术研究与示范“中国风景园林学会科技进步一等奖”。

12月，中国建设职员思想政治工作研究会风景园林行业分会授予天坛公园“中国建设职工思想政治工作研究会风景园林行业分会思想政治工作先进单位”称号。

北京市市级奖项

1月16日，北京市国家安全局授予市公园管理中心及颐和园、天坛公园、北海公园、中山公园、景山公园“北京市2014年度国家安全人民防线建设先进集体”称号。

1月，景山公园在北京市第三十五届菊展上荣获专项品种标本菊“古刹金刚”一等奖、展台布置一等奖。

1月，北京市委组织部、北京市老干部局、北京市人力社保局联合授予颐和园离退休干部党支部“北京市离退休干部先进集体”称号。

1月，北京市国家安全局授予颐和园“2014年度国家安全人民防线建设工作先进集体”称号。

1月，北京市旅游咨询服务中心授予颐和园“金牌咨询站”称号。

1月，中国药膳研究会、北京中医药养生保健协会和北京市旅游行业协会联合授予颐和园听鹂馆“中国药膳养生技术制作（烹饪）大赛团体特金奖”。

1月，北京市国家安全局授予北海公园“2014年度国家安全人民防线建设先进集体”。

2月3日，北京市旅游委和北京旅游咨询服务中心授予北京动物园游客服务中心“优秀咨询站”称号。

2月，北京市人民政府首都绿化委员会授予陶然亭公园“首都绿化美化先进单位”称号。

2月，首都绿化委员会授予玉渊潭公园“首都生态文明宣传教育基地”称号。

3月，首都精神文明建设委员会授予天坛公园“首都文明风景旅游区”称号。

3月，首都精神文明建设委员会授予香山公园“首都文明风景旅游区”称号。

3月，北京市人民政府、首都绿化委员会授予陶然亭公园、天坛公园“2014年度首都绿化美化先进单位”称号。

3月，首都精神文明建设委员会授予玉渊潭公园“首都文明风景旅游区”称号。

3月，首都精神文明建设委员会授予中山公园“首都文明风景旅游区”称号。

4月，中共北京市委、北京市人民政府授予中山公园园艺队“北京市模范集体”称号。

4月，北京市科普基地联盟授予颐和园瓦当纹样印刷“首届北京市科普基地优秀教育活动展评二等奖”。

4月，北京市总工会、北京市安全生产监督管理局授予牛建国“北京市安康杯竞赛优秀组织个人”称号。

4月，北京市总工会授予王玲、曹振起“北京市劳模和先进工作者”称号。

4月，北京市总工会、北京市安全生产监督管理局授予北京动物园豳风堂“2014年度北京市安康杯竞赛优胜班组”称号。

5月，首都精神文明建设委员会办公室授予北海公园“首都文明风景旅游区”称号。

6月，首都精神文明建设委员会授予颐和园“首都文明风景旅游区”称号。

7月，市总工会、市委宣传部、首度精神文明办、市文联等单位授予市公园管理中心合唱团“北京市第十届首都职工文化艺术节‘五月的鲜花’职工歌咏合唱比赛三等奖”。

9月28日，北京市纪念活动领导小组授予市公园管理中心“中国人民抗日战争暨世界反法西斯战争胜利70周年纪念活动北京市服务保障工作先进集体”称号。

10月10日，首都绿化委员会授予北海公园“首都生态文明宣教基地”称号。

10月16日，北京市科委授予中国园林博物馆与北京林业大学“2015中国风景园林学会科技进步奖一等奖”。

10月24日，北京野生动物保护协会授予北京植物园“北京十佳生态旅游观鸟地”称号。

10月30日，共青团北京市委授予北京动物园经营队团支部服务青年类“青春正当时”团建案例“北京共青团机关战线创新案例20佳”。

10月，北京市科学技术委员会和北京市科学技术协会授予景山公园、陶然亭公园“2015～2017年北京市科普教育基地”称号。

11月9日，北京市残疾人联合会、北京市志愿者联合会等授予北海公园“安利杯北京市第四届手语风采大赛团体二等奖”。

11月10日，市残联、首都精神文明办、市文化局等授予中国园林博物馆“北京市‘安利杯’第四届手语风采大赛总团体一等奖、社会系统团体一等奖和最具人气奖”。

11月，北京市菊花协会授予陶然亭公园“北京市第三十六届菊花（市花）展展台布置三等奖”。

11月，北京风景园林协会、北京风景园林协会菊花分会授予景山公园“盘龙春晓”菊、“白色案头”菊、“玉树迎宾”菊二等奖。

11月，北京共青团机关授予北海公园文化队团支部“暖心”学雷锋志愿服务岗助盲服务团建案例“北京共青团机关战线创新案例20佳”。

11月，北京园林学会授予颐和园“京津冀协同发展背景下的园林绿化建设学术论坛”组织工作奖。

11月，北京菊花协会授予颐和园“第三十六届菊花展荣获展台布置三等奖”。

11月，北京市菊花文化节、组委会、北京花卉协会、北京菊花协会授予颐和园“盘龙春晓”品种“第七届北京菊花文化节暨第六届菊花擂台赛一等奖”。

11月，北京市菊花文化节组委会、北京花卉协会、北京菊花协会授予颐和园“第七届北京菊花文化节暨第六届菊花擂台赛”最佳组织奖。

12月6日，市总工会、市委宣传部、首都精神文明办、市文化局等联合授予北京市公园管理中心职工艺术团第十届首都职工文化艺术节“优秀组织奖”。

12月26日，北京市科委授予中国园林博物馆王汝碧“第三届北京市科普讲解比赛决赛一等奖、最佳人气奖”。

12月，北京团市委授予天坛公园神乐署雅乐中心“北京市五四红旗团支部”称号。

12月，北京市第十届全民健身体育组委会授予北京市公园管理中心工会“北京市第十届全民健身体育节优秀组织奖”。

12月，北京市安康杯竞赛组委会办公室授予香山公园、园博馆“中国梦——劳动美——我的安全家园”班组安全管理成果展示一等奖”。

北京市公园管理中心 2015 年度先进单位、突出贡献单位、先进集体、先进个人名单

（2016 年 1 月表彰）

先进单位（5 个）

颐和园　北海公园　天坛公园　中国园林博物馆　北京筹备办公室
紫竹院公园

突出贡献单位（3 个）

园林科学研究院　陶然亭公园　北京植物园

先进集体（45 个）

颐和园：

殿堂队　园务队　园艺队　护园队
文昌院队　导游服务中心
党委工作部　保卫部　管理经营部

天坛公园：

绿化一队　神乐署雅乐中心
游客服务中心　票务部　护园队

北海公园：

游船队　文化队　琼岛队

北京动物园：

管理队　经营队　科普馆
饲养队饲料室　服务队服务二班

中山公园：

管理经营科　后勤队电工班

香山公园：

索道站　后勤队　红叶古树队　管理队

北京市植物园：

后勤队　管理队　养护队　财务科

景山公园：

基建科　绿化队

陶然亭公园：

服务一队　游船队　服务二队
讲解一班

紫竹院公园：

管理队　行宫队　游艺经营队

玉渊潭公园：

票务队　园艺队工程班

北京市园林学校：

专业科

北京市园林科学研究院：

园林植物保护研究所

中国园林博物馆北京筹备办公室：

办公室

先进个人（124人）

颐和园：

毕颐和 刘耀忠 韩 笑 修燕红
陈 艳 石田美琪 季福全 郑 爽
王俊明 韩冬青 潘永良 张 蕊
张常利 桂 涛 左丰收 王卫东
赵陶陶 黄德红 陈薇娜 邢文龙
史子一 付德印

天坛公园：

夏君波 李 高 王 玲 李文凯
张红媚 于 辉 王伟新 李桂新
王宗瑛 马 倩 李松翰 徐 然
吕玉欣 朱海林 李广保 任 超
肖 勇

北海公园：

吕新杰 李国定 王 涛 潘 静
王 鑫 周福生 彭纪峰 刘 展
孔令华 高 爽 王 兴 杜红霞

北京动物园：

祖 谦 张成林 李永红 李建锁
刘连贵 段国利 段晓巍 夏 洁
温玉华 刘 燕 刘 超 温海燕
彭 硕 薛 岩

中山公园：

张 强 韩 洋 袁 辉 吴松庆
左惠涛

香山公园：

孙召良 时占印 张树军 贾 莉
王璘璘 董春明 高广忠 李超雪

北京市植物园：

赵世伟 冯朋贝 安 晖 刘东焕
陈红岩 徐燕生 牛 夏 王 昕

景山公园：

孙仲元 陈艳红 关 旭

陶然亭公园：

牛建忠 缪祥流 陈 澄 韩 旭
李 军 罗 辰 马玉芳 王金立
王卫红 周鸿杰

紫竹院公园：

甘长青 曹振起 谭红庆 贾 洪
朱利君 王桂元 张文斌 姚建伟

玉渊潭公园：

郭会祥 魏 璞 刘新玲 张 红
董 跃 崔广水 许良国

北京市园林学校：

杨 艳

北京市园林科学研究院：

张贺军 李延明 任春生 孙宏彦

中心党校：

张洁瑛

中国园林博物馆北京筹备办公室：

阚 跃 邬洪涛

中心机关：

李铁成 苏爱军

名 录

北京市公园管理中心领导名录

（2015 年）

姓　名	职　务	任现职时间
郑西平	党委书记	2012.12 ～
张　勇	主任、党委副书记	2013.1 ～
刘　英	巡视员	2013.1 ～ 2015.1
张玉法	党委副书记、纪委书记	2006.4 ～
	中心机关党总支书记（兼）	2007.1 ～
王忠海	副主任	2009.11 ～
杨　月	副主任	2010.7 ～ 2014.12
	党委副书记、纪委书记	2014.12 ～
	中心机关工会主席	2015.2 ～
	中心党校校长	2015.2 ～
高大伟	副主任	2009.1 ～
李炜民	总工程师	2006.2 ～
	中国园林博物馆北京筹备办主任（兼）	2013.3 ～

北京市公园管理中心机关处室领导名录
（2015年）

姓　名	职　　务	任现职时间
齐志坚	办公室主任	2008.1 ～
	市公园管理中心机关党总支书记	2015 ～
王鹏训	服务管理处处长	2006.3 ～
	市公园管理中心主任助理	2008.1 ～
孟庆红	服务管理处调研员	2015.3 ～
袁　朋	综合管理处处长	2009.2 ～ 2015.1
李文海	综合管理处调研员	2013.10 ～ 2015.3
	综合管理处处长	2015.3 ～
王明力	计财处处长	2009.11 ～
史建平	安全保卫处处长	2011.8 ～
李铁成	市公园管理中心副总工程师	2010.3 ～
	科技处处长	2011.4 ～
苏爱军	组织人事处处长	2008.3. ～
刘国栋	组织人事处调研员	2013.10 ～
李书民	纪检监察处处长	2013.4 ～
郭立萍	纪检监察处调研员	2015.7 ～
陈志强	宣传处处长	2007.5 ～
牛建国	工会常务副主席（正处）	2009.3 ～
果丽霞	离退休干部处副调研员	
原　蕾	团委书记（正科）	2011.11 ～

北京市公园管理中心直属单位领导名录

（2015 年）

单位	姓名	职务	任现职时间
颐和园	刘耀忠	园长	2013.4 ～
	毕颐和	党委书记	2008.12 ～
天坛公园	杨晓东	园长	2005.3 ～ 2014.7
	李　高	园长	2014.7 ～
	张元成	党委书记	2009.11 ～ 2014.7
	杨晓东	党委书记	2014.7 ～
中山公园	卫正南	园长	2008.3 ～ 2015.1
	刘凤华	党委书记	2011.8 ～
香山公园	张渝丽	园长	2008.5 ～ 2014.8
	钱进朝	园长	2014.8 ～
	甘长青	党委书记	2012.1 ～
景山公园	杨　华	园长	2012.1 ～
	胡连啟	党总支书记	2013.4 ～
北京动物园	吴兆铮	园长	2002.8 ～
	马文香	党委书记	2013.3 ～
北京植物园	赵　康	党委书记	2013.3 ～
	赵世伟	园长	2010.5 ～
陶然亭公园	李国定	园长	2013.3 ～
	张颐春	党委书记	2012.3 ～
紫竹院公园	曹振起	园长	2008.12 ～
	夏君波	党委书记	2009.2 ～

（续表）

单 位	姓 名	职 务	任现职时间
玉渊潭公园	祝 玮	园长	2010.6 ～
	白 杨	党委书记	2010.6 ～
市园林科研所 2014 年 6 月更名为市园林科研院	李延明	所长	2010.5 ～ 2014.6
		院长	2014.6 ～
		市公园管理中心副总工程师	2011.4 ～
	张贺军	党总支书记	2013.4 ～
北京市园林学校	赖娜娜	校长	2012.3 ～
	马宪红	党总支书记	2014.8 ～
市公园管理中心党校	季树安	副校长 (正处)	2013.10 ～
	刘海英	党支部书记	2010.5 ～ 2014.4
市公园管理中心后勤服务中心	曹振和	主任 (副处)	2008.11 ～
中国园林博物馆筹备办 2014 年 3 月更名为中国园林博物馆北京筹备办	阚 跃	党委书记	2013.4 ～
		副主任（正处）	2013.10 ～
		市公园管理中心主任助理	2013.4 ～
	李 高	副主任（正处）	2013.3 ～ 2014.7
	黄亦工	副主任（正处）	2013.3 ～
	程 炜	副主任（正处）	2014.8 ～

索 引

A

奥运 85
澳大利亚 421
澳门 154

B

白日新 82
北海公园 61 109 116 126 135 143 152 167 172 182 196 200 231 263 270 285 303 313 324 332 346 359 377 389 392
北京动物园 66 108 116 136 151 160 173 192 214 236 259 277 281 308 316 341 352 362 393 410
北京市公园管理中心 56 313 388
北京市公园管理中心后勤服务中心 72
北京市公园管理中心委员会党校 71
北京市园林科学研究院 70
北京植物园 65 154 163 201 246 266 300 317 337 362 376 384 407

C

陈有民 82 99
程海军 75 125 128 132 142 165

F

法国 157 158 214 349 352
非物质文化遗产 74
芬兰 422

G

高大伟 121 130 135 137 139 145 193 214

H

荷兰 421
红叶 107 115 147 221 279 334

J

“9·3”阅兵 141 210 301
加拿大 422
景山公园 65 108 113 129 148 157 180 198 220 240 261 278 289 302 335

K

抗日战争胜利 199

L

兰花 85 216 339 350
联合国教科文组织 155
林克庆 13 134 136 144 187

M

美国 88 96 154 421 422
孟兆祯 82 92
牡丹 283 316 320 341 390

R

日本 158 422

S

“十三五” 135 140 172 183 192 213 246
塞舌尔 81 421
社会主义核心价值观 121 184 202
世界地球日 411
水仙 373 416
丝绸之路 76 85

T

塔吉克斯坦 152
台湾 154 156
桃花 317 340
陶然亭公园 67 108 113 121 133 152 173 184 195 208 265 282 302 318 346 359 369 400 420
天坛公园 60 113 121 132 142 155 171 191 217 244 256 271 291 303 315 322 355 384 404

W

王忠海 73 122 126 132 139 146 191
吴良镛 90

X

香港 234 283
香山公园 63 107 110 118 127 135 142 153 163 185 192 204 218 233 260 278 303
新西兰 83

Y

延庆 126
杨月 120 130 138 143
颐和园 59 112 123 144 149 156 167 173 181 199 201 212 222 232 245 253 269 274 307
樱花 124 171 284 317
玉渊潭公园 69 111 120 124 140 169 187 198 213 229 252 284 331 358 390 401
郁金香 127 283 339 341 416
园林学校 71 76 126 141 162 228 260 284 314 321 365 397
月季 80 191 278 321 391

Z

张勇 26 122 124 128 131 135 138 142 148 179 181 212 220 227

郑西平 22 121 124 147 150 192 197
中国园林博物馆 57 90
中山公园 63 108 111 120 140 165 179 184 204 226 247 256 263 279 296 312 339 347 366 409 415
紫竹院公园 67 119 131 153 170 197 252 261 274 285 322 361 404